KB138633

토마스 모어(1478~1535)

존 스튜어트 밀(1806~1873)

Effigies Iohannis Locke

Ex Archetypo, quod in Musæo Alexandri Geekie Chirurgi adservatur expressa.

존 로크(1632~1704)

▲가혹한 형벌 이 목판화는 1660년 찰스 2세의 왕정복권 이후 찰스 1세의 죽음이 가혹한 형벌 때문이었다는 점을 보여준다.

◀함무라비 법전 1901년 말 프랑스 탐험대가 페르시아의 옛 수도 수사에서 발견했으며, 현재 완전한 원형으로 루브르 미술관에 소장되어 있다.

▼종교재판소에서 심문받는 갈릴레오 크리스티아노 반티. 1857.

상상 속의 이상 국가를 추구했던 플라톤(왼쪽)과 중용의 덕을 추구했던 아리스토텔레스(오른쪽)

성 카타리나 수도원　모세가 불타는 떨기나무 속에서 야훼의 음성을 들은 곳이다.

워털루 전투　나폴레옹 1세가 이끈 전투로, 프랑스군이 패배함으로써 그의 지배가 끝나게 되었다.

나폴레옹 1세 군사·정치적 천재로서 세계사상 알렉산드로스 대왕·카이사르와 비견된다.

아시리아 제국의 기병 2천 년 동안 세계를 제패한 원동력이었다.

신아시리아 제국의 위대한 통치자 아슈르바니팔 왕의 사자 사냥

World Book 42

Thomas More/John Stuart Mill/John Locke
UTOPIA/ON LIBERTY/TWO TREATISES OF GOVERNMENT
유토피아/자유론/통치론
토머스 모어/존 스튜어트 밀/존 로크/김현욱 옮김

Thomas More   *John Stuart Mill*   *John Locke*

동서문화사

디자인 : 동서랑 미술팀/표지그림 :「鳥」 *Jackson Pollock*

유토피아/자유론/통치론
차례

Libellus ⋯⋯ de optimo reipublicae statu, deque nova insula Utopia

유토피아

토머스 모어

VTOPIENSIVM ALPHABETVM.

a b c d e f g h i k l m n o p q r s t v x y,

ᴑⴱⴲⴸⴳⴲⴲᴑⴲᴑᴜⴲⴄⴈⴧⴲⴤⴲⴧⴤⴲⴲ

Tetrastichon vernacula Vtopiensium lingua.

Vtopos   ha   Boccas   peu   la

chama   polta   chamaan

Bargol   he   maglori   baccan

soma   gymno   sophaon

Agrama   gymnosophon   labarembacha

bodamilomin

Voluala   barchin   heman   la

lauoluola   dramme   pagloni.

Horum versuum ad verbum hæc est sententia.

Vtopus me dux ex non insula fecit insulam
Vna ego terrarum omnium absq; philosophia
Ciuitatem philosophicam expressi mortalibus
Libēter impartio mea, nō grauatim accipio meliora.

라파엘이 전해 준 유토피아의 알파벳과 4행시

제1권

위대한 통치자이며 견줄 자가 없는 무적의 영국 국왕 헨리 8세 전하와 카스틸랴 왕국의 찰스 전하 사이에 최근 상당히 중대한 의견 차이가 생겼다. 나는 이 문제를 협의하고 원만히 해결하기 위해 커드버트 턴스탈 경과 함께 플랑드르에 가게 되었다. 그는 아주 뛰어난 분으로 최근 문서보존소의 고등 법관으로 임명되었는데 일 처리가 훌륭한 것으로 잘 알려져 있다. 그의 뛰어난 학식과 인품에 대해서는 잘 알려져 있으므로 내가 언급하는 것은 격에 맞지 않아 말하지 않기로 하겠다. 내가 칭찬의 말을 더한다면 말 그대로 '태양에 등불을 들이대는' 격이 될 것이기 때문이다.

브뤼주에서 만나기로 되어 있던 우리의 회담 상대 역시 훌륭한 분들이었다. 그 사절단의 대표는 브뤼주의 시장으로서 훌륭한 인격의 소유자였는데 논의의 내용과 진행은 대부분 카셀의 수도원장인 조지 드 테임세크가 주도했다. 그는 학식이 뛰어난데다 타고난 연설가였고 법학에도 조예가 깊었으며 외교문제에 대한 능력과 경험이 출중했다. 한두 차례 회담을 했지만 몇 가지 문제점에 대해서는 끝내 합의에 이르지 못해 그들은 며칠 동안 회담을 연기하고 자신들의 국왕에게 직접 의견을 듣기 위해 브뤼셀로 갔다. 그동안 나는 개인적인 일을 처리하기 위해 앤트워프를 방문했다.

앤트워프에 머무는 동안 여러 사람들이 나를 찾아주었지만, 그중에 내가 제일 반가웠던 사람은 피터 자일즈였다. 앤트워프 태생인 그는 이미 큰 명성을 누리며 높은 직위에 올라 있었고 충분히 그럴 만한 자격을 갖춘 사람이었다. 그는 내가 아는 젊은이 가운데 가장 학식이 높고 성품이 훌륭했다. 누구에게나 예의 바른데다가 친구들에게는 매우 솔직하고 진실하여 그와 같은 친구는 다시 만나기 어려울 것이었다. 그는 겸손했지만 전혀 꾸밈이 없었으며 그 누구도 따를 수 없을 만큼 소박했다. 또한 그는 즐겁고 재치가 있어 이야기를 재미있게 하는 사람이기도 했다. 이미 넉 달 동안이나 가족과 떨어져 있던 나는 고향과 가족에 대한 간절한 그리움을 그를 만나 즐겁게 이야기하는 것으로 조금이나마 달랠 수 있었다.

어느 날 나는, 늘 사람들로 붐비는 아름답고 웅장한 노트르담 사원에서 미사를 드린 뒤 숙소로 돌아가려고 할 때, 검게 그을린 얼굴에 긴 수염을 하고 한쪽 어깨에 아무렇게나 망토를 걸치고 있는 나이 지긋한 어떤 낯선 사람과 피터가 이야기하는 것을 보았다. 그 낯선 사람의 외모와 옷차림새를 보고 나는 그가 뱃사람일 거라고 생각했다.

피터는 나를 보자 재빨리 다가와 인사를 건넸다. 그러고는 내가 미처 인사를 건네기도 전에 나를 옆으로 불러내서는 그 낯선 사람을 가리키며 말했다.

"저분 보이시죠? 마침 당신한테 소개하려던 참이었습니다."

"당신이 소개한다면야 환영입니다."

그러자 피터는 이렇게 말했다.

"저분이 누구인지 알게 되면 더욱 기뻐하시게 될 것입니다. 낯선 나라들과 그곳 사람들에 대한 이야기를 저분만큼 해줄 수 있는 분은 없을 것입니다. 선생님께서는 언제나 그런 이야기를 듣고 싶어하셨지요?"

"내 추측이 그리 틀리지는 않았군요. 분명 뱃사람일 거라고 생각했거든요."

"그렇다면 아주 잘못 보신 것입니다. 저분은 팔리누루스 같은 선원은 아니거든요. 저분은 율리시스에 버금가는 여행자이거나 플라톤과 견줄 수 있는 철학자입니다. 이름은 라파엘이고 성은 히드로다에우스입니다. 저분은 라틴어에 능통할 뿐 아니라 그리스어 실력도 뛰어납니다. 본디 철학에 관심이 많았기 때문에 라틴어보다 그리스어를 더 많이 공부했다고 합니다. 라틴어로 씌어진 것 중에는 세네카와 키케로가 남긴 몇 가지 글 외에는 가치 있는 글이 별로 없다네요.

라파엘 씨는 세상을 둘러보고 싶어 모든 재산을 고향 포르투갈의 형제들에게 주고 아메리고 베스푸치가 이끄는 탐험대에 합류했다고 합니다. 요즘 아주 널리 읽히고 있는 《4대 항해》 아시죠? 그 네 번에 걸친 항해에 모두 동행했는데, 마지막 항해에서 그는 베스푸치와 함께 귀국하지 않았습니다. 베스푸치는 그 항해에서 가장 멀리 갔던 곳에 요새를 건설하고 스물네 명의 대원들을 주둔시키고 왔는데, 이때 라파엘 씨도 그에게 떼를 쓰다시피 하여

▲ 아메리고 베스푸치 (1454~1512)

▶ 아메리고 베스푸치는 이탈리아의 탐험가로 신
대륙 초기 탐험자. 아메리카 지명은 그의 이
름에서 유래한다.

▼ 포르투갈 배들이 인도네시아의 말라카 항에
정박하고 있다 (1511).

그 가운데 끼었던 것입니다. 죽음도 불사할 만큼 여행을 좋아한 그는 이렇게 머물게 된 것이 무척이나 즐거웠습니다. 그는 '무덤이 없는 자는 하늘이 덮어준다', '어디에서나 천국으로 가는 거리는 똑같다' 이런 말을 자주 하곤 했는데, 사실은 하느님의 가호가 없었다면 무척이나 곤혹스러웠을 것입니다.

베스푸치가 떠난 뒤 라파엘 씨는 남아 있던 사람들 가운데 다섯 명을 데리고 탐험길에 올랐습니다. 세이론을 거쳐 캘리컷에 이르렀고, 운 좋게도 그곳에서 포르투갈 배를 만나 귀국할 수 있었습니다."

나는 이런 설명을 듣고, 라파엘과 즐거운 대화를 나누도록 주선해 준 피터에게 감사를 표했다. 그러고는 라파엘에게 다가가 인사를 하고, 처음 만나게 되었을 때 흔히 나누는 평범한 인사말을 주고받은 뒤 우리는 자리를 옮겨 내 숙소의 잔디로 뒤덮인 정원 벤치에 앉아 이야기를 나누기 시작했다.

베스푸치가 떠난 뒤 요새에 남아 있던 라파엘과 대원들은 공손하고 우호적인 태도로 그곳 주민들에게 점차 호의를 얻어, 곧 친밀한 관계가 되었다. 그곳 왕(나는 그 왕의 이름과 그 나라 이름은 잊어버렸다)은 그들에게 호의를 베풀어 충분한 식량뿐 아니라, 수로여행에 필요한 뗏목과 육로여행에 필요한 수레까지 내주었다. 게다가 그들이 방문하는 곳의 왕에게 그들을 소개할 믿음직한 안내인까지 동행시켰다. 며칠을 여행한 끝에 그들은 여러 마을과 도시, 또 인구가 많고 훌륭한 제도를 갖춘 나라들을 보았다고 했다.

적도 지역이었으므로 당연히 대부분 지역은 내리 쬐는 태양의 열기로 가득했고 모든 것이 타버릴 듯한 광대한 사막이 펼쳐져 있었다. 이 지역은 메마르고 지저분하며 침울하고 황량한 곳으로서, 야수들과 뱀 또는 그 짐승들과 별다르지 않은 야만적이고 위험한 사람들이 살고 있었다. 그러나 이곳에서 조금 더 나아가자 풍경은 점차 부드러운 모습을 띠어 열기도 조금 덜하고, 푸른 식물들이 차차 눈에 띄며, 사람들과 짐승들도 그다지 거칠지 않았다. 마침내 자신들끼리든 아니면 이웃 주민하고든 서로 거래를 하는 것은 물론 바다나 육지를 통해 먼 나라와도 무역을 하는 도시에 이르렀다.

라파엘은 말했다.

"우리가 처음 본 배들은 밑바닥이 평평하고, 돛은 파피루스나 버들가지 또는 가죽으로 되어 있었습니다. 조금 더 멀리 가자 유럽의 배와 비슷하게 뾰족한 용골과 범포를 사용하는 배들을 볼 수 있었습니다. 이 지방의 선원들은 바람과 해류에는 아주 익숙해져 있었지만 그때까지도 나침반은 알지 못해 내가 나침반 사용법을 가르쳐주자 무척 고마워했습니다. 그래서 그전에 그들은 아주 조심스럽게, 그것도 여름철에만 항해를 했습니다. 그러나 나침반을 알고부터는 자신감을 얻어 겨울철 항해도 두려워하지 않게 되었습니다. 하지만 우리가 유익하리라 믿었던 것이 오히려 그들에게 경솔한 행동을 하도록 부추겨서 커다란 불행의 원인이 될 수도 있었습니다."

라파엘이 들려준 이야기들이 너무나 많아서 그대로 옮겨 적을 수도 없고 또 그렇게 하는 것이 이 책을 쓰는 목적도 아니다. 그가 언급한 여러 유용한 것들에 대해, 특히 여러 문명국들의 현명하고 훌륭한 제도들에 대해서는 다음 기회에 다시 이야기할 수 있을 것이다. 우리는 이 주제에 대해 깊은 관심을 가지고 물었고, 그 역시 가장 의욕적으로 이야기해 주었다. 하지만 괴물들에 대해서는 질문하지 않았다. 사람을 잡아먹는 괴물들 이야기야 익히 들어왔지만, 훌륭한 사회제도에 대한 이야기는 흔히 들을 수 있는 것이 아니었다.

그가 처음 방문한 나라들에는 분별없는 관습도 있었지만 우리의 도시, 국민, 국가, 왕국이 저지르고 있는 잘못을 바로잡는 데 모범이 될 만한 제도들도 많았다. 하지만 여기에서는 유토피아의 풍속, 습관, 법률, 규칙 등에 대해서만 말하고자 한다.

먼저 라파엘이 어떻게 해서 유토피아 이야기를 꺼내게 되었는지부터 말하겠다. 그는 우리가 사는 이쪽 세계와 지구 반대편의 저쪽 세계 모두에서 찾을 수 있는 여러 가지 잘못된 점들과 훌륭한 제도들에 대해 현명하게 이야기하였다. 그는 잠깐 방문했던 지역이라도 마치 평생 산 것처럼 그곳의 관습과 통치에 대해 예리하게 설명했고 피터는 그런 그에게서 감동을 받았다.

"라파엘 선생, 당신 같은 분이 왜 정치에 참여하지 않는지 모르겠습니다. 당신을 환영하지 않을 왕은 없을 텐데 말입니다. 당신이 가지고 있는 여러 국가와 민족에 대한 경험과 지식만으로도 국왕을 즐겁게 할 것이고, 더 나아가서 다양한 사례들과 충고를 들려준다면 아주 유익할 것입니다. 그러면 당신뿐 아니라 당신의 친척과 친구들에게도 많은 도움이 될 것입니다."

"사실 나는 친구나 친척들에 대해서는 그다지 신경 쓰지 않습니다. 내가 그들에게 할 수 있는 일은 다 했다고 생각하기 때문입니다. 대부분의 사람들은 늙고 병들어 더는 감당할 수 없을 때 재산을 내놓지만, 나는 젊고 건강할 때 그들에게 나누어 주었습니다. 그들은 그것으로 충분히 만족했을 것이고 내가 그들을 위해 국왕의 노예가 되는 것까지는 바라지 않을 것입니다.”

“하지만 제가 말씀드린 것은 공직에 나가 봉사하라는 것이지 노예가 되라는 것은 아닙니다.”

“그것은 결국 말장난과 같은 것 아니겠습니까?”

“뭐라고 하시든 공직에 나가는 것이 친구들이나 일반 대중 모두에게 도움을 줄 수 있을 뿐만 아니라 무엇보다도 선생이 더 안락한 삶을 누릴 수 있다고 생각합니다.”

“나에게 맞지 않는 일을 어떻게 할 수 있겠습니까? 요즈음 나는 내가 좋아하는 대로 하며 살고 있습니다. 어느 나라의 대신들보다 만족스러운 생활을 한다고 생각합니다. 게다가 왕들의 주변에는 이미 그들의 은총을 갈구하는 사람들이 워낙 많기 때문에 나 같은 사람 몇 명쯤 없다고 해서 큰 손실은 아닐 것입니다.”

“라파엘 선생, 당신이 부와 권력을 탐하지 않는다는 것은 잘 알겠습니다. 위대한 인물의 정신을 지닌 당신을 존경합니다. 하지만 당신이 개인적으로 조금 불리하게 되더라도 재능과 정열을 바쳐 공무에 헌신한다면, 그것은 결국 관대하고 철학적인 당신의 성격에 맞는 일이 되지 않겠습니까? 당신은 훌륭한 보좌관이 되어 왕이 정의로운 일을 하도록 영향력을 행사할 수 있을 것입니다. 왕은 모든 백성의 머리 위에 은혜나 고통을 끊임없이 쏟아 붓는 분수라고 할 수 있기 때문입니다. 당신은 이론적 지식뿐 아니라 실제적인 경험도 풍부합니다. 그 둘 중 한 가지만으로도 당신은 어느 왕에게나 이상적인 보좌관이 될 수 있을 것입니다.”

“모어 선생, 당신은 두 가지를 잘못 생각하고 있습니다. 하나는 나에 대한 것이고 다른 하나는 지금 말한 그 사실입니다. 뛰어난 능력을 가지고 있지도 않고, 나의 생활을 희생하면서까지 일해 봤자 다른 사람들이 더 나은 삶을 살지도 못할 것입니다. 무엇보다도 대부분의 왕들은 평화보다는 전쟁술에 더 큰 관심을 가지고 있는데 사실 그런 문제라면 나는 능력도, 관심도 없습니다.

왕들은 자신의 나라를 잘 다스리기보다는 모든 수단을 동원해서 영토를 넓히는 데 혈안이 되어 있습니다. 그런데다가 그들의 보좌관들은 다들 현명해서 다른 사람들의 충고를 필요로 하지 않습니다. 그 사람들은 기껏해야 국왕의 대관들이 내놓은 온갖 이상한 제안들을 승인할 뿐입니다. 대관들에게 아부해서 왕의 호의를 얻으려 하기 때문입니다. 물론 모든 사람들은 다 자기 의견이 최선이라고 생각하기 마련입니다. 어미 까마귀에게는 새끼 까마귀가, 어미 원숭이에게는 새끼 원숭이가 가장 예뻐 보이듯이 말입니다.

　다른 사람들을 시기하고 자신만이 옳다고 생각하는 사람들로 가득한 곳에서, 어떤 사람이 다른 시대의 일들에 대해 책을 통해 알게 된 내용이든 아니면 어느 먼 곳에서 직접 본 사실이든 이야기한다고 합시다. 사람들은 그런 의견에 대해 트집 잡지 않으면, 자신이 현명하다는 평판이 흔들리고 바보처럼 보인다고 생각합니다. 만일 그런 트집 잡기가 모두 실패하면 대개 '이 관습은 우리 조상 대대로 타당한 것이었고 그래서 우리도 우리 조상들만큼 현명하기를 바랄 뿐입니다.' 이렇게 말하며 피해 버립니다. 그러고는 문제를 잘 해결한 것으로 여기고 자신들의 자리로 돌아가 앉을 것입니다. 마치 누군가가 선조들보다 더 현명하다고 여겨지는 것이 아주 위험한 일이기라도 한 것처럼 말입니다. 사실 우리는 선조들이 남겨 준 최선의 생각들을 조용히 무시하는 경우가 많습니다. 그러면서도 더 나은 어떤 제안이 나오면 돌변해 버립니다. 그런 오만하며 고집스럽고 우스꽝스러운 편견을 나는 여러 번 보았습니다. 한번은 영국에서도 그런 적이 있었습니다."

"영국에도 있었습니까?"

"네, 몇 달 머문 적이 있습니다. 서부 지역의 반란이 처참한 대량 학살로 진압되고 나서 얼마 지나지 않은 때였습니다. 그 당시 나는 캔터베리의 대주교이자 대법관인 존 몰턴 추기경에게 신세를 많이 지고 있었습니다. 피터 선생은 모어 선생과는 달리 잘 모르겠지만, 그분은 권위뿐 아니라 지혜와 고귀한 인품으로도 존경을 받고 있었습니다. 키는 보통에 나이가 아주 많았지만 허리가 굽지 않았으며, 용모는 무서움보다는 존경심을 불러일으켰습니다. 그분의 말씀은 진지하고 근엄했지만 두려움을 자아내지는 않았습니다. 간청하러 오는 사람들이 있으면 냉정하게 대하는 편이었으나, 그들에게 악의가 있어서가 아니라 그들의 정신과 마음자세가 굳건한지를 살피기 위한 것이었습니다. 그분 자신이 바로 그러한 자세를 가지고 있었으므로 무례하지 않은 정도에서 시험해 보았던 것입니다. 그래서 그러한 품성의 사람이라면 국사를 맡는 데 아주 적합하다고 생각했던 것입니다. 그분의 말씀은 세련되고 명확했습니다. 법률지식 뿐만 아니라 이해력과 기억력도 놀라웠습니다. 그는 이러한 선천적인 능력을 자기계발과 훈련을 통해 더욱더 갈고 닦았던 것입니다.

내가 영국에 있을 때 왕이 그분의 조언에 크게 의지하여 마치 온 나라가 그에게 의존하고 있는 것처럼 보이기도 했습니다. 그분은 소년티를 채 벗기도 전에 학교를 떠나 궁정에 들어가 일생 동안 중요한 국사를 수행했고, 그러는 가운데 수많은 위기를 겪으면서 지혜를 얻었습니다. 그렇게 얻은 지혜는 쉽게 사라지지 않는 법입니다.

어느 날 그분과 함께 식사를 하는데, 영국인 변호사 한 분이 그 무렵 도둑들에게 행하던 가혹한 처벌에 대해 옹호하는 이야기를 했습니다. 그가 말하기를, 도처에서 도둑들을 교수형에 처하고 있어 한 교수대에서 20명이 처형되기도 한다는 것입니다. 교수형을 피할 수 없는데도 왜 여전히 많은 도둑들이 득실거리는지 이해할 수 없다고 했습니다. 그래서 추기경 앞이었지만 선뜻 나서서 말했습니다.

'그건 놀랄 일이 아닙니다. 이런 처형은 형벌로서 공정하지 않고 사회적으로도 바람직하지 않습니다. 과도하기만 할 뿐 범죄를 막는 데는 효과적이지 않습니다. 단순절도는 사형에 처할 정도의 큰 범죄가 아닙니다. 그리고 먹을 것을 구할 길이 전혀 없는 사람에게는 아무리 심한 처벌을 한다 하더라도 도둑질을 막을 수 없습니다. 이 문제는 영국만이 아니라 거의 모든 나라들이 다 똑같아서, 학생들을 가르치기보다는 매질만 하려 드는 교장 선생을 닮은 것 같습니다. 도둑질을 하다가 궁지에 몰려 죽게 만들 것이 아니라 모든 사람들이 자기 생계를 잘 유지할 수 있도록 해주어야 하는데도 당신은 단지 가혹하고 가공할 만한 처벌만 주장하고 있습니다.'

그러자 그 변호사는 이렇게 말하는 것이었습니다.

'물론 우리도 대책이 있습니다. 사람들이 일부러 악당이 되려고 하지만 않는다면 여러 직종의 일도 할 수 있고 농사일도 할 수 있지 않습니까?'

이 말에 나는 이렇게 말했습니다.

'그런 식으로는 이 문제를 피해갈 수 없습니다. 왕과 국가를 위해 전쟁에 나갔다가 불구가 된 병사는 제외하고 이야기하겠습니다. 얼마 전에 있었던 콘월전쟁이나 그 전에 있었던 프랑스전쟁에 참전했던 병사의 경우가 되겠지요. 집에 돌아온 그 병사는 본디 자신이 하던 일을 하기에는 너무 심한 불구가 되었고, 새로운 일을 배우기에는 너무 늙었다는 것을 깨닫게 됩니다. 하지만 어쨌든 전쟁은 자주 일어나는 일이 아니므로 이 사람들의 문제는 접어두기로 합시다. 일상적으로 일어나는 일들에 대해서만 생각해 봅시다.

대부분의 귀족들은 수벌처럼 게으르게 살아갑니다. 이들은 오직 소작농들의 노동력에 기대어 살면서 늘 소작료를 올려 악착같이 쥐어짭니다. 그렇게 하는 것이 그들이 유일하게 알고 있는 현실적인 경제관이기 때문입니다. 그렇게 하지 않으면 그들은 사치스러운 생활로 즉시 파산해버리고 말 것입니다. 게다가 그들에게는 자신들만큼이나 게으른 시종들이 많이 있습니다. 그들 역시 생계를 꾸릴 수 있는 다른 일은 전혀 배운 적이 없는 사람들입니다. 모시고 있던 주인이 죽거나 자신들이 병이라도 들면 곧바로 쫓겨나고 맙니다. 주인들은 차라리 게으른 사람은 데리고 있어도 병자는 데리고 있으려 하지 않기 때문입니다. 주인이 죽고 유산을 물려받은 상속자는 처음에는 그 주인만큼 큰 집과 시종들을 유지하는 것이 힘겨워 시종들을 내보내게 됩니다. 이렇게 쫓겨난 시종들은 도둑질을 하지 않으면 굶게 됩니다. 도대체 무슨 일을 할 수 있겠습니까? 떠돌이 생활로 건강을 해치고 옷은 해져, 얼굴이 핼쑥하고 누더기 차림이 되면 상류층 사람들은 그들을 거들떠보지도 않습니다. 농민들도 마찬가지입니다. 여태까지 호사스러운 생활에 길들여져 거들먹거리고 다니며 사람들을 멸시하던 시종들이 삽과 곡괭이를 들고 일을 잘할 리 없다는 것을 알기 때문입니다. 또 보잘것없는 임금과 형편없는 식사에 만족하면서 가난한 사람들 밑에서 열심히 일하지는 않을 것이기 때문입니다.'

그러자 변호사가 말했습니다.

'하지만 우리는 그런 사람들을 특별히 도와주어야 합니다. 전쟁이 일어나면 우리 군대는 이들에게 의존할 수밖에 없기 때문입니다. 평범한 일꾼이나 농사꾼보다는 그런 사람들이 용감하고, 더 확실한 의지와 자부심을 가지고 있습니다.'

그래서 나는 이렇게 대답했습니다.

'그 말씀은 전쟁 때문에 도둑들을 키워야 한다는 말과 같군요. 이런 사람들이 있는 한 도둑들은 사라지지 않을 것입니다. 어쨌든 도둑이 꽤 괜찮은 군인이 되고 군인이 꽤 괜찮은 도둑이 된다는 당신의 말이 전혀 틀린 것은 아닙니다. 이 두 직종은 서로 연결되어 있기 때문입니다. 하지만 지나치게 많은 시종들을 거느리는 관습이 꼭 이 나라만의 일은 아니고 거의 모든 나라에서 마찬가지입니다. 프랑스는 훨씬 더 심각하여, 평화라고 부를 수 있을지 모르겠지만, 평화로운 시기에도 온 나라에 용병들이 북적댑니다. 이 용병들을 고용하는 것은 당신 나라에서 귀족들이 게으른 시종들을 거느리는 것과 같은 이유입니다. 알고 있겠지만 잘난 체하는 사람들은, 공공의 안녕은 강력한 군대에 달려 있고 경험 많은 직업군인들이 특히 중요하다고 말합니다. 경험이 부족한 신병들은 신뢰할 수 없으므로 군인들을 훈련시키고 경험 많은 상비군을 유지하기 위해 가끔은 일부러라도 전쟁의 구실을 찾습니다. 살루스티우스가 표현한 것처럼 전투 경험 부족으로 전투력이 떨어지는 일은 없도록 해야 한다는 것입니다.

하지만 프랑스는 이런 야수 같은 자들을 먹여 살리는 일이 얼마나 위험한지 아주 비싼 대가를 치르고 나서야 알았습니다. 로마, 카르타고, 시리아, 그 밖에도 많은 사례들이 그 점을 말해줍니다. 상비군은 늘 기회가 있을 때마다 정부뿐만 아니라 도시와 심지어는 농촌까지 파괴하곤 했습니다. 하지만 그렇게 늘 전쟁에 대비하고 있어봐야 별 소용도 없습니다. 젊을 때부터 철저한 군사 훈련을 받은 프랑스 군대가 전시에 징집한 영국 병사들과 싸워 큰 승리를 거두지 못했던 것만 보아도 알 수 있는 일입니다. 두 분 앞에서 아첨하는 것으로 들릴지도 모르니 이 정도에서 멈추겠습니다.

어쨌든 도시 노동자들이나 시골의 순박한 농부들도 게으른 시종들과 싸우는 일을 두려워하지는 않습니다. 사고를 낸다든지 극심한 궁핍으로 인해 몸이 약해지는 일만 없다면 말입니다. 사실 시종들은 한때 강하고 건장했다 하더라도 게으르고 나태한 생활 때문에 힘없고 무능하게 된 사람들입니다. 따라서 그들에게 유용한 기술을 가르치고 남자다운 일을 하도록 만든다면 남자다움을 모조리 잃어버릴 위험은 거의 없을 것입니다. 하여튼 전쟁에 대비한다는 명분으로 그토록 많은 군사들을 유지해서 평화를 교란하는 것은 결코 도움이 되지 않습니다.

하지만 이것만이 사람들이 도둑질을 하게 되는 유일한 원인은 아닙니다. 또 한 가지, 특히 영국에만 독특하게 적용되는 요인이 있습니다.'

'그 요인이 무엇입니까?'

추기경의 물음에 나는 이렇게 대답했습니다.

'영국의 양입니다. 양은 보통 온순하고 아주 적게 먹는 동물이지만 이제는 엄청난 식욕을 갖게 되었고, 난폭해져서 급기야는 사람까지 잡아먹는다고 들었습니다. 양들은 논과 집, 마을까지 모두 황폐하게 만들어 버립니다.

아주 부드럽고 비싼 양모를 얻을 수 있는 곳이라면 어디에서든지 귀족과 지주들 심지어는 성직자까지도 자신의 선조들이 토지에서 거두어들이던 수익에 점점 불만을 품게 되었습니다. 그들은 더 이상, 이 사회에 아무런 도움도 되지 않고 나태와 사치 속에서 사는 것만으로도 부족하다는 듯이 이제는 더 적극적으로 악행을 저지릅니다. 그들은 자신의 소유지에 울타리를 쳐서 목초지를 만들고 아무도 농사를 짓지 못하게 합니다. 심지어 집과 마을을 모두 파괴하고 교회만 양 우리로 쓰기 위해 남겨놓습니다. 이미 많은 땅을 방목지와 사냥용 짐승 보호지로 만들어 버린 것도 모자라 이제는 주거지와 경작지마저 황무지로 만들어버리고 있습니다.

그러면 어떤 결과가 나타날까요? 이렇게 만족을 모르고 탐욕을 부리는 한, 사람들이 수천 에이커의 땅을 울타리로 막아버려 수백 명의 농민들은 쫓겨나게 됩니다. 농민들은 사기를 당하거나 협박에 못 이겨 자신의 땅을 팔 수밖에 없습니다. 남자와 여자, 남편과 아내, 고아와 과부, 어머니와 어린아이 등 가난한 사람들은 모두 떠나게 됩니다. 농사일은 많은 일손을 필요로 하기 때문에 이 사람들은 대개 가난하고 식구도 많습니다.

정든 집을 떠나 낯선 곳으로 가야 하는 그들은 어떻게 살아야 할지도 알 수 없습니다. 적절한 값에 집을 사줄 만한 임자를 기다리고 있을 수만은 없기 때문에 모든 세간들을, 어차피 넉넉한 값을 받을 수도 없는 물건들이지만, 몇 푼 안 되는 헐값에 팔아버려야 합니다. 여기저기 떠돌이생활을 하며 그 얼마 되지도 않는 돈마저 다 날리게 되면 도둑질말고는 할 수 있는 일이 없습니다. 그래서 결국은 교수형에 처해지거나 유랑하며 구걸하게 되는 것입니다.

하지만 유랑민이 되면 게으르다는 이유로 감옥에 갇히게 됩니다. 일할 수 있다면야 기꺼이 하겠지만 아무도 일자리를 주지 않습니다. 이 사람들은 농사짓는 사람들인데 경작할 땅이 없으니 일자리가 있을 리 없지요. 경작과 수확을 위해서는 많은 일꾼들이 필요했지만 가축을 풀어놓은 뒤에는 한 명의 양치기만 있으면 충분하게 되었습니다.

식료품 가격이 급등한 것도 같은 이유입니다. 게다가 양모 가격도 엄청나게 올라 그것을 가공하여 팔던 직공들은 더 이상 양털을 살 수도 없게 됩니다. 즉 더욱더 많은 사람들이 일자리에서 쫓겨나게 된다는 뜻입니다.

그렇게 된 것은 농지를 목장으로 조성하고 난 뒤 역병이 돌아서 양들이 떼죽음을 당했기 때문입니다. 마치 하느님께서 벌하기 위해 전염병을 내린 것 같습니다만 사실 그 동물들보다는 그 주인들에게 벌이 내렸으면 더 좋았을 것입니다.

하지만 설사 양의 수가 크게 늘더라도 가격이 떨어지지는 않을 것입니다. 독점은 아니더라도 아주 적은 몇몇 사람들이 과점하는 형태가 될 것이기 때문입니다. 게다가 그들은 부자들이어서 그들이 원하는 가격을 받기 전에는 절대 팔려고 하지 않을 것입니다. 마찬가지로 다른 가축들의 가격도 크게 올랐습니다. 농장의 붕괴와 그로 인한 전반적인 농업의 붕괴로 인해 가축을 기르는 농가가 현저히 줄어들 것이기 때문입니다. 부자들은 새끼 양만큼 많은 송아지를 키우려 하지는 않고, 다만 말라빠진 송아지를 싸게 구입해 자기 목장에서 살찌게 만든 다음 비싼값에 파는 일만 하려고 합니다. 이런 나쁜 체제의 악영향은 아직 완전히 다 드러나지 않은 것 같습니다. 이런 장사꾼들이 살이 오른 송아지들을 팔 때 가격을 올리려 한다는 것을 우리는 잘 압니다. 그런데 송아지를 증식시키는 것보다 더 빠르게 구입하면 결국 구입지에서도 송아지 공급이 줄어들게 될 터이므로 장차 대량 부족사태가 일어날 것입니다.

그리하여 몇몇 탐욕스러운 사람들로 인해 나라가 몰락할 것입니다. 치솟는 식료품 가격 때문에 부자들은 시종 수를 줄이고, 쫓겨난 이들은 구걸을 하거나 도둑이 되는 것입니다.

이런 비참한 빈곤을 더 악화시키는 것은 방탕한 사치입니다. 귀족의 시종들만이 아니라 상인과 농부, 그 외 모든 사회계층 사람들이 화려한 옷치장과 호사스러운 음식에 탐닉하고 있습니다. 선술집들을 보면 도박, 카드 놀이, 주사위 놀이, 테니스, 볼링, 쇠고리 던지기 등 모두가 그들의 돈을 쉽게 잃게 하는 것들이며 곧바로 도둑이 되도록 하는 것들입니다.

이러한 병폐를 없애야 합니다. 농장이나 농촌 마을을 황폐화시킨 사람들

자본가들은 비싼 양모를 생산하기 위해 농사짓던 토지를 거두어들여 양 떼를 풀어 놓았다. 양 떼에 밀려난 농민들은 삶의 터전을 잃어버리고 유랑민 신세가 되었다.

에게 그것을 복구시키든지, 자기가 하지 않겠다면 그렇게 하려는 사람들에게 땅을 넘기도록 하는 법을 제정하십시오. 부자들이 사재기와 독점을 하게 해서도 안 됩니다. 농업과 직물업을 되살려서 가난 때문에 도둑이 된 사람, 부랑자들이나 나태한 시종생활을 하다 도둑이 될 것이 뻔한 사람들에게 일거리를 주십시오. 이러한 악폐에 대해 어떤 대책도 강구하지 못하면 도둑을 상대로 하여 정의를 실현한다고 자랑할 일이 못 됩니다. 이 정책은 정의로워 보이지만 실제로는 정의롭거나 현실적이지도 않은 겉치레일 뿐이기 때문입니다. 젊은이들을 처음부터 잘못 가르쳐서 부패하도록 만들었다면 잘못을 저지르도록 유도한 것과 마찬가지입니다. 그래놓고 어른이 되었을 때 그런 잘못에 대해 처벌한다면 도둑을 만들어놓고 처벌하는 것과 무엇이 다릅니까?'

내가 이렇게 말하는 동안 변호사는 이미 대답을 준비해 두고 있었습니다만 그건 대답이라기보다는 기억력이 좋다는 것을 과시하듯 이미 말했던 내용을 되풀이하는 것이었습니다.

'당신은 외국인치고는 꽤 말을 잘했습니다만, 정확하게 이해하기보다는 소문에 따른 내용이 더 많았습니다. 먼저 하나하나 명백하게 증명하겠습니다. 당신이 이야기한 내용을 순서대로 반복하고, 다음에 우리의 관습에 대해 당신이 오해한 점을 설명하겠습니다. 그리고 마지막으로 당신의 주장을 모두 반박하여 뒤엎도록 하겠습니다. 당신은 네 가지 점에서……'

그때 추기경이 그의 말을 막았습니다.

'들어보니 당신의 이야기는 몇 마디로 끝날 것 같지 않군요. 지금 무리하게 답할 필요는 없습니다. 두 분 다 괜찮다면 내일 다시 만나서 그때 이야기하도록 하지요. 그보다는 라파엘 선생, 내가 듣고 싶은 것은 당신은 왜 절도를 사형으로 처벌하면 안 된다고 생각하며, 사형이 아니라면 더 적합한 처벌은 무엇이라고 생각하는가 하는 점입니다. 당신도 절도에 대해 아무런 처벌도 내리지 말아야 한다고 생각하지는 않을 것입니다. 사형으로도 도둑질이 근절되지 않는 것이 현실입니다. 그런데 당신이 말하는 대로 생명을 보장해 준다면 무엇으로 범죄를 막는다는 것입니까? 가벼운 형벌이 오히려 범죄를 조장하는 것으로 보이지는 않을까요?'

'돈을 훔쳤다고 해서 목숨을 빼앗는 것은 옳지 않다고 생각합니다. 세상의 어떤 것도 사람의 목숨만한 가치를 가진 것은 없기 때문입니다. 돈을 훔쳤기 때문이 아니라 법을 위반하고 정의를 훼손했기 때문에 처벌되는 것이라고 말할지도 모르겠습니다만, 그렇다면 절대적인 정의라는 개념이 절대적으로 부당한 것 아닙니까. 아주 사소한 위반이라 할지라도 칼을 뽑아야 하는 독재 정권이나 살인과 절도를 법적으로 구분하지 않는다는 스토아적인 견해를 받아들여서는 안 됩니다. 형평을 따지고 생각하면 살인과 절도는 완전히 다른 것입니다.

  하느님께서는 살인하지 말라고 하셨습니다. 돈 몇 푼 훔친 도둑을 죽이는 일이 과연 옳을까요? 이것이 오로지 인간의 법이 적용되지 않는 불법적인 살인에만 허용될 뿐이라고 주장한다면 강간, 간통, 위증을 합법화하는 법들도 만들어질지 모릅니다. 하느님께서는 살인하는 것뿐만 아니라 자살하는 것도 금하셨습니다. 만일 우리가 합의하에 살인을 허락하는 법을 만든다면 이는 하느님의 말씀을 자유롭게 피할 수 있는 권리를 인정하는 셈이 되고, 하느님의 말씀보다 인간의 법을 우선시하는 것입니다. 결국 하느님의 말씀을 얼마만큼 따라야 하는지 인간들이 스스로 정하는 결과가 될 것입니다. 모세의 법은 무척 다루기 힘든 노예들에 대한 것으로서 가혹한 것이었습니다만, 절도에 대해서는 사형이 아니라 벌금을 부과하였습니다. 하느님께서 우리에게 온화함으로 대하는 새로운 자비의 법을 주셨는데도, 인간들은 서로를 잔인하게 대하도록 허가해 준 것으로 생각해서는 안 됩니다.

  이런 것들이 내가 도둑들을 사형에 처해서는 안 된다고 생각하는 이유입니다. 사실 절도와 살인을 똑같이 처벌하는 것이 불합리할 뿐만 아니라, 사회를 위해서도 매우 위험합니다. 절도죄와 살인죄가 같은 처벌을 받는다면, 도둑들은 단지 돈만 훔쳐가도 될 상황에서 살인까지 저지르고 말 것입니다. 증인까지 살해하면 범죄를 숨길 수 있을테니까요. 그래서 절도범들을 겁주려는 노력이 실제로는 무고한 사람을 죽이도록 만들고 있는 셈입니다.

  그렇다면 어떤 형벌이 적합할지 질문하셨는데, 만약 어떤 형벌이 더 나쁜지를 물었다면 더욱 대답하기 어려울 것입니다. 능수능란한 행정관이었던 로마인들이 오랫동안 사용한 형벌의 효율성을 왜 의심해야 할까요? 로마인들은 극악한 범죄를 저지른 사람들을 광산이나 채석장에서 평생 노역을 하도록 했습니다.

하지만 제가 알고 있는 가장 훌륭한 제도는 페르시아 여행 중에 폴릴레리타에라는 지방에서 알게 된 것인데 그 지역은 광대하고 사회제도도 잘 짜여 있으며, 페르시아 왕에게 세금을 바쳐야 하는 것 말고는 자유를 누리며 자신들의 법을 유지하고 있었습니다. 바다에서 멀리 떨어져 산으로 둘러싸여 있고, 토지가 비옥하고 거두어들이는 수확만으로도 만족스러운 생활을 할 수 있어서 외국인들과는 거의 교류가 없었습니다. 옛날부터 영토 확장을 꾀하지 않고, 또 영토가 산으로 둘러싸여 있는 데다 페르시아 왕에게 조공을 바치고 있어서 외부의 침략은 걱정하지 않았습니다. 이들의 생활은 호화롭지는 않았지만 평온하였으며, 영광을 누리지는 않았지만 행복했습니다. 그래서 이 나라는 바로 이웃 나라말고 다른 나라에는 거의 알려져 있지 않았습니다.

폴릴레리타에서는 도둑질을 하다 잡힌 사람은 주인에게 훔친 물건을 변상합니다. 이는 다른 나라에서 거의 훔친 물건을 왕에게 바치는 것과는 다른 것입니다. 그들은 왕도 절도범과 마찬가지로 훔친 물건에 대해서 아무런 권리도 없다고 생각합니다. 만일 훔친 물건이 없어지면 절도범의 재산에서 변상케 합니다. 남은 재산은 모두 절도범의 아내와 아이들에게 넘겨주고, 절도범 자신은 중노동형에 처해집니다. 폭력으로 강탈한 경우 외에는 절도범을 감금하거나 족쇄를 채우지 않고, 공공노역장에서 일하도록 합니다. 그들이 노역을 거부하거나 게으름을 피우면 쇠사슬을 채우는 대신 채찍질을 합니다. 대신 일을 열심히 하면 모욕적인 대우를 받지 않으며, 저녁에 점호를 한 다음 정해진 숙소에 갇히는 것과 오랫동안 노동을 해야 한다는 것 말고는 사는 데 불편함이 없습니다.

그들은 국가를 위해 일을 하기 때문에 공공비용으로 충분한 음식을 제공받는데, 구체적인 방식은 지역마다 조금씩 다릅니다. 어떤 곳에서는 사람들의 자선으로 도움을 받습니다. 이것은 조금 불안정해 보일지 모르지만 사실 이보다 더 좋은 방법은 없습니다. 다른 곳에서는 이들을 돕는 비용을 따로 마련하기도 하고 특별세를 걷기도 합니다. 어떤 곳은 노역을 시키는 대신 개인 사업체에서 일하게도 합니다. 노동력이 필요한 사람들이 시장에서 자유인 노동자에 비해 값싼 임금으로 죄수를 고용합니다. 그들이 게으름을 피우면 채찍질을 할 수 있도록 허용돼 있습니다. 이러한 제도를 통해 죄수들은 언제나 일자리를 갖게 되고, 저마다 그만큼의 이익을 국고에 적립하게 됩니다.

그들은 다른 사람들과 구별되는 한 가지 색깔의 옷만을 입습니다. 머리는 깎지 않고 한쪽 귀 끝을 살짝 자른 다음 그 부분의 머리를 짧게 자릅니다. 친구들은 그들에게 음식과 음료 그리고 정해진 색깔의 옷을 줄 수 있지만, 돈을 주거나 받게 되면 주는 사람이나 받는 사람 모두 사형에 처합니다. 어떤 이유가 되었든 자유인이 그들로부터 돈을 받는 것도 사형에 처하고 노예가 무기에 손을 대는 것도 마찬가지입니다.

노예들은 이 나라 어떤 지역에서든 특별한 표식을 하게 되어 있습니다. 이 표식을 버리거나 자신의 지역을 벗어나거나 다른 지역의 노예들과 이야기를 나누면 사형에 처해집니다. 탈주를 모의하는 것은 탈주 그 자체만큼 위험한 일입니다. 탈주계획을 모의하면 노예는 사형이고, 이에 협력한 자유인은 노예가 됩니다. 반면 도주계획을 신고하면 보상을 받습니다. 자유인이라면 많은 보상금을 받고 노예에게는 자유가 주어집니다. 심지어 범죄계획에 가담했다고 해도 제보자는 사면을 받게 됩니다. 즉 탈주계획을 모의하는 것보다는 그것을 포기하는 편이 훨씬 더 안전한 것입니다.

바로 이런 식으로 제도가 운영되고 있으며, 분명 이 제도는 인간적이고 합리적입니다. 형벌의 목적은 악을 근절하고 사람을 구하는 것입니다. 범죄자로 취급함으로써 정직하게 살 필요를 느끼도록 하고 남은 일생 동안 그들이 지은 죄에 대해 스스로 보상하도록 하는 것입니다.

실제 그들이 다시 옛날 생활로 돌아갈 위험은 거의 없습니다. 그래서 여행자들은 노예들을 가장 좋은 안내인이라 보고 그들의 안내를 받다가 구역이 바뀌는 곳에서 노예 안내인을 바꿉니다. 노예들은 무기도 없고 돈을 소지하면 그것은 범죄를 저질렀다는 증거가 됩니다. 범죄를 저지르다 잡히면 그 자리에서 처벌받고, 탈주할 가능성도 없습니다. 다른 사람과는 완전히 다른 옷을 입고 있기 때문에 벌거벗고 뛰지 않는 한 도망갈 수 없습니다. 또 그들의 잘린 귀 때문에 곧 신분이 밝혀질 것입니다.

물론 그들이 국가에 반역을 꾀할 위험도 있습니다만 여러 구역의 노예들을 끌어들여야 하므로 그럴 가능성은 전혀 없습니다. 이웃 구역의 노예들과는 만나거나 말하거나 심지어 인사하는 것도 허락되지 않기 때문에 그런 것은 아예 불가능합니다. 반역에 가담하는 것은 아주 위험한 반면 반역을 밀고하는 것은 대단한 이익임을 잘 알기 때문에 다른 노예를 가담시키는 위험은 감수하지 않습니다. 게다가 명령에 따르고 인내하면 언젠가 자유를 되찾으리라는 희망이 있습니다. 실제로 매년 상당수의 노예들이 모범적인 행동으로 사면 받고 있습니다.'

이 말을 마치고 난 뒤, 나는 이 제도를 영국에서 받아들이지 않을 이유가 없으며, 그렇게 되면 변호사가 그렇게 높이 평가한 '정의'보다 더 이롭지 않겠느냐는 말을 덧붙였습니다. 그러자 그 변호사는 고개를 가로저으며 경멸하는 듯한 미소를 띠고 이 제도를 도입하면 나라가 큰 위험에 빠질 것이라고 단언했습니다. 그 자리에 있던 사람들 모두 그의 의견에 동의했습니다.

그때 추기경이 말했습니다.

'실제로 실행해보지 않고서 효과가 있을지 없을지 예측하기는 힘든 일입니다. 어떤 혐의자에게 사형이 언도되었을 때 사형 집행을 일시 유예하고 죄인 감호소의 모든 권한을 폐지해 이 제도가 잘 작동하는지 시험해 볼 수 있을 것입니다. 만일 이 제도가 잘 작동하는 것으로 밝혀지면 그때 법으로 확정하면 됩니다. 그리고 잘 작동하지 않는다면 그때는 그 사람에 대한 형을 집행하면 됩니다. 일찍 형을 집행하지 않았다고 해서 위험한 일이 일어날 거라고는 생각하지 않습니다. 그리고 부랑자를 똑같은 방식으로 다루는 것도 괜찮을 거라 생각합니다. 우리는 늘 부랑자들에 대한 법률을 많이 시행했지만 그 중 어느 것도 실질적인 효과를 거두지 못했기 때문입니다.'

추기경이 이렇게 결론을 내리자 이전에 내가 말했을 때는 경멸하는 듯한 태도를 보이던 사람들이 모두 찬성을 하였습니다. 특히 부랑자 문제에 대해서는 확실한 반응을 보였는데 그것은 추기경이 직접 제시한 것이기 때문이었습니다.

그 뒤의 대화는 시답잖아 말할 가치가 있는지 모르겠으나, 나쁜 이야기도 아니고 또 우리 주제와 관련이 있으니 말씀드리도록 하겠습니다.

그 자리에 남의 집 식객으로 있는 사람이 하나 있었습니다. 그는 농담을 자주 했는데 대개는 어처구니없는 것들이어서 사람들은 그 농담보다는 차라리 그 사람에 대해서 웃어주곤 했습니다. 하지만 주사위를 여러 번 던지다 보면 언젠가는 행운을 얻는다는 속담처럼 가끔은 기발한 것도 있었습니다.

그 자리의 누군가가, 나는 도둑에 대해서 이야기했고 추기경은 부랑자에 대해서 이야기했으니 이제 남은 것은 너무 늙어 생계를 유지하기 힘든 가난한 사람들을 위한 적절한 대책을 결정하는 것뿐이라면서 그에게 의견을 물었습니다.

그는 이렇게 답하더군요.

'그 문제라면 내가 어떻게 해야 하는지 말씀드리겠습니다. 나는 언제나 그들과 마주치지 않기를 바랍니다. 구슬프게 노래 부르며 돈을 구걸하는 그들 때문에 너무나 괴로웠지만 어떤 감흥도 없어 돈을 주진 않았습니다. 사실 뭔가를 주고 싶지 않거나 아니면 주고 싶은 마음이 들어도 줄 것이 전혀 없거나 했습니다.

그들은 이제 내게 기대할 것이 전혀 없다는 걸 알게 되었습니다. 내가 사제장보다 나을 것이 없다는 것을 아는 것 같습니다. 나는 그들을 베네딕트 수도원으로 보내서 남자들은 수사, 여자들은 수녀가 되도록 하는 법을 만들겠습니다.'

추기경이 웃으면서 농담으로 찬성을 표하자 다른 사람들은 모두 진지한 표정으로 동의를 했습니다. 하지만 신학을 연구한 탁발수사는 동의하지 않았습니다. 평소 무척이나 근엄한 표정을 짓고 있는 사람이었지만, 사제와 수도사에 대해 빈정대는 말이 재미있었는지 농담을 걸기 시작했습니다.

'탁발수사에 대한 대책을 세우지 않는 한 모든 걸인들을 없애지는 못할 것입니다.'

그러자 그 식객이 이렇게 말했습니다.

'그 문제에 대해선 이미 준비가 되어 있습니다. 부랑자들을 체포해서 노역을 시켜야 한다고 추기경님이 제시하지 않으셨습니까?'

모두 추기경을 바라봤는데, 반대의 뜻이 없자 다들 환호했습니다. 그 탁발수사만 빼고 말입니다. 무리도 아니지만 탁발수사는 화가 나 욕설을 퍼부었습니다. 그는 악마의 자식, 악당, 중상모략가, 불경한 말을 하는 자라고 하며 성서에 나오는 문구를 인용하면서 협박을 했습니다. 그러자 그 식객도 진면목을 발휘해 말하였습니다.

'화내지 마세요. 성경에도 너희는 참고 견디는 가운데 너희의 생명을 얻으리라는 말이 있지 않습니까.'

탁발수사는 소리쳤습니다.

'화내는 것이 아니야, 이 죽일 놈아. 그리고 적어도 죄는 짓지 않았네. 시

편에 이르기를 차라리 화를 내더라도 죄는 짓지는 말라고 되어 있네.'

추기경이 탁발수사에게 진정하라고 타일렀지만 그는 계속 말했습니다.

'추기경님 저는 성심으로 이야기하는 것입니다. 성인들은 모두 성심을 가지고 있지 않습니까. 성경에도, 주의 집에 쏟은 내 열정이 내 안에서 불처럼 타고 있습니다라고 되어 있지 않습니까. 그리고 교회에서 부르는 찬송가에도, 하느님의 집으로 가는 엘리사에게 대머리라고 놀리던 사람들은 성심의 화를 당했다고 되어 있습니다. 그 말처럼 불경한 말을 떠벌리는 자도 똑같은 일이 일어날 것입니다.'

'당신 말이 맞을 테지만, 바보와 싸워 스스로 바보가 되도록 하지 않는다면 그대의 행동이 더 성스럽던지 더 현명해 질 것입니다.'

'아닙니다. 저는 아주 현명하게 행동했습니다. 가장 현명하다는 솔로몬이, 어리석은 자에게는 그 어리석음에 맞게 대답하라고 하였는데, 바로 지금 제가 그렇게 행동하고 있습니다. 저는 저 사람이 조심하지 않으면 어떤 지옥 구덩이에 떨어지게 되는지 가르쳐주려는 것입니다. 엘리사 한 사람을 대머리라고 조롱하던 많은 사람들이 화를 당했습니다. 그렇다면 이 자는 더 큰 화를 당할 것입니다. 혼자서 기독교계의 모든 탁발수사를 조롱하고 있으니 말이지요. 탁발수사는 대부분이 대머리 아닙니까! 그리고 우리를 놀리는 사람들은 파문에 처한다는 교황의 교서도 있습니다.'

논쟁이 쉽게 끝나지 않을 것으로 판단한 추기경은 그 식객에게 눈짓을 해서 그 자리를 떠나도록 하고 화제를 다른 쪽으로 바꾸었습니다. 그러고는 곧 탄원을 하러 온 사람들을 만나기 위해 자리를 떠났고 우리도 헤어졌습니다.

모어 선생, 내가 지루한 이야기를 너무 길게 한 모양입니다. 당신이 이 이야기를 해달라 했고, 이야기를 열심히 들어주시니 망정이지 그렇지 않았으면 내가 조금 창피했을 것입니다. 사실 더 짧게 이야기를 할 수도 있었지만 일부러 길게 한 것은, 처음에 내 주장을 비난하고 공격하다가 추기경이 찬성하자 곧바로 사람들이 내 말을 받아들이던 일을 말씀드리기 위해서였습니다. 추기경이 식객의 제안에 농담 삼아 동감을 표시하자 그 제안에 박수를 보내면서 환호할 정도로 사람들은 아부를 잘합니다. 이것으로 궁정의 대신들이 내 조언에 대해 어떤 식으로 반응할 것인지는 미루어 짐작하실 수 있을 것입니다."

"라파엘 선생, 좋은 말씀 잘 들었습니다. 말씀 하나하나 재미있고 유익했습니다. 이야기를 듣는 동안 다시 어린 시절의 고국 땅으로 되돌아간 듯했습니다. 나는 어릴 적 추기경의 궁정에서 살았기 때문입니다. 전부터 친밀감을 가지고는 있었지만, 추기경에 대해 좋은 추억을 가지고 계시다니 더욱 좋아지는 것 같습니다. 하지만 궁정에 대한 혐오감만 떨쳐버릴 수 있으셨다면 선생의 조언이 많은 사람들에게 커다란 도움이 되었을 것이라는 생각은 지울 수가 없습니다. 당신 같은 훌륭한 분이 조언을 하는 것은 당연한 의무라고 생각합니다.

플라톤은 '철학자가 왕이 되든지 아니면 왕 자신이 철학자가 되어야만 나라가 행복해진다'고 말하였습니다. 그런데 철학자들이 왕에게 조언하기를 꺼린다면 행복한 국가는 영원히 이룩할 수 없는 것입니다."

"철학자들이 그렇게까지 몰인정하지는 않습니다. 만일 왕이 그들의 조언을 받아들일 준비만 되어 있다면 그들은 기쁜 마음으로 봉사하였을 것입니다. 실제로 많은 철학자들이 책을 통해 이미 많은 조언을 했습니다. 그것은 분명 플라톤의 말을 실천한 것이 아니겠습니다. 플라톤 자신이 디오니소스에게서 그런 경험을 했습니다. 내가 왕에게 합리적인 법을 제안하고 그의 영혼에서 사악함과 타락을 없애버리라고 권하기 시작한다면 나는 곧 추방당하거나 웃음거리가 될 것입니다.

예를 들어 내가 프랑스 내각 수뇌부의 비밀회의에 참석한다고 상상해봅시다. 왕은 자리에 앉아 있고, 현명한 고문관들은 모여 앉아 교묘한 전략을 짜고 있습니다. 왕은 밀라노를 지배하고, 프랑스의 영향에서 벗어나려는 나폴리를 정복한 다음, 베네치아인들을 몰아내서 온 이탈리아를 굴복시키려고 합니다. 그 다음에는 플랑드르와 브라반트, 부르고뉴를 프랑스 영토로 병합하고 그 외 다른 나라까지 침략할 생각을 합니다. 어떤 고문관은 베니스와 조약을 맺고, 왕이 편리하다고 생각하는 기간 동안에만 그 효력을 유지하자고 제안합니다. 전리품도 일부는 넘겨주어야 하지만 나중에 원했던 것을 다 얻게 된 뒤에는 언제라도 그 전리품을 돌려달라고 요구할 수 있게 되는 것입니다. 또 다른 고문관은 독일 용병을 고용하자는 제안을 하고, 세 번째 고문관은 스위스 용병을 매수하자는 의견을 냅니다. 네 번째 고문관은 신성로마제국 황제에게 거액의 금을 제공해서 회유하도록 권합니다. 다섯 번째 고문관은 아라곤 왕과 조약을 맺되, 평화를 유지하기 위해서 나바르 왕국을 넘겨주자고 건의합니다. 또 어떤 사람은 카스틸랴 황태자와 결혼동맹을 맺는 것이 중요하며, 그러기 위한 첫걸음은 우선 비밀리에 보조금을 주는 방식으로 그 궁정 귀족들을 매수하는 것이라고 말합니다. 가장 어려운 문제는 영국을 어떻게 하느냐 하는 것입니다. 현재 취약한 상태에 있는 영국과의 동맹을 강화해야 하지만 영국은 친구이면서 동시에 언제 돌아설지 모르는 적이므로 경계해야 합니다. 그래서 스코틀랜드인들을 항상 준비시켜 영국이 조금이라도 혼란에 빠지면 곧 공격하도록 만들자는 제안을 합니다.

왕위 계승을 주장하다 추방된 영국 귀족을 은밀히 부추기는 것도 역시 훌륭한 방책입니다. 공개적으로 조약을 맺을 수는 없지만 이런 방법으로 왕은 영국의 왕을 적절히 통제할 수 있게 됩니다. 그렇게 해두지 않으면 영국 왕은 절대로 믿을 수 없는 인물입니다.

이처럼 많은 문제들이 걸려있고 많은 인사들이 정교한 전략들을 앞 다투어 내놓고 있는 자리에서 내가 일어나 전혀 엉뚱한 방향의 조언을 한다고 생각해 보십시오. 왕에게 이탈리아에 대해선 잊어버리고 국내에 머물러 있으라고 권유하는 것입니다. 프랑스는 어느 한 사람이 잘 다스리기에는 너무 큰 나라이니, 더 이상 영토 확장에 신경 쓸 필요가 없다고 조언합니다. 그리고 유토피아의 남동쪽에 위치한 아코리이의 법령을 채택해야 한다고 하면 어떻게 될지 생각해 보십시오. 아주 오래전 이 나라의 국왕은 혼인관계를 구실로 삼아 이웃 나라의 왕위계승권이 자신에게 있다는 주장을 하면서 전쟁을 일으켜서 승리를 거두었습니다. 그런데 곧 왕국을 점령할 때만큼이나 통치하기도 어렵다는 사실을 알게 되었습니다. 새로 얻은 나라의 사람들이 기회만 있으면 반역을 꾀하고 매일같이 폭동을 일으키고 외적의 침입이 끊이지 않았습니다. 그들은 언제나 백성들을 보호하기 위해 싸우거나 그 백성들과 싸워야만 했습니다. 그래서 항시 군대를 해산할 수 없었고, 그러는 동안에 많은 자금이 국외로 빠져나갔으며, 또 많은 사람들이 피를 흘리고 전쟁을 치르고 있던 때보다 불안한 상태였습니다. 전쟁으로 살인과 절도는 쉽게 일어나고 법률은 무시되었습니다. 왕이 두 나라를 통치하느라 어느 한 나라도 제대로 다스릴 수 없었기 때문입니다. 이러한 절망적인 사태가 끝없이 지속되리라는 것을 깨닫고 아코리이 사람들은 두 나라를 통치할 수는 없으므로 어떤

영국 국왕 헨리 8세(1491~1547)
영국 영사상 가장 강력한 군주로서 로마 가톨릭에 복종하기를 그만두고, 영국 국교회를 완전히 자신의 지배하에
두었다.

나라를 유지하고 싶은지 정중하게 물어보았습니다. 두 나라의 백성들이 너무 많아서 반쪽짜리 왕으로서는 통치가 힘들다고 이야기하고, 노새 몰이꾼을 고용할 때에도 만일 그 사람이 동시에 두 마리의 노새를 몰아야만 한다면 그를 쓰지 않을 것이라고 덧붙여 이야기했다는 것입니다. 결국 왕은 자신의 나라에만 만족해야 했고 새 왕국은 친구에게 넘겨주었지만 곧 쫓겨났습니다. 한 사람의 욕심 때문에 전쟁은 재원을 고갈시키고 사람들의 사기를 떨어뜨리며 결국은 불행한 일로 끝맺게 될 것입니다. 그러므로 조상에게 물려받은 나라에 온 힘을 기울여 그 나라를 훌륭하게 잘 지키고 가꾸면서 백성들을 사랑하고 또 그들로부터 존경을 받으며 살고, 이미 이 나라도 충분히 크니 영토 확장에 대한 모든 생각을 포기하라고 조언합니다. 자, 모어 선생, 나의 제안을 어떻게 생각할 것 같습니까?"

"전혀 귀담아 듣지 않겠지요."

"또 이런 생각도 해봅시다. 어떤 왕의 고문관들이 국고를 채우기 위한 여러 계획을 논의한다고 생각해봅시다. 한 고문관은 왕이 돈을 내주어야 할 때는 화폐가치를 올리고, 돈을 받아야 할 때는 화폐가치를 내리자고 제안합니다. 그렇게 하면 왕은 거액의 부채를 소액의 돈으로 갚을 수 있고, 소액만 거둘 수 있는 상황에서 거액을 모을 수 있을 것입니다.

다른 고문관은 전쟁을 일으키는 척해서 그것을 구실로 삼아 세금을 걷자는 것입니다. 그러고 나서 적절한 시기에 백성들을 걱정하는 자애로운 왕으로서 무고한 백성들이 피 흘리는 것을 지켜볼 수 없다는 자세로 전쟁을 철회하고 평화조약을 맺는 것입니다.

또 다른 고문관은 오랫동안 폐기되다시피한 낡은 법을 되살리자고 합니다. 아주 오래전에 잊혀져서 사람들은 그런 법이 있었는지도 모른 채 자신도 모르게 위반하며 살았던 그런 법말입니다. 이 법을 위반한 사람들에게 벌금을 물리면 국왕은 거액의 돈을 벌 수 있고 동시에 정의를 수호하고 법과 질서를 지킨다는 명망도 얻는다는 것입니다.

또 다른 고문관은 특정한 범죄들, 그중에서도 가장 반사회적인 범죄에 대해서 막중한 벌금을 부과하는 법률들의 제정입니다. 그리고 특별조치로 돈을 낸 사람들에게는 이런 행위들을 허락해 주는 것입니다. 그렇게 하면 사람들을 만족시키면서 동시에 두 가지 이익을 볼 수 있게 됩니다. 하나는 벌금이고 다른 하나는 허가증을 팔아서 버는 돈입니다. 물론 허가증의 가격은 왕의 도덕적 특성에 따라 달라질 것입니다. 왕의 도덕적 원칙이 높을수록 공공의 이익에 반하는 행위들을 더 못마땅하게 생각할 것이고, 그로 인해 허가증의 가격은 높아지게 될 것입니다.

또 다른 고문관은 몇몇 재판관들을 국왕의 절대적인 지배하에 두고 그들이 언제나 왕에게 유리하게 판결을 내리도록 해야 한다고 건의합니다. 그 재판관들을 궁정으로 불러들여 국왕 앞에서 토론을 벌이게 하자고 제안합니다. 국왕이 잘못을 저지른 경우일지라도 재판관들 중 한 명은 국왕에게 유리하도록 법을 교묘히 왜곡하는 방법을 발견하게 됩니다. 반론을 펴고 싶어서인지, 남들과 똑같은 의견을 말하는 것이 수치라고 생각해서인지 동기가 어떻든 간에 그렇게 되면 분명했던 일도 논란에 빠져들게 되고, 사실도 의혹에 휩싸이게 됩니다.

이러한 상황은 왕이 법을 자기 뜻대로 해석할 수 있게 하여 다른 사람들이 수치 때문이든 아니면 공포 때문이든 거기에 동의하게 만듭니다. 결국 왕에게 유리한 판결을 정당화하는 방식이 무척 많아지게 되는 것입니다. 왕에게 유리한 쪽으로 형평법을 해석할 수도 있고, 법률 문구에 의존하든 아니면 그 의미를 조금 왜곡시킬수도 있겠지요. 만약 이 모든 게 실패할 때는 지상의 어떤 법보다 더 존중하는 신성불가침의 왕권에 호소하면 되는 것입니다. 모든 고문관들은 '군대를 유지하려는 국왕에게는 금이 아무리 많아도 부족하다'는 크라수스의 유명한 격언에 동의합니다. 한 나라의 백성을 포함한 모든 것이 왕의 것이므로 왕이 아무리 많은 것을 원한다고 해도 결코 잘못을 범하는 것이 아니기 때문입니다. 또한 왕이 호의를 베풀어 백성에게서 빼앗지 않고 남겨준 것만이 개인 소유물이 될 수 있습니다. 그런데 왕은 가급적 적은 것만을 남겨주는데, 그 이유는 백성이 너무 많은 재산이나 자유를 누리지 않아야 왕의 안전이 보장되기 때문입니다. 사람들이 부유해지고 자유로워지기까지 하면 부당함이나 억압을 감내하지 않을 것입니다. 반면에 가난과 궁핍은 백성을 우둔하고 복종적으로 만들어 고매한 저항정신을 억누릅니다.

그런데 이런 상황에서 내가 일어나 이 모든 고문관들은 국왕의 명예를 더럽히고 재난을 가져온다 주장하고, 국왕의 명예와 안전은 왕의 재산이 아니라 백성의 재산에 달려 있다고 이야기하면 어떻게 되겠습니까? 또 백성은 국왕을 위해서가 아니라 자신들을 위해서 국왕을 선택한 것이며, 왕이 고생하고 애쓰는 덕분에 백성들이 안전하게 살아야 마땅하다고 주장한다면 어떻게 되겠습니까? 양치기가 자신보다도 양들을 먹이는 일에 더 힘써야 하듯이 자신의 안전이 아니라 백성의 안녕을 돌봐주는 것이 왕의 의무이자 사명입니다. 백성을 가난하게 만들어야 평화를 가장 잘 유지시킬 수 있다는 이론은 사실과 전적으로 모순됩니다. 거지들보다 더 다툼이 많은 사람들이 어디 있습니까? 현재 생활 여건에 불만을 품고 있는 자들보다 더 반란을 일으키기 쉬운 자들이 또 있겠습니까? 잃을 것이 전혀 없는 자들이야말로 개인적인 이익을 얻기 위해, 모든 것을 뒤엎으려는 충동을 가장 강하게 느끼지 않겠습니까? 만일 왕이 큰 증오와 경멸의 대상이어서 백성들에 대한 가혹한 취급과 약탈, 압수, 궁핍화를 통해서만 통치할 수 있다면 차라리 그 자리를 남에게 넘겨주는 것이 훨씬 더 나을 것입니다. 그런 상황에서라면 명목상의 권위는 유지할지 몰라도 왕의 모든 위엄은 무너지고 맙니다. 헐벗은 백성들을 다스리면서 위엄을 갖출 수는 없습니다. 진정한 위엄은 부유하고 번창해나가는 백성들을 다스리는 데서 얻어지는 것입니다. 이것이 바로 모두들 존경하는 파부리시우스가 했던 '자신이 부자가 되기보다는 부자를 다스리겠다'의 참뜻입니다. 주변의 모든 사람이 고통에 빠져 신음하고 눈물을 흘릴 때, 사치스러운 생활을 즐기는 자를 왕이라 부를 수는 없습니다. 그런 자는 왕이라기보다는 차라리 감옥의 간수와 같습니다.

한마디로 말해, 다른 질병을 전염시키지 않고서는 병을 고칠 수 없는 의사가 가장 형편없는 의사인 것처럼, 백성의 부와 행복을 빼앗으면서 다스리는 왕은 무능력한 왕입니다. 스스로 백성을 다스리는 법을 모른다고 인정해야만 합니다. 왕은 자신의 나태와 오만을 고쳐나가야 합니다. 이것은 사람들의 증오와 경멸을 받기 쉬운 악덕이기 때문입니다. 왕은 다른 이들에게 폐가 되지 않도록 자기 자신의 재산만으로 생활해야 하며 지출을 소득에 맞추어야 합니다. 범죄를 조장했다가 나중에 처벌하지 말고 합리적인 통치를 통해 범죄를 예방해야 합니다. 오랫동안 잊혀졌던 오래된 법을 되살려서는 안 됩니다. 또 사소한 잘못을 저지른 일반 백성을 범죄자로 몰아가면서 벌금을 징수해서도 안 됩니다.

지금부터 유토피아에서 그리 멀지 않은 마카리아 사람들의 법을 설명하겠습니다. 그 나라의 왕은 대관식 때 자신의 금고에 천 파운드 이상의 금이나 그에 상당하는 은을 절대로 보관하지 않겠다는 것을 엄숙히 서약합니다. 이 것은 자신의 부유함보다 백성의 부와 번영을 먼저 생각했던 그들의 뛰어난 선왕이 제정했을 것입니다. 그는 왕 자신이 많은 돈을 가짐으로써 백성이 가 난하게 되는 것을 피하고자 했습니다. 천 파운드 정도의 금액은 반란을 막거 나 적의 침입을 방어하는 데는 충분하지만, 다른 나라를 차지하겠다는 생각 을 하기에는 충분치 않을 것으로 생각했기 때문입니다. 이 점이 그가 생각한 주된 이유이겠지만 그것만 고려했던 것은 아니었습니다. 또한 이 법으로 시 민들의 일상적인 거래에 많은 자금이 투입되도록 만들려는 목적도 가지고 있습니다. 왕은 정해진 한도를 넘어서 자본을 보유할 수 없으므로 부당한 자 금을 끌어들이려는 마음을 품지 않게 될 것이라 믿었기 때문입니다. 그런 왕 은 악한 이들에게는 공포의 적이 될 것이고 선한 이들에게는 사랑스러운 사 람이 될 것입니다. 하지만 만약 내 의견과 정반대의 생각을 굳게 품고 있는 사람들 앞에서 이러한 이야기를 들려준다면 그들이 내 말을 귀담아 듣겠습 니까?"

"물론 전혀 들으려고 하지 않겠지요. 하지만 그건 놀라운 일이 아닙니다. 솔직히 말씀드리면, 나는 라파엘 선생 당신 말을 전혀 들으려고 하지 않을 사람들에게 그 이야기를 하거나 충고를 해서는 안 된다고 생각합니다. 그렇 게 하는 것이 무슨 소용이 있겠습니까? 완전히 다른 생각을 가진 사람들에 게 당신의 생각을 제시한들 그들이 받아들일 것이라고 어떻게 기대할 수 있 겠습니까? 이러한 스콜라 철학은 친한 친구들 사이에서야 즐거운 이야깃거 리가 되겠지만, 중요한 정책 결정들이 이루어지는 국왕의 자문회의에서는 엉뚱한 이야기만 될 뿐입니다."

"내가 하려던 말이 바로 그것입니다. 궁정에는 철학이 끼어들 여지가 전 혀 없다는 것입니다."

"동감합니다만 모든 문제에 대해 모든 것들을 설명하는 스콜라 철학이 들 어설 자리가 없을 뿐입니다. 하지만 급변하는 환경에 대한 이해를 바탕으로 하는, 보다 더 개량된 형태의 철학도 있습니다. 당신이 추구해야 하는 철학 은 바로 그런 것입니다.

그렇지 않으면 플라우투스의 희극이 상연되어 노예들이 시시한 농담을 주고발을 때, 당신이 철학자의 옷을 입고 무대에 등장하여 세네카와 네로가 논쟁하던 〈옥타비아〉의 한 장면을 암송하는 것이나 마찬가지가 될 것입니다. 전혀 맞지 않는 대사를 읊어서 비극도 희극도 아니게 만들어버리는 것보다는 아무 말도 하지 않고 있는 것이 차라리 낫지 않을까요? 비록 그 전의 공연보다 나아졌다 해도 그 결과가 앞뒤가 맞지 않게 된다면 연극 전체를 망치는 일이 될 것입니다. 현재 상연되는 연극 작품에 맞추어서 최선을 다해야지, 다른 연극이 더 재미있겠다고 생각해서 지금 하는 연극을 망쳐서는 안 됩니다.

바로 그런 것이 이 나라에서 일어나는 일이고 국왕 자문회의에서 일어나는 일입니다. 잘못된 생각들을 완전히 뿌리 뽑지 못하거나 오랜 세월 지속되어온 악을 확실하게 제거하지 못한다고 해서 나라를 포기해서는 안 됩니다. 마치 거센 바람을 어찌해 볼 수 없다는 이유만으로 폭풍우에 휩싸인 배를 버려서는 안 되는 것과 마찬가지입니다.

상반된 의견을 가진 자들에게 전혀 다른 새로운 생각을 강요해서도 안 됩니다. 당신은 우회적인 방법으로 활동해야 합니다. 모든 일을 최대한 주도면밀하게 다루어야 하며, 제대로 바로잡을 수 없는 일이라면 잘못된 부분을 가능한 한 최소화하도록 노력해야만 합니다. 인간들이 완벽해지기 전까지 세상의 모든 일은 완벽할 수 없기 때문입니다. 나는 아무리 많은 시간이 흐른다고 해도 인간이 완벽해질 수 있을 것이라고 생각하지 않습니다."

라파엘은 이렇게 답했다.

"그렇게 하려고 하다 보면 다른 미친 사람들을 낫게 하려다가 나 자신마저 미치게 될 것입니다. 사실대로 말한다면 나는 내가 했던 그 방식대로 할 것입니다. 철학자가 거짓말을 하는 것이 옳은지 그른지는 잘 모르겠지만, 분명한 것은 나는 거짓말을 할 수 없다는 것입니다. 비록 그들이 내 말을 거북해 한다고 해도, 그것이 잘못된 것이라고 생각해야 할 이유는 모르겠습니다.

플라톤의 상상 속 공화국이나, 유토피아에서 실제로 사람들이 행하는 내용을 이야기한다면 어떤 반응을 보일까요? 그런 제도들이 분명 우리의 제도보다 훌륭한 것이기는 하지만, 사유재산 대신 공동소유에 그 근거를 두고 있으므로, 그들에겐 매우 큰 충격이 될 것입니다.

반대로 가는 사람들을 뒤에서 불러 당신들은 잘못된 길로 가고 있다고 이야기해 준들 별로 환영받지 못합니다. 하지만 그것과는 별개로, 내 생각을 말할 수도 없고 또 말해서도 안 된다고 한다면 무슨 말을 할 수 있겠습니까? 비웃음을 사게 될 것이 두려워 사람들의 통념과 다른 이야기는 전혀 하지 못한다면, 기독교 국가인 이곳에서도 그리스도의 모든 가르침을 입 밖에 내서는 안 될 것입니다. 하지만 예수는 그렇게 하지 않았습니다. 제자들에게 은밀히 가르쳤던 모든 가르침을 높은 곳에 올라 널리 알리라고 하지 않았습니까? 예수의 가르침은 대부분 내 이야기와는 비교가 안 될 정도로 인간사회의 관습과는 다릅니다. 그런데 아주 교묘한 설교자들은 사람들이 예수의 명령을 따르기 위해 자기 삶을 바꾸지 않으리라는 것을 알고 예수의 가르침을 사람들의 생활에 맞게 조정해 놓았습니다. 그래서 그 두 가지가 서로 잘 맞아떨어지도록 해놓은 것입니다. 하지만 그들은 단지 사람들이 양심의 가책을 받지 않고 죄를 저지르도록 만들었을 뿐입니다. 내가 궁정회의에서 할 수 있는 일은 별로 없습니다. 그들과 다른 생각을 제시했다가 완전히 무시당하든지, 아니면 테렌티우스의 작품에서 미티오가 이야기했듯이 다른 사람들 생각에 동조함으로써 그들의 광기를 도와줄 뿐입니다.

우회적으로 활동하고 어떤 일을 바로잡을 수 없을 때는 교묘하게 조정하여 사태가 악화되는 것을 최소화하라는 식의 말을 나는 전혀 이해할 수 없습니다. 국왕 자문회의에서 슬쩍 눈감아준다거나 못 본 척할 수는 없습니다. 아주 한심한 정책들을 공개적으로 지지해야 하고, 정말 어처구니없는 결정들에 동의해야 합니다. 만일 최악의 결정에 대해서 내키지 않는 태도를 보이면 간첩이나 반역자 소리를 듣게 됩니다. 더 나아가 그런 동료들과 일하면서 조금이라도 훌륭한 일을 할 수 있는 기회를 가질 수 있을까요? 제아무리 존경할 만한 인품을 지니고 있다 해도, 그들이 당신을 타락시키는 것이 훨씬 더 쉬운 일일 것입니다. 그들과 어울리게 되면 스스로 타락하든지, 그들의 비열함과 사악함 그리고 광기를 숨기는 데 이용당할 것입니다. 우회적인 방법의 현실적인 결과는 바로 이런 것입니다!

현명한 사람이라면 왜 정치에 관여하지 않아야 옳은지를 설명한 플라톤의 아주 훌륭한 비유가 있습니다. 현인들은 길거리에서 비를 맞고 서 있는 사람들에게 집안에 들어가 비를 피하라고 설득할 수가 없었습니다. 그렇게 말하기 위해 밖으로 나가면 자신도 비에 젖게 되리라는 것을 뻔히 알고 있기 때문입니다. 그래서 다른 모든 사람들의 광기를 고칠 수 없다면 그들 자신이나마 집안에 남아 비에 젖지 않는 것으로 만족하게 되는 것입니다.

하지만 모어 선생, 내 생각을 솔직하게 이야기하면, 사유재산이 존재하고 모든 것들이 돈에 의해 좌우되는 한 어떤 나라든 정의롭고 행복하게 통치될 수는 없습니다. 가장 추악한 사람들이 최상의 생활을 누리고 있기 때문에 정의를 이끌어낼 수 없으며, 재산이 몇몇 사람들에게 한정되어 있는 한 누구도 행복할 수 없습니다. 그 몇몇 사람들도 완벽하게 행복하지 않고, 그 밖의 사람들은 모두 비참하게 살고 있으므로 번영하고 있다고 말할 수 없습니다.

전체의 번영에 부합할 때 개인의 공적을 인정해주는 유토피아의 공정하고도 현명한 제도들은 최소한의 법률로 모든 일을 효율적으로 처리합니다. 이에 비해 다른 나라에서는 언제나 새로운 법규들을 만들어 내면서도 제대로 실행되지 않으며 매일같이 새로운 법률들이 통과되지만 저마다 소유권을 보장하거나 보호하는 것, 심지어 다른 사람 재산과 구분하는 것도 쉽지 않습니다. 같은 재산에 대해 여러 사람들이 차례로, 또는 다같이 자기 권리를 주장하기도 하므로 소송이 끝없이 계속되는 것입니다. 그런 일들을 생각하면 플라톤이 모든 물건의 평등한 분배를 거부한 사람들에게 법의 제정을 거절한 것이 이해가 됩니다. 그는 모든 사람이 복리를 누리는 유일한 길은 재화의 완전한 균등분배뿐이라는 사실을 쉽게 파악했던 것입니다. 그러나 재산이 개인 소유인 곳에서 과연 그런 평등이 이루어질 수 있을지는 의문입니다. 아무리 재화가 풍부하다고 해도 모든 사람이 자신만을 위해 가능한 한 많이 소유하려고 하다 보면 결국 몇몇 사람들이 재화를 독점하게 되고 대부분 사람들은 가난 속에 남겨지게 됩니다. 그래서 탐욕스럽고 파렴치하며 아무런 쓸모가 없는 부자들과 매일매일 자신보다는 사회에 보다 더 유익한 일을 하는 소박하고 겸손한 사람들이 생겨나는 것입니다.

다시 말해, 사유재산을 완전히 폐지하지 않는다면 결코 공정한 재산 분배나 인간다운 삶을 위한 만족스러운 사회조직을 구현할 수 없을 것입니다. 사유재산이 남아 있는 한 많은 사람들이 무거운 근심걱정에서 헤어 나올 수 없습니다. 이 부담은 현재의 제도에서도 얼마쯤 줄일 수는 있겠지만 완전히 없앨 수는 없습니다. 물론 한 개인이 소유할 수 있는 돈과 토지의 법적 한도를 마련할 수 있습니다. 적절한 입법을 통해 왕과 백성 사이에 힘의 균형을 유지할 수도 있을 것입니다. 공직을 뇌물로 얻거나 매매하는 것을 불법으로 만들든지 아니면 아주 큰 비용이 들도록 할 수 있습니다. 그렇게 하지 않으면 공직자는 사기나 강압으로 자신의 손실을 메우려 할 것이고, 현명한 사람들에게 돌아가야 하는 직위를 부자들만이 보유하게 될 것입니다. 마치 만성질환을 앓고 있는 환자가 끝없는 투약으로 조금 회복세를 보이는 것처럼, 이런 종류의 법률들은 분명 일정한 증상을 완화시킬 수는 있겠지만 완치가 될 것이라는 희망은 전혀 없습니다. 사유재산이 남아 있는 한 그것은 불가능합니다. 하나의 병을 고치는 동안 다른 병이 도지고, 한 가지 병세가 완화되면 다른 병세가 악화됩니다. 한 사람에게서 빼앗지 않는 한 다른 사람에게 줄 수 없기 때문입니다.

"하지만 저는 의견이 다릅니다. 내 생각에는 모든 것을 공유하는 곳에서는 사람들이 잘살 수 없습니다. 아무도 열심히 일하려 하지 않을 것이므로 언제나 궁핍한 생활을 하게 될 것입니다. 이익을 얻을 희망이 없으면 모두 게으름을 피우게 되고, 남들이 자신을 대신해 일해주기를 바라게 됩니다. 어떤 사람이 가난하여 열심히 일해도 자기가 일한 것을 합법적으로 보장받지 못한다면, 그리고 특히 통치자들에 대한 존경과 그들의 권위가 모두 사라진다면 유혈과 혼란만 일어날 뿐입니다. 모든 면에서 사람들이 서로 평등하다면 권위에 대한 존경심이 있을 리 없습니다."

이 말에 라파엘은 이렇게 답했다.

"당신이 그런 식으로 생각하는 것이 결코 놀라운 일은 아닙니다. 당신은 그런 상태에 대해 전혀 생각한 바가 없든지 아니면 잘못된 생각을 하기 때문이지요. 나와 함께 유토피아에 가서 직접 그 나라를 살펴보았다면 그처럼 훌륭한 제도를 갖춘 나라는 처음 보았노라고 인정했을 것입니다. 나는 그곳에서 5년 이상을 살았습니다만, 이 세계를 다른 이들에게 알리고자 하는 마음만 아니었다면 결코 그곳을 떠나지 않았을 것입니다."

그러자 피터가 이야기했다.

"우리가 사는 이 세계보다 더 훌륭한 통치가 신세계에서 이루어진다는 것은 믿기 힘듭니다. 우리도 그들만큼이나 현명하며, 우리 문화가 그들 문화보다 더 오래된 것이라는 점을 생각해야 합니다. 오랜 기간 동안의 경험을 통해 우리는 생활에 편리한 것들을 많이 개발했고, 또 운이 좋아서인지 인간의 재주로는 만들기 힘들었을 것도 많이 발견해 냈습니다.”

　“그 나라의 역사책들을 읽어보았다면 그들의 문명이 얼마나 오래된 것인지 판단할 수 있었을 것입니다. 그 역사책들의 내용이 사실이라면, 이 세계에서 인간이 생활하기도 전에 신세계에는 이미 도시가 있었다고 합니다. 인간의 재주를 통해 유용한 것들을 발견하든가 우연히 찾아내는 것은 두 세계 모두에서 일어난 일입니다. 사실 내 생각에 자연적인 지능은 우리가 그들보다 앞설지 모르지만 근면함과 배우려는 열정은 그들이 우리보다 훨씬 앞서 있습니다. 그들의 연대기에 따르면 우리가 그곳에 도착하기 전까지 그들은 ‘적도 너머의 사람들’—그들은 우리를 이렇게 부릅니다—에 대해 거의 들어본 적이 없습니다. 오직 한번, 1200여 년 전에 폭풍우를 만나 항로를 벗어난 배가 유토피아의 해안에서 난파되었던 적이 있었다고 합니다. 헤엄쳐 해안에 도착한 몇몇 생존자 중에는 로마인과 이집트인이 있었는데, 그들은 모두 그곳에 정착해 죽을 때까지 살았다고 합니다.

　이 한 번의 기회를 유토피아 사람들이 어떻게 이용했는지 주목할 필요가 있습니다. 그들은 그 생존자들로부터 직접 배우거나, 그들의 말을 실마리로 한 연구를 통해 로마제국에서 사용되고 있는 유용한 기술들을 빠짐없이 배웠습니다. 이곳 사람들이 건너간 단 한 번의 기회로 얼마나 큰 성과를 얻은 것입니까! 하지만 그와 비슷한 사고로 유토피아인 한 사람이 이곳에 온다면, 마치 내가 유토피아에 가본 적이 있는 사람이라는 것을 곧 잊어버리듯이, 얼마 되지 않아 그곳을 잊어버리고 말 것입니다. 그들은 그 기회를 이용해서 우리의 유용한 발명들을 완전히 익혔지만, 우리는 이곳 제도보다 훨씬 우수한 그들의 제도를 배우는 데 아주 오랜 시간이 걸릴 것입니다. 우리의 지능이 그들보다 결코 못하지 않은데도, 그들의 통치가 훨씬 낫고 행복하게 살게 된 요소가 바로 이런 것에 있는 것입니다.”

　“라파엘 선생, 그 섬에 대해서 이야기해 주시지 않겠습니까? 간략하게 말씀하지 마시고 지형, 강, 도시, 사람들, 관습, 제도, 법 등 우리가 알고자 하는 모든 것을 차례대로 설명해 주십시오. 우리가 알고 싶어할 거라고 생각하시는 모든 것들, 그러니까 우리가 모르고 있는 모든 것들에 대해 들려주십시오.”

　“기꺼이 그렇게 하지요. 내 기억 속엔 모든 일들이 아주 생생하게 남아 있습니다. 하지만 그 이야기를 하려면 시간이 많이 걸리겠군요."

"그렇다면 먼저 점심식사를 합시다. 그러고 나서 오후에 그 이야기를 마음껏 듣기로 하죠."

"알겠습니다."

그래서 우리는 안으로 들어가 식사를 했다. 식사 뒤 우리는 그곳으로 돌아와 벤치에 앉아 하인에게 아무도 우리를 방해하지 못하도록 일렀다. 그리고 피터와 나는 라파엘에게 약속한 대로 이야기해 달라고 말했다. 우리가 진심으로 그 이야기를 듣고 싶어한다는 것을 알아차린 그는 잠시 생각을 가다듬더니 이야기를 시작했다.

제2권

유토피아의 지리

"유토피아 섬은 가장 넓은 중앙부의 폭이 200마일 정도됩니다. 다른 곳도 대체로 이 정도의 폭을 유지하지만 양쪽 끝부분으로 갈수록 둥글게 곡선을 그리며 점점 좁아져 둘레가 총 5백 마일 정도 되는 큰 원 모양을 하고 있습니다. 따라서 그 섬은 초승달 모양을 하고 있고 양쪽 끝부분 사이의 길이는 11마일이며, 이 좁은 사이로 바닷물이 들어와서 광대한 만(灣)을 이루고 있습니다. 육지가 바람을 막아주므로 이 만은 파도가 크게 이는 적이 없고 언제나 호수처럼 잔잔합니다. 만의 안쪽 해안은 하나의 큰 항구 같으며, 또 선박들은 사방 어디로든지 항해할 수 있어서 대단히 편리합니다. 만의 입구에는 모래톱과 암초들이 있어서 매우 위험합니다. 이 해협의 한복판에는 물 위로 큰 바위가 솟아나와 있으나 오가는 배들에게 그리 위험스럽지 않은데, 그 위에 탑을 세워 언제나 경비대를 배치해둡니다. 그러나 물밑에 숨어 있는 다른 바위들은 항해하는 데 대단히 위험합니다. 이 해협은 유토피아 사람들만 자세히 알고 있기 때문에 외지인들이 이 나라의 수로 안내인 없이 들어오기란 힘든 일입니다. 또 유토피아인 자신들도 해안에 있는 표지들을 이용해서 방향을 잡지 않으면 안전하게 들어올 수 없습니다. 그러므로 이 표지들만 옮겨 놓는다면 아무리 큰 적의 함대가 공격해 오더라도 유인하여 격파시킬 수 있습니다. 물론 그 섬의 다른 곳에도 항구들이 많이 있습니다. 그러나 그곳들 또한 요새이기 때문에 어디에서나 아주 적은 인원만으로도 적들을 쉽게 물리칠 수 있습니다.

유토피아는 본디 섬이 아니라 반도였습니다. 이 지역은 처음에 아브락사라고 불렸는데 유토포스라는 인물이 이곳을 점령한 다음 자기 이름을 따 유토피아라고 부르게 되었습니다. 그는 야만스럽고 무지한 사람들을 아주 높은 문화수준으로 끌어올렸고, 이곳을 정복하여 지배하게 되자 곧바로 대륙과 연결된 곳에 15마일 넓이의 지협을 파게 해서 바닷물이 유토피아의 사면을 둘러싸도록 했습니다. 그는 원주민들에게만 이 일을 시키지 않고 자신의 군사들도 함께 일하도록 해서, 이 일을 수치스럽게 받아들이지 않도록 했습니다. 많은 사람들이 함께 했기 때문에 이 계획은 금세 이루어졌고, 처음 이 일을 조롱했던 주변 민족들은 경악하였고 공포심마저 느끼게 되었습니다.

이 섬에는 동일한 언어와 법률, 관습, 제도를 갖춘 54개의 대도시가 있습니다. 모든 도시는 지리적 여건에 따라 다소 차이는 있겠지만 동일한 계획에 의해 똑같은 모습을 가지도록 건설되었습니다. 가장 가까운 도시는 적어도 24마일 떨어져 있고, 또 가장 멀리 떨어진 도시도 하루에 걸어가지 못할 정도로 멀지는 않습니다.

일 년에 한 번씩 각 도시의 경험 많은 노인 세 명이 아마우로툼에 모여서 섬 전체의 공동관심사를 논의합니다. 섬 한가운데 자리하고 있어 각 지역에서 모이기 쉬운 아마우로툼을 수도로 간주합니다. 모든 도시는 충분한 토지를 나누어 받아서, 사방으로 적어도 12마일에 걸쳐 농지가 펼쳐져 있습니다. 다만 멀리 떨어진 도시는 더 많은 토지를 부여받았습니다. 토지를 재산으로 여기지 않고 경작해야 할 땅이라고만 생각하기 때문에 영토를 더 넓히고 싶어하는 도시는 전혀 없습니다.

시골 지역 전역에 일정한 간격으로 건물이 지어져 있고 그 안에 농기구들이 비치되어 있습니다. 이 건물에는 도시민들이 교대로 와서 거주합니다. 시골집들에는 적어도 40명의 남녀와 두 명의 노예가 삽니다. 그리고 각 농가는 사려 깊고 나이 지긋한 남녀 감독관이 관리를 하게 되어 있습니다. 이러한 농가들은 30채 단위로 지방 담당관인 필라르쿠스의 감독 아래 운영됩니다. 해마다 2년 동안의 농가 생활을 마친 20명이 도시로 돌아가고, 20명의 새로운 인원이 이곳으로 옵니다. 새로 온 사람들은 이곳에서 이미 1년간 생활해서 농사에 대해 보다 더 많이 알고 있는 사람들로부터 일을 배웁니다. 만일 모든 사람들이 경험이 없고 일에 서투르다면 농사를 망치게 되기 때문입니다. 일반적으로 농업에 종사하는 기간은 2년이며, 그 이상 고된 생활을 강요받는 사람은 없습니다만 농가에서 자연의 즐거움을 만끽한 사람 중에는 더 오랫동안 그곳에 머무르기를 희망하는 사람도 적지 않습니다. 농부들은 밭을 경작하고 가축을 기르고 나무를 해서 수로든 육로든 편한 방식대로 도시에 가져갑니다. 또 그들은 아주 특별한 방식으로 엄청나게 많은 수의 닭을 기릅니다. 암탉이 알을 품는 것이 아니라 따뜻한 장소에서 일정한 온도를 유지해 인공 부화시키는 것입니다. 껍질을 깨고 나온 병아리들은 처음 본 사람을 자기 어미로 알고 따라다닌다고 합니다.

말은 승마 연습할 때만 사용하기 때문에 실제로 집에서 키우는 경우는 거의 없습니다. 밭갈이를 하거나 짐마차를 끄는 건 소의 몫입니다. 소는 말처럼 빨리 달리지 못하지만, 대신 무거운 짐을 지는 일에는 더 알맞고 또 병에도 강하기 때문에 적은 비용과 수고로 기를 수 있는 동물입니다. 더구나 늙어서 일을 못하게 되더라도 고기를 얻을 수 있습니다.

밀은 오직 빵을 만드는 데만 사용합니다. 음료수로는 포도주, 능금주, 배술 또는 물을 마십니다. 간혹 물에다 꿀이나 이곳에서 많이 나는 감초를 타서 마시기도 합니다. 그들은 각 도시와 그 주변 지역에서 어느 만큼의 곡물을 소비할지 아주 구체적으로 잘 알지만, 그들의 필요보다 더 많은 곡물과 가축을 기르기 때문에 이웃 나라에 나누어 주어도 좋을 만큼 여유가 있습니다.

시골에서 구할 수 없는 필수품들은 매달 한 번씩 있는 휴일에 대부분의 사람들이 도시에서 구해옵니다. 부족한 물품은 공무원에게 요청만 하면 아무런 비용도 지불하지 않고 직접 받을 수 있습니다. 수확철이 되면 지방 담당관은 도시 관리자에게 어느 만큼의 일손이 필요한지 알려줍니다. 그러면 적당한 때에 수확 일꾼들이 도착하여 날씨 좋은 날 하루에 수확을 모두 끝냅니다.”

아마우로툼

“도시들은 지리적인 차이 때문에 생겨나는 어쩔 수 없는 경우만 빼면 모두 똑같기 때문에 한 도시만 알면 나머지 도시들은 모두 아는 것과 마찬가지입니다. 그러므로 한 도시에 대해서만 설명해드리기로 하겠습니다. 어떤 도시를 설명할 것인가는 전혀 문제가 되지 않겠지만, 아마우로툼을 설명하는 것이 가장 좋을 것 같습니다. 모든 도시가 매년 아마우로툼에서 열리는 원로원에 대표를 보내고 있다는 사실은 바로 이 도시가 특별히 중요하다는 뜻일 것이며, 또 5년 동안 그곳에서 직접 생활하여 잘 알기도 하기 때문입니다.

니콜로 델 아바테(1509~1571), 밀 타작

유토피아의 농촌 생활은 도시민들이 희망하는 데로 교대로 와서 농사를 지으며, 기간은 2년이다. 수확 때면 도시에서 일꾼들을 보내 주어 적기에 일을 끝내도록 도와 준다.

아마우로툼은 경사가 완만한 언덕 중턱에 자리 잡고 있으며, 도시 전체의 모습은 정사각형에 가깝습니다. 도시는 산꼭대기 바로 아래에서부터 2마일 정도 떨어져 있는 아니드루스 강까지 강둑을 따라 2마일이 조금 넘는 곳까지 뻗어 있습니다. 아니드루스 강은 아마우로툼 위쪽으로 80마일 떨어진 곳의 작은 샘에서 발원한 강으로서, 여기에 여러 지류들이 흘러들어가는데 그 중에서도 두 개는 꽤 크기 때문에 아마우로툼을 지난 다음에는 이 강의 폭이 반마일 정도가 됩니다. 그 다음부터 강의 폭이 계속 커지면서 60마일 정도 흐른 다음 바다로 들어갑니다.

강에서 도시에 이르는 지점부터 몇 마일 더 떨어진 곳에서는 강한 조수가 일어나며, 여섯 시간마다 그 방향이 바뀝니다. 만조 때에는 바닷물이 내륙의 30마일 지점까지 밀어닥쳐 강바닥을 가득 채워 강물을 역류시킵니다. 그 결과 상류의 강물까지 약간의 소금기를 띠게 되지만, 소금기가 점점 엷어져 아마우로툼을 지나쳐 흐를 무렵이면 맑은 물이 됩니다. 간조 때가 되면 강물이 바닷물을 밀어내게 되어, 해안에 이를 때까지 줄곧 맑고 깨끗한 물이 흐릅니다.

강의 양쪽 기슭은 다리로 연결되어 있는데, 이 다리는 나무막대가 아니라 단단한 석재 아치 위에 지었습니다. 이 다리는 바다에서 먼 도시 위쪽에 건설했으므로 배들이 아무런 방해도 받지 않고 아마우로툼의 부두에 출입할 수 있습니다. 이곳에는 강이 하나 더 있는데, 그리 크지는 않지만 무척이나 잔잔하고 평화롭게 흐릅니다. 이 강은 언덕에서 흘러내려와 도시 한복판을 지나 아니드루스 강으로 흘러들어갑니다. 이 강은 도시의 약간 외곽에서 발원하여 시 내부로 흘러드는데, 주민들은 이 강의 발원지를 성벽으로 둘러싸서 보호하고 있습니다. 이것은 적이 공격할 때 이 강물을 막거나 물의 흐름을 바꾸어 놓거나 또는 독을 풀거나 하지 못하도록 하기 위해서입니다. 강물은 벽돌로 만든 파이프 모양의 장치를 통해 도시의 낮은 지역으로 흘러갑니다. 이러한 방법으로 물을 공급할 수 없는 곳에서는 큼직한 저수지를 파 빗물을 모으며 이 저수지도 역시 아무런 불편 없이 활용됩니다.

도시는 두텁고 높은 성벽으로 둘러싸여 있으며, 그 위에는 탑과 보루가 세워져 있습니다. 성벽의 삼면에는 물은 없지만 매우 넓고 깊으며 가시덤불로 빽빽하게 들어차 있습니다. 나머지 한 면은 강이 천연의 해자(垓子) 역할을 합니다. 도심지는 교통을 원활하게 하고 바람을 잘 막을 수 있도록 설계되어

15세기 프랑스의 시도서에 실린 삽화

유토피아의 도시는 높은 성벽으로 둘러쌓였고, 그 위에는 탑과 보루가 세워져 있다. 건물들의 규모
는 웅장하고 뒤쪽으로는 정원이 이어져 있다. 언제나 열려 있어 누구나 원하는 사람이면 들어가 살
수 있다.

있습니다. 건물들의 규모도 웅장합니다. 각 구마다 거리 양쪽에 집들이 열을 맞춰 마주보고 있는 모습은 멋진 풍경을 이룹니다.

거리의 폭은 20피트 정도이고, 각 구역 중심부에 있는 건물들 뒤쪽으로는 정원이 이어져 있습니다. 모든 집들은 거리와 정원 쪽으로 저마다 문이 나 있습니다. 두 개의 문짝으로 된 이 문은 사람이 밀고 들어가면 저절로 닫히 게 되어 있는데, 언제나 열려 있어서 원하는 사람은 누구나 집안에 들어갈 수 있습니다. 사유재산이 전혀 없기 때문에 사람들은 10년에 한 번씩 추첨 하여 집을 바꾸어 삽니다.

그곳 사람들은 포도나무와 같은 과실수와 풀과 꽃을 가꿀 수 있는 정원을 무척 좋아합니다. 그들은 정원을 놀랄 만큼 멋지게 가꾸었는데 나는 어떤 곳 에서도 그와 같이 아름답고 풍요로운 것을 본 적이 없습니다. 그들이 정원 일에 큰 관심을 두는 이유는 우선 그 일에 기쁨을 느껴서이기도 하지만, 각 시가지 사이에 좀더 아름다운 정원을 가꾸려는 경쟁심이 더 큰 이유입니다. 정말이지 이보다 더 시민에게 유용하고 즐거운 일은 없을 것입니다. 이런 점 을 보면 이 도시를 건설한 사람은 정원 계획에 특별히 주의를 기울인 것 같 습니다.

처음 이 도시 전체를 계획한 것은 유토포스 자신이지만, 도시를 아름답게 가꾸고 마무리하는 일이, 어느 한 세대 내에 완성될 수 없다는 것을 알고 있 었기 때문에 후손들에게 남겨준 것입니다.

정복 이후 1760년 동안 매우 꼼꼼하게 작성한 그들의 역사기록에 따르면, 초기의 집들은 쉽게 구할 수 있는 목재로 급하게 지은 조그만 오두막이었습 니다. 벽에는 진흙을 발랐으며, 아주 가파른 지붕은 짚으로 덮었습니다. 하 지만 지금은 모두 우뚝 솟은 3층 건물들입니다. 건물은 돌이나 벽토, 벽돌로 꾸몄고 쇄석으로 기초를 다졌습니다. 지붕은 평평하게 만들고 값은 아주 싸 지만 특수한 반죽으로 덮어두었는데, 이것은 악천후에 납으로 만든 판보다 더 잘 견디며 불에 견디는 내화력도 아주 좋습니다. 창에는 일반적으로 유리 를 사용하므로 거친 기후에도 아무런 문제가 없습니다. 그렇지 않으면 기름 칠을 하거나 고무를 입힌 아마포를 사용하는데 이렇게 하면 바람은 잘 막아 주고 빛은 더 잘 통하게 됩니다."

관리

"매년 30가구당 한 명의 관리를 선출합니다. 예전에는 이 관리를 시포그란투스라고 불렸지만 요즘은 필라르쿠스라고 부릅니다. 또 열 명의 시포그란투스당 한 명씩의 관리가 있는데 이는 예전에 트라니보루스라고 했지만 지금은 프로토필라르쿠스라고 합니다.

시포그란투스는 도시마다 모두 200명이 있고, 이들이 모여서 시장을 선출합니다. 그들은 가장 적합하다고 생각하는 사람에게 투표할 것을 엄숙히 서약한 뒤 비밀 투표로 시장을 선출합니다. 시장은 모든 유권자에 의해 추천된 4명의 후보자 중에서 선출해야 합니다. 시장은 독재적인 권력을 행사하려 한다는 혐의를 받지 않는 한, 평생 관직에 머무르게 됩니다. 트라니보루스는 해마다 선출되지만 대개는 교체되지 않습니다. 다른 모든 공직자들은 임기가 1년입니다. 트라니보루스는 3일에 한 번, 필요하면 더 자주 만나서 공무를 논의합니다. 아주 드문 경우이지만 개인들 간에 분쟁이 있으면 가급적 빨리 해결해 줍니다. 그들은 언제나 두 명의 시포그란투스를 회의에 초대하여 참석시키는데, 매번 다른 사람들이어야 합니다. 일반 대중에게 영향을 끼치는 문제에 대해서는 무조건 3일 동안 토론을 거친 다음 마지막 결정을 내려야 한다는 규칙이 있습니다. 이러한 문제들을 트라니보루스 회의가 아닌 다른 곳에서 논의하는 것은 사형에 해당하는 중죄입니다. 이런 규칙을 만든 이유는 시장이나 트라니보루스들이 시민의 뜻을 거스르거나 체제를 변화시키려는 음모를 꾸미지 못하게 하기 위한 것입니다. 그러므로 중요한 안건은 먼저 시포그란투스 회의에 제기해서 시포그란투스들이 대표하는 기구들과 의논하고 여러 차례 논쟁을 거친 다음 원로원에 건의합니다. 때로는 어떤 중요한 문제가 이 섬 전체 의회에 상정되는 때도 있습니다.

원로원에서는 어떤 안건이 제기된 첫날 바로 그 문제에 대해 논의하지 않는다는 규칙이 있습니다. 즉 모든 안건들은 다음 회의로 넘겨서 논의합니다. 그렇게 하지 않으면 어떤 사람이 머리에 바로 떠오르는 생각을 무심결에 이야기하기 쉽고, 그로 인해 전체 사회를 위해 최선의 결정을 내리려고 노력하는 대신 자신의 의견을 정당화하려는 데만 힘을 기울이게 됩니다. 몇몇 사람이 자신이 부주의했다든지 생각이 짧았다는 것을 인정하지 않고 계속 고집을 부려서 국가의 공익을 위태롭게 할 수도 있습니다.

노동 관습

"농업은 남녀노소 예외 없이 모든 사람이 해야 하는 일입니다. 이곳 사람들은 어릴 때부터 농사일을 배웁니다. 어린이들은 학교에서 농업의 원리를 배우며 정기적으로 도시에서 가까운 농경지를 방문해 실습을 합니다. 그곳에서 농사짓는 법을 보고 배울 뿐만 아니라 직접 일을 해보기도 합니다.

이처럼 모든 사람이 농사일을 하고 그 밖에 저마다 자신에게 맞는 일을 한 가지씩 더 배웁니다. 상당한 노력이 필요한 양모나 아마 직조기술을 배운다거나 석공 또는 철공 아니면 목공이 될 수도 있습니다.

유토피아에서는 성별과 결혼 여부에 따라 조금씩 차이는 있지만 누구나 같은 종류의 옷을 입기 때문에 재단사나 양재사가 따로 없으며 옷의 모양도 바뀌는 법이 없습니다. 그들의 옷은 매우 편안하여 팔다리를 자유롭게 움직일 수 있을 뿐만 아니라 더위나 추위에 관계없이 입을 수 있습니다. 무엇보다도 대단한 것은 이 옷들을 집에서 스스로 만든다는 점입니다. 농업 외에 두 번째 직종의 일을 배우는 데는 남녀 구분이 없습니다만 모직이나 아마포 생산 같은 가벼운 일은 여성이 맡고, 힘이 많이 드는 일은 남성이 맡습니다.

어린이들은 대부분 부모가 하는 일을 배우며 자랍니다. 부모가 하는 일에 자연스럽게 익숙해지기 때문입니다. 그러나 만약 어떤 자녀가 다른 기술을 배우고 싶어한다면, 그 기술에 종사하는 가정에 입양을 시키면 됩니다. 그런 경우 아이의 아버지와 당국은 그 아이가 신중하고 책임감 있는 가장에게 맡겨지도록 최선을 다합니다. 어떤 한 가지 기술을 제대로 익힌 뒤에 자신이 원한다면 또 다른 기술을 배울 수 있는 허가를 받을 수도 있습니다. 두 가지 일을 배운 다음에는, 시 당국이 특별히 어느 한 가지 일을 더 필요로 하는 경우만 아니라면, 그 사람은 자신의 뜻에 따라 좋아하는 일을 할 수 있습니다.

시포그란투스의 주된 일은, 아무일도 하지 않고 빈둥거리며 나태하게 지내는 사람 없이 모두가 맡은 바 일을 열심히 하도록 관리하는 것입니다. 그렇지만 동시에 어느 누구도 이른 아침부터 밤늦게까지 짐승처럼 혹사당하는 일이 없도록 주의합니다. 그런 것은 노예 상태입니다. 그런데 유토피아 외의 거의 모든 나라 노동자 계급이 바로 그러한 생활을 하고 있습니다. 유토피아 사람들은 하루 스물네 시간 중 여섯 시간만 일을 합니다. 이들은 오전에 세 시간 일하고 점심식사를 합니다. 그 뒤에는 두 시간 정도 휴식을 취하고 다

디에고 벨라스케스(1599~1660), 직녀들
유토피아에서 농사일 외에 자신에 맞는 직조기술 또는 철공, 목공 등을 배운다. 근로 시간은 하루 여섯 시간, 열
심히 일하고 여가 시간을 즐긴다.

시 나머지 세 시간을 일하러 갑니다. 일한 뒤에 저녁식사를 하고 여덟 시가 되면 잠자리에 들어 여덟 시간 동안 잠을 잡니다. 일하거나 먹거나 잠을 자지 않는 나머지 시간은 자기가 원하는 대로 활용할 수 있지만, 술을 마시며 떠들거나 나태하게 시간을 낭비해서는 안 됩니다. 대부분의 사람들이 여가 시간을 더 많은 교육을 받는 데 활용합니다. 매일 아침 일찍 공개강좌가 열립니다. 학술연구를 위해 선발된 사람들 외에는 강좌에 참석하는 것이 자발적이지만, 모든 계급의 사람들이 강좌를 듣기 위해 몰려듭니다. 모두가 자신들이 듣고 싶은 강좌를 찾아 듣는다는 이야기입니다. 그러나 지적인 생활에 별 관심이 없는 사람들은 오직 자기 일에만 전념하는데, 그것을 두고 뭐라고 하지는 않습니다. 사실 이런 사람들이 공동체에는 더 필요한 사람들이라고 칭찬을 받습니다.

저녁식사를 마친 뒤 그들은 계절에 따라 정원이나 공동식당에 모여 한 시간가량 오락시간을 가집니다. 그들은 음악이나 대화는 즐기지만 주사위 놀이나 그 밖의 다른 놀이는 모릅니다. 이 사람들이 하는 놀이에는 두 종류의 것이 있는데 체스와 크게 다르지 않습니다. 그중 하나는 산수경기로서 일정한 수로 상대의 수를 빼앗는 것입니다. 나머지 하나는 악들이 서로 싸우고 또 그것들끼리 연합하여 선과 싸움을 벌이는 내용의 놀이인데 어떤 악이 어떤 선과 싸우며, 악이 선을 어떻게 공개적으로 또는 교묘하게 공격하는가, 또 선이 어떻게 하면 악의 힘을 부수고 오히려 좋은 목적으로 돌려서 사용하는가, 그리고 마지막으로 어떤 수단으로 한편이 승리하는가를 볼 수 있습니다.

이런 사실들을 놓고 볼 때, 자세히 설명하지 않는다면 오해를 할 수 있는 것이 하나 있습니다. 그것은 하루 여섯 시간만 일하면 분명 필수적인 물자들이 부족할 거라고 생각할지도 모른다는 점입니다. 하지만 결코 그렇지 않습니다. 그 노동시간만으로도 생활필수품뿐 아니라 편의품까지 충분하고도 남을 정도로 생산합니다. 다른 나라에서 얼마나 많은 사람들이 일을 하지 못하는 실직상태에 있는가를 곰곰이 생각해보면 그 이유를 이해할 수 있을 것입니다. 먼저 인구의 절반을 차지하는 여성들이 일을 하지 못하고 있습니다. 여성들이 일을 하는 나라에서는 남자들이 빈둥거리는 경향이 있습니다. 그리고 성직자들, 소위 종교인이라고 불리는 집단이 있습니다. 게다가 모든 부자들, 특히 일반적으로 귀족이나 신사라고 불리는 모든 지주들 그리고 가신들을 더해야 합니다. 마지막으로는 힘 좋고 건장하면서도 병을 핑계로 일하지 않는 걸인들도 계산에 넣어야 합니다. 그러면 생각보다 훨씬 적은 수의 사람들이 온 인류가 소비하는 물자를 생산한다는 것을 알 수 있습니다. 이토록 적은 노동 인구 중에서도 꼭 필요한 일을 하는 사람들은 또 얼마나 적을지 생각해 보십시오. 돈만이 유일한 가치기준인 곳에서는 사치나 오락에 필요한 물품을 공급하기 위해 불필요한 직업들이 많을 수밖에 없습니다. 그런 일에 투입되는 많은 인력을 정말로 사람들이 필요로 하는 편의품과 필수품 생산에 돌린다면 아마도 생산량이 너무 많아져 가격이 떨어지게 되고 노동자들은 생활비조차 벌지 못하게 될 것입니다. 불필요한 직종에 종사하던 사람들을 모두 의미 있는 직종으로 돌리고, 모든 게으름뱅이들(이 사람들은 실제 일을 하는 사람들보다 두 배나 많은 양을 소비합니다)에게 생산적인 일을 시킨다면, 편의품과 필수품을 생산하는 데 한 사람당 정말 적은 시간만 일해도 된다는 사실을 쉽게 알 수 있을 것입니다. 게다가 진정으로 자연스러운 오락의 기쁨까지 덤으로 얻을 수 있을 것입니다.

유토피아의 경우가 이와 같은 사실을 증명하고 있습니다. 도시와 주변지역 전체에서 나이와 체력으로 볼 때 일할 수 있는 사람 중에 일을 면제받는 사람은 오백 명이 채 안 됩니다. 그 가운데에는 시포그란투스도 포함되어 있으나 이 사람들은 일을 하지 않아도 된다고 법으로 규정된 그 특권을 이용하지 않고 오히려 더 열심히 일을 해서 동료 시민에게 모범을 보입니다. 그리고 오직 학문에만 전념하기 위해 다른 모든 것을 면제받은 사람들도 있습니다. 이러한 특권은 오직 성직자의 추천과 시포그란투스들의 비밀투표로 승인을 받아야만 허용됩니다. 이 학자들 가운데 좋은 성과를 못 내서 사람들의 희망을 충족시키지 못한 경우에는 다시 일을 하는 일반시민으로 되돌아갑니다. 반면 일반시민들 중에 자신의 여가시간에 연구에 몰두하다가 아주 훌륭한 성과를 내는 경우에는 노동을 면제받고 학자계층으로 상승하기도 합니다.

외교관과 성직자, 트라니보루스 그리고 시장 역시 이 학자계급에서 배출됩니다. 그런데 아주 오래 전에는 시장을 바르자네스라고 불렀지만 요즈음은 보통 아데무스라고 합니다. 그 나머지 사람들이 모두 게으름을 피우지 않고 쓸데없는 일을 하지도 않기 때문에 일하는 시간은 적지만 그처럼 많은 것을 생산할 수 있습니다. 그래서 다른 나라와 비교해 볼 때 노동시간이 짧습니다.

예를 들어, 다른 나라에서는 늘 건물의 건축과 수리를 해야 합니다. 그 이유는 선조들로부터 물려받은 집을 후손들이 헐어버리기 때문입니다. 그러고는 그집을 유지하는 데 드는 비용보다 훨씬 더 막대한 비용을 들여 새집을 짓습니다. 게다가 어떤 사람이 거액을 들여서 멋진 집을 짓더라도 다른 사람이 자신은 더 훌륭한 취향을 가졌다고 자부하면서 그 집을 방치해서 폐허가 되게 하고 다른 곳에 다시 거액을 들여 새집을 짓는 일이 허다합니다.

　하지만 유토피아에서는 모든 일이 국가의 관리하에 있기 때문에 새로운 부지에 새집을 짓는 일 같은 것은 아주 드문 경우입니다. 이 사람들은 신속하게 피해를 복구할 뿐 아니라 피해를 미리 예방하므로 이곳의 건물들은 적은 수리비용으로도 아주 오래갑니다. 그래서 그들은 집에서 목재를 자르거나 석재를 다듬는 작업을 미리 해두어 그것들이 필요할 때 신속하게 일할 수 있도록 준비합니다.

　이제부터 이 나라 사람들이 얼마나 적은 노동력으로 옷을 만드는지 말씀 드리겠습니다. 이들의 작업복은 느슨한 가죽옷인데 못해도 7년은 입을 수 있습니다. 외출할 때는 이 거친 옷 위에 외투 하나만 걸치면 됩니다. 이 섬의 주민들 모두 똑같은 색 외투를 입는데 그 색은 다름 아닌 자연 그대로의 양모 색깔입니다. 그래서 다른 나라에 비해 양모를 덜 필요로 할 뿐 아니라 그들이 사용하는 양모 자체가 더 저렴합니다. 그런데도 이보다 품이 덜 드는 아마 옷을 즐겨 입습니다. 그들은 아마 옷은 하얀색이면 충분하고, 모직 옷은 깨끗하기만 하면 된다고 생각하여 고급 직물을 높게 평가하지 않습니다. 다른 나라 사람들은 대여섯 벌의 코트와 비단 셔츠를 가지고 있으면서도 전혀 만족하지 못합니다. 게다가 멋 부리기를 좋아하는 사람이라면 열 벌을 가지고도 충분치 않다고 생각할 것입니다. 반면 유토피아 사람들은 2년에 한 벌이면 만족합니다. 더 많은 옷을 가지고 있어봐야 추위를 더 잘 막는 것도 아니고 더 멋지게 보이는 것도 아니기 때문에 아예 원치를 않는 것입니다.

　누구나 가치 있는 일에 종사하고 과소비를 하지 않아 모든 것이 풍족하고 노동력이 남으므로, 혹시 도로 수리작업이 필요할 경우에만 많은 사람들이 동원됩니다. 이런 종류의 공공사업마저 없을 때는 당국에서 노동시간을 단축하라고 지시하는 경우도 자주 있습니다. 시민들에게 불필요한 노동을 강요해서는 결코 안 되기 때문입니다. 그들이 운영하는 경제체제의 주된 목표는 전체 사회에 필요한 것들이 충족된다면, 모든 시민이 육체노동을 하지 않고 자유를 누리면서 시간과 에너지를 아껴 정신적 교양을 쌓는 데 있기 때문입니다. 바로 이러한 것이 인생의 진정한 행복이라고 생각하기 때문입니다."

사회관계

"이제 이 나라 사람들의 사회관계, 즉 시민들이 서로를 어떻게 대하고 재화를 어떻게 분배하는가에 대해 설명해 보겠습니다.

가장 작은 사회단위는 실질적으로 가족과 동의어인 가정입니다. 여성은 성장하여 결혼을 하게 되면 남편의 가정에서 함께 살게 됩니다. 반면 남자 형제들과 그 아들 세대는 자기 집에 남습니다. 가정에서는 연장자에게 복종하지만, 이 연장자가 너무 늙어서 정신이 흐려지면 다음 연장자가 그 뒤를 잇습니다.

각 도시는 농촌에 있는 가구를 제외하고 모두 육천 가구로 이루어져 있습니다. 인구를 일정한 수준으로 유지하기 위해 한 가구의 식구 수는 열 명에서 열여섯 명 사이가 되도록 법령으로 정했습니다. 가구당 어린이의 숫자는 제한하지 않고 다만 어른들의 숫자를 조정하는데, 식구가 많은 가구로부터 식구 수가 충분치 않은 가구로 사람들을 이전시킵니다. 마찬가지로 인구가 많아진 도시 주민들 일부를 인구가 부족한 도시로 이주시킵니다. 섬 전체의 인구가 정해진 수보다 많아지면 각 도시에서 일정한 수의 사람들을 모집한 다음, 가장 가까운 내륙의 한 장소에 식민지를 건설하도록 합니다. 그렇게 만든 식민지들은 유토피아 사람들이 통치하지만, 원한다면 원주민들도 함께 생활할 수 있습니다. 그런 식으로 합병이 되면 서로가 서서히 융화되어서 같은 생활방식과 관습을 공유하게 되어 모두에게 이익이 됩니다. 왜냐하면 땅이 매우 황폐하고 지력이 약해서 원주민들만 살기에도 힘들었던 곳에서 유토피아 사람들은 두 나라 사람들이 사는 데 충분한 양의 곡물을 생산하기 때문입니다. 하지만 원주민들이 유토피아 사람들의 방식에 따르지 않을 경우 그들은 내쫓기게 되고, 만약 그들이 저항하면 전쟁을 선포합니다. 땅을 경작하지 않은 채 방치하면서도 다른 사람들이 자연법칙에 따라 그 땅을 이용하는 것을 방해하는 사람들에게 전쟁을 선포하는 것은 전적으로 정당하다고 보기 때문입니다. 한 도시의 인구가 급격히 줄어들어 다른 도시에서 주민을 이주시켜야 하는 경우 자칫하면 인구를 이주시킨 그 도시마저도 기반이 무너지게 될 수 있으므로 식민지에 거주하는 주민들을 불러들입니다. 이 나라에서는 이런 일이 역사상 두 번 있었다고 하는데, 그것은 모두 심각한 전염병 때문이었습니다. 유토피아의 한 지역이 쇠퇴하는 것보다는 차라리 식민지를 포기하는 게 낫다고 보는 것입니다.

다시 이 사람들의 생활방식에 대해서 이야기하겠습니다. 앞서 말했듯이, 각 가구의 최고 연장자가 가장이 됩니다. 아내는 남편을 섬기고 자식은 부모를, 나이가 어린 사람은 나이가 많은 사람을 섬겨야 합니다. 각 도시는 균등한 네 구역으로 구분되어 있는데, 각 구역의 중심에는 모든 상품을 구비한 시장이 있습니다. 각 가구에서 생산하는 물품은 모두 이곳에 반입된 다음 상품별로 정해진 자리에 보관합니다. 한 집안의 가장은 자신이나 가족에게 필요한 물품이 있을 경우 해당 물품이 있는 상점으로 가서 요청만 하면 됩니다. 요청한 것이 무엇이든 그는 돈이나 물품 등으로 값을 치르지 않고 가져올 수 있습니다. 못 가져가게 할 이유가 없습니다. 모든 물품이 다 풍부하고, 또 누구도 필요 이상의 것은 요구하지 않습니다. 어떤 물품이든 절대 모자랄 염려가 없다는 것을 알고 있는데 누가 필요 이상으로 요구하겠습니까? 결핍의 공포가 없으면 탐욕을 부리지 않습니다. 그러나 인간은 허영심 때문에 탐욕을 부립니다. 넘쳐날 만큼 남아도는 재산을 과시하면 다른 사람들보다 더 나아 보일 것이라는 생각 때문에 그렇게 하는 것입니다. 하지만 유토피아에서는 그러한 허영심을 부릴 이유가 전혀 없습니다.

시장 안에는 식료품 상점이 있어 빵과 과일, 채소는 물론 고기와 생선을 취급합니다. 생선, 육류, 가금류는 도시 외곽의 정해진 곳에서 흐르는 물로 피와 내장을 처리한 다음 이 시장으로 들여옵니다. 짐승을 도축하거나 죽은 짐승의 잔해를 깨끗이 치우는 일은 전적으로 노예들에게 맡기고 시민들에게는 아예 금지시켰습니다. 천성적으로 가지고 있는 인간미와 감성을 해치게 된다고 생각하기 때문입니다. 그뿐 아니라, 이 나라 사람들은 대기오염과 질병 발생을 예방하기 위해, 더럽고 불결한 것들은 도시 안으로 들이지 못하게 막습니다.

거리를 걷다보면 일정한 간격을 두고 서 있는 커다란 건물들과 마주치게 됩니다. 특별한 명칭으로 불리는 그곳에는 시포그란투스들이 삽니다. 각각

곡물시장의 상인들, 14세기 이탈리아 피렌체
유토피아에는 네 구역으로 구분되어 있으며, 각 구역 중심에는 모든 상품을 구비한 시장이 형성되어 있다.

의 건물마다 30가구가 배정되어서, 이곳에서 공동식사를 합니다. 식당관리인은 매일 일정한 시간에 식료품 상점으로 가 자신이 맡고 있는 사람들 수에 맞게 식료품을 가져옵니다.

음식을 배분할 때는 입원해 있는 환자들을 가장 먼저 고려합니다. 환자들은 공공병원에서 치료를 받습니다. 각 도시마다 네 개의 병원이 있는데, 모두 시 성벽 바로 바깥에 자리 잡고 있습니다. 이 병원들은 작은 마을로 보일 만큼 꽤 규모가 큽니다. 병원을 그렇게 크게 지은 이유는 두 가지입니다. 첫째는 환자들이 아무리 많더라도 번잡하고 비좁은 느낌이 들지 않도록 하려는 것이고, 둘째는 전염성이 강한 질병을 최대한 예방하기 위해서입니다. 병원들은 모두 훌륭하게 운영되며 모든 종류의 의료장비들을 갖추고 있습니다. 간호하는 사람들은 모두 상냥하고 친절하며, 또한 경험 많고 능숙한 의사들이 언제나 준비하고 있습니다. 그래서 억지로 보내지는 법도 없지만, 병에 걸린 사람들이라면 누구나 집에 있기보다는 이곳에서 치료 받기를 원합니다.

병원의 식당관리인이 의사의 처방대로 환자에게 지급해야 하는 식료품을 받아간 다음 그 나머지는 각 식당에 등록된 인원 비례에 따라 동등하게 분배합니다. 물론 예외적으로 우대 받는 사람들은 시장이나 대주교, 트라니보루스 및 외교관입니다. 흔한 경우는 아니지만 외국인 또한 우대를 받습니다. 외국인이 있을 때는 특별한 편의시설을 제공해 줍니다.

점심이나 저녁식사할 시간이 되면 나팔소리가 울리고 병원이나 집에서 앓고 있는 사람들을 제외한 모든 사람들이 식당에 모여 식사를 합니다. 다 나누어주고 난 뒤 상점에 남아 있는 식료품들은 누구든 마음대로 집으로 가져갈 수 있습니다. 그렇게 하는 데는 무슨 특별한 이유가 있으리라는 것을 잘 알기 때문에 굳이 금지하지 않는 것입니다. 집에서 식사를 하면 안 된다는 규정은 없지만 적합한 일은 아니라고 생각합니다. 가까운 곳에 아주 맛있는 음식이 준비되어 있는데, 그다지 훌륭하지도 않은 식사를 준비하느라 고생한다는 것은 어리석은 일이라고 생각하기 때문입니다. 식당의 거칠고 힘든 일들은 모두 노예들이 하지만, 어떤 음식을 먹을지 계획하고 준비하고 조리하는 일은 각 가구의 주부들이 순번을 정해서 맡아 합니다. 사람 수에 따라 다르지만, 각 가정의 성인들은 보통 서너 개의 식탁에 나누어 앉습니다. 남자들이 벽에 등을 기대어 앉고 여자들은 바깥쪽에 앉습니다. 임산부가 갑자기 아프든지 분만의 통증을 느낄 때 다른 사람들에게 방해가 되지 않도록 바로 육아실로 갈 수 있게 하기 위해서입니다.

산모와 갓난아이를 위해 마련해 놓은 육아실에는 여러 개의 요람과 깨끗한 물 그리고 난로가 준비되어 있습니다. 산모들은 갓난아이를 침대에 누인 뒤 기저귀를 갈거나 옷을 갈아입혀 난로 앞에서 놀게 할 수도 있습니다. 아기들은 어머니가 맡아서 키우지만, 아기 엄마가 죽었거나 병든 경우에는 시포그란투스의 아내가 적당한 유모를 곧바로 구해 줍니다. 여건이 되는 여성들은 기꺼이 그 일을 하려 하기 때문에 유모를 구하는 데는 전혀 어려움이 없습니다. 유토피아 사람들의 이러한 자애로운 행동은 널리 찬탄받았고, 어린아이도 유모를 친어머니처럼 여깁니다.

육아실은 다섯 살 미만의 아이들이 식사하는 곳이기도 합니다. 아직 결혼할 만한 나이가 되지 않은 소년 소녀들은 식당에서 시중을 듭니다. 시중을 들기에 아직 어리다면 조용히 어른들 곁에 서 있습니다. 어린이들의 식사 시간은 따로 정해져 있지 않습니다. 그들은 어른들의 식탁에서 함께 식사를 합니다.

시포그란투스는 아내와 함께 첫 번째 식탁의 가운데 자리에 앉습니다. 이 자리는 영광스러운 자리이기도 하지만 식당 안에 있는 사람들을 한눈에 모두 볼 수 있는 자리이기도 합니다. 식탁에는 늘 네 사람씩 앉게 되어 있으므로 최고 연장자 두 사람이 시포그란투스 부부와 함께 앉습니다. 만일 그 마을에 교회가 있다면 성직자 부부를 예우하여 시포그란투스와 함께 앉도록 합니다. 이들 양쪽 식탁에는 젊은이들이 앉고 다시 이들 옆에는 노인들이 앉는 식으로, 젊은이들과 노인들이 교대로 앉습니다. 그래서 나이가 비슷한 사람들끼리 앉으면서도 전체적으로는 다른 연배의 사람들이 섞여 앉게 되는 것입니다. 좌석을 그렇게 배치하는 것은 연장자들의 권위와 그에 따른 존경심으로 젊은이들의 적절치 못한 언동을 막을 수 있다고 생각했기 때문입니다. 곳곳에 노인들이 앉아 있기 때문에 젊은이들이 하는 말과 행동은 곧바로 알려집니다. 음식을 나누어 주는 것은 식탁이 놓여 있는 순서대로 하지 않습니다. 눈에 띄게 표시를 해놓은 식탁에 앉아 있는 연장자들에게 가장 좋은 음식을 먼저 드립니다. 그리고 난 뒤 나머지 사람들에게 똑같이 음식을 나누어 줍니다. 맛있는 음식이 골고루 나누어 먹기에 조금 부족한 경우 연장자들은 옆에 앉은 사람들에게 그 음식을 나누어 주기도 합니다. 이렇게 해서 연장자에 대한 예의와 동시에 평등의 원칙도 지킬 수 있고 모두 만족스럽게 식사를 하게 되는 것입니다.

점심과 저녁 식사는 모두 좋은 글귀를 읽는 것으로 시작하지만, 지루해지지 않도록 가급적 짧게 읽습니다. 연장자들은 그 내용을 대화의 실마리로 삼는데 대화가 우울하거나 지루하지는 않습니다. 그리고 그들은 대화를 독점하지 않고 오히려 젊은이들의 이야기를 즐겁게 들어주고 세심하게 이야기를 이끌어냅니다. 이 자유로운 대화에서 자연스럽게 드러나는 젊은이들의 성격과 자질을 가늠해보기도 합니다. 점심식사가 끝나면 일을 해야 하므로 식사시간이 짧지만, 저녁식사 뒤에는 휴식과 잠을 잘 수 있으므로 소화가 잘 되기 때문에 식사시간을 비교적 길게 가집니다. 저녁식사 시간에는 반드시 음악을 들으며, 식사가 끝난 뒤에는 다양한 종류의 사탕과 과일들을 즐깁니다. 그들은 또 식당 안에 향을 피우거나 향수를 뿌려둡니다. 이 모임이 즐거운 축제 분위기가 되도록 하는 것이라면 하나도 빼놓지 않습니다. 남에게 해를 끼치지 않는 쾌락은 전적으로 정당하다고 생각하기 때문입니다.

이러한 것이 도시 생활입니다. 시골에서는 집들이 서로 멀리 떨어져 있기 때문에 각자 자신의 집에서 식사를 합니다. 물론 그들도 역시 도시 사람들과 마찬가지로 좋은 음식을 먹습니다. 그들이 바로 도시 사람들이 먹는 음식을 생산하는 사람들이기 때문입니다."

여행

"다른 도시에 사는 친구를 찾아가거나 다른 도시를 둘러보고 싶다면, 어떤 특별한 이유로 자기 사는 곳에 반드시 남아야 할 필요가 없는 한 누구든지, 시포그란투스와 트라니보루스에게서 여행허가서를 쉽게 얻을 수 있습니다. 혼자 여행하는 것은 허락되지 않습니다. 시장의 서명이 기록된 단체 여행증명서를 가지고 단체로 여행을 떠나게 되는데, 여행증명서에는 돌아와야 할 날짜가 기록되어 있습니다. 그들은 소가 끄는 마차와 소를 부리고 돌봐줄 노예 한 명을 제공받지만, 일행 중에 여성이 끼어 있지 않는 한 마차는 불필요한 짐이 된다고 해서 대개 거절합니다. 어디를 가든 집에 있을 때와 마찬가지로 필요한 것은 모두 얻을 수 있으므로 짐을 가져갈 필요가 없습니다. 한 곳에서 하루 이상 머무는 경우 누구든 자신이 평소에 하던 일을 할 수 있습니다. 그 지역에 있는 같은 일을 하는 사람들이 기꺼이 환영하기 때문입니다.

반대로 허락 없이 자기구역을 벗어났다가 여행증명서 없이 잡힌다면 망신을 당하고 송환되어 무단이탈자로 엄중한 처벌을 받습니다. 무단이탈 죄를 두 번 저지르면 그 벌로 노예가 됩니다. 그러나 자신이 살고 있는 도시 부근의 농촌을 돌아보고 싶을 경우에는 가장의 허락을 받고 아내의 동의를 얻어야 합니다. 하지만 그가 시골 지역 어디를 가든 오전이나 오후에 일을 하지 않으면 식사를 할 수 없습니다. 사정이 이렇기 때문에 어떤 곳이든 자유롭게 다닐 수 있으며 자기 집에 있을 때와 마찬가지로 그 사회의 유용한 구성원으로 대접을 받습니다.

보다시피 이 나라에서는 빈둥거리거나 시간을 허비할 일이 없으며 게으를 수도 없습니다. 술집이나 매음굴이 없으니 타락할 기회는 아예 없는 셈입니다. 비밀회의를 할 장소도 없습니다. 모든 사람들이 지켜보고 있으므로 일상적인 자기 일을 하든지 아니면 건전한 방식으로 여가를 즐길 수밖에 없습니다.

이러한 제도하에서는 모든 물자가 풍부하고, 모든 것이 주민들에게 균등하게 분배되므로 누구도 가난하지 않습니다. 앞에서 이야기한 것처럼 여기에는 각 도시에서 3명의 대표가 출석하는 아마우로툼 회의에서는 각 지역마다 어떤 생산물이 풍족하며, 무엇이 부족한지 명확히 판단한 뒤 곧바로 한쪽의 부족분을 다른 지역 생산물로 채워줍니다. 이러한 물자들의 이송은 당연한 조치이므로 무상으로 이루어집니다. 한 도시에서 무상으로 물자를 주지만, 그들 역시 다른 도시로부터 무상으로 물자를 받기도 하는 것입니다. 이처럼 이 섬 전체는 마치 하나의 가족 같습니다.

그들은 필요한 물자를 충분히 저장(다음 해에 어떤 일이 일어나더라도 충분히 견딜 수 있을 만큼, 보통 2년 동안의 소비량을 준비합니다)해놓은 뒤에 남은 물자들은 외국에 수출합니다. 엄청난 양의 곡물, 꿀, 양모, 아마, 목재, 진홍색 및 자주색 옷감, 모피, 밀랍, 쇠기름, 가죽 그리고 가축 등이 수출됩니다. 수출품의 7분의 1은 수입하는 나라의 가난한 사람들을 위해 무상으로 제공하고, 나머지는 아주 저렴한 가격으로 판매합니다. 이러한 외국무역을 통해 자국에서 필요로 하는 상품(대표적인 물건은 철입니다)을 수입하는 외에 막대한 양의 금과 은도 수입합니다. 그들은 아주 오랫동안 이런 무역을 해왔기 때문에 당신들이 믿지 못할 정도로 많은 양의 금과 은을 보유하고 있습니다. 그 결과 그들은 현금거래를 할지 신용거래를 할지 크게 신경 쓰지 않으며, 거의 대부분 거래를 신용거래로 하고 있습니다. 다만 신용거래를 할 경우, 절대로 개인을 믿는 법이 없고 외국의 시 당국이 공식적으로 책임질 것을 요구합니다.

지급기일이 돌아오면 외국의 시 당국은 각 개인들이 빚진 금액을 걷어서 시 금고에 예치해 두고는 유토피아 사람들이 결제를 요구할 때까지 그 돈을 적절히 활용합니다. 그러나 유토피아 사람들은 거의 그 돈을 청구하는 법이 없습니다. 그들 자신이 꼭 필요한 것도 아닌데 다른 사람들이 당장 필요로 하는 것을 받아내는 것은 옳지 않다고 생각하기 때문입니다. 다만 그 자금의 일부를 다른 나라에 빌려줘야 하는 경우나 전쟁을 하는 경우에는 상환해 줄 것을 요구합니다. 그들이 거액을 준비하는 유일한 이유는 바로 이같이 극도의 위험이나 급박한 사태에 대비하는 것입니다. 그렇게 마련된 거액의 돈은 대부분 외국인 용병을 고용하는 데 씁니다. 그들은 전시에 자국 시민의 목숨을 위태롭게 하기보다 용병으로 대체합니다. 그들은 충분한 돈을 지불한다면 적의 군사도 매수할 수 있고, 각국 군대 간에 서로 반목하여 다투게 할 수도 있다는 것을 잘 알고 있습니다. 바로 이런 이유로 거액의 자산을 보유하지만 귀금속을 무슨 보물로 여기지는 않는다는 것입니다.

금과 은

사실은 여러분들이 내 말을 믿지 않을 것이라는 우려 때문에 그들이 보석을 하찮게 여긴다는 말은 하지 않으려고 했습니다. 직접 보기 전에는 나 자신도 믿기 어려운 일이었으므로 당연한 우려이기도 합니다. 어떤 일이든 자신의 사고방식과 너무 동떨어지면 받아들이기 어렵습니다. 그들의 법률이나 관습이 우리와 사뭇 다르듯 금과 은의 사용방식 역시 다릅니다. 그들은 돈을 전혀 사용하지 않으며, 오로지 일어날지도 모르는 위기상황을 대비하기 위해서 보관만 할 뿐입니다.

유토피아 사람들은 돈의 재료가 되는 은이나 금을 그것이 본디 지니고 있는 가치보다 과대평가하지 않습니다. 누구나 아는 사실이지만, 금이나 은보다는 철이 훨씬 유용합니다. 인간이 불이나 물 없이는 살기 힘들듯 철이 없으면 살기 힘듭니다. 금과 은은 단지 희귀하기 때문에 인간이 소중하게 여기는 것입니다. 자애로운 어머니인 자연은 공기, 물, 흙같이 사람들이 가장 필요로 하는 것들을 우리에게 마련해 주었지만, 그다지 필요하지 않은 것들은 보이지 않는 곳에 감추어 두었던 것입니다. 만일 유토피아에서 금과 은을 어떤 탑에 감추어 두었다면 무지한 자들은 시장과 의원이 시민을 속이고 그것들을 이용해 이익을 챙긴다고 생각할 수도 있습니다. 그들 역시 금과 은으로 아름다운 접시나 공예품을 만들 수도 있겠지만 그럴 경우 사람들이 그런 장식품들을 점점 좋아하게 되어, 그것을 다시 녹여서 용병들에게 급료를 지불하려고 하면 사람들은 아주 괴로워할 것입니다.

이러한 곤경을 피하기 위해 우리 관습과는 정반대이지만 그들의 사회관습과는 완벽하게 일치하는 제도를 만들어 냈습니다. 여러분이 직접 눈으로 확인하기 전에는 믿을 수 없다고 생각할 것입니다. 우리는 금과 은을 높이 평가하고 그것을 조심스럽게 간직하고자 한다면 그들은 그것을 전혀 다르게 사용합니다. 예를 들어 값싼 도기 접시와 유리잔으로 음식을 먹으면서 요강과 같은 불결한 일상용품들은 금과 은으로 만듭니다. 이것들은 모두 공공장소에서나 개인 집에서나 가장 저급한 기물들입니다. 노예들을 묶는 사슬이나 족쇄 역시 순금으로 만듭니다. 마지막으로 매우 수치스러운 죄를 범한 사람들은 금귀걸이와 금목걸이를 해야 하고 금관을 써야 합니다. 즉 그들은 금과 은을 가능한 한 경시하도록 모든 방법을 다 동원합니다. 그 결과 다른 나라 같으면 금과 은을 잃어버릴 경우 목숨을 빼앗기는 것과 같이 엄청난 일로 생각하지만 그들은 전혀 아까워하지 않습니다.

그들은 해안에서 진주를 발견하기도 하고 절벽에서 다이아몬드와 루비를 발견하기도 하지만 일부러 그것들을 얻으려고 애쓰지는 않습니다. 만일 우연히라도 그것들을 발견하게 되면 주워서 깨끗이 닦아 어린이들의 장식품으로 씁니다. 아이들은 처음에는 이 장식물들을 자랑하지만 조금 더 자라면 곧 그것을 버립니다. 우리나라 어린이들이 조금 크면 딸랑이나 공깃돌, 인형을 가지고 놀지 않는 것과 마찬가지입니다.

관습이 다르면 사람의 성격이나 사고도 다르다는 것을 아네몰리우스의 외교관들을 통해서 확인할 수 있었습니다. 내가 그곳에 머물고 있을 때 그 외교관들이 아마우로툼시를 방문했습니다. 아주 중요한 문제를 논의하러 온 외교관들을 맞이하기 위해 각 도시의 의회에서는 세 명의 대표를 파견했습니다. 그동안 유토피아를 다녀간 외국 사절들은 모두 가까운 나라에서 왔으므로 유토피아 사람들의 사고방식에 대해서는 이미 잘 알고 있었습니다. 이 나라에서는 좋은 옷을 입는다고 존경을 받지 않으며 비단은 경멸의 대상이고 금과 은에 대해 불쾌하게 여긴다는 것을 알았기 때문에 최대한 간소한 옷차림으로 방문했습니다.

하지만 아네몰리우스는 멀리 떨어진 나라였으므로 유토피아 사람들과 그다지 왕래가 없어 유토피아에서는 누구나 똑같이 수수한 옷을 입는다고는 알고 있었지만 그것은 화려한 옷이 없어서 못 입는 것이라고 잘못 생각했습니다. 그래서 자신들이 마치 신이나 된 것처럼 화려하게 옷을 입어서 가난한 유토피아 사람들의 눈을 휘둥그레지게 만들겠다고 생각했습니다. 그래서 그들은 화려한 색깔의 비단옷을 입고 100명의 수행원과 함께 입국했습니다. 그들은 자기 나라에서는 귀족이었기 때문에 금박 입힌 옷에 금목걸이, 금팔찌, 금반지에 모자는 진주와 보석들이 박혀 있는 금 사슬로 치장하고 있었습니다. 다시 말해 유토피아에서 노예를 처벌하거나 범죄자들에게 모욕을 가하거나 아이들 장난감으로 쓰는 것들로 치장을 한 셈입니다. 자신들의 화려한 옷과 유토피아 사람들의 옷을 비교하며 으스대고 걷는 모습이란 정말 큰 구경거리였습니다. 특별한 이유로 외국에 나가본 적이 있는 몇몇 사람들을 제외하면 모든 사람들은 이 화려한 모습을 품위가 없다고 생각했던 것입니다. 그래서 수수하게 차려입은 수행원들은 최대한 예의를 갖추어 맞이했지만, 금줄을 두르고 있는 외교관들은 노예일 것이라고 여겨 아예 무시해 버렸습니다. 진주와 보석을 가지고 노는 때가 이미 지난 아이들이 그 외교관들의 모자를 장식한 진주와 보석을 보고는 어머니의 옆구리를 찌르며 이렇게 이야기하는 것이었습니다.

'엄마, 저 바보 좀 보세요. 아이처럼 진주와 보석을 주렁주렁 달고 있어요.'

그러면 어머니는 진지하게 이렇게 이야기합니다.

'쉿, 조용히 해라. 저 사람은 아마 광대일거야.'

또 어떤 사람들은 금팔찌를 보고는 너무 가늘어서 노예가 쉽게 끊어버리겠다거나 마음만 먹으면 언제든 도망갈 수 있겠다며 잘못 만들었다고 생각 했습니다.

하루 이틀 묵는 동안 아네몰리우스 사람들은 유토피아에는 금이 무척 많아서 자기 나라에서 귀한 대우를 받는 만큼이나 여기 사람들은 경멸한다는 것을 알게 되었습니다. 또한 도망치다가 잡혀 온 한 노예가 그들이 가지고 있던 것보다 더 많은 금과 은을 몸에 감고 있다는 것도 알게 되었습니다. 결국 그들은 화려한 옷들을 벗어버렸습니다. 이 나라의 관습과 견해를 알고는 그것이 지혜로운 일임을 깨닫게 되었습니다.

윤리학

유토피아 사람들은 하늘에 반짝반짝 빛나는 별들이 그토록 많은데 그에 비해 미미한 빛을 내는 작은 돌멩이를 보고 기뻐하는 사람들을 이해하지 못합니다. 또한 자신들보다 질 좋은 양털 옷을 입었다고 해서 더 잘났다고 바보처럼 으스대는 것을 이해하지 못합니다. 양털은 양털일 뿐 그보다 더 훌륭한 것이 될 수는 없기 때문입니다. 또한 온 세계에서 금과 같이 아무런 쓸모도 없는 물질을, 그것에 가치를 부여한 인간보다 훨씬 더 가치 있게 여기는 이유를 이해하지 못합니다. 그래서 너무나도 타락한 바보가 단지 우연한 기회에 많은 금을 가지고 있다는 이유만으로 수많은 현명하고 선한 사람들을 지배한다는 사실을 잘 이해하지 못합니다. 그러나 유토피아 사람들이 가장 혐오하는 것은, 부자에게 빚진 것도 없고 어떤 의무도 없는데 단지 부자라는 이유만으로 그를 찬양한다는 것입니다. 그가 살아있는 동안에는 절대로 한 푼도 거저 주지 않는다는 걸 알고 있으면서도 말입니다.

유토피아 사람들이 이러한 생각들을 가지게 된 것은 다른 나라와는 전혀 다른 제도 아래에서 자랐으며 교육과 독서를 제대로 했기 때문입니다. 비록 각 도시마다 노동을 면제받고 전적으로 학문에만 몰두할 수 있는 사람은 겨우 몇몇이지만 대부분의 사람들은 어릴 때부터 기본적인 교육을 받으며 자발적으로 여가시간을 이용하여 평생 공부를 계속합니다. 유토피아에서는 자신들의 언어로 모든 것을 가르칩니다. 그들의 언어는 어휘가 풍부하고 듣기에도 편안하며 표현 또한 풍부합니다. 어느 정도 사투리가 섞여 있기는 하지만 전체적으로는 같은 언어를 사용합니다.

우리가 도착하기 전까지 유토피아 사람들은 유명한 철학자들의 이름조차 모르고 있었습니다. 하지만 음악과 논리학, 수학, 기하학과 같은 분야에서는 우리 학자들이 발견했던 것과 똑같은 것들을 이미 알고 있었습니다. 하지만 논리학의 경우 고전 논리학에서는 조금의 손색도 없지만 현대 논리학에서는 뒤떨어져 있었습니다. 예를 들어 어린 학생들이 배우는 《논리학개론》에서 한정, 확충, 가정 등과 같은 정의는 전혀 몰랐습니다. 또 '2차 개념'도 모를 뿐만 아니라 '인간'과 같은, 악명 높은 '보편 개념'은 상상조차 못했습니다. 아시다시피 보편 개념으로서의 인간은 세상에 존재하는 그 어떤 거인보다 더 크지만, 우리가 아무리 설명을 해도 제대로 알아듣지 못했습니다. 그렇지만 그들은 천문학에 대해서는 놀랄 만큼 정통해 있었습니다. 태양, 달 그리고 그들이 사는 지역에서 보이는 별들의 운행을 대단히 정확하게 측정할 수 있는 도구들을 많이 발명했습니다. 하지만 유성들 간의 유대나 반목을 알아차리고 점성술이니 하는 사기행위에 대해서는 꿈도 꾸지 않았습니다. 그들은 오랜 경험을 통해 비와 바람, 그 밖의 여러 기상변화에 대해 예측할 수 있습니다. 하지만 기후변화의 원인, 밀물, 썰물, 염도, 하늘과 우주의 기원과 성질 등에 대해서는 다양한 의견을 가지고 있어 몇 가지는 우리 철학자들의 견해와 일치하지만, 어떤 견해는 일치하지 않아 새로운 이론을 세웠습니다.

윤리학에서도 그들의 이론과 견해는 우리와 같습니다. 선이라는 개념을 심리, 생리, 환경 이 세 가지로 분류하고, 그 전체에 적용할 수 있는 것인지 아니면 오로지 심리적인 것에만 적용시킬 수 있는 것인지를 연구합니다. 또한 덕과 쾌락에 대해서도 논의합니다. 그들의 주된 관심사는 인간의 행복이며, 그 행복이 한 가지 요인에 의해 결정되는지 아니면 여러 가지 요인에 의해 결정되는지를 연구합니다. 이런 면에서 볼 때 그들은 전반적으로 쾌락주의적인 경향을 띠고 있습니다. 그들은 인간의 행복이 쾌락에 의해 얻어진다고 생각하기 때문입니다. 더욱 놀라운 것은 이러한 이론을 종교에서 이끌어내 뒷받침하고 있다는 것입니다. 그들이 행복을 논할 때는 철학적 합리주의에 반드시 종교적 원리를 인용합니다. 진정한 행복을 추구할 때 철학은 이러한 종교원칙 없이는 미약하고 불완전하다고 생각하는 것입니다.

그들의 종교원칙은 이런 것들입니다. 첫째, 인간의 영혼은 영원불멸하며, 그 영혼들이 모두 행복하기를 바라는 자비로운 신에 의해 창조되었다는 것

플라톤과 아리스토텔레스 (右)
상상 속의 이상국가를 추구했던 플라톤, 유토피아에서 가장 중요한 정신세계에서 선과 덕 그리고 행복은 아리스
토텔레스의 윤리학에서 추구하는 중용의 덕과 일치하는 점이다.

입니다. 둘째, 사후에 덕과 선행에 따라 보상받거나 벌을 받는다는 것입니다. 이것들은 둘 다 종교적 원리이지만 유토피아 사람들은 인간의 이성이 자연스럽게 이것들을 믿고 수용하게 만든다고 생각합니다. 만일 이러한 원리들이 비난받고 부정된다면, 사람들은 옳든 그르든 어떤 방법으로라도 쾌락을 추구해야 한다 믿고 소소한 쾌락이 커다란 쾌락을 방해하지 못하도록 해야 하며 고통이 따르는 쾌락은 피해야만 한다고 할 것입니다. 만약 아무것도 얻을 것이 없다면, 쾌락을 거부하고 일부러 고통을 자초하면서까지 미덕을 갖추기 위해 노력해야 할 이유가 없는 것입니다.

하지만 그들은 모든 종류의 쾌락을 행복이라 여기지 않고, 보다 선하고 정직한 쾌락만을 행복이라 여깁니다. 게다가 그들은 미덕을 갖추는 것을 행복이라 생각하지도 않습니다. 일반적으로 사람들은 미덕을 통해 행복을 얻는다고 하지만 그들은 신이 주신 자연스러운 충동을 따르는 것이 행복이라고 생각합니다. 하지만 이 경우 좋고 싫은 것들 속에서 일어나게 되는 본능은 이성으로 눌러야 합니다. 그 이성은 무엇보다 우리를 존재하게 했고 또 행복하게 살아갈 가능성을 주신 전지전능한 신을 사랑하고 경배하도록 가르칩니다. 그리고 자유롭고 기쁨이 충만한 삶을 살며, 마찬가지로 다른 사람들도 그렇게 살 수 있도록 인도합니다. 다른 사람의 비참함과 고통을 덜어 주며, 그들의 삶에서 슬픔을 없애고 기쁨으로 인도하는 것, 다시 말해서 쾌락으로 인도하는 것보다 더 인간적인 것은 없습니다. 그렇다면 자기 자신을 위해서도 그렇게 해야 하지 않을까요?

인생을 즐기는 것, 다시 말해 쾌락을 누리는 것이 나쁜 일이라면 다른 사람들이 쾌락을 누리도록 도와서는 안 될 것이며, 그것을 막기 위해 노력해야 할 것입니다. 반면에 쾌락을 누리는 것이 다른 사람들에게 좋은 일이라면, 스스로도 쾌락을 누려야 할 뿐만 아니라, 다른 사람들도 누릴 수 있도록 적극적으로 도와주어야만 합니다. 결국 남에게는 물론 자기 자신에게도 그렇게 해야 할 의무가 있는 것입니다. 남에게 친절을 베푸는 것이 자연스러운 일이라고 하면서, 자신에겐 혹독해야 한다고 할 수는 없습니다. 그러므로 유토피아 사람들은 삶의 기쁨, 즉 쾌락을 모든 인간이 노력을 기울여야 할 자연적인 목표라고 생각합니다. 그리고 자연적인 법칙에 따라 생활하는 것이 덕입니다. 그러나 그 어떤 인간도 자연의 사랑을 독차지할 수는 없으므로,

자연은 인간들이 서로 도우며 삶을 즐기기를 바라고 그들의 행복에 대해 똑같이 애정을 가지고 있습니다. 그러므로 자연은 다른 사람을 희생시켜 자신의 이익을 추구해서는 안 된다고 가르칩니다.

따라서 유토피아 사람들은 개인 간의 계약이나 약속을 지키고 쾌락의 원재료라 할 물품의 분배를 규정한 공공의 법을 준수해야 한다고 주장합니다. 그 법이 현명한 통치자가 공정하게 제정한 것이거나, 어떤 음모나 속임수 없이 온 국민의 동의에 의해 제정된 것이라면 반드시 준수해야 합니다. 이 법률들이 준수되는 한도 내에서는 누구나 자신의 이익을 자유롭게 추구합니다. 그러나 사회의 이익을 고려하는 것도 도덕적 의무이므로 자신이 쾌락을 누리기 위해 남의 쾌락을 빼앗는다면 그것은 잘못입니다. 다른 사람이 더 누릴 수 있도록 의도적으로 자신의 쾌락을 감소시키는 것은 인간적이며 선의의 행위입니다. 사실 이러한 사람은 그가 베푼 것보다 더 큰 이익을 누리게 됩니다. 그는 자신의 친절에 대해 보상을 받는 것입니다. 우선 그러한 선행은 누군가에게 선의를 베풀었다는 뿌듯함과, 상대로부터 호감을 얻게 되어 정신적으로 더 큰 기쁨을 얻게 됩니다. 그들은 신이 그러한 순간적인 쾌락을 희생한 보상으로 완전한 기쁨을 영원히 누리도록 해줄 것이라고 믿습니다. 그러므로 유토피아 사람들은 모든 행위와 그 안에서 행해지는 덕은 최종적인 목표로서 쾌락과 행복을 지향한다고 결론을 내립니다.

그들은 자연스럽게 즐길 수 있는 육체적·정신적 활동 모두를 쾌락이라고 정의합니다. 인간은 남을 해친다거나 아니면 보다 더 큰 쾌락을 방해한다거나 또는 불쾌한 후유증을 남기지만 않는다면, 본능적으로는 물론 이성적으로도 모든 자연스러운 방법을 동원해 즐기게 되어 있다고 합니다. 그러나 자연에 반하는 것은 쾌락이 아닙니다. 그것은 행복에 도움이 되기는커녕 오히려 행복을 파괴합니다. 쾌락에 대한 잘못된 생각이 마음에 가득한 사람은 진정한 즐거움을 누릴 여유가 없습니다. 그런데 잘못된 욕망의 유혹 때문에 그런 것들이 대단히 큰 쾌락으로 생각되어 심지어 삶의 주된 이유로까지 생각되기도 합니다.

앞에서 말했듯이, 남들보다 좋은 옷을 입었기 때문에 자신이 훌륭하다고 생각하는 사람들이 이런 실체 없는 쾌락에 빠져 있는 사람들입니다. 이들은 두 가지 착각에 빠져 있습니다. 하나는 자신들의 옷이 다른 사람들 옷보다 더 좋다고 생각하는 것이고 또 하나는 옷 때문에 자신이 남들보다 우월하다고 생각하는 것입니다. 실용적인 면에서 보더라도 고운 실로 짠 옷이 거친 실로 짠 옷보다 왜 더 좋다는 것입니까? 그런 사람들은 고운 실로 짠 옷이 자연적으로 더 우수하기 때문에 그런 옷을 입으면 자신의 가치가 높아진다고 생각합니다. 그래서 자신이 기대한 만큼의 존경을 받지 못하게 되면 화를 내는 것입니다.

존경이라는 것 역시 허망한 것에서 기쁨을 찾는다는 점에서는 똑같이 어리석은 일입니다. 다른 사람이 무릎을 꿇거나 모자를 벗어 경의를 표한다고 해서 진정한 쾌락을 얻을 수 있습니까? 그렇게 하면 무릎의 상처가 낫거나 부족한 머리가 좀 더 좋아집니까? 물론 이런 쾌락을 믿고 있는 사람들은 스스로 귀족계급이라는 것을 뻐기는 자들입니다.

보석에 열광하는 사람들 역시 같은 부류입니다. 이들은 아주 멋진 보석을 발견했을 때, 그리고 마침 자기 나라에서 유행하는 종류를 발견했을 때 매우 행복해합니다. 하지만 금도금을 벗겨낸 뒤 보석 알맹이를 꼼꼼히 살펴보기 전에는 사려고 하지 않다가, 상인이 품질을 보증하고 그 보석이 진짜라는 보증서를 주어야만 만족합니다. 하지만 당신 눈으로 진짜와 가짜를 구분하지 못한다면 가짜라고 해도 똑같은 즐거움을 주는 것이 아닙니까? 장님에게 그 두 가지가 같은 가치를 지닌 것으로 여겨지듯이 당신에게도 똑같은 가치를 가진 것이 아니겠습니까?

그저 바라보며 즐기는 것 말고는 아무런 목적도 없고 또 필요도 없는 재산을 긁어모으는 사람들의 쾌락은 진정한 것일까요 아니면 쾌락의 그림자에 속하는 것일까요? 또 정반대로 돈을 숨겨두기만 하고 두 번 다시 보지 않는 사람은 어떻습니까? 사실 그 사람들은 돈을 잃어버린 것과 마찬가지입니다. 구두쇠는 돈을 숨겨두고 이제 안심해도 되겠다면서 의기양양해 합니다. 그런데 누군가가 그 돈을 훔쳐갔는데 구두쇠는 그런 사실조차 모른 채 10년 뒤에 죽었다고 하면 그 10년 동안 그 돈을 도둑맞았든 아니든 무슨 차이가 있습니까? 어떤 경우에도 그 돈은 아무런 소용이 없습니다.

유토피아 사람들은 도박, 사냥, 매사냥도 어리석은 쾌락이라고 생각합니다. 물론 유토피아 사람들은 도박에 대해서 들어본 적은 있지만 결코 해 본 적은 없습니다. 그들은 테이블 위에 주사위를 던지는 것이 도대체 왜 재밌는지 모르겠다고 말합니다. 처음에는 그렇게 하는 것이 재미있다 하더라도 같은 일을 계속 반복하다 보면 곧 지겨워질 것이 분명하다는 것입니다. 또 개들이 짖어대고 으르렁거리는 소리를 듣는 것이 왜 재미있습니까? 개가 토끼를 쫓아가는 것이 개가 다른 개를 쫓아가는 것보다 더 재미있는 것일까요? 똑같이 달리기를 하고 있는데 말입니다. 또 눈앞에서 동물이 갈기갈기 찢겨지며 죽어가는 것을 보는 것이 재미라고 한다는 것이야말로 잘못된 일이라고 생각합니다. 토끼가 개에게 쫓기는 것, 약한 짐승이 강한 짐승에게 고통받는 것을 보았을 때 가엾게 여기는 것이 더 적절한 반응이 아닐까요?

유토피아 사람들은 사냥이 자유로운 인간에게는 적합하지 않은 것이라고 보기 때문에 이 일을 모두 백정에게 맡깁니다. 이미 말했듯이 백정은 모두 노예들입니다. 그들은 사냥을 가장 천한 일로 여기지만, 그 밖의 도축은 유용하고 존중할 만한 일이라고 생각합니다. 꼭 필요한 경우에만 짐승을 죽이기 때문입니다. 사냥꾼들은 단지 재미를 위해 죄 없는 동물들을 죽입니다. 동물들을 죽이고 즐거워 한다는 것은 유토피아 사람들이 보기에는 다만 잔인한 품성을 드러내는 일일 뿐입니다. 대부분의 사람들이 이런 행위를 쾌락이라고 여길지 모르지만 유토피아 사람들은 자연스러운 쾌락이 없으므로 진정한 쾌락과는 전혀 관련이 없다고 확신합니다. 그런 것들은 흔히 감각을 만족시켜 주므로 쾌락처럼 보입니다만, 그렇다고 해서 실제 기본성질이 그렇지는 않습니다. 임산부들이 입맛을 잃어 꿀보다 쇠기름이나 송진을 더 맛있다고 느끼는 것과 비슷한 것입니다. 사람의 입맛은 병이나 습관 등의 영향을 받아 변화할 수는 있지만 그렇다고 해서 쾌락의 본질을 변화시키지는 않습니다.

그들은 진정한 쾌락을 정신적인 쾌락과 육체적인 쾌락 두 가지로 분류합니다. 우선 정신적인 쾌락은 사물에 대한 이해나 진실에 대한 명상을 통해 얻어지는 만족 같은 것입니다. 잘 보낸 한평생을 되돌아볼 때의 만족이나 앞으로 좋은 일이 있을 것이라는 확신에 찬 기대도 여기에 포함됩니다.

육체적인 쾌락은 다시 두 가지로 나뉩니다. 첫 번째는 신체의 감각을 만족시키는 즉각적인 즐거움입니다. 먹거나 마실 때와 같이 신체의 자연적인 열에 의해 연소될 물질들을 대체해 줄 때 생기는 쾌락입니다. 또는 배설이나 성교, 가려울 때 문지르거나 긁을 때 생기는 것입니다. 하지만 신체에서 필요로 하는 것을 충족시켜주거나, 불쾌감을 없애주는 것이 아닌 종류의 쾌락들도 있는데, 음악으로 인한 쾌감이 바로 그러한 예일 것입니다.

두 번째는 신체가 평온하고 조화로운 상태, 다시 말해서 어떤 질병도 없는 건강한 상태를 가리킵니다. 정신적인 불쾌감만 없다면, 이러한 상태에서는 외적인 쾌락의 도움 없이도 쾌감을 일으킵니다. 비록 음식을 먹고 마시는 데에서 오는 만족보다는 덜 직접적이지만, 그럼에도 건강은 흔히 인생 최고의 쾌락으로 여겨지고 있습니다. 많은 유토피아 사람들은 이것을 다른 모든 쾌락의 기반으로 여깁니다. 왜냐하면 건강은 그 자체만으로 우리 삶을 평화롭고 바람직하게 만들지만 만일 건강을 잃는다면 다른 모든 쾌락이 불가능해지기 때문입니다. 반면에 건강하지 않으면서 다만 고통이 없는 상태는 쾌락이 아니라 평범한 둔감함에 지나지 않습니다.

건강하다는 것은 그 반대인 질병상태와 대비될 때에만 알 수 있는 것이므로, 변함없이 일정하게 유지되는 건강을 쾌락이라고 부르는 것은 적절하지 않다고 주장하는 사람들도 있었습니다. 하지만 유토피아 사람들은 이를 오래전에 기각했고, 요즈음에는 거의 모든 사람들이 건강이야말로 최고의 쾌락이라는 데 동의합니다. 질병은 고통을 수반하며 고통은 쾌락의 적입니다. 그러므로 질병이 건강의 적인만큼 쾌락은 분명 안정적이고 양호한 건강에 내재해 있다고 그들은 추론합니다. 건강 자체가 쾌락인지 아니면 불을 피우면 반드시 열이 나는 것처럼 당연히 건강이 쾌락을 만들어 내는지를 따지는 것과 상관없이, 한결같이 건강한 상태는 논리적으로 언제나 쾌락이라고 여기는 것입니다. 더 나아가 그들은 우리가 음식을 섭취하는 것은, 쇠락해 가던 건강이 기아에 대한 싸움을 벌일 때 필요한 동맹을 얻는 것과 같다고 했습니다. 우리의 건강이 힘을 얻어가면서 기력을 되찾는 이 단순한 과정이 쾌락과 상쾌함을 주는 것입니다. 건강은 느낄 수 없는 것이라는 생각은 완전히 틀렸습니다. 자신이 깊이 잠들어 있거나 실제로 병들어 있지 않다면, 누구든 기분이 좋다는 것을 명확하게 인식합니다. 가장 둔하고 무감각한 사람들조차도 건강하다는 것은 즐거운 것임을 인정할 것입니다. 그 즐겁다는 것이 바로 쾌락입니다.

유토피아 사람들은 모든 쾌락 가운데 무엇보다도 정신적 쾌락을 추구하고, 이것을 가장 중요하다고 여깁니다. 그 이유는 대부분의 쾌락은 덕의 실

히에로니무스 보슈(1450~1516), 세속적 쾌락의 정원

유토피아 사람들은 쾌락을 정신적·육체적 쾌락으로 구분하고, 육체적 쾌락은 다시 신체의 감각을 만족시키는 즐거움과 어떠한 질병도 없는 건강한 신체 상태로 나눈다.

천과 올바른 삶에 대한 인식에서 비롯되기 때문입니다. 그들은 육체적인 쾌락 중에서 건강을 최고로 봅니다. 물론 먹고 마시는 기쁨들도 있다고 생각하지만, 그것은 오직 건강에 도움이 될 때만으로 한정합니다. 이러한 기쁨들은 그 자체로서 즐거운 것이 아니라 오로지 질병의 침입을 막아주는 수단이 될 때에만 기쁨이라고 여기기 때문입니다. 현명한 사람은 질병에 대한 훌륭한 치료책을 찾는 대신 아예 병을 피하려 할 것이고, 다른 사람의 치료를 받는 것보다 스스로 즐거운 마음을 가질 것입니다. 그래서 이런 종류의 쾌락으로 위안을 받기보다는 차라리 그런 것들이 필요 없는 상태가 더 나은 것입니다. 만일 행복이 이런 종류의 쾌락으로 이루어진다고 믿는 사람이 있다면 그런 사람의 이상적인 삶은 끊임없이 굶주리고 목마르고 가려워 그 다음에 먹고 마시고 긁는 일이 계속되어야 할 것입니다. 사실 그러한 것들은 분명히 무척 불쾌하고 역겨운 일입니다. 그러한 쾌락들은 절대로 즐길 수 있는 것이 아닌 불결한 것들이므로, 가장 저급한 쾌락으로 보아야 할 것입니다. 예를 들어 굶주림의 고통은 먹는 쾌락을 누리게 해주지만, 쾌락보다는 고통이 더 심하기 마련입니다. 고통이 보다 더 격렬하고 보다 더 오래 지속되기 때문입니다. 고통은 쾌락보다 먼저 발생하여, 쾌락이 생기기 전까지 사라지지 않다가, 쾌락과 함께 사라지게 됩니다.

그래서 유토피아 사람들은 이런 종류의 쾌락에 대해서는 삶에 필요한 때만 제외하면 중요하게 여기지 않습니다. 하지만 그들은 그러한 쾌락들도 긍정적으로 받아들입니다. 이에 대해서는 어머니인 자연이 아이들을 잘 구슬리고 설득해서 어차피 해야 하는 것들을 즐거운 마음으로 하도록 친절하게 인도한 것이라 여기고 고마워합니다. 만약 만성적인 질병에 걸렸거나 굶주리고 목이 마를 때도, 희귀한 질병에 걸렸을 때처럼 구역질나는 약을 가지고 이겨내야 한다면 우리 인생은 얼마나 비참하겠습니까!

유토피아 사람들은 아름다움, 강인함, 영민함 등을 자연이 준 특별하고 즐거운 선물로 받아들입니다. 또한 그들은 인간에게만 주어진 보고 듣고 냄새를 맡는 등의 쾌락을 특별히 즐깁니다. 세상의 아름다움을 찬미하고, 먹이를 찾는 방법으로서가 아니라 향기 자체를 즐기며, 화음과 불협화음의 차이를 가려낼 줄 아는 동물은 인간밖에 없기 때문입니다. 그들은 이러한 일들이 삶에 활력을 가져다준다고 말합니다. 그러나 그들은 이 모든 쾌락 가운데 작은 쾌락이 큰 쾌락을 간섭하면 안 되고 그 어떤 쾌락도 고통이 뒤따라서는 안 된다는 법칙을 준수합니다. 쾌락이 부도덕한 것일 경우 반드시 고통이 수반된다고 봅니다. 게다가 그들은 육체의 아름다움을 경멸하거나 자신의 힘을 손상시키거나 에너지를 소진해 무기력하게 만들거나 단식으로 몸을 무력하게 하거나 건강을 해치거나 또는 자연적인 즐거움을 무시하는 일은 상상조차 하지 않습니다. 그 누구에게도 도움이 되지 않지만 이상적인 미덕이라는 또는 절대 닥쳐오지도 않을 재난에 대비하여 자기 몸을 단련한다는 명목으로, 스스로에게 고통을 가하는 일은 어리석다고 생각하기 때문입니다. 그러한 행위는 단지 스스로를 망치는 것이며, 마치 무언가를 빚진다는 생각을 감당하기 어렵기 때문에 자연이 제공하는 모든 호의를 거부하는 것처럼, 대자연에 대해 가장 배은망덕한 태도를 보이는 것일 뿐이라고 말합니다.

이것이 덕과 쾌락에 대한 그들의 생각입니다. 혹시 하늘의 계시가 인간에게 신성한 가르침을 주는 경우라면 모를까 인간의 이성을 통해 이보다 더 확실한 결론에 이르지는 못할 것입니다. 지금 나는 그들의 생활방식을 설명하는 것일 뿐 옹호하려는 것은 아니므로, 그들의 도덕론이 옳은지 그른지를 따지거나 정말 필요한 것인지를 논의할 필요는 없을 것입니다.

하지만 나는 한 가지 사실만은 확신하고 있습니다. 여러분이 그들의 생각을 어떻게 판단하든지, 이 지구상에서 그들보다 번영한 나라와 훌륭한 사람들을 찾아낼 수는 없다는 것입니다.

그들의 육체는 활기차고 생기가 넘치며, 작다고 할 수는 없지만 키에 비해 힘이 매우 셉니다. 그들의 토지는 그다지 비옥하지 않으며 기후도 좋은 편은 아니지만, 그들의 균형 잡힌 생활로써 기후의 불리함을 이겨내고 근면한 노력으로써 토양을 개선했습니다. 그 결과 어떤 곳보다도 곡물과 가축이 풍부하고, 사람들이 활력이 넘쳐 평균 수명이 세계에서 가장 높으며 질병 발생률은 가장 낮습니다. 그들은 자연적으로는 거의 불모에 가까운 영토를 가졌으면서도 과학적인 방법을 활용하여 기적을 이룬 것입니다. 그렇다고 그들의 재능이 일상적인 농업에서만 발휘되는 것은 아닙니다. 그들은 온 숲을 다른 지역으로 옮기기까지 합니다. 그렇게 하는 이유는 경작지를 넓히기 위해서가 아니라 원목 운반을 쉽게 하기 위해 바다나 강 또는 도시 가까운 곳으로 옮긴 것입니다. 곡물보다는 목재가 원거리 육로 수송의 경우 훨씬 더 힘들기 때문입니다.

학문을 배우는 기쁨

이곳 사람들은 일반적으로 온순하고 명랑하고 슬기로우며 여가생활을 좋아합니다. 그들은 꼭 필요한 경우가 아니면 일하는 것을 그다지 좋아하지 않지만 머리를 쓰는 일에는 게으른 법이 없습니다.

내가 그리스의 문학과 철학에 대해 말해주었을 때(나는 라틴어로는 몇몇 역사가들과 시인들 말고는 그 사람들이 즐길 만한 것이 별로 없으리라 생각했습니다) 그들이 그리스어를 얼마나 열심히 배우려고 하는지 정말로 놀라울 정도였습니다. 처음에는 훌륭한 성과를 기대해서가 아니라 거절하기 싫었기 때문에 그들을 가르치기 시작했습니다. 그러나 곧 그들이 아주 열심히 공부하는 것을 보고 우리가 시간을 허비한 것이 아니라는 확신을 가지게 되었습니다. 그들은 문자를 매우 빨리 습득하고 발음을 아주 정확하게 하며 빨리 문장들을 외우고 또 아주 정확하게 암송했습니다. 만약 내가 그 강좌에 지원하여 정부의 허가를 받은 사람들이 모두 뛰어난 지식을 갖춘 훌륭한 학자들이라는 사실을 모르고 있었다면, 기적적인 일이라고 생각했을 것입니다. 그들은 3년이 채 되기도 전에 그리스어를 완벽하게 익혔고, 원문에 오류가 없는 한 훌륭한 저자들의 작품을 거침없이 읽을 수 있었습니다. 그들의 언어가 본디 그리스어와 비슷하기 때문에 쉽게 배우는 것이 아닐까 생각해 보기도 했습니다. 그들의 언어는 여러 면에서 페르시아어와 비슷하지만, 도시 이름이나 공직 이름에서는 그리스어의 흔적을 자주 볼 수 있기 때문입니다.

네 번째 항해를 떠날 때 나는 배에 상품 대신 책을 가득 실었습니다. 오랫동안 귀국하지 않을 계획이었기 때문입니다. 나는 그들에게 거의 모든 플라톤의 저서들과 그보다 많은 아리스토텔레스의 저서들 그리고 식물학에 관한 테오프라스토스의 저서를 선물했습니다. 식물학에 관한 저서는 안타깝게도 부주의하게 보관하여 원숭이가 이곳저곳 몇 쪽을 떼어내는 바람에 상태가 조금 나빠졌습니다. 문법책으로는 내가 테오도루스를 가지고 가지 않았기 때문에 라스카리스만 있었고, 또 사전으로는 헤시키우스밖에 없었습니다. 그 밖에도 디오스코리데스가 있었습니다. 그들은 플루타크의 글을 아주 좋아했고 루시안의 위트 넘치는 농담에 즐거워 하였습니다. 시인으로는 아리스토파네스, 호머, 유리피데스 그리고 소포클레스 등을 작은 알두스 판으로 주었습니다. 역사책으로는 투키디데스와 헤로도토스 그리고 헤로디아누스를 선물했습니다. 의학

중세의 인쇄공장

유토피아 사람들의 정신세계를 풍요롭게 하기 위해 학문을 발전시켰으며, 더불어 서적을 만들기 위한 인쇄술·제지술이 발전하게 되었다.

서적으로는 친구인 트리시우스 아피나투스가 히포크라테스의 짤막한 작품 몇 권과 갈렌의 《의학 교본》을 가지고 왔습니다. 유토피아 사람들은 이 책들을 가장 소중하게 생각했습니다. 사실 이 나라만큼 의사가 필요치 않은 나라도 드물지만, 동시에 그들보다 의학을 가장 훌륭하고 유용한 지식이라고 생각하는 사람들도 없을 것입니다. 그들은 의학을 과학의 가장 흥미롭고 중요한 분야라고 생각합니다. 그리고 자연을 과학적으로 탐구하는 것은 가장 흥미로운 과정일 뿐만 아니라, 동시에 창조자를 즐겁게 해주는 가장 좋은 방법이라고 생각합니다. 다른 예술가들과 마찬가지로 신 역시 이 세계를 만들 때 누군가가 보고 찬미하기를 원한다고 생각하는 것입니다. 그런데 인간 말고 그토록 정교한 대상을 감상할 존재가 또 누가 있겠습니까? 따라서 신은 이토록 경이로운 장관을 보고도 그 놀라운 구조를 알지 못해 감탄하지 못하고 바보스럽고 꽉 막힌 정신으로 보는 사람보다는 그의 작품을 조심스럽고 섬세하게 바라보고 찬미하는 사람을 좋아할 수밖에 없다는 것입니다.

한번 그렇게 학문의 자극을 받자 유토피아 사람들의 정신은 삶을 더 유쾌하고 편안하게 만드는 여러 기술들을 놀라울 정도로 빠르게 발전시켰습니다. 그 가운데 두 가지 기술은 분명 우리에게 배운 것입니다. 인쇄술과 제지술이 그것인데 이 기술의 개발은 적어도 절반은 우리 덕이고 절반은 그들의 솜씨 덕입니다. 우리가 그들에게 알두스 판 책들을 보여줄 때 우리는 제지술과 활자 제조에 대해 이야기를 했습니다만, 우리 가운데 누구도 그 분야에 대해 많이 알고 있지 못했으므로 그 공정에 대해 자세한 설명은 해주지 못했습니다. 하지만 그들은 대단히 예리한 통찰력으로 기본원칙을 곧 파악해 냈습니다. 이전에 그들은 송아지 가죽, 나무껍질, 파피루스에 글씨를 썼지만 이제는 종이에 인쇄를 하게 되었습니다. 처음부터 완벽하게 성공한 것은 아니지만, 그들은 반복된 연습을 통해서 두 가지 기술을 완벽하게 습득했습니다. 원서만 부족하지 않았다면, 그들은 원하던 모든 그리스 책들을 가질 수 있었을 것입니다. 하지만 내가 앞에서 말한 책들뿐이므로 다만 똑같은 책들을 수천 부씩 찍어내는 것에 만족해야 했습니다.

그들은 자신들에게 추천할 만한 특별한 재능이 있거나, 세계의 여러 나라들을 여행해 그 나라들에 대해 잘 알고 있는 사람들을 적극적으로 환영합니다. 그들은 세계 여러 나라에서 어떤 일들이 일어나는지 알고 싶어합니다.

우리가 그토록 환대를 받은 것도 그 때문입니다. 하지만 이 나라에 장사를 하러 오는 상인들은 그리 많지 않습니다. 대부분의 상인들이 팔고 싶어하는 금이나 은과는 별개로, 유토피아에서는 오직 철만을 수입하기 때문입니다. 상품을 수출하는 경우에도 유토피아 사람들은 외국인들을 불러들이기보다는 그들 스스로 수송하는 것을 더 좋아합니다. 그렇게 함으로써 바깥 세계에 대한 견문을 넓힐 수 있으며, 항해술도 시험해 볼 수 있기 때문입니다."

노예

"노예는 전쟁 포로들도 아니고, 세습 노예도 아니며, 외국에서 사들인 노예들도 아닙니다. 대부분의 노예는 이 나라 시민 중에 아주 큰 잘못을 저지른 사람이든지 아니면 다른 나라 출신으로서 자기 나라에서 사형선고를 받은 사람입니다. 후자가 노예의 대부분을 차지합니다. 가끔 유토피아 사람들은 그런 노예를 아주 저렴한 가격에 또는 아예 무상으로 넘겨받아 데리고 옵니다. 이 노예들에게는 늘 족쇄를 채워 일을 시킵니다. 하지만 유토피아 출신은 더 나쁜 대우를 받습니다. 그들이 더 좋은 교육을 받았고 최선의 도덕 훈련을 받았음에도 잘못을 저질렀기 때문에 그들의 죄가 더 무겁고 따라서 더 엄한 벌을 받아야 한다는 것입니다.

또 다른 유형의 노예는 외국의 노동자들인데, 그들은 자기 나라에서 가난에 찌들어 살기보다 유토피아에서 노예로 살기를 지원한 사람들입니다. 그 사람들은 일을 조금 더 한다는 점만 빼면 거의 시민과 같은 정도로 좋은 대접을 받습니다. 그런 일이 자주 있지는 않지만 혹시 이 사람들 중 누군가가 자기 나라로 되돌아가려고 한다면 언제든 자유롭게 떠날 수 있으며 빈손으로 가지도 않습니다."

환자

"앞에서 이야기한 것처럼, 이 나라에서는 환자들을 아주 극진히 간호하며, 그들을 위한 약과 음식은 어느 것 하나 소홀히 하지 않습니다. 불치병에 걸린 환자의 경우 곁에 앉아 이런저런 이야기를 나누며 편안하게 해주고, 고통을 덜어 줄 수 있는 모든 처방을 해 줍니다. 하지만 고칠 수 없는 병인데다가 극심한 고통이 계속된다면 성직자와 공무원이 찾아와서 더 이상 그런 고통을 당하지 말라고 권합니다. 그들은 환자에게 그들이 더 이상 삶의 의무를 다할 수 없으며 그 자신과 남에게 짐이 된다는 사실을 상기시킵니다. 그들은 환자에게 질병이 더 이상 자신을 제물로 삼지 않도록 해야 하며, 이제 사는 것이 단순히 고통에 지나지 않고 이 세상이 감옥처럼 된 이상 삶의 고통으로부터 스스로 해방되든지 아니면 다른 사람에게 부탁해서 해방되라고 말합니다. 만약 환자가 이러한 권유를 받아들이게 되면 스스로 굶어 죽거나 아니면 약을 먹고 고통 없이 잠들어서 죽음을 느끼지도 못한 채 삶을 마감합니다. 하지만 이러한 일은 전적으로 자신의 의사에 따르게 되어 있으므로, 환자가 살기를 바란다면 누구나 전과 같이 따뜻한 보살핌을 받습니다. 유토피아 사람들은 당국의 권고에 따르는 이런 자살은 명예로운 일이라고 봅니다. 그러나 성직자와 당국의 동의 없이 스스로 목숨을 끊은 사람들에 대해서는 매장이나 화장할 가치도 없는 일이라 여겨 시체를 가까운 늪지에 던져버립니다.

결혼 풍습

여자들은 18세가 되기 전, 남자들은 22세가 되기 전에 결혼할 수 없습니다. 혼전 성교를 하다가 발각될 경우 남녀 모두 엄중한 벌을 받으며, 시장이 그 처벌을 취소하지 않는 한 결혼하지 못합니다. 그뿐 아니라 당사자의 부모들 역시 그들의 의무를 충실히 이행하지 못한 데 대해 공공연히 망신을 당합니다. 이 나라 사람들이 이 범죄를 그토록 심하게 처벌하는 이유는 만일 난잡한 생활을 엄격하게 규제하지 않는다면 한 명의 배우자와 평생을 지내면서 온갖 소소한 불편을 함께 이겨나가는 결혼생활을 참아낼 사람이 거의 없다고 보기 때문입니다. 결혼 상대를 고를 때 비록 그들은 진지하게 여기는 일이지만, 우리의 눈에는 정말 어리석어 보이는 일을 합니다. 과부든 처녀든 장래의 신부가 될 사람은 책임감 있고 존경할 만한 여성 보호자의 인도 아래 신랑에게 나체로 선을 보입니다. 마찬가지로 존경할 만한 남성 보호자가 신랑을 신부에게 나체로 선을 보입니다. 어이없는 풍속이라 생각한 우리가 웃음을 터뜨리자, 그들은 즉시 우리의 풍속을 꼬집었습니다. 적은 돈을 들여서 말을 살 때도 사람들은 무척이나 조심스럽게 따져봅니다. 말은 이미 벌거벗고 있는데도, 안장과 모포를 벗겨내고 그 밑에 혹시 상처라도 있는지 확인하고 나서야 사려고 합니다.

그런데 배우자를 고르면서 좋든 싫든 평생 지켜야 할 약속을 맺는 일임에도 참으로 부주의합니다. 신체의 모든 부위는 천으로 가리고 다만 조그마한 얼굴만 보고 매력적인지 아닌지 판단합니다. 그녀의 실제 모습을 보게 되었을 때, 정말 마음에 들지 않는 부분을 발견할 수도 있다는 위험을 감수하면서 그렇게 합니다. 오로지 성격만 보고 결혼할 정도로 현명한 사람은 많지 않습니다. 또 현명하다고 해도 결혼했을 때 가끔은 아름다운 신체가 아름다운 영혼을 더욱 아름답게 해줄 수 있다는 것을 발견합니다. 남자가 아내를 멀리하게 만들 만큼 심각한 육체적 결점이 옷 안에 숨겨져 있을 가능성은 얼마든지 있습니다. 결혼한 뒤에 그 결점을 알게 되면 유토피아 사람들은 그것을 자기 운명이라 생각하고 받아들여야 하므로 거짓으로 꾸며 맺어지는 결혼에 대해서는 어느 정도의 법적인 보호가 분명히 필요합니다.

이토록 주의를 기울이는 또 다른 이유는 이 나라야말로 일부일처제를 시행하는 유일한 곳이기 때문입니다. 사별하지 않는 한 이들의 결혼은 깨지는 법이 없습니다. 물론 간통이나 견디기 힘든 악행을 저지르는 경우에는 이혼을 허락합니다. 이 경우 결백한 사람은 의회로부터 재혼할 수 있는 허락을 받지만, 잘못을 저지른 사람은 평생 재혼할 수 없습니다. 그러나 본인의 잘못이 아닌 육체적인 결함을 이유로 남편이 아내와 이혼하는 것은 절대로 허용되지 않습니다. 노년에는 여러 가지 질병들이 생길 뿐만 아니라 늙는 것 자체가 질병이므로 이때야말로 배우자가 가장 필요한 시기인데 이러한 것들이 허용되다 보면 노년에 이른 사람들에게는 보장해 줄 수 있는 것이 하나도 없기 때문입니다. 하지만 가끔 남편과 아내 모두 다른 배우자를 만나는 것이 더 행복하다고 생각하는 경우, 성격이 맞지 않는다는 것을 근거로 서로 합의하에 이혼이 허용되기도 합니다. 그러나 이 경우에는 당국의 철저한 심사를 거친 다음에만 얻을 수 있는 특별한 허가가 필요합니다. 쉽게 이혼할 수 있다고 생각하는 것은 결혼제도를 약화시킬 수 있기 때문에, 철저한 심사를 거친 뒤에도 이러한 허가의 승인은 신중하게 합니다.

간통죄를 범한 사람들은 가장 가혹한 노예제의 형벌을 내립니다. 간통한 사람들이 모두 기혼자일 경우, 이혼할 수 있으며 원하는 경우에는 다른 사람과 재혼할 수 있습니다. 하지만 죄를 범한 배우자를 변함없이 사랑한다면,

그에게 부과된 노역을 함께 한다는 조건으로 결혼관계를 유지하도록 허용합니다. 때로는 죄를 범한 배우자의 뉘우침과 그 배우자의 헌신적 태도에 감동한 시장이 두 사람을 자유롭게 석방해주기도 합니다. 그러나 두 번째로 간통죄를 범하는 경우에는 사형에 처합니다."

처벌, 재판, 관습

"이런 경우 외의 다른 범죄에는 법률적으로 확실하게 규정되어 있는 형벌은 없으며 개별적으로 의회에서 적절한 형벌을 결정합니다. 저지른 범죄가 너무 심하거나 공공의 도덕을 지키기 위해 당국이 다루어야 하는 경우 외에는 남편이 아내에게, 부모가 자녀에게 벌을 주어야 할 책임이 있습니다. 일반적으로 중요 범죄에 대한 형벌은 노예로 만드는 것입니다. 이것이 사형보다 범죄예방에 효과적이고, 또 국가에 도움이 된다고 보는 것입니다. 노예제도는 범죄가 결코 득이 될 수 없다는 사실을 오래도록 시각적으로 상기시키는 효과가 있습니다. 노예들이 자신의 처지에 불만을 품고 봉기한다면 마치 막대기나 사슬로 길들일 수 없는 짐승에게 하듯 즉각 사형에 처합니다. 그러나 노예가 참을성 있게 행동한다면 아무런 희망 없는 상태로 놔두지만은 않습니다. 오랫동안 고역을 치름으로써 그들이 벌을 받는 이상으로 참회하는 모습을 보인다면 시장의 재량이나 시민들의 투표로 형기를 감해주거나 완전히 해방시켜 줍니다. 범죄를 사주하려다 실패한 사람도 실제로 사주한 자와 마찬가지로 엄격한 벌을 받는데 이것은 그 외의 모든 범죄에도 동일하게 적용됩니다. 미수라 하더라도 실제 범죄를 행한 것과 마찬가지이기 때문입니다. 의도적으로 범죄행위를 하려고 시도한 사람은 설사 결과적으로 범죄행위에 실패했다고 해서 더 나을 것이 없습니다.

유토피아 사람들은 정신지체자들을 무척 좋아하는데, 그런 사람들을 모욕하는 것은 아주 나쁜 행위이지만, 그런 사람들의 행동을 보고 즐기는 것은 매우 당연하다고 생각합니다. 사실 그렇게 하는 것이 그들을 위해 더 좋은 일이라고 생각합니다. 그들의 행동이나 코믹한 말에 대해 즐거워하지 않을 정도로 지나치게 진지하고 심각한 사람에게는 그들을 돌보는 일을 맡기지 않습니다. 그 사람들이 지닌 유일한 재주인 어리석은 행동을 즐거움의 소재로 받아들이지 못한다면, 절대로 친절하게 대해 줄 수 없기 때문입니다.

잔 다르크의 처형을 그린 15세기 삽화
유토피아 법률에는 형벌이 없다. 형벌을 내려야 할 중죄인 경우, 의회에서 처리하되 가급적 극형보다 노예로 만든다.

  하지만 만약 어떤 사람이 못생겼거나 불구인 사람을 놀리면, 그곳의 모든 사람들이 놀리는 그 사람을 조롱할 것입니다. 자신의 힘으로는 도저히 피할 수 없는 결점을 욕하는 것이므로 정말 엄청남 바보짓을 한 것입니다.

  유토피아 사람들은 타고난 아름다움을 간직하기 위해 노력하지 않는 사람을 무척 게으르게 생각하며, 겉치레로 꾸미는 것은 절대 받아들이지 않습니다. 그들은 경험을 통해 아내가 남편에게 더 큰 애정을 불러일으키는 것은 겸손함과 성실함과 자신을 존중하는 태도이지 육체적인 아름다움이 아니라는 것을 알게 되었던 것입니다. 남자들을 사로잡는 데는 아름다운 얼굴만으로도 충분하겠지만, 사랑을 유지하는 데는 남다른 성격과 성품이 필요했던 것입니다.

  유토피아에서는 형벌을 통해 범죄를 예방할 뿐 아니라 명예를 고양함으로써 덕을 장려하기도 합니다. 예를 들면, 그들은 사회를 위해 뛰어난 공헌을 한 사람들의 동상을 시장 안에 세워놓습니다. 그런 사람들이 이룬 업적을 기념하기 위해서이기도 하지만, 그보다 더 큰 이유는 앞선 세대의 영광을 되새겨 볼 수 있게 하여 미래를 이끌어 갈 세대들의 분발을 이끌어내기 위해서입니다.

하지만 스스로 공직에 선출되기 위해 애쓰는 사람들은 오히려 아무런 공직도 얻지 못합니다. 공직자들은 절대로 거들먹거리거나 위압적인 태도를 보이지 않기 때문에 사회적인 관계는 누구 할 것 없이 화기애애합니다. 공직자들은 보통 '아버지'라고 불리며 또 실제 아버지처럼 행동합니다. 공무원들이 존경을 억지로 강요하지 않더라도 시민들이 자발적으로 존경을 표합니다. 시장도 특별한 머리 장식 같은 것을 하지 않고 옷도 다른 사람들과 똑같이 입고 생활합니다. 그는 다만 곡물 한 다발을 들고 다니는 것으로 구분되는데 이는 고위 성직자가 밀랍 초를 들고 다니는 것으로 구분되는 것과 비슷합니다.

유토피아에는 법률이 거의 없습니다. 그들의 사회제도는 법률이 거의 필요없기 때문입니다. 그들 생각에 다른 나라들은 법률과 그에 대한 해설서가 지나치게 많다는 것이 단점입니다. 다 읽을 수 없을 정도로 양이 많고 누구도 명백하게 이해하지 못할 애매모호한 법률들로 사람을 옭아매는 것은 대단히 불공정한 일입니다. 변호사란 사건 수를 늘리고 싸움을 증폭시키는 부류로서 유토피아에서는 전혀 필요 없는 존재라고 주장합니다. 그들은 각 개인들이 소송사유를 직접 진술하고, 변호사에게 해야 할 이야기는 판사에게 직접 하는 것이 더 나은 방법이라고 생각합니다. 그런 상황에서는 문제점이 모호해지는 경우가 거의 없기 때문에 진실을 쉽사리 파악할 수 있습니다. 변호사에게 배운 거짓말을 늘어놓는 사람만 없다면 판사는 자신의 모든 능력을 사건의 진상을 밝히는 데 발휘할 수 있고, 그렇게 하면 교활한 자의 비양심적인 공격으로부터 정직한 사람들을 보호할 수 있기 때문입니다. 다른 나라들에서는 고려해야 할 복잡한 법률들이 많기 때문에 이러한 제도가 효과적으로 운영되지 않을 것입니다. 그러나 유토피아에서는 모든 사람이 법률전문가가 될 수 있습니다. 이미 말한 대로 법률의 수가 적고 또 어떤 법이든 가장 명백한 해석이 가장 좋다고 생각하기 때문입니다. 그들은 사람들에게 마땅히 해야 할 바가 무엇인가를 일깨워 주는 것이 법률의 유일한 목적이므로, 그 해석이 까다로울수록 그것을 이해하는 사람이 상대적으로 적어지고 그 효과도 더욱 떨어질 것이라고 합니다. 반면에 단순하고 명백한 의미는 누구나 쉽게 이해할 수 있습니다.

그 사회의 대다수를 형성하고 있고 법률이 지향하는 바를 가장 잘 알고 있어야 하는 하층계급의 관점에서 볼 때, 법률을 만든 다음 전문적인 논의를 수없이 거친 뒤에야 비로소 적용할 수 있는 법률이라면 만들지 않는 것이 좋을 것입니다. 대부분의 시민들은 생업에 종사하기에도 바빠 이러한 연구를 할 시간이나 정신적인 여유가 없기 때문입니다.

해외 관계

"오래전에 유토피아 사람들은 주변 국가들을 독재정치로부터 자유롭게 해 주었습니다. 그 뒤 이 나라 사람들은 유토피아의 덕을 찬미하게 되어 자신들을 통치해 달라고 부탁하게 되었습니다. 따라서 1년 또는 5년 단위로 그 나라에 파견되었습니다. 정해진 의무기간이 만료되면 파견되었던 관리들은 온갖 명예와 존경을 받으며 귀국하고, 곧 다른 사람이 파견됩니다. 이런 나라들은 행복과 안전을 지키는 그들의 탁월한 계획에 대단히 만족해합니다. 한 나라의 복리와 파멸이 전적으로 공직자들의 자질에 달려 있다고 할 때, 돈의 유혹에 넘어가지 않는 유토피아 사람들보다 더 나은 선택은 없습니다. 곧 돈이 아무 소용없는 고국으로 돌아갈 것이므로 유토피아 사람들은 뇌물에 매수되어 부정한 일을 저지르지 않습니다. 그리고 현지에 아는 사람들이 전혀 없으므로 개인적으로 좋고 나쁜 감정에 따라 잘못된 결정을 내리는 일도 없습니다. 사적인 편견과 금전적인 탐욕은 법정을 위협하는 가장 큰 두 가지 죄악이므로 이러한 자질들은 특히 판사에게 중요합니다. 이러한 죄악이 한 번 기세를 떨치게 되면 이내 모든 정의를 파괴하여 사회를 무력하게 만들어 버립니다.

유토피아 사람들은 행정관을 파견한 나라는 '동맹국'이라 부르고, 그 밖의 도움을 준 나라는 '우호국가'라 부릅니다. 다른 나라들은 늘 조약을 맺었다가 파기하고 다시 맺는 일을 반복하지만, 유토피아 사람들은 결코 조약을 맺지 않습니다. '자연'이 사람들 사이를 적절하게 잘 맺어주는데 동맹조약이 무슨 필요가 있겠습니까? 그들이 이런 생각을 확고히 하게 된 이유는 세계 곳곳에서 국왕들 사이의 조약과 동맹이 대개는 성실하게 지켜지지 않기 때문입니다. 물론 유럽, 특히 기독교권 국가들에서는 일반적으로 조약을 신성시하며 해칠 수 없는 것으로 여깁니다. 그것은 먼저 국왕들이 모두 정의롭고 덕성이 있기 때문이지만, 동시에 교황에 대해 사람들이 존경과 경외감을 가지기 때문이기도 합니다. 잘 알다시피 교황은 그 자신이 가장 종교적인 의무들을 수행한다고 생각합니다. 그리고 모든 통치자들에게 무슨 일이 있든지 약속은 반드시 지켜야 한다는 명령을 내리고, 그렇게 하지 않는 통치자는 누구를 막론하고 교서를 통해 통렬히 비난합니다. 교황은 그러한 문제에 있어 약속을 저버리는 것은 이른바 '믿음에 충실한 사람들'에게 가장 나쁜 일이라고 생각하며, 또 그 생각은 전적으로 옳은 것입니다.

그렇지만 지리적으로 먼 만큼이나 관습과 생활방식이 우리와 아주 다른 신세계에서는 조약을 전혀 신뢰할 수 없습니다. 조약은 근엄하게 체결되면 될수록 더욱 빨리, 단순히 문맥상의 허점을 찾아내는 것만으로도 파기되어 버립니다. 실제로 그러한 허점을 일부러 원문에 삽입해 두는 경우가 많기 때문에 그 약속이 아무리 단단한 듯 보여도 언제든 교묘하게 빠져나올 수 있고, 따라서 조약과 신뢰를 동시에 무너뜨릴 수 있는 것입니다. 만일 장사하는 사람들이 그런 종류의 술수나 속임수, 사기를 저지른다면 정의를 주장하는 정치가들은 그들을 큰 소리로 비난하고, 이런 신성을 모독하는 사람들은 교수대로 보내야 한다고 주장할 것입니다. 그러나 그들 자신이 국왕에게 똑같은 종류의 속임수를 충고하며 자신은 똑똑한 사람이라 여기고 있습니다. 그래서 일반인들은 정의란 국왕의 위엄과는 비교할 수 없을 만큼 거리가 멀고 그저 천한 서민들에게나 어울리는 미덕이라고 생각하게 됩니다. 아니면 이 세상에는 두 종류의 정의가 있는데, 그중 한 가지는 일반인들에게 적용되는 것으로 언제나 밧줄에 묶여 있는 초라한 늙은 말과 같은 것입니다. 나머지 한 가지는 왕들을 위해 마련된 것으로, 훨씬 더 많은 자유를 만끽할 수 있는 훨씬 고상한 동물인 것입니다. 이 동물은 하고 싶은 것을 마음대로 할 수 있습니다.

어쨌든 이렇게 국왕들이 조약을 제대로 지키지 않는 것을 보았기 때문에 유토피아 사람들이 조약을 피하게 된 것입니다. 만약 유토피아 사람들이 유럽에서 살았다면 그들은 생각을 바꾸었을 것입니다. 하지만 성실하게 약속만 지킬 뿐 원칙적으로는 조약 체결 자체를 인정하지 않을 것입니다. 조약을 체결한다는 것은, 작은 산이나 개울처럼 아주 작은 지리적 제약에 지나지 않은 국경 때문에 자연의 결속력이 미치지 못한다는 것을 뜻합니다. 즉 사람들은 서로를 적이나 경쟁자로 여기고, 조약으로 규제를 가하지 않는 한 서로를 공격한다는 것을 전제로 합니다. 게다가 조약이 체결되었다고 해서 그들이 우호적인 관계를 유지하는 것도 아닙니다. 아주 면밀하게 약탈을 불법으로 규정하지 않는 한, 여전히 서로 약탈할 수 있는 권리를 가지기 때문입니다.

이에 비해 유토피아 사람들은 아무런 해도 끼치지 않은 사람들을 적으로 여겨서는 안 된다고 생각합니다. 인간은 천성적으로 서로 조약을 맺고 있으므로 계약보다는 애정에 의해, 언어보다는 감성에 의해 더욱 효과적으로 결합될 수 있다는 것입니다.

전쟁

"유토피아 사람들은 전쟁이 오직 짐승들에게나 걸맞은 행위이지만 실제로는 다른 어떤 짐승보다도 사람들이 더 많이 저지르는 행위라며 경멸합니다. 사실 다른 민족과 달리 그들은 전쟁에서 얻은 영광만큼 영광스럽지 않은 것은 없다고 생각합니다. 물론 전쟁을 치러야 할 때가 되었을 때, 싸울 능력이 없으면 안 되므로 남녀 모두 정기적으로 군사훈련을 받습니다. 그들은 자국 영토의 수호, 적군의 침입을 받은 우방국가의 보호 그리고 폭정과 예속의 압박을 받는 민족의 해방 같은 오직 합당한 이유가 있을 때에만 전쟁을 합니다. 유토피아 사람들은 인간적인 동정심을 발휘하여 우방국가가 직면한 당장의 위험에서 그들을 지켜줄 뿐 아니라 그들이 과거에 당했던 피해에 대해 원수를 갚아주기도 합니다. 하지만 사전에 충분한 상의를 거치고, 전쟁의 이유가 정당하며, 보상을 요구했지만 거절당해 전쟁말고는 다른 방법이 없을 경우에 한해서만 지원합니다.

정당한 전쟁의 이유에는 군대에 의한 강탈 이외의 것들도 포함된다고 생각합니다. 즉 불공정한 법 때문에 또는 법은 공정하지만 고의적으로 잘못 적용했기 때문에 외국에서 불공정한 대우를 받는 경우, 상인들의 권리를 보호하기 위해 보다 더 강경한 조치를 취하기도 합니다.

우리가 유토피아에 도착하기 바로 앞서 알라오폴리타에와 전쟁을 시작한 것도 바로 이러한 이유 때문이었습니다. 유토피아 사람들이 볼 때, 알라오폴리타에서 거주하는 네펠로게타에의 상인들에게 정의를 핑계로 한 부정의가 저질러져 그들은 군사적인 지원을 했습니다. 그 다툼이 옳든 그르든 간에 이것은 곧 격렬한 전쟁으로 발전하여 이웃국가들도 전력을 다해 개입했고, 모두가 증오를 품게 되었습니다. 전쟁이 끝났을 때, 번영을 구가하던 여러 나라들은 완전히 폐허가 되었고 그 외 나라들도 큰 피해를 입었습니다. 알라오폴리타에는 몇 차례 참변을 겪고 나서 항복했고 결국에는 네펠로게타에의 노예가 되었습니다.

이처럼 유토피아 사람들은 단순히 금적적인 문제라 하더라도 우방국이 피해를 입었을 경우에는 응징을 가합니다. 하지만 그들 자신이 받은 손해에 대해서는 무척이나 관대합니다. 그들이 사기를 당해 피해를 보았으나 신체적인 피해는 입지 않았을 경우에는 피해보상이 이루어질 때까지 교역관계를 끊는 정도로 그치곤 합니다. 자신들보다 우방국가 시민을 더 소중히 여겨서 그런 것은 물론 아닙니다. 다른 나라 사람들은 사기를 당할 경우 자신의 사유재산을 잃는 것이기 때문에 그 손해가 막심하지만, 유토피아 사람들은 그 손실을 국가가 떠안게 되기 때문에 개인이 잃을 것이 전혀 없습니다. 더구나 손실된 물품은 국내 수요를 충족시키고 남은 것들입니다. 그렇지 않을 경우엔 절대 수출을 하지 않기 때문입니다. 그래서 단지 아무런 소득도 얻지 못했다는 것 이상으로 고통을 느끼는 사람은 없습니다. 유토피아 국민의 삶 또는 살림살이에 어떤 영향도 끼치지 않을 물건을 잃었다고 해서 복수하려고 많은 사람들을 죽이는 것은 잔인한 일이라고 생각합니다. 그러나 이 나라 사람들 중 어느 누구라도 외국 정부에 의해서든 개인에 의해서든 생명을 잃거나 불구가 되었다면, 그들은 먼저 이 사태를 조사할 사절단을 파견하고 그 일에 책임이 있는 자를 넘길 것을 요구합니다. 만일 그 요구가 거절된다면 그들은 지체 없이 전쟁을 선포하고, 요구한 책임자를 넘겨받으면 그 사람은 사형에 처하거나 노예로 삼습니다.

유토피아 사람들은 피를 흘려 얻은 승리에 대해 유감스럽게 생각하는 정도를 넘어 수치로 생각합니다. 아무리 값진 것이라 해도 지나친 대가를 치르는 것은 어리석은 일이라고 생각하기 때문입니다. 그러나 만일 교묘한 술수로 적을 물리친 경우 그들은 대단히 기뻐하고 그 승리를 공공연히 축하하며 그 훌륭한 업적을 기리는 기념비를 세웁니다. 그들은 이런 행위야말로 진정 인간다운 덕성을 발휘한 결과로서, 다른 어떤 동물도 불가능하고 오직 인간만이 가능한 승리라고 칭송합니다. 이성의 힘으로 거둔 승리이기 때문입니

백년전쟁(1337~1453) **중 크레시 전투도**
유토피아 사람들은 전쟁을 경멸하지만, 침략을 당하지 않게 군사를 기르고 훈련을 한다. 때로는 우방국가가 위험에 처했을 때 군사적 지원을 아끼지 않는다.

다. 곰, 사자, 멧돼지, 늑대, 개 등등의 동물들은 육체를 가지고 싸우고 그 것들은 모두 인간보다 힘과 용맹성에서 더 우월합니다. 그러나 인간을 그들 보다 더 우월하게 만드는 것은 바로 이성이며 이는 곧 지적인 능력을 의미합 니다.

그들이 전쟁을 하는 단 하나의 목적은, 그 전에 시도한 평화적인 수단으로 는 해결하지 못했던 것을 얻는 데 있습니다. 혹시 이러한 목적이 아니라면, 침략해온 자를 가혹하게 응징하여 다시는 그러한 일을 저지르지 못하게 만 드는 것입니다. 이런 일을 하는 이유는 명성과 영광을 얻기 위해서가 아니고 단지 위험을 피하기 위해서입니다.

전쟁이 일어나면 그들은 곧바로 비밀요원들을 시켜서 적국의 여러 곳에 유토피아 국가의 공식인장이 찍힌 현수막을 눈에 잘 띄게 걸어 둡니다. 여기 에는 그들의 왕을 죽이는 사람에게 거액을 지불한다는 내용이 적혀 있습니 다. 그 밖에도 왕 다음으로 전쟁 발발에 책임이 있는 사람들 이름을 거명해 놓고 이들을 살해한 사람에게도 왕보다는 적지만 역시 거액을 지불하겠다고 약속합니다. 명단에 오른 사람을 생포해 오는 경우 상금은 두 배가 됩니다. 그 명단에 올라 있던 사람이 자기 동료를 잡아오는 경우에도 역시 똑같은 상 금을 주고 신변을 보호해 줍니다.

그 결과 유토피아의 적국 주민들은 곧 서로를 의심하게 됩니다. 그리고 상 황이 위험해지면 곧 공황상태에 빠집니다. 그들은 왕을 비롯한 많은 사람들 이 바로 그들이 믿는 사람에게 자주 배신당했음을 잘 압니다. 이처럼 뇌물이 범죄를 일으키는 데 아주 유효하다는 것은 잘 알려져 있습니다. 그래서 유토 피아 사람들은 거액의 상금을 아낌없이 씁니다. 그들의 비밀요원들이 얼마 나 큰 위험을 감수하는지 잘 알기 때문에 상금은 위험에 비례하여 증가합니 다. 막대한 양의 금은 물론 안전하고 우호적인 나라에 있는 값진 토지에 대 한 소유권까지 약속하며 나중에 실제로 약속한 것들을 반드시 이행합니다.

적군에 대한 이런 식의 매수작전은 일반적으로 비열하고 잔인한 것이라고 비난받지만, 유토피아 사람들은 무척 자랑스럽게 생각합니다. 그들은 이러 한 방법으로 대규모의 전쟁이 단 한 번의 전투도 없이 해결된다는 것은 매우 합리적이며, 또한 몇 안 되는 죄인을 희생시켜 수천 명의 무고한 생명을 구 하는 일이기 때문에 가장 인간적이라고 말합니다. 그렇지 않았다면 아군이나 적군 모두 많은 사람이 목숨을 잃을 것이기 때문입니다. 이 나라 사람들은 자국 시민들만큼이나 희생된 적군 병사들에 대해서도 연민을 느낍니다. 그들은 일반 서민들이 이성을 잃어버린 통치자로 인해 강제로 전쟁에 나간다는 것을 잘 알기 때문입니다.

만일 이 계획이 실패로 끝나면, 유토피아 사람들은 적국 왕의 형제나 귀족들을 선동하여 왕위를 넘보도록 부추깁니다. 이런 내부적인 분쟁이 생길 조짐이 보이면 그들은 다음에는 적국의 주변국가들이 그동안 잊고 지냈던 과거의 지배권을 되살려냄으로써 싸움을 부추깁니다.

유토피아 사람들은 그들이 부추긴 이웃국가에 전쟁이 일어나면 도와주기로 약속한 재원을 아낌없이 제공하여 자국 국민의 생명을 지킵니다. 그들은 서로를 너무 아끼기 때문에, 단 한 명의 시민을 희생해서 적국의 왕과 맞바꿀 수 있다 해도 그렇게 하지 않습니다. 하지만 금이나 은은 흔쾌히 내줄 수 있습니다. 그렇게 하는 것이 금과 은을 비축해온 목적이며, 그것들을 모두 쓴다 해도 생활수준에는 아무런 차이도 없기 때문입니다. 게다가 그들은 국내에 있는 자본 외에, 아주 많은 국가들이 그들에게 빚을 지고 있기 때문에 외국에도 막대한 자산을 소유하고 있습니다. 그래서 그 돈을 가지고 각국에서 용병을 고용하는데 그 대표적인 나라가 유토피아에서 동쪽으로 500마일 떨어진 짜폴레타에입니다.

이 나라 사람들은 험한 숲과 산지에서 자라 원시적이고 야만적이며 용맹스럽습니다. 이 사람들은 어떤 집에서 살든, 무엇을 입든 개의치 않고 아무런 사치도 모르며 더위와 추위, 힘든 일을 잘 참는 강인한 민족입니다. 그들은 농사 대신 목축을 하지만 대부분은 사냥과 도둑질로 연명합니다. 이들은 타고난 전사로 기회가 있을 때마다 싸움에 뛰어듭니다. 이들 가운데 많은 사람들이 자기 나라를 떠나서 전사를 필요로 하는 사람 누구에게나 싼값에 고용됩니다. 그들이 생계를 유지하기 위해 할 수 있는 유일한 기술은 바로 살인입니다.

그들은 자신에게 돈을 지불하는 고용인을 위해 용기와 충성을 다해 싸운다고 하지만 언제까지 그렇게 할지는 보장할 수 없습니다. 오늘 싸우는 적이 내일 돈을 조금 더 준다고 하면 곧바로 그쪽 편으로 가서 싸우기도 하고, 그다음 날 처음 고용주가 돈을 더 준다고 하면 다시 돌아오기도 합니다. 전쟁이 일어났을 때 이들이 양쪽 편 모두에서 싸우는 경우도 비일비재합니다. 피를 나눈 친척이나 오랫동안 함께 전투를 벌인 전우가 양편에 갈라져서 맞서는 일이 매일 일어납니다. 그러면 지난 날의 혈연이나 동료관계는 깨끗이 잊고 격렬하게 서로 싸우는데, 그 이유는 다름 아니라 양쪽 왕이 지급하는 얼마 안 되는 돈을 얻기 위해서입니다. 그들은 너무나도 돈을 탐내기 때문에 조금만 돈을 더 준다고 해도 금세 편을 바꾸려고 합니다. 그들은 탐욕에 사로잡혀 있지만, 그렇게 피를 흘려가며 번 돈을 추잡한 일들에 탕진해 버리므로 결국 손에 쥐는 것은 하나도 없게 됩니다.

그들은 다른 어느 나라 사람들보다 많은 돈을 지불하는 유토피아를 위해 기꺼이 싸우려고 합니다. 유토피아 사람들은 옳은 일에 옳은 사람들을 선택하는 데에도 힘쓰지만 이처럼 나쁜 일에는 나쁜 사람들을 골라서 이용합니다. 그래서 필요할 때에는 엄청난 상금을 미끼로 짜폴레타에 사람들을 가장 위험한 전투에 투입합니다. 하지만 그들 대부분은 살아 돌아오지 못하므로 자신의 몫을 요구하는 것조차 못합니다. 하지만 살아 돌아온 자에게는 다음에도 비슷한 위험을 감수할 만한 가치가 있다는 생각이 들도록 언제나 넉넉한 포상금을 지불합니다. 유토피아 사람들은 짜폴레타에 사람들이 전쟁터에서 죽어가도 상관하지 않습니다. 그들은 만약 이 땅에서 인간쓰레기들을 말끔히 쓸어낼 수만 있다면 인류를 위해 훌륭한 공헌을 하는 것이라고 말합니다.

두 번째 병력 공급원은 참전하는 데 필요한 비용을 유토피아가 부담해주는 나라입니다. 다음으로는 그 밖의 우방국들이 지원해주는 파견부대이며, 가장 마지막으로 유토피아의 시민들이 참전합니다. 그리고 참전한 유토피아 사람들 중에서 이러한 연합군을 통솔할 능력이 있다고 증명된 사람을 사령관으로 임명합니다. 또한 두 명의 예비사령관이 더 있어서, 만일 사령관이 살해되거나 포로로 잡히는 경우 한 사람이 그 직무를 승계하고 그마저도 무슨 일이 일어나면 나머지 한 사람이 임무를 승계합니다. 전쟁이란 알 수 없는 일이므로 이런 식으로 대비하여 사령관을 잃어 온 군대가 약화되는 일이 없도록 하는 것입니다.

해외파견병으로는 각각의 도시에서 선발된 지원병만 보냅니다. 해외 복무를 위해 따로 징집하는 일은 없습니다. 왜냐하면 천성적으로 겁이 많은 사람은 기껏해야 유약한 행동을 할 것이고 그 결과 동료들의 사기를 떨어뜨리게 될지도 모르기 때문입니다. 하지만 침략 당했을 경우에는 모든 사람이 동원됩니다. 겁이 많은 사람이라도 용감한 이들과 함께 싸울 수 있도록 해군에 배치하거나, 도망칠 수 없는 성벽으로 둘러싸인 요새에 일정한 간격으로 배치합니다. 그래서 동료들에게 뒤진다는 수치감, 적이 가까이 있어서 생겨나는 필사적인 심정 또는 도망갈 길이 전혀 없다는 사실 때문에 공포심을 극복하고 그 결과 할 수 없이 용감한 군인이 되는 것입니다.

하지만 해외전투에 나가도록 강요받는 사람은 전혀 없으며, 마찬가지로 여성들도 원하면 남자들과 함께 군대에 복무하는 것을 막지 않습니다. 오히려 그러한 일은 적극적으로 장려하고 존중해줍니다. 전쟁터에 남편을 따라나선 아내는 자녀나 다른 가족들과 함께 남편 바로 옆에 배치해서, 자연히 서로 도울 수밖에 없는 사람들끼리 협력하도록 만듭니다. 남편이 아내를 잃고 돌아오거나, 아내가 남편을 잃고 돌아오거나, 자녀가 부모를 잃고 돌아오는 것은 가장 큰 불명예로 여깁니다. 이것은 그들의 군대가 한번 전투를 시작하면 적이 저항하는 한 마지막 남은 한 사람까지 전투에 임한다는 것을 뜻합니다.

그들은 용병을 이용해서 전쟁을 끝낼 수 있는 한 자신이 직접 싸우는 것을 피합니다. 하지만 어쩔 수 없이 전투에 참여해야만 할 때는 이전에 가능한 한 전쟁을 피하는 데 신중했던 만큼이나 싸움에서 용감해집니다. 처음 공격할 때부터 격렬하게 싸우지는 않지만, 전투가 지속될수록 점점 확고한 결의를 다지며 끈질기고도 강력한 저항을 합니다. 그들의 정신은 아주 강건해서 전장에서 밀리느니 차라리 죽음을 선택하려 합니다. 그들은 국내에서 생계를 이어가는 문제 또는 가족의 장래에 대한 걱정(일반적으로 병사들의 사기를 저하시키는 가장 큰 두 가지 원인)을 할 필요가 없다는 것을 잘 알고 있으므로, 패배라는 생각 자체를 하찮게 여기는 것입니다. 그 결과 사기가 오른 그들은 무적의 병사가 되는 것입니다. 그들은 자신들이 훌륭한 군사훈련을 받았다는 것을 알고 있으므로 더욱 확신에 차 있습니다. 또 어릴 때부터 모범사례들과 애국주의 원칙에 따른 교육을 받고 자라서 더 큰 용기를 내는 것입니다. 그들은 생명을 함부로 버리지 않지만, 그렇다고 전쟁에서 항복하게 되었을 때 수치스럽게 목숨을 구걸할 정도로 집착하지도 않습니다.

전투가 한창 절정에 이르렀을 때 한 무리의 최정예병사들이 특별한 선서를 한 뒤 적장을 공격하러 나섭니다. 그를 직접 공격하기도 하고 비밀함정을 설치하기도 하며, 가까운 곳에서든 먼 곳에서든 계속해서 그에게 타격을 가합니다. 그들은 무너지지 않는 쐐기 모양의 대형을 구축하고 지친 병사를 끊임없이 새로운 병사로 대체하면서 잠시도 멈추지 않고 공격합니다. 따라서 적군 사령관은 도망쳐서 목숨을 건지지 않는 한, 거의 전사하거나 포로로 잡히게 됩니다.

전쟁에서 승리했을 때 그들은 적을 살해하기보다 포로로 잡으려고 하기 때문에 대량학살이 일어나지는 않습니다. 또한 부대가 전열을 유지할 수 없다면, 절대 추격하지 않는 것이 그들의 규칙입니다. 이 규칙을 엄격히 지키기 때문에 그들은 만약 예비부대까지 참전하여 승리를 거두었을 경우, 적군을 추격하기 위해 전투대형을 허물어뜨리지 않고 적군이 모두 도망치도록 내버려 둡니다. 그들은 자신들이 수차례에 걸쳐 사용했던 속임수를 결코 잊지 않기 때문입니다. 언젠가 적이 유토피아의 주력군을 패퇴시킨 뒤 뿔뿔이 흩어진 채 유토피아 군대를 추격해왔습니다. 이때 예비병력으로 남아 있던 유토피아 군인들이 기회를 엿보다가 적군이 이제 안심해도 되겠다고 판단하고 방비를 느슨히 한 바로 그 순간에 역공을 감행하였습니다. 그렇게 해서 갑자기 전세가 역전되었고 유토피아 군인들이 최종 승리를 거두었던 것입니다.

그들이 매복에 더 능숙한지 아니면 적의 매복을 피하는 데 더 능숙한지는 말하기 어려울 정도입니다. 전혀 후퇴할 생각이 없는데도, 후퇴하는 것처럼 보일 때도 있게 합니다. 그러나 실제로 후퇴하기로 결정했을 때는 적이 전혀 눈치 채지 못하게 행합니다. 만약 병력이 너무 모자라거나 지리적인 조건이 불리하다고 판단되면 밤에 적이 눈치 채지 못하게 책략을 써서 몰래 이동해버립니다. 그렇지 않을 경우에는 한낮에 철수를 시도하는데, 완전한 대형을 유지하면서 점진적으로 물러나기 때문에, 적으로서는 유토피아의 군대가 공격중일 때와 마찬가지로 이처럼 후퇴할 때도 그들을 공격하는 것이 어렵습니다. 그들은 언제나 주둔지 둘레에 아주 깊고 넓은 참호를 파고, 흙은 밖으로 쌓아 성벽을 만드는 방법으로 용의주도하게 요새를 만듭니다. 이 일은 노예를 시키지 않고 병사들이 스스로 합니다. 이때는 적의 기습공격을 피하기 위해 요소요소에 보초를 세우는 외에는 모든 병사들이 작업에 동원됩니다. 많은 인력이 투입되므로 넓은 지역을 포괄하는 거대한 요새를 대단히 빠른

속도로 완성할 수 있습니다.

그들이 입는 갑옷은 적의 타격으로부터 몸을 보호해 주면서도 몸을 자유롭게 움직일 수 있게 합니다. 심지어 갑옷을 입고 수영도 할 수 있는데, 사실 이들의 군사훈련 중 한 가지가 갑옷을 입고 수영하는 법입니다. 먼 거리의 적과 대치하는 경우에는 화살을 쏘는 데 이는 아주 정확하고도 강력한 힘으로 발사되고, 또 땅위뿐 아니라 말 위에서도 발사가 가능합니다. 근접거리의 전투에서는 칼보다 전투용 도끼를 사용합니다. 묵직하고 예리해서 이 도끼를 휘두르거나 내리치면 치명상을 입힐 수 있기 때문입니다. 또한 그들은 아주 독창적인 무기들을 발명하였는데, 이런 것들이 실제 사용되기 전에 알려지면 효과가 반감되므로 눈에 띄지 않게 숨겨둡니다. 이런 기계들을 고안할 때는 이동과 사용이 편리하도록 주의를 기울입니다.

유토피아 사람들은 한번 휴전조약을 맺게 되면 이를 거의 종교적으로 엄수하여 설사 도발이 있다 해도 조약을 깨뜨리지 않습니다. 그들은 적국의 영토를 황폐하게 만들거나 곡식을 불태워버리는 일도 하지 않습니다. 더 나아가서 가능하면 사람이나 말이 논밭을 짓밟는 것도 막는데 나중에 그들 자신이 이 곡물을 필요로 할지 모른다고 생각하기 때문입니다. 또 첩자가 아닌 한 무장하지 않은 사람은 절대 해치지 않습니다. 심지어 돌격을 감행할 때도 약탈은 피하며, 다만 항복을 방해한 자들은 사형에 처하고 나머지 군사들을 노예로 삼을 뿐 일반 시민들은 해치지 않습니다. 항복하자는 의견을 낸 사람에게는 압수재산의 일부를 나누어주고, 유토피아 사람들은 전리품을 갖지 않기 때문에 나머지 재산은 동맹군에게 나누어 줍니다.

전쟁이 끝나면 그들은 전쟁비용을 지원해주었던 동맹국이 아니라 정복당한 적국에 청구서를 보냅니다. 배상금 명목의 돈을 받아서 앞으로 있을지 모를 전쟁에 대비하여 준비해 놓고, 또 적국 영토 내에 있는 중요한 토지를 받아내서 풍부한 소득원으로 삼습니다. 이런 식으로 얻은 땅이 여러 나라에 걸쳐 있고 그 양이 조금씩 늘어나 이제는 그로 인한 소득이 연간 70만 듀컷에 달합니다. 이러한 나라들마다 재산관리를 위해 재정담당관들을 파견합니다. 그들은 현지에서 중요한 인물로 대접받으며 아주 화려한 생활을 하는데, 그러고도 거액이 남아서 공공금고에 보관하고 때로는 정복당한 나라에 돈을 빌려주는 일도 자주 있습니다. 필요한 경우 이 돈을 회수하지만 그 동안 빌려준 돈을 전액 환수하는 경우는 흔치 않습니다. 또한 앞서 말했던 것과 같은 위험을 감수하며 그들을 도와준 사람들에게 이러한 토지들을 넘겨주기도 합니다.

만약 어떤 왕이 유토피아의 영토를 침범하기 위해 전쟁을 준비하고 있다면 적군이 국경에 도착하기 전에 많은 병력을 파견하여 저지합니다. 그들은 가능하면 자신들의 영토 안에서의 전쟁은 가급적 피하며, 어떤 일이 있더라도 동맹군 군대가 이 나라에 진입해 들어오는 일은 허용하지 않습니다."

종교

"유토피아에는 여러 가지 다양한 종교들이 있으며, 각 도시마다 다른 종교가 있습니다. 어떤 사람은 태양을, 어떤 사람은 달을, 또 어떤 사람은 별을 신으로서 경배합니다. 과거에 위대했거나 훌륭했던 사람들을 단순히 신으로 모실 뿐 아니라 최고신으로 섬기는 사람들도 있습니다. 그러나 대부분의 유토피아 사람들, 특히 그 가운데 현명한 사람들은 그런 종류의 것을 믿지 않습니다. 그들은 대신 하나의 힘을 믿었는데 그것은 영원하며 무한하고, 인간정신의 이해를 훨씬 넘어서 설명이 불가능하며, 물질적으로가 아니라 권세로서 우주 전체에 퍼져 있다고 봅니다. 이런 존재를 그들은 '어버이'라고 부르며 이 땅의 모든 것들에게 일어나는 모든 일들, 즉 모든 시작과 끝, 모든 성장과 발전과 변화를 가져온다고 믿고 있습니다. 따라서 그 외의 다른 어떤 존재에 대해서도 신성한 권위를 인정하지 않습니다.

유토피아의 여러 종파들은 개별적인 교리는 다르지만, 그럼에도 한 가지 사실에는 모두 동의합니다. 그것은 이 우주의 창조주이며 지배자로서 하나의 최고 존재만이 있다는 점입니다. 그 신은 그들의 언어로 '미트라스'라고 부르는데, 사람들마다 이 동일한 최고 존재를 다양한 방식으로 규정하면서 경배합니다. 이렇게 각자 다르게 규정하지만, 어느 종파이든 최고신은 모든 국가에서 만물의 유일한 근원이라고 인정하고 있는 무궁무진한 힘을 지닌 자연과 동일하다고 주장합니다. 그러나 그들은 점진적으로 이러한 저급한 신앙들은 모두 없애버리고 가장 합리적이라고 여겨지는 종교로 통합하려고 합니다. 하지만 개종을 시도하던 일부 유토피아 사람들에게 몇 가지 불행한 사건들이 일어났는데, 만일 이런 일만 없었다면 다른 종교들은 분명히 아주 오래전에 사라져버렸을 것입니다. 여러 사람들이 이 일을 우연한 사건이 아니라 버림받은 신들이 분노하여 자신들이 입은 모욕에 대해 복수한 것이라고 추론했습니다.

그들이 우리에게서 그리스도의 이름을 듣고 또 그의 가르침, 그의 삶, 그의 기적에 대해서, 또 기꺼이 피를 흘리며 여러 민족을 기독교로 개종시키기 위해 노력했던 순교자들의 기적적인 헌신에 대해서 듣고 얼마나 큰 감동을 받았는지 믿지 못할 정도입니다. 신의 신비로운 영감에 의해서 그랬는지, 아니면 기독교가 그들 사이에 이미 널리 퍼진 그 종교와 워낙 비슷해서 그랬는지 그들은 곧바로 기독교에 마음을 뺏겼습니다. 하지만 나는 그들이 현재 가장 신실한 기독교 공동체들에서 아직도 실천하고 있는, 재산을 공유하는 생활을 제자들에게 가르쳤다는 그리스도의 이야기를 듣고 무척 깊은 감명을 받았기 때문이라고 생각합니다. 이유가 무엇이든 그들 중 적지 않은 수의 사람들이 우리 기독교에 동참했고 성스러운 세례를 받았습니다.

불행하게도 이즈음 우리 가운데 두 사람이 죽어서 네 사람만 남게 되었고 무엇보다도 그중에는 성직자가 없었습니다. 그래서 그들은 교회에서 거행되는 다른 의식들은 모두 치를 수 있었지만, 성직자만이 집전할 수 있는 성사만은 아직 받지 못했습니다. 하지만 그들은 성사를 잘 이해하고 있었고, 이 세상의 무엇보다도 성사를 받고 싶어했습니다. 그들은 교황의 특별한 선교단이 오지 않더라도 그들 가운데 한 사람을 뽑으면 그가 합법적으로 자격을 갖춘 신부가 될 수 있는지에 대해 진지하게 토론을 벌였습니다. 내가 떠날 무렵까지는 선출하지 않고 있었지만, 그 일을 맡아 할 후보자를 분명히 선출할 것입니다.

물론 여전히 많은 유토피아 사람들이 기독교를 받아들이길 거부합니다. 그러나 다른 사람이 기독교에 귀의하는 것은 막지 않으며, 기독교를 선택한 사람을 공격하지도 않습니다. 내가 그곳에 있을 때 기독교도 중 한 사람이 곤경에 처했던 경우는 있었습니다. 그 사람은 우리의 만류에도 세례를 받자마자 신중하지 못하게 지나친 열정으로 기독교 신앙에 대해 공공연한 전도를 시작했습니다. 우리의 종교를 선호하는 정도를 넘어서 다른 종교들을 사악하다 비난하고, 다른 종교들을 따르는 불성실하고 신성을 모독한 사람들은 지옥불에 떨어질 것이라고 비난했습니다. 그렇게 계속 떠들어대자 유토피아 사람들은 그를 체포했습니다. 그는 다른 종교를 비난한 죄가 아니라 공공질서를 어지럽힌 죄로 재판을 받고, 결국은 국외추방형을 선고받았습니다. 유토피아에서는 어떤 종교도 강요해서는 안 된다는 것이 가장 오랫동안 지켜온 규정 중의 하나입니다.

유토포스 왕은 이 섬에 오기 전 이미 이곳 주민들이 종교문제 때문에 끊임없이 싸운다는 이야기를 들었습니다. 사실 이 섬 사람들은 그들끼리 싸우느라고 자신들의 나라를 지키는 데에도 협력하기를 거부해 쉽게 정복당한 것입니다. 그래서 이 섬을 정복하자마자 곧바로 법을 만들어, 누구나 자신이 선택한 종교를 믿을 수 있으며, 조용하고 공손하며 이성적인 토론을 거친다는 것을 전제로, 또 남에게 고통을 가하지 않는다는 조건으로 전도를 할 수 있게 하였습니다. 그러나 다른 사람을 설득하는 데 실패했을 경우 힘을 남용하거나 폭력을 쓰거나 개인적인 모욕을 주어서는 안 되며, 이를 위반한 사람은 추방되거나 노예형에 처했습니다.

유토포스가 이 법률을 제정했던 것은 물론 끊임없는 투쟁과 화해 없는 반목으로 인하여 평화가 위협받는 것을 막기 위해서지만, 동시에 종교 자체에도 가장 유익할 것이라고 생각했기 때문입니다. 그는 어떤 한 종교가 옳다는 단정을 내리지 않았습니다. 확신할 수는 없지만 신은 여러 가지 방식으로 숭배받기를 원하고 사람마다 서로 다른 것을 믿도록 했을 것이라고 생각했던 것입니다. 그러므로 어느 한 사람이 위협이나 폭력을 통해 자신의 믿음을 강요하는 것은 오만한 태도라고 확신했습니다. 진실한 종교는 오직 하나밖에 없으며 그 밖의 종교는 모두 어리석은 것이라 할지라도, 그 문제를 차분하고 합리적으로 논의한다면 궁극적으로 진리는 그 자체의 힘만으로도 모든 것을 극복할 수 있을 것이라 확신했습니다. 하지만 만일 이 문제를 싸움과 폭동으로 해결하려 한다면, 가장 비열한 사람이 가장 완고한 법이므로 최선의 신성한 종교가 맹목적인 미신 때문에 밀려나게 될 것입니다. 이는 마치 가시풀과 잡초 때문에 좋은 곡물이 죽는 것과 같은 이치입니다. 그래서 그는 각 개인이 자신의 생각에 따라 믿고자 하는 바를 스스로 선택할 수 있도록 하였습니다. 다만 영혼은 육체와 함께 사멸한다든지, 또는 이 우주는 신성한 섭리에 의해 다스려지는 것이 아니라 순전히 우연에 의해 지배받는다고 생각함으로써 인간의 존엄성과 양립할 수 없는 교리를 믿는 것만은 엄격하고도 엄중하

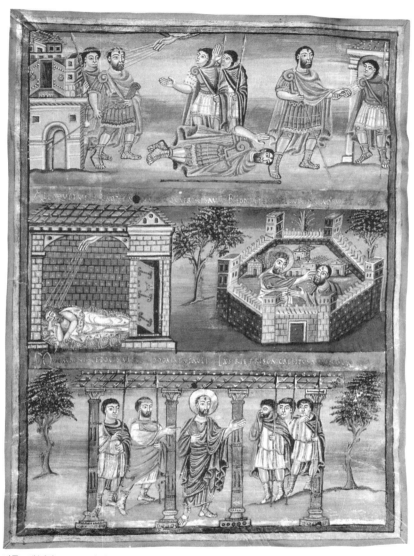

카를 2세(재위 840~877)가 소유한 성서사본에 실린 삽화
유토피아 사회에서는 어떠한 종교를 믿도록 강요해서는 안 된다. 누구나 자신이 선택한 종교를 믿을 수 있으며, 다른 종교를 모독하거나 배척하면 처벌을 받는다.

게 금지했습니다.

　그러므로 유토피아 사람들은 사후에, 악행에 대해서는 벌을 받고 선행에 대해서는 상을 받는다고 믿습니다. 만약 이렇게 생각하지 않는 사람이 있다면, 영혼의 숭고함을 짐승의 몸과 같은 수준으로 끌어내리므로 거의 인간으로서의 특권을 포기한 것이라고 생각합니다. 그리고 이런 자를 엄격하게 제지하지 않는다면 분명히 사회의 모든 법과 관습을 깰 것이 틀림없으므로 유토피아의 시민이라고 생각하지 않습니다. 법에 의한 처벌 외에는 두려워하는 것이 없으며, 사후에 생명을 얻는다는 희망도 없는 사람이라면 개인적인 이익을 위해서라면 언제든 교묘하게 그 나라의 법을 어기고 폭력으로 법을 파괴하기 위해 어떤 짓도 마다하지 않을 것입니다. 그래서 그런 견해를 가진 사람에게는 어떠한 명예도 주지 않고, 공직도 맡기지 않으며, 공적인 책임도 지우지 않습니다. 그들은 그런 자들을 일반적으로 가장 경멸해야 할 사람으로 여깁니다. 그 누구도 다른 사람의 의지에 따라 신앙을 결정할 수는 없다고 믿으므로 그들을 처벌하지는 않습니다. 또 견해를 바꾸라고 강요하지도 않습니다. 이런 것들은 의도적인 악행만큼이나 나쁘다고 보기 때문입니다. 그들은 종교적 견해를 두고 일반인들끼리 토론하는 것은 명백한 불법으로 생각하지만, 성직자나 지식인들과 토론하는 것은 허용할 뿐 아니라 적극적으로 장려하기도 합니다. 이러한 잘못된 생각은 궁극적으로 이성에 굴복하고야 말 것이라고 확신하기 때문입니다.

　적지 않은 사람들이 정반대의 생각을 가지고 있습니다. 즉 동물들도 불멸의 영혼을 가지고 있다고 주장하는 것입니다. 물론 동물의 영혼이 우리 영혼보다는 열등하고 인간과 같은 행복을 누리지는 않는다고 하지만 말입니다. 이러한 사람들도 그들 나름의 논리가 있으며, 꽤 높은 명망을 얻고 있으므로 그들을 제지하는 법률은 없습니다.

　대부분의 유토피아 사람들은 사후에 사람들이 누리는 행복이 준비되어 있고 영원하다고 절대적으로 확신합니다. 그래서 비록 병이 드는 것은 슬퍼하지만, 죽음에 대해서는 슬퍼하지 않습니다. 다만 더 살고 싶어 죽기를 싫어하고 무서워하는 것을 나쁜 징조라고 생각합니다. 죽음을 싫어하는 것은 마치 영혼이 자신의 죄를 의식하여 불안해하고, 그로 인해 닥쳐올 형벌에 대한 불길한 예감 때문에 죽음의 공포가 생긴다는 것입니다. 그뿐 아니라 그들은 신의 부름에 기꺼이 응하지 않고 질질 끌려가는 사람을 신이 절대 반겨주지 않을 것이라고 생각합니다. 그래서 그런 죽음은 사람들에게 공포감을 주어서, 사람들은 우울한 침묵 속에서 장례식을 거행합니다. 신에게 그의 영혼에 자비를 베풀고 그의 허약함을 용서해 달라고 빈 다음 땅속에 시체를 묻습니다. 그러나 좋은 희망을 품고 행복감 속에 죽은 사람에 대해서는 슬퍼하지 않습니다. 그들은 장례식에서 기쁨에 찬 노래를 부르며 그 사람의 영혼을 기꺼이 신에게 바칩니다. 그들은 슬픔보다는 존경의 마음으로 화장하고 비석을 세워 죽은 사람의 공적을 기록합니다. 그러고 나서 집으로 돌아온 그들은 고인의 성격과 생전의 행적에 대해 이야기를 나누는데, 무엇보다 고인이 행복한 마음으로 죽음을 맞이한 사실을 가장 자주 또 즐거운 마음으로 언급합니다.

그들은 고인의 훌륭한 성품을 회상하는 것이 살아있는 사람들에게 그와 똑같은 미덕을 권장하는 최선의 방법이며, 또 죽은 사람에 대한 최고의 예우가 되는 일이라 여깁니다. 비록 사람의 눈에는 보이지 않지만, 죽은 사람의 영혼은 실제로 산 사람 사이에 있으며 그래서 우리가 그들에 대해 이야기하는 것을 듣는다고 믿습니다. 그들은 죽은 사람이 완벽한 행복을 누리고 있다면 원하는 곳 어디든지 돌아다닐 수 있으니, 살아있을 때 사랑하고 존경한 친구들을 다시 찾아올 수밖에 없다고 믿는 것입니다. 다른 모든 좋은 일들이 그렇듯이, 선한 사람이 지니고 있던 사랑과 존경은 죽은 다음에도 줄어드는 것이 아니라 더욱 깊어집니다. 그래서 유토피아 사람들은 고인이 자유롭게 살아있는 사람들과 어울리며, 그들이 하는 말과 행동을 하나하나 지켜본다고 믿습니다. 사실 그들은 고인들을 거의 수호천사로 여기기 때문에 더 큰 확신을 가지고 살아갑니다. 또 죽은 조상들이 함께 있다는 생각 때문에 남몰래 나쁜 일을 하지 않으려 합니다.

다른 나라에서는 예언이나 점을 통해 미래를 가늠해보는 등의 미신들을 진지하게 받아들이지만, 유토피아 사람들은 우스꽝스럽고 경멸할 만한 일로 여깁니다. 그러나 자연에서 그 원인을 가늠해 볼 수 없는 기적들에 대해서는 대단한 존경심을 품고 대합니다. 그들은 그러한 기적들을 신의 존재와 권능을 보여주는 증거라 여기고 그러한 것들이 유토피아에서는 자주 일어난다고 말합니다. 아주 위급한 시기에 그들이 기적을 위해 기도하면 그들의 믿음이 아주 확신에 차있기 때문에 실제로 가끔씩은 기도가 이루어지기도 합니다.

대부분의 유토피아 사람들은 대자연을 꼼꼼히 살펴보고, 그 대자연을 창조한 신을 찬양하는 것만으로도 신을 기쁘게 할 수 있다고 생각합니다. 그래서 아주 소수이기는 하지만, 종교적인 동기 때문에 학문을 거부하고 전혀 공부를 하지 않으며 여가생활도 모두 포기한 채 오직 선행에만 전념하는 사람도 있습니다. 그들은 선행을 베풀어야 사후에 행복을 누릴 수 있다고 믿기 때문입니다. 그래서 그들은 아주 부지런히 일을 합니다. 병자를 돌보거나 도로를 고치고, 도랑을 청소하거나 다리를 다시 놓고, 풀·자갈·돌멩이를 치우거나 나무를 베고, 목재·곡물 등의 물품들을 수레에 싣고 도시로 수송하는 일을 합니다.

한마디로 그들은 사회뿐만 아니라 개인들의 일도 열심히 거들면서 노예처럼 살고 때로는 노예보다 더 힘든 노동을 합니다. 다른 사람들이 고단하고 지루하고 보람 없는 일이라 여겨 하지 않으려는 거칠고 힘들고 더러운 일들을 오히려 그들은 기꺼이 합니다. 스스로 힘든 고역을 도맡아 함으로써 다른 사람들이 편안히 쉴 수 있도록 해주는 것입니다. 그렇지만 그에 대한 공적을 인정해 주기를 바라지도 않습니다. 그들은 다른 사람들이 살아가는 방식을 비난하지 않고 자신의 방식을 자랑하지도 않습니다. 그들은 스스로 노예처럼 열심히 일할수록 더 많은 사람들로부터 존경받는 것입니다.

이 사람들은 두 부류로 나뉩니다. 한 부류는 독신으로 지내며 완벽한 금욕주의자들로서 성행위를 일체 금할 뿐 아니라 쇠고기나 돼지고기 등도 먹지 않으며, 심지어 어떤 사람들은 모든 종류의 동물성 음식을 먹지 않습니다. 그들은 현세에서의 모든 쾌락을 해로운 것으로 여겨서 거부하고 그 대신 힘든 일과 철야기도를 통해 내세에서 기쁨을 누리기를 희망합니다. 곧 그 기쁨을 누릴 것으로 믿기 때문에 그들은 즐겁게 살아갑니다. 나머지 한 부류는 힘든 일을 마다하지 않는 것은 같지만 결혼은 찬성합니다. 그들은 결혼생활이 주는 위안을 부인하지 않으며, 자연에 대한 의무로서 일을 하듯, 국가에 대한 의무로서 아이들을 낳습니다. 그들의 일에 방해가 되지 않는 한 쾌락도 반대하지 않습니다. 고기 역시 더 열심히 일할 수 있다고 생각하기 때문에 먹습니다. 유토피아 사람들은 이 중 두 번째 사람들을 더 합리적이라고 생각하지만 대신 첫 번째 사람들은 더 경건하다고 생각합니다. 오직 이성에만 근거해서 독신을 고집하고 쾌적한 생활 대신 힘겨운 생활을 추구하는 사람들이 자신들의 행동을 정당화시키려 하면 비웃지만 종교적인 이유로 그런 생활을 하는 사람이라면 존경을 표합니다. 이 부류에 속하는 사람들은 유토피아어로 '부트레스카에'라고 부르는데, 이는 '대단히 종교적인 사람들'이라는 뜻입니다. 종교문제만큼은 성급한 결론을 내리지 않도록 조심해야 합니다.

유토피아의 성직자들은 대단히 신앙심이 깊은데 그런 만큼 아주 소수일 수밖에 없습니다. 각 도시마다 한 교회당 한 명씩 해서 모두 13명의 성직자가 있습니다. 그러나 전시가 되면 13명 중 7명은 군대와 함께 출전하고, 한시적으로 그들을 대신할 7명의 성직자가 새로이 임명됩니다. 전쟁이 끝나서 출전했던 성직자들이 돌아오면 그들은 본디 자리로 돌아갑니다. 누군가 죽으면 이 중 한 명이 후임으로 임명됩니다. 그리고 그들 가운데 최고 성직자가 나머지 성직자들을 지휘합니다.

성직자는 시민 전체의 투표로 선출됩니다. 선거는 모든 공직선거와 마찬가지로 압력단체가 생기는 것을 방지하기 위해 비밀투표로 실시되며, 그렇게 선출된 후보들을 성직자들 모임에서 임명합니다.

성직자들은 주로 신성한 예배를 주도하고, 종교의례를 정하며, 공중도덕을 감시합니다. 다른 성직자들 앞에 불려가 명예롭지 못한 생활을 한 데 대해 비판을 받는 것은 대단히 수치스러운 일입니다. 범법자의 교정과 처벌은 통치자와 공무원들의 일이고 성직자는 다만 상담과 충고에 그치는데, 특히 자신의 죄를 뉘우치지 않는 사람이라고 판단되는 경우에는 성직자가 그 사람을 예배에서 배제해 버립니다. 이보다 더 무서운 벌은 없습니다. 이렇게 파문당한 사람은 큰 수치를 느끼고 엄청난 공포에 떱니다. 파문당한 자가 자신이 뉘우치고 있다는 것을 곧바로 성직자에게 인정받지 못하면 불경죄로 의회의 처벌을 받게 되므로 신체적 안전도 보장받지 못합니다.

또한 성직자들은 아이들과 청년들의 교육도 맡아서 합니다. 이들은 학문적인 가르침은 물론 도덕에 대한 교육도 중요하게 다룹니다. 성직자들은 아직 어리고 마음도 여린 어린이들에게 사물에 대한 올바른 생각, 즉 그들의 사회제도를 유지하는 데 도움이 되는 원칙들을 알려주기 위해 노력합니다. 어린 시절에 배운 것은 어른이 되어서도 마음속에 남게 되므로 이 나라를 강하게 하는 데 큰 힘이 됩니다. 잘못된 사상에서 비롯되는 도덕적 결함보다 국가의 안전을 더 심각하게 위협하는 것은 없기 때문입니다.

남성 성직자들에게는 결혼이 허용됩니다. 물론 여성도 성직자가 될 수 있고 나이 많은 과부가 성직자로 임명된 적도 있지만 이는 자주 일어나는 일은 아닙니다. 성직자들보다 더 존경받는 공직은 없기 때문에 사실 성직자의 아내는 이 나라에서 가장 중요한 여성들입니다.

성직자는 죄를 범하더라도 법정에 출두시키지 않고 다만 신과 그 자신의 양심에 맡깁니다. 그 성직자가 죄를 지었든 그렇지 않든 사람들은 성직자를 특별한 제물로서 신에게 바쳐진 사람으로 여겨 인간들이 손을 대는 것은 잘못이라고 생각하기 때문입니다. 그들은 아주 소수이고 또 대단히 조심스럽게 선발되었기 때문에 이 관습은 어렵지 않게 지켜집니다. 훌륭한 후보자들 중에서 선발되었고 오직 그 자신의 도덕적인 성품에 의해 존엄한 지위에 오른 사람이 어느 날 갑자기 악해지고 부패한다는 것은 실제로 거의 일어나지 않는 일인 것입니다. 그러나 사람의 성격이란 변하는 법이고 무척이나 예측하기 어렵기 때문에 그런 일이 전혀 일어나지 않는다고 할 수도 없겠지만, 설사 그렇다고 해도 그들은 아주 소수이고 행정적인 권한이 없으므로 사회에 큰 해를 끼칠 걱정은 없습니다. 성직자를 그토록 소수만 선발하는 이유도 많은 수의 성직자들을 뽑다 보면 그들의 존엄성이 평가절하될 우려가 있기 때문입니다. 그뿐 아니라 사실 일상적인 미덕으로는 결코 도달할 수 없는 수준의 사람을 많이 찾아낸다는 것은 어려운 일입니다.

유토피아 성직자들의 명성이 국내뿐 아니라 외국에서도 높다는 것은 다음 사실에서도 알 수 있습니다. 전쟁이 일어나면 유토피아의 사제들도 병사들을 따라가는데, 이들은 전장에서 그다지 멀지 않은 곳에서 법복을 입고 무릎을 꿇은 채 하늘로 손을 뻗친 자세로 기도를 합니다. 기도 내용은 우선 평화를 달라는 것이고 다음에는 양편에 큰 유혈 없이 자기편이 승리하게 해달라는 것입니다. 유토피아의 군대가 승리를 거두면 성직자는 서둘러 전쟁터로 달려가 자기 병사들이 격분 끝에 적군을 해치는 것을 막습니다. 성직자들이 나타나면 적군 병사들이 그들을 부르는 것만으로 목숨을 구하고, 그들의 법복을 만지는 것만으로 생명은 물론 재산도 지킬 수 있게 됩니다. 이렇게 모든 나라에서 존경하고 절대적인 권위를 인정해주기 때문에 성직자들은 자기 나라의 군인들을 보호해주는 것만큼이나 적군도 보호해 줄 수 있는 것입니다. 가끔 유토피아군의 전선이 무너져서 패배를 겪고 그 결과 적들이 살육과 약탈을 하기 위해 뛰어들 때, 성직자들이 개입하여 양쪽 군대를 분리시키고 합당한 평화안을 체결해 대량학살을 막기도 합니다. 이 나라 성직자들은 대부분 신성불가침한 존재로 여겨지고 있기 때문에 어느 민족도 이들을 무시할 정도로 가혹하거나 잔인하고 야만적이지는 않습니다.

매달 첫날과 마지막 날 그리고 매년 첫날과 마지막 날은 이 나라의 축제일입니다. 그들은 달의 운행에 따라 달을 나누고 태양의 운행에 따라 해를 나눕니다. 그 첫날은 유토피아 말로 '키네메르니', 마지막 날은 '트라페메르니'라고 부릅니다. 즉 '시작 축제일'과 '마지막 축제일'이라는 뜻입니다.

유토피아의 교회는 아름답게 지어졌고 훌륭하게 장식되었으며, 수많은 사람들을 수용할 수 있을 정도로 규모가 큽니다. 교회가 얼마 없기 때문에 수많은 사람들을 동시에 수용할 수 있도록 지어야 하는 것입니다. 교회 내부는 다소 어두운데, 이는 건축가들이 잘못한 것이 아니라 일부러 그렇게 한 것입니다. 실내가 너무 밝으면 신도들의 사념이 흩어지지만, 희미한 정도의 빛은 정신을 집중시켜 종교적으로 전념토록 하기 때문입니다.

비록 그들이 모두 하나의 종교를 믿는 것은 아니지만 그 모든 종교들이 아무리 다양한 접근방법을 택하더라도 그 최종목표는 하나같이 신성한 존재를 숭배하는 것입니다. 그러므로 교회에서는 모든 종류의 종교에 공통적으로 적용될 수 있는 의식과 설교만이 거행됩니다. 어느 종파가 그들만의 독특한 의식을 행하고자 한다면 그것은 가정에서 따로 해야 합니다. 따라서 교회에서는 신의 이미지를 따로 정하지 않습니다. 각자 자기 마음의 열망에 따라 자기가 원하는 신의 모습을 형상화할 수 있습니다. 또한 교회 내에서는 특별한 신의 명칭도 사용하지 않습니다. 신은 단지 미트라스라고 부르는데, 이것은 각자 어떤 신을 믿든 간에 최고의 존재를 나타내는 일반적인 명칭에 지나지 않습니다. 또한 그들의 기도도 모든 사람들이 함께 할 수 있는 기도만 허용됩니다.

'마지막 축제일' 저녁에는 모두 금식하는 가운데 이제 막 끝나가는 그 달 또는 그 해에 번영을 누리게 해준 신에게 감사드리기 위해 교회에 갑니다. 그 다음 날 '시작 축제일'에 사람들은 아침에 교회에 모여 이제 막 시작된 그 달 또는 그 해에 번영과 행복을 누리게 해달라고 기도합니다. '마지막 축제일'에는 교회에 가기 전에 집에서 아내는 남편 앞에, 아이들은 부모 앞에 무릎을 꿇고 그동안 있었던 여러 잘못과 소홀함에 대해 모두 고백하고 용서를 구합니다. 아무리 사소한 것이라도 가정의 분위기를 어둡게 할 수 있는 불평을 없애고 맑고 안정된 마음으로 예배를 보는 것입니다. 그들은 마음이 불안정한 상태에서 예배를 보는 것을 무척이나 불경스런 일로 생각합니다. 누군가에게 증오와 원한을 품었으면 화해를 하여 불쾌한 감정들을 깨끗이 씻은 다음 교회에 갑니다. 그렇게 하지 않으면 곧 무서운 벌을 받으리라 믿고 두려워합니다.

교회에 들어갈 때 남자는 오른쪽으로, 여자는 왼쪽으로 가서 앉습니다. 남자들은 자기 집안의 가장 나이 많은 남자 어른 앞에, 여자들은 어머니 앞에 자리를 잡습니다. 이러한 것을 통해 가정 내에서 권위와 규율로 가족을 지도하는 사람은 공공장소에서도 자손들의 행동을 관찰할 수 있게 됩니다. 만약 아이들끼리 둔다면 신에 대한 종교적 경외심을 기르는 데 전념해야 할 귀중한 시간을 어리석고 유치한 놀이로 헛되이 보낼 수 있기 때문입니다. 종교적 경외심이야말로 덕행에 이르도록 만드는 가장 중요하고 또 거의 유일한 힘인 것입니다.

유토피아 사람들은 동물을 죽여서 신에게 제물로 바치지 않습니다. 생명을 나누어준 자비로운 신이 짐승을 잡거나 피흘리는 것을 기뻐하지 않을 것으로 보기 때문입니다. 대신 예배 드리는 동안 여러 가지 향료를 태우고 향수를 뿌리며 셀 수 없을 정도로 많은 촛불들을 켜둡니다. 물론 신성한 존재에게 향료나 촛불 따위는 아무런 쓸모도 없다는 것을 잘 알고 있지만, 어쨌든 그것들은 제물로서 아무런 해를 끼치지 않아 신도 이런 찬미행위를 좋아합니다. 그들은 좋은 냄새, 빛, 의식이 정신을 고양시키고 신을 숭배하고자 하는 마음을 더 많이 갖게 만든다고 생각합니다.

사람들은 교회에 갈 때 모두 흰옷을 입습니다. 성직자들은 다양한 색깔의 옷을 입는데, 그 옷감은 그렇게 비싼 것은 아니지만 재단 솜씨와 디자인은 아주 훌륭합니다. 옷에 금실로 수를 놓거나 보석으로 장식하지는 않았지만 대신 여러 가지 새들의 깃털로 장식하여 다른 귀한 재료를 사용한 것보다 훨씬 더 가치가 높습니다. 성직자의 깃털장식에는 상징적인 신비가 숨겨져 있는데, 그 의미는 성직자들 사이에서만 조심스럽게 전수된다고 합니다. 이러

로렌초 모나코의 성모자

유토피아의 교회에는 모든 종파들이 한데 모여 예배를 보더라도 궁극의 목적은 하나같이 신성한 존재를 숭배하게 된다. 따라서 공통된 의식에 따라 거행된다.

한 상징들은 그들에게 신의 은총을 상기시키고, 신의 사랑과 신에 대한 그들의 의무 그리고 신자들 서로에 대한 의무 등을 일깨워줍니다.

성직자가 이러한 예복을 갖춰 입고 성소에서 나오면 사람들은 모두 땅에 엎드려서 경의를 표합니다. 이때 교회 안은 침묵으로 가득 차는데 그 순간은 너무나도 성스러워서 마치 신이 그 자리에 있는 듯한 느낌이 들 정도입니다. 얼마 동안 이런 자세로 있다가 성직자의 신호에 따라 일어납니다. 그러면 신자들은 여러 악기 소리에 맞추어 신을 찬양하는 노래를 부릅니다. 이 나라 악기들은 우리의 것과 모양이 다른데, 어떤 것들은 우리 것보다 더 듣기 좋은 소리를 냅니다. 그들의 악기는 한 가지 점에서 분명 우리보다 크게 앞서 있는데 그것은 성악이든 기악이든 그들의 음악은 모두 자연적인 느낌을 아름답게 표현하고, 소리와 주제가 완벽하게 일치한다는 점입니다. 기도를 위한 음악이든 즐거움을 표현하는 음악이든 아니면 격정이나 평온함, 슬픔이나 분노를 표현하는 음악이든, 그 멜로디는 그 감정을 가장 적절하게 표현해냅니다. 그래서 듣는 이의 의식 깊은 곳으로 스며들어 특별한 감동을 불러일으키는 것입니다.

마지막으로 성직자와 신도들은 모두 일정한 형식의 기도를 합니다. 그 기도문은 모두 함께 외우면서도 모든 사람들이 자기 자신을 위해 기도하고 있는 것처럼 생각할 수 있도록 되어 있습니다. 이 기도의 내용은, 신이 우주의 창조자이자 지배자이며 모든 선한 일들을 불러일으킨 존재임을 인정한다는 것입니다. 그중에서도 특히 가장 행복한 사회에 살면서 가장 진실한 종교를 믿으며 종교생활을 하게 해주신 것을 감사합니다. 그러나 만일 그 종교적 신념이 틀린 것이고 또 현재 그들이 믿는 것보다 더 나은 사회와 종교가 있다면 신께서 그것을 알려주기를 기도합니다. 그들은 언제나 신의 인도를 받아들이려 하기 때문입니다. 그러나 만약 그들의 제도가 가장 훌륭한 것이며, 그들의 종교가 가장 진실한 것이라면 그들이 그것을 굳게 간직할 뿐 아니라 세상의 모든 사람들도 따르게 해달라고 기도합니다. 그리고 이 세상에서 오래 살든 짧게 살든 그것은 상관없으나 다만 편안하게 죽음을 맞이할 수 있도록 기도합니다. 그러나 만일 신의 뜻이라면 가장 고통스러운 죽음을 맞더라도 신 곁으로 가기를 원합니다. 기도문을 다 외우고 난 다음 그들은 다시 땅에 한동안 엎드린 뒤 일어나서 집으로 식사하러 갑니다. 그리고 나머지 시간들은 오락과 군사훈련으로 보냅니다.

　지금까지 나는 가능한 한 정확하게 이 나라에 대해 서술하였습니다. 나는 유토피아가 이 세상에서 가장 훌륭한 국가일 뿐만 아니라, 공화국이라 부를 수 있는 유일한 나라라고 생각합니다. 그 외 다른 나라들은 모두 공공의 복지를 거론하지만 실제로는 자신의 복지만 생각합니다. 이에 비해 유토피아에서는 사유재산이 없고 모든 사람들이 공공사업을 열심히 수행합니다. 하지만 양쪽 모두 틀렸다고 할 수는 없습니다. 다른 나라에서는 자기 나라가 아무리 부유하게 된다고 해도 스스로 자신을 책임지지 않으면 현실적으로 굶어 죽을 수밖에 없기 때문에 모두 남들보다는 자기 자신부터 돌보아야 할 필요가 절실합니다. 그리고 유토피아에서는 모든 것이 공공의 소유로 되어 있으므로 공공의 창고가 비지 않는 한 누구도 필수품 부족에 대해 걱정할 필요가 없습니다. 분배는 그들에게 전혀 문제가 되지 않습니다. 유토피아에서는 빈민도, 걸인도 없습니다. 어느 누구도 소유하는 바가 없으므로 모든 사람이 부자인 것입니다. 생계에 대한 근심이나 걱정 없이 즐겁고 평화롭게 사는 것보다 더 큰 재산이 있을까요?

　유토피아 사람들은 누구도 끼니를 걱정하거나 돈 문제 때문에 아내의 말에 마음이 상하거나, 아들이 극빈층으로 떨어지거나 딸의 지참금을 마련하기 위해 허우적거리지 않습니다. 누구나 자신과 가족의 생계와 행복에 대해 안심하고 지냅니다. 아내, 아들, 손자, 증손자, 고손자에 이르기까지 걱정이 없습니다. 더 이상 일을 하지 못하게 된 사람들도 열심히 일하는 사람들과 마찬가지로 잘 보호받습니다.

　누가 감히 유토피아의 이러한 제도들을 다른 나라에서 소위 정의라 부르는 것들과 비교할 수 있겠습니까. 다른 나라에서는 조금도 정의나 공정함을 찾을 수 없습니다. 귀족이나 금세공인 또는 고리대금업자 같은 사람들은 일을 전혀 하지 않거나 아니면 전혀 사회에 도움이 되지 않는 일을 하면서도 호화롭고 사치스러운 생활을 하고 있습니다. 반면 노동자·목수·농부 같은 사람들은 짐마차를 끄는 말처럼 쉴 새 없이 일을 해야 합니다. 이 사람들이 일을 하지 않는다면 이 나라들은 일 년도 못 되어 무너질 것입니다. 그런데도 그들은 제대로 먹지도 못하고, 오히려 짐마차를 끄는 말들이 그들보다 더 낫다고 할 만큼 비참한 생활을 하고 있습니다. 적어도 말들은 그들처럼 오랜 시간 동안 일하지 않아도 되며, 먹이도 그만큼 나쁘지는 않습니다. 그리고 내일을 걱정하며 살지도 않습니다. 하지만 일꾼들은 아무런 보답도 받지 못하고 고통스럽게 땀흘려가며 일할 뿐 아니라, 가난에 찌든 노후를 걱정해야 합니다. 그들의 하루 임금은 그날그날 살아가는 데도 부족한 형편이니 노후를 위해 저축한다는 것은 생각도 할 수 없습니다.

이 나라는 생산적인 일이라고는 전혀 하지 않는 소위 귀족·은행가·금세공업자들과 그 하수인들에게는 엄청난 보상을 해줍니다. 하지만 나라의 존립을 위해 꼭 있어야 할 농부·광부·노동자·마부·목수 같은 사람들의 복지는 전혀 아랑곳하지 않습니다. 이런 사회제도 내에서 공정함이나 감사하는 마음 따위는 전혀 찾아볼 수 없습니다. 이 사람들이 가장 왕성한 시기에는 마음껏 부려먹었으면서, 늙고 병들어 지쳤을 때에는 배은망덕하게도 그들의 고통과 수고를 잊고 비참하게 죽도록 방치합니다. 그것도 모자라 부자들은 개인적인 사기행위뿐 아니라 공공의 조세제도를 통해서 가난한 사람들의 적은 소득마저 끊임없이 빼앗으려 합니다. 사회에 가장 많은 공헌을 한 사람들에게 쥐꼬리만한 보답을 하고 있는 기존의 불공정한 제도로도 모자라다는 듯이 그 불공평을 더욱 악화시키고, 더 나아가 그러한 불공정을 법을 동원하여 정의라고 표현하기까지 합니다. 사실 세계 여러 나라에서 운영되고 있는 사회제도에서는 그 사회를 운영한다는 미명하에 부자들이 자신의 이익만을 더욱 불려나가는 부자들의 음모 외에 다른 것은 아무것도 없습니다. 그들은 부정하게 얻은 것을 지키기 위해 온갖 수단과 방법을 동원하고, 가난한 사람들의 노력과 수고를 가능한 한 헐값에 사들일 계획을 세웁니다. 부자들이 이러한 속임수와 사기를 사회가 인정하도록 만들어야겠다고 마음먹으면 그들은 곧 법적인 강제력을 갖게 됩니다. 그래서 소수가 다수의 물품을 독점하는 것입니다.

하지만 유토피아에서는 돈을 없앴을 뿐 아니라 그와 함께 탐욕까지 없애 사회문제들이 해결되었으며 수많은 범죄들이 사라졌습니다. 돈이 없어진다면 사기, 절도, 강도, 분쟁, 소란, 쟁의, 살인, 반역, 독살 등 온갖 범죄들이 사라진다는 것을 모두 잘 알고 있습니다. 그리고 돈이 사라진다면 공포, 고뇌, 근심, 고통, 잠 못 드는 밤이 함께 사라집니다. 빈곤문제를 해결하기 위해서는 무엇보다 돈이 필요하다고 말하지만, 사실은 정반대로 돈이 사라지면 빈곤도 완전히 사라지는 것입니다.

흉년이 들어서 수만 명이 굶어 죽었던 어느 한 해를 돌이켜보십시오. 하지만 그런 기근에도 부자의 곡간을 뒤져보면 그 안에는 기근과 질병으로 죽은 사람들을 모두 살리고도 남을 식량이 쌓여 있습니다. 그 곡물을 평등하게만 나누었더라면 어느 누구도 흉작의 피해를 입지 않았을 것입니다. 돈은 생필품을 얻게 해주는 수단이라고 말하지만 실제로는 방해만 될 뿐입니다. 부자들 역시 이러한 사실을 잘 알고 있습니다. 사치품을 많이 가지는 것보다는 실제 우리 삶에 필요한 물품을 충분히 가지는 것이 더 나으며, 큰 재산을 가지고 있기보다는 현재의 근심걱정에서 벗어나는 것이 더 낫습니다. 만약 오만함만 없었다면 자신의 이익이나 그리스도의 권위를 위해서라도 이미 오래전에 유토피아의 제도를 받아들였을 것입니다.

그러나 오만함은 인간으로 하여금, 부유함이란 필요한 것을 스스로 얻는 것이 아니라 남들이 가지지 못한 것을 얻는 것이라 생각하도록 만들었습니다. 이것은 다른 사람의 비참함과 대조될 때 더 화려해지고, 다른 사람들의 가난을 고통스럽게 하고 애타게 함으로써 더 가치 있게 됩니다. 그리고 인간의 마음속을 미끄러지듯 기어다니는 지옥의 뱀처럼 아니면 국가라는 선박에 들러붙은 빨판상어처럼, 언제나 우리가 앞으로 나아가지 못하도록 발목을 붙잡고, 훨씬 더 나은 생활방식으로 발전해가는 것을 방해합니다.

하지만 오만함은 사람 마음속에 깊이 박혀 쉽게 뽑아낼 수 없는 것이어서 최소한 유토피아에서만이라도 잘 운용되고 있다는 사실에 만족하는 수밖에 없습니다. 유토피아의 생활방식은 문명사회를 위한 가장 행복한 기반을 제공하고 있을 뿐만 아니라, 인류가 존속하는 한 영원히 지속될 제도입니다. 유토피아 사람들은 야심과 정치적 분쟁 같은 모든 근본적인 원인들을 없애버렸습니다. 그리고 유토피아 사람들이 국내에서 조화를 이루고 그들의 제도를 건전하게 유지하는 한 주변의 탐욕스러운 국가들이 이 나라를 정복할 수도 없고 심지어는 충격을 가할 수도 없습니다. 사실 주변국가들은 여러 차례 그런 시도를 했지만 언제나 실패만 거두었던 것입니다."

라파엘이 이야기를 마쳤을 때 나에게는 그가 설명한 유토피아의 법률과 관습 가운데 적지 않은 것들은 아주 부조리하게 보였다. 그들의 군사전략,

종교 그리고 예배형식들 등이 그런 예들이지만, 무엇보다도 내가 가장 큰 반감을 가진 것은 전체 체제의 기본이라 할 수 있는 공동체 생활과 화폐 없는 경제였다. 화폐가 없다는 이 한 가지 사실만으로도 일반적으로 국가의 진정한 영광으로 여기는 귀족성, 장엄함, 화려함 및 장대함이 사라질 것이다. 하지만 그가 오랫동안 이야기를 하느라 지쳤기 때문에 반대의견을 잘 들어줄지 의문이었다. 게다가 다른 사람들의 의견에 대해 비난할 점들을 찾아내야만 자신이 현명하다고 여기는 사람들에 대해 그가 비판했던 것이 떠올랐던 것이다.

그래서 나는 유토피아의 제도와 그의 훌륭한 설명에 대해 고맙다고 인사한 다음 그의 팔을 끌며 식사하러 가자고 권했다. 그리고 나중에 시간을 내어서 이 문제들에 대해 더 깊은 의견을 나누고 조금 더 자세한 사실들을 들었으면 좋겠다고 말했다. 나는 진심으로 언젠가는 그런 기회가 주어지기를 바란다. 비록 그가 의심할 바 없이 대단한 학식과 경험을 가진 것은 분명하지만, 그가 해준 모든 이야기에 동의할 수는 없기 때문이다. 하지만 나는 유토피아 공화국의 많은 장점들을 인정하고, 거의 기대할 수 없는 일이겠지만, 그들의 좋은 제도를 받아들인 유럽을 보고 싶다.

토머스 모어가 피터 자일즈에게 보내는 편지

친애하는 피터 자일즈 선생에게

6주 내에 받을 수 있을 것이라 생각했던 유토피아 국가에 대한 이 작은 책을 거의 일 년이나 지나서 보내게 되어 부끄러울 따름입니다. 알고 계시다시피, 이 책의 내용을 어떻게 할지, 어떤 식으로 전달해야 할지 등의 어려움은 없었습니다. 내가 한 일은 당신과 내가 라파엘 씨로부터 들은 내용을 단순히 옮겨 적기만 하면 되는 것이었습니다. 그의 이야기는 모두 즉석에서 이루어진 것이었고 또 잘 아시는 것처럼, 그는 라틴어보다는 그리스어에 더 통달해 있는 사람입니다. 그래서 소박하면서도 격식 없이 드러내는 그의 표현에 더 가까이 다가갈수록 진실에 더 가까이 다가갈 수 있었습니다. 바로 이런 진실이야말로 이 책을 쓰면서 내가 목표로 했던 것입니다.

사실 내가 따로 한 일은 아무것도 없는 것이나 마찬가지였습니다. 책을 구상하고 잘 다듬는 것이었다면 아무리 지적이고 교양 있는 사람이라 하더라도 상당한 시간과 노력을 요했을 것입니다. 그리고 단순하게 사실적으로만 기술하는 대신 생동감 넘치게 표현해야 했다면 제아무리 오랜 시간을 들여서 노력했다 해도 결국 그 일을 해내지 못했을 것입니다. 나로서는 단지 들은 내용을 옮겨 적기만 했을 뿐이어서 무척이나 쉽고 즐거운 일이었습니다. 하지만 아무리 작은 일이라 해도 처리해야 할 여러 가지 일들 때문에 글 쓸 시간이 없었습니다. 나는 하루 종일 법 문제에 매달려 있었습니다. 어떤 사건들은 법정변호를 하고 사건들을 청취해야 하며, 어떤 것들은 타협하고 결정을 내려야 하는 일들입니다. 게다가 업무만이 아니라 사교적인 만남을 위해 친구를 만나야 하고 하루 종일 다른 사람 일에 매달리고 나면 내 시간은 거의 없었습니다.

집에 돌아오면 나는 아내와 아이들과 이야기를 나누고 또 하인들과도 여러 가지를 의논해야 합니다. 자신의 집에서 서먹한 이방인이 되지 않으려면 이러한 것도 내가 해야 할 일들 중 하나입니다. 게다가 스스로 선택한 사람들이든, 우연한 인연으로 가족이 된 사람들이든 난 할 수 있는 한 잘 대해주는 것이 당연하다고 생각합니다. 물론 과도한 친절로 하인들이 주인 행세를 할 정도가 되어서는 곤란합니다. 그렇게 하루가 가고 한 달이 지나고 한 해가 지나가버렸습니다.

그럼 언제 이 책을 다 쓴 거냐고 물으실 지도 모르겠습니다. 더구나 자거나 먹는 데 필요한 시간은 이야기하지 않았으니 말입니다. 잠자는 시간은 우리 인생의 거의 절반을 차지합니다. 사실 잠자는 시간과 식사시간을 줄여서 생긴 시간만이 온전히 나 자신을 위해 사용할 수 있는 시간입니다. 그런 많지 않은 시간이라도 가질 수 있어서 결국에는 《유토피아》를 완성하여 보낼 수 있게 되었습니다. 혹시 이 책을 다 읽고 난 뒤에 내가 놓친 것이 있다면 알려주시기 바랍니다. 나의 기억력으로는 중요한 사항들 중 잊어먹은 것이 있을 듯하지는 않지만, 내가 정말 아무것도 놓치지 않았다고도 장담할 수는 없기 때문입니다.

기억하고 계시겠지만, 나의 조수인 존 클레멘트가 그때 우리와 함께 있었습니다. 나는 조금이라도 얻을만한 것이 있는 대화에는 그 친구도 자리를 같이 하게 합니다. 그가 이미 라틴어와 그리스어에 소질을 보이기 시작했고 또 언젠가는 커다란 도움이 될 것이라고 기대하고 있기 때문입니다. 그런데 실은 그가 내 마음에 큰 의심이 들도록 만들었습니다. 내 기억이 틀리지 않는다면 라파엘이 아마우로툼에 있는 아니드루스 강에 놓여 있는 다리 길이가 500보 정도라고 했던 거 같은데, 존은 내가 200보나 더 크게 말했다는 것입니다. 혹시 기억하실 수 있겠습니까? 만약 존의 생각과 같다면 내 기억이 잘못된 것이라고 생각하겠습니다. 하지만 기억을 못하신다면, 내 기억에 따라 기록한 대로 놓아두려고 합니다. 나는 내가 전하는 사실들이 정확하도록 최선을 다했기 때문에 내가 믿지 않는 것을 말하지는 않겠습니다. 빈틈없는 사람이기보다는 정직한 사람이 되고 싶기 때문입니다.

그렇지만 당신이 라파엘 씨에게 직접 물어보거나 편지를 써서 확인해준다면 모든 문제는 간단히 해결될 것입니다. 그리고 내 잘못인지 당신 잘못인지 아니면 라파엘 씨의 잘못인지 확실하지는 않지만, 다른 문제가 또 있어서 라파엘 씨에게 물어보기는 해야 할 것 같습니다. 그 유토피아라는 신세계가 어디에 있는지 우리도 전혀 물어볼 생각을 안 했고 라파엘 씨 역시 말해 줄 생각을 하지 않았기 때문입니다. 무엇보다도 그 섬이 어느 바다에 있는지조차 모르면서 이렇게 많은 이야기를 썼다는 것이 부끄럽습니다. 그리고 여기에는 그곳에 가보고 싶어하는 몇몇 사람이 있습니다. 그중에서도 특히 신앙심이 매우 깊은 신학자 한 분이 유토피아에 꼭 가보기를 원하고 있습니다. 한가로운 호기심 때문이 아니라, 그곳에 막 뿌리내리기 시작한 기독교를 보다 더 번성하게 하고 싶어서입니다. 그는 교황으로부터 파견명령을 받고 실제로 유토피아의 주교로 지명되고 싶어합니다. 어떤 명예나 이득 때문이 아니라 종교적 열정에서 생긴 일입니다.

그러므로 라파엘 씨를 직접 만나거나 아니면 편지를 통해서라도 내 책에 틀린 것이 하나도 없고 그 내용이 모두 사실이라는 것을 확인해 주셨으면 합니다. 아마도 이 책을 직접 보여주는 것이 가장 좋은 방법일 것 같습니다. 만약 내가 실수를 했다면 그보다 더 잘 고쳐줄 사람은 없을 것입니다. 또한 책을 직접 보여주게 되면 내가 그 책을 쓴 데 대해 그가 기뻐하는지 언짢아하는지도 알 수 있을 것입니다. 만일 그가 이 책을 쓰려고 했다면 불쾌하게 생각할 수도 있습니다. 나 또한 내가 먼저 책을 내는 바람에 그의 이야기가 지닌 신선한 매력을 잃게 되는 것은 바라지 않습니다.

사실 나는 이 책을 출판해야 할지 말아야 할지 아직도 마음을 정하지 못했습니다. 사람들의 취향이 매우 다양한데다 무자비하고, 또 생각이 어이없을 정도로 비뚤어진 사람들도 있어서 사람들을 가르치거나 즐겁게 해주기 위해 애쓰기보다는 그저 편안하고 느긋하게 인생을 즐기는 것이 더 나을지도 모르기 때문입니다. 대부분의 사람들은 학문에 대해 아무것도 모르면서 그것을 경멸의 시선으로 바라봅니다. 교양이 없는 사람들은 조금이라도 교양과 연관되어 있는 것은 무엇이든지 부담스러워합니다. 지식인들은 뭔가 고풍스러운 말이 들어가 있지 않으면 시시한 것으로 치부합니다. 어떤 독자들은 무조건 옛날 저자들 작품만 좋아하고 또 어떤 사람들은 자기 시대의 작품만 좋아합니다. 하도 진지해서 모든 가벼운 것들은 허락하지 않고, 경직되고 미련해서 재치 있는 말장난을 참지 못하는 사람들도 있습니다. 어떤 사람들은 마치 개에 물려 공수병에 걸린 사람이 물을 무서워하듯 풍자를 두려워하기도 합니다. 또 어떤 사람은 변덕이 하도 심해서 앉아 있을 때와 서 있을 때 좋아하는 것이 다릅니다.

그 사람들은 술집에서 술을 마시며 자기들 멋대로 형편없는 작품이라고 판단을 내립니다. 마치 검투사가 상대 머리칼을 움켜쥐듯 남의 작품들을 마음대로 비판하는데 자기 자신은 아무런 공격도 받지 않습니다. 그들의 메마른 머리에는 머리카락이 전혀 없어서 움켜쥘 것이 아무것도 없기 때문입니다.

게다가 어떤 사람들은 책이 마음에 든다 하더라도 결코 저자를 좋게 보는 법이 없습니다. 이 사람들은 호화로운 저녁식사를 한 뒤 주인에게 고맙다는 말 한마디 없이 집으로 돌아가는 무례한 손님과도 같습니다. 까다롭고 예측할 수 없는 취향을 지닌 사람들에게 자비를 들여 연회를 베푼다는 것은 참으로 어려운 과제입니다.

하지만 내가 말씀드린 대로 라파엘 씨와 만나주십시오. 비록 이미 책을 끝낸 지금에 와서 제대로 고치기는 늦었지만, 그 사람 이야기를 듣고 모든 문제를 다시 생각해 보겠습니다. 출판문제에 대해서도 내 친구들의 조언, 특히 당신의 조언에 따르기로 하겠습니다.

존경하는 피터 자일즈 선생, 안녕히 계십시오. 부인께도 안부 전해 주십시오. 당신이 언제나처럼 저를 좋아해주시길 바랍니다. 저 역시 언제까지나 당신을 좋아할 것입니다.

On Liberty

자유론

존 스튜어트 밀

인권선언

1789년에 쓰인 프랑스의 인권선언은, 인간의 자유에 관한 기초 헌장 가운데 하나이다. 여기에는 '인간은 모두 날 때부터 자유로우며 평등한 권리를 가진다'라고 적혀 있다. 이 인권선언은 루소의 사상과 미국의 독립선언을 바탕으로 만들어졌으며, 프랑스 혁명 이전의 절대왕정 아래에서는 국민에게 허락되지 않았던 자유의 실현을 목적으로 삼았다.

나의 여러 저서들에 담긴 가장 훌륭한 모든 생각들이 무르익게 도와준 존재이자, 부분적으로는 그 생각들의 저자이기도 한 그녀. 진리와 정의에 관련된 그녀의 숭고한 정신은 내게 강렬한 자극을 주었으며, 그녀의 칭찬은 나에게 다시없는 위로가 되었다. 나의 친구이자 아내인 그녀와의 사랑스럽고도 슬픈 추억에 이 글을 바친다. 여러 해 동안 내가 집필해 온 모든 저서와 마찬가지로 이 책도 내 작품임과 동시에 그녀의 작품이다.[1] 그러나 이 책은 형언할 수 없는 가치를 지닌 그녀의 손길을 충분히 받지는 못했다. 특히 가장 중요한 부분은 그녀의 보다 신중한 재검토가 필요하여 남겨 두었는데, 이제는 재검토를 영영 받을 수 없게 되어 버렸다.[2] 만약 내가 무덤 속에 파묻혀 버린 그녀의 탁월한 사상과 고귀한 감정을 반만이라도 이 세상에 전할 수 있다면, 그녀의 비할 데 없이 탁월한 지혜의 격려와 도움을 받을 수만 있다면, 나는 그녀 없이 지은 책에서 비롯되는 그 어떤 이익보다도 더 큰 이익을 세상 사람들에게 전하는 중개자가 될 수 있을 터인데.

⟨주⟩

[1] J.S. 밀은 여러 저서를 집필하면서 아내의 도움을 많이 받았는데, 이 《자유론》을 집필할 때에는 특히 더 많은 도움을 받았던 모양이다. 그는 《자서전》에서 다음과 같이 말하였다.

"우리가 결혼한 뒤는 물론이고 그보다 전인 서로 교제하던 여러 해 동안 내가 발표했던 모든 저술은, 내 것임과 동시에 그녀의 것이기도 했다."

"내 저서 가운데 그녀의 공헌이 두드러지는 첫 작품은 《경제학 원리》이다. 반면 《논리학 체계》는 작문상의 사소한 문제를 제외하고는 거의 그녀의 도움을 빌리지 않고 쓴 글이다. 그런데 이 작문이라는 점에 있어서, 내 저술은 그녀의 엄정하고도 투철한 비판에 힘입어 보다 나아질 수 있었다."

"《자유론》은 내 이름으로 나온 다른 어느 책보다도 그녀의 도움을 많이 받았다. 문자 그대로 우리 둘의 합작이라 할 만하다. 왜냐하면 이 책의 어느 한 문장도, 우리가 여러 번 함께 읽어 보고 여러 각도로 재검토하고 사상적·표현적 잘못을 모두 찾아내서 고치지 않은 것이 없기 때문이다. 그 결과 《자유론》은 비록 그녀의 마지막 수정을 받지는 못했으나, 단순히 하나의 작문으로서도 내 기존 저서들이나 미래에 쓸 저서들보다 더 뛰어난 작품으로 완성되었다. 이 책에 드러난 사상 중 어느 부분이나 어느 요소가 그녀의 사상이라고 정확히 꼬집어내기는 어렵다. 하지만 여기에 나타난 사고방식은 아무래도 전적으로 그녀의 것이었다. 나 역시 완전히 그 사상에 젖어 있었으므로 우리 둘의 가슴속에 똑같이 자리하고 있었던 셈이다."

＊2 밀은 《자서전》에서 이렇게 말하였다.

"마지막 수정은 1858년에서 1859년으로 넘어가는 겨울에 할 예정이었다. 내가 공직을 물러나 처음 맞는 그 겨울을 우리는 남유럽에서 보내기로 마음먹고 있었다. 그러나 이를 비롯한 모든 희망은 그녀의 죽음이라는 가장 뜻밖의, 그리고 가장 쓰라린 불행으로 인해 좌절되었다. 그녀는 나와 함께 몽펠리에로 가는 도중 아비뇽에서 갑자기 폐출혈을 일으켜 쓰러졌다. ……돌이킬 수 없는 손실을 입은 내가 가장 먼저 한 일은, 대부분이 그녀의 업적이라 할 수 있는 《자유론》을 출판하여 이를 그녀의 영전에 바치는 것이었다. 나는 이 책을 조금도 고치지 않았으며, 무엇을 보태지도 않았다. 나는 이후로도 그런 짓은 영원히 하지 않을 생각이다. 물론 그녀가 마지막 손질을 했어야 이 작품이 비로소 완전해졌을 터이지만, 그렇다고 내가 그녀 대신 마지막 손질을 할 생각은 전혀 없다."

제1장 머리말

　이 논문의 주제는, '철학적 필연론'이란 잘못된 이름으로 불리는 학설과 불행히도 대립하고 있는 이른바 '자유의지'*1와 같은 것이 아니다. 그것은 시민적 또는 사회적 자유에 관한 것이다. 다시 말해 이 글은, 사회가 개인에 대해 정당하게 행사할 수 있는 권력의 본질 및 한계를 주제로 삼고 있다. 일반적으로 이 문제를 논술하거나 논의하는 사람은 거의 없다. 그러나 수면 위로 떠오르지만 않았을 뿐 사회 내부에 잠재되어 있는 이 문제는, 오늘날의 실천적 논쟁에 큰 영향을 미치고 있다. 또 장래에는 이 문제가 정말 중요한 문제로 인식될 가능성도 있다. 이것은 새롭고 기이한 문제가 아니라, 어떤 의미에서는 먼 옛날부터 인류의 의견을 둘로 갈라놓아 왔던 문제이다. 그러나 오늘날의 비교적 문명화된 사람들에게는 오히려 이 문제가 새롭게 다가와 우리는 이를 지금까지와는 달리 보다 더 근본적으로 접근할 필요가 있다.

　자유와 권위 사이의 투쟁(the struggle between liberty and authority)은 우리가 이미 잘 알고 있는 그리스, 로마, 영국의 역사를 통해서 커다란 특징을 가지게 되었다. 그러나 고대사회의 이 투쟁은, 일반백성 또는 백성의 특정계급과 정부 사이에서 이루어졌다. 따라서 이때의 자유란 정치적 지배자의 압제에 대항하는 방어를 의미하게 되었다. 그리스의 민주적 정부를 제외하면 대개의 지배자들은, 그들이 지배하고 있는 백성에게 필연적으로 적대적인 존재로 여겨졌다.

　여기에서 지배자란 백성을 통치하는 개인 또는 한 단체나 계급을 의미한다. 그들은 그 권위를 세습이나 정복활동을 통해서 손에 넣었는데 어떤 방법을 썼든, 그들의 권위는 피지배자의 의지와는 아무 상관없이 주어지는 것이었다. 피지배자는 지배자들의 압제적 권력행사에 대항하여 예방책은 마련했을지언정, 그들의 주권을 획득하려고 하지는 못했다. 아마 주권을 갖고 싶다는 생각조차 하지 않았을 것이다. 지배자들의 권력은 필요하긴 하지만 매우 위험한 것으로 보였다. 그 힘은 외적에 대항할 때 사용되는 것과 마찬가지로, 자기네 백성을 상대할 때에도 사용될 수 있는 하나의 무기처럼 여겨졌기 때문이다.

사회적으로 약한 구성원들이 수많은 독수리의 먹이가 되는 일을 막으려면, 어떤 독수리보다도 더 강한 존재가 나타나 그들을 제압해야 했다. 그러나 독수리들의 왕조차도 약한 구성원들을 먹이로 삼으려는 욕망을 가지고 있었는데 그 욕망은 왕보다 약한 독수리들의 욕망보다 더하면 더했지 덜하지는 않았다. 그러므로 약한 구성원들은 왕의 부리와 발톱 앞에서 경계를 늦출 수 없었다. 이런 상황이었기에 애국자들은 지배자가 사회에서 행사할 수 있는 권력을 제한하려 했다. 이런 제한이야말로 그들이 생각하는 자유의 본질이었다.

그들은 이 자유를 얻기 위해 두 가지 방법을 시도했다. 첫 번째 방법은 정치적 자유 또는 권리라 불리는, 하나의 면책권(免責權)을 승인하도록 하는 것이었다. 이러한 면책권을 침해하는 행위는 지배자의 의무에 어긋나며, 지배자가 실제로 이를 침해한다면 피지배자가 특수한 반항 또는 일반적 반란*2을 일으켜도 된다는 것이다.

두 번째 방법은 첫 번째 방법보다 나중에 나타난 것으로 헌법에 의해 제한하는 것이었다. 지배자가 통치권을 발휘해서 비교적 중요한 행위를 할 때에는, 사회구성원이나 그 사회의 이해(利害)를 대표하는 단체의 동의가 필요하다고 헌법으로 정하는 것이다.

이러한 제한방법들의 효과는 어땠을까. 대다수의 유럽 국가 지배자들은 첫 번째 제한방법에는 얼마쯤 따를 수밖에 없었다. 그러나 두 번째 방법의 경우는 그렇지 않았다. 그래서 자유를 사랑하는 사람들은 두 번째 방법에 주목하고 이 방법을 사회에 적용하는 것 또는 그것이 어느 정도 적용되는 환경에서는 보다 완벽하게 적용하는 것을 목적으로 했다. 그리고 인류가 하나의 적과 싸우기 위해 다른 적을 이용하는 일에 만족하고, 군주의 폭거에 대항할 조금이나마 효과적인 수단이 주어진다는 조건하에 지배받는 처지에 만족하는 한, 자유를 사랑하는 사람들은 더 이상의 큰 욕심을 내지 않고 그 목적에만 매진했다.

그러나 인류가 진보함에 따라 사람들의 생각도 변하였다. 통치자들이 이해관계상 일반대중들과 대립하는 독자적 권력을 지니고 있다는 사실을, 사람들이 필요한 일로서 자연스럽게 받아들이지 못하는 시대가 온 것이다. 그래서 일반대중들이 자기들 뜻대로 온갖 정치가들을 해임할 수 있는 위탁관리자 또는 대리인이 되는 편이 훨씬 낫다고 생각하게 되었다. 일반인이 이런 권력을 가져야지만, 정치가들이 정부권력을 남용해 사람들에게 불이익을 주는 일을 완벽하게 막을 수 있다고 믿게 된 것이다. 이것은 곧 선거를 통해 일시적 통치자를 뽑자는 새로운 요구로 발전했다. 이 요구는 적어도 민중적인 정당이 존재하는 사회에서는 그 정당의 주요 목표로 받아들여졌으며, 통치자의 권력을 제한하는 과거의 방법 중 상당 부분을 대신하였다.

피지배자들의 정기적 선택으로 통치권을 제어하려는 투쟁이 점점 진행됨에 따라, 일부 사람들은 권력에 제한을 가하는 일 자체가 지나치게 중시되고 있다는 점을 깨달았다. 권력에 대한 제한은, 이해관계상 민중과 늘 대립하는 통치자 측에 대항하는 방책이었다(고 생각해도 좋을 것이다). 그런데 오늘날 사람들은 통치자와 민중이 하나가 되어야 한다고 생각한다. 이는 통치자의 이익 및 의지가 곧 국민의 이익 및 의지여야 한다는 말이다. 국민은 더 이상 통치자로부터 보호 받을 필요가 없어졌다. 통치자의 의지는 바로 자기 자신의 의지이기 때문이다. 국민이 국민 자신을 상대로 압제를 할 염려도 없었다. 통치자가 국민에 대한 책임을 충분히 지고 잘못을 저질렀을 때에는 국민에 의해 바로 해임된다면, 국민은 통치자에게 권력을 맡기고 그 권력의 행사방법을 국민 스스로가 명령할 수 있을 것이다. 이 경우 통치자의 권력은, 쓰기 편하도록 한 곳에 집중된 국민 자신의 권력에 지나지 않는다.

이 같은 사고방식은 차라리 감정에 가깝다. 어쨌든 이 사고방식은 이전 세대 유럽의 자유주의와도 같은데, 유럽 대륙에서는 지금도 이 생각이 지배적이다. 애당초 존재해선 안 된다고 보는 정부는 논외로 하고, 정부가 성립되어도 좋은 조건에 어떤 제한을 가하려는 사람은 대륙의 정치사상가들 중에서는 찾아보기 어렵다. 특별히 눈에 띄는 예외적인 인물들만이 그런 생각을 할 뿐이다.[3] 이와 같은 감정(생각)을 한때 조장했던 모든 상황이 만약 그대로 유지되었더라면, 우리나라(영국)에서도 오늘날 널리 퍼져 있었을지도 모른다.

그러나 인간사와 마찬가지로 정치이론이나 철학이론의 경우에도 실패했으면 눈에 띄지 않았을 결함이나 약점이 도리어 성공했을 때 드러나는 법이다. 민중은 자기 자신에 대한 스스로의 권력을 제한할 필요가 없다고 보는 관념은, 사람들이 민주정치를 먼 미래의 꿈이나 오랜 옛날의 존재라고 생각하던 시절에는 공리(公理)처럼 여겨졌을지도 모른다. 또한 이 관념은 프랑스 혁명처럼 정신적인 정도를 벗어난 일시적 실수로 인해 흔들리는 일도 결코 없었다. 왜냐하면 프랑스 혁명에서 최악의 사태는 권력을 손에 넣으려는 소수의 권력 찬탈자들의 소행이었고 어쨌든 그것은 민주적 제도가 줄곧 운영되던 과정에서 발생한 것이 아니라, 군주와 귀족의 압제에 대한 돌발적이고도 발작적인 반란의 형태로 터졌기 때문이다.

그런데 얼마 지나지 않아 하나의 민주공화국(미합중국)이 지구 표면의 광대한 부분을 차지하게 되었고 그 나라는 이윽고 국제사회의 가장 유력한 구성원으로 인정받기에 이르렀다. 그리하여 선거에 기반을 둔 책임정치라는 것이, 커다란 사건에 으레 뒤따르는 온갖 감시와 비판의 대상이 되었다.

오늘날 사람들은, '자치'니 '민중의, 민중 자신에 대한 권력'이니 하는 말로는 사태의 진상(眞相)을 표현할 수 없음을 알게 되었다. 우선 권력을 행사하는 '민중'과, 권력 행사의 대상이 되는 '민중'은 같지 않다는 사실이 밝혀졌다. 그리고 소위 '자치'는 각자가 그 자신에 의해 통치되는 것이 아니라, 각자가 다른 모든 사람들에 의해 통치되는 것을 뜻한다. 게다가 민중의 의지는 사실 민중 전체의 의지가 아니다. 그것은 민중 가운데에서도 다수(多數)가 속하는 부분 또는 가장 활동적인 부분의 의지에 지나지 않는다. 따라서 민중이 자기들 가운데 일부를 억압하는 일도 얼마든지 발생할 수 있는 것이다. 이런 일에 대해서는 다른 모든 권력 남용과 마찬가지로 철저한 예방책을 세워야 한다. 그러므로 개인을 지배하는 정부의 권력을 제한하는 일은 여전히 중요하다. 그 일의 중요성 및 필요성은 권력자가 그 사회에 대한 책임, 즉 그 사회에 속하는 가장 강력한 집단에 대한 책임을 질 때조차 변하지 않는다. 이러한 생각은 사상가들의 지성(知性)에는 물론, 민주주의와는 상반되는 현실적 또는 상상 속의 이해관계를 지닌 유럽사회의 유력한 계급 사이에도 쉽게 받아들여졌기 때문에 아무 어려움 없이 유럽 대륙에 널리 퍼졌다. 그 결과 오늘날 정치적 문제를 논의할 경우, '다수자의 전제(the tyranny of the majority)'는 사회가 일반적으로 경계해야 할 해악 중 하나로 인식되게

프랑스 혁명의 시작

1789년 7월 14일 파리 시민들이 전제정치의 상징이었던 바스티유 감옥을 습격하였다. 미국 독립전쟁 영웅 라파에트가 파리 국민군 사령관으로 지명되었으며, 각지에서 혁명의회가 만들어졌다.

되었다.

　다수자(多數者)의 전제(專制)는 처음에는 다른 여러 가지 형태의 전제와 만찬가지로 정치가(표면적 통치자)의 행위에서 비롯되었고 사람들은 두려워했다. 세간에는 아직도 이렇게 믿는 사람이 많다. 그러나 실제로는 어떤가? 생각이 깊은 사람들은 사회 자체가 전제정치를 펼치는 폭군일 경우, 다시 말해 사회를 구성하고 있는 개개인 위에 집단으로서의 사회가 군림할 때에는, 사회가 행정관리를 통해 정치적으로 실시하는 행위만이 전제의 수단이 되란 법은 없다는 사실을 이미 깨닫고 있다. 사회는 자신의 명령을 스스로 집행할 수 있으며 실제로도 집행한다. 그런데 이 사회가 정당한 명령 대신 부당한 명령을 내리거나, 본디 사회가 관여해선 안 될 사항에 대해 명령한다고 생각해 보라. 이 경우 사회는 온갖 정치적 압제보다도 더 무서운 사회적 전제를 펼치는 셈이 된다. 왜냐하면 사회적 전제는, 보통 정치적 압제와 같은 극단적 형벌을 동반하지 않지만 그보다 더 깊숙이 생활 속까지 침투해서 민중의 영혼을 노예화하고, 그것으로부터 벗어날 수 있는 방법은 정치적 압제의 경우보다 훨씬 적기 때문이다. 그러므로 오늘날에는 정치가의 압제에 대한 보호만으로는 부족하다. 민중은 지배적인 여론이나 감정의 전제에 대해서도 보호되어야 한다. 즉 자신(사회)의 관행에 맞지 않는 여러 가지 개성의 발전을 저해하거나 그런 개성 자체가 아예 형성되지 못하도록 하고, 모든 사람들의 성격을 사회 성격의 틀에 억지로 맞추려 하는 사회경향 자체에 대해서도 민중은 보호되어야 할 것이다. 집단의견이 개인의 독립에 대해 합법적으로 간섭하는 데는 한계가 있다. 이 한계를 발견하여 집단의견이 그 선을 침범하지 못하도록 하는 것은 보다 바람직한 인간상태를 유지하기 위해 꼭 필요한 일이고, 이 한계를 잘 지키는 일은 정치적 전제에 대한 민중 보호와 다를 바 없다.

이 같은 명제는 일반적으로는 별다른 항의에 부딪치지 않을 것 같지만 문제는 이 한계선을 대체 어디에 두어야 하는가이다. 개인의 독립과 사회적 통제 사이의 적절한 조정은 어느 선에서 어떻게 이루어져야 하는가와 같은 실제적 문제는 거의 미해결 상태이므로 지금부터 해답을 찾아 나가야 한다.

누구나 자신의 생존을 가치 있게 만들려면, 어쩔 수 없이 다른 사람들의 행위에 여러 가지 제약을 가할 수밖에 없다. 따라서 기본적으로는 법률에 따라, 부수적으로는 다양한 문제에 대한 여론에 따라 사람들의 행위는 다소나마 규제될 수밖에 없다. 이러한 규칙의 내용은 인간생활에 있어 중요한 문제다. 그러나 제일 명백한 몇몇 경우를 제외하고는, 그 규칙을 정하는 것은 가장 해결하기 어려운 문제 가운데 하나이다.

이 문제에 대한 해결책은 제각각이다. 시간을 달리하는 어떤 두 시대도 이 문제를 똑같이 해결한 적은 거의 없으며, 이는 장소를 달리하는 두 국가에서도 마찬가지다. 그러므로 어떤 한 시대나 한 나라에서 사용되었던 해결책은, 다른 시대나 다른 국가에서는 말도 안 되는 것으로 취급되게 마련이다. 그런데 이 문제가 매우 풀기 어렵다는 점을 깨닫지 못하고, 마치 인류가 내놓은 해답은 먼 옛날부터 지금까지 계속 일치했다는 듯 생각하는 사람들이 많다. 그 어떤 시대나 어떤 국가에서도 말이다. 그들 사이에 존재하는 규칙은 그들 자신의 눈에는 자명하고 정당해 보이는 것이다.

이러한 보편적인 착각은 습관이 가진 마술 같은 위력을 보여 주는 하나의 사례이다. 습관이라는 것은 제2의 천성을 넘어서서 제1의 천성으로 언제나 오인되고 있다. 습관은 인류가 서로의 행위규칙에 대해 의문을 전혀 가지지 않게 만드는 위력이 있다. 왜냐하면 자신이나 다른 사람에게 습관에 관한 이유를 굳이 설명할 필요는 없다는 것이 사람들의 생각이기 때문이다. 이러한 생각 때문에 습관의 위력은 더욱 완벽해진다. 사람들은 이런 문제를 대할 때, 각자의 감정이 이런저런 이성보다 우위에 있으며 감정이 이성을 불필요한 것으로 만든다고 믿는 습관이 있다. 또 철학자로 불리기를 꿈꾸는 사람들이 사람들의 이런 신념을 오랫동안 부추겨 왔다.

사람들로 하여금 인간행위의 규제에 관하여 자기 의견을 가지도록 하는 실제적 원리는, 각자의 마음속에 있는 다음과 같은 감정이다. 즉 모든 사람들은 자신과 자신이 동감하고 있는 사람들이 원하는 행위를 하도록 요청받고 있다는 감정이 그것이다. 물론 자신의 판단기준이 전적으로 자기 기호(嗜好)에서 비롯되었다고, 그러니까 자기가 좋아서 그렇게 판단했다고 인정하는 사람은 없다. 그러나 행위의 문제에 관한 어떤 의견에 확고한 이유가 없다면, 그것은 한 개인의 기호에 따른 의견에 지나지 않는다. 다시 말해 그 의견은 큰 중요성을 지니지 못한다. 한편 확고한 이유가 있더라도 그것이 다른 사람들의 기호에 따른 의견일 뿐이라면, 그 의견은 한 개인의 기호가 아닌 다수자의 기호에 지나지 않아 이것 역시 중요하지 못하긴 마찬가지다. 그런데 보통 사람들은 자신의 기호가 많은 사람들의 기호와 같을 때 용기를 얻고 그 자신의 기호는 큰 힘을 지니게 된다. 게다가 자신이 믿는 종교의 교리에 기록되어 있지 않은 도덕, 취미, 예절 등에 대한 그의 의견은, 그것이 다수자의 의견과 같다는 것만으로도 충분히 완벽한 이유로 뒷받침되는 셈이다. 어디 그뿐인가. 그것은 일반 사람들에게 밝힐 수 있는 유일한 이유마저 된다. 게다가 이 기호는 자신이 믿는 종교의 교리를 해석하는 데 가장 중요한 지침이 된다.

따라서 무엇이 칭찬받고 무엇이 비난받아야 할지에 관한 사람들의 의견은, 다른 사람의 행위에 대한 그들의 소망에 영향을 끼치는 여러 가지 원인에 의해 좌우된다. 게다가 이런 원인은, 다른 문제에 대한 그들의 소망에 영향을 주는 각종 원인과 맞먹을 정도로 수가 많다. 그 원인은 때로는 그들의 이성이기도 하고, 때로는 그들의 편견이나 미신이기도 하다. 또한 그것은 사회적 감정이기도 하며 선망이나 질투, 교만이나 경멸 같은 반사회적 감정일 때도 종종 있다. 하지만 그중에서도 가장 주된 원인은 자기 자신을 위한 욕망 또는 두려움, 즉 그들의 합법적이거나 비합법적인 사욕(私慾)이다.

특권계급이 존재하는 나라의 도덕은 대개 그 특권계급의 계급적 이익 및 우월감으로부터 형성되게 마련이다. 스파르타 시민과 노예, 농장주와 흑인, 군주와 신민, 귀족과 평민, 남자와 여자 사이의 도덕은 대부분 이와 같은 계급적 이익 및 감정의 소산이었다. 이런 식으로 형성된 감정은, 이번에는 특권계급 구성원들 사이의 관계에서 보이는 그들의 도덕적 감정에 반작용을 하게 된다. 한편 과거의 특권계급이 힘을 잃거나 사람들이 이런 계급의 특권을 인정해 주지 않을 때, 그들 사이의 도덕적 감정은 종종 그 특권에 대한 참을 수 없는 혐오감으로 가득 찬다.

예로부터 법률이나 여론에 의해 강제되어 온 행동 및 인내의 행위에 대한 규칙을 결정하는 원리 중 하나는, 속세의 지배자들 또는 그들의 신(神)이 좋아하거나 싫어하리라 여겨지는 것과 영합하려는 인류의 노예근성이었다. 이 노예근성의 본질은 사실 이기적인 것이기는 하지만 위선적인 것은 아니다. 이것은 어디까지나 순수한 혐오의 감정을 낳게 하고, 이 감정은 마침내 사람들로 하여금 마술사나 이교도들을 불태워 죽이게 만들었다. 이런 온갖 저급하고도 열등한 영향을 받는 가운데, 사회 전체의 명백한 이익이라는 것도 물론 도덕적 정조(情操)를 형성하는 데 큰 역할을 했다. 그러나 이것이 이성적으로 사회 전체의 이익이나 자기 자신의 이익을 위한 역할을 맡는 경우는 드물었으며, 오히려 사회 전체의 이익 때문에 생겨난 온갖 동정과 반감의 결과로서 기능할 때가 많았다. 그리고 사회의 이익과는 거의 관계가 없거나 아예 상관없는 동정 또는 반감이, 여러 가지 도덕체계의 확립에 대해 사회의 이익만큼이나 커다란 영향력을 발휘했다.

사회 전체 또는 사회의 유력한 계층이 좋아하고 싫어하는 것은, 법률이나 여론에 의한 형벌을 통해 일반인들이 좇아 지켜야 할 기준이 되었다. 그리고 이 기준이야말로 갖가지 규칙을 만들어 낸 주요 원리인 것이다. 일반적으로 사상과 감정분야에서 사회를 이끌어 왔던 사람들은, 비록 세부적인 몇몇 부분에서는 이 기준과 충돌하기도 했지만 원칙적으로는 이를 불문에 붙였다. 그들은 어떤 법이 사람들이 복종해야 할 법인지 여부를 판단할 때, 사회가 실제로 좋아하고 싫어하는 것이 무엇인가에는 중점을 두지 않았다. 그보다는 도리어 사회가 어떤 사물을 좋아하거나 싫어해야 하는가라는 당위성 문제에 전념했다. 그들은 자유를 수호하기 위해 이단자들을 규합하고 공통의 대의명분을 주장한 것이 아니었다. 오히려 이단자는 그들 자신이었다. 그들은 이 특수한 문제에 이단자적 견해를 가졌으며, 인류의 감정을 그 견해에 맞춰 바꿔 놓으려고 노력하였다.

여기저기 흩어져 있는 개개인 이외의 영역에서, 집단에 의해 원리상 훨씬 더 높은 입장을 획득하고 그 위치를 충실히 지켜 온 유일한 영역은 바로 종교적 신앙 영역이다. 이것은 여러 가지 면에서 교훈적인데, 그중에서도 이른바 도덕심이라는 것이 잘못을 저지를 수도 있다는 매우 현저한 실례를 보여 준다는 점이 특히 교훈적이다. 왜냐하면 성실한 광신자가 마음속 깊이 품는 '신학자의 증오(odium theologicum)'란 도덕적 감정을 완벽하게 보여 주는 예이기 때문이다. 스스로를 '보편적 교회(universal church)'라고 불렀던 가톨릭교회의 속박에서 처음으로 벗어난 사람들(프로테스탄트)도, 종교적 견해 차이를 거의 허용하지 않는다는 점에서는 가톨릭교회와 다를 바 없었다. 그러나 어느 종파도 완전한 승리를 거두지 못한 채로 격렬한 투쟁의 열기가 가라앉자, 각 교회나 종파는 이미 수중에 넣은 지역에서 기반을 다지는 일에 만족해야 할 처지가 되었다. 이때 소수파 사람들은 그들 자신이 다수파가 될 기회가 사라졌음을 깨닫고 그들이 개종시키지 못한 다수파 사람들에게 신앙의 차이를 허용해야 한다고 호소할 수밖에 없었다. 말하자면 사회에 반대하는 개인의 권리가 원리라는 넓은 지반을 바탕으로 주장되어, 의견이 다른 자를 권위로 짓누르려는 사회의 요구에 공공연하게 대항한 것이다. 이런 예는 종교투쟁에서 일어난 위 사건을 제외하고는 거의 찾아볼 수 없다. 오늘날 이 세계가 누리고 있는 종교의 자유를 확립하는 데 공헌한 위대한 저술가들*4 중 대부분은 양심의 자유를 불가침한 권리로 보았으며, 인간이 자신의 종교적 신앙 때문에 남에게 책임을 지워서는 안 된다고 단호히 주장했다.

그러나 인간은 본디 자신이 정말로 관심을 가지고 있는 대상과 대립하는 것에는 아량을 베풀지 못한다. 이는 인류가 타고난 천성이다. 그러므로 신학적 논쟁 때문에 평화가 깨지는 일을 원치 않았던 종교적 무관심이 영향을 끼친 일부 지역만 제외하고 본다면, 종교적 관용이 실현된 적은 거의 없다고 봐도 좋다. 신앙에 대해 가장 관대한 나라에서조차 신도들 대부분의 마음속에는, 종교적 관용의 의무는 암묵적 유보조항과 함께 인정되고 있을 뿐이다. 이를테면 어떤 사람은 교회행정에 관한 의견은 받아들일 수 있어도 교리에 관한 이의는 절대 받아들일 수 없다는 것이다. 어떤 사람은 가톨릭이나 유니테리언*5 교도를 제외한 누구에게나 너그러울 수 있다. 또 어떤 사람은 계시 종교를 믿는 사람이라면 누구에게나 관용을 베풀기도 한다. 그리고 소수의 어떤 사람들은 보다 넓고 큰 관용을 베풀지만, 그들 역시 하느님이나 내세를 믿지 않는 사람들에게는 등을 돌렸다. 다수자의 감정이 지금도 순수하고 강하게 남아 있는 사회를 살펴보라. 소수자를 복종시키려는 욕심이 점점 완화되는 모습은 거의 찾아볼 수 없을 것이다.

영국은 어떨까. 영국의 정치사(政治史)는 상당히 독특한 까닭에 여론의 구속력은 유럽의 다른 나라들보다 큰 편이지만 법률의 구속력은 오히려 약하다. 영국인들은 입법권이나 행정권이 개인의 사적 행위에 직접 간섭하는 일을 상당히 경계한다. 그러한 태도는 영국인들이 개인의 독립을 그만큼 존중하기 때문일까? 아니다. 실은 정부와 민중이 이해관계상 대립한다고 믿는 습관이 지금도 여전히 남아 있기 때문이다. 정부의 의견과 권력이 곧 민중의 의견과 권력이라는 사상이 아직 다수의 사람들에게 퍼져 있지 않았던 것이다. 만약 그 사상이 영국에 널리 퍼진다면, 이미 여론에게 침해되고 있던 개인의 자유는 정부의 권력에 의해서도 침해될 위기에 놓일 것이다. 그러나 개인이 법률의 통제를 받는 관례가 지금까지 없었던 분야에서 새로운 법률이 개인을 통제하려 든다면, 아마 사람들은 크게 반발할 것이다. 더구나 이러한 반발은 그 문제가 법률의 통제를 받는 것이 정당한지 부당한지와는 상관없이 일어난다. 따라서 이런 반발은 보통 건전하고 유익하게 여겨지지만, 어떤 때에는 매우 합당하면서도 때로는 전혀 합당하지 못한 경우도 있다.

실제로 정부의 간섭이 정당한지 부당한지를 관습적으로 판가름해 줄 공인된 원리는 없다. 사람들은 그저 개인적인 기호에 따라 결정할 뿐이다. 어떤 사람들은 반드시 실현해야 할 선(善)이나 교정해야 할 악(惡)을 발견하고는 정부에게 그 일을 수행해야 한다고 촉구할 것이다. 한편 어떤 사람들은 이익과 관련된 분야에서 정부의 통제를 더 심하게 받느니, 차라리 아무리 큰 사회적 해악이라도 참고 견디는 게 낫다고 생각할지도 모른다. 이처럼 사람들

신 (神)으로 묘사된 그리스도 상
로마의 산티 코스마 데 다미아노 교회의 모자이크, 6세기.

은 어떤 특정한 상황에 처했을 때 그 사안에 따라 두 가지 중 하나를 취한다. 자신의 감정의 일반적인 방향에 따라 정부가 해야 하는 그 특정한 일에 얼마나 관심을 갖고 있느냐에 따라서 또는 정부가 그 일을 자신이 좋아하는 방법으로 할지 안 할지 그들의 신념에 따라 입장을 정한다. 그러나 정부가 어떤 일들을 수행하는 것이 옳은지에 대해 줄곧 품어 왔던 자기 의견에 따라 입장을 결정하는 사람은 매우 드물다. 이처럼 현재 민중에게는 확고부동한 규칙이나 원리가 없기 때문에 내가 보기에는 어느 쪽이든 잘못을 저지르고 있다. 다시 말해 정부의 간섭을 부당하게 내치는 일도, 또 부당하게 열망하는 일도 거의 비슷한 빈도로 일어나고 있다.

이 논문의 목적은, 사회가 개인을 대하는 방식인 강제나 통제 등을 완전히 지배하는 하나의 단순한 원리가 있음을 주장하는 것이다. 강제 및 통제의 수단이 법적 형벌 같은 물리적인 힘이든, 여론이라는 정신적인 힘이든 이것은 반드시 적용된다. 이 절대적인 원리는 무엇일까. 그것은 인류가 개인적으로나 집단적으로 구성원 중 누군가의 자유에 간섭할 때, 그 간섭이 정당성을 얻는 유일한 근거는 자기방위(self-protection)가 목적일 때라는 것이다. 즉 문명사회의 일원에게 그의 뜻과는 반대되는 권력을 행사해도 되는 경우는, 다른 구성원에게 미치는 위해를 방지하기 위해 권력을 행사할 때뿐이다. 인류의 한 구성원에 지나지 않은 자기 자신만을 위한 행복─물질적 행복이든 정신적 행복이든─은 다른 사람의 자유를 침해할 정당한 근거가 되지 못한다. 예를 들어 어떤 일을 하거나 삼가는 것이 그에게 도움이나 행복을 준다든가 아니면 다른 사람들이 보기에는 그렇게 하는 것이 현명하고 정당하다든가 하는 이유로 누군가의 어떤 행동을 강제하는 것은 결코 정당한 일이 아니다. 물론 우리는 이러한 이유로 그에게 충고하거나 부탁하거나, 그를 설득할 수는 있다. 그러나 이를 근거로 그에게 어떤 행동을 강요하고 불이행시 처벌할 수는 없다. 이러한 간섭이 인정받으려면, 법률이 저지하려는 그의 행위가 다른 누군가에게 해를 끼치리라는 점이 예측되어야 한다. 누가 어떤 행위를 저질렀든, 그가 사회적으로 책임져야 할 유일한 부분은 다른 사람과 관련된 부분이다. 오직 그 한 사람에게만 영향을 미치는 행위일 경우 그의 독립성은 당연히 절대적이다. 개인은 그 자신에 대한, 다시 말해 그의 육체와 정신에 대한 주권자이기 때문이다.

새삼스럽게 말할 필요도 없겠지만, 위 이론은 성숙한 여러 능력을 갖춘 성인에게만 적용된다. 어린이들이나 법적으로 성인이 안 된 젊은이들은 우리가 문제 삼는 대상이 아니다. 아직 다른 사람들의 보호를 받아야 하는 이들은 외부적 위해로부터 보호되어야 함은 물론, 자기 자신의 행위에 대해서도 보호 받아야 한다.

　이와 같은 이유로 우리는 인종(민족) 자체가 미성년에 가까운, 아직 발달이 덜 된 사회를 고려의 대상에서 제외할 수 있다. 사회가 스스로의 힘으로 진보해 나가는 과정에서 부딪치는 초기 문제들은 너무나 크고 심각하므로, 이를 극복하기 위한 수단은 거의 선택의 여지가 없다. 따라서 개혁정신이 왕성한 통치자는 목적을 이루기 위해 가능한 방법이라면 어떤 편법이든 써도 좋다고 할 수 있다. 전제정치도 그 통치수단의 목적이 미개인의 생활개선이며 실제로 이 목적을 달성했다면, 이는 미개인을 다루는 정당한 통치방법이라 할 것이다. 자유라는 것은 원칙적으로 인류가 자유롭고 평등한 토론을 통해 진보할 수 있는 사회에만 적용된다. 즉 그 전의 사회 상태에서는 적용될 수 없는 것이다. 이런 미발달된 사회에서 아크바르*6나 샤를마뉴*7 같은 지도자가 나타나면 구성원들은 그에게 복종할 수밖에 없다.

　그러나 사람들이 자기 확신이나 설득을 통해 스스로를 개선해 나갈 능력을 갖추게 되면(우리가 이 논문에서 고려대상으로 삼고 있는 사람들은 이미 이 수준에 도달한 지 오래다) 과거의 강제는 그 힘을 잃어버린다. 즉 직접적인 강제든 불이행시 고통이나 형벌을 가하는 강제든, 자기 자신만을 위해서는 사용할 수 없게 되는 것이다. 다른 사람의 안전을 지키기 위한 강제만이 정당성을 얻을 수 있다.

　공리(功利)와는 무관하게 존재하는 추상적인 정의(正義)의 관념에서도 나의 논의에 유리한 점을 이끌어 낼 수 있다. 그러나 나는 그런 이점을 이용하진 않겠다.*8 나는 공리가 모든 윤리적 문제의 궁극적 판정기준이라 생각하고 있다. 다만 이 경우 공리란, 진보하는 존재인 인간의 항구적 이익에 바탕을 둔 가장 넓은 의미에서의 '공리'여야 할 것이다. 이런 항구적 이익이라는 관점에서 볼 때 다른 사람의 이익에 관련되는 개인의 행동만이, 개인의 자발성 영역 밖에 있는 외부적 통제를 받을 수 있다고 나는 주장한다. 만일 누군가가 다른 사람에게 해를 끼치는 행위를 저지른다면, 이 행위는 법률 및 법률상의 형벌로 강제되어야 하며 그것이 불가능할 때에는 여론으로 그를 처벌해야 한다. 이런 강제는 정당하다고 인정받을 만하다. 예를 들어 법정에서의 증언, 공동방위 참가, 자신을 보호해 주는 사회의 이익에 필요한 공동작업 분담 그리고 학대받는 무력한 사람이나 동포의 생명을 구하는 것처럼 개인적 선의에서 비롯된 간섭 등, 이런 행위들은 정당한 강제가 이루어진 예로 인간으로서의 의무라고 봐도 좋다. 그러므로 이를 하지 않은 사람은 당연히 사회적 책임을 지게 된다.

사람은 자신이 한 일뿐만 아니라 '하지 않은 일'로도 다른 사람에게 위해를 가할 수 있다. 둘 중 어떤 경우에든 그는 피해자에게 그 위해에 대한 책임을 져야만 한다. 그런데 강제력 행사에 있어서 후자의 경우는 전자의 경우보다 더욱 신중해야 한다. 즉 하지 않은 일로 다른 사람에게 피해를 준 사람에게 강제적 책임을 함부로 지워선 안 된다. 다른 사람에게 해를 끼친 사람이 책임을 지는 것은 원칙이지만, 그 해악을 막지 못한 사람에게 책임을 지우는 것은 예외의 경우이다. 하지만 이런 예외에 정당성을 더해 줄 정도로 분명하고 심각한 예가 상당히 많다. 개인은 대외적 관계와 관련된 모든 경우에, 이해관계를 맺은 사람들이나 그들의 보호자인 사회에 대해 책임을 질 법률적 의무가 있다.

그런데 그가 책임지지 않아도 될 충분한 이유가 있는 경우도 있다. 하지만 그런 이유는 특별하고도 편의적인 이유여야 한다. 이를테면 사회가 개인을 통제하는 힘을 가지고 있지만, 그 통제력을 쓰는 것보다는 개인이 자유롭게 알아서 하도록 놔두는 것이 더 나은 경우가 여기에 해당된다. 아니면 사회가 통제하지 않을 때보다 통제할 때 더 큰 해악이 발생하는 경우에도 마찬가지다. 이러한 이유로 개인이 책임을 지지 않아도 될 때에는, 행위자 자신의 양심에 따라 텅 빈 법정의 재판관이 되어 외부로부터 어떤 보호도 받지 못하는 다른 사람의 이익을 자진해서 보호해야 한다. 이때 행위자는 동료들에게 심판받는 일이 없는 만큼 스스로에게 더욱 엄격한 심판을 내려야 한다.

그러나 개인과 구별되는 사회가 이해관계가 없거나, 있더라도 간접적인 관계밖에 없는 행동영역이 있다. 오직 자신에게만 영향을 미치는 개인적 삶과 행동, 또 설령 다른 사람에게 영향을 미친다 해도 그 사람들이 속지 않고 자유롭고도 자발적으로 동의하면서 참가하고 있는 개인적 삶과 행동이 위

영역에 속한다. 여기에서 '오직 자신에게만 영향을 미치는'이란 표현은 그 직접적인 영향을 처음으로 받는 대상이 행위자 자신임을 뜻한다. 그 자신에게 영향을 미치는 모든 것은 그를 통해서 다른 사람에게도 영향을 줄 수 있기 때문이다. 말하자면 우연히 부수적인 사건이 벌어질 수도 있다는 것이다. 이런 일을 꼬집은 반론에 대한 이야기는 다음 장에서 다루겠다. 어쨌든 이것, 즉 오직 자신에게만 영향을 미치는 행동영역이야말로 인간 자유의 기본적인 영역이다. 이를 좀 더 자세히 살펴보자.

첫째, 자유영역에는 의식이라는 내면적 영역이 포함된다. 이에는 가장 포괄적 의미에서 양심의 자유와 사상 및 감정의 자유가 포함된다. 그리고 실제적·사변적·과학적·도덕적·신학적인 모든 문제에 관한 의견이나 감정의 절대적 자유도 이 영역에 속한다. 의견 발표 및 출판의 자유는 개인적 행위 중에서도 다른 사람과 관계되는 행위이므로 다른 영역처럼 보일 수 있다. 그러나 이런 자유는 사상 자체의 자유와 마찬가지로 중요할 뿐 아니라, 대개 동일한 근거에서 비롯되므로 사실상 사상의 자유와 분리될 수 없다.

둘째, 이 자유영역의 원리는 자기가 좋아하는 것을 즐길 수 있는 기호(嗜好)의 자유와 목적 추구의 자유를 요구한다. 우리에게는 우선 자신의 성격에 맞는 삶을 설계할 자유가 있다. 그리고 동포들이 보기에는 어리석고 기이하며 잘못된 행위라 해도, 우리의 행동이 그들에게 해를 끼치지 않는 한 우리는 그들에게 방해받지 않으면서 그 행위를 자유롭게 즐길 수 있다. 단, 그 행위가 초래하는 결과를 감수한다는 조건하에서 말이다.

셋째, 이와 같은 개인적 자유로부터 개인들끼리 똑같이 제한된 범위 내에서 결사의 자유가 도출된다. 이는 다른 사람에게 손해를 끼치지 않는 이상 어떤 목적을 위해 단결할 수 있는 자유다. 이때 서로 단결하는 사람들은 당연히 성인이며, 누구에 의해서도 강제되거나 기만되어서는 안 된다.

이러한 여러 자유들이 전체적으로 존중되지 않는 사회는 어떤 정부의 지배를 받든 자유롭지 못하다. 또 이런 자유들이 절대적이고 무조건적으로 존재하지 않는 이상, 그 사회는 완전히 자유롭지 못하다. 자유라고 불릴 가치가 있는 유일한 자유는, 다른 사람의 행복을 빼앗으려 하거나 행복을 얻으려는 다른 사람의 노력을 방해하지 않는 한, 우리가 좋아하는 방식으로 우리의 행복을 추구하는 자유이다.

개개인은 육체적 건강이든 정신적·영적인 건강이든 자기 건강에 대한 정당한 보호자다. 개개인이 스스로에게 좋다고 생각하는 대로 생활하게 내버려 두는 편이, 다른 사람이 좋다고 생각하는 것을 개인에게 강요하는 것보다 인류에게 더 큰 혜택을 준다.

물론 이 이론은 전혀 새롭지 않다. 어떤 사람들은 당연한 이야기를 새삼스럽게 왜 하냐고 생각할지도 모른다. 그러나 현존하는 여론이나 관습의 일반적인 경향에 이보다 더 어긋나는 이론은 없다. 사회는 그 사회가 설정한 사회적 탁월성과 마찬가지로 개인적 탁월성에도 (개인의 지적 능력에 따라) 순응하도록 사람들에게 강요해 왔다. 고대 국가들은 공적 권위로 모든 개인 행위를 규제할 자격이 있다고 생각했으며, 고대 철학자들도 이 생각을 지지했다. 그 근거는 국가가 국민 한 사람 한 사람의 육체적·정신적 훈련에 깊은 관심을 가지고 있다는 데 있었다. 이런 사고방식은 강력한 적국에 둘러싸인 채 외부의 공격이나 내부의 소동으로 전복될 위기에 늘 처해 있어 잠시라도 긴장을 늦추면 바로 멸망해 버릴, 그래서 자유의 유익하고 항구적인 효과를 기다릴 여유조차 없는 소규모 공화국에서는 통했을지도 모른다.

근대에는 정치적 공동체의 규모가 더욱 커지고, 무엇보다 종교적 권위와 현세적 권위가 분리되면서(이로 인해 인간의 양심을 지도하는 일은 인간의 세속적 행동을 통제하는 사람들의 권한에서 벗어나게 되었다), 개인생활의 구체적인 부분을 법률로 깊이 간섭할 수 없게 되었다. 그런데 사회의 지배적인 경향에서 벗어나려는 시도에 대한 도덕적 억압은 더욱 강력해졌다. 특히 사회문제보다는 개인적인 문제에서 두드러졌다. 이는 도덕적 감정형성에 가장 큰 영향을 미치는 종교가, 인간의 모든 행동을 지배하려는 교권정치의 야심이나 청교도 정신*9에 언제나 지배되어 왔기 때문이었다.

과거의 종교에 대해 가장 강력히 반대했던 근대 종교개혁자들 중에도 이런 사람이 많았다. 다시 말해 그들도 기존 교회나 종파 못지않게, 인간의 영혼을 지배할 권리가 자신들에게 있다고 주장했다. 특히 철학자 콩트*10는 그의 저서인 《실증정치학체계(System de Politique Positive)》에서 개인에 대한 사회적 전제(專制)의 확립을 (비록 법적 수단보다는 도덕적 수단에 의거했지만) 목표로 하는 사회체제를 개진하였는데, 이 전제 양상은 고대 철학자들 중에서도 가장 엄격한 규율주의자들이 내세웠던 정치적 이상조차 능가할 정도였다.

사상가들 개개인의 독특한 주장은 그렇다 치더라도, 여론은 물론이고 법률의 힘까지 빌려서 개인에 대한 사회 권력을 키우려는 움직임이 최근 세계적으로 증대하고 있다. 그리고 세계에서 발생하는 모든 변화의 경향이 대체로 사회의 힘을 강화하는 반면 개인의 힘은 약화시키고 있다. 그러므로 이런 해악은 자연히 소멸되는 성질의 것이 아니라, 점점 가공할 만한 것으로 성장해 가는 해악 가운데 하나이다.

지배자든 시민이든 간에, 사람에게는 누구나 자신의 의견 및 기호를 행위 규범으로서 다른 사람에게 강제하고자 하는 공통된 성향이 있다. 이런 성향은 인간의 본성에 속하는 최선의 감정과 최악의 감정에 의해 강력하게 지지받고 있으므로, 권력 자체를 없애지 않는 한 이 성향을 억누를 수 없다. 그런데 이 권력이라는 것은 쇠퇴하기는커녕 점점 성장해 가기 때문에 이런 권력의 해악을 막으려면 도덕적 확신이라는 튼튼한 장벽을 구축해야 할 것이다. 만약 이 장벽을 만들지 못한다면, 우리는 그 해악이 계속 증대해 가는 모습을 목격하게 될 것이다.

그런데 일반론을 바로 개진하는 것보다는 그에 속하는 부분적인 분야부터 집중적으로 다루는 것이 논의하기 편할 것이다. 여기에서는 지금까지 논술한 원리가 완전하진 않아도 어느 정도 현재의 여론에 의해 인정되고 있는 부분을 다룰 것이다. 그것은 바로 사상의 자유다. 이 자유는 성질상 비슷한 언론 및 저술의 자유와 뗄 수 없는 관계이므로 따로 논할 수 없다. 이러한 자유들은 종교적 관용과 자유 제도를 내세우는 모든 국가들의 정치적 도덕을 형성하는 중요한 요소이다. 그러나 이 자유들의 기초를 이루고 있는 철학적·실제적 근거들은 일반 사람들에게 별로 알려져 있지 않은 듯하다. 아니, 심지어는 여론을 주도하는 사람들조차 이러한 근거를 제대로 평가해 주지 않고 있다. 우리가 이러한 근거를 정확히 이해하기만 한다면, 그것은 이 주제영역(즉 사상과 언론 및 출판의 자유)보다 더욱 광범위한 영역에서 적용될 것이다. 이 부분적 주제에 대한 철저한 고찰은 나머지 부분에 대한 최상의 머리말이 될 것이다. 따라서 내가 지금부터 하는 말이 전혀 새롭지 않더라도, 또 지난 3세기 동안이나 자주 논의되어 온 주제를 새삼 다룬다 하더라도 너그럽게 용서해 주길 바란다.

〈주〉

*1 외부의 어떤 제약이나 구속도 받지 않고 무엇인가를 스스로 계획하고 실행할 수 있는 의지를 가리킨다. 이에 관해서는 밀의《논리학체계》제6편 제2장 '자유와 필연(Liberty and Necessity)'을 참조하면 된다. 이 제2장 제2절에서 밀은 '철학적 필연론'과 '자유의지'는 결코 대립하지 않는다고 설명했다. 그러나 예로부터 이 둘은 서로 대립하는 존재로 생각되어 왔기에 밀은 "불행히도 대립하고 있는"이란 표현을 쓴 것이다.

*2 여기에서 말하는 '일반적 반란'은 이를테면 국왕 존(John)이 대헌장의 서약을 파기하려 했을 때, 귀족 계급을 비롯한 온 국민이 반항한 것 같은 경우를 가리킨다. '특수한 반항'은 이를테면 국왕이 특정한 도시를 대상으로 헌장의 서약을 파기할 때 그 도시가 들고 일어난다든가 아니면 특정한 과세를 면제받아야 할 사업가가 세금을 징수당할 처지에 놓였을 때 납세반대운동을 펼친다든가 하는 것처럼 국민의 일부가 반항하는 현상을 가리킨다.

*3 밀이 여기에서 특히 염두에 둔 사상가는 토크빌(Alexis de Tocqueville, 1805~1859)이다. 토크빌의 저서《미국의 민주주의》는 밀에게 매우 큰 감명을 주었다. 토크빌이 인정한 민주정치 체제의 커다란 위험 가운데 하나는 '다수자의 전제'였다. 여론이란 존재가 만능에 가까운 힘을 발휘하여 개인의 사상적 독립성을 잃어버리게 하는 것과 같은, '정신에 대한 전제'를 그는 심각한 위험현상으로 보았던 것이다. 밀도 이와 같은 의견을 품고 있었다. 그래서 '다수자의 전제'에 대한 우려와 대책마련은 이후 그의 평생에 걸친 중요 과제가 되었다.

*4 사보나롤라(Savonarola), 위클리프(Wycliffe), 루터(Luther), 멜란히톤(Melanchthon), 츠빙글리(Zwingli), 칼뱅(Calvin), 녹스(Knox) 등을 가리킨다.

*5 그리스도교 프로테스탄트의 한 종파로 삼위일체설(하느님, 예수님, 성령이 모두 하나의 하느님이라는 설)을 부정하고, 신격의 단일성을 주장한다.

*6 아크바르(Muhammad Akbar, 1542~1605)는 인도 무굴제국의 제3대 황제였다. 황제들 중에서도 가장 현명하고 위대한 사람이었기에 대왕이라 불린다. 18세에 왕위에 올라 약 10년 동안 인도를 거의 다 정복했다. 그는 비단 군인으로서만이 아니라 정치가로서도 훌륭한 인물이었다. 그는 지혜와 용기로써 제국을 다스리고 악폐를 제거하기 위해 힘썼다. 이처럼 그는 위대한 정복자였을 뿐만 아니라, 보기 드물 정도로 도량이 넓고 지혜로운 정치가이기도 했다.

*7 샤를마뉴(Charlemagne, 742~814)는 프랑크 왕국의 왕이었다. 그는 768년에 카롤링거 왕조의 왕이 되었으며, 800년에는 서로마제국의 황제로 등극했다. 샤를마뉴는 재위 40여 년 동안 53회에 걸친 정복전쟁을 단행하여 밖으로 국위를 선양함과 동시에, 안으로는 행정조직을 정비하고 법령을 완성하였으며 학문과 예술을 장려하였다. 이처럼 그는 탁월한 정치적 수완을 지닌 인물이었다.

*8 밀이 여기에서 이처럼 말하고 있는 까닭은 다음의 이유 때문이다. 즉 정의와 공리는
서로 대단히 밀접하게 관련되어 있다고 믿는 공리주의자들의 생각에 대해, 정의와 공
리는 서로 아무 상관도 없으며 정의의 관념은 공리와는 독립적으로 본디부터 주어진
것이라고 간주하는 선험적 생각이 그 당시에도 여전히 힘을 발휘하고 있었기 때문이
다. 이 문제에 관해서는 밀의《공리주의》제5장 '공리와 정의의 관계에 대하여'를 참조
하면 된다.

*9 청교도 정신(Puritanism)은 16~17세기 영국에서 철저한 종교개혁을 일으키려 했던 신
교도 일파의 사상을 가리킨다. 영국 국교회는 로마 교회로부터 독립했지만, 그 뒤로도
로마 교회의 제도·의식·관습에서 좀처럼 벗어나지 못했다. 루터나 칼뱅의 사상에 영향
받은 사람들은 이런 현실이 불만스러웠다. 그들은 옛 관습으로부터 벗어나 영국 국교
회의 순수성(Puritas)을 지켜 나가고자 했다. 청교(Puritan)니 청교도(Puritans)니 하는
명칭은 여기에서 유래한 것이다. 청교도 운동은 1560년대부터 시작되었으며 그들은 국
왕의 전제주의에 맞서 종교의 자유를 요구했다. 그리고 1642년에는 크롬웰의 지도 아
래 왕당파 군대와 싸워 이겨 공화국을 실현한 뒤, 장로교주의에 가장 철저히 입각한
정치를 단행하였다. 이 정권은 오래 지속되지는 못했지만, 이 단체가 사람들의 생활에
종교적·도덕적·사회적으로 미친 영향은 실로 대단했다. 청교도 사람들은 성서의 말씀
을 글자 그대로 실행하려고 매우 검소한 생활을 했다. 그들은 순수한 루터주의, 칼뱅
주의의 신앙을 주장하는 일파였다.

*10 콩트(Conte, 1798~1857)는 프랑스의 철학자이자 사회학자이다. 그의 철학은 실증철
학이다. 그는 사회학의 시조로 불리고 있으며, 밀과도 친분이 두터웠다고 한다.

제2장 사상과 언론의 자유

부패하고 전제적인 정부에 대항하는 안전장치 중 하나로서 '출판의 자유'를 옹호하던 시대는 이미 지나갔다고 봐야 한다. 민중의 이해관계와 동떨어진 입법가나 행정책임자가, 민중에게 어떤 의견을 강요하거나 특정한 교리 또는 주장에 대한 접근을 제한하는 것은 이제 허용될 수 없는 행위이다. 더구나 자유의 이런 측면은 이미 많은 저술가들이 자주 강조했으므로 여기에서 새삼 역설할 필요도 없을 것이다.

영국의 법률은 출판문제에 관해서는 지금도 여전히 튜더 왕조시대처럼 굴종하는 속성을 지니고 있다. 그러나 정부 장관들이나 판사들이 반란을 두려워한 나머지 잘잘못을 판단할 능력을 잃어버리는 일시적 위기상황을 제외한다면, 그들이 정치적 논의에 법적으로 간섭할 위험성은 별로 없다.[*1] 그리고 일반적으로 입헌주의 국가에서는, 국민에 대한 책임이 정부에게 있든 없든 정부가 국민의 의견발표를 통제할지도 모른다는 걱정은 거의 할 필요가 없다. 다만 정부가 온 국민에 대해 일부러 너그럽지 못한 태도를 취하면서, 의견발표를 통제하려는 경우는 예외이다. 그러므로 여기에서는 정부가 국민과 완전히 하나가 되어, 국민의 의견과 일치하지 않는 강제권은 전혀 행사하지 않는다는 상황을 가정해 보자. 그러나 나는 국민 스스로 하든 정부를 통해서 하든, 국민이 그런 강제력을 행사할 권리를 가진다는 것을 부정한다. 그러한 권력 자체가 불법이기 때문이다. 최악의 정부는 물론이고 최선의 정부조차 이런 권력을 가질 수는 없다.

이 강제력은 여론에 반대할 때나 영합할 때나 모두 해롭지만 후자의 경우 더욱 해롭다. 예를 들어 단 한 사람을 제외한 온 인류가 똑같은 의견을 가지고 있을 경우, 그 한 사람이 권력으로 온 인류를 억압하는 것이나 온 인류가 그 한 사람을 억압하는 것이나 정당하지 못하긴 마찬가지인 것이다. 만일 그 의견이 당사자에게만 가치가 있는 개인적인 것이거나 그것을 억압하는 것이 그 사람의 개인적인 피해에 그친다면, 어느 쪽을 억압하느냐에 따라 피해를 입는 사람의 숫자는 얼마쯤 차이가 날 것이다. 그러나 사실 어느 쪽이 억압되든 온 인류는 손해를 본다. 의견 발표를 가로막는 데서 발생하는 해악은 온 인류의 행복을 빼앗고, 특히 묵살된 의견을 지지하던 사람들보다는 반대하던 사람들이 더 큰 손실을 입는다. 만약 묵살된 의견이 옳았다면 인류는 진리를 얻을 기회를 잃은 셈이고, 그 의견이 잘못되었다면 인류는 진리가 오류를 물리치면서 더 뚜렷한 인식 및 선명한 인상을 얻게 된다는 이익을 스스로 걷어찬 꼴이 된다.

이런 두 가지 가설에는 저마다 뚜렷한 논의영역이 존재한다. 그러므로 둘을 따로 떼어서 검토할 필요가 있다. 우리가 억압하려는 의견이 반드시 잘못되었다고 단정할 수는 없다. 또 설령 그 의견이 정말로 잘못되었다 해도 그것을 억압하는 행위는 여전히 악(惡)일 것이다.

첫째, 권위를 써서 탄압하려는 의견은 어쩌면 진리일지도 모른다. 그 의견을 억압하려는 사람들은 당연히 이 가능성을 부정한다. 하지만 그들이 언제나 옳다는 법은 없다. 온 인류를 대신해 그 문제의 답을 결정하고, 다른 사람들의 판단수단을 박탈할 권한이 그들에게는 없다. 그들이 어떤 의견을 잘못되었다면서 무시하는 것은 곧 자기들이 절대적으로 옳다고 가정한다는 뜻이다.

그리고 모든 토론을 억압하는 것은 자신에게는 어떤 오류도 없다고 가정하는 것이기도 하다. 이런 태도는 당연히 비판되어야 한다. 우리는 이같이 평범한 논증을 근거로, 토론을 억압하는 행위를 비난할 수 있다. 하지만 논증이 평범하다고 나쁠 것은 없지 않은가.

인류의 양식(良識)에는 불행한 일이지만, 인간이 잘못을 저지르기 쉽다는 사실은 이론상으로는 늘 허용되지만 실제 판단에서는 중요시되는 일이 별로 없다. 모든 사람들은 자기가 잘못을 저지르기 쉽단 사실을 알면서도 그에 대한 예방책을 강구할 필요성을 못 느낀다든가, 자신이 확실하다고 믿는 의견도 잘못된 것일 수 있다는 가정 자체를 하지 않기 때문이다.

특히 전제군주나 상대의 무조건적인 복종에 익숙해져 있는 사람들은 어떤 문제에 직면해도 자기 의견을 절대적으로 신뢰한다. 하지만 일반인은 이런 특수한 사람들보다 좀 더 나은 처지에 있다. 일반인은 자기 의견에 대한 반박에도 가끔 귀를 기울이며, 자기가 오류를 범했을 경우 때로는 그것을 정정하기도 한다. 그런데 이런 사람들은 주위 의견이나 존경하는 인물들의 견해가 자기 의견과 같을 때, 그것을 절대적으로 신뢰한다. 왜냐하면 사람들은 자기 의견에 자신이 없을수록 '세상'의 절대적인 무오류성(無誤謬性), 즉 세상은 결코 잘못을 범하지 않는다는 것을 맹목적으로 믿기 때문이다. 여기에서 개인이 보는 세상이란 그가 접하는 세상의 일부, 즉 그가 속한 정당·종파·교회·사회계급 등을 의미한다. 세상이라는 말을 자신의 조국이나 자신이 살고 있는 시대처럼 포괄적 의미로 생각하는 사람은 비교적 관대하고 도량이 넓은 사람일 것이다. 어쨌든 세상이라는 집단적 권위에 대한 개인의 믿음은 어떤 상황에서도 거의 흔들리지 않는다. 설령 다른 시대, 다른 국가, 다른 종파, 다른 교회, 다른 계급, 다른 정당이 자신과 반대 의견을 가지고 있다는 사실을 알게 되더라도 말이다. 그는 다른 세상에 속한 사람들의 의견과 자신의 의견이 다를 때, 자신의 정당성을 증명하는 책임을 그가 속한 세상에 떠넘긴다. 그리고 자신이 믿는 그 세상은 수많은 세상 가운데 우연히 정해진 것에 지나지 않는단 사실과, 그를 런던에서 국교회 신자로 만든 원인이 그를 베이징에서 불교도나 유교도로 만들 수 있다는 사실에도 그는 전혀 동요하지 않는다.

그러나 시대라는 것도 개인 못지않게 잘못을 저지르기 쉽다. 이는 장황한 논의를 거쳐 증명할 필요조차 없을 정도로 자명한 사실이다. 한 시대에 옳다고 주장되던 의견들도, 후대 사람들이 보기에는 오류투성이에 불합리하기까지 한 경우도 많다. 그리고 과거에 일반적으로 수용되었던 많은 의견들이 오늘날에는 거부되고 있는 것처럼, 현재 수용되고 있는 의견들도 장래에는 분명히 거부될 것이 확실하다.

이 논의에 대한 반대론은 아마 다음과 같은 형식을 취할 것이다. 잘못된 의견이 널리 퍼지는 일을 막기 위해서는 먼저 자신의 절대적 무오류성을 가정해야 한다. 그런데 이는 정부가 자기 판단과 책임에 따라 집행하는 업무에서 가정하는 무오류성과 같다. 본디 하늘이 사람에게 판단력을 부여한 까닭은 그것을 사용하도록 하기 위해서이다. 그런데 판단이 잘못될 가능성이 있다고 해서 판단 자체를 하지 않아서야 되겠는가? 사람들이 유해하다고 믿는 것을 금지하는 이유는 자기들의 판단이 완전무결해서가 아니다. 그저 자기

네 의견이 잘못되었을 위험성을 감수하고서라도, 양심적 확신에 따라 행동해야 한다는 사람으로서의 의무를 다하는 것일 뿐이다. 만일 자신의 의견이 틀렸을지도 모르므로 그에 따라 행동하지 않는다면, 우리는 자신의 이익에 아무 관심도 보여선 안 되며 의무도 모두 방치해야 할 것이다. 모든 행위에 적용되는 반론이 특정한 행위에까지 적용되는 것은 아니다. 되도록 가장 진실한 의견을 형성하되, 그것이 옳다는 확신이 없는 한 정부나 개인은 그 의견을 다른 사람에게 절대 강요해서는 안 된다.

그러나 우리가 진리라고 확신하는 의견이 이전 시대에 박해를 받았다고 해서 그 의견에 따라 행동하길 주저한다든가, 인류의 현재나 미래의 행복을 위협한다고 여겨지는 주장들이 유포되도록 내버려 두는 것은 양심적 태도가 아니라 비겁한 태도다. 똑같은 실수가 되풀이되는 일은 막아야 한다고 말할 수 있다. 그런데 정부와 국가는 본디 권력행사가 인정되는 다른 분야에서도 실수를 되풀이해 왔다. 즉 그들은 부당한 세금을 매기거나 정당하지 못한 전쟁을 일으켰다. 그럼 우리는 세금을 부과하면 안 되고 무슨 일이 있어도 전쟁을 일으켜선 안 되는 것일까? 아니, 그럴 리는 없다. 다만 사람들과 정부는 자기 능력에 따라 최선을 다해야 한다. 본디 절대적 확실성 따위는 세상에 존재하지 않지만 인간생활의 여러 목표를 성취하는 데 충분한 정도의 보장, 즉 확신은 존재한다. 우리는 행동을 하기 위해 자신의 의견을 진리라고 가정할 수 있고 꼭 그렇게 가정해야 한다. 잘못되고 유해한 것으로 보이는 의견을 널리 퍼뜨려 사회를 악화시키는 악인들을 제제할 때에도 그런 가정은 필요하다.

이러한 생각은 그보다 훨씬 많은 것들을 가정하고 있다는 것이 나의 답변이다. 어떤 의견이 온갖 비판을 받을 기회가 있었음에도 논파되지 않았다는 이유로 진리가 되는 경우와, 어떤 의견이 논파될 가능성을 애초부터 없애기 위해 진리로 가정되는 경우는 하늘과 땅 차이다. 우리의 의견을 반박하고 반증할 수 있는 완전한 자유야말로, 우리가 행동목적을 달성하기 위해 자신의 의견을 진리라고 가정하는 일을 정당화하는 조건이다. 우리는 전지전능한 신이 아니므로, 이 조건이 없다면 우리의 의견이 정당하다는 합리적 확신을 얻을 수 없다.

의견의 역사나 인간생활의 일상적 행위를 고찰해 볼 때, 이 양자가 현재 수준으로나마 발달할 수 있었던 이유는 무엇일까? 인간 오성(悟性)에 내재된 천부적 힘은 분명히 아닐 것이다. 자명하지 않은 문제에 대해 옳은 판단을 내릴 수 있는 사람은 백 명에 한 명 정도이며, 그나마 그 한 명도 상대적 판단을 내릴 뿐이기 때문이다. 그리고 과거의 뛰어난 인물 가운데 대부분의 오늘날에는 오류로 판명된 의견들을 주장했으며, 현대인이라면 누구나 잘못되었다고 생각하는 행동을 하거나 그에 찬성했기 때문이다.

그렇다면 인간 세상에서 합리적 의견 및 행위가 대체로 우세한 이유는 무엇일까? 만약 이런 우세가 존재한다면―인류가 지금까지 내내 절망적이지는 않았다면 틀림없이 존재했을 것이다―그것은 지적 또는 도덕적 존재로서 인간에게 깃들어 있는 존경할 만한 모든 것들의 원천인 인간정신의 특성, 즉 오류를 바로잡는 특성에서 비롯된 것이다. 사람은 자기 잘못을 토론과 경험을 통해 바로잡을 수 있다. 이때 경험만으로는 잘못을 바로잡을 수 없다. 경험을 해석하는 방법을 얻으려면 토론이 반드시 필요하기 때문이다. 잘못된 의견과 행동은 사실과 논증의 힘으로 바로잡힌다. 그러나 사실과 논증이 인간 정신에 어떤 영향을 미치려면 인간의 지력(知力) 앞에 제시되어야 한다. 사실이라 할지라도 인간의 지력으로 해석되지 않으면 의미가 없다. 사실의 의미가 저절로 설명되는 일은 매우 드물기 때문이다. 따라서 사람의 판단이 지닌 힘과 가치는 그 판단이 잘못되었을 때 능히 바로잡힐 수 있다는 특징에 기인하므로, 판단을 바로잡을 수 있는 수단이 가까이에 있을 때에만 우리는 비로소 그 판단을 믿을 수 있다.

누군가의 판단이 참으로 신뢰할 만하다고 한다면 그 판단은 어떻게 그렇게 여겨지게 되는 것일까? 그것은 그 사람이 언제나 마음의 문을 활짝 열고 자신의 의견이나 행위에 대한 비판을 자유롭게 받아들여 자기 의견과 반대되는 모든 의견을 경청하여 올바른 것은 받아들이고, 잘못된 것은 스스로 바로잡거나 다른 사람에게 설명해 주는 일을 일상적으로 해 왔기 때문이다. 그리고 인간이 어떤 문제에 관한 완전한 지식에 조금이나마 접근할 수 있는 유일한 길은, 다른 사람들의 온갖 의견을 듣고 다양한 관찰방법을 연구하는 것이기 때문이다.

아무리 현명한 사람이라도 이러한 방법을 쓰지 않고는 지혜를 얻을 수 없다. 다른 방법으로 현명해지는 것은 인간의 지적 능력을 뛰어넘는 일이다.

자신의 의견을 다른 사람의 의견과 비교해 계속 수정하면서 완성해 나가는 습관은, 자기 의견에 따라 행동할 때 주저하거나 후회하게 만들기는커녕 오히려 자기 의견에 대한 정당한 신뢰감을 얻도록 해 주는 유일하고도 확실한 근거가 된다.

왜냐하면 그는 적어도 자신의 의견에 반대되는 모든 의견을 파악하고 있으며, 그 반대자들을 상대로 자신의 의견을 주장해 왔기 때문이다. 즉 비판과 난관을 피하기보다는 정면으로 맞섰고, 자신의 의견에 대한 여러 관점에서 제기된 문제점을 받아들였던 것이다. 따라서 그는 이러한 과정을 거치지 않은 개인이나 집단의 판단보다 자신의 판단이 더 우월하다고 믿을 권리를 갖게 된 것이다.

앞에서 기술한 내용은 인류 가운데 가장 현명한 사람들, 바꿔 말해 자신의 판단을 신뢰할 자격이 있는 사람들이 자기 판단에 따라 행동하는 것의 정당성을 보증받으려면 소수의 현명한 사람들과 다수의 우매한 사람들이 뒤섞여 있는 대중에게 인정받아야 한다는 것은 지나친 요구가 아닐 것이다. 교회 중에서도 가장 엄격하다는 로마 가톨릭교회 사람들은 한 사람을 성인의 반열에 올리는 의식에서조차 '악마의 대변자(devil's advocate)'*2를 불러들여 그의 말을 경청한다. 악마가 이 의식에 대해 할 수 있는 모든 반론을 사람들이 듣고 평가하기 전에는, 가장 성스러운 사람에게조차 성인의 반열에 오른다는 사후의 영예가 허용되지 않는 것이다. 오늘날 우리가 굳게 믿고 있는 뉴턴의 철학도, 만약 그 철학이 의문이나 반론을 전혀 허용하지 않았다면 인류는 그 진리성에 대해 완벽하게 확신하지 못했을 것이다.

우리가 굳게 확신하는 신념도 실은 뚜렷한 근거가 없음을 증명해 보이라고 세상을 향해 외치는 것 외에는 의지할 구석이 없다. 설사 이 도전을 받아들이는 사람이 아예 없거나 누군가가 도전해서 실패한다 해도, 우리는 여전히 확실성을 손에 넣을 수 없다. 그러나 우리는 이로써 인간 이성의 한도 내에서는 최선을 다한 셈이다. 우리는 진리에 접근할 수 있는 어떤 기회도 소홀히 하지 않았다. 만일 토론의 장이 널리 개방된다면 우리는 다음과 같이 기대할 수 있을 것이다. 즉 더 나은 진리가 존재한다면, 인간의 이성이 그것을 받아들일 수 있을 때 진리가 반드시 발견되리라는 기대다. 그때가 오기까지, 우리는 진리에 접근하기 위해 현재 가능한 수단은 다 동원했다고 자부하

로마 가톨릭 성 피터 성당 예배당

면서 한시름 놓을 수 있을 것이다. 이것이야말로 잘못을 저지르기 쉬운 존재(인간)가 얻을 수 있는 가장 높은 수준의 확실성이며, 또 그러한 확실성을 얻는 단 한 가지 방법이다.

이상하게도 사람들은 자유토론을 찬성하는 주장의 정당성을 인정하면서도, 그 논의들을 극단으로 밀어 붙이는 것에는 반대한다. 그들은 극단적으로 발전된 모습이 옳지 않다면 어떠한 경우에도 옳지 않다는 것을 이해하지 못한다. 사람들은 의심스러운 모든 문제에 대해 자유 토론을 벌여야 한다고 인정하면서도, 그들이 확실하다고 믿는 문제는 자유 토론의 대상에서 제외한다. 다시 말해 자신들이 확신하는 특정한 원리나 주장에 대해서는 의심하는 것 자체를 금지하는데, 이런 그들이 자신들은 절대적 무오류성을 가정하고 있지 않다고 말하니 정말 신기한 노릇이다. 누군가가 그 명제의 확실성을 부정하고는 싶은데, 그것을 부정하는 일이 현실적으로 허용되지 않아서 못하는 경우가 있다. 이때 그 명제가 확실하다고 선언하는 것은 우리 자신과 우리에게 동의하는 사람들이 확실성의 판정자이고, 나아가 다른 사람의 말을 듣지 않고도 판정할 수 있는 사람들이라고 가정하는 것이다.

현대는 신념이 부족하고 회의(懷疑)를 두려워하는 시대이다. 이 시대를 살아가는 우리는 자기 의견이 진리라고 확신하기보다는, 다만 그런 기준이 없으면 무엇을 해야 할지 모른다. 이러한 시대에 어떤 의견을 대중의 공격으로부터 보호해야 한다는 주장은, 그 의견의 진실성보다는 사회적 중요성에 근거를 둔 것이다.

사회의 행복을 위해 꼭 있어야 하는 것은 아니어도 매우 유용한 어떤 신념이 있는데, 사람들은 보통 사회의 이익보호와 마찬가지로 이 신념을 지지하는 일도 정부의 의무라고 말한다. 이와 같은 필요성이 있거나 그 일이 실제로 정부의 의무일 경우, 무오류성과 엇비슷한 어떤 것이 정부가 일반 여론의 지지를 받는 자신의 의견에 따라 행동하는 것을 허락하고 더 나아가 강제하기까지 한다고 사람들은 말한다. 게다가 이토록 훌륭한 신념에 반대하고자 하는 사람은 악인밖에 없을 거라는 생각이 암암리에 퍼지거나 공공연하게 주장되기까지 한다. 또한 악인에게 제제를 가하고, 그들만이 원하는 것을 금지하는 일은 잘못이 아니라고 생각한다.

이러한 사고방식에 따르면, 토론을 억압하는 것에 대한 정당성 여부는 그 주장의 진리성이 아닌 유용성의 문제임을 알 수 있다. 게다가 스스로 절대적 무오류성을 지닌 판정자라고 자칭하는 사람들은, 이러한 방법을 통해 그런 심판자가 져야 할 책임을 회피할 수 있다며 자만한다. 하지만 그들은 무오류성에 대한 가정이 실은 단순히 어느 한 곳에서 다른 곳으로 이동한 것에 지나지 않는단 사실을 깨닫지 못한다. 어떤 의견의 유용성을 따지는 문제는 그 자체가 곧 이견을 불러일으킨다. 이는 본디 의견과 마찬가지로 반론될 가능성이 있고 토론의 여지가 있으며 실제로도 많은 토론이 필요하다. 이 경우 만약 비난 받는 의견이 스스로를 변호할 기회가 충분치 못하다면, 사람들은 그 의견을 해로운 것으로 판정하기 위해 그 의견을 잘못된 것으로 판정할 때와 마찬가지로 또 다시 무오류성을 지닌 판정자를 필요로 할 것이다. 그러므로 사람들이 그에게 의견의 진리성을 주장하는 것은 금지하지만, 그 의견이 유용하거나 해롭지 않다고 주장하는 것은 허락한다고 말하는 것도 우스운 이야기다. 어떤 의견의 진실성은 그 유용성의 일부분이다. 어떤 주장을 사람들이 믿는 것이 정말로 바람직한지 생각해 볼 때, 그 주장의 진실 여부를 고려하지 않을 수 있겠는가?

악인이 아닌 가장 선한 사람들은, 진실성(진리)에 위배되는 신념은 사람들에게 결코 유용할 리 없다고 말한다. 그런데 이 선한 사람들이 일반적으로 유용하게 여겨지는 의견을 허위라고 주장했다가 대중에게 문책을 당한다면, 당신은 그들의 '그릇된 주장은 유용할 리 없다'는 항변을 막을 수 있는가? 일반적으로 받아들여지고 있는 유용한 의견에 찬동하는 사람들은 이 항변을 최대한 잘 이용할 것이다. 이를 보면 그들은 유용성 문제를 다룰 때, 유용성과 진리성을 별개의 요소로 생각하지 않는다는 점을 알 수 있다. 실은 오히려 반대다. 그들이 자신들의 교의를 사람들이 반드시 배우고 믿어야 한다고 주장하는 까닭은 무엇보다도 그 교의가 '진리'이기 때문이다.

이런 중요한 논의가 한쪽에서만 이루어지고 다른 쪽에서는 이루어지지 못한다면, 유용성 문제에 대한 공평한 토론은 도저히 진행될 수 없을 것이다. 사실상 법률이나 대중의 감정이 어떤 의견의 진리성에 대한 논박을 허용하지 않을 경우, 그들은 그러한 의견의 유용성에 대한 논박 역시 허용하지 않는다. 그들이 허용하는 최대한도는 그 의견의 절대적 필요성을 완화한다든가 아니면 그 의견을 적극적으로 거부하는 것에 따른 죄책감을 어느 정도 덜어 주는 것 정도에 지나지 않는다.

우리는 자신의 판단으로 그들을 비난하기 때문에, 사람들의 의견을 경청하지 않아서 생겨나는 해악에 대해 좀더 구체적인 예를 들어 논의해 봐야 할 것이다. 여기에서 나는 일부러 나에게 가장 불리한 예를 소개하겠다. 즉 의견의 자유에 반대하는 논의의 진리성과 유용성이 두 가지 관점 모두에서 강력한 예를 들어 보겠다.

의문시되고 있는 의견이 신과 내세에 관한 신앙 또는 세상에서 널리 인정되고 있는 어떤 도덕론 중 하나라고 해 보자. 그런 문제를 둘러싸고 논쟁을 벌이는 것은 불공정한 상대에게 커다란 이점을 주게 된다. 왜냐하면 그는 반드시 다음과 같이 말할 것이기 때문이다(불공정하다는 소리를 듣기 싫은 사람들도 속으로는 똑같이 말할 것이다).

"당신은 이것들이 법의 보호를 받기에 충분한 교의가 아니라고 생각하는가? 당신 생각에 따르면 어떤 의견을 확신하는 것은 곧 절대적 무오류성을 가정하는 것인데, 신에 대한 믿음도 그런 의견에 포함된단 말인가?"

이 점에 대해서 나는 이렇게 대답하고 싶다. 내가 말하는 절대적 무오류성에 대한 가정이란, 어떤 교의를 확신하는 감정과는 별개이다. 그러나 내가 말하는 무오류성이란 자신들의 주장에 대한 반대의견을 다른 사람들이 듣는 일 자체를 허용하지 않고, 자신들을 위해 그 문제를 결정하려는 시도를 뜻한다. 만약 내가 가장 진지하게 믿으면서 지지하는 사람들이 그와 같은 교의를 제시하더라도, 나는 역시 그것을 비판하고 책망할 것이다. 한 의견의 허위성 및 해로운 결과에 대해, 뿐만 아니라 내가 싫어하는 표현을 빌리자면 그 의견의 부도덕성과 불경함에 대해서도, 어떤 사람이 강한 확신을 가지고 또 국가나 대중이 그 판단을 지지하더라도, 만일 그가 그런 개인적 판단에 사로잡혀 그 의견에 대한 다른 사람들의 이야기를 듣지 못하게 방해한다면, 그는 무오류성을 가정하고 있는 것이다. 그럼 지금 문제가 되는 이 의견이 부도덕하다든가 불경하다는 평가를 듣는다면 어떨까? 이런 경우 무오류성의 가정이 지니는 허구성이나 위험성이 줄기는커녕 더욱 치명적으로 발전한다. 한 시대 사람들이 후세 사람들의 경악과 공포를 불러일으킬 무서운 과오를 범하는 것도 위와 같은 경우이다. 실제로 가장 훌륭한 사람들과 최고의 이론을 척결하기 위해 법의 힘이 사용되었던 실례가 역사상에 남아 있다. 그런 사건이 일어나면 가장 훌륭한 사람들은 거의 완전하게 척결되고 다만 최고의 이론만 약간 살아남아 이 이론의 일반적 해석과 의견을 달리하는 사람들이 비슷한 일(즉 박해)을 당할 때, 스스로를 변호하는 수단으로 사용된 것이다.

과거에 소크라테스라 불리는 사람이 있었다. 한번은 그와 그 시대 사법 당국과 여론 사이에서 역사에 남을 만한 충돌이 일어났다. 그는 위대한 사람들이 많이 배출된 시대와 나라에서 태어났으며, 당시 사람들에게서 가장 덕망 높은 사람으로 칭송되었다고 한다. 한편 우리도 그가 후세에 도(道)를 가르치는 교사들의 원조이자 원형으로, 플라톤의 고귀한 영감과 '아는 자들의 스승'*3 아리스토텔레스의 현명한 공리주의를 있게 한 원천이라는 사실을 잘 알고 있다. 참고로 플라톤과 아리스토텔레스는 윤리학 및 철학의 기초를 다진 인물들이다. 이처럼 대단한 소크라테스의 명성은 2천 년이 지난 오늘날에도 여전히 높아만 가고 있으며, 어찌나 대단한지 그의 조국 그리스를 빛낸 모든 사람들을 능가할 정도다. 그 시대 이후의 모든 훌륭한 사상가들이 스승으로 인정하던 소크라테스는, 사실 불경하고 부도덕하다는 이유로 유죄 판결을 받고 동포들에 의해 처형되었다. 그는 국가가 공인한 신들을 부정했기 때문에 불경죄로 고발당했다. 실제로 소크라테스를 고발한 사람들은 그가 어떤 신도 믿지 않는다고 주장했다. 게다가 사람들은 그가 자신의 학설과 가르침으로 젊은이들을 타락하게 만드는 부도덕한 죄를 저질렀다고도 고발했다. 이런 고발을 받은 법정은 나름대로 믿을 만한 근거를 바탕으로 그에게 유죄 판결을 내렸다. 이런 식으로 인류에게 최고의 대우를 받아야 할 인물이 범죄자로서 사형에 처해지게 된 것이다.

이번에는 사법상의 부정이 저질러진 또 하나의 예를 들어 보겠다. 이것도 소크라테스의 처형에 뒤지지 않는 극적인 예인데, 지금으로부터 약 1800년 전에 골고다*4 언덕에서 한 사건이 발생했다. 이 언덕에서 예수가 처형된 것이다. 예수는 그의 삶을 보고 그의 말씀을 들은 사람들에게 도덕적으로 위대한 사람이라 기억되었으며, 그 뒤 18세기 동안이나 신의 화신으로 숭배되었다. 그토록 대단한 인물이 불명예스럽게 처형된 이유는 무엇이었을까? 바로 신을 모독한 죄였다. 사람들은 그들의 은인을 오해했을 뿐 아니라, 그를 참된 모습과는 정반대로 보고 불경한 사람으로 취급했던 것이다. 하지만 예수를 그렇게 다루었던 그들은, 지금에 와서는 그 행위 때문에 오히려 불경한

소크라스테스의 죽음
소크라테스가 독당근을 마시기 전 그의 손가락은 마지막 목적지인 하늘을 가리키고 있다.

사람으로 몰리고 있다.

　이 통탄할 만한 두 사건 가운데 전자보다는 후자에 무게를 두는 사람이 많다. 즉 예수에 대한 신앙 때문에, 이 사건에서 악역을 담당한 박해자들에 대한 평가는 매우 불공정하다. 이들 박해자는 사실 악인이 아니었다. 보통 사람들보다 악하기는커녕 오히려 그 반대였다. 그들은 그 시대 사람들이 품고 있었던 종교적·도덕적 감정 및 애국심으로 충만했을 뿐이다. 그들은 우리 시대를 포함한 모든 시대에 존경받으며 살아갈 수 있는 사람들이었다. 유대 사상에 따르면 가장 흉악한 죄에 해당하는 말을 예수가 했을 때 자신의 성의(聖衣)를 찢으면서 분노를 표시했던 대제사장*5도, 아마 오늘날 존경받는 사람들이 자신의 종교적·도덕적 감정을 토로할 때와 마찬가지로 진실했을 것이다. 대제사장의 행위에 경악하는 사람들 대부분도, 아마 그 시대에 유대인으로 태어났더라면 그와 똑같이 행동했을 것이다. 초기 순교자들을 돌로 처형한 사람들을 자신들보다 악하다고 생각하는 정통파 그리스도교인들은, 이런 박해자들 중 한 사람이 사도 바울이었다는 점을 기억해야 할 것이다.*6

잘못을 저지른 사람의 지혜와 덕성을 기준으로 사람들이 잘못을 판단한다고 할 때, 이에 대한 충격적인 실례를 하나 더 들어 보겠다. 동시대 사람들 가운데 가장 선량하고 개화된 사람이라고 생각하는 대표적 권력자는 바로 마르쿠스 아우렐리우스 황제*[7]였다. 그는 당시 모든 문명세계를 지배하는 절대군주였다. 또한 그는 순수한 정의감과 엄격한 스토아학파의 교양을 지니고 있으면서도 부드러운 성품을 평생 잃지 않았다. 그가 저지른 몇몇 실수는 모두 그의 관대한 성품에서 비롯된 것이었다. 그런데 고대정신사에서 최고의 윤리학적 소산인 그의 저서들을 보면, 예수의 가장 특징적인 가르침과 차이가 있기는 하지만 확연히 다른 부분은 거의 찾아볼 수 없다. 그는 교리적인 관점에서 볼 때 분명 그리스도교인은 아니었다. 하지만 그 뒤 그리스도교 군주를 자칭하며 세상을 지배한 어느 누구보다도 그는 더 훌륭한 그리스도교인이었다. 그런데도 그는 그리스도교를 박해했다. 그는 인류가 과거에 도달했던 모든 학문 및 예술의 최고봉에 섰으며 개방적이고 자유로운 지성을 지녔고, 도덕적 저작을 통해 그리스도교의 이상을 자기 나름대로 구현할 정도로 훌륭한 인격까지 겸비하고 있었다. 그런데도 그는 마음속 깊은 곳에 자리한 의무감 때문에, 그리스도교가 이 세상의 선은 될지언정 악은 되지 않는다는 사실을 좀처럼 깨닫지 못했다.

　아우렐리우스 황제도 당시 사회가 심각한 상태라는 것은 알고 있었다. 그런데 그런 위태로운 사회가 악화되지 않고 어떻게든 유지되고 있는 까닭은, 공인된 여러 신들에 대한 신앙과 존경 때문이라고 그는 인정했거나 스스로 인정한다고 믿었다. 또한 그는 사회 붕괴를 막는 일이 인류의 지배자인 자신의 의무라고 생각했다. 그리고 현재 사회를 연결해 주고 있는 유대관계가 사라질 경우 사회를 다시 연결해줄 수 있는 새로운 유대관계가 어떻게 생겨나는지 알지 못했다. 이러한 상황에서 등장한 그리스도교라는 신흥종교는 이와 같은 사회적 유대관계를 공공연하게 없애 버리려 했기 때문에 아우렐리우스 황제는 그리스도교를 억압하는 것이 자신의 의무라고 생각한 것이다. 그가 보기에 그리스도교 신학은 신에게서 비롯된 진리 같지는 않았다. 신적 존재인 예수가 십자가에 못 박혀 처형되었다는 기이한 이야기도 믿기 어려웠다. 이렇듯 믿을 수 없는 근거에 전적으로 의존하는 그리스도교가 사회 혁신의 원동력이 되리라고는 상상도 할 수 없었다. 그래서 철학자와 통치자들

마르쿠스 아우렐리우스
로마 제국 제16대 황제(재위161~180)로 스토아 학파의 철학자이며 5현제 중 한 사람. 로마 제국의 황금 시대 상징.

중 가장 너그럽고 온화한 인물이었던 아우렐리우스 황제가, 엄숙한 의무감에 따라 그리스도교 박해를 공인했던 것이다.

내가 보기에 이 일은 인류 역사상 가장 비극적인 사건 가운데 하나이다. 만일 콘스탄티누스 황제*8가 아닌 아우렐리우스 황제 치하에서 그리스도교가 로마제국의 국교로 채택되었더라면, 이 세계의 그리스도교는 얼마나 달라졌을 것인가. 이를 생각하면 그저 안타깝고 비통할 뿐이다. 그런데 그리스도교가 반(反)그리스도교적 교리를 처벌할 때 내세우는 구실은 사실 아우렐리우스 황제가 그리스도교를 탄압할 때 내세운 것과 같았다. 이 사실을 부정한다면 그것은 아우렐리우스 황제에 대한 공정한 평가가 아닐 뿐더러 진실과도 배치된다.

그리스도교인들은 무신론(無神論)이 사회 붕괴를 촉진하는 잘못된 것이라고 확신하는데, 이는 아우렐리우스 황제가 그리스도교에 대해 내린 평가와 똑같다. 그 당시 사람들 중에서 그리스도교를 가장 올바르게 평가할 능력이 있었던 그가, 그리스도교를 반사회적이라고 믿었던 것이다. 그러므로 어떤 의견의 공표 및 전파에 대한 처벌을 긍정하는 사람은, 자기가 황제보다 더 현명하고 선량한 인간인지 생각해 봐야 한다. 다시 말해 그 사람이 아우렐리우스 황제보다 더 자신의 시대를 잘 알며 지적으로 뛰어나고 진리 탐구열이 강하며 발견된 진리를 열렬히 신봉한다고 자만하지 않는 한, 자기 자신 및 대중이 결코 잘못을 저지르지 않는다고 가정해서는 안 될 것이다. 저 위대한 마르쿠스 아우렐리우스 황제조차 이 절대적 무오류성을 가정했다가 불행한 결과를 초래하지 않았는가.

마르쿠스 아우렐리우스의 이 같은 행위를 정당화하지 못할 반종교적인 의견을 억압하기 위한 처벌을 행하는 것에 대해 옹호할 수 없음을 종교의 자유에 반대하는 사람들도 알기 때문에 그들은 궁지에 몰리면 이 사실을 인정하면서도 존슨 박사*9와 더불어 다음과 같이 말한다.

"그리스도교 박해자들은 정당했다. 왜냐하면 박해는 진리가 거쳐야 할 통과의례이고 극복하게 마련인 시련이지만, 법적 형벌은 유해한 잘못에 대해서는 가끔 유익한 효과를 발휘하나 진리 앞에서는 결국 무력하기 때문이다."

이는 종교적 배타성을 옹호하는 대단히 중요한 논증이므로 꼭 살펴봐야 할 것이다. 위 논증에서는 박해가 진리에 아무런 해를 끼치지 않기 때문에 진리가 박해받는 것이 꼭 부당하지만은 않다고 주장한다. 이러한 주장을 펴는 학설이 새로운 진리에 대해 적대적 태도를 취한다고 해서 비난받을 수는 없다. 하지만 인류에게 새로운 진리를 선사한 사람들마저 적대시하는 것에 대해서는 칭찬받기 어렵다. 세상과 깊이 관련되어 있으면서도 이전까지는 알려지지 않았던 어떤 진리를 발견해서 세상에 알리는 것과, 세속적 또는 영적 이익의 중대한 문제에 대해 그때까지 오해하고 있었던 사실을 분명히 밝혀 공표하는 것은, 한 인간이 동포에게 할 수 있는 가장 큰 공헌이다. 존슨 박사와 생각이 같은 사람들은 초기 그리스도교 교도나 종교개혁자들의 행위야말로 인류가 받은 가장 귀중한 선물이었다고 말한다. 그런데 이 학설에 따르자면 이처럼 인류에게 훌륭한 은혜를 베푼 사람들이 순교로 보답을 받아야 하고 죄인 중에서도 가장 흉악한 죄인 취급을 받아야 한다는 것은, 인류가 삼베옷을 입고 재를 뒤집어쓴 채 통곡해야 할*10 잘못과 불행이 아니라 정상적이고 정당한 일인 것이다. 또한 이 학설에 따르면 새로운 진리의 제창자는 마치 고대 그리스의 로크리스*11에서 새 법안을 제안한 사람과 같은 각

마틴 루터(1483~1546)
독일의 종교개혁가. 면죄부 판매에 반대하여 로마 교황으로부터 파문당했다. 성서번역과 종교개혁에 앞장 서 개혁 운동의 출발점이 되었다.

오를 해야 했다. 로크리스에서 새 법안을 내놓는 사람은 목에 밧줄을 걸고 대중 앞에서 그 법에 대해 설명하는데, 대중이 그 법안을 채택하지 않을 경우 그는 당장 교수형에 처해졌다. 인류의 은인들에 대한 이 같은 대우는, 그들이 가져다 준 혜택의 가치를 제대로 인정하지 않는 것과도 같다. 그리고 이 학설을 지지하는 사람은 대개, 새로운 진리가 과거에는 바람직했을지 몰라도 오늘날에는 별 필요가 없다고 나는 생각한다.

그러나 진리가 언제나 박해를 물리치고 승리를 거둔다는 말은 확실히 듣기 좋은 말이다. 이 말은 사람들이 하도 많이 떠들어서 이제는 진부할 지경이다. 그러나 이것은 그럴싸한 거짓말에 지나지 않는다. 모든 경험들은 이것이 얼마나 잘못된 것인지를 증명해 준다. 인류의 역사는 박해 앞에 쓰러져 간 진리의 실례로 가득 차 있다. 물론 진리는 영원히 묵살되지는 않을지도 모른다. 하지만 수세기에 걸쳐 파묻혀 있을 수는 있다. 단순히 종교적 의견과 관련된 예만 살펴봐도 이를 알 수 있다.

종교개혁은 루터 이전에도 최소한 스무 번은 일어났지만 그때마다 진압되었다. 예를 들어 브레스키아의 아놀드*[12]가 진압되었고, 프라 돌치노*[13]도 진압되었다. 사보나롤라*[14]와 알비파*[15]도 진압되었다. 발도파*[16] 역시 진압되었다. 롤라즈*[17]도 진압되었으며, 후스 교도들*[18]도 진압되었다.

심지어 루터 시대 이후에도 박해가 계속되던 지역에서의 그런 진압은 성공적이었다. 그 결과 에스파냐, 이탈리아, 플랑드르, 오스트리아 제국에서는 개신교가 근절되고 말았다. 만약 메리 여왕*[19]이 장수하거나 엘리자베스 여왕이 일찍 사망했더라면, 영국의 개신교도 마찬가지로 완전히 없어졌을 것이다.

이단자 집단이 너무 강해서 진압하기 어려운 경우를 제외한다면, 이러한 박해는 늘 성공적이었다. 분별 있는 사람이라면 누구나 로마제국에서 그리스도교가 박해를 받아 하마터면 완전히 없어질 뻔했다는 사실을 잘 알고 있을 것이다. 그리스도교가 널리 퍼져 세력을 떨치게 된 까닭은, 다만 그 박해가 일시적으로 가끔 일어났으므로 그 사이사이에 그리스도교를 자유로이 전파할 수 있었기 때문이다.

진리가 단지 진리라는 이유만으로 감옥이나 화형을 이겨 내는 고유의 힘을 보유한다는 것은 헛된 감상주의적 발상일 뿐이다. 진리에 대한 인간의 열망은 사실 오류에 대한 열망과 비슷한 수준이기 때문에 법적 형벌이나 사회적 제제가 충분하다면 진리 역시 오류처럼 얼마든지 억압될 수 있다. 그럼 진리가 지닌 진정한 힘은 무엇일까? 그것은 다음과 같다. 진리는 박해를 받아 한두 번 또는 몇 차례 소멸될지도 모른다. 그러나 세월이 흐르고 시대가 바뀌면, 그 진리를 재발견하는 사람이 나타날 것이다. 이런 식으로 세상에 다시 나타난 진리들 중 하나 정도는 운 좋게도 박해를 모면하여, 그 진리에 대한 모든 탄압을 물리칠 수 있을 정도로 성장할 것이다. 이것이야말로 진리의 진정한 강점이다.

어쩌면 다음처럼 말하는 사람이 있을지도 모른다.

"우리는 새로운 의견을 제창하는 사람을 사형에 처하는 짓은 하지 않는다. 물론 우리 선조들은 예언자들을 죽였지만, 우리는 그들을 위해 무덤까지 만들어 주고 있다."

하기야 옳은 말이다. 사실 오늘날에는 이교도들이 사형당하는 일은 없다. 또 가장 혐오스러운 의견에 대해 가하는 형벌로는 그 의견을 근절하지 못한다. 왜냐하면 현대인이 감정적으로 허용할 수 있는 형벌은 옛날에 비해 강도가 약하기 때문이다. 그러나 법적 박해의 사소한 오점조차 모두 제거했다고 자만하지는 말자. 의견이나 의견 발표에 대한 형벌은 법률상 여전히 존재하고 있으며, 심지어는 실제로도 집행되고 있다. 그러므로 이 형벌은 언젠가 과거의 힘을 되찾아 부활할지도 모를 일이다.

1857년에 영국 콘월 지방의 하계 순회재판에서 평소 나무랄 데 없이 살아가던 한 불운한 사람[20]이 그리스도교에 관해 좀 불손한 말을 하고, 문에 불경한 낙서를 했다는 이유로 21개월 금고형을 선고받았다. 그로부터 한 달쯤 뒤, 이번에는 올드베일리 지방의 형사재판소(런던중앙형사재판소)에서 서로 다른 사건에서 두 인물이 배심원 자격을 얻지 못한 사건이 일어났다.[21] 이들 중 한 사람은 신학적 신앙을 갖고 있지 않다고 솔직히 말하는 바람에, 판사와 변호사에게 심한 모욕을 당했다. 또 어떤 외국인[22]도 같은 이유로 도둑질을 당하고도 고소하지 못했다. 이러한 법적 구제의 거부는, 하느님과 내세에 대한 신앙을 고백하지 않는 자는 법정에서 증언할 수 없다는 법률적 교의에 바탕을 둔 것이었다. 이는 곧 그들을 재판의 보호로부터 제외된 법적 피보호권 상실자라고 선언하는 것과도 같은 것이었다. 만일 한 장소에 그들처럼 신앙이 없는 사람들만 있다면, 그들 사이에서 도둑질이나 강도사건이 일어나더라도 범인은 처벌받지 않을 수도 있다. 뿐만 아니라 그들이 제출한 증거로만 사실을 판단해야 할 경우, 범죄를 저지른 사람이 처벌을 받지 않을 수도 있는 것이다.

이러한 법률의 근거가 되는 가정은, 내세를 믿지 않는 사람의 선서(宣誓)는 아무 가치가 없다고 보는 것이다. 이러한 명제는 그것에 동의하는 사람들이 역사에 대해 얼마나 무지한지를 보여 준다. 왜냐하면 무신론자들이 어느 시대에나 매우 성실하고 명예를 중시하는 사람이었다는 것은 역사적으로 밝혀진 사실이기 때문이다. 학식과 덕을 아울러 갖춘 명망 있는 인물들 중 상당수가 무신론자로 알려져 있다는 사실을 아는 사람이라면, 그러한 명제를 지지하지는 않을 것이다. 게다가 이러한 규칙은 자기 파괴적이라 자신의 기반을 스스로 붕괴시킨다. 이 규칙은 무신론자들이 거짓말쟁이라는 구실을 내세우면서, 실제로는 자진해서 거짓말하는 무신론자들의 증언을 수용한다. 하지만 거짓을 긍정하기보다는 차라리 세상에서 미움 받는 신조(무신론)를 공공연히 고백하는 불명예를 감수하겠다는 무신론자들의 증언만은 거부한다. 이 얼마나 불합리한 규칙인가. 이 규칙은 목적 자체의 불합리성을 스스로 인정하고 있는 셈이다. 그러므로 이는 증오의 표시나 박해의 기념물로서만 존속이 가능하다. 그런데 이런 박해에는 기이한 특징이 있다. 바로 박해받을 이유가 없다는 것이 곧 박해받을 조건이 된다는 점이다.

이러한 규칙 및 이에 내포되어 있는 이론은, 신앙이 없는 사람 못지않게 신앙 있는 사람에게도 모욕적이다. 내세를 믿지 않는 사람이 반드시 거짓말을 한다는 것은, 내세를 믿는 사람들은 지옥이 두려워서 억지로 거짓말을 참고 있는 것뿐이라는 결론으로 귀결되기 때문이다. 물론 우리는 이 규칙의 제정자 및 옹호자들이 그리스도교의 덕목에 대해 가졌던 개념을, 신이 아닌 그들 스스로의 의식에서 비롯된 것이라고 상상하지는 않을 것이다. 그것은 그들을 모욕하는 일일 것이다.

실제로 이러한 예는 박해의 일부분이자 잔재에 지나지 않는다. 이는 박해를 가하려는 의사표현이라기보다는 영국인들에게 자주 발견할 수 있는 정신적 약점이 드러난 예라고 볼 수 있다. 영국인들은 잘못된 원칙을 실행에 옮길 정도로 사악하지도 않으면서, 그런 원칙을 주장하는 일에는 기이한 즐거움을 느낀다.

가장 악랄한 형태의 사법적 박해는 지난 한 세대 동안 중단된 상태이다. 하지만 요즘 민심으로 보건대, 이것이 앞으로도 계속 일어나지 않으리란 보장은 없다. 오늘날에는 새로운 이익을 받아들이는 일뿐만 아니라 과거의 해악을 되살리려는 시도 때문에도 고요한 일상이 깨지는 경우가 많다. 사람들이 오늘날 종교의 부활이라고 자랑스럽게 떠들어대는 사건을 보라. 그것은 편협하고 교양 없는 사람들이 언제나 지니고 있던 완고한 신념이 부활하는 것에 지나지 않는다. 영국의 중산층처럼 사람들의 마음속에 불관용(不寬容)의 효소가 영구적으로 존재할 경우, 외부 자극이 조금만 주어지면 그들은 박해받아 마땅하다고 믿는 대상들을 적극적으로 박해하려 든다.*23 자신들이 중요하다고 여기는 신념(신앙)을 부인하는 사람들에게 그들이 품는 생각이나 감정이 그러한 것인데, 이 때문에 영국이란 나라는 정신적 자유를 얻지 못하고 있다.

과거 오랫동안 이루어졌던 법적 처벌이 사람들에게 준 가장 큰 피해는 바로 사회적 불명예가 가중되어 왔다는 것이다. 이는 참으로 효과적인 형벌이었다. 영국 사람들은 이러한 사회적 불명예를 두려워하여 영국에서 사회적으로 금지된 의견을 공언하는 행위는, 다른 수많은 나라에서 법적 처벌을 받을 만한 의견을 주장하는 일보다 훨씬 드물다.

발언자가 재산이 넉넉하여 남에게 의존할 필요가 없는 사람이 아닌 한, 여론은 이러한 문제에 대해 법률과 동등한 효력을 발휘한다. 왜냐하면 생계수단을 빼앗기는 일은 감옥에 갇히는 것과 다를 바 없기 때문이다. 이미 생계가 확실한 권력자나 권력집단 또는 대중에게 호의를 바라지 않아도 되는 사람들은, 사회적으로 평판이 나빠지는 것만 감수한다면 자기 의견을 얼마든지 발표할 수 있다. 사실 그런 악평을 견디는 데 특별히 영웅적인 힘이 필요한 것도 아니다. 이런 사람들은 남들의 동정심에 호소할 이유도 없다.

그러나 오늘날에는 사정이 달라져 우리는 우리와 다른 의견을 가진 사람들에게 과거만큼의 커다란 위해는 가하지 않지만, 그런 박해 행위로 인해 스스로에게 가해지는 해악은 옛날과 다름없는 수준이다.

소크라테스는 사형에 처해졌지만, 그의 철학은 태양처럼 높이 솟아올라 그 찬란한 빛으로 지적(知的) 세상을 구석구석 비추고 있다. 그리스도교인들은 사자의 밥이 되어 버렸지만, 교회는 웅대하고 무성한 나무로 자라나 그 그늘 아래에 있는 오래되고 활력 없는 나무들을 말라 죽게 하였다.

영국인의 사회적 불관용은 표면적으로는 아무도 죽이지 않았고 어떤 의견도 근절하지 않는다. 그러나 그것은 사람들로 하여금 자기 의견을 위장하게 만들고, 널리 퍼뜨리려는 적극적인 노력을 못하게 한다. 영국의 경우 이단적인 의견은 10년 또는 한 세대마다 뚜렷하게 발전하는 일은 없지만, 그렇다고 설 자리를 잃지도 않는다. 이런 의견의 불은 넓게 멀리 뻗어나가 활활 타오르는 법이 없다. 그것은 그 의견을 처음으로 생각해 낸 사색적이고 연구심 강한 사람들의 좁은 교우관계 안에서 연기만 피울 뿐, 진실의 빛으로든 허위의 빛으로든 인류의 전반적인 문제를 비추지 않는다. 그리하여 어떤 사람들에게는 매우 만족스러운 상태가 유지된다. 왜냐하면 이런 상태에서는 누구에게 벌금을 물리거나 투옥하는 등 불쾌한 조치를 취하지 않아도, 사회적으로 우세한 의견들이 외부적으로 아무 방해도 받지 않고 편안하게 유지되고, 게다가 병든 사고(思考)에 감염된 이단자들의 이성적 활동을 전적으로 금지할 필요도 없기 때문이다.

확실히 이것은 지적 세계의 평화를 유지하고, 그 안에 존재하는 모든 사상을 그대로 유지해 나가는 매우 편리한 방법이다. 그러나 이러한 지적 평화를 위해 치르는 대가는 무엇인가. 바로 인간 정신의 도덕적 용기를 모두 희생시키는 일이다. 가장 활동적이며 탐구적인 지식인들 중 대부분이 스스로 확신하는 일반적 원리나 근거를 자기 가슴속에 묻어두고, 내심 부정하고 있는 전제에다가 자기 의견을 되도록 맞춰서 대중 앞에 발표한다고 해 보자. 이런 상태에서는 과거 사상계를 화려하게 수놓았던, 개방적이고 용감한 성격과 논리적이고 일관된 지성을 두루 갖춘 사람들이 도저히 출현할 수 없다.

이런 사회상태가 배출하는 인간들은 진부한 의견에 그저 영합하는 사람들이거나, 기회주의적 태도로 진리를 주장하려는 사람들이다. 이들은 중요한 문제에 대해 듣는 사람을 위하여 논의할 뿐, 스스로 확신을 얻기 위해 논의하지는 않는다. 이처럼 자기 확신을 원치 않는 사람들은 사소하고 실제적인 문제들로 사고 및 관심 영역을 제한해서 그 목적을 달성한다. 즉 원리 원칙의 영역에 발을 들이지 않고도 논의할 수 있는 문제만 다루는 것이다. 여기에서 '실제적인 문제들'이란 인류의 정신이 강해지고 확대된다면 저절로 해결되지만, 그 전까지는 결코 뚜렷한 정답을 얻을 수 없는 것들이다. 그런데 그들은 이 문제에만 매달리고, 인류의 정신을 강화하고 확대하는, 최고의 가치를 지닌 문제에 대한 자유롭고 대담한 사색(思索)은 포기해 버린다.

이단자들의 침묵을 전혀 해롭지 않다고 생각하는 사람들은 우선, 이 같은 침묵으로 인해 이단적인 의견에 관한 공평하고도 철저한 토론이 불가능해진다는 점을 고려해야 한다. 그리고 이런 철저한 토론을 통과하지 못할 이단적인 의견들은 토론 자체가 없으므로 살아남게 되고, 그런 의견은 확산되지는 않지만 소멸되지도 않는다는 것을 생각해야 할 것이다.

그런데 정통적인 결론으로 귀착되지 않는 모든 탐구를 금지함으로써 가장 손해 보는 대상은 이단자들의 정신이 아니다. 이단을 두려워한 나머지 정신적 발전이 위축되고 이성이 겁에 질린 사람들이 가장 큰 피해자다. 이 전도유망한 지성과 소심한 성격을 아울러 지닌 많은 사람들 때문에 이 세계가 얼마나 큰 손해를 입고 있는지 누가 상상이나 하겠는가? 그들은 반종교적 또는 비도덕적으로 여겨질 수 있는 결론에 도달할까 두렵다는 이유로, 대담하고 생기 넘치며 독자적인 사상을 철저히 추구하는 일을 꺼린다.

이런 사람들 중에도 훌륭한 양심과 날카롭고 세련된 지성을 갖춘 이들이 간혹 존재한다. 그들은 좀처럼 억누를 수 없는, 즉 침묵시킬 수 없는 지성을 기만하면서 세월을 보내며, 자신의 양심과 이성이 명령하는 내용을 소위 정통파 이론에 맞춰 보려고 풍부한 창의력을 소모하지만, 이러한 시도는 끝끝내 성공하지 못할 것이다.

자신의 지성이 어떠한 결론에 도달하든 그것을 끝까지 추구하는 것이 사상가로서의 첫째가는 의무이다. 이 사실을 깨닫지 못하는 사람은 결코 위대한 사상가가 될 수 없다. 적절한 연구와 준비를 통해 스스로 생각하는 인물은 설령 오류를 범한다 해도, 스스로 생각하지 않기에 진실한 의견을 가지고 있을 뿐인 사람들보다 더 많이 진리에 공헌한다.

사고(思考)의 자유는 위대한 사상가들을 탄생시키기 위해서만 필요한 것은 아니다. 오히려 보통 사람들이 할 수 있는 최대한의 정신적 발달을 이루도록 하는 데 필요한 것이다. 정신적 노예 상태가 일반적인 상황일 때에도 위대한 사상가는 나타났으며 앞으로도 나타날 것이다. 그러나 이러한 상황에서 활발한 지성을 갖춘 국민들이 등장한 적은 단 한 번도 없었으며 앞으로도 없을 것이다. 혹시 어떤 국민들이 활발한 지성을 일시적으로라도 갖춘 적이 있다면, 그것은 이단적 사색을 두려워하는 경향이 잠시나마 멈추었기 때문일 것이다. 원칙을 두고 논쟁을 벌여선 안 된다는 암묵적 통념이 존재하는 곳이나, 인류의 이목을 사로잡을 만큼 중대한 문제에 대한 논쟁이 이미 종결되었다고 생각하는 곳에서는 역사상 몇몇 시기를 빛낸, 수준 높은 정신활동을 찾아볼 수 없다. 사람들이 정열을 불태워야 할 중요한 문제에 관해 논쟁하기를 회피하던 시대에는, 국민들의 정신이 근본적으로 깨어난 전례가 없었다. 또한 가장 평범한 지성의 소유자마저 자기 수준을 높여 사색가로서의 존엄을 손에 넣도록 하는, 바람직한 자극도 이 시대에는 존재한 적이 없었다.

이 같은 자극이 국민에게 주어진 예가 있다면 바로 종교개혁 직후 유럽의 상황일 것이다. 그리고 유럽 대륙의 비교적 교양 있는 계급이라는 한정된 영역에서나마 일어났던 18세기 후반의 사상운동을 들 수 있다. 또 짧은 기간이나마 괴테와 피히테가 활약하던 때 일어났던 독일의 지적 부흥이다. 이러한 세 시대에 발전된 의견들은 서로 크게 다르다. 하지만 그 어떤 시대도 권위의 속박에서 벗어나 있었다는 점에서는 비슷하다. 낡은 정신적 전제, 즉 지적인 전제주의가 파괴된 뒤 새로운 정신적 전제가 아직 생겨나지 않은 때가 바로 이 세 시대였다. 이 세 시대에 주어진 자극이 오늘날의 유럽을 만들었다. 이후 인간의 제도적·정신적 발전은 모두 이 세 시대 중 어느 하나에 바탕을 두고 있다. 그런데 요즘 세상이 돌아가는 모습을 보면, 이 세 시대의 자극이 슬슬 힘을 잃어 가고 있는 듯하다. 그러므로 우리가 정신적 자유를 다시 주장하지 않는 한 어떤 새로운 출발도 기대할 수 없을 것이다.

그러면 여기서 논의의 두 번째 부분으로 넘어가 보자. 사람들이 일반적으로 받아들이고 있는 의견들 중에 오류가 존재할 수도 있다는 가정을 버리고, 그런 의견들이 모두 진실하다고 가정해 보자. 그리고 그 의견들의 진실성에 대한 자유롭고도 공공연한 논의가 이루어지지 않을 경우, 그 의견들을 신봉하는 사람들에게서 흔히 볼 수 있는 태도의 가치를 분석해 보자. 좀처럼 흔들리지 않는 확고한 의견을 가지고 있는 사람은 자기 의견이 잘못되었을지도 모른다는 가능성을 쉽게 인정하지 않는다. 하지만 이런 태도를 지닌 사람은 다음과 같은 사실을 고려해야 할 것이다. 그의 의견이 아무리 진실하다 할지라도, 만일 그 의견에 대한 두려움 없는 논의가 자주 이루어지지 않는다면 그것은 살아있는 진리가 아닌 죽은 독단으로서만 신봉될 것이라는 사실이다.

자신이 옳다고 믿는 의견에 대해 아무런 의심 없이 동의해 주는 사람이 있다면, 설령 그 사람이 그 의견의 근거에 대해 전혀 모르고 그에 대한 가장 피상적인 반론에조차 조리 있게 대답하지 못한다 하더라도 상관없다고 생각하는 사람들도 있다. 물론 이런 사람들은 과거에 비해 많이 줄어들긴 했지만, 그들은 한번 권위자의 신조를 받아들이고 난 뒤에는, 그 신조에 대한 의문 제기를 허용하는 일은 자기들에게 해만 끼칠 뿐 아무런 이득도 되지 않는다고 믿는다.

이러한 사람들이 지배하고 있는 사회에서는, 일반적으로 퍼져 있는 의견을 현명하고도 신중한 방법으로 거부하는 일 자체가 거의 불가능해진다. 물론 이 같은 일반적 의견을 무지하고도 경솔한 방법으로 거부하는 일은 가능할지도 모른다. 논의를 완전히 봉쇄할 수는 없으며, 한번 논의가 시작되면 확신에 바탕을 두지 않은 신념은 진지한 논의가 아닌 피상적인 논의에도 쉽사리 굴복하기 때문이다. 그러나 이런 가능성은 제쳐 두고라도—즉 인간의 마음속에 진실한 의견이 존재하지만 그것이 편견으로서, 다시 말해 논의와 무관하고 논쟁의 여지가 없는 신념으로서 존재한다면—이는 이성적 존재가 진리를 바르게 신봉하는 방법이 결코 아니다. 이런 식으로는 진리를 알 수 없다. 이렇게 신봉되는 진리란, 어떤 진리를 나타내는 의견에 우연히 붙어 있는 미신에 지나지 않는다.

개신교인이라면 아마도 부정하지 않을 가정을 한번 해 보자. 인류의 지성과 판단력이 길러져야 하는 능력이라고 가정한다면 누군가가 자신과 중대한 관계가 있어서 자기 나름대로 판단을 내려야 할 사상에 대해, 스스로의 지성 및 판단력을 발휘하는 것보다 더 좋은 능력개발 방법이 있겠는가? 이를테면 이해력을 기르는 것은 자기 의견의 근거를 파악하는 행위와도 같다. 그러므로 어떤 확신을 가질 때에는 올바른 믿음을 가지는 일이 가장 중요하고, 그 확신이 무엇이든 간에 그에 대한 일반적 반론에 대항하여 자기 의견을 지킬 수 있어야 한다.

그러나 어떤 사람은 다음과 같이 말할지도 모른다.

"그들의 의견을 뒷받침하는 근거를 그들에게 가르쳐 주기만 하면 된다. 어떤 의견이 한 번도 반박된 적이 없다고 해서 사람들이 그 의견을 앵무새처럼 되풀이하고만 있다고 단정할 수는 없다. 기하학을 배우는 사람들이 단순히 수학적 정리(定理)만을 외우는 것은 아니다. 그들은 정리를 외우면서 그것의 증명도 이해하고 배운다. 그러므로 누가 기하학적 진리를 부정하거나 반증했다는 소리를 전혀 들어 본 적이 없다고 해서, 그들이 기하학적 진리의 근거에 무지하다고 보는 것은 잘못이다."

물론 옳은 말이다. 그리고 수학 같은 문제에 대해서는 앞에서 말하는 일방적인 가르침으로도 충분하다. 수학적 진리에 관해서는 잘못된 의견을 가진 쪽이 변명의 여지가 없기 때문이다. 이런 수학적 진리에 대한 증명의 특수성은, 모든 논증이 한쪽에만 몰려 있다는 것이다. 따라서 반론도, 반론에 대한 답변도 없다.

그러나 의견차이가 생길 가능성이 있는 모든 문제를 대할 때에는 상황이 달라진다. 이 경우 서로 자기 의견이 옳다고 싸우는 두 의견의 논거를 비교하고 대조해야지만 진리를 얻을 수 있다. 예를 들어 물리학처럼 이론적인 자연과학에서조차 하나의 사실에 관한 서로 다른 설명이 얼마든지 나올 수 있다. 천동설과 지동설, 산소설과 연소설(플로지스톤설) *24이 대립했듯이 학설은 대립하는 학설이 왜 진리일 수 없는지 분명하게 밝혀야 한다. 이런 사실을 증명하지 못하거나 그 증명방법을 이해하지 못하는 한, 우리는 자기 의견의 근거를 이해하지 못한다. 그런데 도덕·종교·정치·사회관계 및 일상생활 문제 등 한없이 복잡한 문제에 대해서는 어떨까? 이 경우 논쟁거리가 된 의견을 지지하는 논증의 4분의 3 정도는, 그 의견과 대립하는 의견에 유리한 증거들을 배제하는 일에 치중되게 마련이다. 단 한 사람*25만 제외한다면 고대의 가장 위대한 웅변가였던 키케로*26는, 자신의 주장만큼이나 상대의 주장(반론)을 열성적으로 연구했다는 기록이 있다. 그러므로 진리에 도달하려고 어떤 문제를 연구하는 사람들은, 키케로가 성공적으로 변론하기 위해 사용했던 방법을 본받아야 한다.

어떤 문제에 관해 자기 자신의 주장만을 알고 있는 사람은 사실 그 문제에 대해 아는 것이 거의 없다. 그의 논거는 타당할 수도 있으며 아무도 그것을 논박하지 못했는지도 모른다. 그러나 만일 그 역시 반대편의 논거를 논박하지 못했다거나 상대의 논거 자체가 무엇인지조차 잘 모른다면, 그에게는 어느 쪽 의견을 선택할 근거가 없는 셈이다. 그가 취할 합리적 태도는 판단을 유보하는 일이다. 혹시 그가 그런 태도에 만족하지 않는다면? 그는 권력자의 지도에 따르든가 세상 사람들처럼 자신에게 유리한 편을 선택할 것이다.

반대자가 가진 의견을 자기 스승의 설명을 통해 듣거나, 스승이 그에 대해 논박하는 것에 의존하여 듣는 것만으로는 충분치 못하다. 그것은 반대자의 의견을 공정하게 다루는 방법이 아니며, 또한 자신의 정신과 그 의견을 제대로 접하게 하는 방법도 아니다. 그는 그런 의견을 실제로 믿고 있는 사람들로부터, 다시 말해 그 의견을 진지하게 변호하며 아무 의심 없이 믿는 사람들로부터 그것을 직접 들어야 한다. 그는 반대자의 의견을 가장 그럴듯하고 설득력 있는 방식으로 파악해야 한다. 그리고 그 문제에 대한 진리가 직면해 처리해야만 하는 온갖 난관의 힘을 느껴야 한다. 이렇게 하지 않으면, 그는 그런 난관(반론)을 극복하는 진리를 결코 소유할 수 없을 것이다.

소위 교육받았다는 사람들 100명 가운데 99명은 이와 같은 함정에 빠진다. 심지어 자기 생각을 거침없이 논증할 수 있는 사람들조차 그러하다. 그들의 결론은 진리일 수도 있지만 오류일 수도 있다. 그들은 자신과 다른 생각을 가진 사람들의 입장에 서서 그들이 주장하는 바를 곰곰이 생각해 본 경

키케로(기원전 106~43)
고대 로마를 대표하는 지식인으로 정치가·웅
변가이며, 철학과 역사에 관한 논문이 있다.

힘이 없다. 따라서 그들은 스스로 주장하는 학설을 참된 의미로는 모르고 있
다. 그들은 그 나머지—언뜻 모순돼 보이는 두 사실이 실제로는 조화를 이
룰 수 있음을 보이거나, 유력해 보이는 두 논거 중 하나를 선택해야 하는 이
유를 밝히는 일 등—를 설명하고 정당화하는 부분을 자기 학설에서 찾아내
지 못한다. 두 의견의 우열을 가리고, 그 문제에 대해 완전한 지식을 가진
사람의 판단을 결정하는 진리의 모든 부분에 대해 그들은 전혀 모르고 있는
것이다. 두 의견에 공평하게 주의를 기울이며 각 의견의 근거를 보다 분명하
게 이해하려고 노력하는 사람들만이 이러한 부분을 진정으로 알 수 있다. 이
러한 훈련은 도덕적·인간적 문제를 참으로 이해하기 위해 근본적으로 필요
한 일이다. 그러므로 만일 중대한 진리에 대한 반대자가 없을 때에는 일부러
반대자를 상상으로 만들어 그들에게 노련한 악마의 대변인이 생각해 낼 수
있는 가장 강력한 논증을 제공하는 일이 꼭 필요하다.

　이와 같은 고찰의 설득력을 떨어뜨리기 위해, 자유토론을 반대하는 사람
들은 다음처럼 말할지도 모른다.

　"보통 사람들은 자기들 의견에 대해 철학자나 신학자가 제시하는 찬반내
용을 모두 알고 이해할 필요는 없다. 또 그들은 똑똑한 반대자들의 잘못된

설명이나 그릇된 의견을 모두 폭로할 수 있는 능력을 갖춰야 할 필요도 없다. 이런 잘못된 설명이나 그릇된 의견에 대해 보통 사람들을 대신해 대답할 수 있는 누군가가 늘 존재하면서, 교육받지 못한 사람들을 잘못된 길로 인도할 수 있는 모든 의견에 대해 철저히 반박해 주는 것으로 충분하다. 무식하고 단순한 사람들은 자기들에게 제시된 진리의 명백한 근거에 대해 가르침을 받았기 때문에 나머지 일은 권위자에게 맡기면 된다. 그들은 스스로의 지식이나 능력으로는 제기될 수 있는 반론(난관)을 모두 해결할 수 없으므로 그들은 지금까지 제기되어 온 모든 반론에 대해 특별히 훈련된 사람들이 이미 대답했거나 앞으로 대답할 수 있으리라 확신하고 안심해도 될 것이다.”

이러한 견해에 대해 한 걸음 양보해 보자. 진리를 믿기 위해서는 그것을 어느 정도 이해하는 일이 반드시 필요한데, 이해는 하지 않은 채 진리만 쉽게 받아들여 버리는 사람들이 많다. 이러한 사람들의 견해를 변호하기 위해 제시하는 주장을 최대한 인정하고 양보한다 해도 자유토론에 찬성하는 주장은 절대로 약화되지 않는다. 왜냐하면 이러한 주장조차, 인류는 모든 반대론에 대해 만족스럽게 답변을 제시하였다는 합리적 확신을 인정하고 있기 때문이다. 만약 답변을 필요로 하는 반론이 제기되지 않는다면, 반론에 대해 답변하는 일이 어떻게 가능하겠는가? 또한 그 답변이 충분하지 않다는 점을 밝힐 기회가 반대자에게 주어지지 않는다면, 그 답변이 만족스럽다는 사실은 또 어떻게 증명할 수 있겠는가? 보통 사람들과 달리 이 문제를 풀어야만 하는 철학자나 신학자들은, 이 해결하기 어려운 문제의 핵심을 잘 알고 있어야 한다. 그런데 반론이 자유로이 진술되고, 그 반론에 되도록 가장 유리한 해명 기회가 주어지지 않는다면 이러한 문제는 해결될 수 없다.

가톨릭교회는 독특한 방법으로 이 어려운 문제에 대처하고 있다. 그들은 스스로 확신을 가지고 그 교리를 수용하는 사람들과, 그 교리를 무조건 믿으며 수용하는 사람들을 명확하게 구분했다. 무엇을 수용할지 선택할 수 있는 자유는 사실 어느 쪽에도 주어지지 않는다. 다만 충분히 신뢰할 만한 성직자에게는 이단자들의 서적을 읽을 권리가 주어진다. 그들이 반대자들의 의견에 답변하려면 그 반론의 내용을 알아야 하기 때문인데, 그들이 반론의 내용을 아는 일은 공공연하게 허용될 뿐 아니라 칭찬받을 만한 행위로 여겨진다. 그러나 보통 사람들은 특별히 허가받지 않는 한 그럴 수 없으며 이런 허가는 쉽게 내려지지도 않는다. 이와 같은 규율(방침)은 반대자의 주장에 대한 지식이 다른 사람들을 가르치는 사람들에게는 유익하다는 것을 인정하면서도, 나머지 보통 사람들에게는 반대자의 주장을 알지 못하게 하는 교묘한 방법이 된다. 그리하여 엘리트에게는, 비록 그것이 정신적 자유는 아니더라도 보통 사람들에게 허용되는 것보다 더 많은 정신적 교양이 주어진다. 그러나 이런 방식을 통해 가톨릭교회는 자신의 목적 달성에 필요한 지적 우월성을 손에 넣는 데 성공하였다. 왜냐하면 자유가 결여된 교양은 활발하고 관용적인 정신을 낳을 수는 없지만, 순회재판의 변호사*27처럼 특정한 주의 또는 주장을 옹호하는 영리한 인간을 낳을 수는 있기 때문이다.

그러나 개신교를 믿는 국가들은 이러한 방법을 거부하고 있다. 개신교도들은 적어도 이론상으로는 종교 선택의 책임이 각자에게 있다고 보고 그것을 선교하는 성직자들에게 떠넘길 수 없다고 생각한다. 더욱이 최근 세계 정세를 볼 때, 교육받은 사람들이 읽는 서적을 교육받지 못한 사람들은 읽지 못하게 할 수 없다. 만일 인류를 선도해야 할 교사들이 당연히 지녀야 할 지식을 모두 알아야만 한다면, 모든 지식은 아무런 제약 없이 자유롭게 집필되고 출판되어야 할 것이다.

그러나 대중에게 널리 받아들여지고 있는 의견이 진실이라면 어떨까. 이 경우 자유토론을 허용하지 않아서 생겨나는 폐단이 대중에게 그 의견의 근거를 알지 못하게 하는 것에만 그친다면 이는 지적인 폐해일지는 몰라도 도덕적 폐해는 아니라고 생각할 수 있다. 즉 그 의견들이 인간성에 미치는 영향력을 고려해 본다면, 이런 폐해가 그 의견의 가치를 좌우하지는 않는다고 주장할 수도 있을 것이다.

그러나 실제로는 그렇지 않다. 자유토론이 행해지지 않을 경우 사람들은 그 의견의 근거는 물론이고 의견의 의미 자체를 너무나 자주 잊어버리게 된다. 의견을 전달하는 말은 아무 사상도 표현하지 못하거나 본디 사상의 일부만 제시하는 데 그친다. 이런 상황에서는 뚜렷한 개념과 생명력 있는 신앙 대신 기계적으로 암기된 몇몇 문구만이 남는다. 의미의 일부분이 가까스로 남는다 해도 단지 그 의미의 껍데기와 찌꺼기만이 남을 뿐, 정말 중요한 본질은 사라져 버린다. 이런 텅 빈 사실로 가득 찬 인류 역사의 가장 중요한 시대에 대한 연구와 고찰은 아무리 진지하더라도 지나치지 않다.

이러한 일은 거의 모든 윤리적 학설과 종교적 신조의 경험을 통해 예증되고 있다. 이 같은 학설이나 신조는 모두 창시자 및 그의 직계 제자들에게 있어서는 의미와 활력이 넘치는 것이었다. 이러한 학설이나 신조를 다른 것들보다 우세하게 만들기 위한 투쟁이 계속되는 동안 그것들의 의미는 변함없이 강하게 느껴질 것이며 어쩌면 더 강렬해질지도 모른다. 결국 그 이론은 우위를 차지하여 일반 대중들 사이에 널리 퍼지든지, 아니면 도중에 좌절하여 멈추어 설 것이다. 둘 중 어떤 경우에든 그 이론이 확보해 온 지반은 계속 유지되지만 더 이상 확장되지는 않는다. 그것이 일반 여론이 되든지 진전이 중단되든지 어느 한 결과가 명백히 나타날 때, 그 문제에 관한 논쟁은 활기를 잃어버리고 점차 소멸해 간다. 그리고 이 이론(학설 또는 신조)은 비록 대중에게 널리 받아들여지는 의견은 못 되더라도, 적어도 공인된 의견의 한 분파나 부분으로서는 입지를 굳힌다. 그런데 이 의견을 신봉하는 사람들은 그것을 스스로 선택한 것이 아니라 물려받았을 뿐이다. 물론 최근에는 꼭 그렇지도 않지만, 이런 교리 중 한 교리에서 다른 교리로 전향하는 것은 이를 신봉하는 사람들에게서는 매우 찾아보기 힘든 일이다. 그들은 그들이 믿는 교리를 처음 만든 창시자와 그의 직계 제자들처럼 조심스럽고도 부단한 태도로 자신들의 교리를 방어하면서 세상 사람들을 자기편으로 끌어들이려 하지 않는다. 대신 완전히 침묵하여 자기들의 교리에 대한 반론에 거의 귀 기울이지 않으며, 그 교리에 유리한 옹호론을 가지고 반대자를 괴롭히지도 않는다. 보통 이때부터 교리의 활력이 쇠퇴하기 시작한다.

모든 신조의 전도자들이 하나같이 개탄하는 사실이 있다. 바로 신자들이 형식적으로 이해하는 진리에 대한 깨달음을 줄곧 유지시키고 가슴속에 스며들도록 하여, 그 깨달음이 그들의 행동을 지배하게끔 하는 것이 어렵다는 점이다. 생존을 위해 투쟁하는 동안 그 신조는 개탄의 대상이 되지 않는다. 이 시기에는 비교적 힘이 약한 투사들조차도 그들이 무엇을 위해 싸우는지, 즉 투쟁 목적을 잘 알고 자기네 교리와 대립하는 교리 사이에 어떤 차이가 있는지 머리로 알게 되고 마음으로 느끼게 된다. 그러한 시기에는 그 신조의 기본적인 모든 원리를 사상의 형식으로 이해하고, 그 원리가 내포하고 있는 여러 가지 중요한 의미들을 서로 비교하고 측정하며, 그 신조에 대한 믿음이 독실한 신자들의 영혼에 미치는 영향까지 모두 체험한 사람들을 적지 않게

성 바울
1세기에 포교 활동을 벌여 그리스도교가 세계 종교로 발전하는 기초를 다졌다.

발견할 수 있다.

그러나 그 신조가 능동성을 잃고 신자들이 대대로 물려받는 수동적 신앙으로 변할 경우, 즉 그 신조의 신앙에서 비롯된 여러 가지 문제들에 대해 초기 단계와 같은 활력을 더 이상 발휘하지 않아도 될 경우, 사람들은 여러 가지 형식(의식)을 제외한 신앙의 모든 것을 잊어버리게 되어 신앙을 분명히 자각하거나 체험으로 확인하는 일 없이, 그저 무조건 신뢰하고 받아들이는 것처럼 신앙에 대해 아무 생각 없이 동의하고, 마침내 그 신앙은 인간의 내면생활과는 거의 상관없는 존재로 전락해 버린다. 그렇게 되면 신조가 우리의 정신 외부에 존재하면서 두꺼운 껍질처럼 정신을 감싸 본성의 고귀한 부분들에 미치는 다른 영향력들을 우리가 받지 못하도록 정신을 화석화한다. 이러한 사태는 오늘날 세계 곳곳에서 흔히 일어나고 있다. 신조는 새롭고 생기 있는 확신이 우리 마음속에 스며들지 못하게 함으로써 그 힘을 과시하지만 그 자체는 우리의 지성이나 감성에 아무 도움도 주지 못하고 그저 끝없이 공허하게 만들 뿐이다.

본질적으로 인간의 정신에 가장 깊은 감명을 주어야 할 교리가 인간의 상상력이나 감정, 오성에 아무런 실감도 주지 못한 채 죽은 신앙으로서 마음속에 머무르는 일이 얼마나 가능할까? 이 가능성은 그리스도교의 교리를 지지하는 신자들의 태도를 보면 알 수 있다. 여기에서 말하는 그리스도교란 모든 교회와 종파에 의해 그리스도교라 생각되는 것, 즉 《신약성서》에 담긴 잠언과 계명을 의미한다. 이것들은 그리스도교 교도라 자처하는 모든 사람들에게 신성시되고 율법으로 받아들여진다. 그러나 이런 율법에 의거해 자기 행동을 유도하거나 확인하는 그리스도교 교도는 아마 천 명에 한 명도 없을 것이다. 그리스도교 교도가 행동기준으로 삼는 것은 그가 속한 국가나 계급 또는 종교단체의 관습이다. 말하자면 그는 절대로 잘못을 저지르지 않는 지혜로운 자(신)가 그의 행동을 규제하기 위해 선사했다고 믿는 윤리적 잠언들을 가지는 한편, 일상적 문제에 관한 판단과 관습도 가지고 있는 셈이다. 이런 일상적 판단 및 관습은 윤리적 잠언들과 부분적으로 일치하기도 하지만, 또 살짝 어긋나기도 하며 때로는 정면으로 대립하기도 한다. 요컨대 전체적으로 보자면, 판단 및 관습이란 그리스도교의 신조와 세속적 이해(利害) 사이의 암묵적 타협에 지나지 않는 것이다. 이처럼 그리스도교 교도들은 윤리적 잠언들에 대하여 경의를 표하지만, 그가 진정으로 충성을 바치고 있는 대상은 바로 일상적 판단 및 관습이다.

모든 그리스도교 교도들은 가난한 자, 겸손한 자, 세상의 박해를 받는 자들에게 축복이 있다고 믿는다. 이는 〈마태복음〉 5장 3절, 5절, 10절에 나오는 말이다. 그리고 계속해서 다음과 같이 가르친다.

"부자가 하느님의 나라에 들어가는 것보다 낙타가 바늘구멍을 빠져나가는 것이 더 쉽다. 자신이 심판받지 않으려면 남을 심판하지 마라. 맹세하지 말며, 이웃을 내 몸 같이 사랑하라. 어떤 이가 네 속옷을 가져가거든 그에게 겉옷까지 주어라. 내일 일을 오늘 걱정하지 마라. 완전해지려거든 네 소유물을 팔아서 가난한 사람들에게 나눠 주어라."

이와 같은 잠언을 믿는다고 말하는 그리스도교 교도들은 결코 불성실하지 않다. 그들은 실제로 그 잠언을 믿고 있다. 다만 그들은 언제나 존중되기만 하고 제대로 토론된 적은 없는 교리를 그대로 믿고 있을 뿐이다. 그러나 실제 행위를 규제하는 살아 있는 신앙이라는 의미에서 볼 때, 그리스도교 교도들이 살아가면서 그 교리에 따라 무난히 행동할 수 있는 수준까지가 그들이 지닌 신앙의 한계이다. 완전한 형태를 띤 교리라면 반대자를 공격하는 수단이 될 수 있고 또 세상 사람들이 찬양할 만하다고 생각하는 모든 일을 실행하는 정당한 이유로 제시될 수도 있다.

그러나 이 잠언을 실행하려면 그것이 요구하는 수많은 조건을 해결해야 한단 사실을 누군가가 상기시킬 경우, 그는 다른 사람들보다 잘난 척하는 인기 없는 인물로 낙인찍힐 것이다. 이러한 교리는 일반 신자들을 지배하지 못하며 그들의 정신에 아무런 영향도 미치지 못한다. 일반 신자들은 교리를 표현하는 말에 그저 습관적인 경의를 표할 뿐이다. 그러나 이러한 말의 진정한 의미를 파악하여 정신적으로 받아들이거나, 그 의미에 자신을 맞춰 나갈 생각이 그들에게는 전혀 없다. 그들은 실제 행동할 때 자신이 그리스도의 가르침에 얼마나 따라야 할지 주위에 있는 A씨와 B씨를 관찰하고 결정한다.

그러나 초기 그리스도교 교도들은 이렇지 않았다. 만약 그들마저 이런 태도를 취했다면, 그리스도교는 멸시당하던 히브리인들의 이름 없는 한 종파에서 로마제국의 종교로까지 발전하지 못했을 것이다. 당시 그들의 적들은 이렇게 말했다.

"보라, 이 그리스도교 교도들이 서로 얼마나 사랑하는지."

요즘에는 이런 말을 하는 사람이 거의 없겠지만, 어쨌든 그 당시만 해도 그리스도교 교도들은 미래의 어느 때보다도 자신들이 믿고 있는 그리스도교 신조의 의미를 매우 생생하게 느꼈을 것이다.

오늘날의 그리스도교가 세력권 확장을 거의 못하고, 1800년이라는 세월이 흐른 뒤에도 여전히 유럽인과 그 자손들에게만 영향을 미치고 있는 것도 아마 이런 이유 때문일 것이다. 즉 초기 그리스도교의 정신이 사라졌기 때문인데, 자신들의 교리에 매우 충실하며 그 교리의 많은 부분에 보통 사람들보다 더 큰 의미를 부여하고 있는 엄격한 종교가들조차 사정은 비슷했다. 그들 정신의 비교적 활기찬 부분은 칼뱅이나 녹스*28 및 그와 성격이 비슷한 사람들의 영향으로 형성된 것에 지나지 않는다. 그리스도의 가르침은, 사람들이 듣기 좋은 부드러운 말을 들을 때 느끼는 쾌감 이상의 감정은 불러일으키지 못한 채 그들의 정신에서만 수동적으로 공존하고 있다.

어떤 종파의 특수한 교리가 공인된 모든 종파의 공통된 교리보다 훨씬 생생한 활력을 가지는 까닭은 무엇일까? 또 선교사들이 그런 교리의 의미가 지닌 생명력을 유지하기 위해 수많은 노력을 기울이는 이유는 무엇일까? 여기에는 그만한 이유가 있는데 그중 하나는 특수한 교리일수록 공격받는 일이 많아(즉 자주 논쟁의 대상이 되므로) 공공연하게 대드는 반대자들을 상대로 자신의 교리를 변호해야 할 일이 잦다는 것이다. 그런데 전쟁터에서 마지막 적마저 사라져 버리면 어떻게 될까. 이 경우 교리를 가르치는 사람과 배우는 사람 모두 주둔지에서 그대로 잠들어 버린다.

일반적으로 말하자면, 모든 전통적인 교리들—도덕과 종교뿐 아니라 사리분별이나 생활의 지식에 관한 학설들—에 대해서도 똑같이 적용된다. 모든 나라의 언어와 문학은 인생의 의미나 인간이 해야 할 처신 등 인생에 관한 일반적인 이야기로 가득 차 있다. 이와 같은 이야기는 누구나 알고 있고, 누구나 되풀이해 말하거나 조용히 들으면서 자명한 진리로 수용하는 것이다. 그럼에도 대부분의 사람들은 경험을 통해, 그것도 고통스러운 경험을 통해 인생 문제가 현실적으로 다가와야지만 비로소 그 진정한 의미를 깨닫게 된다. 사람들이 예상치 못했던 불행이나 실망 때문에 고민할 때, 그들은 평소에 익히 들어 왔던 격언이나 속담을 얼마나 새삼스럽게 떠올리는가? 그 격

장 칼뱅(1509~1564)
프랑스의 신학자·종교개혁자. 그는 박해
를 피하여 스위스로 갔다. 루터의 종교개
혁 운동에 자극받아 유럽 각국에서 개혁
운동이 일어났는데, 스위스에서는 츠빙
글리 다음으로 칼뱅이 이를 수행하였다.
그는 루터의 교리보다 더욱 엄격하여, 성
서 이외의 교리는 일체 배격하였다.

언과 속담의 의미를 지금 뼈저리게 느끼는 것처럼 과거에도 느꼈더라면, 아마 그들은 큰 불행을 당하지 않았을 것이다.

　물론 이러한 사태가 발생한 데는 토론 부족 외에도 여러 가지 이유가 있을 것이다. 세상에는 개인적인 체험을 통해 절감하기 전까진 그 의미를 충분히 이해할 수 없는 진리가 얼마든지 있다. 하지만 만일 그 사람이 그러한 진리의 의미를 실제로 이해하고 있는 사람들의 찬반논쟁을 평소에 자주 들었더라면, 진리가 뜻하는 바를 훨씬 더 잘 이해하고 깊은 인상을 받았을 것이다. 어떤 사실에 대해 의심스러운 점이 사라지면 그것에 대해 더 이상 생각하려 들지 않는 인류의 치명적인 경향이야말로, 인간이 저지르는 잘못의 가장 주된 원인이 된다. 현대의 한 작가는 "확정된 견해는 깊은 잠에 빠진다" 했는데 참으로 옳은 말이다.

　"그게 무슨 소린가!" 반박하는 사람들도 있을지 모른다. 그리고 이어서 다음처럼 반문할 것이다. 만장일치가 존재하지 않는 것이 올바른 지식을 얻기 위한 필수조건이란 말인가? 어떤 사람들이 진리를 깨닫게 하려면 다른 누군가는 계속 잘못을 저질러야 한다는 것인가? 애초에 신앙이란 대중에게 수용되자마자 진실성과 생기를 잃어버리는 존재인가? 어떤 의견은 그에 관한 의문이 조금이라도 남아 있지 않는 한, 철저하게 이해되고 실감될 수가 없단 말인가? 인류가 어떤 진리를 만장일치로 받아들이자마자 그 진리는 그들의 마음속에서 소멸되고 마는가? 진보할 수 있는 지성의 궁극적 목적이자 최선의 결과란, 기존 생각에 따르자면 인류가 모든 중요한 진리를 일치단결하여 인식하는 것이다. 그런데 이런 가정이 옳다면, 지성은 궁극적 목적을 달성하지 못한 상태에서만 존속할 수 있다는 말이 되어 버리지 않는가? 정복의 열매는 완벽한 승리가 결정되는 순간 소멸하는 것인가?

나는 이러한 의문에 대해 결코 긍정하지 않는다. 인류가 진보함에 따라 논쟁 및 의문의 대상에서 제외되는 학설의 수는 끊임없이 늘어날 것이다. 그리고 인류의 행복은 논쟁의 여지가 없는 확실성에 도달한 진리의 수와 중요성에 의해 측정할 수 있을 것이다. 여러 가지 문제에 관한 진지한 논의가 점점 중단되는 현상은, 의견 통일에 뒤따르는 필연적인 과정이지만 이러한 통일은 진실의 경우 유익하나 오류의 경우 위험하고 해롭다.

그러나 이처럼 의견의 다양성의 범위가 점점 줄어드는 현상은 '필연적 (necessary)'이란 말의 이중적 의미—불가피적(inevitable)과 불가결함(indispensable)—에서는 필연적인 일일지 모르지만, 그로 인한 모든 결과가 반드시 유익하다고 단정할 수는 없다. 어떤 진리를 변호하거나 반대자들에게 설명하는 일은 그 진리를 지적이고 생생하게 이해하는 데 큰 도움을 준다. 이런 도움은 그러한 진리가 대중에게 수용될 때의 이익만큼 대단한 것은 아니더라도, 이 도움이 사라지면 대중화를 통해 얻는 이익도 상당히 줄어들게 되고 만다. 이러한 유익한 도움을 더 이상 얻을 수 없는 사회에서는, 인류의 지도자들이 이를 대신할 수 있는 무언가를 제공하려고 노력할 것이다. 즉 지도자들은 가르침 받는 자들의 의식 속에 그 문제에 대한 반론을(이를테면 그들을 개종시키려 하는 반대파 대변인들의 열띤 주장처럼 명백하게 보여줄 무언가를) 제시해 주어야 할 것이다.

그러나 그들은 이 같은 목적을 이룰 방법을 찾아내기는커녕 이전에 사용하던 방법마저 잃어버리고 있다. 플라톤의 《대화편》에서 참으로 훌륭하게 예시하고 있는 소크라테스의 변증법이 이런 방법 중 하나였다. 이러한 변증법

플라톤이 창립한 학원
학생들이 스스로 생각하고 토의하며, 필요하다면 이의 제기까지 하는 교육방법은 고대 그리스 사회가 최초였다. 이로써 학생들의 이해는 빠르게 깊어졌으며, 지식은 비판을 통해 성장하는 것이라는 사고방식이 널리 퍼졌다.

은 본디 철학이나 인생의 중대문제에 관한 부정적 토론방법이었다. 그것은 사회 통념에 가까운 상투적이고도 진부한 의견을 무조건 수용하기만 하는 모든 사람들에게, 그들이 신봉하고 있다고 공언하는 교리에 아직 명확한 의미를 부여하지 못하고 있다는 사실(즉 그 주제를 이해하지 못하고 있다는 사실)을 일깨우는 것을 목적으로 하는 데 사용되는 더할 나위 없이 절묘한 수법이었다. 변증법은 그에게 자신의 무지를 자각하게 하여, 교리의 의미와 그 근거에 관한 명확한 이해에서 비롯된 확고한 신념을 갖도록 해 준 것이다. 중세 스콜라 철학자들의 토론도 이와 어느 정도 비슷한 목적을 가지고 있었다. 학생들 스스로가 자기 의견 및 반대 의견을 모두 이해하고 있는지, 또 자기 의견의 논거를 확고히 주장하고 반대 의견의 논거를 충분히 논박할 능력이 있는지 확인하는 것이 이 토론의 주된 목적이었다. 이러한 토론방법은 이성이 아닌 권위에서 비롯된 전제에 의거했다는 치명적인 결함을 가지고 있었다. 정신훈련법으로서의 이 토론은, 소크라테스학파 사람들의 지성을 형성한 강력한 변증법에 비하면 여러 모로 열등한 것이었다.

그러나 이러한 두 방법이 오늘날의 정신에 미친 영향은 일반적으로 인정되는 것보다 훨씬 더 크다. 문제는 이 둘 중 하나를 대신할 만한 것이 현재의 교육방식에는 전혀 존재하지 않는다는 것이다. 모든 가르침을 교사와 책으로부터 얻는 사람들은 설령 주입식 교육에 대한 만족이라는 강력한 유혹을 물리친다 해도, 어떤 학설의 찬반양론에 귀를 기울여야 할 필요성은 느끼지 못한다. 따라서 사상가들 중에서도 두 주장을 고르게 알고 있는 사람을 찾아보기 힘들다. 그리고 어떤 사람이 자기 의견을 변호하는 논증 가운데 가장 취약한 부분은, 그가 반대자에 대한 답변으로서 스스로의 의견을 변호하려 하는 부분이다.

긍정적인 진리를 확립하는 대신에 상대 의견의 이론적 약점이나 실천상의 잘못을 지적하는 논리, 즉 부정적 논리를 얕잡아 보는 태도가 요즘 유행하고 있다. 물론 이와 같은 부정적 비판은 궁극적인 결론이 되기에는 참으로 빈약한 의견이다. 그러나 이 비판은 명실상부한 긍정적 지식이나 확신을 얻기 위한 수단으로서는 아무리 높이 평가해도 지나치지 않다.

사람들이 이러한 논리를 체계적으로 훈련받지 않는 이상, 수학과 물리학을 제외한 다른 분야에서는 위대한 사상가가 거의 출현하지 못할 것이며 지성의 일반 수준도 낮은 상태에 머무를 것이다. 수학과 물리학 이외의 모든 분야에서는 반대자들과 실제로 논쟁할 때와 같은 정신적 과정이 꼭 필요하다. 이런 과정을 다른 사람이 제한하거나 스스로 무시할 경우, 그 누구의 의견도 지식이라 불릴 수 없을 것이다.

그러므로 이와 같은 정신적 과정이 실제 논쟁을 통해 나타날 수 없을 때에는 대단히 어려운 일이지만 억지로라도 생겨나게 해야 한다. 이처럼 자연적으로 존재하는 정신적 현상을 일부러 무시하고, 어렵게 만들어 내야 한다니 얼마나 어리석은 일인가! 그러니 만일 일반인들이 인정하는 의견에 반론을 내놓는 사람들이나, 법률 및 여론이 허락한다면 반론을 제기할 사람들이 있을 경우에는, 그들에게 감사하며 열린 마음으로 그들의 의견을 귀 담아 듣자. 만약 그런 사람들이 없다면, 우리는 자기 신념의 확실성이나 생명력을 얻기 위해 손수 몇 배나 더 노력해야 할 것이다. 그런데 그 힘든 일을 대신해 주는 반대자들이 나타났으니 진심으로 기뻐하자.

의견의 다양성을 유익하다고 보는 중요한 근거 가운데 하나를 언급할 필요가 있다. 그것은 지금으로서는 상상하기도 어려운 먼 미래의 지적 발전단계에 인류가 도달하기까지, 의견의 다양성이 계속 유익하다고 주장할 수 있는 근거이기도 하다. 우리는 지금까지 오직 두 가지 경우만을 생각해 왔다. 하나는 일반적으로 받아들여지고 있는 의견이 잘못되었으며 다른 의견이 진리일지도 모르는 경우이며, 또 하나는 일반적인 의견이 진리이기는 하지만 그 진리를 명확히 이해하고 깊이 느끼기 위해 반대편의 오류와 반드시 싸워야만 하는 경우이다. 그러나 이런 두 상황 이외에도 더 일반적인 경우가 있다. 바로 대립하는 학설 중 하나는 진리이고 다른 하나는 오류인 상황이 아니라, 두 학설 모두 진리를 서로 나눠 가진 경우이다. 그리고 일반적 의견이 그 일부만을 구현하고 있는 진리의 나머지 부분을 보충하기 위해 반대 의견이 필요한 경우도 있다.

감각만으로는 분명히 파악하기 어려운 문제에 관해서는 사람들에게 널리 받아들여지고 있는 의견이 진리인 경우도 가끔 있다. 하지만 이런 의견이 완전한 진리인 경우는 거의, 아니 전혀 없다. 그것은 진리의 일부분에 지나지 않는다. 이 부분적 진리가 실제 진리에서 차지하는 부분은 클 수도 작을 수도 있는데, 어쨌든 이것은 과장되거나 왜곡되어 그것에 수반되어 제약을 가해야 할 실제 진리에서 따로 떨어져 나와 있다.

이와 반대로 이단적인 의견은, 일반적으로 억압되고 무시당해 온 진리의 한 부분이 스스로를 짓누르던 속박을 물리치고 나타난 결과이다. 그것은 여론, 즉 일반인들의 의견에 내포되어 있는 진리와 타협하려 하거나, 아니면 여론을 적대시하며 그것과 똑같은 배타적 태도를 취하면서 자신이 완전무결한 진리라고 주장하려 한다. 지금까지는 후자의 상황이 주로 발생했다.

왜냐하면 인간의 정신세계에서는 항상 일면적인 것이 규칙이고 다면적인 것은 예외였기 때문이다. 따라서 여론이 크게 개혁되는 경우에도, 진리의 새로운 일부분이 모습을 드러냄과 동시에 다른 일부분이 어둠속에 묻혀 버린다. 소위 진보란 기존의 낡은 것 위에 새로운 무엇인가가 더해지는 현상을 가리키는 말인데, 이러한 진보조차 실은 부분적이고 불완전한 진리가 다른 부분적 진리로 바뀌는 일에 지나지 않는다. 그러므로 사람들이 새로운 단편적 진리를 그것과는 다른 부분의 진리보다 더 많이 필요로 하고, 또 이 새로운 진리가 시대의 요구에 적합할 때 개선이 이루어진다. 세상에 널리 퍼져 있는 의견은 비록 올바른 근거에서 비롯되었다 하더라도 결국은 진리의 한 부분에 지나지 않는다. 그러므로 일반적 의견(여론)이 망각하고 있는 진리의 다른 부분을 조금이나마 내포하고 있는 모든 의견은, 설령 그 안에 오류나 모순이 뒤섞여 있다 해도 존중해 줘야 할 것이다.

인간사를 냉정하게 판단하는 사람이라면, 우리가 하마터면 간과할 뻔했던 진리를 우리에게 깨우치도록 해 준 사람이 이번에는 우리가 알고 있는 진리를 간과했다고 해서 분노해야 한다고 느끼지는 않을 것이다. 그는 오히려 일반적으로 널리 받아들여진 진리가 일면적인 이상, 널리 받아들여지지 않은 진리 역시 일면적으로 주장되는 편이 바람직하다고 여긴다. 왜냐하면 이렇게 일면적 진리를 주장하는 사람들은 대개 열정적이고, 자신들이 완전무결한 진리로 믿고 있는 진리의 일부분에 대해 우유부단한 사람들의 주의를 억지로라도 끌려는 열의가 강하기 때문이다.

그리하여 18세기에는 교육받은 사람들 대부분과 교육받지 못한 사람들 중 그들에게 지도받은 사람들 모두는 문명을 찬미하고, 근대 과학·문학·철학의 경이로움에 감탄했으며, 근대인과 고대인의 차이를 대단히 과대평가하면서 그 차이가 근대인 자신의 우수성을 보여 준다고 믿고 우쭐거렸다. 그런데 이런 상황에서 '자연으로 돌아가라'는 루소의 역설이 등장했다. 그의 주장은 마치 폭탄처럼 사회 한복판에서 폭발하여 그곳에 밀집해 있던 일면적인 의견들을 한꺼번에 날려 버렸으며, 그 의견들의 여러 요소들을 모으고 새로운 성분들도 첨가하여 보다 좋은 형태로 다시 결합시켰다. 이처럼 루소의 역설은 18세기 사회에 매우 유익한 충격을 주었다.

그렇다고 당시 여론이 진리와 동떨어져 있었던 것은 아니다. 오히려 루소의 의견보다는 당시 여론이 진리에 가까웠다고 볼 수 있다. 다시 말해 여론

장 자크 루소(1712~1778)
스위스 태생으로 프랑스에서 활동한 철학자·
교육학자. 그의 사상은 프랑스 혁명 지도자들
을 고무시켰으며, 근대 민주주의 사상에 큰
영향을 주었다.

은 루소의 의견보다 명확한 진리를 더 많이 내포하고 있었으며, 오류의 수도
상대적으로 적었다. 그럼에도 루소의 학설에는 당시 여론이 간과하던 진리의
일부분이 상당히 많이 포함되어 있었고, 이 진리들은 루소의 학설과 더불어
사상 변화의 흐름을 따라 흘러내려갔다. 이 진리는 마치 홍수가 쓸고 간 자리
에 남는 침전물과도 같았다. 소박한 생활이야말로 가치 있는 삶이며 인위적인
사회의 속박과 위선은 인간을 무기력하고 타락한 존재로 만든다는 사상은, 루
소의 저서가 등장한 이후 교양 있는 사람들의 마음속에 끊임없이 살아남게 되
었다. 이 주제에 관한 언어(말)는 이미 설득력을 거의 잃었기 때문에 오늘날
의 우리는 이 사상을 꾸준하고도 강력하게, 특히 행동으로 주장해야 하지만,
이러한 사상은 언젠가 때가 되면 정당한 효과를 발휘하게 될 것이다.

정치 또한 마찬가지다. 건전한 정치를 위해서는, 질서나 안정을 추구하는
정당과 진보나 혁신을 주장하는 정당 모두가 필요하다. 어느 한 정당이 정신
적으로 폭넓은 이해력을 갖춰 질서와 진보를 동시에 주장하는 정당이 되어 지
킬 것과 없앨 것을 잘 구분할 줄 알게 되기까지는 그럴 필요가 있다. 두 가지
사고방식이 모두 쓸모가 있는 까닭은 상대에게 결함이 있어서인데, 이처럼 불
완전한 두 사고방식이 이성과 건전성의 올바른 길을 벗어나지 않는 주된 이유

는 바로 그에 반대할 상대가 존재하기 때문이다. 민주정치와 귀족정치, 사유재산제와 평등, 협동과 경쟁, 사치와 금욕, 사회성과 개인성, 자유와 통제 등 실생활에서 끊임없이 일어나는 모든 대립에 관해 서로 다른 의견이 평등하고 자유롭게 발표되고, 비슷한 재능과 열정으로 활발하게 주장되고 변호되는 상황이 아니라면 두 의견은 정당하고 공평하게 취급받는 것이 아니다. 결국 한쪽이 부당하게 이익을 얻으면 다른 한쪽은 반드시 부당하게 손해를 보게 마련인 것이다.

진리란 인생의 중대한 실제 문제를 둘러싸고 대립하는 견해들을 화해하고 결합하게 만드는 문제이다. 하지만 정확한 지식을 추구하면서 그에 맞춰 두 견해를 조정할 수 있을 만큼, 포용력 있고 공평한 정신을 가진 인물은 매우 드물다. 그래서 이런 조정은 대개 적대적인 깃발 아래에서 서로 싸우는 전사들끼리의 투쟁이란 난폭한 방법을 통해 이루어지는 것이 현실이다. 앞서 열거한 아직 해결되지 않은 중대한 문제들 중 하나에 대해 서로 대립하는 두 의견이 있다고 해 보자. 어느 한 의견이 다른 한쪽보다 관대한 대우 및 격려를 받고 고무되어야 한다면, 그것은 어느 특별한 때와 장소에서 그 의견이 우연히 소수파의 지지만 받을 경우뿐이다. 이 같은 소수파의 의견이야말로 현재 무시당하고 있는 이익, 즉 부당한 대우를 받을 위험이 있는 인류 행복의 일면을 대표하는 의견이다.

이런 문제 대부분에 관해 의견 차이를 허락하지 않는 불관용이 영국에서는 존재하지 않는다는 것을 나도 잘 알고 있다. 내가 이 같은 문제를 인용한 까닭은, 인간은 현재의 지적 수준으로는 오직 의견 차이를 통해서만 비로소 진리의 모든 측면을 공평하게 다룰 수 있다는 사실을, 일반적으로 인정되고 있는 수많은 실례들을 통해 보여 주기 위해서였다. 어떤 문제에 대해 거의 모든 세상 사람들이 찬성하는데도 예외적인 몇몇 사람들이 있다면, 비록 세상 사람들의 의견이 옳다고 하더라도 반대자들의 의견 역시 들을 만한 가치가 있는 것이고, 이때 만약 반대자가 침묵해 버린다면 우리는 진리의 일부를 잃을 수도 있다.

이와 같은 이론에 대해 다음처럼 반론할 수도 있을 것이다.

"하지만 보통 사람들에게 널리 받아들여지고 있는 원리 중 일부, 특히 가장 중요한 문제에 관한 몇몇 원리들은 반쪽짜리 진리 수준을 뛰어넘는 훌륭한 것

12세기 러시아 복음서 표지

들이다. 이를테면 그리스도교의 도덕은 적어도 도덕 문제에 관해서는 완전 무결한 진리다. 따라서 만일 누군가가 이것과 다른 도덕을 가르친다면 그는 전적으로 잘못하고 있는 셈이 된다."

이러한 그리스도교의 도덕은 사실 모든 문제 중 가장 중요한 문제이므로, 보편적 원리의 타당성을 음미하기에 이보다 더 적절한 것은 없을 것이다.

그런데 그리스도교 도덕이란 것과 그리스도교 도덕의 본질이 아닌 것을 단언하기에 앞서 '그리스도교 도덕'이 의미하는 것이 무엇인지부터 규정해 두는 편이 좋을 것이다. 만일 그것이 신약성서의 도덕을 의미한다면, 신약성 서에서 그리스도교 도덕에 관한 지식을 끄집어 내는 사람들이 그것을 이미 완전하거나 또는 완전해지려 하는 도덕 학설이라고 억측할 수 있을지 의심 스럽다. 복음서는 언제나 기존의 도덕에 대해 언급하고 잘못되어서 시정하 거나, 보다 광범위하고 고상한 도덕으로 대치해야 할 기존 도덕의 몇몇 구체 적인 사항에 한정된 가르침만을 우리에게 준다. 뿐만 아니라 복음서는 매우 개괄적인 표현을 사용하고 있으므로 문자 그대로 해석하기 어렵다. 그것은 법조문과 같은 정확성보다는 시나 웅변 같은 감동을 지니고 있다.

신약성서에서 체계적인 도덕 학설을 끄집어 내려면 그 부족한 부분을 구 약성서의 내용으로 보충해야만 한다. 그런데 구약성서는 확실히 정교하고 치밀한 체계를 갖췄지만, 많은 점에서 야만적이며 오직 야만적인 한 민족만 을 위해 쓰여진 것이어서 그 교리를 유대인에 맞춰 해석하고 그리스도의 계 획을 유대인의 방식으로 보완하는 일에 사도 바울은 공공연한 적대감을 표 했다. 하지만 바울도 그리스, 로마 도덕이라는 기존의 도덕을 받아들였다는 점에서는 유대인과 다를 바 없었다. 그가 그리스도교 교도들에게 한 충고는 대개 이런 그리스와 로마의 도덕에 순응하는 내용이었으며, 마침내는 노예 제도를 지지하기에 이르렀다.

차라리 신학적 도덕이라는 표현이 어울리는 소위 그리스도교 도덕이란, 그리스도나 그의 제자들이 만든 것이 아니라 그보다 훨씬 뒤에 생겨났으며 초기 5세기 동안 가톨릭교회에 의해 서서히 구축되어 갔다. 근대인이나 개 신교도들은 이것을 맹목적으로 수용하지 않고 적절히 수정해서 받아들였지 만, 이때 수정된 부분은 사람들의 예상보다 훨씬 적었다. 실제로 그들은 중 세 사람들이 그리스도교 도덕에 추가된 부분을 삭제하는 선에서 만족했으며, 각 종파는 그 빈 공간에 자기네 성격과 경향에 맞는 내용을 새롭게 추가했다. 인류가 이러한 그리스도교 도덕과 초기 선교사들에게 큰 은혜를 입었다는 사실을 부정할 생각은 없다. 그러나 나는 서슴지 않고, 그리스도교 도덕이 많은 점에서 불완전하고 일면적이며 이 도덕이 인정하지 않는 사상이나 감정이 유럽인의 생활 및 성격 형성에 어느 정도 기여하지 않았더라면, 인간 생활은 모든 방면에서 지금보다 열악한 처지에 놓였을 것이라고 말할 것이다.

그리스도교 도덕은 반동성(反動性)을 띠는데 그 대부분은 이교(異敎)에 대한 것으로 이루어져 있다. 그리스도교 도덕의 이상은 긍정적이기보다는 부정적이고, 적극적이기보다는 소극적이며, 능동적이기보다는 수동적이다. 즉 고귀해지는 것보다 죄짓지 않는 것을 중시하며, 적극적으로 선을 추구하기보다는 오히려 악을 멀리하는 것을 존중한다. 그 가르침을 살펴보면 '이런 일을 하지 말지어다(thou shalt not)'가 '이런 일을 해라(thou shalt)'보다 압도적으로 많다. 그리스도교 도덕은 육체적 욕구를 두려워한 나머지 금욕주의를 우상화하여 존경하고 믿었는데, 이는 점차적으로 율법주의라는 우상으로까지 변질되었다. 이러한 도덕은 도덕적 생활을 유도하기 위해 사람들에게 '천국의 희망과 지옥의 위협'이라는 적절한 동기를 부여했다. 이런 점에서 이 도덕은 고대인의 숭고한 도덕에 비해 크게 뒤떨어진다. 게다가 이 도덕은 인간의 도덕에 본질적으로 이기적인 성격을 부여하고 말았다. 왜냐하면 이 도덕은 지옥을 피해 천국에 가려는 이기적인 동기로 동포의 이익을 생각하도록 유도되는 경우를 제외하고는, 개인의 의무감과 동포의 이익을 별개로 생각하게끔 하기 때문이다. 그리스도교 도덕은 본디 수동적인 복종의 교리로 사람들에게 기존의 모든 권위에 복종하라고 가르친다. 물론 이와 같은 권위가 종교에서 금지하는 것을 강요하는 경우에는 적극적으로 복종할 필요는 없다. 그러나 그 권위가 우리에게 어떤 해악을 끼친다 하더라도 그에 저항해서는 안 되며, 하물며 반란 따위는 꿈도 꾸어서는 안 된다.

그리고 가장 훌륭한 여러 이교도들의 도덕에서는 국가에 대한 의무가 지나치게 중시되어 때로는 그 의무가 개인의 정당한 자유마저도 침해할 정도이다. 그러나 순수한 그리스도교 도덕은 이 중대한 의무를 거의 주목하거나 인정하지 않는다.

"한 관직에 가장 적합한 인물이 국내에 있는데도 다른 사람을 그 자리에 앉히는 지배자가 있다면, 그는 국가와 신에게 죄를 짓는 것이다."

이 격언은 그리스도교의 신약성서가 아닌 이슬람교의 코란에 나오는 말이다. 사회에 대한 의무라는 관념을 근대 도덕이 조금이나마 인정하고 있다면, 그것은 그리스도교 도덕보다는 차라리 그리스와 로마의 도덕에서 비롯된 현상일 것이다. 마찬가지로 사생활의 도덕에도 만일 관대한 아량, 고매한 기백, 인격적 위엄, 겸허함 등이 존재한다면 그것은 우리 교육의 순수한 인간적 부분에서 유래한 것이지 종교적 부분에서 비롯된 것이 아니다. 또한 그런 것들은, 복종만을 공인된 유일한 가치로 보는 윤리적 표준에서는 결코 생겨날 수 없는 것이다.

이러한 결점들이 그리스도교 도덕에 필연적으로 내재되어 있다든가, 아니면 완전한 도덕 학설에 꼭 필요한 요소이지만 그리스도교 도덕에서는 찾아볼 수 없는 수많은 요소들이 그리스도교 도덕과는 절대로 융화할 수 없다고 감히 주장할 생각은 없다. 나는 그리스도 자신의 교리 및 가르침에 대해 이러한 주장을 펼칠 생각은 더더욱 없다.

그저 내가 믿는 바는 다음과 같다. 즉, 그리스도의 말씀이 의도하던 바를 밝힐 수 있는 증거는 오직 그분의 말씀뿐이다. 그리고 그리스도의 말씀은 보편적 도덕이 요구하는 어떤 것과도 모순되지 않는다. 또한 윤리의 훌륭한 요소는 모두 그리스도의 말씀에 포함될 수 있는데, 재미있는 사실은 이런 방법이, 그리스도의 말씀으로부터 어떤 실천윤리 체계를 이끌어내려 애쓰는 것보다 그분의 의도를 덜 왜곡한다는 점이다.

이러한 내 생각은 다음과 같은 믿음과도 모순되지 않는다. 즉 그리스도의 말씀은 진리의 일부만을 담고 있으며, 애초부터 그럴 의도를 지닌 말씀이었다. 그리고 가장 훌륭한 도덕의 본질적 요소 중 상당수는 그리스도교 창시자의 기록된 말씀에서는 제시되지 않았고, 이 역시 처음부터 그에게 제시할 의도가 없었다. 오히려 그리스도의 말씀을 바탕으로 그리스도 교회가 수립한 윤리체계에서는 그런 요소들이 완전히 무시되어 왔다.

그리스도교의 교리에서 우리 행위를 인도해 줄 완전한 규칙을 악착같이 찾아내려는 시도를 내가 커다란 실수로 보는 것도 이러한 이유 때문이다. 그리스도는 그런 완전한 규칙을 인정하고 우리에게 강제하려 했지만 결국 부

이슬람 성전 코란
코란은 신이 마호메트에게 계시한 것이라고 알려져 있다. 114장으로 나뉜 코란에는 모든 이슬람 교도가 반드시 따라야 할 지침·의무가 자세히 기록되어 있다.

분적으로 제시하는 데 그쳤다. 따라서 그리스도교의 교리에서 완전한 규칙을 찾으려는 것은 편협한 생각이다. 이런 생각은 오늘날 많은 선량한 사람들이 애쓴 도덕적 훈련 및 교육의 가치를 크게 해치고 이는 실제 중대한 해악을 끼친다.

　나는 다음 일을 두려워하고 있다. 오로지 종교적인 유형에 따라 인간의 정신 및 감정을 형성하려 하고, 또 지금까지 그리스도교 도덕과 공존해 오면서 그 부족한 점을 서로 보충해 온 세속적 도덕기준(달리 적당한 말이 없으므로 이렇게 부르겠다)을 폐기함으로써, 무기력하고 비열한 노예근성이 만들어질까 두려운 것이다. 실제 이런 성격은 이미 존재한다. 이런 노예근성에 사로잡힌 사람은 자신이 '최고 의지(the Supreme Will)'라 생각하는 것에는 복종하지만, '최고의 선(Supreme Goodness)'에 도달하여 공감할 수는 없다.

나는 인류의 도덕을 재건하기 위해서는, 오직 그리스도교만을 바탕으로 발전하는 윤리 외에 다른 윤리가 그리스도교 윤리와 공존해야 한다고 믿는다. 또한 그리스도교 체계라 해도, 인간 정신이 불완전한 상태에 있는 동안에는 진리를 위해 다양한 의견이 필요하다는 규칙에서 예외가 될 수 없다.

그리스도교에 포함되지 못한 도덕적 진리를 무시하는 일을 그만둔다고 해서, 그리스도교가 내포하고 있는 진리를 무시해도 된다는 것은 아니다. 만약 이와 같은 편견이나 부주의가 발생한다면 그것은 분명 해악이지만 우리가 이런 해악을 반드시 피할 수 있다는 보장도 없다. 이 해악은 커다란 이익(최고의 선)을 위해 지불해야 할 대가로 보아야 한다. 진리의 한 부분이 마치 전체인 양 주장되는 경우에는 당연히 항의하는 사람이 나타나야 한다. 그런데 이처럼 항의하는 사람이 반사적 충동에 사로잡혀 불공평한 행동을 한다면 어떨까. 이런 일면적 주장은 항의 받는 대상인 일면적 주장과 마찬가지로 매우 바람직하지 못하지만, 우리는 이를 너그럽게 용서해야 할 것이다. 만일 그리스도교 교도가 이교도에게 공평한 행동을 하라고 가르친다면, 그들 역시 이교도를 공평히 대해야 한다. 상식 수준으로 문학사를 알고 있는 사람이라면, 가장 고귀하고 가장 가치 있는 도덕적 교훈의 대부분이 그리스도교 신앙에 대해 아예 모르거나 알면서도 거부한 사람들에 의해 이루어졌다는 사실을 누구나 알고 있는데 이러한 사실을 못 본 척하는 것은 진리에 전혀 도움이 되지 않는다.

가능한 모든 의견들을 발표할 자유를 무제한적으로 허용함으로써, 종교계 및 철학계의 분파주의에서 비롯되는 폐해를 완전히 없앨 수 있다고 주장하려는 것도 아니다. 포용력이 부족한 사람들은 자기들의 진리를 마치 유일한 진리처럼, 또는 최소한 그 진리에 제한이나 수정을 가할 수 있는 다른 진리는 존재하지 않는 것처럼 열렬히 주장하고 가르치며, 여러 방법으로 실행에 옮기기까지 한다. 모든 의견은 본디 분파적 경향을 띠기 쉬운데, 이런 경향은 가장 자유로운 토론으로도 종종 교정되지 않거나 심지어는 악화되기도 한다는 사실을 나도 인정한다. 당연히 인정받아야 하는데도 인정받지 못하는 진리를 반대자들이 주장한다는 이유로 세상은 그 진리를 더욱 맹렬하게 거부하기도 한다.

그러나 이와 같은 의견 충돌이 유익한 효과를 주는 대상은 당파심이 강한 사람들이 아니라 보다 냉정하고 사심 없는 방관자들이다. 부분적 진리들 사이에서 일어나는 맹렬한 싸움보다는, 진리의 일부가 다른 부분을 은밀히 억압하는 경우 훨씬 더 가공할 만한 해악을 낳는다. 사람들이 두 주장을 다 듣는 경우에는 언제나 희망이 있다. 그러나 한쪽 의견에만 주의를 기울일 때 오류는 편견으로 굳어지며, 진리는 과장되어 허구로 변해 진리로서의 효과를 발휘하지 못하게 된다. 그리고 어떤 문제에 관해 서로 대립하는 의견 중 한쪽만이 변호인을 통해 발표될 경우, 두 의견의 옳고 그름을 현명하게 판결할 수 있는 재판관으로서의 정신적 자질을 갖춘 사람은 매우 드물다. 그러므로 진리의 모든 측면, 즉 조금이라도 진리를 내포하고 있는 온갖 의견은, 사람들의 주목을 끌 정도로 훌륭한 변호를 얼마나 받느냐에 비례해서만 비로소 널리 인정받을 기회를 얻는다.

지금까지 우리는 네 가지 명백한 근거를 토대로 의견의 자유 및 의견 발표의 자유가 인류의 정신적 행복(이것이 인류의 다른 모든 행복을 좌우한다)을 위해 반드시 필요하다는 사실을 알게 되었다. 그 요점들을 간단히 정리해보자.

첫째, 침묵을 강요당한 어떤 의견은 어쩌면 진리일 수도 있다. 이 사실을 부정하는 행위는, 우리의 절대적 무오류성을 가정하는 것과 같다.

둘째, 침묵을 강요당한 의견이 설령 완전한 진리는 아닐지라도, 진리의 일부분을 내포하고 있을 수는 있다. 실제로도 그런 경우가 대부분인데, 어떤 문제에 대한 일반적이고 지배적인 의견이 완전한 진리인 경우는 매우 드물거나 아예 없기 때문에 이 부분적 진리의 나머지 부분을 보충하려면 반대 의견과의 충돌이 필요하다.

셋째, 세상에서 널리 인정되고 있는 의견이 단순한 진리 수준을 넘어서서 완전한 진리일 경우에도 논쟁은 필요하다. 만일 이러한 의견에 대한 활발하고도 진지한 논쟁이 허용되지 않고 실제로도 이루어지지 않는다면, 이 의견을 받아들이는 사람들 대부분은 마치 편견을 가진듯 그것을 무조건 지지할 것이다. 다시 말해 그들은 이 의견의 근거를 이해하거나 실감하지 못할 것이다.

넷째, 만약 자유로운 토론이 없다면 교의 자체의 의미가 사라지거나 약화되어, 그 의견은 사람의 인격 및 행위에 미치는 생생한 영향력을 잃어버릴 수 있는 위험에 처하게 될 것이다. 교의는 힘을 잃고 단순한 형식적 신앙고백으로 전락하고, 이성이나 개인적 경험으로부터 참된 확신이 생겨나는 일마저 방해한다.

　의견의 자유라는 주제에 관한 논술을 마치기 전에, 모든 의견의 자유로운 발표는 온건하고 공정한 토론이라는 틀 안에서만 이루어져야 한다고 주장하는 사람들에 대해 살펴보겠다. 그런데 이 공정한 토론의 한계를 결정지을 수 없다는 점에 대해 많은 논의가 벌어질 수 있을 것이다. 왜냐하면 나는, 자기 의견을 논박당한 사람이 느끼는 불쾌감을 기준으로 공정한 토론 범위를 정하는 경우 효과적이고 강한 논박은 늘 상대에게 불쾌감을 준다는 사실과, 상대를 맹렬히 추궁해서 답변조차 못하도록 만들어 버리는 반대자가 한 문제에 대해 강한 감정을 표시할 때, 상대는 그를 불손하기 짝이 없는 반대자라고 여기게 마련이라는 사실은 인간의 경험이 잘 보여 주고 있다고 생각하기 때문이다.

　실제적 관점에서 볼 때 이러한 문제는 분명히 중요하지만 이는 근본적인 반대론에 속한다. 아무리 진실한 의견이라 해도 그것을 주장하는 태도가 불쾌하면 심한 비난을 받아야 할 것이다. 그러나 이런 종류의 무례함은, 주장하는 사람 스스로가 우연히 폭로하지 않으면 대개 확인할 수 없다. 그중에서도 특히 대처하기 까다로운 경우는 궤변을 늘어놓거나, 사실이나 논증을 은폐하거나, 문제의 요점을 잘못 기술하거나, 반대 의견을 잘못 전달하거나 하는 것 등인데 문제는 무지하거나 무능해 보이지 않는 사람들이 이와 같은 행위를 꾸준하고도 성실한 태도로 한다는 것이다. 그러므로 선량한 믿음에서 비롯된 이런 잘못을 도덕적 죄로 낙인찍는 일은 거의 불가능하다. 하물며 법이 이러한 논쟁에서의 잘못된 행위에 간섭한다는 것은 더더욱 불가능하다.

　세상 사람들이 나쁜 논의라고 여기는 것, 즉 욕설, 빈정거림, 인신공격 등과 관련해 대립하는 양쪽 모두에게 이 나쁜 무기를 사용하지 말라고 공평하게 제안한다면, 이 무기의 사용에 대한 비난은 당연히 더 많은 공감을 얻을 것이다. 그러나 이런 무기 사용을 금지당하는 대상은 주로 우세한 의견에 대항하는 세력이다. 우세한 세력이 소수 의견을 상대로 이런 무기를 사용하는 행위는 일반 사람들에게 비난받지 않을 뿐 아니라 오히려 이렇게 행동하는 사람은 성실한 열의와 정당한 의분을 품은 인물이라고 칭찬받는다. 그러나 이 무기 때문에 발생하는 해악은 상대적으로 방어 능력이 없는 사람에게 사용될 때 가장 크다. 그리고 이 무기를 사용해 어떤 의견을 주장함으로써 얻는 부당한 이익은, 그 종류가 무엇이든 널리 공인된 의견이 독점하게 마련이다. 논쟁 당사자가 저지를 수 있는 이런 부정행위 가운데 가장 나쁜 것은, 반대 의견을 주장하는 사람들에게 사악하고 부도덕한 인물이라는 오명을 뒤집어씌우는 행위이다. 특히 인기 없는 의견을 주장하는 사람들은 이런 비방을 받기 쉽다. 왜냐하면 그들은 일반적으로 수도 적고 영향력도 없으며, 그들이 공평한 대우를 받는지에 대해 관심을 가지는 사람은 그들 자신뿐이기 때문이다. 한편 우세한 의견을 공격하는 사람들은 이 무기를 쓸 수 없다. 그들이 스스로에게 해를 끼치지 않고 그것을 사용하는 것은 무기의 성질상 매우 어려우며, 설령 안전하게 사용한다 하더라도 결국 똑같은 무기로 보복을 당할 뿐이다.

일반적 사회 통념과 반대되는 의견을 주장하는 사람은, 되도록 부드러운 용어를 사용하고 대단히 신중하게 행동하면서 불필요한 공격을 삼가야지만 비로소 발언 기회를 얻을 수 있다. 만일 이런 주의를 조금이라도 게을리 하면 언제든 발붙일 자리를 잃어버릴 수 있다. 반면 우세한 의견을 주장하는 사람이 터무니없는 폭언을 퍼붓는 경우에는, 사람들은 반대 의견을 발표하지도 않고 그런 의견에 귀 기울이지도 않는다. 그러므로 진리와 정의를 위해서는, 폭언 남용에 관해 우세한 편을 억제하는 것이 반대자들을 억제하는 것보다 훨씬 중요하다. 예를 들어 둘 중 하나를 선택해야 한다면, 정통적인 종교에 대한 것보다는 무신앙에 대한 무례한 공격을 억제하는 일이 더욱 필요하다.

그러나 어느 쪽을 억제할지는 법이나 권위와는 아무 관련이 없고, 반면 여론은 모든 경우에 개별적 사안의 사정에 따라 판결을 내려야 할 것이다. 그리고 서로 대립하는 의견 가운데 무엇을 지지하든 간에, 자신의 주장을 변호하는 태도에서 공정성 결여, 악의, 고집, 편협한 감정 등을 보이는 사람들은 모두 비난받아야 한다. 그러나 누군가가 취하는 입장이 설령 우리 입장과 반대된다 할지라도, 앞에서 말한 부정행위를 그가 저지르고 있다고 함부로 추론해서는 안 된다. 그리고 그가 주장하는 내용이 무엇이든지 자기 의견에 반대하는 이가 누구이며 그 반대 의견의 실체가 무엇인지 냉정하게 관찰하고 정직하게 진술하는 사람과, 반대자들에게 불리한 사항을 과장하지 않으며 그들에게 유리한 사항을 숨기지 않는 사람은 존경받아야 한다. 이것이야말로 공공 토론의 진정한 도덕이다. 이러한 도덕을 침해하는 사람도 종종 있지만, 그래도 많은 토론자들이 대체로 이를 준수하고 양심적으로 지키려고 애쓴다는 그 사실이 내 마음을 기쁘게 해 준다.

〈주〉

*1 이 부분을 채 다 쓰기도 전에 한 사건이 일어났다. 마치 내 말에 반박이라도 하듯 정부가 '출판물 고발사건(1858)'을 일으킨 것이다. 그러나 정부가 이처럼 잘못된 판단을 내려 공적 토론에 무분별하게 간섭했다 해도, 나는 본문의 단 한 구절도 바꿀 생각이 없다. 또 일시적 위기상황을 제외한다면, 영국 사회가 고통 및 형벌로써 정치적 논의를 규제하던 시기는 이미 지나갔다고 보는 내 믿음도 여전한데 그 이유는 크게 두 가지다. 첫째, 이 사건에서의 고발은 강도가 그리 세지 않았다. 둘째, 그 고발은 엄밀히 말하자면 결코 정치적 목적을 띠진 않았다. 이때 고발된 출판물의 범죄내용을 살펴보면 일목요연하다. 고발된 범죄는 제도나 통치자의 행위나 인물을 비판한 죄는 아니었다. 그것은 부도덕한 교의, 다시 말해 폭군 살해의 정당성을 주장하는 교의를 유포한 죄였다.

만일 이 장의 논의가 옳다면, 아무리 부도덕한 논설(학설)이라도 윤리적 확신 문제로서 표명하고 의논할 완전무결한 자유가 존재해야 한다. 그러므로 여기에서 폭군 살해의 도덕성을 논할 필요는 없을 것이다. 이는 본론과 어긋나는 고찰이다. 다만 나는 세 가지 사실만 말해 두고자 한다.

첫째, 이러한 문제는 어느 시대에나 도덕적인 미해결 문제로 존재해 왔다.

둘째, 법률을 초월하는 높은 지위에 올라 법적 형벌이나 통제로부터 벗어난 범죄자를 온 국민이나 몇몇 선량하고 현명한 사람들이 타도하는 행위는, 예로부터 범죄가 아닌 숭고한 도덕적 행위로 간주되어 왔다.

셋째, 이러한 행위는 옳고 그름을 떠나 암살이 아닌 내란의 성질을 지닌다. 그러므로 나는 이런 일(폭군 살해)을 교사하는 행위는 처벌대상이 될 수 있다고 생각한다. 다만 교사에 이어 폭군 살해가 실제로 일어나고, 그 둘 사이의 확실한 개연성이 증명될 경우에 한해서다. 또 그런 경우라 할지라도 폭군 살해 및 교사가 정당방위일 때에는, 그를 합법적으로 처벌할 수 있는 것은 공격받은 정부뿐이다. 즉 다른 나라 정부는 간섭할 권한이 없다.

*2 '악마의 대변자(devil's advocate)'란 'Advocatus Diaboli'를 영어로 번역한 것이다. 로마

가톨릭교회에서는 종교적으로 뛰어났던 과거의 인물을 성인 반열에 올리려고 할 때마다, 누구 한 사람을 선정하여 그 인물에게 가능한 한 많은 비난을 퍼붓도록 하는 관례가 있었다. 이러한 비난을 퍼붓는 임무를 맡은 사람이 바로 '악마의 대변자'이다. 그런데 이때 퍼붓는 비난은 정당한 근거 없이 형식적으로 만들어 낸 것들이 대부분이어서 뒷날 이 'devil's advocate'라는 용어는 자기 마음에도 없는 논의를 일부러 제시하는 사람을 가리키는 말이 되었다.

＊3 단테(Dante, 1265~1321)가《신곡》의 '지옥편'에서 아리스토텔레스를 가리켜 한 말로서, 바꿔 말하면 '학자 중의 학자'라는 뜻이다.

＊4 라틴어로 '해골'을 뜻하는 갈보리(Calvary)가 곧 골고다(Golgotha)이다. 예수가 십자가에 못 박힌 예루살렘 부근의 언덕을 가리킨다. 〈마태복음〉 제27장 33절, 〈누가복음〉 제23장 33절 참조.

＊5 〈마태복음〉 제26장 57~66절을 보면 다음과 같은 내용이 나온다.

"예수를 붙잡은 자들이 그를 끌고 대제사장 가야바의 집으로 가니 거기에 서기관과 장로들이 모여 있더라. 베드로가 멀찍이 예수를 따라 대제사장의 집 뜰에까지 가서 결과를 보려고 안에 들어가 하인들과 함께 앉았더라. 대제사장들과 온 공회가 예수를 죽이려고 그에 대한 거짓 증거를 찾으매, 거짓 증인은 많이 왔으나 증거는 얻지 못하였다. 그런데 나중에 두 사람이 와서 가로되 '이 사람이 하나님의 성전을 헐고 사흘 만에 다시 지을 수 있다고 말했다' 하였다. 그러자 대제사장이 일어나 예수께 묻되 '대답할 말이 없느냐? 이 사람들이 제시한 너를 칠 증거가 어떠한가?' 하였는데 예수께서 침묵하시거늘 대제사장이 다시 '내가 너로 살아 계신 하나님께 맹세하게 하노니 네가 하나님의 아들 그리스도인지 우리에게 대답하라' 하였다. 예수께서 가라사대 '네가 말한 대로이니라. 그러나 내가 너희에게 이르노니 이후 인자(人子)가 권능의 오른편에 앉는 것과 하늘 구름을 타고 오는 것을 너희가 볼 수 있으리라.' 하시니 이에 대제사장은 자기 옷을 찢으며 '저 자가 참람한 말을 하였으니 어찌 증인을 더 요구하리오! 보라, 너희는 지금 참람한 말을 들었노라! 너희 생각은 어떠한가?' 하였다. 그러자 사람들은 그를 사형에 처해야 한다고 대답했다."

＊6 〈사도행전〉 제7장 55~60절에 다음 이야기가 적혀 있다.

"스데반이 성령 충만하여 하늘을 우러러 주목하니 하나님의 영광과 예수께서 하나님의 오른편에 서 계신 모습이 보였다. 그는 '보라, 하늘이 열리고 인자가 하나님의 오른편에 서 계시는 모습이 보인다' 하였다. 그러자 사람들은 큰 소리를 지르며 귀를 막고 한꺼번에 달려들어 스데반을 성 밖으로 내치고 돌로 내리쳤다. 증인들은 옷을 벗어 사울이라는 청년 앞에 두었다. 그들이 돌로 스데반을 치니 스데반은 '주 예수여, 내 영혼을 받으시옵소서!' 부르짖었다. 그리고 무릎 꿇으며 '주여, 이 죄를 저들에게 돌리지 마옵소서' 이렇게 큰 소리로 외치고는 잠이 들었다."

그런데 〈사도행전〉 제8장 1~3절에는 이런 말이 나온다.

"사울이 스데반의 죽음을 마땅히 여기더라. 그날 예루살렘에 있는 교회가 큰 핍박을 받아 사도 외에는 다 유대와 사마리아 모든 땅으로 흩어지니라. 경건한 사람들이 스데반을 장사 지내고 그를 위하여 크게 울더라. 그런데 사울은 교회를 잔멸하려고 집집마다 들어가 남녀를 끌어다가 감옥에 넘기니라."

여기에서 사울은 성 바울의 본디 이름이다.

*7 마르쿠스 아우렐리우스(Marcus Aurelius Antoninus, 121~180)는 로마의 황제로 161년부터 180년까지 재위했다. 그는 용맹무쌍하여 여러 야만인들을 쳐부수는 데만 전념한 것처럼 보이지만, 한편으로는 학문을 즐기기도 하였는데 특히 스토아철학을 신봉하여 유명한 《명상록》을 남기기도 했다. 그는 그 시대의 군주로서는 보기 드문 인격자였지만 그리스도교 박해와 같은 실수를 저지르기도 했다.

*8 콘스탄티누스 1세(Constantinus, 274~337)는 306년부터 337년까지 로마를 다스린 황제였다. 그는 로마 황제들 가운데 최초의 그리스도교 교도였다. 청년 시절부터 여러 원정에 참여하며 유능한 군인으로서 두각을 나타내었던 그는 로마 황제들 중에서도 특히 위대한 조직적 정치가로 알려져 있다.

*9 영국인들이 사랑하며 자랑스럽게 여기는 사무엘 존슨(Samuel Johnson, 1709~1784)을 가리킨다. 그는 18세기 영국 문단의 중심인물이었다.

*10 《구약성서》에 나오는 표현이다. 유대인들이 깊은 슬픔에 잠겼을 때 하는 행동을 나타낸다. 〈에스더〉 제4장 1~3절을 보면 다음과 같은 기록이 있다.

"이 모든 일을 알게 되자 모르드개는 옷을 찢고 굵은 베옷을 걸치고 재를 뒤집어쓴 채 대성통곡하며 거리를 지나 대궐문 앞까지 와서 멈추어 섰다. 베옷을 입은 자는 대궐문으로 들어갈 수 없기 때문이었다. 어명이 법령으로 공포된 각 지방에서도 모든 유대인들이 상을 당한 사람처럼 가슴을 치고 통곡하며 낮이나 밤이나 잿더미에서 베옷을 깔고 지냈다."

*11 로크리스(Lokris)는 고대 그리스 중부의 한 지방 이름이다.

*12 브레스키아의 아놀드(Arnold of Brescia, 1100~1156)는 이탈리아의 아우구스티누스파 수도사였다. 그는 교황이 세속에 간섭하는 행위, 교회의 부패, 승려의 탐욕 등에 분노하여 로마에서 종교개혁을 일으켰다. 그 결과 그는 체포되어 화형을 당했다. 브레스키아는 이탈리아 롬바르디아 지방에 있는 도시다.

*13 프라 돌치노(Fra Dolcino)는 13세기부터 14세기 초반에 살았던 인물로 이탈리아의 승려였다. 그 무렵 종교개혁주의의 교단이었던 Apostolic Brethren의 수장이었다.

*14 사보나롤라(Girolamo Savonarola, 1452~1498)는 이탈리아의 종교개혁가였다. 그는 열띤 예언자적 설교를 했으며 교회의 세속화를 비판했다. 그는 1495년에 설교 금지를 당하였으며, 1497년에는 교황이 내린 파문 선고를 받아들이지 않고 반항을 계속

하다가 체포되었다. 그 뒤 그는 심문을 받고 사형에 처해졌다. 그러나 그의 열렬한 신앙은 당시 많은 사람들에게 감동을 주었다고 한다.

＊15 알비파(Albigeois)는 12세기부터 13세기에 걸쳐 프랑스 남부의 알비(Albi) 지방에 근거지를 두고 활동하던 이교도 일파이다. 그들은 로마 가톨릭교회의 교리와 의식에 복종하지 않고, 간소한 생활과 엄격한 도덕을 중시하였다. 그러나 13세기에 이노센트 3세가 이 일파를 섬멸하였다.

＊16 발도파(Waldenses)는 프랑스 사람인 페테 발도(Peter Waldo)가 1170년 무렵에 창시한 것으로, 그리스도교의 한 교파다. 이것은 성서의 가르침을 문자 그대로 지키려고 한 금욕적인 단체였다.

＊17 롤라즈(Lollards)는 14세기 무렵 영국의 저명한 종교개혁가인 존 위클리프(John Wycliffe, 1330∼1384)의 가르침을 신봉하던 사람들에게 붙여진 이름이다. 이들은 종교개혁의 선구적 역할을 했다.

＊18 후스 교도(The Hussites)는 보헤미아의 저명한 종교개혁가인 후스(Johannes Huss, 1372∼1415)를 따르던 사람들을 가리킨다.

＊19 메리(Mary, 1516∼1558)는 '피의 메리(Bloody Mary)'라는 별명으로 불렸던 영국의 여왕이다. 그녀는 역사상 유례가 없을 정도로 가혹한 종교적 박해를 단행하여 신교의 모든 조직을 없애버리려 했다. 그녀는 이처럼 신교를 가혹하게 박해했을 뿐 아니라 학정을 일삼았다고 한다. 이후 그녀는 엘리자베스 1세를 상대로 음모를 꾸미다가 체포되어 1558년 2월에 사형되었다. 만일 그녀가 사형되지 않고 계획에 성공했더라면 영국의 신교도들은 큰 화를 입었을 것이다. 그래서 밀은 여기에서 "만약 메리 여왕이 ……"란 표현을 쓴 것이다.

＊20 1857년 7월 31일에 토머스 풀리(Thomas Pooley)가 보드민 순회재판소(Bodmin Assizes)에서 바로 이런 일을 당하였다. 그러나 이 해 12월에 그는 국왕으로부터 특별사면을 받았다.

＊21 조지 제이콥 홀리오크(George Jacob Holyoake)와 에드워드 트루러브(Edward Truelove)를 가리킨다. 홀리오크는 1857년 8월 17일에, 트루러브는 1857년 7월에 그런 일을 당했다.

＊22 1857년 8월 4일 말보로 지방의 경찰재판소에서 그런 일을 당한 드 글라이헨(de Gleichen)을 가리킨다.

＊23 세포이의 항쟁(Sepoy insurrection)을 예로 들 수 있다. 1857년 인도 주민들이 일으킨 이 항쟁을 상대하게 된 영국인들은 박해자로서의 맹렬한 감정에 사로잡혔다. 그 결과 영국인들의 국민성 가운데 가장 안 좋은 부분이 세상에 널리 알려지고 말았다. 우리는 이 사실에서 마땅히 경계해야 할 많은 교훈을 얻을 수 있다. 광신자들이나 허풍선이들이 설교단에서 미친 듯이 떠들어 대는 소리라면 별로 문제되지 않을지도 모른다.

하지만 복음교회의 간부들은 힌두교도들과 이슬람교도들에 대한 통치 원칙으로서 "성경을 가르치지 않는 학교는 절대 공금으로 운영될 수 없으며, 필연적으로 진정한 그리스도교 교도나 그리스도교 교도를 자처하는 사람 이외에는 그 누구도 공직에 오를 수 없다" 계속 공언해 왔던 것이다. 어떤 국무차관은 1857년 11월 12일, 그의 선거구민 앞에서 연설할 때 이렇게 말했다고 한다.

"그들의 신앙(1억에 이르는 영국연방 국민들의 신앙)의 자유란 무엇인가. 영국 정부는 그들이 종교라고 부르는 미신을 너그럽게 허용했다. 그 결과 대영제국의 위명을 방방곡곡으로 떨치는 일에도, 그리스도교의 건전한 발전에도 모두 차질이 생겼다. 관용은 우리나라에 존재하는 종교의 자유를 떠받치는 중요한 초석이다. 그렇지만 연방 국민들로 하여금 관용이라는 이 귀중한 말을 남용케 해선 안 된다. 내가 이해하는 바에 따르면, 관용이라는 것은 동일한 기반 위에서 예배를 보는 그리스도교 교도들 사이에서 부여되는 완전한 자유, 다시 말해 그리스도교 교도들의 예배의 자유를 가리킨다. 즉 그것은 유일한 매개자(그리스도)를 믿는 그리스도교의 온갖 분파나 종파에 대한 관용을 의미하는 것이다."

나는 여러분이 다음과 같은 사실에 주목해 주길 바란다. 자유당 내각 아래에서 영국 정부의 요직에 능히 오를 만하다고 평가받던 인물이 "그리스도교의 신성을 믿지 않는 사람들은 모두 신앙의 자유를 보장받을 자격이 없다" 주장했다. 이처럼 어리석은 언동을 본다면, 종교적 박해의 시기는 이미 지나가버렸으며 이제 두 번 다시 돌아오지 않을 것이라는 망상을 그 누가 할 수 있겠는가?

＊24 연소(燃素), 즉 불에 타는 요소가 가연물에 포함되어 있다는 주장은 18세기 후반까지 과학계를 주름잡던 학설이었다. 연소설을 처음으로 주장한 사람은 베허(Johann Joachim Becher, 1635~1682)이며, 이를 완성한 사람은 슈탈(Georg Ernst Stahl, 1660 ~1734)이었다. 그러나 연소설은 그 뒤 등장한 라부아지에(Antoine Laurent Lavoisier, 1743~1794)의 산소(酸素) 이론으로 인해 완전히 뒤집어졌다.

＊25 데모스테네스(Demosthenes, BC 384~322)를 가리킨다.

＊26 키케로(Marcus Tullius Cicero, BC 106~43)는 로마 공화정 초기의 집정관이었다. 또한 그는 후기 스토아학파의 철학자였으며 웅변가이기도 했다. 기원전 70년에 그는 속주의 총독이었던 베레스(G. Verres)를 기소하였는데, 이때 베레스의 착취와 잔인성을 탄핵하는 연설을 해서 유명해졌다. 키케로의 철학은 스토아학파 사상을 계승했으므로 독창성은 없지만, 그리스 사상을 로마와 유럽 사회에 전파했다는 점에서 높이 평가받고 있다. 그는 인간의 '자연적 평등'에 대한 관념을 계승했으며 국가를 '백성 전체의 조직(constitutio populi)'으로 보았다. 이는 그리스의 폴리스(Polis)와는 대조적인 국가이다. 키케로의 저서 《국가론(De Republica)》 제4권의 '자연법 이론'은 유명하다. 또한 그는 혼합 정치체제를 주장하였다. 현재 키케로는 로마에서 제일가는 웅변가로

전해지며, 그의 문체는 라틴 문장의 모범으로 여겨지고 있다.

＊27 원문은 nisi prius advocate이다. nisi prius란 '순회재판에서의 민사소송'을 뜻한다. 이런 소송에 나서는 변호사는 대개 약삭빠르고 말주변이 좋다.

＊28 존 녹스(John Knox, 1514~1572)는 스코틀랜드의 종교개혁가로 제네바에서 칼뱅의 사상에 감화를 받았다. 스코틀랜드로 돌아온 그는 저 '피의 메리' 여왕과 대립하며, 그녀에게 교회의 철저한 개혁을 요구했다. 칼라일은 그런 녹스를 '당시의 스코틀랜드 사람 중에서 가장 강건한 사람'이라고 평가했다. 1560년에 그가 쓴《스코틀랜드 신앙 고백》이 의회의 승인을 받음으로써, 칼뱅주의 종교개혁이 완성됨과 동시에 장로파 교회가 성립되었다. 그의 유명한 저서로는《스코틀랜드 종교개혁사》가 있다.

제3장 사회복지의 한 요소로서의 개성에 관하여

　인간이 자신의 의견을 자유롭게 구성하여 아무 거리낌 없이 발표하는 일이 어째서 중요한가. 그 필요성은 앞서 살펴본 바와 같다. 이러한 자유가 허락되지 않거나 금지에 대항하여 억지로라도 주장하는 사람이 없다면, 이런 상황은 인간의 지성뿐 아니라 도덕성에까지 악영향을 미친다는 것 또한 앞서 논의하였다. 이제부터는 같은 논리에 따라, 인간이 자신의 의견을 실행할수 있는 자유에 관해 검토해 보기로 하자. 이 자유란 자신이 모든 책임과 위험부담을 지면서 행동하는 한, 동포들로부터 육체적·정신적 방해를 받지 않고 자신의 의견을 생활에서 실현하는 자유를 뜻한다. 여기에서 '자신이 모든 책임과 위험부담을 지면서'라는 조건이 꼭 따라야 한다.

　행위도 의견만큼 자유롭게 허용되어야 한다고 주장하는 사람은 없다. 오히려 의견의 자유가 행위에게 덜미를 잡히는 경우, 즉 한 의견이 어떤 해로운 행위를 적극적으로 선동·교사하는 경우에는, 다른 사람의 간섭 없이 의견을 발표할 수 있는 권리마저 잃고 만다. 곡물상을 가난한 사람들을 굶어죽게 만드는 원인으로 보거나 사유재산제도를 곧 약탈이라고 보는 의견이 단지 출판물을 통해 유포될 뿐이라면 어떤 방해도 받아서는 안 된다. 하지만 어느 곡물상의 집 앞에 모여든 성난 군중들 앞에서 이런 의견을 말로 전하거나 현수막 형식으로 전한다면 이는 당연히 처벌의 대상이 된다. 정당한 이유 없이 다른 사람에게 피해를 주는 모든 행위는 이에 반대하는 일반적 감정(여론)이나, 필요하다면 사람들의 적극적인 개입에 의해 억제될 수 있고 사태가 심각한 경우에는 반드시 억제되어야 한다.

　개인의 자유는, 그가 다른 사람들에게 폐를 끼치지 않는 범위 내에서 제한되어야 한다. 만일 개인이 다른 사람들과 관련된 일에서 그 사람들에게 지나친 간섭을 삼가고 자신과 관련된 일에서 자기 성향 및 판단에 따라 행동한다면, 그는 방해받지 않고 자기 책임하에서 자신의 의견을 실행하는 셈이다.

이러한 행동의 자유는 의견의 자유와 같은 맥락에서 보장된다.

인간은 오류를 범할 수밖에 없다. 인간의 진리라는 것은 대개 반쪽짜리 진리에 지나지 않는다. 의견 통일이란 서로 반대되는 의견을 자유롭게 충분히 비교해 보지 않는 한 바람직하지 않고, 또한 진리의 모든 측면을 인식하는 인간의 능력이 지금보다 훨씬 발전하기 전까지 의견 차이는 해악보다도 이익을 가져다 준다. 이는 사람들의 의견뿐 아니라 행동양식에도 얼마든지 적용될 수 있다.

인간이 불완전한 존재인 이상, 서로 다른 의견, 서로 다른 생활이 존재한다는 것은 유익한 일이다. 또 다른 사람에게 해가 되지 않는 한도 내에서 다양한 성격을 지닌 사람들의 자유로운 활동도 유익하다. 그리고 누군가가 다른 생활양식을 경험해 보려고 할 때, 그가 다양한 생활양식의 가치를 실제로 증명하는 것 역시 유익하다. 요컨대 다른 사람들과 관련되지 않는 일에서, 개인이 자신의 개성을 주장하는 것은 바람직하다. 개인이 자기 성격이 아닌 다른 사람들의 전통이나 관습을 행동규범으로 삼아야 하는 사회에서는, 인간의 행복을 구성하는 주된 요소 중 하나이자 개인 및 사회 진보의 핵심요소인 무엇인가가 결여되어 있다.

이러한 원칙을 주장할 경우 직면하게 되는 가장 큰 어려움은 무엇일까. 일반적으로 널리 인정받은 어떤 목적에 도달하기 위한 수단에 대해 올바르게 이해하는 것일까? 아니다. 목적 그 자체에 대한 일반 사람들의 무관심이 가장 큰 문제다. 만약 개성의 자유로운 발전이야말로 행복의 가장 본질적인 요소 중 하나임을 사람들이 깨닫는다면, 즉 그것이 문명·지식·교육·교양 등과 대등한 요소이자 이 모든 것들의 필수 구성요소이며 조건이라는 사실을 사람들이 절감한다면, 자유가 과소평가될 위험은 사라지고 자유와 사회적 통제 사이의 경계를 조정하느라 고생할 필요도 없어질 것이다.

그러나 개인의 자발성이 고유한 가치를 지니고 있으며 그 자체로서 존경받을 만한 요소란 점은, 불행히도 일반 사람들 사이에서는 거의 인정받지 못하고 있다. 사람들 대부분은 인류의 현재 생활방식에 만족하고 있다. 왜냐하면 현재 생활방식을 만들어 낸 것이 바로 그들 자신이기 때문이다. 따라서 그들은 이런 생활방식이 모든 사람들에게 충분히 유익하지는 않다는 사실을 이해하지 못한다. 더욱이 자발성이라는 것을 실현하고픈 이상의 일부로서 추구하는 도덕적·사회적 개혁가가 거의 없고 오히려 이 개혁가들은 자발성을 골치 아프고 다루기 힘든 장애물이라고 경계한다. 그들은 자기들이 생각하는 인류를 위해 가장 좋은 것들이 일반적으로 수용되지 못하게 막는 장애물을 바로 자발성이라고 본다. 학자이자 정치가로서 이름 높은 빌헬름 폰 훔볼트[*1]의 다음 학설의 의미를 제대로 이해하는 사람은, 독일인을 제외하고는 거의 없다.

　"인간의 목적, 즉 막연하고 일시적인 욕구가 아닌 이성의 영원불변한 명령에 의해 규정된 진정한 목적은, 인간의 모든 능력을 최고 수준으로 가장 조화롭게 발전시켜 완전하고 모순 없는 전체를 형성하는 것이다. 그러므로 모든 인간은 끊임없이 노력해야 한다. 특히 동포들을 교화하려 하는 사람들은 언제나 능력과 발전적인 개성에 주목해야 한다. 이를 위해서는 '자유'와 '다양한 상황'이라는 두 가지 전제조건이 필요하다. 이들의 결합으로부터 개인의 활력과 갖가지 다양성이 생겨나며, 또 이 둘이 결합하면 독창성이 생겨난다."[*2]

　사람들은 훔볼트의 이 같은 학설을 낯설게 여기며, 개성에 높은 가치를 부여하는 일에 깜짝 놀란다. 하지만 이런 문제는 '정도의 문제'에 지나지 않는다고 보아야 할 것이다. 남을 모방하는 일 외에 아무것도 하지 않는 것을 탁월한 행동이라고 생각하는 사람은 아무도 없다. 또한 자신의 생활방식과 행위에 스스로의 판단과 개성을 개입시켜서는 안 된다고 주장하는 사람도 없다. 그럼 자신이 이 세상에 태어나기 전에는 아무 지식도 없었던 것처럼, 또 어떤 생활양식이나 행동양식이 다른 양식들보다 낫다는 점을 증명할 만한 경험은 한 번도 존재하지 않았던 것처럼 생활해야 할까? 아니, 이렇게 주장하는 것은 어리석은 일이다. 인간은 인류의 경험으로 확인된 결과를 배우고 그 혜택을 누리도록 어릴 때부터 교육 받고 훈련 받아야 한다는 점을 부인하지 않는다. 그러나 그의 정신적 능력이 성숙해진 뒤, 기존 경험을 자신의 독자적인 방법으로 활용하고 해석하는 것은 인간의 특권이자 적절한 처신이다. 역사에 남아 있는 과거의 경험들 중 무엇이 자신의 환경 및 성격에 올바르게 적용될 수 있는지를 발견하는 것도 그의 임무이다. 다른 사람들의 전통과 관습은 그 경험들이 '그들'에게 무엇을 가르쳐 왔는가를 어느 정도 보여주는 증거이다. 따라서 우리는 이런 추정증거를 당연히 존중해야 할 것이다.

카를 빌헬름 폰 훔볼트(1767~1835)
독일의 언어학자·철학자·정치가. 언어
철학의 기초를 쌓아 종합적이고 인간적
인 언어학을 발전시켰다.

그러나 첫째, 그들의 경험은 매우 좁은 범위에서 이루어졌거나 올바르게 해
석되지 않았을 수도 있다. 둘째, 경험에 대한 해석은 옳아도 그것은 '그들'
자신에게만 적합하지 않을 수 있다. 본디 관습이란 일반적인 상황과 일반적
성격에 맞춰 만들어지는데, 개인의 상황이나 성격은 일반적이지 않을 수도
있기 때문이다. 셋째, 비록 어떤 관습이 바람직하며 그에게 적합하다 할지라
도, 관습이라는 이유 때문에 그것에 따르는 행위는 그에게 부여된 인간으로
서의 능력들 가운데 어느 것도 육성하거나 발달시키지는 못한다.

　인식, 판단, 식별 감정, 정신활동 및 도덕적 선호도 등을 포함한 인간의
모든 능력은 스스로 무엇인가를 선택할 때에만 발달할 수 있다. 어떤 일에서
든 그저 관습이기 때문에 행동하는 사람은 아무 선택도 하지 않는다. 이런
사람은 가장 좋은 것을 식별하거나 요구하는 연습을 전혀 하지 못한다. 정신
적·도덕적 능력은 육체적 능력과 마찬가지로 부지런히 사용해야만 향상된
다. 단지 남들이 하는 행동을 그대로 따라하는 것만으로는 이러한 능력을 개
발할 수 없다. 그것은 어떤 사실을 다른 사람들이 믿으니까 자신도 덩달아

믿는 것과 같은 것이다. 만일 자신의 이성으로는 도저히 이해할 수 없는 근거에서 비롯된 주장을 그냥 받아들인다면, 그의 이성은 강화되기는커녕 오히려 약해져 버릴 것이다. 또한 만일 다른 사람의 권리나 애정이 개입되지 않았을 경우 그가 자신의 감정이나 성격에 안 맞는 동기 때문에 어떤 행위를 한다면, 그것은 그의 감정이나 성격에 활기나 정열을 불어넣지 못하고 오히려 생기 없고 무기력하게 만들어 버릴 것이다.

자신의 생활을 스스로 선택해 설계하지 않고, 세상 사람들이나 자신이 속한 세계의 일부 구성원들이 선택해 주는 대로만 생활하는 사람에게는 원숭이처럼 흉내 내는 재주만 필요할 뿐이다. 그러나 자기 생활을 스스로 선택해 설계하는 사람은 무엇인가를 보기 위한 관찰력, 앞날을 예측하기 위한 추리력과 판단력, 어떤 결단을 내리는 데 필요한 자료를 수집하기 위한 행동력, 어떤 결단을 내리기 위한 식별력, 심사숙고 끝에 내린 결단을 고수하는 확고한 의지와 자제심 등 자신의 모든 능력을 발휘할 수 있다. 그리고 그가 자신의 판단과 감정에 따라 결정하는 행위가 많아질수록, 이 같은 능력은 더욱 필요해지며 실제로 개발될 것이다.

물론 이러한 능력 없이도 그는 해로운 길을 피해 올바른 길을 선택할 수 있다. 그러나 이 경우, 그가 인간으로서 지니는 상대적 가치는 어떨까? 사람이 이루어 낸 성과도 중요하지만, 그 자신이 어떤 부류의 사람인지도 그만큼 중요하다. 인간이 자기 인생을 올곧게 바쳐서 완성하고 꾸며 내는 모든 작품들 가운데 가장 중요한 것은 바로 인간 그 자체인 것이다. 집을 짓고, 곡식을 재배하고, 전투를 하고, 재판을 하고, 심지어 교회를 세워 기도까지 하는 인간 형태의 자동기계가 있다고 가정해 보자. 지구상의 비교적 개화된 지역에 살고 있는, 자연이 생산하며 앞으로도 생산할 표본 중에서도 명백히 빈약한 표본에 지나지 않는 인간과 그 자동기계를 교환한다면 이는 인류의 엄청난 손실이다. 인간의 본성은 모델에 따라 만들어져 미리 지정된 일을 정확히 수행하는 기계와 전혀 다르다. 이것은 자신에게 생명을 주는 내면의 힘에 따라 모든 방향으로 성장하고 발전해야 할 한 그루의 나무와도 같다.

자신의 이해력을 발휘하는 일은 바람직하다. 이성적 판단을 바탕으로 관습에 따르고 때로는 벗어나는 것이, 마치 기계처럼 맹목적으로 관습에 따르는 것보다 낫다는 점은 누구나 인정할 것이다. 그러므로 우리 자신의 이해력

을 가져야 한다는 사실도 어느 정도 인정되고 있다. 그러나 우리가 우리 자신의 욕망과 충동을 가져야 한다는 점 또는 우리 자신이 느끼는 충동이 아무리 강렬할지라도 그것이 우리를 유혹하거나 위험에 빠뜨리지 않을 것이라는 사실은 쉽사리 인정하지 못한다.

그러나 욕구와 충동도 사실 신념이나 절제와 마찬가지로 완전한 인간을 구성하는 한 요소이다. 그리고 강렬한 충동은 적절한 균형을 잃었을 때에만, 다시 말해 일련의 목적과 성향이 강력한 힘으로 발전되어 가는데도, 그것과 병행해야 할 다른 목적과 성향이 여전히 약하고 무기력한 상태에 머물러 있을 때에만 위험한 것이 된다. 사람들이 나쁜 행위를 저지르는 까닭은 그들의 욕망이 강해서가 아니라, 그들의 양심이 허약하기 때문이다. 강렬한 충동과 허약한 양심 사이에는 사실 어떠한 자연적 인과관계도 없다.

자연적 인과관계는 그와는 정반대다. 어떤 사람의 욕망과 감정이 다른 누군가의 욕망과 감정보다 강렬하고 다양하다는 것은, 그가 인간 본성을 이루는 소재를 상대적으로 많이 가지고 있음을 뜻한다. 따라서 그는 다른 누군가보다 악행을 많이 저지를 수 있지만, 반대로 선행도 더 많이 할 수 있다. 강렬한 충동이란 정력의 또 다른 이름인 셈이다. 하기야 정력은 잘못된 목적을 위해 악용될 수도 있다. 그러나 정력적인 성격은 나태하고 무감각한 성격보다 더 많은 선행을 낳을 수 있다. 자연스러운 감정을 가장 풍부하게 지니고 있는 사람은, 그 감정을 자신이 직접 가꾸어 강렬하게 만들어 내는 사람이다. 개인적인 충동을 생기 넘치는 강력한 감정으로 만드는 강한 감수성은, 덕에 대한 가장 열렬한 사랑과 가장 엄격한 자제심을 낳는 원천이기도 하다. 이러한 감수성을 개발할 때 사회는 비로소 의무를 다하고 이익을 옹호하게 된다. 사회가 영웅을 만드는 법을 모른다고 해서 영웅이 만들어질 소재마저 포기해 버려서는 안 된다.

자기 자신의 독자적 욕망과 충동을 가진 사람, 즉 자발적인 육성을 통해 발전되고 수정되어 온 자신의 본성을 독자적 욕망과 충동으로 표현하는 사람은 개성을 가졌다고 볼 수 있다. 자신만의 욕구와 충동을 가지지 못한 사람은 증기기관차가 개성이 없는 것처럼 개성이 없다. 만일 누군가의 독자적 충동이 강렬할 뿐 아니라 강한 의지에 의해 제어된다면, 그는 정력적인 성격을 지닌 사람일 것이다. 욕망과 충동을 통한 개성의 발전을 막아야 한다고 생각하는 사람이 있다면, 그는 다음처럼 주장할 수 있어야 할 것이다.

"사회는 강력한 성격을 가질 필요가 전혀 없다. 즉 개성을 가진 사람들이 많이 있다고 해서 사회가 발전하는 것은 결코 아니다. 또한 정력의 전반적인 수준이 높다는 것도 바람직한 일은 아니다."

초기 사회에서라면 이러한 욕망 및 충동의 힘이, 그때 사회가 가지고 있던 이들을 훈련시키고 통제하는 힘을 훨씬 능가하는 경우가 있었을지도 모른다. 그리고 실제로도 그런 일이 있었다. 자발성과 개성의 요소가 지나치게 많아 사회적 원칙과 충돌한 시대도 있었다. 그 무렵에는 강력한 육체와 정신의 소유자들에게 자신들의 충동을 억제하는 모든 규범에 복종하도록 하는 것이 사회적 과제였다. 이 어려운 과제를 해결하기 위해 법률과 질서는, 마

교황 레오 10세(1475~1521)
피렌체의 메디치 가문 출신. 교황권을 강화하였으며, 베드로 대성당 건립자금을 모으기 위해 면죄부를 팔았다. 이로인해 종교개혁을 주장하는 루터를 파문함으로써 종교개혁의 불씨가 되었다.

치 교황들이 황제들에게 대항하듯이 모든 인간에 대한 지배권을 주장하고, 그들의 성격을 제어하기 위해 생활 전체를 통제할 권리를 요구했다. 그때 사회는 그들의 개성을 속박하는 데 이보다 나은 수단을 찾아내지 못했다.

그러나 오늘날 사회는 사람들의 개성을 꽤 성공적으로 확보하고 있다. 따라서 인간성을 위협하는 위험은 개인적 충동이나 선호가 많아서가 아니라 오히려 부족해서 일어난다. 사회적 지위나 개인적으로 타고난 재능을 가진 강자들의 열정은 법률이나 명령에 끊임없이 저항하게 마련이므로, 과거 사회는 그들의 열정이 미치는 범위 내에 사는 사람들의 안정된 생활을 위해 그 열정을 속박해야 했다. 그런 과거에 비해 오늘날에는 사정이 많이 달라졌다.

우리 시대에는 사회의 최상위 계급에서 최하위 계급에 이르기까지 모든 사람들이, 적의로 가득 찬 소름끼치는 감시 아래에서 생활하고 있는 듯하다. 다른 사람과 관련된 일에는 물론이고 자기 혼자만 관련된 일에 대해서조차, 개인이건 단체건 간에 모든 사람들은 '내가 좋아하는 것은 무엇일까? 대체 무엇이 내 성격과 기질에 맞을까? 내 안에 있는 가장 선하고 고귀한 자질을 올바르게 활동하게 하고 성장하게 해 주는 것은 대체 무엇일까?'를 스스로에게 묻지 못한다.

대신 그들은 자신에게 '내 지위에 어울리는 것은 무엇일까? 나와 같은 신분과 재산을 가진 사람들이 주로 하는 일은 무엇일까? (그보다 더 나쁜 질문이지만) 나보다 우월한 지위와 상황에 있는 사람들은 보통 무엇을 할까?'를 묻는다.

내가 말하려는 것은, 그들이 자기 자신의 성향에 맞는 것을 버리고 관습적인 것을 선택한다는 뜻이 아니다. 그들은 정신 자체가 사회적 속박에 얽매이게 된 탓으로 애초부터 관습적인 것 이외에는 그 무엇도 떠올리지 못한다. 심지어 오락을 즐길 때조차 사람들은 세상의 풍속에 따를 생각부터 한다. 그들은 군중 속에 섞이기를 좋아하고, 일반적으로 이루어지고 있는 범위 내에서 자신의 행동을 선택하며, 특이한 취미나 기이하고 괴상한 짓은 마치 죄악이라도 되는 양 기피한다. 그들은 자신들의 본성에 따르지 않아 마침내는 스스로 따라야 할 본성 자체를 잃어버린다. 그들이 가진 인간적인 여러 능력은 위축되고 쇠퇴된다. 그들은 강렬한 욕망이나 소박한 쾌락도 가지지 못하게 되고, 자기 내부에서 자라나는 의견이나 감정 역시 잃어버리고 만다. 이것이 과연 인간 본성의 바람직한 상태인가, 그렇지 않은가?

칼뱅주의 이론에 따르면 이것은 바람직한 상태이다. 이 이론에서는 인간의 유일하고도 가장 큰 죄악을 '아집'이라고 말한다. 그 내용을 요약하자면 다음과 같다. 인간이 이룰 수 있는 모든 선(善)은 복종에 포함되어 있다. 그대들에게는 선택의 자유가 없다. 그대들은 이러저러한 일들을 해야 하며, 다른 일을 해서는 안 된다. 즉 "무엇이든 의무가 아닌 것은 모두 죄악이다." 인간성은 근본적으로 사악하기 때문에, 인간성이 그의 내부에서 사라져 없어지기 전까지는 누구도 구제될 수 없다.

이러한 인생관을 지닌 사람은 인간의 지능·재주 및 감수성을 파괴하는 일을 결코 죄악으로 여기지 않는다. 인간은 신의 의지에 자신을 내맡기는 것 외에는 어떤 능력도 가질 필요가 없다. 만일 인간이 신의 의지를 보다 효과적으로 수행하는 것 이외의 어떤 목적을 위해 자신의 능력을 사용한다면, 그런 능력은 처음부터 그에게 없는 편이 낫다. 이상이 칼뱅주의 이론이다. 그리고 이 이론은 약간 누그러진 형태로 많은 사람들에게 퍼져 있어 심지어는 스스로를 칼뱅주의자라고 생각하지 않는 사람들조차도 이를 신봉한다. 다만 여기에서는 신의 의지에 대한 해석이 완화되어 있다. 칼뱅주의자들이 신의 의지를 금욕적으로 해석하는 데 반해, 일반 사람들은 인간이 자신의 기호 중 일부를 만족시키는 것이 곧 신의 의지라고 주장한다. 물론 이 경우에도 인간은 스스로가 선호하는 방법이 아닌 복종이라는 방법에 따라, 즉 권위자가 지정한 방법에 따라 기호를 만족시켜야 한다는 조건이 붙는다. 다시 말해 만인에게 똑같이 규정된 방법을 사용한다는 필연적 조건을 지켜야만 한다.

오늘날에는 이와 같이 교활한 형태로, 이처럼 편협한 인생관과 그것이 옹호하고 장려하는 고루하고 옹졸한 유형의 인간성을 지향하는 경향이 강력하게 존재한다. 이렇게 속박되고 위축된 인간이야말로 조물주가 의도한 인간의 본디 모습이라고 굳게 믿는 사람들이 많다. 이는 나뭇가지를 치거나 동물 모양으로 다듬어 주면, 나무가 자연 그대로의 모습보다 훨씬 아름다워질 것이라고 생각하는 것과 비슷한 가치관이다.

그러나 만약 선한 존재(신)가 인간을 창조했다는 믿음이 종교를 구성하는 큰 요소라면, 다음과 같은 믿음이 신앙에 좀 더 어울리지 않을까? 즉, 이 선한 존재인 신이 우리에게 모든 인간적 능력을 부여하신 이유는 그것이 육성되고 발전되기를 원하셨기 때문이지 뿌리 뽑혀 소멸되기를 원하셨기 때문이 아니라는 믿음, 또 신의 피조물들이 자신들 내부에 구현되어 있는 이상적 개념에 조금이나마 접근할수록 그리고 그들이 이해하고 활동하고 즐기는 능력을 키워 나갈수록 신은 만족하신다는 믿음이야말로 그들의 신앙과 일치할 것이다.

세상에는 칼뱅주의에서 주장하는 것과는 다른 유형의 탁월한 인간형이 존재한다. 인간의 본성은 단지 억제되기 위함이 아니라 다른 목적을 위해 부여되었다고 보는 인간관이 그 좋은 예이다. '이교도의 자기주장(self-assertion)'은 '그리스도 교도의 자기부정(self-denial)'만큼이나 인간의 가치를 구성하는 큰 요소이다.*3 세상에는 자아발달에 대한 그리스적 이상이라는 것이 존재하는데, 플라톤 및 그리스도교의 이상인 극기(克己)는 이 그리스적 이상과 조화를 이룰 수는 있어도 아예 대신하지는 못한다. 우리는 알키비아데스*4 같은 인물이 되기보다는 존 녹스 같은 인물이 되는 것이 나을지도 모른다. 그러나 그 두 사람보다는 페리클레스*5 같은 인물이 되는 것이 더욱더 좋다. 만일 오늘날 페리클레스 같은 인물이 나타난다면, 그는 일찍이 존 녹스가 지녔던 모든 미덕을 다 갖추고 있을 것이다.

인간들이 숭고하고 아름다운 관조의 대상이 되는 것은 그 자신의 내부에 있는 개성적인 요소를 모두 깎아 획일적으로 만들기 때문이 아니라, 다른 사람의 권리와 이익을 침범하지 않는 범위 내에서 개성적인 요소를 가꾸고 일깨우기 때문이다. 그리고 인간이 하는 사업에는 그것을 하는 사람들의 성격이 어느 정도 반영되어 있다. 그러므로 이와 같은 과정을 거쳐서 인간생활은 풍부해지고 다채로워지며 생동감 있게 된다. 이 과정은 훌륭한 사상과 숭고한 감정에 풍부한 영양분을 공급해 주고, 인간이 어떤 종족(민족)에 소속되는 것에 무한한 가치를 두게 함으로써 개인과 종족 사이의 유대를 더욱 강화한다. 그의 개성이 발전하는 정도에 비례하여 개인은 스스로에게 보다 가치 있는 존재가 되며, 더불어 다른 사람에게도 더욱더 가치 있는 존재가 될 수 있다. 그러면 그 개인의 삶은 전보다 더 충실해지고 활력이 넘치게 된다. 이처럼 개체(개인)가 활기차지면 그 개체들로 이루어진 집단도 더 많은 활력을 가지게 된다.

유달리 강한 인간성을 지닌 사람들이 다른 사람의 권리를 침해하는 일을 방지하기 위해서는 사회적 억제력이 어느 정도 존재해야 한다. 그러나 이것에 대해 인간의 성장과 발전이라는 관점에서 볼 때, 이처럼 개인이 구속당하는 괴로움을 충분히 보상해 주는 사회적 이익이 있다. 다른 사람에게 해를 끼치고자 하는 성향을 만족시키는 행위의 수단이란 대개 다른 사람의 발전을 희생시키는 대가로 얻어지게 마련인데, 사회적인 억제는 개인의 이런 수단을 박탈해 다른 사람을 지켜 주는 것이다. 그리고 그 자신도 잃어버린 만큼 보상을 받는다. 그의 성격의 이기적인 부분에 제약이 가해지면, 그의 본성 중 사회적인 부분이 더 크게 발달하기 때문이다. 다른 사람을 위해 엄격한 정의의 규칙을 준수하는 행위는, 그 사람의 행복을 자신의 목적으로 하려는 감정이나 능력을 배양시킨다.

그러나 단순히 다른 사람을 불쾌하게 만든다는 이유로 다른 사람의 행복과 전혀 상관없는 일에 관해 제체를 가한다면, 그 억제에 반항하는 과정에서 발전하는 능력들을 제외한 그의 가치 있는 성격은 전혀 발달하지 못한다. 만

페리클레스(기원전 495? ~429)
고대 아테네의 정치가. 민주정치의 기초를 마
련했으며, 외교상으로 강국과 평화를 유지했
다. 아테네의 최성기였다.

일 그러한 억제에 아무 말 없이 복종한다면, 인간의 본성 전체가 둔하고 흐
리멍덩한 상태에 빠져 버릴 것이다. 저마다 타고난 본성을 제대로 활용하기
위해서는, 다양한 사람들의 다양한 생활을 허용하는 사회환경이 꼭 갖춰져
야 한다. 이런 자유가 언제 어느 정도로 행사되었는가에 따라 그 시대는 후
세의 주목을 받아 왔다. 비록 전제정치가 이루어지는 사회라 해도 개성이 존
재하는 한 최악의 결과는 나타나지 않는다. 그리고 개성을 파괴하는 정치는
그것이 무엇으로 불리든, 또 신의 의지를 운운하든 인간의 명령을 앞세우든,
모두 전제정치일 뿐이다.

개성이란 곧 인간발달이고 개성의 육성을 통해서만 발달된 인간을 양성할
수 있다. 이 점에 관해서는 이미 다 논술했으므로 여기에서 논의를 마쳐도
좋을 것이다. 왜냐하면 나는 다음과 같이 생각하기 때문이다. 개성이야말로
인간사의 온갖 조건에서 인간이 다다를 수 있는 최선의 경지까지 인간 자체
를 끌어올려 준다는 설명 외에, 이에 덧붙일 말이나 그보다 더한 찬사가 어
디 있겠는가? 또 개성을 없애 버리는 행위야말로 행복으로 향하는 길을 가
로막는 최악의 장애물이란 말 이외에 무슨 설명이 더 필요하겠는가?

그러나 철저한 확신을 얻고자 하는 사람들은 이 정도의 고찰에 만족하지 못할 것이다. 나아가 개성의 육성을 통해 발달된 사람들이, 발달되지 못한 사람들에게 도움이 된다는 점을 보여 줄 필요가 있다. 자유를 원하지 않고 이용하지도 않는 사람들에게 "최소한 다른 사람을 자유롭게 내버려 둬라. 그러면 당신들도 이득을 얻게 될 것이다"라고 가르쳐 줘야 하는 것이다.

아직 발달되지 못한 사람들은 이미 발달된 사람들로부터 무엇인가를 배울 수 있다. 이 사실부터 자세히 살펴보자. 독창성이 인간에게 있어 귀중한 요소라는 것은 누구라도 부정하지 않을 것이다. 새로운 진리를 발견함으로써 기존 진리는 더 이상 진리가 아님을 지적해주고, 새로운 관습을 만들어 내 인간생활과 관련된 보다 나은 행위를 실제로 보여 주며, 좀 더 세련된 취미와 감각의 실례를 제시해주는 사람이 세상에는 늘 필요하다. 세상이 모든 생활방법과 관습면에서 이미 완벽한 경지에 이르렀다고 믿지 않는 이상, 누구도 이 말에 반대하지 못할 것이다.

물론 모든 사람들이 이러한 혜택을 이 세상에 동일하게 베풀 수 있는 것은 아니다. 누군가의 독창적인 실험이 다른 사람들에게 채용되어 기존 관습을 개선하는 데 쓰일 확률은 매우 낮다. 이 일에 성공하는 사람은 온 인류에서 아주 적은 몇몇에 지나지 않는다. 그러나 이 몇몇이 바로 이 땅의 소금[*6]이다. 만약 이들이 없다면 인간생활은 침체되어 마치 썩은 물웅덩이처럼 변해 버릴 것이다. 이들은 지금까지 존재하지 않았던 좋은 것들을 인류에 가져다 줄 뿐만 아니라, 이전부터 존재하던 좋은 것들의 생명력도 유지시켜 준다.

만일 이 세상에 더는 새롭게 이루어져야 할 것이 없다면 인간의 지성은 필요 없게 되는 것일까? 그런 경우 사람들은 옛 관행을 이유조차 모르는 채 습관적으로 답습하면서, 인간답지 못하게 소나 말처럼 행동해야만 하는 것일까?

유감스럽게도 가장 훌륭한 신앙이나 관습조차 기계적인 습관으로 전락할 경향이 많다. 따라서 이런 신앙 및 관습의 근거가 인습적인 근거로 전락하는 일을 막기 위해서는, 새로운 독창성을 발휘하는 사람들의 도움이 늘 필요하다. 이런 사람들이 꾸준히 등장하지 않으면 신앙 및 관습은 점점 생명력을 잃어버리고 기계적으로 변한 것들은 참된 생명력을 지닌 것들이 주는 자그마한 충격도 견뎌 내지 못해 심한 경우에는 동로마제국[*7]의 예처럼 문명 자체가 완전히 사멸해 버릴 것이다.

유스티니아누스 1세(재위 527~565)
동로마제국의 황제. 뛰어난 통솔력으로 옛 로마 제국의 재정복의 꿈을 실현시켰으며, 《로마법 대전》을 완성하였
다. 수도 콘스탄티노플에 성소피아 성당을 세우는 등 비잔틴 건축문화에도 크게 기여하였다.

천재는 언제나 그렇듯 아주 적은 몇몇에 지나지 않지만 인류에게는 꼭 필요하다. 그러나 그들이 존재하려면 그들이 자랄 수 있는 토양을 보존해야만 한다. 본디 그들은 오직 자유로운 분위기에서만 자유롭게 호흡하며 살아갈 수 있고, '천재라는 이유로' 다른 누구보다도 훨씬 더 개성적이다. 그런데 일반적인 사회는 각 구성원들이 독자적인 성격을 형성하는 수고를 덜어 주기 위해서 그들에게 몇 가지 틀을 제공한다. 천재들이 그런 틀 중 하나에 자신을 억지로 끼워 맞춰야 한다면, 그들은 다른 사람들보다 더 심한 억압을 받을 것이다. 만일 그들이 비겁하게 이런 틀에 스스로를 끼워 맞추는 일에 동의하고, 그런 억압 아래에서는 도저히 자라나지 못할 자신들의 소질을 방치하는 데 동의한다면, 사회는 그들이 가져다줄 수 있는 이익을 얻지 못할 것이다.

그럼 그 천재들이 강한 성격을 발휘해 사회적 굴레에서 벗어난다면 어떨까? 그들을 보통 사람으로 만드는 일에 실패한 사회는, 그들을 요주의 인물로 지목하고 '난폭한 사람'이나 '별종' 취급하면서 엄중히 경고할 것이다. 이는 마치 네덜란드 운하는 둑 사이를 조용히 흐르는데, 나이아가라 폭포는 왜 그렇지 않냐고 비난하는 것과 다름없는 처사다.

이런 이유로 나는 천재의 중요성과 그들이 사상과 실천이란 두 분야에서 자유롭게 그 재능을 발휘하도록 허락하는 사회적 자유의 필요성을 강조하고 싶다. 내가 이렇게 주장하는 이유는 이론적으로 그 주장을 부정하는 사람은 없지만, 사실상 거의 모든 사람들이 이 주장에 무관심하다는 것을 잘 알고 있기 때문이다. 천재성을 지닌 이가 감동적인 시를 쓰거나 그림을 그리는 경우, 사람들은 천재성을 바람직한 요소라고 생각한다. 그러나 천재성이 참된 의미로, 즉 사상과 행동의 독창성이란 방면으로 발휘될 때에는 평가가 전혀 달라진다. 대부분의 사람들은 그 천재성을 가리켜 존경할 대상이 못 된다고까지는 말하지 않지만, 마음속으로는 그런 것 없이도 우리는 잘 지낼 수 있다고 생각한다.

불행히도 이런 태도는 너무나 자연스러워서 아무도 이상하게 생각하지 않는다. 독창성 없는 사람들은 독창성이 그들에게 어떤 도움을 주는지도 알지 못하므로 필요성을 느끼지 못한다. 하기야 그들이 무슨 수로 알겠는가. 보통 사람들이 파악할 수 있는 독창성은 더 이상 독창성이 아닐 테니 말이다. 독창성 없는 사람들에게 독창성이 제공해야 할 첫 번째 봉사는 그들의 눈을 뜨게 하는 것이다. 이 일이 성공적으로 이루어진다면 그들은 독창적인 사람이될 수 있는 기회를 얻을 것이다. 그때까지 우리는, 무슨 일이든 누군가가 먼저 나서서 해야지만 이루어질 수 있다는 점과 현존하는 모든 좋은 것들이 독창성의 성과라는 점을 기억해야 한다. 또한 독창성이 성취해야 할 일이 아직남아 있다는 사실을 믿고, 그들이 독창성의 필요성을 별로 못 느낄 때일수록 그것이 절실하다는 점을 확신해야 할 것이다.

그런데 현실은 어떨까. 우리가 실제적 또는 가상적인 정신의 우월성에 대해 말이나 행동으로 아무리 경의를 표시한다 해도, 현실 사회는 일반적으로 천재보다 평범한 사람들에게 더 우월한 힘을 부여한다. 고대, 중세 그리고 봉건시대에서 현재에 이르기까지의 긴 과도기 동안 개인은 그 자체가 하나의 독립된 힘이었다. 특히 위대한 재능이나 높은 사회적 지위를 가진 개인은 결코 무시할 수 없는 힘이었다. 그런데 오늘날은 어떤가. 현대 사회에서 개인은 군중 속에 파묻혀 있다. 정치계를 보면 여론이 세상을 지배하고 있다는 표현이 진부하게 들릴 정도이다. 오늘날 힘이라 불릴 만한 유일한 것은 바로 대중의 힘이다. 정부가 대중의 경향이나 성향을 반영하는 기관으로서 존재하는 한, 그것은 곧 정부의 힘이기도 하다. 이 사실은 공적 업무에서 만이 아니라 사생활의 도덕적·사회적 관계에서도 두드러진다.

여론을 구성하는 사람들이 언제나 같은 종류의 공중(公衆)인 것은 아니다. 미국에서 공중이란 모든 백인을 가리키며, 영국에서는 주로 중산층을 뜻한다. 그러나 그들에게는 평범한 사람들이라는 공통점이 있다. 따라서 공중이란 대중, 즉 평범한 사람들의 집합체이다. 주목할 만한 사실은, 오늘날 대중은 교회 및 국가의 고위층이나 표면적인 지도자들, 또는 서적으로부터 의견을 빌리지 않는다는 점이다. 그들의 사고는 그들과 매우 흡사한 사람들에 의해 형성된다. 그런 사람들은 순간적 충동에 휩싸여서 의견을 낸다. 다시 말해 그때그때 내키는 대로 신문을 통해 대중에게 의견을 전하든가 대중의 이름으로 연설한다.

물론 나는 이 모든 것을 못마땅하게 생각하는 것은 아니다. 오늘날의 변변치 않은 인간정신과 양립할 수 있는, 이보다 더 훌륭한 일반적 원칙이 있다고 주장할 마음도 없다. 하지만 이런 상황에서 평범한 자들이 구성하는 정부는 결국 평범한 정부일 수밖에 없다. 다수자의 정치가 훌륭히 이루어진 시대가 있었을까? 물론 있기는 했다. 주권을 가진 다수자가 자기들보다 훌륭한 재능과 교양을 갖춘 한 사람 또는 소수자의 충고 및 지도를 자진해서 받고자 했던 시대에는 다수자의 정치가 성공을 거두었다. 그러나 이런 것은 예외에 지나지 않는다. 민주정치나 귀족정치를 지향하는 정부는 대개 정치활동에 있어서나, 그 정부가 가진 사상·자질 및 정신 상태에 있어서나 평범한 수준을 벗어나지 못했으며 앞으로도 그럴 것이다.

현명하고 고귀한 것들은 모두 개인들로부터 시작된다. 이는 필연적인 순리다. 그것도 맨 처음에는 어떤 한 개인으로부터 시작되는 경우가 일반적이다. 보통 사람들이 누릴 수 있는 명예와 영광이란 그런 창시자를 뒤따르는 것이고, 이로써 그들은 현명하고 고귀한 것들에 진심으로 공감하며, 제대로 깨어 있는 상태에서 그것들로 인도될 수 있다는 것이다. 나는 천재성을 지닌 강자가 세계의 정치를 힘으로 장악하여, 세계를 그의 명령에 억지로 따르도록 하는 행위에 박수갈채를 보낼 생각은 없다. 나는 영웅숭배*8를 장려하는 것이 아니다. 그 강자가 요구할 수 있는 유일한 권리는 사람들에게 나아갈 길을 지시하는 자유이다. 그런데 강자가 자신이 정한 길을 남에게 억지로 강요하는 권력은, 단순히 그를 제외한 모든 사람들의 자유 및 발전과 모순될 뿐만 아니라 강자 자신마저 타락시키는 것이다.

그러나 순전히 보통 사람들로만 구성된 대중의 의견이 곳곳에서 우세한 모습을 보일 경우, 사상적으로 뛰어난 사람들이 더욱 두드러지게 나타내는 개성이야말로 이러한 경향을 견제하며 교정하는 열쇠일 것이다. 이런 상황에서는, 대중과 다른 행동방식을 보이는 예외적인 개인들의 행동을 저지하지 말고 오히려 장려해야 한다. 다른 시대에서라면 이 예외적인 개인이 독특하게 행동하는 것만으로는 별 의미가 없으며, 독특하면서도 대중보다 더 나은 행동을 보여 주어야지만 인류에 이익을 줄 수 있을 것이다. 이 시대에서는 단지 세상에 순응하지 않는다는 것, 즉 관습에 대한 복종을 그저 거부하는 것 자체가 인류에 대한 공헌이다.

여론의 횡포가 평범하지 않은 이례적 행동조차 비난할 정도로 극심하므로 이런 횡포를 타파하기 위해서는 사람들이 특이하게 행동하는 편이 바람직하다. 개성이 풍부하게 존재하던 시대나 장소에서는 특이한 행동도 언제나 많이 일어났다. 그러므로 한 사회에서 이루어지는 특이성의 정도는, 그 사회에 존재하는 천재성과 정신적 활력 및 도덕적 용기의 양과 대체로 비례한다고 볼 수 있다. 오늘날 독특한 행동을 하는 사람들이 매우 적다는 사실은, 이 시대가 안고 있는 커다란 위험을 보여 주는 것이다.

관습에 속하지 않는 것들 중 무엇이 관습으로 전환되기에 적합한지를 적절한 시기에 분명히 밝히려면, 그런 것들에게 최대한 자유로운 활동기회를 제공하는 일이 중요하다고 앞서 말한 바 있다. 그러나 행동의 자유와 관습의 무시가 장려되어야 하는 것이, 더 나은 행동양식과 일반적으로 가치 있을 만한 관습이 제시될 기회를 제공하기 때문만은 아니다. 또한 자신이 생각하는 대로 삶을 영위해 나갈 정당한 권리가, 뛰어난 정신적 우월성을 지닌 사람에게만 주어지는 것도 아니다. 인간이라는 존재 모두가 하나 또는 소수의 틀에 맞춰 획일적으로 형성되어야 할 이유는 전혀 없는 것이다.

상식과 경험을 어느 정도 갖춘 사람이 자기 방식대로 스스로의 삶을 설계해 나가는 것이 가장 바람직한 까닭은 그 방식 자체가 최고여서가 아니라, 그것이 그 자신만의 독특한 방식이기 때문이다. 인간은 양떼 속의 양 같은 존재가 아니다. 아니, 양들조차도 서로 분간이 안 될 만큼 닮은 것은 아니다.

한 벌의 옷이나 한 켤레의 구두를 마련할 때 자기 몸 치수에 맞춰서 주문하거나 창고에 가득 찬 것들 중 하나를 찾아내지 않는 한, 사람은 자신에게 꼭 맞는 옷이나 구두를 손에 넣을 수 없다. 하물며 사람에게 꼭 맞는 삶의 방식을 찾아내는 일은 어떻겠는가. 이것이 한 벌의 옷을 구하는 것보다 과연 쉬운 일일까? 또 사람들의 육체적·정신적 구조는 발 생김새보다도 서로 더 닮았을까? 답은 절대 그렇지 않다는 것이다. 사람들의 취미가 가지각색인 사실만 보더라도 모든 사람들을 하나의 틀에 끼워 맞추려는 시도가 얼마나 잘못된 것인지 충분히 알 수 있다.

사람들은 서로 다르기 때문에 각자의 정신적 발전을 위해 필요한 조건 역시 다르다. 모든 종류의 식물이 똑같은 물질적 환경과 기후에서 건강하게 성장하지 못하는 것과 마찬가지로, 모든 사람이 똑같은 정신적 환경과 풍토에서 건강하게 생활할 수는 없다. 같은 사물이라도 어떤 사람에게는 고상한 본성을 가꾸는 데 도움이 되지만 또 어떤 사람에게는 방해가 되기도 한다. 같은 생활양식이라도 어떤 사람에게는 그의 모든 행동 및 오락 능력을 최선의 상태로 유지해 주는 건전한 자극이 되는 반면, 또 어떤 사람에게는 그의 내적인 삶을 정지시키거나 아예 파괴하는 괴로운 짐이 될 수도 있다. 쾌락을 이끌어 내는 원천, 고통에 대한 감수성, 다양한 육체적·정신적 요인이 미치는 영향 등, 여러 방면에서 사람들은 서로 차이가 난다. 그러므로 만약 이러한 차이에 대응하는 다양성이 그들의 생활방식 안에 존재하지 않는다면, 사람들은 정당한 몫의 행복을 누릴 수 없을 것이며, 그들이 타고난 한도 내에서 최고의 정신적·도덕적·미적 능력을 기를 수도 없을 것이다.

그렇다면 지지자가 많다는 점을 내세워 사람들에게 순순한 복종을 강요하는 취미와 생활방식만이, 관용의 대상이 돼야 한다고 주장할 이유가 어디 있겠는가? 취미의 다양성을 완전히 부인하는 곳은 몇몇 수도원을 제외하고는 어디에도 없다. 우리는 보트타기, 흡연, 음악 감상, 운동, 체스, 카드놀이, 공부 등을 좋아한다든가 싫어한다는 이유로 사회적 비난을 받지는 않는다. 왜냐하면 이런 것들을 좋아하거나 싫어하는 사람이 워낙 많아서 서로 이래라저래라 참견할 수 없기 때문이다. 그러나 '아무도 하지 않는 일'을 하거나 '모두가 하는 일'을 하지 않는다고 비난받는 사람은, 마치 중대한 도덕적 범죄라도 저지른 것처럼 비난의 대상이 된다. 특히 여성은 더욱 심한 비난을 받는다.

자신의 명예를 지키면서 원하는 대로 행동한다는 것은 하나의 사치다. 이런 사치를 조금이라도 즐기기 위해서는, 높은 직함이나 좋은 신분을 증명해 주는 상징물이나 높으신 분들의 배려가 필요하다. 나는 여기에서 '조금이라도'라는 말을 강조하고 싶다. 왜냐하면 그런 사치에 심하게 빠진 사람들은 누구든 간에, 모욕적인 비방을 받는 것보다 더 나쁜 상황에 처할 위험이 있기 때문이다. 즉, 그들은 '정신감정위원회'에 회부되어 재산을 몰수당하고 이렇게 몰수된 재산은 그들의 친척들에게 분배되는 위험에 빠질 수도 있다.*9

현재 여론이 흘러가는 경향에는 한 가지 특징이 있다. 그것은 바로 개성의 뚜렷한 표현을 조금도 허락하지 않는다는 점이다. 일반 사람들은 대개 지적으로도 평범하지만 성향 역시 평범하여 그들에게는 유별난 일에 도전해 볼 정도의 강렬한 취미나 욕구가 없다. 따라서 그들은 그런 취미나 욕구를 가진 사람을 이해하지 못한다. 그들은 이 유별난 사람들을, 자기들이 평소에 경멸

성 카타리나 수도원

527년 동로마제국(비잔틴제국)의 황제 유스티니아스에 의해 시나이 산에 세워졌다. 중세 수도원은 신에 대한 복종을 규율로 삼았다.

하는 난폭하고 무절제한 사람들과 같은 부류로 치부해 버린다. 이 널리 알려진 사실에 덧붙여, 도덕 개선을 지향하는 강력한 운동이 이미 시작되었다고 상상해 보자. 그러면 어떤 결과가 나올지 분명히 알 수 있을 것이다.

오늘날 이러한 운동은 이미 시작되었다. 사람들의 행동을 규칙적으로 만들어 과도한 행위를 억제하는 방식으로 진행되는 이 운동은 실제로 많은 영향을 미치고 있다. 박애정신 또한 널리 퍼졌다. 그런데 사람들이 이 정신을 발휘할 수 있는 가장 유혹적인 활동 분야는 동포들의 도덕심과 분별력 있는 마음을 개선하는 것이었다. 이런 시대적 경향 때문에 대중은 과거 어느 때보다도 행위의 일반규칙을 열심히 정하고 있으며, 모든 사람들을 일정한 기준에 따르게 만들려 노력하고 있다. 그런데 이 기준이란 명시적으로든 암시적으로든, 어떤 것도 강하게 열망하지 않는 상태를 지향한다. 다시 말해 뚜렷한 개성이 없는 성격을 이상적인 성격으로 삼고 있는 셈이다. 이것은 다른 사람보다 특별히 뛰어난 본성이 있는 소유자를 보통 사람들보다 훨씬 돋보이게 해 주는 이러한 인간 본성의 모든 부분을 압박하여, 마치 중국 여인들의 전족한 발처럼 불구로 만들어 버리는 것이다.

바람직한 것들의 절반 정도를 배제해 버린 이상(理想)에서 흔히 볼 수 있듯 오늘날 옳다고 인정받고 있는 기준은 나머지 절반에 대한 저급한 모방을 초래하고 있다. 이러한 모방은, 활발한 이성작용으로 인도되는 위대한 정력과 강렬한 감정은 낳지 못하고, 그저 의지나 이성의 힘을 사용하지 않고 규칙에만 겉치레로 순응할 뿐인 빈약한 감정과 정력만 낳을 뿐이다. 그리하여 위대하고 정력적인 성격은 이제 단순한 전설로만 남게 되었다.

영국에는 이제 경제계를 제외하고는 정력을 쏟을 만한 분야가 없다. 경제계에서 소비되는 정력은 아직 상당한 수준이다. 여기에서 소비되고 남은 정력은 몇몇 취미 활동을 통해 소모된다. 이런 취미활동은 유익하고 박애정신에 넘치는 것일 수도 있지만 결국 하나의 취미활동에 지나지 않을 뿐 대규모로 이루어지지는 않는다. 오늘날 영국의 위대함은 모두 집단적 위대함이다. 우리 개개인은 매우 왜소하여 결합의 힘을 통해서만 무엇인가 위대한 일을 해낼 수 있는 듯 보인다. 그리고 영국의 도덕적·종교적 박애주의자들은 이런 현상에 전적으로 만족하고 있다. 그러나 오늘날에 이르기까지 영국이란 나라를 구축해 온 사람들은 이와는 다른 부류의 사람들이다. 그러므로 영국이 쇠퇴하는 일을 막으려면 바로 이와 같은 다른 부류의 사람들이 필요하다.

관습의 압제는 곳곳에서 인간의 진보를 끊임없이 방해하고 있다. 관습적인 것보다 더 나은 것을 지향하는 성향, 즉 상황에 따라 자유의 정신이나 진보·개선의 정신이라 불리는 성향은 앞서 말한 관습의 압제와 부단히 대립한다. 그런데 개선의 정신과 자유의 정신이 꼭 일치하는 것은 아니다. 개선의 정신은 개선을 원하지 않는 민중에게도 강요될 수 있기 때문이다. 따라서 자유의 정신은 이와 같은 압제에 저항하기 위해, 개선을 반대하는 사람들과 국지적·일시적 동맹을 맺을 수도 있다. 그런데 개선을 낳는 확실하고도 영속적인 단 하나의 원천은 바로 자유이다. 자유가 있는 곳에는 개인의 숫자만큼이나 많은, 핵심적인 개선의 힘이 생겨날 수 있기 때문이다.

그러나 자유에 대한 사랑이나 개선에 대한 애착 중 어떤 형태로 나타나든, 진보의 원리는 언제나 관습의 지배와 대립한다. 적어도 이 원칙은 관습의 속박으로부터 해방되는 것을 요구한다. 이 진보와 관습 사이의 대립이야말로 인류 역사의 주된 관심사이다. 정확히 말하자면 세계 대부분의 지역에는 역사가 존재하지 않는다. 그 까닭은 관습의 압제가 너무나 완벽하게 실시되고 있기 때문이다. 동양은 전체가 이런 상태에 있다. 이런 사회에서 관습은 모든 문제를 해결하는 궁극적인 규범이다. 여기에서 정의와 공정함은 관습과 일치하는 것이다. 권력에 취한 일부 폭군들을 제외한다면 관습에 반항하려는 사람은 하나도 없다. 이런 분위기의 결과는 현재 우리 눈앞에 펼쳐져 있다. 동양 사람들도 한때는 분명 독창성이 있었을 것이다. 그들은 처음부터 인구가 많고 교육환경이 좋으며 많은 생활기술이 발달한 나라에서 태어난 것은 아니었다. 그들은 그 모든 것들을 스스로 만들어 냈으며, 그때만 해도 세계에서 가장 위대하고 강한 민족이었다. 그러나 오늘날 그들은 어떠한가? 그들은 조상들이 장엄한 궁전과 화려한 사원을 세울 무렵 아직 숲속을 방황하던, 그러나 관습에 완전히 지배받지 않고 자유와 진보를 반쯤은 누리고 있었던 민족의 후예들에게 지배당하는 신민 또는 예속민 신세로 전락하고 말았다.

일정한 기간 동안 진보하다가 얼마 뒤 성장을 멈춰 버리는 국가도 있다. 이러한 진보는 언제 정지되는가? 바로 국민들이 개성을 잃어버릴 때이다. 만일 동양에서 일어난 것과 비슷한 변화가 유럽의 여러 국가에서 발생한다

해도, 동양과 서양의 변화 양상은 분명 다를 것이다. 유럽 여러 국가를 위협하고 있는 관습의 압제는 엄밀히 말해 불변하는 존재가 아니다. 그것은 특이한 것은 배척하지만, 모든 것이 동시에 변하는 상황에서는 결코 변화를 거부하지 않는다. 이를테면 우리는 조상 때부터 대대로 입어 온 옷차림을 버렸다. 물론 요즘 사람들은 주위 사람들과 비슷한 옷을 입기는 하지만, 그래도 유행이 일 년에 한두 번씩은 바뀌지 않는가.

우리는 변화를 위한 변화를 일으켜야 한다. 그리고 이런 변화가, 아름다움이나 편리함을 위한 변화가 되지 않도록 유의해야 할 것이다. 왜냐하면 아름다움이나 편리함에 대한 같은 생각이 같은 순간에 모든 사람들의 머릿속에 떠오른다든가, 아니면 다른 순간에 모든 사람들에게 버려지는 일이란 있을 수 없기 때문이다.

그런데 우리는 변화뿐만 아니라 진보도 추구한다. 우리는 새로운 기계를 끊임없이 발명하고 이 기계가 머지않아 더욱 훌륭한 기계로 대체될 때까지 보유한다. 우리는 정치 및 교육의 개선뿐만 아니라 도덕 개선에까지 열성적이다. 하기야 여기에서 말하는 도덕 개선이란, 주로 남에게 우리처럼 선량한 사람이 되라고 설득하거나 강요하는 것에 지나지 않지만 말이다. 어쨌든 우리는 진보에 대해 반대하지 않는다. 오히려 우리는 지금까지 존재해 온 모든 국민 가운데 가장 진보적이라고 자부한다.

우리가 맞서 싸우고 있는 대상은 바로 개성이다. 만일 우리가 모든 사람을 똑같은 인간으로 만들어 낸다면, 우리는 기적적인 일을 해냈다고 생각할지도 모른다. 하지만 이는 중요한 사실을 망각한 행동이다. 즉, 우리가 서로 다르다는 사실이야말로 개인에게 자기 유형의 불완전성에 대한 주의를 불러일으키고 다른 유형의 우월성을 깨닫게 해 주며, 이러한 두 유형의 장점을 합침으로써 더 나은 것을 창출할 수 있다는 점에 주목하는 것이 우리에게 가장 중요한 일임을 망각하는 것이다.

우리는 중국에서 교훈적인 실례를 찾아볼 수 있다. 가장 개화된 유럽인 중에서도 현인 또는 철인으로 불릴 만한 사람들의 손으로 만들어진 아주 훌륭한 관습들을, 중국인들은 건국 초기부터 접할 수 있었다. 이런 행운 덕분에 중국 국민은 풍부한 재능과 지혜를 겸비하고 있었다. 중국인들은 그들이 가진 뛰어난 지혜를 되도록 많은 사회 구성원에게 심어 주고, 가장 지혜로운

상하이 항구에 정박한 영국 함선
19세기 상하이 개항 후 양쯔 강 유역은 전부 영국의 세력권에 들어갔다.

사람들에게 명예와 권력을 주는 탁월한 제도를 고안했다는 점에서 주목할 만하다. 이런 일을 해낸 중국인들은 확실히 인류 진보의 비밀을 발견했다고 볼 수 있으므로 세계 역사를 앞장서서 이끌어야 했다. 하지만 실제로는 어떠했는가? 그들은 세계를 이끌기는커녕 정체되어 버렸다. 중국의 정체된 상태는 수천 년 동안이나 지속되고 있는 형편이다. 혹시 그들의 상태가 지금보다 개선될 수 있다면, 그것은 외국인들이 개입할 때뿐일 것이다. 그들은 영국의 박애주의자들이 현재 열심히 시도하고 있는 일을 기대 이상으로 해냈다. 즉 모든 국민을 똑같은 인간으로 만들고, 모두로 하여금 똑같은 격언이나 규칙에 따라 자기 사상 및 행동을 통제하도록 한 것이다. 그 결과는 앞서 말한 대로이다.

여론이라는 근대적 제도는 중국의 교육 및 정치제도에서 조직적인 형태로 이루어지던 것을 비조직적 형태로 바꾼 것에 지나지 않는다. 만일 개성이 이런 여론의 속박에 항거하여 자신의 주장을 성공적으로 관철하지 못하게 된다면, 유럽도 그 고귀한 조상과 그리스도교 신앙을 가진 또 하나의 중국이 될 것이다.

유럽이 지금까지 이런 운명에 빠지지 않은 까닭은 무엇일까? 유럽의 여러 국민이, 인류의 정체된 부분이 아닌 진보하는 부분에 속할 수 있었던 이유는 무엇일까? 그들이 남달리 우월한 민족이었기 때문일까? 실은 그렇지 않다. 만일 우월성이 존재한다고 할지라도, 그것은 진보의 원인이 아니라 결과일 것이다. 진보의 진짜 원인은 유럽 사람들의 성격과 문화에서 볼 수 있는 놀라운 다양성이다. 개인들, 계급들, 국민들은 서로 매우 다르다. 그들은 실로 다양한 길을 개척해 가치 있는 일들을 이루어 냈다. 그런데 그들은 각각의 시대에 각기 다른 길을 걸어갔던 사람들에게 관용적이지 못했다. 또한 다른 모든 사람들이 자기와 같은 길을 걸어가도록 강제하고 싶어 했을 것이다. 하지만 서로의 발전을 저해하려는 시도가 완벽하게 성공한 적은 없었다. 결국 그들은 다른 사람이 제공하는 혜택을 받아들일 수밖에 없었다. 내 생각으로는, 유럽이 진보적이고 다면적인 발전을 이룩할 수 있었던 까닭은 이처럼 다양한 길이 존재했던 덕분일 것이다.

그러나 현재 유럽은 이러한 장점을 많이 잃어버린 상태이다. 유럽은 모든 사람을 똑같게 만들려는 중국의 이상(理想)을 따르고 있다. 토크빌*10은 그가 마지막으로 남긴 중요한 저서에서, 오늘날의 프랑스인들은 바로 한 세대 전의 프랑스인들하고만 비교해 봐도 서로 매우 비슷해졌다고 기술했다. 이와 같은 논평은 영국인에게 더 잘 맞아떨어진다. 앞서 소개했던 빌헬름 폰 훔볼트의 글을 생각해 보라. 훔볼트는 인류의 발전에 필요한 두 가지 조건으로 '자유'와 '환경의 다양성'을 들었다. 인류가 발전하려면 사람들이 서로 달라야 하기 때문이다.

이 두 가지 조건 가운데 환경의 다양성은 영국에서 나날이 줄어들고 있다. 서로 다른 계급과 개인을 포용하고 각자의 성격을 형성하는 환경이 날이 갈수록 비슷해지고 있다. 예전에는 신분도 이웃도 직업도 다른 사람들이 소위 별세계라고 부를 정도로 서로 다른 환경에서 각기 생활하였다. 그러나 오늘날에는 그들 모두가 거의 같은 세계에서 살아가고 있다. 상대적으로 볼 때 그들은 이제 같은 것을 읽고, 같은 것을 듣고, 같은 것을 보고, 같은 장소에 가고, 같은 대상에 대해 희망을 가지거나 불안을 느낀다. 또한 그들은 같은 권리와 자유를 같은 방식으로 누리면서 살아간다. 물론 아직도 신분 차이는 크게 남아 있지만, 이미 사라져 버린 것들에 비하면 거의 없는 거나 마찬가지다.

이러한 동화작용은 여전히 진행되고 있으며 오늘날의 모든 정치적 변화가 이 작용을 촉진한다. 정치적 변화는 낮은 것은 높이고 높은 것은 낮추는 경향이 있기 때문이다. 교육의 확대도 이 작용을 촉진한다. 교육은 사람들에게 공통적인 영향을 미치며, 사람들로 하여금 여러 가지 사실과 감정에 접근하기 쉽게 만들기 때문이다. 교통수단의 발달 역시 이러한 동화작용을 촉진한다. 멀리 떨어진 곳에서 사는 사람들끼리 개인적으로 친해지도록 도와주며, 거주지를 한 장소로부터 다른 장소로 재빨리 옮길 수 있게 해 주기 때문이다. 상공업의 발달 또한 동화작용을 가속화한다. 그것은 안락한 생활의 편익을 더 넓은 범위로 퍼뜨리며, 모든 야망의 대상을 일반인들이 경쟁을 통해 얻을 수 있도록 개방해 주기 때문이다. 특히 후자의 경우, 특수 계급만의 특성이었던 출세욕이 모든 계급의 특성으로 변한다.

　그러나 인간들 사이의 유사성을 촉진하는 가장 결정적인 요인은 따로 있다. 그것은 영국과 다른 자유국가에서 여론의 우위가 완전하게 확립되어 있다는 점이다. 이전에는 높은 사회적 지위에 있는 사람들이 그 지위를 이용해서 대중의 의견을 무시할 수 있었다. 하지만 그런 높은 지위도 점점 다른 지위와 균등해지고 있다. 그리고 대중이 특정한 의지를 품고 있다는 점이 명확할 경우, 정치가는 그 의지에 저항할 생각조차 품지 않게 된다. 상황이 이렇다 보니 여론에 동조하지 않는 정치가는 사회적 지지를 전혀 얻지 못하게 된다. 다시 말해, 다수자의 우위에 반대하면서 대중과는 다른 의견 및 경향을 보호하려 하는 강력한 사회세력이 더 이상 존재하지 않게 된다.

　이러한 모든 원인이 복합적으로 작용하여, 개성에 적대적인 하나의 큰 세력을 형성하고 있다. 그러므로 개성을 고수하는 방법을 찾는 것은 쉬운 일이 아니다. 대중의 총명하고 지적인 부분, 즉 지식인층이 개성의 가치를 깨닫지 않는 한 개성을 지키는 일은 점점 어려워져 갈 것이다. 그러니까 사회에 여러 가지 차이가 존재한다는 것이 얼마나 유익한지를 대중이 알아야 한단 뜻이다. 설령 그 차이가 바람직한 방향으로 흘러가지 않거나 심지어 더 나쁜 방향으로 향하고 있는 듯 보여도, 개성에는 분명 존재의의가 있다.

　혹시 개성의 권리를 주장해야 할 적당한 시기가 있다면 바로 지금일 것이다. 강제적 동화작용이 아직 완성되지 않았기 때문이다. 이런 침해에 성공적으로 대항할 수 있는 시기는 오직 초기단계뿐이다. 다른 모든 사람을 자신과 비슷하게 만들려는 요구는 그것이 충족되면 충족될수록 더 강해진다. 만일 인간 생활이 하나의 획일적인 모습으로 변해 버릴 때까지 이에 대한 저항을 늦춘다면, 그 획일적인 유형에서 벗어난 모든 언동은 불경하고 부도덕하며, 심지어 해괴하고 인간 본성에까지 위배되는 행위로 취급될 것이다. 사람들이 그들 사이의 여러 가지 차이점(다양성)을 이해하지 못하는 상황이 일정 기간 동안 계속될 경우, 곧 그들은 그 다양성을 생각조차 못하게 될 것이다.

〈주〉

*1 빌헬름 폰 훔볼트(Karl Wilhelm, Fveiherr von Humboldt, 1767~1835)는 독일의 정치가이자 저술가이며 언어학자였다. 그는 언어학·고전문학·철학·미학·교육학·고고학·역사·법률·정치 등 실로 다양한 분야의 학문을 연구했다. 그 무렵 문학계의 거의 모든 명사들과 교제할 정도로 그는 문학계에서도 발이 넓었고, 그 밖에도 사절(使節)이나 국무장관으로서 프러시아의 문화에 많은 공헌을 했다.

*2 훔볼트가 쓴 독일어 원본을 영어로 번역한 《정부의 영역과 의무(The Sphere and Duties of Government)》의 11~13쪽을 참조하면 된다.

*3 스털링의 《논문집(Essays)》 190쪽을 참조하면 된다. 존 스털링(John Sterling, 1808~1844)은 영국의 문인이었다. 밀의 친구로서 그의 사상 및 성격에 많은 영향을 주었다.

*4 알키비아데스(Alkibiades, BC 450~404)는 아테네의 장군이자 정치가였다. 영어로는 'Alcibiades'라고 한다. 그는 재능이 뛰어난 사람이었으나 품행이 좋지 않아 결국 민중의 불신을 사고야 만다. 존 녹스가 신념과 덕행으로 똘똘 뭉친 사람이었다면, 알키비아데스는 능력은 있지만 이기적인 야심가였다고 할 수 있다.

*5 페리클레스(Perikles, BC 495~429)는 그리스 아테네에서 가장 고결하고 박식한 정치가였다. 그는 귀족 출신이었지만 민주주의를 신봉했으며, 한편으로 문학과 미술도 장려했다. 그 결과 고대문화의 전성기라 불리는 '페리클레스 시대'가 탄생했다.

*6 〈마태복음〉 제5장 13절에 이런 구절이 나온다.
"너희는 세상의 소금이니라. 소금이 만일 그 맛을 잃으면 무엇으로 다시 짜게 하리오. 나중에는 아무 쓸데가 없어 다만 밖에 버려져 사람들에게 밟힐 뿐이니라."

*7 동로마제국은 비잔틴제국(Byzantine Empire)이라고도 불린다. 395년에 로마제국이 동서로 나뉘어 로마를 중심으로 하는 서로마제국과 비잔티움을 수도로 하는 동로마제국이 각각 세워졌다. 이후 오랫동안 이어지던 동로마제국은 1453년에 오스만투르크의 공격을 받아 멸망했다. 교회의 수장이기도 했던 동로마제국의 황제는 중앙집권적 전제정치를 단행했다. 모든 면에서 겉모습이 장엄했던 동로마제국은, 창의성은 부족했지만 고대 그리스의 문학·언어·철학·사학·과학 등을 후세까지 전달해 준 공적은 높이 평가

될 만하다.

*8 이것은 칼라일(Thomas Carlyle, 1795~1881)의 《영웅과 영웅숭배(On Heroes, Hero -Worship, and the Heroic in History)》를 염두에 둔 표현으로 보인다.

*9 요즘 재판소에서는 누구에게나 금치산자 선고를 내릴 수 있다. 이 경우 피고의 유산 처분권을 없애기 위한 소송비용—유산으로 이 비용을 낼 수도 있다—이 충분하다면, 그가 금치산자 선고를 받기 전에 해 놓았던 유산 처분마저도 재판소가 취소할 수 있다.

　그런데 이때 증거랍시고 제출되는 것 중에는 어처구니없거나 깜짝 놀랄 만한 것들이 꽤 많다. 증거수집과정을 살펴보면 먼저 피고의 일상생활의 온갖 사소한 일들이 꼬치꼬치 까발려진다. 그리고 그것들은 이 세상에서 가장 못난 사람들의 인식력과 감식력을 통해 심사된다. 그러다가 그중에서 무엇인가 평범하고 상투적인 기준에서 티끌만큼이라도 어긋난 듯 보이는 것들이 발견되면, 그것들은 모두 정신이상의 증거로서 배심원 앞에 제출된다. 이런 방법은 가끔 성공을 거두기도 한다. 왜냐하면 배심원들은 이런 증인들만큼 저급하고 무지하지는 않지만, 그래봤자 그들보다 딱히 나을 것도 없기 때문이다. 또한 판사들은 인간 본성과 인간 생활에 관한 지식이 경악스러울 정도로 부족하다. 그 결과 판사들이 배심원들의 오해를 부추기는 일도 종종 있다.

　이와 같은 재판은 인간의 자유에 관해 일반인들이 어떤 감정이나 의견을 갖고 있는지 여실히 보여 준다. 판사들도 배심원들도 좀처럼 개성을 존중하려 하지 않는다. 즉 "다른 사람들과 상관이 없는 일을 할 때에는 자신의 판단과 기호에 따라 자유롭게 행동할 수 있다" 개개인의 권리를 존중하려 하지 않는다. 심지어 그들은 건전한 정신상태의 사람이라면 누구나 그런 자유를 바랄 수 있다는 사실을 생각조차 못한다.

　옛날에는 무신론자들을 화형에 처하자는 의견이 나올 때, 자비심 많은 사람들이 그들을 화형에 처하지 말고 그냥 정신병원에 보내자고 제의하는 일이 종종 있었다. 오늘날에도 이와 비슷한 처분이 내려지는 것을 생각하면 사실 그리 놀랄 일도 아니다. 또한 "무신론자들을 정신병원에 보내자" 제안하는 사람들은, 종교를 가지고 이 불행한 사람들을 박해하는 대신 인도적이고 그리스도교적인 방법으로 대우했다고 자랑하거나, 그로써 무신론자들에게 응분의 벌을 내렸다고 믿으며 무언의 만족을 표시할지도 모른다. 현실을 생각하면 그런 모습을 본다 한들 누가 놀라겠는가?

*10 토크빌(Alexis de Tocqueville, 1805~1859)은 프랑스의 저술가이자 경제학자이며 정치가이다. 그의 저서로는 《미국의 민주주의(De la démocratie)》와 《앙시앵 레짐과 프랑스 혁명(L'Ancien Régime et la Révolution)》 등이 유명하다. 본문에서 말하는 저서는 후자를 가리킨다.

제4장 개인을 지배하는 사회 권위 한계에 관하여

그러면 저마다 개인이 스스로에게 행사할 수 있는 주권의 정당한 한계는 어디까지일까? 사회의 권위는 어디에서부터 시작되는 것일까? 인간생활 가운데 어느 정도가 개인에게 귀속되고, 어느 정도가 사회에게 귀속되어야 하는 것일까?

만일 사회와 개인이 오직 자신과 특별히 관계되어 있는 부분만을 담당한다면, 사회와 개인 모두 자신의 정당한 몫을 받을 수 있을 것이다. 이 경우 인간생활 가운데 개인과 주로 이해관계가 있는 부분은 개인이, 사회와 주로 이해관계가 있는 부분은 사회가 담당해야 한다.

사실 사회는 계약을 통해 만들어지는 것이 아니다. 설령 사회적 의무를 이끌어 내기 위해 하나의 계약이론을 고안해 낸다 할지라도, 그 이론이 딱히 도움이 되지는 않는다. 그러나 무릇 사회의 보호를 받는 사람이라면 누구나 그 은혜에 마땅히 보답해야 할 의무가 있다. 또한 우리가 사회 안에서 살고 있다는 사실 그 자체 만으로도 개인은 다른 사람을 대할 때 다음과 같은 일정한 행위원칙을 준수해야만 한다.

첫째, 개인 행동이 서로의 이익을 침해해서는 안 된다. 바꾸어 말하면, 법 조항 또는 암묵적 양해에 따라 당연한 권리로서 인정받고 있는 어떤 종류의 이익을 해쳐서는 안 된다는 것이다.

둘째, 각 개인은 사회 및 그 구성원을 해악이나 간섭으로부터 보호하기 위해 필요한 노동과 희생을 공평한 원칙에 따라 규정되어야 하는 자기 몫만큼 부담해야 한다. 사회는 이러한 의무를 이행하지 않는 사람들에 대해, 어떤 희생을 무릅쓰더라도 그 의무를 강제할 수 있다.

사회가 할 수 있는 일은 여기에서 그치지 않는다. 법으로 정해진 다른 사람의 권리를 침해하는 수준까지는 아니더라도, 다른 사람에게 해를 끼치거나 그의 행복에 대한 정당한 고려 없이 이루어지는 개인적 행위를 한 사람은 법률이 아닌 여론에 의거해서 정당한 처벌을 받을 수 있다.

한 개인의 행위 일부분이 다른 사람의 이익에 해가 되는 순간, 사회는 법률로써 이러한 행위에 끼어들 권리를 가지게 된다. 이때에는 사회의 이 같은 간섭행위를 통해, 사회 전체의 복지가 증진되느냐 그렇지 않느냐 하는 문제가 논의의 대상이 된다.

한 사람의 행위가 자기 자신에게만 영향을 미칠 뿐 다른 사람의 이익에는 아무 영향도 주지 않는 경우나, 다른 사람들이 원하지 않는 한 그들의 이해관계에 간섭할 필요가 없는 경우에는 아무 문제가 없다. 단, 모든 관계자들은 정상적인 이해력을 지닌 성인들이어야 한다. 이런 일은 토론의 대상조차 되지 않는다. 개인은 원하는 대로 행동하고 그 결과에 책임을 지는데 이때 사회는 개인의 이러한 행위에 대하여 절대적인 법적·사회적 자유를 보장해야 한다.

요컨대 인간은 다른 사람의 삶의 행위에 서로 상관할 필요가 없으며, 자기 자신의 이익과 관련된 일이 아니라면 다른 사람의 선행이나 복지에 관여해서는 안 된다.

이러한 주장이 이기적 무관심처럼 느껴진다면 그것은 이 학설을 크게 오해한 것이다. 다른 사람의 행복을 증진시켜 주기 위한 사심 없는 노력은 억누르기보다 오히려 크게 증대해 줄 필요가 있다. 그러나 사심 없는 선행은 다른 사람들을 설득하여 그들의 행복을 추구하는 수단으로서, 문자 그대로의 의미든 비유적인 의미든 간에, 매와 채찍 외에 여러 수단을 사용할 수 있다.

그럼 오직 자신하고만 관계된 덕목은 중요하지 않은가? 아니, 그 덕목을 과소평가할 생각은 결코 없다. 그것도 분명 중요한 덕목이다. 비록 사회적 덕목보다는 덜 중요한 2차적 덕목이지만 둘 다 중요하기는 마찬가지다. 이러한 두 가지 덕목을 골고루 가꾸는 것이 바로 교육의 임무이다. 그러나 교육에서도 강요뿐만 아니라 확신과 설득이라는 수단이 사용된다. 게다가 교육의 시기가 끝난 뒤, 자신하고만 관계된 개인적 덕목을 길러 주는 수단은 오직 확신과 설득밖에 없다.

한편 인간은 서로 협조함으로써 보다 좋은 것과 보다 나쁜 것을 구별하고, 서로 격려함으로써 더 좋은 것을 선택하고 더 나쁜 것을 피하게 된다. 따라서 사람들은 끊임없이 서로를 자극해서 각자의 고귀한 재능을 더욱 길러야 하며, 그들의 감정과 목표를 더 나은 방향으로 향하게 해야 한다. 우매한 것보다는 현명한 것, 가치를 떨어뜨리기보다는 높이는 것을 지향하는 방향으로 말이다.

그러나 한 사람이든 다수의 사람이든 간에, 이미 성년이 된 다른 사람에게 그가 자기 인생을 위해 스스로 선택한 방식대로 살아가서는 안 된다고 말할 권리는 없다. 자신의 행복에 가장 큰 관심을 가진 사람은 다름 아닌 그 자신이기 때문이다. 강력한 개인적인 애정으로 결합되어 있는 경우를 제외한다면, 다른 사람이 그의 행복에 대해 가질 수 있는 관심은 그 자신이 가지고 있는 관심에 비해 별것 아니다. 사회가 그에게 개별적으로 가지는 관심은, 다른 사람과 관련된 그의 행동에 대한 관심을 제외한다면, 매우 단편적이고 간접적인 것에 지나지 않는다. 반면 자기 자신의 감정과 상황에 대해서는, 가장 평범한 남녀일지라도 다른 누구보다도 훨씬 뛰어난 이해력을 발휘할 수 있는 좋은 이해수단을 가지고 있는 것이다.

오직 그 자신하고만 관련된 일에 있어서, 그 사람의 판단이나 의도를 좌우하려는 사회의 간섭은 일반적인 추정에 의거할 수밖에 없다. 그런데 그 추정은 완전히 잘못된 것일지도 모르고, 또 비록 올바른 추정이라고 하더라도 문제는 발생할 수 있다. 그 상황에 대해 단순히 외부에서 관찰하는 사람 수준의 지식밖에 없는 사회가, 각각의 상황을 제대로 파악하지 않고 일반적인 추정을 잘못 적용할 수도 있기 때문이다. 따라서 인간사의 이런 영역은 일반성이 아닌, 개성이 지배하는 고유한 영역이라고 볼 수 있다.

서로가 영향을 미치는 인간행위 영역에서는 일반적인 규칙이 대체로 준수되어야 할 것이다. 그래야지만 그 행위에서 어떤 결과가 나올지 예측할 수 있기 때문이다. 그러나 각 개인 자신만 관련된 일에서는 각자의 개인적인 자발성이 자유롭게 발휘될 수 있어야 한다. 다른 사람들은 그의 판단을 돕기 위한 갖가지 배려와 그의 의지를 다져 줄 여러 가지 충고를 할수도 있고, 심지어는 강요할 수도 있다. 하지만 마지막 결정을 내릴 사람은 결국 그 자신뿐이다. 어쩌면 그는 다른 사람의 충고나 경고에 귀를 기울이지 않아 잘못을 저지를지도 모른다. 그러나 그 잘못은 다른 사람이 그의 행복이라 간주하는 것을 그에게 억지로 강요하는 데서 생기는 해악에 비하면, 훨씬 가벼운 것이다.

함무라비 법전
현존하는 세계 최고(最古)의 성문법으로,
기원전 18세기 고대 바빌로니아 왕국의
함무라비 왕이 편찬한 법전이다. 그림은
법전이 새겨진 돌기둥의 조각(부조).

　그럼 다른 사람들이 어떤 사람에게 품는 감정이 꼭 객관적이어야 하는 걸
까? 아니다. 그런 일은 있을 수도 없고 바람직하지도 않다. 사람들이 누군
가를 대할 때 품는 감정은, 그 사람의 개인적인 덕목이나 결함에 의해 좌우
되게 마련이다. 만일 그가 그 자신의 행복에 도움이 되는 뛰어난 자질을 가
졌다면, 그는 그만큼 인간성의 이상적인 완전함에 근접해 있는 셈이므로 그
점에 관한 한 존경받아 마땅하다. 반대로 그에게 이런 자질이 크게 부족하다
면, 다른 사람들은 존경과는 정반대의 감정을 품게 될 것이다.

　세상에는 어리석은 행위도 많고, 논란의 여지가 있는 표현이지만, 저속하고
천한 취미라 불릴 만한 것들도 적지 않다. 물론 이러한 어리석은 행위를 저지
르거나, 저속하고 천한 취미를 가졌다고 해서 사람들이 그에게 위해를 가해도
된다는 것은 아니다. 하지만 사람들이 그를 혐오하거나 심지어 경멸의 대상으
로 보는 것은 필연적이고도 당연한 일이다. 특히 그와 반대되는 자질을 가진
사람들은, 그의 이 같은 자질에 강한 혐오감과 경멸감을 품을 것이다.

어느 누구에게도 부당한 해를 끼치지는 않지만, 다른 사람들 눈에 바보나 열등한 사람으로 보일 법한 행동들이 있다. 아마도 당사자들은 다른 사람들의 그러한 판단이나 감정을 달가워하지 않기 때문에 이 점에 관해 그에게 미리 경고하는 것은, 그가 얻게 될 불쾌한 결과를 예고하는 것과 같이 바람직하고 친절한 행위이다. 만일 이 같은 친절이 오늘날 예절에 관한 일반적인 관념의 허용범위보다 훨씬 널리 자유롭게 이루어질 수 있다면, 그리고 누군가가 다른 사람의 잘못을 자기 생각대로 솔직히 지적하더라도 무례하다든가 불손하다든가 하는 비난을 받지 않을 수 있다면 얼마나 좋겠는가.

우리는 어떤 사람에 대해 부정적인 의견을 품을 수 있으며, 그 의견에 따라 다양한 방법으로 행동할 수 있는 권리를 가지고 있다. 하지만 그 권리는 그의 개별성을 억압하는 방식이 아니라 우리의 개별성을 발휘하는 방식으로 행사되어야 한다.

이를테면 우리는 그와 꼭 사귀어야 할 필요는 없다. 우리에게는 자신이 가장 좋아하는 사람과의 교제를 선택할 수 있는 권리가 있기 때문에 그와의 교제를 피할 수 있는 권리도 있다. 물론 그런 행동을 대놓고 자랑할 권리는 없지만 말이다. 만약 그 사람의 행위나 말이 그와 교제하는 사람들에게 해를 끼칠 것 같다고 판단했다면, 우리는 그 판단에 따라 그를 경계하도록 다른 사람들에게 주의를 줄 권리가 있다. 이것은 권리인 동시에 의무이기도 하다. 우리가 다른 사람에게 자발적으로 친절을 베풀 때, 그것이 그의 발전에 도움이 되는 경우를 제외한다면 그 사람보다 다른 사람들을 우선시할 수 있다.

이처럼 사람은 오직 자기 자신하고만 직접 관련되어 있는 결점(과오)으로 인해, 다른 사람들에게서 다양한 방식으로 매우 준엄한 벌을 받을 수도 있다. 이런 벌은 그 자신이 초래한 것이며, 그의 결점 자체에서 생겨난 자연스러운 결과이므로 그는 그 벌로 인한 고통을 감수해야만 한다. 왜냐하면 그 벌은, 그에게 벌을 줄 목적으로 가해진 것이 아니기 때문이다. 경솔하고 완고하며 자만심이 강한 사람, 절제할 줄을 모르는 사람, 스스로 방탕한 생활에서 헤어 나오지 못하는 사람, 감성과 지성의 쾌락을 희생하면서까지 동물적 쾌락을 좇는 사람 등은 다른 사람들로부터 경멸당하고, 미움도 살 각오를 해야 한다. 그가 뛰어난 대인관계 능력을 발휘하여 개인적인 단점을 뛰어넘어 다른 사람들의 호감 얻지 못하는 한, 그에게는 사람들의 이런 대접을 불평할 권리가 없다.

내 주장은 말하자면 이런 것이다. 다른 사람의 이익에는 조금도 영향을 주지 않고 오직 자기 자신의 행복하고만 관련된 행위와 성격으로 인해 개인이 겪게 되는 필연적인 불편은 바로 다른 사람의 호의적이지 않은 판단, 즉 악평으로 인한 불편이다. 반면 다른 사람에게 해를 끼치는 행위는 이것과 전혀 다른 취급을 받아야 한다. 다른 사람의 권리를 침해하는 행위, 그 자신의 권리로는 도저히 정당화하기 어려운 손실이나 손상을 다른 사람에게 끼치는 행위, 다른 사람들과 거래할 때 저지르는 사기 또는 배신행위, 부정하고 무자비한 수단으로 다른 사람의 약점을 공격하는 행위, 이기심 때문에 다른 사람의 위기를 본체만체해 버리는 행위 등은 당연히 도덕적인 비난을 받아야 한다. 그리고 일이 중대한 경우에는 도덕적 보복과 형벌까지 받아야 한다.

비단 이러한 행위뿐만 아니라 그 행위를 유발하는 성향도 부도덕한 것으로서 비난받아야 할 것이며, 이런 비난이 증오의 감정을 불러일으키는 일도 있을 것이다. 잔인한 기질, 악의와 심술궂음, 모든 격정 중에서도 가장 반사회적이며 가장 가증스러운 감정인 질투, 위선과 불성실, 이유도 없는 분노, 도발에 대한 과잉반응, 다른 사람을 지배하는 일에 대한 흥미, 자기 몫보다 더 많은 것을 독차지하려는 욕구(pleonexia : 그리스어로 탐욕), 다른 사람을 깎아내리면서 만족을 얻는 오만, 자기 자신과 관련된 것만 중시하고 의심스러운 모든 문제를 자기에게 유리하도록 결정해 버리는 이기주의 등은 모두 도덕적 악덕이며, 옳지 못하고 가증스러운 도덕적 성격을 구성한다.

이와 같은 도덕적인 결함은 앞서 소개한 일신상의(개인적인) 결점과는 전혀 다르다. 일신상의 결점은 부도덕과는 거리가 멀며, 아무리 심해져도 사악한 성격을 띠지는 않는다. 자신하고만 관련된 결점들은 그가 어느 정도로 어리석은지, 또 인격적 존엄과 자존심이 얼마나 부족한지를 보여 주는 증거가 될 수는 있지만 이로 인해 그가 도덕적 비난을 받게 되는 경우는 스스로 부지런히 배려해 주어야 할 다른 사람들에 대한 의무를 저버렸을 때뿐이다. 소위 스스로에 대한 의무란 그것이 그때그때의 사정으로 인해 다른 사람에 대한 의무로 변할 때를 제외한다면, 사회적 의무는 결코 아니다. 스스로에 대한 의무라는 용어가 단순한 사리분별 이상의 것을 의미할 경우, 그것은 자존(自尊) 또는 자기발전을 뜻한다. 이 자존이나 자기발전은 오직 자신만의 문제로 그 누구도 이 문제에 관한 책임을 다른 사람들에게 전가하지 않는다. 왜냐하면 그렇게 하는 편이 모두에게 이득이 되기 때문이다.

누군가가 사려가 깊지 못하거나 인격적 위엄이 부족해서 다른 사람들로부터 나쁜 대접을 받는 것과, 그가 다른 사람의 권리를 침해해서 비난을 받는 것의 차이는 단순히 명목상의 차이가 아니다. 다른 사람의 결함에 대한 우리의 행위 및 감정을 생각해 보라. 우리에게 그를 통제할 권리가 있다고 간주되는 영역에서 그가 우리를 불쾌하게 만드느냐, 아니면 우리에게 통제할 권리가 없는 영역에서 그가 우리를 불쾌하게 만드느냐에 따라, 그를 대하는 우리의 태도와 감정은 크게 차이가 난다.

만일 그가 우리에게 불쾌한 행동을 한다면 우리는 불쾌감을 표시해도 된다. 또한 우리는 자기 마음에 안 드는 물건을 멀리하듯이 그 사람과 거리를 둘 수도 있다. 그러나 우리는 그의 행동이 불쾌하다는 이유만으로, 그의 생활에 해를 끼쳐서는 안 된다. 그는 자신의 잘못에 대해 이미 충분한 벌을 받고 있거나 아니면 앞으로 받게 될 것이다. 우리는 이 점을 잘 생각해야 한다. 그리고 설령 그가 처신을 잘못하여 자기 생활을 망치고 있다 해도, 그것을 이유로 하여 그의 인생을 더욱 망쳐 버려서는 안 될 것이다. 그에게 벌을 주는 것보다는, 오히려 그의 행위가 가져올 여러 가지 해악을 피하거나 치료할 방법을 가르쳐 주는 것이 낫다. 즉 우리는 그가 받는 형벌을 가볍게 해주기 위해 힘써야 하는 것이다. 그가 우리에게 불쌍하고 가련한 대상이거나 혐오의 대상일 수는 있지만 분노나 원한의 대상일 수는 없다. 우리는 그를 사회의 적으로 간주해서는 안 된다. 비록 우리가 그에게 관심이나 우려를 표시하고 애정 어린 선의를 베풀지는 못하더라도, 적어도 그가 마음대로 행동하도록 내버려 두기는 해야 한다. 그것이 우리가 그에 대해 정당하게 취할 수 있는 가장 가혹한 태도이다.

그러나 만일 그가 자신의 동료들을 보호하기 위해 만든 여러 가지 규범을, 개인적 또는 집단적으로 위반했다면 사정은 전혀 달라진다. 이 경우에는 그의 행위가 초래한 해로운 영향이 자기 자신이 아닌 다른 사람에게 미치게 된다. 따라서 사회는 모든 구성원의 보호자로서 처벌이라는 명백한 목적을 가지고 그에게 고통을 주어야 하며, 그 벌이 충분히 준엄한지 주의 깊게 판단해야 한다. 어떤 사람이 다른 사람의 권리를 침해한 경우, 그는 우리의 법정

절제할 줄 모르고, 방탕한 생활
에서 헤어나오지 못하고 쾌락을
좇는 사람은 경멸당하고 미움 살
각오를 해야 한다.

에 선 범죄자이므로 우리에게는, 그를 재판하여 판결을 내리고 그 판결을 어
떤 형태로든 집행해야 할 의무가 있다.

한편 그가 다른 사람에게 피해를 주지 않고 일신상의 결함만 보일 경우,
우리에게는 그에게 고통을 줄 권리가 없다. 이는 앞서 설명한 바와 같다. 다
만 우리 자신하고만 관련된 일을 처리할 때, 그에게 허용해 주는 만큼의 자
유를 우리도 누릴 수 있다. 그 결과 하는 수 없이 그한테 고통을 주더라도
말이다.

지금까지 우리는 자기 자신하고만 관련된 생활영역과, 다른 사람과 관련
된 생활영역을 구분해서 생각해 보았다. 이런 사고방식을 거부하는 사람들
도 아마 많을 것이다. "어떻게 한 사회의 구성원이 저지른 행위의 일부가 다
른 구성원과 무관할 수 있는가?" 이렇게 질문하는 사람도 있을지 모른다. 이
를 좀 더 자세히 살펴보자.

그 누구도 완전히 고립되어 살아갈 수는 없다. 누군가의 행동은 가까운 사

람들에게, 때로는 훨씬 더 넓은 범위의 사람들에게 영향을 끼치게 마련이다. 누군가가 자기 자신에게만 중대하거나 영속적인 피해를 주는 행동을 한다는 것은 거의 불가능하다.

만약 그가 자신의 재산에 손해를 입힌다면, 그는 그의 재산 덕분에 직접적으로 또는 간접적으로 생계를 유지해 온 사람들에게 해를 끼치는 셈이 된다. 또 일반적으로 사회 전체의 부(富)도 조금이나마 줄어들 것이다. 만일 그가 자신의 몸 또는 마음의 능력을 저하시킨다면, 그는 그의 도움으로 개인적인 행복의 일부를 얻고 있는 모든 사람에게 해를 끼치게 될 뿐만 아니라 동료들에게 지고 있는 의무마저 다할 수 없게 될 것이다. 그리하여 그는 동료들의 애정이나 자비심에 기대어 사는 부담스러운 존재가 될지도 모른다.

그리고 만약 이런 행동이 빈번하게 일어난다면, 그것은 어떠한 범죄 못지 않게 사회 전체의 행복의 양을 감소시킬 것이다. 게다가 만일 한 개인이 자신의 악덕이나 어리석은 행위로 다른 사람에게 직접적인 피해는 주지 않는다 하더라도, 그러한 나쁜 실례를 보임으로써 세상에 해를 끼칠 수는 있다. 따라서 그의 행위에 영향을 받아 타락하거나 길을 잘못 들지도 모르는 사람들을 보호하기 위해서는, 그를 규제하는 것이 당연하다.

여기에서 다음과 같은 질문이 나올 것이다. 비록 나쁜 행위의 영향을 받는 대상이 악한 사람이나 몰지각한 개인으로 국한된다 할지라도, 사회가 그처럼 나쁜 짓을 저지르는 명백한 사회 부적응자들의 제멋대로인 행동을 그냥 내버려 둬도 되는 걸까? 만일 어린이나 미성년자를 사회적으로 보호하는 것이 당연하다면, 그들과 마찬가지로 자제 능력을 잃은 성인들도 사회적으로 보호해 줘야 하는 것이 아닐까? 만일 도박·음주·무절제·태만·불결 등이, 법이 금지하고 있는 다른 대부분의 행위들처럼 사회의 행복을 해치고 진보를 심각하게 방해한다면 어떨까? 이 경우 현실성과 사회적 편의에 어긋나지 않는 범위 내에서, 법률은 이러한 것들을 억압해야 하지 않을까? 또한 당연히 불완전할 수밖에 없는 법률의 결함을 보완하는 차원에서 적어도 여론이 강력한 단속기관을 만들어, 이런 악덕을 일삼는 사람들에게 준엄한 사회적 제재를 가해야 하는 것이 아닐까?

이런 논리를 펼치는 사람들은 개성을 제한한다든가, 새롭고 독창적인 삶의 실험을 방해한다든가 하는 문제는 제쳐 놓는다. 그들의 주장에 따르면,

사회가 저지해야 할 대상은 오직 이 세계가 시작된 이래 지금까지 시도되었지만 결과가 나빠서 비난받아온 것들, 즉 이제까지의 경험으로 보아 그 누구의 개성에도 유용하거나 적당하지 않다고 판명된 것들뿐이다. 하나의 도덕적 진리나 처세상 사리가 확실하다고 간주되기까지는 상당히 오랜 세월과 풍부한 경험이 소요되는데, 다만 바라는 것은 선조들에게 치명적인 손상을 입혔던 바로 그 절벽에서 다음 세대들이 또다시 목숨을 잃는 일만은 없도록 막는 것이다.

물론 옳은 말이다. 어떤 사람의 나쁜 행동은 공감과 관심을 통해 그와 가까운 사람들에게 그리고 사회 전체에 어느 정도 심각한 영향을 끼칠 수 있다. 이 점은 나도 전적으로 동감한다. 한 개인이 이런 종류의 행동을 함으로써 다른 사람에 대해 명백히 정해진 의무를 이행하지 않을 경우, 그는 자신하고만 관련된 영역에서 벗어나게 된다. 따라서 그는 진정한 의미에서 도덕적 비난을 받게 된다.

예를 들어 어떤 사람이 무절제하거나 낭비가 심해서 빚을 못 갚게 되거나, 그가 도의적으로 책임져야 할 가족들을 부양하거나 교육시키지도 못하게 된다면, 그는 비난받아 마땅하며 더 나아가 처벌받아도 당연할 것이다. 그러나 그를 처벌하는 이유는 그가 방탕해서가 아니라, 가족이나 채권자에 대한 의무를 다하지 않았기 때문이다. 만약 그가 그들에게 주어야 할 돈을 가지고 가장 현명한 투자를 했다고 할지라도 그는 도덕적 비난을 면치 못할 것이다. 조지 반웰*1이란 사람의 예를 한번 살펴보자. 그는 자신의 정부(情婦)에게 줄 돈을 마련하려고 삼촌을 살해했다. 하지만 그가 사업자금을 마련하기 위해 그런 짓을 저질렀다 해도, 그는 역시 교수형에 처해졌을 것이다. 또한 우리가 흔히 보는 나쁜 버릇을 들여 가족을 슬프게 만드는 사람은 그 자신의 인정미 없고 배은망덕한 성격 때문에 비난받는 것이 당연하다. 그러나 버릇 자체가 나쁘지 않다 하더라도, 그 버릇이 그와 함께 생활하거나 그에게 의지해서 안락한 생활을 하고 있는 다른 사람들에게 고통을 준다면, 그 역시 비난받을 수밖에 없다. 결국 다른 사람의 이해관계와 감정에 대해 일반적으로 적절하다고 생각되는 배려를 하지 못한 사람은, 물론 그보다 더 절박한 어떤 의무가 있었거나, 자신의 일을 우선적으로 처리해야 할 정당한 이유가 있었다면 예외가 되겠지만, 누구나 그로 인해 도덕적 비난을 받는 것이다. 그런데 이러한 도덕적 비난은 그 잘못된 행위의 원인에 대한 것이 아니요, 그 잘못된 행위의 간접적 원인일지도 모르는 개인적인 과실에 대한 것도 아니다.

일신상의 과실도 실은 이와 마찬가지다. 어떤 사람이 오직 자기 자신하고만 관련된 행위로 인해, 그에게 부과된 일반 대중에 대한 명확한 의무를 이행하지 않는다면 어떨까. 이때 그는 사회적 범죄를 저지른 셈이다. 누구든지 단지 술에 취해 있다는 이유만으로 처벌받아서는 안 되지만 군인이나 경찰이 근무 중 술에 취해 있다면 이는 마땅히 처벌받아야 한다. 요컨대 개인 또는 일반인들에게 명백한 손해를 입혔거나 그럴 위험이 있는 경우, 이것은 자유 영역을 넘어선 도덕이나 법률 영역의 문제가 된다.

그러나 일반인들에 대한 어떤 특정한 의무를 무시한 것도 아니고, 자기 자신 이외의 누군가에게 뚜렷한 위해를 가하는 것도 아닌 행위가 있다. 한 개인이 이런 행위를 통해 사회에 우발적이거나 추정적인 해를 끼친다면 어떨까. 이 경우 발생하는 사회적 불편은, 인간의 자유라는 보다 큰 선(善)을 위해 사회가 당연히 감수해야 할 것이다. 만일 성년이 된 사람이 자기 자신을 적절하게 돌보지 않았다고 해서 스스로를 소중히 여기지 못한 것에 대해 처벌받아야 한다면, 그 처벌은 그 사람 자신을 위해 이루어져야 한다. 그가 자기 능력을 손상시킴으로써 사회에 혜택을 주지 못할지도 모른다는 것을 핑계로 하여 사회가 그를 억지로 벌해서는 안 된다는 것이다. 사회는 그런 혜택을 그에게 청구할 권리가 있다고 주장할 수도 없는 입장이기 때문이다.

그러나 나는 사회가 비교적 우둔한 사회 구성원들을 교육하여 이성적인 행위를 할 수 있는 보통 수준까지 끌어올리기 위해서, 그들이 비합리적인 행동을 할 때마다 법적·도덕적 형벌을 가하는 것이 유일한 방법이라는 주장에는 동의할 수 없다. 물론 사회 구성원들이 어릴 때에는 사회가 절대적인 권한을 가진다. 그들이 미성년인 동안, 사회는 그들의 삶이 합리적으로 흘러가도록 여러 방법을 시도해 볼 수 있을 것이다.

현 세대(사회)는 앞으로 다가올 세대의 교육 및 환경을 모두 담당하는 주인공이다. 물론 현 세대가 다음 세대를 완전무결하게 현명하고 선량한 사람들로 만들 수는 없다. 참으로 개탄스럽게도, 현 세대 자신이 현명하지도 선량하지도 않기 때문이다. 또한 현 세대가 기울이는 최선의 노력이 개별적인 모든 영역에서 늘 성공을 거두는 것은 아니다. 다만 현 세대가 다음 세대를

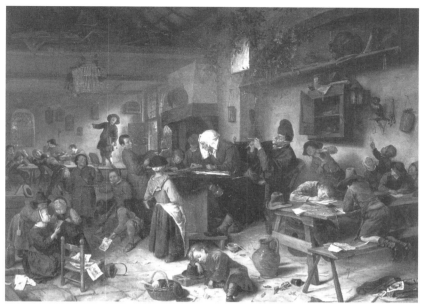

만인을 위한 교육
로크는 갓 태어난 인간의 마음은 백지 상태이며, 그 장래는 순전히 각자가 받은 교육에 따라 결정된다고 생각했
다. 이 혁신적인 생각은 '모든 사람은 교육을 통해 자유로워질 수 있다'는 신념으로 발전해 간다.

전체적으로 자신들과 같은 수준으로, 또는 자기들보다 다소 나은 수준으로
만드는 일은 충분히 가능하다. 사회는 사회 구성원들을, 원대한 동기에 대해
합리적으로 생각한 끝에 스스로를 규율할 수 있는 사람들로 키워야 한다. 만
약 상당수의 사회 구성원들이 이런 자율성이 부족한 아이로 길러진다면? 사
회는 그 결과에 대해 책임져야 할 것이다.

　사회는 교육에 관한 모든 권력을 장악하고 있을 뿐만 아니라 스스로 판단
할 수 있는 능력이 거의 없는 사람들에게, 일반적으로 받아들여지고 있는 여
론의 압도적인 권위를 행사할 수 있는 힘도 지니고 있다. 게다가 사회는 주
위 사람들한테 혐오와 경멸을 불러일으키는 사람들을 불가피하게 처벌하는,
자연적 형벌이라는 지원 무기까지 가지고 있으므로 더 이상의 권력은 필요
없다. 그래서 개인의 사적인 일에 대해 명령을 내리고 복종을 강요하는 권력
까지 주어서는 안 된다. 정의(正義)와 정책에 관한 모든 원칙에 비추어 볼
때, 개개인에 관련된 일은 그 결과를 달게 받아야 할 당사자들이 결정해야

할 문제인 것이다.

행위에 영향을 주는 좋은 수단에 대해 사람들의 불신감을 불러일으켜 그것을 무력하게 만드는 데는, 행위에 영향을 주는 나쁜 수단을 동원하는 것이 가장 효과적이다. 예를 들어 사회가 신중한 태도나 자제심을 강제하려 하는 대상 가운데 강건하고 독립적인 성질을 가진 사람들이 있다면, 그들은 틀림없이 그 속박에 저항할 것이다. 그들은 다른 사람들의 개인적인 일에 해를 끼칠 권리가 자기들에게 없듯이, 다른 사람들에게도 자기들의 개인적인 일에 해를 끼칠 권리가 전혀 없다고 생각한다. 따라서 그들은 이와 같은 강압적 권위에 맞서, 그 권위가 명령하는 것과 정반대의 행위를 보란 듯이 감행하는 일이야말로 기개 높고 용감한 일이라고 믿어 버린다. 그래서 찰스 2세*2 시대에 청교도들이 도덕적으로 매우 편협한 광신적 태도를 보였을 때, 사회에서는 저속한 풍조가 유행했던 것이다.

행실이 나쁜 타락한 사람이나 방종한 사람은 다른 사람들에게 나쁜 본보기를 보이므로, 사회가 그런 나쁜 자들로부터 일반인들을 보호해야 한다는 주장도 있다. 물론 그러한 나쁜 본보기가 다른 사람들에게 해로운 영향을 미치는 것은 엄연한 사실이다. 특히 다른 사람에게 위해를 가하고도 처벌받지 않는 사례는 분명 해로운 결과를 낳을 것이다. 그러나 우리가 지금 다루고 있는 것은 다른 사람에게 아무런 해도 끼치지 않고, 오직 자기 자신에게만 커다란 해를 끼치는 행위이다. 그런데 이와 같이 주장하는 사람들은 개인적인 잘못의 사례가 대개 해롭기보다는 유익하다는 점을 도통 이해하지 못한다. 나로서는 의아하기 짝이 없는 노릇이다. 왜냐하면 그런 실례는 나쁜 행실뿐만 아니라, 그 행실이 초래한 고통스럽거나 불명예스러운 결과도 사람들에게 보여 주기 때문이다. 옳지 못한 행동에 대한 올바른 비난이 존재하는 한, 나쁜 행동에는 이런 나쁜 결과가 반드시 뒤따르게 마련이다.

그러나 공중(公衆)이 순전히 개인적인 행위에 간섭하는 일을 반대하는 주장 중 가장 유력한 것은 사회가 간섭할 경우, 그 간섭이 매우 잘못된 방식으로 잘못된 상황에서 이루어질 거라는 주장이다. 사회적 도덕이나 다른 사람에 대한 의무 문제에 관해서는, 가끔 잘못되었을 수도 있지만 절대적 다수의 의견, 즉 여론이 대체로 옳은 경우가 많다. 왜냐하면 이러한 문제에 대해 그들은 자기들의 이익을 따져 보기만 하면 되며, 어떤 행동양식이 실행되는 경

찰스 2세(1630~1685)

찰스 1세의 아들, 영국 스튜어트 왕조의 제3대 왕. 청교도 혁명 중 1951년 즉위했으나, 크롬웰이 이끄는 원정군에 패해 프랑스로 망명했다가, 1660년 귀국하여 왕정복고를 실현하였다. 가톨릭 부활을 꾀하였으며, 의회와의 대립으로 인해 명예혁명의 단초가 되기도 했다.

우에는 그것이 자신들에게 어떤 영향을 미칠지 판단하기만 하면 되기 때문이다. 그러나 자기 자신하고만 관련된 행위에 대해서는, 다수의 의견이 힘을 잃는다. 다수의 의견이 하나의 법률로서 소수자에게 강요될 때, 여론은 옳을 수도 있지만 그릇될 가능성이 훨씬 높다. 왜냐하면 이 경우 여론이란 기껏해야 다른 이들에게 무엇이 좋으며 무엇이 나쁜가에 대한 몇몇 사람들의 의견에 지나지 않으며, 심지어 그것조차 아닌 경우가 너무나 많기 때문이다. 사실 일반인들(사회)은 철저히 무관심한 태도로, 자신들이 비난하는 행위를 한 사람들의 쾌락이나 편의를 무시한 채 자기들이 좋아하는 것만을 먼저 생각하는 법이다.

마음에 들지 않는 다른 사람의 행동을 자신에 대한 해악으로 간주하고, 그것을 자신의 감정에 대한 모욕으로 여겨 분개하는 사람들이 많다. 이를테면 완고한 종교가가 그러한데, 그는 다른 사람들의 종교적 감정을 무시했다고 비난받을 경우, 오히려 그들에게 책임을 돌리며 반박한다. 그들이야말로 매우 혐오스러운 예배나 교리를 고집함으로써 자신의 종교적 감정을 무시했다는 것이다. 그러나 한 사람이 자기 의견에 대해 품는 감정과, 그가 그런 의견을 가졌다는 사실에 분개하는 다른 사람의 감정 사이에는 아무런 유사성도 없다. 마치 지갑을 훔치려는 도둑의 욕망과 그것을 빼앗기지 않으려는 주인의 욕구가 전혀 다른 것처럼 말이다. 사람의 취미라는 것도 그 자신의 의견이나 지갑과 마찬가지로 결국 그 사람만의 고유한 관심사이다.

불확실한 모든 문제에 관해서는 각 개인의 자유와 선택에 맡기고, 다만 뭇사람들의 보편적인 경험을 바탕으로 비난받고 있는 행위만을 금지하는 이런 이상적인 사회는 누구나 쉽게 상상할 수 있을 것이다. 그러나 자신의 검열 권한에 이러한 한계를 둔 사회가 일찍이 있었는가? 사회가 뭇사람들의 보편적 경험에 신경 쓰는 건 또 언제일까?

개인의 행위에 대해 간섭할 때, 공중(사회)은 자신들과 달리 행동하고 느끼는 일을 극악무도한 범죄로 볼 뿐 다른 것은 하나도 생각하지 않는다. 이 같은 판단기준은 얄팍하게 위장되어, 모든 도덕가와 사상가의 90%에 달하는 사람들을 통해 종교적·철학적 명령으로 인류에게 제시되고 있다. 그들은 인류에게 "사물은 그것이 올바르기 때문에 올바른 것이며, 우리가 그것을 올바르다고 느끼기 때문에 올바르다" 가르친다. 또한 우리 정신과 마음속 깊은 곳에서 자신과 다른 모든 사람들을 구속하는 행위의 규칙을 찾아내라고도 우리에게 말한다. 그렇다면 가엾고 어리석은 일반인들로서는 이런 가르침을 적용하여, 선악에 관한 그들 자신의 개인적인 감정(만일 그들의 그 감정이 상당히 일치한다면)을 온 세계 사람들의 의무로 만들어 버리는 일 이외에 무엇을 할 수 있을까?

지금까지 지적한 해악은 단지 이론상으로만 존재하는 것이 아니다. 여기에서 여러분은 아마 이 시대, 이 나라의 공중이 자신이 좋아하는 것을 도덕적 법칙으로 부당하게 바꿔 버린 구체적인 여러 사례를 기대할지도 모르겠다. 하지만 나는 지금 이 시대 도덕적 감정의 탈선에 관한 글을 쓰고 있는 게 아니다. 그것은 단순히 다른 이야기에 곁들여 말하거나 어떤 이론의 예증으로 들기에는 너무 중대한 문제이다.

그러나 여기서는 감히 몇몇 실례를 들어 보겠다. 내가 주장하는 원리가 심각하고 실제적인 중요성을 띠고 있음을, 또 내가 단순한 가상적 해악에 대해 방어벽을 쌓고 있는 게 아님을 증명하기 위해서는 실례가 필요하기 때문이다. 그리고 나는 도덕 경찰(moral police, 도덕적 단속기관)이라는 것의 담당범위를 넓혀서 매우 정당한 개인의 자유를 침해하는 일이야말로, 인간의 버릇 중에서도 가장 보편적인 버릇이라는 사실을 풍부한 실례를 들어 제시할 것이다. 이는 별로 어렵지 않은 일이다.

첫 번째 예를 살펴보자. 사람들은 자기네와 종교적 의견이 다른 사람들이 자신들의 종교적 의식 및 금기사항을 지키지 않을 경우, 그들에게 큰 반감을 품는다. 사소한 예를 든다면, 그리스도 교도의 신조나 관습 가운데 '돼지고기를 먹는다'는 것만큼 이슬람 교도들의 분노를 사는 것은 없다. 배고픔을 달래는 이 특수한 방법을 볼 때 이슬람 교도들이 품는 자연스러운 혐오감은, 그리스도 교도나 유럽인들이 그 어떤 행위를 보고 느끼는 혐오감보다도 더 크다. 돼지고기를 먹는다는 것이 그들의 종교에 대한 배반행위이기 때문일까? 그러나 그들의 증오감이 왜 그토록 강하고 심한지는 이 사실만으로는 설명할 수 없다. 왜냐하면 그들의 종교에서는 포도주를 마시는 것도 금지하고 있는데, 모든 이슬람 교도들은 그러한 음주행위를 잘못된 것이라고는 생각해도 혐오하기까지 하지는 않기 때문이다. 이에 반해 '불결한 짐승'에 대한 그들의 혐오감은 거의 본능적인 반감과도 같다. 무엇인가가 불결하다는 관념이 한번 마음속에 깊숙이 뿌리내린 뒤에는, 평소 생활이 결코 청결하지 못한 사람들의 마음속에서도 그 감정이 계속해서 일어나게 된다. 힌두 교도들에게서 볼 수 있는 종교적 불결함에 대한 유달리 강한 감정은, 그런 본능적 반감의 대표적인 사례이다.

거의 모든 국민이 이슬람 교도인 나라에서, 이슬람 교도들이 '국내에서는 돼지고기 먹는 것을 금지하자' 주장한다고 상상해 보라. 이는 이슬람교 국가에서는 얼마든지 일어날 수 있는 일이다.*³ 그런데 이것은 과연 여론의 도덕적 권위가 정당히 행사되는 사례일까? 만일 그렇지 않다면 이유는 무엇일까? 사실 돼지고기를 먹는 행위는 이 나라 공중에게 참으로 끔찍스러운 일이다. 또한 그들은 신이 돼지고기를 먹는 행위를 혐오하여 금지하셨다고 굳게 믿는다. 이러한 금지는 처음에는 종교적 이유에서 출발하였으나 엄밀히 말해 종교적인 박해는 아니다. 왜냐하면 그 어떤 종교도 돼지고기를 먹는 것을 의무로 정해 놓지는 않았기 때문이다. 이러한 금지를 옳지 않다며 비난할 수 있는 유일한 근거는 '사회는 개인의 일이나 취향에 간섭할 권리가 없다'라는 원칙일 것이다.

이번에는 좀 더 친숙한 예를 들어 보자. 에스파냐 사람들 중 대부분은, 로마 가톨릭 교회가 인정한 것 이외의 방식으로 신을 예배하는 일을 신에 대한

다른 사람들이 자신들의 종교적 의식 및 금기사항을 지키지 않을 경우 크게 반감을 갖는다. 금기사항이 오래 지속되면 고유 관습으로 발전되고 이 관습이 종교에 포함되기도 한다.

심각한 불경이자 가장 큰 모독이라고 생각한다. 따라서 에스파냐에서는 다른 어떠한 형식의 예배도 법으로 금지되어 있다. 모든 남부 유럽 사람들은 결혼한 성직자를 불경한 비종교적 인간으로 볼 뿐만 아니라, 정결하지 못하고 음탕하며 천하고 혐오스러운 존재로까지 여긴다. 그럼 이처럼 진심에서 우러나오는 반감이나, 가톨릭 교도가 아닌 사람들에게도 이런 반감을 강요하려는 가톨릭 교도들의 시도에 대해 신교도들은 과연 어떻게 생각할까?

만약 다른 사람의 이해와 상관없는 행위에서 개인의 자유에 대해 사람들이 간섭하는 것을 정당하다고 가정한다면, 앞에서 든 사례들을 아무 모순 없이 적용할 수 있을까? 무슨 원칙에 따라야 그런 일이 가능하단 말인가? 만약 그런 간섭이 옳다면 신과 인간의 눈으로 볼 때 불경스럽다고 여겨지는 행위에 대한 억압을 그 누가 감히 비난할 수 있겠는가?

개인적으로 부도덕하다고 생각되는 행위를 금지하려는 주장 가운데 신에 대한 불경이라는 이유를 내세워 억압하는 것보다 더 강력한 것은 없다.[*4] 설마 "우리는 옳기 때문에 다른 사람들을 박해할 수 있지만, 그들은 잘못되었기 때문에 우리를 박해할 수 없다" 이런 박해자의 논리가 옳다고 생각하는가? 그런 억지 논리를 채택할 맘이 없다면, 우리는 우리 자신에게 적용될 경우 매우 부당하다고 분개할 만한 논리를 다른 사람에게 적용하지 않도록 조심해야 할 것이다.

앞서 소개한 사례들은 분명히 부당하지만, 영국에서는 좀처럼 일어날 수 없는 우연적 사례에 지나지 않는다고 반론하는 사람도 있을지 모른다. 왜냐하면 영국의 여론은 고기를 먹지 말라고 강요하거나, 사람들이 각기 자기 신조나 기호에 따라 예배하는 일을 막거나, 결혼을 하느냐 안 하느냐 하는 문제에 대해 이래라 저래라 간섭하거나 하지는 않을 것이기 때문이다.

그러나 우리는 자유에 대한 간섭의 영역에 존재하는 모든 위험을 없애지는 못했다. 다음 예들은 이 사실을 잘 보여 준다. 먼저 미국의 뉴잉글랜드[*5]나 공화정시대[*6]의 영국에서처럼 청교도들이 강한 영향력을 지닌 곳에서는 지금까지 예외 없이 탄압이 발생했다. 청교도들은 모든 대중적이고 개인적인 오락, 특히 음악과 무용 그리고 대중적인 경기나 기타 오락적인 집회 및 연극 등을 금지했던 것이다. 그런 탄압이 어찌나 성공적이었는지, 영국에는 아직도 이런 오락을 그릇된 것이라며 비난하는 도덕관과 종교관을 품은 사람들이 많다. 그리고 이 같은 사람들이 주로 속해 있는 중산층은, 현재 영국의 사회적·정치적 상황에 힘입어 그 세력을 키워 나가고 있다. 따라서 이런 사고방식을 가진 사람들이 조만간 의회에서 다수 의석을 차지할지도 모르는 일이다. 그러면 이 엄격한 칼뱅주의자들과 감리교 신자들*7은 자신들의 종교적·도덕적 감정에 따라 대중오락을 규제할 것인데, 사회의 나머지 구성원들이 이런 상황을 어찌 달가워하겠는가?

아마 그들은 이 같은 규제에 반발할 것이다. 어쩌면 그들은 참견하기 좋아하는 이 독실한 신자들을 향해, 남의 일에 신경 끄고 자기들 일에나 충실하라고 강경하게 요구하지 않을까? 바로 그렇다. 자기들이 좋지 않다고 생각하는 쾌락은 어느 누구도 즐겨서는 안 된다고 맹목적으로 주장하는 모든 정부와 사회는, 당연히 사람들의 비난을 받아야 한다. 그러나 만일 이런 막무가내 주장의 원칙이 사회적으로 수용되어 버린다면, 그 나라 국민의 대다수를 차지하는 사람들이나 기타 지배적인 세력의 의견에 따라 그 원칙이 실제로 적용된다 해도 아무도 합리적인 반박을 펼칠 수 없을 것이다. 쇠퇴일로를 걷는 듯 보였던 종교가 다시 융성하는 경우도 있는 것처럼 뉴잉글랜드의 초기 개척자들이 지녔던 종교적 신앙이 잃어버렸던 지반을 다시 회복하여 사회적으로 널리 받아들여진다면, 모든 사람들은 개척자들이 믿었던 그리스도교 공화국 사상에 순응해 갈 마음의 준비를 해야 할 것이다.

이번에는 방금 언급한 것보다 실현 가능성이 높은 상황을 한번 상상해 보자. 오늘날 세계에는 민주적인 정치제도를 수반하든 그렇지 않든 간에, 민주주의적 사회체제(사회조직)를 수립하려는 경향이 강하게 나타나고 있다. 이러한 경향이 가장 완벽하게 실현되고 있는, 사회도 정부도 모두 민주적인 나라가 바로 미국이다. 그런데 미국에서는 너무 화려하고 사치스러워 자기들로서는 도저히 흉내 낼 수 없는 생활양식이 출현하면, 많은 사람들이 이에 대해 불쾌감을 표시한다고 한다. 이 불쾌감이 그 사회에서는 효과적인 사치금지법(sumptuary law)과 같은 작용을 하여 미국 내 많은 지방에서는 거액의 소득을 얻는 사람이 대중의 반감을 사지 않으면서 그 돈을 소비할 방도를 찾는다는 것이 정말 어렵다고 한다.

물론 이 주장은 사실 그대로가 아닌 매우 과장된 설명임에 분명하다. 하지만 이러한 사태는 충분히 있을 수 있는 일이다. 민주적 감정이 "사회는 개개

뉴잉글랜드 초기 개척자 스미스와 지도
미국 북동부 6개 주에 걸친 지역. 1614년 이 지방을 탐험한 J. 스미스에 의해 이름지어졌으며, 1620년 메이플라워 호를 타고 온 영국의 청교도가 보스턴에 상륙함으로써 식민지가 형성되었다.

인이 얻는 소득의 소비방법에 대해서까지 거부권을 행사할 수 있는 권리가 있다" 이런 생각과 결합한다면, 그러한 사태는 쉽게 일어날 것이다.

한 걸음 더 나아가 사회주의적 의견이 상당히 널리 퍼져 있는 경우를 상상해 보자. 아마도 그 사회에서 아주 적은 얼마 이상의 재산을 소유한다는 것은, 또 많든 적든 간에 육체노동이 아닌 다른 방식으로 어떤 소득을 얻는다는 것은, 파렴치한 행위로 간주될 것이다. 원칙적으로 이와 비슷한 의견은 이미 직공 계급에는 널리 퍼져 있다. 그리고 이러한 전체 의견에 따라가야 하는 사람들, 즉 직공 계급의 각 구성원들은 이 의견의 강압적 지배를 받고 있다. 이 직공 계급 사람들은 많은 산업 분야에서 일하는데, 이 계급의 대다수를 차지하는 미숙련공들은 다음과 같은 여론을 강하게 지지한다.

"미숙련공들도 숙련공들과 같은 임금을 받아야 한다. 그리고 어느 누구도 시간급 이외의 방식으로 돈을 벌어서는 안 된다. 즉, 뛰어난 기능이나 성실성 등을 이유로 누군가가 다른 직공들보다 많은 소득을 얻는 일이 허용되어서도 안 된다."

또한 그들은 숙련공들이 보다 유용한 노동을 통해 보다 많은 보수를 받는 일을 저지하기 위해 도덕적 제재, 때로는 물리적 제재까지 불사한다. 이는 고용주가 숙련공들에게 많은 보수를 주려 할 때도 마찬가지다. 만일 공중 (사회)이 사적인 일에 간섭할 수 있는 권리를 가진다면, 나는 이들 미숙련공들의 사고방식이 잘못되었다고 지적할 수 없을 것이다. 또한 보편적인 사회가 모든 일반인에 대해 주장하는 권위를, 한 개인이 소속된 작은 사회가 개인에 대해 주장하는 것 역시 비난할 수 없다고 나는 생각한다.

그러나 실은 이처럼 가상적인 일들을 장황하게 늘어놓을 필요도 없다. 오늘날 이미 개인의 사생활에 대한 부당한 침해가 실제로 나타나고 있기 때문이다. 이런 침해는 앞으로 더욱 심해질 위험성이 높다. 또한 공중(사회)은 자신들이 잘못되었다고 판단하는 모든 것을 법으로 금지할 뿐만 아니라, 이를 위해서 사회 자신이 무해하다고 인정하는 많은 것들도 얼마든지 금지할 수 있는 무제한의 권리를 가지고 있다는 주장조차 제시되고 있다.

지나친 음주를 방지한다는 명목으로, 영국의 한 식민지 주민들과 미국의 과반수에 해당하는 사람들은 의료 목적을 제외한 발효성 음료의 모든 사용을 법으로 금지 당했다. 왜냐하면 술의 판매를 금지한다는 것은 곧 술의 사용을 금지하는 행위였기 때문이다. 하지만 법 시행의 비현실성으로 금주법의 발상지[8]를 포함한 미국의 몇몇 주에서는 이 법률을 폐기하였다. 그러나 사정이 이러한데도 영국에서는 이와 비슷한 법률을 만들려는 운동이 일어나기 시작했으며, 이른바 박애주의자를 자처하는 많은 사람들이 그것을 상당히 열성적으로 추진했다.

이러한 목적을 위해 결성된 협회는 그 구성원들에게 '동맹'이라 불렸다.[9] 그런데 협회 간사가 "정치가의 의견은 모름지기 원칙에 입각해야 한다" 주장하는 아주 적은 몇몇 영국 공인들 가운데 한 사람과 주고받은 편지가 공개됨으로써, 협회는 세상 사람들의 비판을 받게 되었다.

이 편지를 쓴 스탠리 경[10]은 정계의 유명 인사들에게서는 좀처럼 찾아보기 어려운 자질을 지니고 있었다. 그의 공적 태도에서 분명히 드러나는 이 자질을 눈치 챈 사람들은 일찍부터 그를 신망하고 있었다. 그는 이러한 사람들의 신망을 더욱 공고히 다지고자 이 편지를 썼던 것이다. '독선과 박해를 정당화하는 데 악용될 수 있는 원리가 세상에 받아들여지는 것을 심히 개탄하던' 동맹의 대변자인 이 간사는 이러한 원리와 협회의 원리 사이에 '넓고도 넘을 수 없는 장벽'이 가로놓여 있다고 지적하려 한 것이다.

그는 다음과 같이 말했다.

"나에게는 사상이나 의견, 양심 등과 관련된 모든 문제가 법적 영역 밖에 있는 것처럼 보인다. 그리고 사회적 행위나 습관, 인간관계 등 개인이 아닌 국가 그 자체에만 재량권이 부여된 모든 문제는 법적 영역 안에 있는 것처럼 보인다."

그는 이들 중 어느 쪽에도 속하지 않는 제3의 종류, 즉 사회적이지 않은 개인적 행위나 습관에 대해서는 아무런 언급도 하지 않았다. 그런데 발효성 음료를 마시는 행위, 즉 음주 행위는 분명 이 제3의 종류에 속한다. 물론 주류를 판매하는 것은 상행위이므로 하나의 사회적 행위임에 분명하다. 그러나 스탠리 경이 비난하고 있는 '자유 침해 행위'는 판매자의 자유에 관한 것이 아니라, 구매자이자 소비자인 사람들의 자유에 관한 것이다. 왜냐하면 국가가 개인의 주류 구매를 의도적으로 막을 수 있다는 것은, 곧 음주를 금지시킬 수도 있다는 것이기 때문이다.

그런데 이 협회의 간사는 "나는 한 시민으로서 다른 사람의 사회적 행위가 나의 사회적 권리를 침해할 경우, 그에 대한 법률을 제정할 수 있는 권리를 요구한다" 말하였다. 여기서 말하는 '사회적 권리'란 무엇일까? 그의 설명을 들어 보자.

"만약 나의 사회적 권리를 침해하는 것이 있다면, 그것은 주류의 판매이다. 주류 판매는 사회 혼란을 끊임없이 일으키고 조장함으로써 나의 기본권인 안전에 대한 권리를 침해한다. 또한 주류 판매란 술 때문에 집안까지 망쳐 버리는 빈곤한 계층을 만들어 내어서 이익을 얻는 행위이다. 그런데 나는 이 빈민층을 부양하기 위해 세금을 내야 한다. 따라서 주류 판매는 나의 평등권을 침해한다. 게다가 그것은 내 앞길에 여러 가지 위험을 드리우고, 또 내가 상호 부조 및 교제를 당연히 요구할 수 있는 대상인 사회를 약하고 타락한 존재로 만듦으로써, 나의 자유로운 도덕적·지적에 대한 발전 권리를 침해한다."

이것이 그가 설명한 '사회적 권리'이다. 이런 종류의 이론이 언어로 명백하게 표현된 것은 아마 이때가 처음이었을 것이다. 그 내용을 정리하자면 다음과 같다.

"다른 모든 사람들로 하여금 모든 면에서 나 자신의 행동기준에 따라 행동하도록 하는 것이야말로 각 개인이 지니는 절대적인 사회적 권리이다. 내 기준에서 조금이라도 어긋나는 행동을 한 사람은 나의 사회적 권리를 침해한 것이다. 따라서 이 경우 나에게는 이러한 내 불만의 원인 제거를 입법부에 요구할 수 있는 권리가 있다."

이 기괴하기 짝이 없는 원리는 자유에 대한 모든 침해를 정당화할 수 있기 때문에 그 어떤 간섭보다도 훨씬 더 위험한 것이다. 이것은 자기 의견을 마음속에만 간직한 채 입 밖으로 내지 않을 자유만 보장해 줄 뿐, 그 밖의 어떤 자유에 대한 권리도 인정하지 않는다. 왜냐하면 내가 해롭다고 생각하는 의견이 누군가의 입에서 발설되자마자, 그 의견은 앞서 언급한 '동맹'이 내게 부여한 모든 사회적 권리를 침해하기 때문이다. 그러므로 이 학설은 모든 사람에게, 상대의 도덕적·지적 완성은 물론이고 심지어 육체적 완성에까지 얼마든지 간섭할 수 있는 기득권을 부여한다. 게다가 그 기득권의 기준은 각 권리자들의 개인적인 표준에 따라 규정된다.

단순한 실현 가능성으로서만 존재한 것이 아니라 실제로 오랫동안 성공리에 실행되어 온, 개인의 정당한 자유에 대한 부당한 간섭의 또 다른 중요한 예가 있다. 바로 안식일 엄수법이다. 생활상 절박한 사정이 없는 한 일주일에 하루 일상업무를 중단하고 쉬는 행위는, 사실 유대인 이외의 사람들에게는 종교적 구속력이 없지만 이는 매우 유익한 관습이다. 그리고 이 관습은 근로 계급 사람들 사이의 협정 없이는 준수되기 어렵기 때문에 일주일에 하루는 휴업하자는 일반적 협정이 성립되어야지만 비로소 지켜질 수 있다. 따라서 누구 한 명이 휴일에도 일하면 다른 사람들도 일해야 하는 심리적 환경에서는, 법률이 어떤 특정한 날에 대부분의 산업활동을 공식적으로 중지시키는 것도 하나의 방법이다. 다시 말해 법률이 각 개인에게, 다른 사람들도 공휴일을 준수할 것이라는 보장을 해 주어야 한다는 것이다. 이 방법은 허용될 수 있을 뿐 아니라 정당한 일이라고까지 할 수 있다.

그러나 이 정당성이라는 것은, 각자가 이런 관습을 준수하느냐 마느냐의 여부가 다른 사람의 이해관계에 직접적으로 영향을 미친다는 점을 근거로 하고 있다. 그러므로 한 개인이 자신의 여가를 보내기에 적당하다고 생각하

모세와 10계명

안식일의 기원은 구약성서 〈창세기〉 1~2장에 걸쳐 천지창조 과정에서 6일 동안 우주창조를 끝마치고 제7일에는 쉰 데서 비롯되었으며, 또 모세에게 준 10계명 가운데 네 번째 계명으로 안식일을 지키도록(쉬도록) 하였다.

여 스스로 선택한 일에 대해서까지 이 정당성을 적용할 수는 없다. 마찬가지로 휴일의 오락을 법률로써 금지하려는 행위 역시 정당성이 없다. 물론 어떤 사람들이 즐기는 오락이 다른 사람들에게는 노동일 수도 있다. 그러나 사람들이 그 노동을 자유롭게 선택하고 그만둘 수 있는 한, 비록 그것이 유익한 즐거움은 아닐지라도 다수의 사람들에게 즐거움을 주기 위해 소수의 사람들이 노동하는 것은 가치 있는 일이다.

만약 모든 사람들이 일요일에도 일을 한다면, 6일치 임금만 받고 7일간 일해야 할 것이라는 노동자들의 생각은 전적으로 옳다. 하지만 실제로는 어떤가? 대부분의 업무가 정지되는 일요일에 다른 사람들의 즐거움을 위해 여전히 쉬지 않고 일하는 소수의 사람들은, 그에 상응하는 부가소득을 얻을 수 있다. 게다가 그들이 만약 돈보다 휴식을 원한다면 그런 일에 꼭 종사해야 할 의무는 없으므로 그만두면 된다. 혹시 더 나은 방법을 원하는가? 그렇다면 이러한 특정 부류의 사람들을 위해, 일요일 이외의 어떤 날을 휴일로 하는 관습을 확립하면 된다.

결국 '일요일 오락 금지'라는 주장을 변호할 수 있는 유일한 근거는, 일요일의 오락이 종교적으로 잘못된 행위라는 이론뿐이다. 하지만 이런 이론을 근거로 하여 법률을 제정한다는 것은 아무리 강하게 항의를 하더라도 지나치지 않을 만큼 불합리한 일이다.

"신에 대한 불의는 신이 심판하신다(Deorum injuriae Diis curae)."

신에게는 죄를 범한 것으로 추정되지만 동포에게는 해가 되지 않는 행위자를 처벌할 '하늘이 주신 보복할 권리'가, 사회 또는 사회의 고위관리 중 누구에게 있는지는 아직 증명되지 못한 과제로 남아 있다.

다른 사람을 종교적으로 만드는 일이 곧 인간의 의무라는 관념이야말로 지금까지 자행되어 온 모든 종교적 박해의 근원이었다. 따라서 만일 이러한 관념이 널리 인정받는다면 종교적 박해는 정당성을 얻게 될 것이다. 일요일의 기차 여행을 금지하려는 반복적인 시도와 일요일의 박물관 개방을 반대하는 운동 등에서 나타나는 감정은 물론 과거 박해자들이 보여 주었던 잔인성과는 거리가 멀다. 하지만 그 감정에서 드러나는 정신상태는 박해자들의 정신상태와 근본적으로 똑같다. 그것은 다른 사람들이 자기들의 종교에서 허용하는 행위를 하는 것을, "우리 종교에서는 허용하지 않는다"라는 이유로 관대하게 보아 넘기지 않겠다는 박해자들의 결의이기도 하다. 그 정신상태는 말하자면 다음과 같다.

"신은 그릇된 신앙을 가진 사람들의 행위를 싫어하신다. 뿐만 아니라 우리가 그들을 내버려 둔다면, 신은 우리에게도 죄를 물으실 것이다."

일반적으로 인간의 자유가 얼마나 경시되고 있는지를 보여 주는 실례를 하나 더 들어 보자.

모르몬교[*11]에는 보통 종교와 다른 기이한 현상이 존재한다. 그런데 모르몬교의 이러한 현상에 대한 주의를 환기시켜야 할 때마다, 영국 언론은 노골적인 언어폭력으로 이 종교를 박해한다. 이에 대하여 자세하게 설명해 보겠다.

자칭 새로운 계시라는 것에서 출발한 하나의 종교, 다시 말해 비범한 자질도 없는 창시자가 벌인 얄팍한 사기 행각에 불과한 종교인 모르몬교가 이 신문·철도·전신(電信)의 시대에 수십만이나 되는 신도를 거느리고 마침내 한 사회의 기초가 되었다고 하는, 아무도 예상하지 못했거니와 교훈적이기도 한 이 사실에 대해서 많은 의견들이 있을 것이다.

그러나 여기에서 우리가 주목할 것은, 이 종교에도 다른 종교들과 마찬가지로 순교자가 존재한다는 사실이다. 이 종교의 예언자이며 창시자이기도 했던 인물은 그 가르침으로 인해 폭도들의 손에 살해당했으며, 신도들 역시 무법적인 폭력으로 인해 목숨을 잃었다. 그리고 신도들은 모두 그들이 나고 자란 고향땅에서 집단으로 강제추방까지 당했다. 그들이 사막 한가운데 오지로 쫓겨나게 되자, 이번에는 많은 영국 국민이 원정군을 파견하자고 공공연히 말하기 시작했다. 즉 무력을 써서라도 모르몬교 신도들로 하여금 다른 사람들의 의견에 따르도록 해야 한다는 것이다. 영국 국민은 그것을 성가시지만 옳은 행위라고 선언한다.

모르몬교 교리 중에서 특히 다른 종교들의 반감을 사는 조항은 바로 '일부다처제의 인정'이다. 이로 인한 반감은 종교적 관용이라는 일반적 자제력조차 무력하게 만들 정도였다. 물론 일부다처제는 이슬람 교도, 힌두 교도, 중국인들에게는 허용되고 있다. 하지만 그리스도 교도를 자처하는 영어권 사람들이 이를 시행할 경우, 사람들은 좀처럼 억제할 수 없는 분노를 느끼는 모양이다. 사실 나도 모르몬교의 이 제도에 대해서는 누구 못지않게 비판적인 사람이다. 여러 가지 이유가 있지만, 그중에서도 특히 일부다처제가 자유의 원리에 맞기는커녕 그 원리를 아예 직접적으로 침해한다는 사실 때문이다. 이 제도는 사회의 반을 차지하는 인간(여성)을 사슬로 얽매어 놓고, 이들에 대한 서로의 의무로부터 나머지 반인 인간(남성)을 해방시킴으로써 직접적으로 자유 원리와 정면충돌하고 있는 것이다.

그러나 여기에서 잊으면 안 될 사항이 있다. 이러한 일부다처제는 언뜻 피해자로 보이는 여성의 자발적 동의에 근거하고 있다는 점에서, 다른 형태의 결혼제도와 똑같다는 것이다. 매우 놀라운 사실이지만 세상의 통념과 관습을 생각해 보면 그리 놀라운 일도 아니다. 세상의 통념과 관습은 여성들에게 "결혼은 반드시 해야 하며 여성에게 꼭 필요한 일이다" 가르쳐 왔다. 따라서 많은 여성들은, 아내가 되지 못하는 것보다는 여러 아내들 가운데 한 사람이라도 되는 게 낫다고 여기게 된 것이다. 참고로 다른 나라에서는 이러한 부부관계를 인정해 달라고 요청하거나, 모르몬교 사상을 가진 일부 국민이 자국 법률의 적용대상에서 자신들을 제외시켜 달라고 요구하는 일을 볼 수 없다.

그러나 이단자들(모르몬교 신자들)이 다른 사람들의 적대적 감정에 대해 부당하리만치 많은 양보를 해야 할 때, 예컨대 그들의 교리를 받아들여 주지 않는 나라를 떠나 이 지구 한구석의 낯선 황무지에 정착하여 그곳을 사람 살 만한 장소로 개척해 놓고 조용히 살아갈 때, 다른 사람들이 이 이단자들의 삶에 간섭해도 되는 것일까? 이러한 이단자들이 다른 사람들을 침략하지도 않고 자기네 풍습을 싫어하는 사람은 자유롭게 떠날 수 있도록 허락하는 한, 그들이 자기네 법률에 따라 생활하는 것을 제삼자가 금지해도 된다고 보장해 줄 원리 따위는 없다. 아니, 혹시 있다면 '압제의 원리'뿐이리라.

최근 어떤 면에서 상당한 공적을 쌓은 한 저술가는 이 일부다처제 사회에 대해, 그 자신의 말을 빌리자면 '십자군'이 아닌 '문명군'을 파견하자고 제안하였다. 다시 말해 그에게는 문명의 퇴보일 뿐인 일부다처제를 폐지시키기 위해 군대를 보내자는 것이다. 일부다처제는 내 눈에도 확실히 문명의 퇴보처럼 보인다. 하지만 나는 한 사회가 다른 사회에게 문명화를 강요할 권리를 가지고 있다고는 생각하지 않는다. 악법으로 고통 받고 있는 사람들이 다른 사회에 도움을 요청하지 않는 이상, 그들과 아무 상관없는 사람들이 불쑥 끼어드는 것을 나는 인정할 수 없다. 즉 그 제도와 직접 관련된 모든 당사자들이 만족하고 있는 사회 상태에 대해, 그것과 전혀 관계없으며 그 장소로부터 수천 마일쯤 떨어진 곳에 사는 사람들이 분개하면서 "그 제도는 수치스러운 일이니 마땅히 폐지해야 한다" 요구하는 것은 잘못된 일이다. 당사자는 아니지만 정 간섭하고 싶다면, 선교사를 파견해서 그런 제도에 반대하는 설교라도 하게 하면 될 것이다. 또는 모르몬교 선교사들의 발언을 억압하는 식의 불공정한 수단을 버리고 공정한 수단만을 사용해서, 모르몬교 교리가 자기네 국민들 사이에 보급되는 일을 막는 것도 좋은 방법일 것이다.

야만인들이 온 세계를 지배하던 시기에 문명이 야만성과 싸워 승리했다면, 이미 정복당한 야만인들이 다시 세력을 키워 오히려 문명을 정복하지 않을까 두려워하는 것은 쓸데없는 걱정일 뿐이다. 한번 정복했던 적에게 그처럼 쉽게 굴복해 버리는 문명이라면, 그 문명이 임명한 성직자와 선교사를 비롯한 어느 누구도 그 문명을 옹호할 능력이나 의지가 없다는 뜻이므로 그것은 타락한 문명임에 틀림없다. 만일 그렇다면 그 문명은 최대한 빨리 이 세상에서 사라지는 게 나을 것이다. 그냥 내버려 두면 그 문명은 날이 갈수록 더욱 악화되어, 마침내 서로마제국처럼 혈기 왕성한 야만인들의 손에 파괴되어 다시 태어날 수밖에 없어질 테니 말이다.

〈주〉

*1 조지 반웰(George Barnwell)은 릴로(George Lillo, 1693~1739)의 희곡 《런던 상인 (London Merchant)》에 나오는 주인공이다. 이 극은 창녀 밀우드의 유혹에 휘말려 타락하고, 마침내는 사람까지 죽이게 되는 한 도제(徒弟)의 생애를 그린 것이다. 이 작품은 상인의 일상생활을 다룬 최초의 비극으로서 호평을 받았다고 한다.

*2 찰스 2세(Charles Ⅱ, 1630~1685)는 찰스 1세의 아들로 영국 국왕이었다. 청교도 혁명 당시 영국에서 도망쳤다가 크롬웰이 사망한 뒤인 1660년에 돌아와 왕정복고를 실현하였다. 그는 나랏일을 돌보기보다는 방탕한 생활에 치중하던 왕이었다.

*3 이와 관련된 매우 흥미롭고 적절한 예로 봄베이에 거주하는 파르시족(parsees)의 경우를 들 수 있다. 이 부지런하고 진취적인 종족은 페르시아에 살던 조로아스터 교도들의 자손으로, 칼리프의 지배를 피해 고국을 떠나 서부 인도에 정착했다. 이때 힌두교를 믿는 인도 왕들은 쇠고기를 먹지 않는다는 조건으로 그들에게 신앙의 자유를 허락하였다.

그런데 그 뒤 이슬람 정복자들이 인도에 쳐들어와 그 지방을 지배하게 되었고 정복자들은 파르시족에게 새로운 조건을 제시했다. 이번에는 돼지고기를 먹지 않는다는 조건으로 신앙의 자유를 허락해 주겠다는 것이었다. 그들은 물론 이 조건을 받아들였다.

처음에는 지배자들에게 복종한다는 의미로 그 규칙들을 준수하였지만 시간이 흐르면서 그 규칙들은 어느덧 그들의 제2의 천성이 되어 버렸다. 오늘날 파르시족은 쇠고기도 돼지고기도 모두 먹지 않는다. 그들의 종교에서 그렇게 하라고 가르치지도 않았는데 말이다.

이는 금지된 법규가 오랫동안 지속되다가 마침내는 고유의 관습으로까지 발전한 예이다. 그리고 동양에서는 이런 관습이 하나의 종교로 발전하기도 한다.

*4 신에 대한 불경으로 간주되는 개인적 행위의 예로는 돼지고기를 먹는 일, 로마 가톨릭 교회에서 승인받지 않은 방식으로 예배를 보는 일, 성직자의 결혼 등이 있다.

*5 뉴잉글랜드(New England)는 미국의 동북부 지방을 가리킨다. 이 지역에는 메인, 뉴햄프셔, 버몬트, 매사추세츠, 로드아일랜드, 코네티컷의 6개 주(州)가 포함된다.

*6 영국 역사상 공화정시대(Great Britain at the time of the Commonwealth)란 1649년 찰스 1세의 처형으로부터 1660년 왕정복고에 이르기까지의 시대를 말한다. 그러나 공화정이라고는 해도, 크롬웰이 호민관(Lord Protector) 지위에 오른 1653년 이후는 사실상

그의 독재정치나 마찬가지였다.

* 7 감리교(Methodism)는 1739년에 영국에서 창시된 개신교 교파이다. 영국 옥스퍼드 대학에서 웨슬리 형제(Charles & John Wesley)와 조지 화이트필드(George Whitefield) 등이 중심이 되어 일으킨 영국 국교회의 개혁운동 일파이다.

* 8 메인(Maine) 주를 가리킨다. 그래서 이 금주법은 메인법(Maine Law)이라고 불렸다.

* 9 1853년에 창립된 영국 금주동맹(Prohibition Alliance of the United Kingdom)을 지칭한다.

* 10 스탠리 경(Lord Stanley, 1826~1893)은 영국의 온건한 자유주의 정치가였던 에드워드 헨리 스탠리를 가리킨다. 그는 박학다식한 인물로 이름이 높았으며, 행정부 장관을 여러 차례 지내기도 했다.

* 11 모르몬교(Mormonism)는 그리스도교의 한 교파이다. 모르몬교의 창설자로는 보통 세 사람(Solomon Spalding, Sidney Rigdon, Joseph Smith)이 거론되는데, 그중에서도 조셉 스미스(1805~1844)가 진정한 개조(開祖)라고 할 수 있다. 스미스는 소년 시절에는 서부 뉴욕에서 평범하게 살다가, 1820년에 하늘의 계시를 받고 새로운 종교 창시를 꿈꾸게 되었다. 1830년에 그는 새 교회를 만들었지만 박해를 받아 여러 주(州)를 전전하는 신세가 되었다. 그러다가 마침내 일리노이 주의 어느 곳에서 폭도들에게 살해당했다. 모르몬교에서는 성서 이외에도 스미스가 하늘의 계시를 바탕으로 기록하였다는 《모르몬의 성서(The Book of Mormon)》를 경전으로 삼는데, 참고로 여기서 모르몬이란 'Moremon', 즉 'more good'이라는 뜻이다. 스미스는 1843년에 '성령에 의한 결혼'이라는 하늘의 계시를 받았다면서 일부다처제를 주장하였다. 그러나 이 주장은 반대자들의 거센 공격을 받았다. 모르몬 교도들은 박해를 받아 미국 여기저기를 전전하게 되었다. 창시자인 스미스가 죽은 뒤, 모르몬 교도들은 영(Brigham Young, 1801~1877)의 지도 아래 교세를 확장하기 시작했다. 그 뒤 일부다처제를 폐지하고 정부의 승인을 얻는다. 현재 이 종교는 유타 주의 솔트레이크시티를 중심으로 곳곳에 널리 퍼져 있다.

제5장 적용

지금까지 내가 여러 장에 걸쳐 주장해 온 원리들은, 구체적인 현실 문제를 논할 기초로서 대중에게 더욱 널리 받아들여져야 한다. 그 뒤 이러한 원칙들이 정치 및 도덕의 다양한 모든 영역에서 일관성 있게 적용된다면 어느 정도 효과를 얻을 수 있을 것이다.

이제부터 나는 몇몇 구체적인 문제들을 고찰해 볼 것이다. 이는 이러한 원리들이 초래하는 결과를 알아보기 위한 것이 아니라, 그 원리들을 예증하기 위한 고찰이다. 나는 수많은 적용을 나열하기보다는 오히려 적용의 견본을 제시할 생각이다. 이러한 작업은 이 논문의 학설 전체를 구성하는 두 공리 (maxim)가 지닌 의의와 한계를 보다 명료하게 해 줄 것이다. 또한 두 공리 중 무엇이 당면한 사례에 적용될 수 있을지 모를 때, 올바른 판단을 내려 어느 하나를 결정할 수 있도록 도와 줄 것이다.

첫 번째 공리는 다음과 같다. 개인은 그의 행위가 자신을 제외한 그 누구의 이해관계와도 상관없는 이상, 사회에 대한 책임을 질 필요가 없다. 충고나 훈계, 설득 또는 다른 사람들이 그들 자신의 이익을 위해 필요하다고 생각할 경우 어떤 행위를 회피하는 것 등 이 모든 것들은 사회가 개인의 행위에 대한 혐오감이나 비난을 표명할 때 정당하게 사용해도 되는 유일한 수단이다.

두 번째 공리는 다음과 같다. 개인은 다른 사람들의 이익에 해를 끼치는 행위에 대해 책임져야 한다. 그리고 사회가 사회 보호를 위해 사회적 처벌이나 법적 형벌이 필요하다고 판단할 경우, 개인은 그런 처벌을 당연히 받아야만 한다.

이처럼 다른 사람의 이익에 대한 침해 또는 침해 가능성이 있을 때, 사회의 간섭은 분명 정당성을 띠게 된다. 하지만 그런 이유로 사회의 간섭이 언제나 정당해질 수 있다고 생각해서는 결코 안 된다. 왜냐하면 한 개인이 정당한 목적을 추구하는 과정에서도 다른 사람에게 고통과 손실을 주거나, 다른 사람이 정당한 이유로 얻으려 하는 이익(행복)을 도중에 가로챌 수도 있기 때문이다. 이런 일은 자주 발생하며 필연적이기까지 하다. 이러한 개인과 개인 사이의 대립은 흔히 나쁜 사회제도에서 비롯되는데, 그 제도가 유지되는 한 이와 같은 현상은 피할 수 없다.

게다가 그중에는 어떠한 제도 아래에서도 좀처럼 피할 수 없는 대립 역시 존재한다. 경쟁이 치열한 직업이나 경쟁적인 시험에서 성공을 거둔 사람, 또는 두 명이 같은 목표를 두고 경쟁한 결과 상대에게 이긴 사람을 보면 그들은 누구나 예외 없이 다른 사람에게 손실을 주고, 그의 노력을 헛되게 만들며, 그를 실망시킴으로써 이익을 얻는다. 그러나 사람들이 이런 결과에 얽매이지 않고 자기 목적을 추구해 가는 것이 곧 온 인류의 이익과 직결된다는 인식은, 대중에게 일반적으로 받아들여지고 있다. 바꾸어 말하자면, 경쟁에서 패배하여 실의에 빠진 경쟁자들이 그 고통에서 벗어날 수 있는 법적·도덕적 권리가 이 사회에는 존재하지 않는다. 사회는 단지 성공을 위해 전체의 이익에 위배되는 수단(이를테면 사기·배신·폭력 같은 수단)을 사용할 경우에만 간섭할 필요성을 느낀다.

다시 말하지만 상거래는 하나의 사회적 행위이다. 어떤 종류의 물품이든 공중에게 팔려고 하는 사람은 누구나 다른 사람들과 사회 전체의 이익에 영향을 준다. 그래서 그의 행위는 원칙적으로 그 사회의 관할 영역에 속한다. 따라서 중요하다고 생각되는 모든 경우에 상품의 판매 가격을 정하고, 상품 제조 과정을 통제하는 것이 과거에는 정부의 의무로 여겨지기도 했으나 오랜 투쟁을 거친 오늘날에는 인식이 많이 바뀌었다. 이제 사람들은 생산자와 판매자에게 완전한 자유를 허용하는 동시에, 고객들에게도 원하는 상점에서 상품을 살 수 있는 자유를 줌으로써 생산자와 판매자를 제어하는 것이 값싸고 품질 좋은 상품이 가장 효과적으로 공급되는 방법임을 안다. 이것이 소위 '자유교역론'이다.

자유교역론은 이 글에서 주장하는 개인의 자유 원리와 마찬가지로 견실하다. 하지만 이 둘은 서로 다른 논거에서 출발하였다. 상거래 또는 상거래를 위한 생산을 제한하는 행위는 분명 속박이다. 이런 모든 속박은 그 자체로서 하나의 악(惡)이다. 그러나 여기서 문제시되는 속박은 인간의 여러 가지 행

공리주의(功利主義, Utilitarianism)

인간을 언제나 행복을 추구하고 불행을 피하려는 본성을 지닌 존재로 파악한다. 따라서 공리주의의 목표는 '최대 다수의 최대 행복'을 실현하는 것이다. 공리의 원리는 입법이나 정치 등 모든 개인적 사회적 행위를 규율한다. 따라서 사회적 공리를 추구하기 위해서 법은 개인의 행위를 규율하고 조정해야 한다.

위들 중 사회가 당연한 권리로 속박할 수 있는 부분에만 영향을 미친다. 그런 속박이 해악으로 간주되는 경우는, 사회가 그 속박을 통해 거둬 보려던 성과를 실제로 거두지 못하였을 때뿐이다.

　개인의 자유 원리는 자유교역론에 포함되지 않는다. 따라서 그 이론의 한계와 관련된 대부분의 문제와도 상관이 없다. 예를 들어 상품에 불량품을 섞어서 품질을 떨어뜨리는 사기 행위를 방지하기 위해서는 대체 어느 정도의 사회적 통제가 허용되어야 할지, 위험한 일에 종사하는 노동자들을 보호하기 위한 위생상의 예방 조치나 설비를 어느 수준까지 고용주에게 강제해야 할지 하는 등의 문제는 개인의 자유 원리와 무관하다. 이러한 문제들에 대해서, 다른 조건이 같다는 전제 아래 통제할 때보다는 각 개인이 알아서 하게 내버려 둘 때 더 좋은 결과가 나올 경우에만 사람들은 자유를 고려한다. 그러나 방금 언급한 목적들을 위해 사회가 사람들을 합법적으로 통제할 가능성은, 원칙적으로 부정할 수 없다.

　한편 상거래에 대한 간섭은 어떨까? 이와 관련된 문제들 중 본질적으로 자유 문제에 해당하는 것들이 있다. 이를테면 앞서 말했던 메인법(Maine

Law), 중국의 아편 수입 금지, 독극물 판매 제한 등이 그것이다. 요컨대 어떤 특정한 물품의 수입을 금지하기 위한 모든 간섭이 자유 문제와 관련되어 있다. 이러한 간섭이 비판받는 이유는, 그것이 특정 물품의 생산자나 판매자의 자유를 침해하기 때문이 아니라 구매자의 자유를 침해하기 때문이다.

앞에서 소개한 실례들 중 독극물 판매 제한은 새로운 문제를 제기한다. 그것은 소위 '경찰의 기능'의 정당한 한계가 어디인가 하는 문제이다. 즉 범죄 및 우발적 사고를 예방하기 위해, 사회가 개인의 자유를 과연 어느 정도까지 합법적으로 침해할 수 있는가 하는 것이다.

범죄가 발생하기 전에 이에 대한 예방책을 강구하는 것은, 이미 발생한 범죄를 수사하여 처벌하는 것과 마찬가지로 분명 정부의 임무 가운데 하나이다. 그러나 정부의 예방적 기능은 처벌적 기능에 비해 남용되어 개인의 자유를 침해할 가능성이 높다. 왜냐하면 인간이 행사하는 정당한 자유 행위 중 일부는, 어떤 범죄를 일으킬 가능성을 높이는 것처럼 보이기 때문이다. 그렇지만 공적 권력이나 사적인 개인이라도 만일 누군가가 명백히 범죄를 저지르려는 것을 깨달았다면, 그들은 그 범죄가 일어날 때까지 그저 수수방관하지 않고 방지하려고 끼어들 수 있다.

만일 독극물이 살인 이외의 다른 목적으로 구입되거나 사용되는 일이 전혀 없다면, 독극물 제조 및 판매를 금지하는 처사는 정당할 것이다. 그러나 이것이 사실 무해하거나 유익한 목적으로도 사용될 수 있기 때문에 독극물의 모든 구입 및 사용을 단순히 금지해 버리는 조치는 바람직하지 않고, 좋은 취지로 구입하거나 사용하는 행위에도 영향을 미칠 수밖에 없다.

또한 우발적인 사고를 방지하는 것도 공적 권력의 정당한 임무이다. 어떤 공무원이나 다른 누군가가, 분명히 위험하다고 판단되는 다리를 건너려는 사람을 보았다고 하자. 이때 다리가 위험하다는 사실을 그 사람에게 알릴 시간적 여유가 없다면, 이 경우 그 사람을 붙잡아 억지로 되돌아오게 만드는 것은 사실상 그의 자유에 대한 침해 행위가 아니다. 자유란 자신이 원하는 일을 하는 것인데, 그 사람이 강물에 떨어지기를 원하지는 않았기 때문이다. 그러나 위험한 일이 실제로 일어난다는 확증은 없고 다만 위험성만이 존재할 때에는, 오직 당사자만이 그 위험을 감수할지 말지 결정할 수 있다. 그러므로 이런 경우 제삼자는 당사자에게 그 위험을 경고하는 데 그쳐야 한다.

중국의 아편굴

아편무역은 1800년에 금지되었지만, 1830년경에는 중국인 중독자 수가 천만 명에 이르렀다고 한다. 주로 영국 상인들이 인도에서 중국으로 아편을 수출하여 막대한 이익을 얻었다.

그의 행동을 강제로 막는 것은 자유를 침해하는 행위다. 물론 그가 어린아이 또는 정신착란 환자라든지, 생각을 제대로 할 수 없을 만큼 흥분하거나 얼이 빠져 있다면 이야기는 달라진다.

독극물 판매 같은 문제에도 이와 비슷한 생각을 적용한다면, 우리는 갖가지 통제방법 중에서 무엇이 자유 원리에 위배되며 무엇이 그렇지 않은지 판단할 수 있을 것이다. 이를테면 약품의 위험성을 표시한 라벨을 그 약품에 붙이는 것은, 개인의 자유를 조금도 침해하지 않는 예방책이 될 수 있다. 왜냐하면 독극물의 구매자가, 자신이 가진 약품이 유독하다는 사실을 모를리 없기 때문이다. 그런데 독극물을 살 때마다 의사의 증명서를 반드시 제시해야 한다면 어떨까? 이 경우 때로는 정당한 목적으로도 그 약품을 구할 수 없게 될지도 모르고 또 구입하는 비용도 더 들 것이다.

실은 나에게 묘안이 하나 있다. 독극물을 사용하는 범죄를 막으면서도, 그밖의 다른 목적으로 그것을 원하는 사람들의 자유는 침해하지 않는 예방책으로 제러미 벤담*¹이 말했던 소위 '예정적 증거(preappointed evidence)'*²를 미리 만들어 놓는 것이다. 이것은 계약을 체결해 본 사람들에게는 익숙한 방법이다. 계약이 체결될 경우 그것이 법적 효력을 지니기 위해서는 서명과 입회인의 인증 등 몇몇 조건이 필요하다. 이처럼 계약에서 상대에게 일정한 형식을 밟도록 요구하는 것은 통상적이고도 정당한 일이다. 이러한 조건은 뒷날 문제가 발생했을 때, 계약이 실제로 체결되었다는 점과 그 계약을 법적으로 무효화할 상황 조건이 전혀 갖춰지지 않았다는 점을 증명하는 증거로 사용된다. 게다가 이런 조건은 허위 계약이나 누군가에게 불공정한 계약이 체결되는 일도 막아 준다.

이 같은 예방책은 범죄 수단으로 쓰이기 쉬운 물품의 판매에도 적용될 수 있다. 이를테면 판매자가 물품을 팔 때마다 판매 시간, 구매자의 이름과 주소, 판매한 물품의 정확한 명칭과 수량을 장부에 써넣는 것이다. 구매자의 구입 목적까지 써넣는다면 더욱 좋겠다. 물건을 사러 온 구매자에게 의사의 처방전이 없는 경우, 물건을 파는 자리에 제3자를 입회시키는 것도 하나의 방법이 되겠다. 그러면 그 물품이 범죄에 사용되었을지 모른다는 의혹이 생겼을 때, 혹시 구매자가 발뺌하더라도 제3자가 구매 사실을 증언해 줄 수 있을 테니 말이다. 이러한 통제는 일반인이 그 물품을 구매하는 데는 별 지장을 주지 않으면서도, 남들의 눈을 속이고 그것을 악용하려 하는 사람에게는 큰 장애물 역할을 할 것이다.

사회에는 본디 범죄를 예방할 권리가 있다. 따라서 순전히 자신하고만 관련된 개인의 나쁜 행위(개인적 비행)에 금지 및 처벌이란 방식으로 간섭하는 것을 부당하다고 보는 공리는, 이러한 사회 고유의 권리로 인해 종종 한계에 부딪친다. 이를테면 평범한 술주정은 법의 제재를 받을 정도의 행동은 아니지만 술에 취해 다른 사람에게 폭력을 휘둘러 유죄 판결을 받았던 사람이라면, 법적 제재를 받는 것이 당연하다. 그러므로 또다시 술주정을 부릴 경우 그는 당연히 처벌받아야 하며, 더 나아가 취한 상태로 범죄까지 저지른다면 그는 가중처벌을 받아 마땅하다. 술에 취하면 정신을 잃고 다른 사람에게 해를 끼치는 사람의 경우, 술에 취하는 것 자체가 범죄행위인 셈이다.

같은 원리로 어떤 사람이 사회의 생계 보조를 받거나 어떤 계약을 파기하지 않는 이상, 게으르다는 이유로 그에게 법적 제제를 가하는 것은 잘못된 행위이다. 그러나 만약 누군가가 게으름이나 충분히 회피할 수 있는 원인 때문에 다른 사람들에 대한 법적 의무(이를테면 자기 자식들을 부양하는 의무 등)를 다하지 못한다면 어떨까? 이 경우에는 사회가 노동을 강요해서라도 그의 의무를 이행하도록 할 수 있는데 이 조치가 결코 압제는 아니다.

그런데 행위자 자신에게만 직접적인 피해를 주기 때문에 법으로 금지될 이유는 없지만, 대중 앞에서 공공연히 행해질 경우 미풍양속을 해치고 다른

제러미 벤담(1748~1832)
영국의 철학자·법학자. 벤담은 영국의 법률·재판·형무소 등의 제도개혁에 큰 영향을 미쳤다. 그는 공리주의 이념을 바탕으로, 형벌의 수준은 범죄예방에 도움될 정도면 충분하며 불필요한 고통을 줄 필요가 없다고 주장했다.

사람에게 폐가 되는 행위들도 많이 있다. 이런 행위들은 당연히 금지되어야한다. 소위 풍기문란죄라는 것도 이 범주에 속하는데, 이에 대한 구체적인 설명은 생략하겠다. 이런 행위는 이 논문의 주제와 간접적으로 관련될 뿐이므로 군이 설명할 필요가 없기 때문이다. 참고로 그 자체로는 비난받을 여지가 전혀 없는데도, 대중 앞에서 행해질 경우 강한 반발을 사는 행위들도 많다.

지금까지 기술해 온 여러 가지 원리와 모순되지 않는 해답을 요구하는 또 하나의 문제가 있다. 누군가가 당연히 비난받아야 할 행위를 했는데도 그것이 행위자 자신에게만 직접적으로 해가 된다는 이유로, 사회가 그 행위를 금지하거나 처벌하지 않는다고 해 보자. 이는 사회가 개인의 자유를 존중해 준 결과이며, 그 행위자는 문제의 행위를 자유롭게 할 수 있다. 그런데 다른 사람들이 그에게 그러한 행위를 하도록 권하거나 부추겨도 되는 것일까?

이것은 대답하기 어려운 문제이다. 다른 사람에게 어떤 행위를 권하는 것은, 엄밀히 말해 오직 자신에게만 관련된 행위는 아니다. 누군가에게 충고하거나 권하는 것은 하나의 사회적 행위이다. 따라서 다른 사람들에게 영향을 미치는 다른 모든 행위들과 마찬가지로 사회적 통제를 받아야 하는지도 모른다.

그러나 조금만 더 생각해 보면 이러한 논리가 잘못되었음을 깨달을 수 있다. 이러한 행위는 엄밀히 말해 개인적 자유 영역에 포함되지는 않는다 하더라도, 개인적 자유 원리의 연장선상에는 있기 때문이다. 개인적 자유 원리에 따라, 사람들이 오직 자기 자신하고만 관련된 모든 일에서 스스로 책임지며 자신이 최선이라고 생각하는 대로 행동할 수 있으려면, 그 행위가 대체 어떠한 것인가에 대해 다른 사람들과 서로 의견을 나누는 자유도 있어야 한다. 어떤 행위이든 그것을 실행할 자유가 있다면, 그것에 대해 충고할 자유 역시 있어야 한다.

그런데 이 결론에 의문이 생기는 경우도 있다. 선동자(또는 교사자)가 다른 사람에게 충고함으로써 개인적 이익을 얻을 때, 다시 말하자면 그가 생계 또는 금전적 이익을 위해 사회와 국가가 해악이라고 간주하는 행위를 직업적으로 장려할 때, 사태를 복잡하게 만드는 새로운 요소가 하나 등장한다. 즉 사회 복지라 여겨지는 것과 서로 모순되는 이익을 얻고, 또 사회 복지와 대립하는 것을 기초로 생활하는 사람들이 존재한다는 사실이 새롭게 부각되는 것이다. 사회는 이 같은 생활양식에 간섭해야 하는가, 아니면 간섭하지 말아야 하는가? 이를테면 간음이나 도박 정도는 너그럽게 봐줄 수 있는가? 포주 노릇을 하거나 도박장을 운영하는 일은 어떤가? 사회는 그런 일을 방임해야 하는가? 이런 행위는 '개인의 자유'와 '사회 복지'라는 두 원리의 경계선상에 놓여 있으므로, 언뜻 보아서는 둘 중 어디에 포함시켜야 하는지 판단하기 어렵다. 이 문제에 관해서 양쪽 모두 "그것은 이쪽에 포함시키는 것이 옳다" 주장할 수 있기 때문이다.

너그럽게 봐주자고 주장하는 쪽은 분명 다음처럼 말할 것이다.

"어떤 행위가 직업적 성격을 띠지 않을 때 자유롭게 허용된다면, 비록 그 행위가 생계수단이나 금전적 이득을 위해 직업적으로 행해지더라도 당연히 허용되어야 하지 않을까? 본디 정당한 행위가 직업적으로 행해졌다는 이유만으로 범죄가 될 리는 없기 때문이다. 사회는 이런 행위를 허용하려면 철저히 허용하고, 금지하려면 철저히 금지해야 한다. 다시 말해 그 태도가 한결같아야 한다. 그런데 만약 우리가 지금까지 변호해 온 원리가 진리라면, 사회는 오직 개인하고만 관련된 어떤 일에 대해서도 부당하게 간섭할 권리가 없다. 이 경우 사회가 할 수 있는 일이라고는 개인을 설득해서 단념하도록 유도하는 것뿐이다. 그리고 개인이 다른 사람을 설득해서 못하게 할 수 있는 자유가 보장되듯, 개인이 다른 사람에게 어떤 일을 하도록 권할 수 있는 자유도 보장되어야 한다."

이러한 주장에 대한 다음과 같은 반론이 제시될 수 있다.

"사회나 국가는, 억압 또는 처벌을 목적으로 오직 개인 자신의 이익에만 관련된 온갖 행위에 대해 좋다거나 나쁘다고 권위적으로 결정할 권리가 없다. 하지만 만약 그런 행위가 나쁘다고 간주될 경우, 사회나 국가가 그 선악 여부를 한번 논의해 볼 문제로 상정하는 것은 매우 옳은 일이다. 이 가정이 옳다면, 사회나 국가가 결코 공평하지 못할 선동가의 이기적인 권유가 지닌 영향력을 배제하려고 노력하는 행위는 잘못된 행동이라고 할 수 없다. 왜냐하면 이런 선동가들은 사회나 국가가 나쁘다고 간주하는 한쪽 편에 직접적이고도 개인적인 이해관계를 가지고 있으므로, 매우 이기적인 목적으로 그 행위를 추진하고 있기 때문이다."

또 다음과 같이 주장할 수도 있다.

"개인적인 이익을 위해 다른 사람들의 성향을 선동하고 자극하는 사람들의 술책으로부터, 사람들을 되도록 멀리 떨어뜨려 놓으면 그들은 자신이 원하는 대로 선택할 수 있을 것이다. 그 선택이 어리석은지 현명한지는 제쳐두고라도, 이처럼 사람들이 자유롭게 선택할 수 있는 환경을 만들어 놓으면 사회로선 아무것도 잃지 않으며, 어떠한 복리도 희생할 필요가 없다. 그러므로 불법적인 도박을 단속하는 법령에 옹호의 여지가 전혀 없다 하더라도, 즉 누구든 자기 집이나 상대의 집 또는 자신들이 건립하고, 정해진 사람들만 드나들 수 있는 집회장에서는 자유롭게 도박할 자유가 있다 하더라도, 공공 도박장을 만들 권리는 없다. 그것은 허용되어서는 안 된다. 물론 이런 금지령이 충분한 효과를 발휘하지 못한다는 것은 사실이다. 또한 경찰이 아무리 전제적인 권력을 지닌다 해도, 도박장은 다른 구실을 방패삼아 줄곧 살아남으리라는 것도 사실이다. 그러나 이 같은 금지령 때문에 도박장 측은 어느 정도 사람들의 눈을 피해 비밀리에 영업할 수밖에 없고, 따라서 도박에 푹 빠진 사람이 아니고서는 이 도박장을 찾아내기 힘들 것이다. 이것이 사회가 할 수 있는 일의 전부이며, 이것 이상을 바라서는 안 된다."

이 주장은 상당히 설득력이 있다. 그런데 사회가 매음을 주선하는 포주는 처벌하면서 실제로 매음한 사람은 그냥 놔둔다든가, 도박장을 운영하는 사람은 처벌하면서 실제로 도박한 사람은 처벌하지 않는 경우를 생각해 보자. 이처럼 주범은 자유롭게 방임되고 오직 종범만 처벌받는 도덕적 변칙을, 앞에서 말한 이론이 과연 정당화할 수 있을까? 나는 "그렇다"라고 감히 단정짓지는 않겠다. 더구나 이와 비슷한 근거를 가지고 일반적인 매매 행위에 간섭하는 행위는 더욱 말도 안 되는 일이다.

무릇 매매되는 상품이란 거의 다 과도하게 소비될 위험이 있으며, 판매자는 그런 과소비를 장려함으로써 돈을 번다. 이런 당연한 현실을 근거로 메인법을 옹호할 수 있을까? 그런 식의 논의는 결코 성립될 수 없을 것이다. 왜냐하면 주류 판매업자들은 분명 주류가 마구 남용되는 현상을 좋아하겠지만, 그렇다고 억압해 버리면 적절한 주류 소비마저 할 수 없게 되기 때문이다. 하지만 이 판매업자들이 과음을 장려하여 이익을 얻는 것은 분명히 옳지 않은 행위이므로 국가가 이를 제한하고 판매업자들에게 서약을 요구하는 것은 정당한 일이다. 만약 과음을 장려하지 않는 판매업자들에게도 국가가 그런 제한을 가한다면, 그것은 개인의 자유에 대한 침해이겠지만 말이다.

다음으로 또 다른 문제를 살펴보자. 국가가 행위자의 최선의 이익과 대립하는 것처럼 보이는 행위를 한편으로는 허용하면서도, 간접적으로는 억제하는 것이 정당할까? 예를 들어 국가가 술값을 올리거나 주류 판매점의 수를 제한함으로써 주류 구입을 어렵게 만드는 일이 과연 정당한가? 이 같은 문제에 관해서는, 다른 대부분의 실제적 문제들과 마찬가지로 여러 가지 경우를 구별해서 생각해야 한다.

주류를 구입하기 어렵게 만들 목적으로 주류에 세금을 매기는 조치는, 사실 전면적인 금지와 다를 바 없다. 그저 정도의 차이만 있을 뿐이다. 따라서 주류에 대한 전면적 금지가 정당해질 경우에만 과세 조치도 정당해질 수 있다. 국가의 술값 인상 정책은, 그러한 가격 인상을 도저히 따라갈 수 없는 사람들에게는 사실상 금지령과 같고, 비싼 술값을 치를 능력이 있는 사람들에게는 하나의 벌금이자 음주라는 특별한 취미를 즐기는 대가이다.

국가와 다른 사람에 대한 법적·도덕적 의무를 다하는 한, 개인이 어떤 쾌락을 택하고 어떤 방법으로 자기 소득을 소비할지는 순전히 개인적인 문제이므로 판단은 본인에게 맡겨야 한다. 이러한 생각은 언뜻 보기에 국가가 세

징세

중세의 징세업무는 주로 은행가나 대금업자가 맡았는데, 실제로는 그들이 보낸 대리인들이 세금을 거두러 다녔다. 이 그림은 16세기의 세금수금원 2명을 묘사한 마리누스 폰 레이메르스발레의 그림이다.

입(稅入)을 목적으로 주류를 특별 과세 대상으로 선택하는 것을 비난하고 있는 듯하다. 그러나 재정적 목적을 위한 과세는 사실상 불가피하며, 대부분 국가의 과세는 상당 부분이 간접세로 이루어져 있다. 따라서 이런 과세가 어떤 사람들에게는 소비 금지령처럼 받아들여질 위험성이 있더라도 국가는 일부 소비재 사용에 대해 벌금을 부과할 수밖에 없다.

그렇다고 국가가 아무렇게나 과세하는 것은 아니다. 국가는 소비자에게 가장 필요하지 않은, 없어도 괜찮은 물품이 무엇인지 생각하고, 그중 적당한 분량보다 조금이라도 더 사용하면 반드시 유해한 결과를 낳는다고 여겨지는 물품을 우선적으로 선정해서 과세하는 것은 국가의 의무이다. 그러므로 국가가 수입을 늘릴 수 있는 한도까지 주류에 세금을 부과하는 것은, 모두가 허용할 뿐만 아니라 찬성해야 할 일이다.

그렇다면 주류 판매를 얼마쯤 독점적인 일로 만드는 것은 어떨까? 다시 말해 특권이 있는 사람만 주류를 판매할 수 있게 허락하는 것은 어떨까? 대답은 그러한 판매 제한이 어떤 목적에 도움 되는가에 따라 달라진다. 사람들이 많이 드나드는 곳은 경찰의 단속이 필요하게 마련인데, 특히 주류가 판매되는 장소(이를테면 술집)는 사회적으로 유해한 범죄가 발생하기 쉬우므로 더욱 그렇다. 따라서 주류를 판매하는 권한은, 바른 사람이라고 널리 알려져 있거나 신용이 보장되어 있는 사람에게만 주어져야 할 것이다. 그리고 개점 및 폐점 시간에 관한 규정을 만들어서 사회적 감시를 쉽게 만드는 것도 바람직하다. 또 술집 경영자의 묵인이나 무능력으로 인해 치안을 해치는 경우가 자주 발생하거나, 술집이 법률에 위배되는 범죄를 계획하고 준비하기 위한 집회장으로 변했을 때에는 그 판매자에게 내린 허가를 취소하는 것이 옳다.

정당한 사회적 제한은 이 정도가 한계이다. 이 이상의 제한을 나는 원칙적으로 인정하지 않는다. 예를 들어 맥주와 같은 알코올 음료를 파는 곳에 사람들이 드나들기 어렵게 만들어 유혹의 기회 자체를 줄이려는 목적으로, 술집의 수를 제한하는 것은 잘못된 조치다. 그것은 그런 술집에 지나치게 자주 출입하는 이들이 어느 정도 있다는 이유로 다른 모든 사람에게 불편을 주는 행위이다. 뿐만 아니라 노동자들이 공공연히 어린아이나 야만인처럼 취급받는 사회나, 그들이 언젠가 자유라는 특권을 누릴 자격을 갖추기 위해 현재로서는 속박을 감수할 수밖에 없는 사회에만 어울리는 조치다.

하지만 그 어떤 자유국가에서 노동자들이 공공연히 그런 푸대접을 받고 있단 말인가? 자유국가에 살며 자유의 가치가 무엇인지를 올바르게 알고 있는 사람이라면, 누구도 노동자들이 그런 대우를 받는 데 동의하지 않을 것이다. 노동자들이 한 사람의 자유인으로서 대접받을 수 있도록 사회가 그들을 교육하는 등 온갖 노력을 다해도, 그들이 여전히 어린아이 수준에서 벗어나지 못한다는 사실이 확실히 증명된다면 이야기는 달라질지도 모른다. 하지만 그렇지 않은 이상, 국가는 노동자들을 그와 같이 부당하게 취급해서는 안 된다. 이는 노동자들의 취급 문제에만 국한된 이야기가 아니라 다른 문제에 있어서도 마찬가지다. 그 모든 문제에 대해 '온갖 노력'이라는 것을 국가가 다했다고 상상하는 것 자체가 어리석은 일이다.

우리 생활 속에는 전제정치나 부권정치(父權政治) 체제에 속하는 요소들이 침투해 있다. 그러나 한편으로 영국의 여러 제도는 일반적으로 자유를 허용하고 있으므로, 도덕 교육을 한다는 명목 아래 구속적인 방법을 함부로 사용해서 사람들을 통제하는 행위는 금지되어 있다. 이런 복합적인 현상은 영국의 여러 가지 제도가 일관적이지 못함을 보여 준다.

이미 지적했듯이 오직 개인하고만 관련된 일에 대해서는 개인의 자유가 보장되어야 한다. 이 원리는 여러 개인이 모여서 이루어진 집합체의 경우에도 적용되어야 한다. 즉 집단 역시 그 집단에게만 관계되고 그 밖의 다른 어떤 사람과도 관련되지 않은 일에 대해, 서로의 합의에 따라 원하는 대로 결정할 자유를 누려야 한다. 이와 관계된 모든 사람들의 의견이 바뀌지 않는 이상, 집단의 자유를 보장하는 것에는 아무 문제가 없을 것이다. 하지만 그들 중 누군가는 나중에 의견을 바꿀지도 모르므로, 그들하고만 관련된 일을 처리할 때라도 서로 계약을 맺는 것이 필요하다. 그리고 한번 그런 계약이 맺어지면 구성원들은 일반적 규칙으로서 그 계약을 당연히 준수해야 한다.

그러나 법률에서의 이런 일반적 규칙에는 어느 정도 예외가 있다. 이를테면 사람들은 제3자의 권리를 침해하는 계약은 이행하지 않아도 된다. 또 계약자 자신에게 유해하다는 이유로 계약을 해지하는 것이 정당화되는 경우도 있는데, 영국을 비롯한 다른 문명국가에서는 자신을 노예로 파는 계약이나, 자신이 그렇게 팔리는 일을 허용하는 계약은 모두 무효이다. 따라서 법률이나 여론은 그 계약을 이행하라고 계약자에게 강요할 수 없다. 물론 개인에게는 자신의 운명을 자유롭게 선택할 수 있는 권리가 있지만 이런 개인의 권리도 때로는 제한되는데, 그 명백한 이유는 이와 같이 극단적인 예를 통해 분명하게 알 수 있다.

다른 사람들의 이익과 관련되지 않는 이상, 사회는 개인의 자유를 보호하기 위해 그 사람의 자유로운 행위에 대해 간섭해서는 안 된다. 그가 어떤 것를 자유롭게 선택했다는 것은, 그 일이 그 자신에게 바람직하거나 최소한 참을 만하다는 사실을 보여 준다. 개인은 대개 스스로에게 최선이라 생각되는 것을 선택하므로, 그가 '행복'이라는 목적을 자유롭게 추구하도록 내버려 두는 것이 결과적으로 그에게 이롭다.

그러나 자신을 노예로 파는 행위는 어떠한가? 그것은 자신의 자유를 포기하는 행위이다. 그는 오직 이 한 가지 행위로 말미암아 그 뒤의 모든 자유권을 잃어버리는 것이다. 이는 '자신의 행복을 위해 자기 일을 알아서 처리한다'라는 자유의 목적에 어긋난다. 그는 더 이상 자유롭지 않으므로 본인이 자유로운 상태일 때 누릴 수 있는 장점을 얻지 못한다. 자유의 원리는 "자유를 포기해 버리는 것도 개인의 자유다" 주장하지 않는다. 자신의 자유를 포기해 버리는 일이 허용된다는 것은 결코 자유가 아니다.

이런 논리는 앞의 예에서처럼 특수한 경우에 특히 강한 설득력을 지니지만, 더 넓은 범위에도 얼마든지 적용될 수 있다. 그러나 인간생활상의 불가피한 이유 때문에 위 이론에 제한이 가해지는 경우도 있다. 이 '생활상의 불가피한 이유'란 것은 우리에게 자유를 포기해 버리라고까지 요구하지는 않지만, 자유에 대한 이런저런 제한을 받아들이라고 끊임없이 요구하고 있다.

그러나 행위자 자신하고만 관련된 모든 행동에 있어서는, 아무런 제한도 받지 않는 행위의 자유가 하나 존재해야 한다. 그 자유란 바로 이것이다.

"서로 계약을 맺은 사람들은 그 일에 제3자가 관련되어 있지 않을 경우, 합의에 따라 그 계약을 자유로이 해지할 수 있다."

이러한 원리는 존중되어야 한다. 설령 합의에 따른 계약 해지가 이루어지지 않는 경우라도, 돈과 관련된 것 이외의 계약에서는 이 자유를 보장해 주어야 한다. 해약의 자유를 절대로 부여해서는 안 될 계약이나 약정 같은 것은 돈과 관련된 계약을 제외한다면 아마 없을 테니까.

빌헬름 폰 훔볼트는 내가 앞서 인용한 그의 훌륭한 논문에서 다음과 같이 확신하였다.

"개인적인 관계나 노무(勞務)와 관련된 계약은 일정 기간 이상의 법적 구속력을 가져서는 안 된다. 또 이러한 계약 중에서도 가장 중요한 계약이라 할 수 있는 결혼에서는 당사자들의 감정이 매우 중요하다. 결혼의 경우 당사자들의 감정이 틀어지면 그 계약이 지닌 목적 자체가 좌절되고 만다. 이런 특수성 때문에 결혼이라는 계약을 해지하려면, 계약자 어느 한 쪽의 분명한 해지 의사 표시만으로도 충분하다."

이것은 매우 중요하고도 복잡하므로 간단히 논의할 수 없는 문제다. 그래서 나는 이 논문의 예증에 필요한 만큼만 이 문제를 언급할 생각이다. 훔볼트는 위 논문을 짧고 간결하게 썼기 때문에, 전제를 논하지 않고 결론을 곧장 선언할 수밖에 없었다. 하지만 혹시 그에게 여유가 있었더라면, 그는 이런 단순한 근거—여기서는 필요한 만큼만 언급할 근거—만으로는 이 문제를 해결할 수 없다는 사실을 충분히 인정했을 것이다. 한 개인이 약속이나 행위를 통해 그가 계속 일정한 방식으로 행동하리라는 기대를 다른 사람에게 품게 했을 때, 그리고 다른 사람이 그런 기대에 인생 계획의 일부를 걸었을 경우, 그에게는 다른 사람에 대한 일련의 도덕적 의무가 지워진다. 이 도덕적 의무는 다른 의무로 인해 유명무실해질 수는 있어도 결코 사라지진 않으므로 무시할 수 없다.

게다가 계약 당사자들의 관계가 다른 사람들에게 영향을 미칠 수도 있다. 즉 어떤 계약이 제3자를 특정한 입장에 놓이도록 하거나, 이를테면 결혼처럼 새로운 관계자를 만들어 내는 경우도 있다. 이때 계약 당사자들은 이러한 제3자에 대해 여러 가지 의무를 져야만 한다. 그런데 이 같은 의무의 이행 및 그 방법은 계약 당사자들의 관계가 줄곧 지속되느냐 마느냐 하는 문제에 크게 영향을 받는다.

그렇다고 해서 이런 의무가 계약 당사자들의 행복마저 파괴해서는 안 될 것이다. 계약 당사자들이 자기 뜻을 꺾고 자신의 행복을 희생하면서까지 그 의무를 이행할 필요는 없으며, 나 역시 그런 것은 인정할 수 없다. 하지만 이러한 의무는 이 문제에서 빼려야 뺄 수 없는 요소이다. 그리고 폰 훔볼트가 주장했듯이, 이 의무는 계약 당사자들이 임의로 그 계약을 해지하는 일을 허용하는 '법률적 자유'에는 아무런 영향도 주지 말아야 한다(이 의견에는 나도 동의한다). 그러나 이 의무는 '도덕적 자유'에는 필연적으로 큰 영향을 미칠 수밖에 없다.

개인은 이처럼 다른 사람들의 이익에 중대한 영향을 미칠지도 모르는 일을 결정하기에 앞서, 이러한 모든 사정을 고려해야 한다. 다시 말하자면 그는 다른 사람들의 이익을 당연히 따져 봐야 한다. 만약 그가 이 일을 게을리했다면, 그 잘못에 대해 스스로 도덕적 책임을 져야 할 것이다. 내가 이렇게 자명한 사실을 굳이 이야기하는 까닭은, 자유의 일반적인 원리를 보다 더 잘 예증하기 위해서일 뿐이지 결코 결혼처럼 특수한 문제를 논하기 위해서가 아니다. 오히려 그 반대다. 결혼이란 특수한 문제는 제3자인 어린아이의 이익만이 전부이고, 당사자인 어른의 이익은 전혀 중요치 않은 것처럼 논의되는 것이 보통이다. 따라서 이 논문에서 다룰 필요는 없는 문제다.

앞서 말한 것처럼 자유에 관해서는 널리 공인된 일반적 원리라는 것이 없다. 그래서 자유는 유보되어야 할 때 가끔 허용되는가 하면, 허용되어야 할 때 가끔 유보되기도 한다. 게다가 근대 유럽에서 자유의 감정이 가장 강렬하게 드러난 경우를 살펴보면, 내가 보기에는 자유가 전적으로 잘못 적용된 경우도 있다. 개인은 자신하고만 관련된 일에 대해서는 자신이 원하는 대로 행동할 자유를 누려야 한다. 그러나 그가 다른 사람을 대신해서 행동할 때에는 "그 사람의 일이 곧 내 일이다" 이런 식의 엉뚱한 구실을 내세워 자기 멋대로 행동하는 자유는 허용될 수 없다.

국가는 개인 자신에게만 특별히 관계되는 일에 개인의 자유를 존중해야 한다. 그러나 개인이 다른 사람에게 권력을 행사할 경우, 국가는 그의 권력 행사를 주의 깊게 감독해야 할 의무가 있다.

그런데 이와 같은 국가의 의무가 가족관계에서는 전적으로 무시되고 있다. 하지만 가족관계 문제야말로 인간의 행복에 직접적인 영향을 미친다는 점에서 다른 문제들을 합친 것보다 훨씬 더 중요하다. 남편이 아내에 대해 가지는 전제적인 권력을 여기서 자세히 설명하지는 않겠다. 그 까닭은 이런 해악을 완전히 제거하려면 아내에게 다른 모든 사람들과 동등한 권리를 주고, 그들과 같은 방식으로 법의 보호를 받게 해야 하기 때문이다. 게다가 사실 이 문제의 경우, 전부터 계속되어 온 이러한 권리 침해(남편이 아내에게 행하는 전제적 권력 행사)를 옹호하는 사람들이 자유에 호소하지 않고 그 권력을 공공연하게 옹호하므로 다른 방도가 없다.

잘못 적용된 자유의 개념이 국가의 의무 수행을 실제 방해하는 예가 있는데 그것은 바로 어린아이와 관련된 문제이다. 세상 사람들은 대개 어린아이를 부모의 일부처럼 여긴다. 따라서 부모는 자녀에 대한 절대적이고도 배타적인 지배권을 가지며, 이를 법률이 조금이라도 간섭하는 것에 대해 강력하게 반발한다. 이러한 반발은 부모 자신의 행동에 대한 사회적 간섭이 이루어질 때보다도 훨씬 강한데 이처럼 인류의 대부분은 권력보다도 자유를 더 낮게 평가하고 있다.

예를 들어 교육을 한번 살펴보자. 국가가 그 나라 국민으로 태어난 모든 사람들에게 일정 수준의 교육을 요구하고 강제해야 한다는 것은 거의 자명한 공리 아닌가? 하지만 이런 진실을 아무런 두려움 없이 인정하고 주장할 수 있는 사람이 과연 있을까? 부모는 자녀를 낳아 놓은 이상 그들을 교육시켜야 할 의무가 있다. 그들이 다른 사람에게 의무를 다하고 자기 자신으로서 충실히 살아가기 위해서는, 일정 수준의 교육이 꼭 필요하기 때문이다.

따라서 교육의 의무는 부모(현행 법률에 따르면 '아버지')의 가장 신성한 의무 가운데 하나라는 사실을 부정하는 사람은 거의 없을 것이다. 그런데 이것이 '아버지의 의무'라는 것을 누구나 인정하고 있음에도, 실제 이런 의무 수행을 아버지한테 강요하자는 주장에 경청하는 사람은 매우 드물 것이다. 아버지에게 자기 자녀를 교육하기 위한 노력이나 희생을 요구하기는커녕, 국가가 자녀에게 교육을 무상으로 제공해 줄 때조차 그 교육을 받아들이느냐 마느냐를 전적으로 아버지의 선택에 맡겨두고 있다.

부모는 자녀에게 육체를 위한 음식뿐만 아니라 정신을 위한 교육도 제공해야 하는데 그럴 만한 능력이 없는데도 아이를 낳는다는 것은, 그 아이에게는 물론 사회에 대해서도 하나의 도덕적 범죄라 할 수 있다. 그런데 일반인들은 아직 이 사실을 인식하지 못하고 있다. 만약 부모가 이런 의무를 수행하지 않는다면, 국가는 되도록 부모에게 교육비를 부담시켜서 이러한 의무가 잘 수행되도록 감시해야 하지만 이 주장 역시 공중에게 인정받지 못하고 있다.

먼저 모든 아이에게 교육을 실시해야 한다는 의무를 일반인들이 인식해야 한다. 그렇게만 된다면 "국가는 아이들에게 무엇을 어떻게 가르쳐야 하는가?" 이런 곤란한 문제도 자연스럽게 해결될 것이다. 그런데 현재 여러 종파나 당파들은 교육에 대해 논할 때, 이 곤란한 문제를 가지고 서로 싸우기만 하고, 당연히 교육하는 데 소비되어야 할 시간과 노력이 쓸데없는 논쟁에 낭비되고 있다.

만일 정부가 모든 어린이에게 보다 좋은 교육을 시키라고 부모들에게 요구할 것을 결심한다면, 정부는 그런 교육을 제공하는 수고를 덜 수 있을 것이다. 그 결과 정부는 보통 부모들이 원하는 환경에서 원하는 방법으로 자녀들을 교육하도록 내버려 두고, 가난한 집 자녀들의 교육비를 보조하거나 학비를 전혀 낼 수 없는 아이들의 교육비를 모두 지불해 줌으로써 만족할 수 있을 것이다.

국가 교육에 반대하는 이론은 아무리 정당한 이유가 있다 해도, 국가가 의무교육을 실시하는 행위 자체에는 적용될 수 없다. 그 이론이 적용될 수 있는 대상은 국가가 모든 교육을 직접 담당하는 행위뿐이다. 이 둘은 그 성격이 전혀 다른데 나는 국민에 대한 교육을 모두 또는 대부분 국가가 맡아야 한다는 주장에는 누구 못지않게 반대한다. 개성적인 성격, 의견, 행동양식의 다양성이 얼마나 중요한지 앞서 말한 것처럼, 교육의 다양성 역시 이루 말할 수 없이 중요하기 때문이다.

일률적인 국가 교육은 국민을 일정한 틀에 집어넣어 똑같은 모양으로 만들어 내는 장치에 지나지 않는다. 그리고 이처럼 판에 박힌 똑같은 사람들을 만들어 낼 때 사용되는 틀은 그것이 군주든, 승려든, 귀족이든, 현재의 다수파든 간에 그 시대 정부를 지배하는 세력을 만족시키는 모양새를 하고 있다. 이런 틀을 사용한 교육이 얼마나 효율적이고 성공적인지에 따라, 이 교육은 피교육자의 정신을 전제적으로 압박하고 더 나아가 신체마저 압박하게 된다. 국가가 수립하고 통제하는 교육이 만일 존재해야 한다면, 그것은 서로 경쟁하는 다수의 실험 가운데 하나로서, 다른 여러 가지 실험이 일정 수준의 우수성에 도달하도록 돕는 본보기 및 자극제로서 실시되어야 할 것이다.

그런데 사회 전체가 너무나 후진적이어서 정부가 직접 교육 사업에 손대지 않는 한, 사회 자체로서는 적당한 교육 설비를 마련할 만한 능력도 없고 그럴 의사도 없는 경우가 있다. 이때에는 교육상의 두 가지 해악(국민을 전혀 교육하지 않는 것과 국가가 직접 교육하는 것) 중에서 보다 작은 해악을 선택한다는 취지에서 정부가 학교 및 대학을 직접 운영할 수 있다. 그것은 마치 대규모 생산 활동을 수행하는 데 적합한 형태의 사기업이 국내에 존재하지 않을 경우, 정부가 주식회사를 설립하는 것이 정당화되는 것과 같다.

그러나 일반적으로 정부의 지원 아래 교육을 행할 만한 자격을 갖춘 사람들이 국내에 충분히 있다면, 그런 사람들 역시 국가 교육과 마찬가지로 훌륭한 교육을 기꺼이 실시할 수 있을 것이다. 다만 이런 경우에는 교육을 의무화하고 있는 법률이 교사들에게 적절한 보수를 보장하고, 가난한 사람들의 교육비를 보조해 주어야 한다.

이러한 법률을 실시하기 위한 유일한 수단은 바로 모든 어린이를 대상으로 한 공개적인 국가시험이다. 어린이가 글을 제대로 읽을 줄 아는지 시험해 볼 나이를 미리 정해 두는 것도 좋은 방법이다. 이때 만일 어떤 어린이가 글을 읽지 못한다는 사실이 밝혀진다면, 특별한 이유가 없는 한 그 부모는 벌금을 내야 할 것이다. 또 부득이한 사정으로 벌금을 낼 수 없는 부모는 노동으로 대신할 수도 있을 것이다. 그리고 그 어린이의 교육비를 부모가 전담하도록 강요할 수도 있으리라. 이런 국가시험은 해마다 한 번씩 실시하는 것이 바람직하며, 해마다 학과 범위를 점차 넓히는 것이 좋다. 이러한 국가 정책으로 모든 국민은 최소한의 일반 지식을 익히고 오래 기억할 수 있을 것이다.

그럼 이 같은 최소한의 일반 지식보다 더 높은 수준의 지식은 어떻게 측정할까? 그런 특별한 지식은 학과에 따라 임의적으로 실시되는 국가시험을 통해 측정해야 할 것이다. 그리고 이 시험에서 일정 수준의 학력에 도달했음을 증명한 사람은 소정의 증명서를 국가에 청구할 수 있어야 한다. 또한 국가가 이런 제도를 통해 여론에 부당한 영향을 주는 일을 방지하려면, 국가시험의 출제 범위를 신중히 한정해야 할 것이다. 다시 말해 그 출제 범위는 오직 사실과 관련된 학문과 실증과학으로 한정되어야 한다. 종교나 정치, 기타 논쟁의 여지가 있는 문제에 관한 시험도 철저히 사실에 근거해서 출제되고 채점되어야 한다. 즉 어떤 의견이 진리냐 아니냐를 문제 삼지 말고 "이 같은 의견은 이러한 근거로 이런 저자와 교회의 지지를 받고 있다" 이런 식으로 사실 문제에만 초점을 두어야 할 것이다.

이런 국가 제도가 실시되는 사회에서 다음 세대는, 논쟁의 여지가 있는 모든 진리에 관해 현 세대보다는 더 나은 시각을 가질 수 있을 것이다. 그들은 아마 현 세대와 마찬가지로 영국 국교도나 비국교도로서 성장할 것이다. 국가는 다만 그들이 교육받은 국교도, 또는 교육받은 비국교도가 되도록 배려할 뿐이다. 그리고 만일 부모들이 원한다면, 국가는 국교도들과 비국교도들이 한 학교에서 다른 과목들과 더불어 종교 수업도 자유롭게 받을 수 있도록 해 줄 것이다. 논쟁의 여지가 있는 문제에 관해 국가가 국민의 의견을 한쪽으로만 치우치게 만드는 것은 분명 잘못된 일이다. 하지만 어떤 사람이 어떤 문제에 관해 그럴싸한 결론을 내리는 데 필요한 지식을 가지고 있는지 여부를, 국가가 확인하고 증명하는 것은 매우 정당한 일이라고 볼 수 있다. 예를 들어 철학을 연구하는 학생이 로크나 칸트의 학설 중 어느 쪽을 반드시 지지하라는 법은 없다. 그러나 그가 각각의 학설과 관련된 시험에 둘 다 합격할 만큼 풍부한 지식을 갖고 있다면 그 자신에게 유익할 것이다. 또한 국가가 무신론자에게 그리스도의 증명론에 관한 시험을 보게 하는 행위도, 국가가 그 무신론자에게 신앙고백을 강요하지 않는 이상은 비난받을 이유가 없다.

그러나 고도의 지식 분야와 관련된 수준 높은 시험은 어디까지나 개인이 자발적으로 응시해야지 국가가 강요해선 안 될 것이다. 만약 그런 시험을 통과하지 못했다는 이유로 어떤 사람을 직장에서 내쫓을 권리가 정부에게 주어진다면 그것은 너무 위험한 권력이 된다. 따라서 나는 빌헬름 폰 훔볼트와 마찬가지로 다음과 같이 주장하겠다.

"학위니 증명서니 하는 것들은 자발적으로 그런 시험에 응시해서 합격한 모든 사람들에게 주어져야 한다. 그러나 그 증명서가 경쟁하는 자리에서 상대를 물리치는 무기로 사용되어서는 안 된다. 그것은 다만 소유자가 뭇사람들의 존경을 받을 수 있도록 해 주는 도구일 뿐이다."

자유에 대한 잘못된 생각 때문에, 부모의 도덕적 의무를 마땅히 요구할 근거가 언제나 존재하는데도 사회는 그 의무를 요구하지 못하는 경우가 있다. 또한 법률적 의무도 당연히 부과되어야 할 대상에게 부과되지 않는 일이 있는데, 이것은 비단 교육 문제만의 현상은 아니다. 한 인간을 이 세상에 태어나게 한다는 것 자체가 인간생활의 영역 내에서 가장 책임 있는 행동 중 하나이다. 저주스런 존재가 될지 축복받는 존재가 될지 알 수 없는 생명을 낳고 책임을 진다는 것은 생명을 부여받은 존재가 바람직한 생활을 영위할 수 있는 정상적인 기회조차 얻지 못할 경우, 그 존재에 대한 범죄 행위나 마찬가지다.

게다가 인구가 지나치게 많거나 그렇게 될 수 있는 위험을 안고 있는 나라에서는 아이를 낳는 것 자체가 사회적 범죄 행위이다. 왜냐하면 이런 나라에서는 제한된 수 이상의 아이를 낳으면 경쟁이 과열되어 노동에 대한 보수가 전체적으로 낮아져 그 보수로 먹고사는 모든 사람이 심각한 피해를 입기 때문이다. 또 유럽 대륙의 많은 국가에서는 결혼 당사자들이 한 가족을 부양할 능력을 가지고 있다는 사실을 증명하지 못할 경우, 법으로써 결혼을 금지하고 있다. 이는 국가의 정당한 권력 행위에 속한다. 그리고 이 같은 법률이 합당하든 합당치 못하든 간에―이 문제는 지역적 상황과 감정에 달려 있다―그것은 자유에 대한 침해로서 비판받아야 할 문제는 아니다. 그런 법률은 해로운 행위를 금지하기 위한 국가의 간섭이기 때문에 설령 법적 형벌을 받을 만큼 나쁜 행위는 아니더라도, 세상 사람들에게 비난 받을 정도로 다른 사람에게 해가 되는 행위라면 당연히 금지되어야 한다.

그런데 오늘날 널리 퍼져 있는 자유에 대한 사상은 좀 신기하다. 예를 들어 사람들은 오직 개인 자신하고만 관련된 영역에서 개인의 자유가 실제로 침범될 때에는 그 간섭에 너무나도 쉽게 굴복해 버린다. 반면 어떤 사람이 방탕한 생활에 빠진 결과 그 자손들을 비참한 삶으로 몰아넣고, 그 자손들이 또 주위 사람들에게 여러 가지 해악을 끼쳤을 경우, 사람들은 그의 방탕한 생활에 제재를 가하려는 사회적 시도에 강한 반발을 일으킨다. 이처럼 요즘 사람들은 자유를 신기할 정도로 존중하기도 하고, 또 신기할 정도로 경시하기도 한다. 이 둘을 비교해 보면 인간이란 존재는, 다른 사람에게 해를 끼칠 고유의 권리는 가지고 있으나, 아무에게도 해를 끼치지 않으면서 스스로를 즐겁게 할 권리는 전혀 가지고 있지 않은 모양이다.

　나는 정부가 간섭할 수 있는 한계와 관련된 아주 중요한 문제들을 마지막 부분에서 다루고 싶었기에 지금까지 남겨 두었다. 이 문제들은 이 책의 주제와 밀접하게 관련되어 있지만, 엄밀히 말하면 여기에 속하지는 않는다. 왜냐하면 이 문제들에 있어 정부의 간섭에 반대하는 이유가 자유의 원리와는 상관없기 때문이다. 이것들은 개인의 자유로운 행동을 구속하는 것에 관한 문제가 아니라, 그런 행동을 조장하는 것에 관한 문제이다. 즉 개인 자신이 개별적으로 또는 자발적으로 다른 사람들과 힘을 합쳐 스스로의 이익을 추구하도록 하지 않고, 정부가 그 행동을 감독하거나 아예 직접 나서서 그 일을 하는 것이 과연 정당한가 하는 문제이다.

　자유에 대한 침해와는 무관한 정부의 간섭을 비판하는 목소리에는 다음의 세 종류가 있다.

　첫 번째 비판은, 어떤 일이 정부보다는 개인들의 힘으로 행해지는 편이 더 나을 거라고 생각되는 경우이다. 일반적으로 어떤 일을 처리하는 문제나 그 일을 누가 어떻게 처리해야 좋을지 결정하는 문제를 가장 잘 해결할 수 있는 사람은, 그 일과 개인적인 이해관계를 맺고 있는 인물이다. 이 원리에 따르면 한때 매우 빈번하게 실시되었던 일반 산업 활동에 대한 입법부나 행정부의 간섭은 부당한 일이 된다. 그러나 이 문제는 이미 많은 경제학자들 사이에서 충분히 논의되었으며, 이 책에서 주장하는 여러 가지 원리와도 별 관련이 없으니 이쯤에서 설명을 마치겠다.

　두 번째 비판은, 우리의 주제와 보다 밀접하게 연관되어 있다. 평균적으로 볼 때 개인들이 어떤 특정한 일을 정부의 관리보다 더 잘하는 것은 아니다.

그러나 그들 자신의 활동력을 높이고, 판단력을 기르며, 그들에게 맡겨질 문제에 대한 지식을 쌓는 정신 교육에 도움을 준다는 관점에서 볼 때, 대개 그 일들을 정부보다는 개인이 수행하는 것이 바람직하다. 정치와 무관한 사건에 대한 배심원들의 재판 참여, 자유로운 민중이 이끄는 지방자치제도, 자발적인 단체가 하는 생산사업 및 자선사업의 운영을 권장하는 것도 이런 까닭이다.

이런 문제들은 이 책에서 다루는 자유의 문제에 포함되지는 않는다. 다만 서로 멀리 떨어져 있어도 경향이 비슷하다는 점에서 자유의 문제와 연관될 뿐이다. 오히려 이것들은 발전의 문제라 할 수 있다. 하지만 이것들을 국민 교육의 일부로서 상세히 설명하는 일은 다음 기회로 미루겠다. 실제로 이것들은 국민이 받는 특수한 훈련으로, 자유로운 민중에 대한 정치 교육의 실제적인 부분을 이루고 있는 것이며, 사람들을 개인적·가족적 이기심이라는 좁은 세계로부터 이끌어 내서 공동의 이익을 이해하고 공동의 사무를 처리하게 하는 것이다. 다시 말해 이것들은 사람들로 하여금 반쯤 공적(公的)이거나 아예 공적인 동기에서 행동하는 습관을 갖도록 하며, 그들 서로의 결합을 도모하는 방식으로 행동하는 습관도 갖도록 해 준다.

국민에게 이러한 습관과 능력이 없다면 자유로운 정치 체제를 운영하거나 유지할 수 없을 것이다. 비록 정치적 자유가 보장된다 하더라도 각 지방의 자유가 공고히 확립되어 있지 않은 나라에서는, 정치적 자유가 영속되지 못하고 쉽게 사라져 버리는 현실이 이 주장을 증명해 준다. 순전히 지방적인 사업은 지방 사람들이 직접 운영해야 하며, 대규모 생산사업은 자발적으로 투자한 사람들이 직접 운영해야 한다는 것은 지금까지 이 책에서 강조해 온 '발전하는 개성과 행동양식의 다양성'이라는 이익까지 낳아 주므로 더욱 권장될 만한 일이다. 정부가 주도하는 사업은 나라 곳곳에서 획일화를 낳는 데 반해, 개개인이나 자발적인 협력단체가 하는 여러 실험은 수없이 다양한 경험들을 스스로 얻게 한다. 그러므로 이런 상황에서 국가가 할 수 있는 유일한 일은, 수많은 시행 끝에 얻어진 경험들을 위한 핵심 저장고이자 적극적인 전달자 및 보급자로서 활약하는 것이다.

국가의 임무는 국가 자신의 실험만 중시하고 나머지 실험들은 다 무시해 버리는 것이 아니라, 개개의 모든 실험자가 다른 실험들로부터 이익을 얻을 수 있도록 해 주는 것이다.

정부의 간섭에 대한 세 번째 비판은, 셋 중에서도 가장 유력한 논리를 펴고 있는데 그것은 정부의 권력을 불필요하게 늘리는 데는 큰 해악이 따른다는 것이다. 정부가 행사하고 있는 기능 위에 또 하나의 기능이 덧쌓일 때마다, 국민의 희망과 두려움을 좌지우지하는 정부의 영향력은 더욱 커진다. 그리고 이에 따라 일반 국민 가운데 활동적이고 야심찬 인물들은, 정권을 노리는 정당의 추종자나 정부 자체의 졸개가 되어 버릴 것이다.

만약 도로·철도·은행·보험회사·대기업·대학·공공자선단체 등이 모두 정부의 산하로 들어간다면, 나아가 지방자치단체들이 정부로부터 넘겨받아 처리하던 모든 직무와 더불어 다시 중앙정부의 한 부처로 귀속되어 버린다면, 또 이처럼 다양한 기관의 직원들이 정부로부터 임명되고 봉급을 받으며 출세하기 위해 무조건 정부에 의존한다면 아무리 출판의 자유와 대중적 입법부가 존재한다 하더라도, 영국은 물론 다른 어떤 나라도 결국은 명목상의 자유국가로 전락하고 말 것이다. 그리고 행정기구가 더욱 효율적이고 과학적으로 구성될수록, 다시 말해 행정기구를 관리하고 운영할 가장 뛰어난 두뇌와 실력을 획득하기 위한 시스템이 잘 구축되어 있을수록, 이러한 해악은 더욱 커진다.

얼마 전 영국에서는 다음과 같은 주장이 제기되었다.

"어떤 직무에 가장 잘 어울리는 총명하고 학식 있는 인재를 뽑기 위해, 정부는 경쟁시험을 통해 공무원을 선발해야 한다."

그런데 이 제안을 둘러싸고 여론이 들끓어 사람들은 말이나 문서를 통해 찬반양론을 펼쳤다. 이 제안에 반대하는 사람들이 가장 강경하게 주장한 내용은 다음과 같다.

"공무원은 국가에 종신하는 심부름꾼에 지나지 않으므로 최고의 재능을 가진 사람들에게 어울리는 보수와 지위를 제공해 주지 못한다. 그래서 재능 있는 사람들은 다른 여러 가지 전문직에 종사하거나, 다른 회사 또는 공공단체에서 일하려 할 것이다. 그쪽에서 더 매력적인 성공의 길을 발견할 수 있기 때문이다."

'경쟁시험 제안'을 지지하는 사람들은 이러한 반대론에 어떻게 반응했을까? 그들은 이 주장을 그대로 끌어다가 자기네 제안의 문제점, 즉 최고의 재능을 가진 사람들이 경쟁시험에 응하기를 꺼릴지도 모른다는 점을 해명하는 데 썼다. 생각해 보면 이런 주장이 반대편에서 나왔다는 것도 참 기이한 일이다. 반대론에서 든 이유가 역설적으로, 경쟁시험 제안의 안전판이 되어 버리다니!

만약 실제로 뛰어난 재능을 지닌 국내의 모든 인재를 정부의 공직으로 끌어들일 수 있다면, 이런 결과를 낳을 위험이 있는 제안은 당연히 불안감을 불러일으킬 것이다. 이 같은 상황을 한번 상상해 보라. 조직적 협력이나 넓고 포괄적인 식견을 필요로 하는 사회의 모든 활동 분야가 정부의 수중에 들어간다면, 그리고 정부의 모든 기관이 가장 유능한 인재들로 꽉 찬다면, 순전히 사색적인 분야에 종사하는 사람들만 제외하고 국내의 모든 폭넓은 지성과 교양을 갖춘 인재들이 거대한 관료제에 소속되어 버릴 것이다. 그 안에 소속되지 못한 나머지 사람들은 모든 일을 관료제가 해 주길 기대할 것이며, 대중은 뭔가를 할 때마다 관료들의 지도 및 명령을 받으려 할 것이다. 반면 능력 있고 야심찬 사람들은 이 관료제 안에서 출세하려고 애쓸 것이고, 이러한 관료집단에 들어가는 일, 그리고 그 집단 속에서 출세하는 일만이 유일한 목표가 될 것이다.

이러한 제도 아래에서 정부 기구의 외부에 존재하는 대중은, 실제적인 경험이 없으므로 관료 집단의 직무 집행 방법을 비판하거나 제재할 능력이 없다. 게다가 설령 전제국가에서의 우연한 사건이나 대중사회에서의 자연스런 결과로 인해 개혁적인 지배자(또는 지배자 집단)가 최고의 자리에 오르는 일이 간혹 있더라도, 그는 관료제의 이익과 모순되는 어떠한 개혁도 실현하지 못한다.

러시아 제국이 바로 이런 우울한 상태를 잘 보여 준다. 러시아 제국을 충분히 관찰해 본 사람들이 쓴 보고서에 이 점이 분명하게 드러나 있다. 러시아 황제(Czar)조차도 관료 집단 앞에서는 무력하다. 그는 관료들 중 누구라도 시베리아로 추방할 수 있지만, 그들의 도움 없이는 나라를 통치하지 못한다. 그들은 황제가 내리는 모든 칙령을 실행에 옮기지 않음으로써 무언의 거부권을 행사할 수 있다.

러시아보다 더욱 진보된 문명과 더욱 반항적인 정신을 갖춘 여러 나라에서는 국민이 자기들의 모든 일을 정부가 대신 해 줄 것이라고 습관적으로 기대하며, 또한 정부의 허가 및 지도를 받기 전에는 아무 일도 하지 않는 습관을 가지고 있을 것이다. 그 결과 그들은 자신들에게 닥치는 모든 재해를 국가의 책임으로 돌린다. 그리고 그 재해가 인내심의 한계를 넘어설 때, 그들은 정부에 대항해 궐기하여 소위 혁명이라는 것을 일으키는데 그 끝은 대개 새 인물이 권력의 정점에 올라앉아 관료들을 향해 명령을 내리는 것으로 끝난다. 그 인물이 국민으로부터 위임받은 정당한 권위를 지녔는지 안 지녔는지는 중요하지 않다. 중요한 것은 관료제가 여전히 살아남았다는 사실이다. 이처럼 그 누구도 관료들의 지위를 대신하지는 못한다.

반면 자기 자신의 일을 스스로 처리하는 데 익숙해져 있는 국민들 사이에서는 이것과 전혀 다른 모습을 발견할 수 있다. 프랑스의 경우 국민 대부분은 군대 복무를 경험하며, 적어도 하사관 역할까지는 해 본 사람들이 많다. 따라서 민중 반란이 일어날 경우 진두에 서서 지휘하며 그럴듯한 작전 계획을 즉석에서 세울 만한 인물들이 여럿 있다. 이처럼 프랑스 국민은 군사적 장점을 지니고 있다. 한편 미국 국민은 모든 민간 업무에서 그들의 장점을 보여 주고 있다. 예를 들어 미국인들이 정부에게 버려졌다고 하면 그들은 즉시 자발적으로 정치나 그 밖의 모든 공공 업무를 충분히 처리할 만한 지성과 질서와 결단력을 갖춘 정부를 조직할 것이다.

이것이야말로 모든 자유로운 국민이 모범으로 삼아야 할 모습이다. 그리고 이런 일을 제대로 해낼 수 있는 국민만이 참된 자유를 얻는 법이다. 이 같은 국민은 어떤 사람이나 단체가 중앙정부의 지도권을 장악하든 간에, 정부의 노예로 전락하지는 않을 것이다. 이런 국민에 대해서는 어떠한 관료제도 강제력을 행사할 수 없다. 즉 국민이 좋아하지 않는 일을 억지로 시키거나 받아들이게 만들지 못하는 것이다.

그러나 모든 일이 관료를 통해 이루어지고 있는 곳에서는, 관료가 진심으로 반대하는 일은 결코 성사되지 못한다. 이런 나라에서는 국민 가운데 경험 있는 사람들과 실제로 재능 있는 사람들이 모여, 다른 국민들을 통치하기 위한 하나의 규율 있는 단체로 조직을 구성한다. 이 조직 자체가 완벽하면 완벽할수록, 또 사회의 온갖 계층으로부터 가장 뛰어난 사람들을 자기편으로 끌어들여 조직에 어울리는 인재가 되게끔 교육하는 데 성공하면 성공할수록, 관료제의 구성원을 포함한 온 국민의 노예화 상태는 더욱 공고해진다.

왜냐하면 이 경우 피지배자들이 지배자인 관료들의 노예가 되었듯이, 관료들 역시 그들이 속한 조직과 규율의 노예가 되어 있기 때문이다. 중국 관리들이 전제정치의 앞잡이 노릇을 하고 있는 것을 보면, 그들도 가장 비천한 농민의 처지와 다를 것이 없다.

예수회를 예로 들어 보자. 예수회 교단*3 그 자체는 구성원들의 단결력을 강화하고 그들의 중요성(권위)을 증대시키기 위해 존재하는데, 개개의 예수회 교도는 더 이상 비굴할 수 없을 정도로 그 교단의 노예가 되어 있다.

한 나라의 유능한 인재들을 모조리 통치 집단으로 끌어들여 버리면, 통치 집단 자체의 정신적 활동과 진취성이 이내 치명적으로 손상될 것이라는 점을 잊어서는 안 된다. 관료들은 집단적으로 존재하므로—다른 조직체들과 마찬가지로 정해진 규칙에 따라서만 움직이는 조직체를 운영하므로—그들은 나태한 인습(因襲)에 빠져 버리는 유혹을 끊임없이 받는다. 게다가 그들이 연자방아를 찧는 말의 회전 궤도처럼 단조롭게 반복되는 기계적 생활에서 이따금 벗어난다 해도, 관료 집단의 지도자들이 대충 세워 놓은 조잡한 계획을 향해 뛰어드는 유혹을 언제나 받게 된다.

이런 두 경향은 얼핏 보기에 상반된 것처럼 느껴지지만 서로 밀접한 관련을 맺고 있다. 이 두 가지 경향을 억제할 수 있는 유일한 방법, 즉 관료 집단 자체의 능력을 높은 수준으로 줄곧 유지할 수 있는 유일한 자극제는 관료 집단 밖에 존재하는 관료들만큼 뛰어난 능력을 지닌 사람들인데 그들은 이 관료 집단에게 빈틈없는 비판을 지속적으로 가한다.

그러므로 이런 뛰어난 인재들을 양성하고, 중대한 실천적 문제를 정확히 판단하는 데 필요한 기회 및 경험을 그들에게 제공하는 수단이, 정부와는 독립적으로 반드시 존재해야 한다. 만약 우리가 유능하고도 능률적인 관료 집단을 원한다면, 특히 새로운 것을 창안해 내고 온갖 개선을 기꺼이 실행하려 하는 관료 집단을 원한다면, 더 나아가 우리의 관료정치가 공론정치(空論政治)로 타락하는 일을 막고 싶다면, 사람들의 통치에 필요한 여러 가지 능력을 형성하고 개발하는 모든 사업을 이런 관료 집단이 독점하도록 내버려 두어서는 안 된다.

인류의 자유와 진보에 가해지는 가공할 만한 해악은 대체 어느 시점에서 나타나는 걸까? 다시 말해 사회가 그 행복을 방해하는 장애물들을 제거할

예수회 창설자 로욜라(1491~1556)
로마 가톨릭의 수도공동체인 예수회
창립. 로욜라가 결성한 예수회는 가톨
릭 세력의 입장에서는 강력한 '기독교
전사'였다. 예수회 회원들은 세계 각지
로 파견되어 활약했다.

목적으로 스스로 승인한 지도자들 밑에서 자기 힘을 집단적으로 사용함으로
써 생기는 이익을, 저 엄청난 해악이 압도하기 시작하는 시점은 언제일까?
또 정부기관이 사회활동 전반에 지나치게 간섭하는 일을 막으면서, 한곳으
로 집중된 권력과 지성으로부터 되도록 많은 이익을 확보하려면 어떡해야
할까? 이런 문제들은 통치 기술 중에서도 가장 어렵고 복잡한 문제이다.

이 같은 문제는 대체로 세부사항에 관한 것인데, 이를 다룰 때에는 여러
가지로 많은 고려를 해야 한다. 따라서 이 문제에 대한 절대적인 규칙은 정
할 수 없다. 그러나 나는 안전성 있는 실제적 원리, 언제나 표방되어야 할
이상(理想), 앞서 언급한 어려움을 극복하기 위해 고안된 모든 제도를 검증
하는 기준을 다음과 같이 표현할 수 있다고 믿는다. 즉 권력은 효율성과 모
순되지 않는 이상 최대한 분산시키되, 정보는 최대한 집중시켜 이를 중앙으
로부터 널리 퍼뜨려야 한다.

그리하여 지방 행정의 경우 뉴잉글랜드의 여러 주에서 실시되고 있는 행
정처럼 직접적인 이해관계를 가진 사람들이 맡아서는 안 되는 모든 업무는,
지역 주민들이 선출한 각 부서의 공무원들에게 세분되어 배당될 것이다. 그

러나 한편으로 지역 사업을 담당하는 각 부서에는 중앙정부의 지부(支部) 역할을 할 중앙 감독자를 두어야 한다. 이러한 감독 기관은 모든 지역에 있는 공공사업 부서의 활동, 외국 정부에서 실시된 모든 유사한 활동, 그리고 정치학의 일반 원리로부터 이끌어 낼 수 있는 잡다한 정보와 경험을 중앙으로 집중시키는 볼록렌즈 구실을 한다.

이러한 중앙 기관은 사회에서 일어나는 모든 일에 대해 알 권리를 가져야 한다. 그리고 이 기관은 어느 한 지방에서 획득한 지식을 다른 지방에 알려주는 특수한 의무를 맡는다. 이 기관은 다른 어떤 기관보다도 월등히 높은 지위를 차지하며, 넓고 종합적인 관찰을 할 능력도 있어 지역 정부와는 달리 사소한 편견이나 편협한 견해에 사로잡히지 않을 수 있으므로, 그 기관의 의견은 자연스럽게 상당한 권위를 지닌다.

그러나 나는 영속적인 제도로서의 중앙 기관이 가지는 실제적 권한은, 자신들의 지침을 바탕으로 제정된 법률을 지방 공무원들이 준수하도록 촉구하는 정도에 국한되어야 한다고 생각한다. 일반 규칙으로 규정되어 있지 않은 모든 사항에 관해서는, 지방 공무원들이 그들의 선거구민들에게 책임을 진다는 조건하에 자기들 판단대로 행동할 수 있어야 한다. 규칙을 위반할 경우 그 공무원들은 법적 책임을 져야 하는데, 이에 적용되는 규칙 자체는 의회(입법부)에서 제정하며 중앙 행정부는 다만 이 규칙이 제대로 집행되는지 감시하는 역할만 한다. 만약 규칙이 적절히 집행되지 않는다면 사안의 성격에 따라 조치를 취해야 한다. 즉 법정(사법부)에 법의 시행을 호소하거나, 법의 정신에 의거하여 법을 집행하지 않은 관리를 파면하도록 선거구민에게 요구해야 한다.

구빈법*4 실시기관인 빈민구제국(Poor Law Board)이 전국 각지에서 구빈세(救貧稅, poor rate)를 담당하는 관리원들에게 행사하려는 중앙 감독권은 일반적인 개념상 이와 같은 성격을 띤다. 단순히 지역 주민뿐만 아니라 사회 전체에 중대한 영향을 끼치는 문제를 잘 관리하지 못하는 뿌리 깊은 악습을 치유하고자 하는 특수한 경우, 빈민 구제국이 자신의 권한을 넘어서 행사하려고 한 모든 권력은 정당하고도 꼭 필요한 것이다. 왜냐하면 어떤 지방도 실정(失政) 때문에 자기 지방을 빈민굴로 만들고, 이 빈민들이 (당연하게도) 다른 지방까지 흘러들어감으로 인해 발생하는 전체 노동사회의 도덕적·

신체적 조건의 손상을 방임할 도덕적 권리를 가지지 못하기 때문이다.

빈민구제국이 가지는 강제적 행정권과 이에 따른 입법권—하기야 이런 권한은 여론 때문에 사실상 행사되기 어렵겠지만—은, 제1급에 속하는 국가이익에 관한 문제의 경우에는 전적으로 정당하다. 하지만 순전히 지방적인 이해관계를 감독하는 일에는 아무런 영향력도 발휘하지 못할 것이다. 그러나 모든 지방을 위한 지침과 정보를 제공하는 중앙 기관은 어느 행정 부문이든 상관없이 중요한 가치를 지닐 것이다.

개인의 노력과 발전을 저해하지 않고, 그것을 지원하고 자극하는 정부 활동은 너무 많다는 이유로 지나치다고 비판할 수는 없을 것이다. 문제는 정부가 개인 또는 단체의 활동이나 능력을 불러일으키지 않고, 이것들을 모조리 정부 자신의 활동으로 대체하려 할 때이다. 또 정부가 정보 제공을 하거나 충고하거나 비판하는 행위를 그만두고 개인들에게 억지로 일을 시킬 때, 아예 개인들을 한쪽으로 제쳐 놓고 정부 스스로 그 일을 해치워 버릴 때에도 잘못이 발생하기 시작한다.

국가의 가치란 궁극적으로 국가를 구성하는 개인들의 가치다. 그러므로 개인들의 정신적 발전 및 향상이 가져다주는 이익을 무시하고 소소한 사무적 행정 수완이나 경험이 가져다주는 이익만을 늘리려고 애쓰는 국가나, 국민을 자신의 온순한 꼭두각시로 만들기 위해 그들의 성장을 방해하는 국가는 비록 국민의 이익이 최종 목적이라 해도 결국 그렇게 작은 국민들로는 결코 위대한 일을 이룩할 수 없다는 진리를 알게 될 것이다. 그리고 국가가 모든 것을 희생하면서 완성한 기구도 그것을 원활하게 움직이기 위해 국가가 앞장서서 없애 버린 '국민들의 활력' 부족으로 인해 결국 아무런 효력도 발휘하지 못한다.

〈주〉

＊1 제러미 벤담(Jeremy Bentham, 1748~1832)은 공리주의를 창시한 영국의 철학자이다. 그는 《도덕과 입법 원리 입문》 등의 저서를 남겼으며 '최대 다수의 최대 행복' 실현을 인생의 목적으로 보는 공리주의를 주장하였다.

＊2 벤담의 《판례의 합리적 근거》에 나오는 말로, 사전에 법적 증거로서 구성요건을 갖춘 증거를 의미한다. 다섯 권으로 된 이 책은 밀이 18세 때 편집을 맡았다. 벤담은 이 책

의 편찬자 이름을 밀과 함께 적었다. 이 내용은 밀의 《자서전》에 기록되었다.

*3 예수회 교단(Jesuit order)은 1534년 에스파냐의 이그나티우스 데 로욜라(Ignatius de Loyola, 1491~1556)가 교황 바오로 3세의 승인을 얻어 창립했다. 가톨릭 교회 내의 예수회(Society of Jesus)에 속하는 일파이며 그 조직이 엄격하기로 유명하다.

*4 구빈법(Poor Law)이란 사회사업의 근간을 이루는 것으로, 사회 하층의 가난한 사람들에 대한 국가적 구조를 법제화한 것이다. 영국에서는 일찍이 엘리자베스 여왕 시대부터 빈민·실업자·부랑자 등을 구제하는 문제가 사회적 관심사로 떠올랐다. 그러다가 1601년이 되자 마침내 구빈법이 실시되었다. 이것은 노동력이 있는 사람들에게서 교구(敎區) 단위로 구빈세를 징수하여 빈민 구제에 사용토록 하는 법률이었다.

Two Treatises of Government
통치론
존 로크

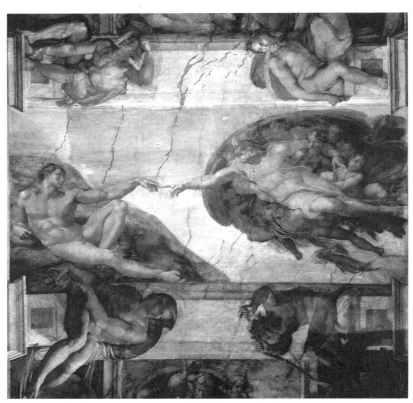

아담의 창조

제1장 머리말

1 나는 전편*¹에서 다음의 내용을 분명히 하였다.

첫째, 아담에게는 그의 아이들을 지배할 수 있는 권위나 세상을 다스릴 수 있는 지배권이 없다. 그는 그러한 권리를 아버지라는 자연의 권리로부터 인정받거나 신으로부터 부여받지 못했다.

둘째, 설사 아담에게 그러한 권리가 있다고 해도 그것이 그의 후계자들에게까지 이어지는 권리는 아니다.

셋째, 설사 아담의 후계자들에게 그 권리가 있다고 해도 '누가 정당한 후계자인가'라는 의문이 제기될 경우, 그것을 해결해 줄 수 있는 자연법이나 신이 정한 법이 없기 때문에 상속권에 따라서 지배권을 결정할 수는 없다.

넷째, 설사 그것이 결정되었다고 해도 아담의 자손 중 누가 직계 자손인지 알 수 없기 때문에 인류의 모든 종족과 세상의 여러 가족 중 어느 누구도 자기가 직계이므로 상속권을 갖겠다고 주장할 수 없으며, 그 근거 또한 없다.

나는 이제 이러한 전제가 모두 분명하게 입증되었다고 생각한다. 따라서 이 지상에 있는 지배자들은 권력의 근원이라 생각해 온 아담의 개인적인 지배권과 부권(父權)으로부터 어떠한 혜택이나 권위도 이끌어 낼 수 없다. 그러므로 세상의 모든 통치는 단지 힘과 폭력의 소산에 지나지 않으며, 인간의 공동생활은 강자가 지배하는 동물 세계와 다를 게 없다. 이렇게 끝없는 무질서, 해악, 다툼, 소동, 반란—이미 말한 가설의 신봉자들은 이러한 것을 소리 높여 반대한다—의 씨앗이 뿌려지는 것을 달갑지 않게 여기는 사람들은, 로버트 필머 경이 가르쳐 준 통치의 발생과 정치적 권력의 기원, 그리고 정치적 권력을 가진 사람을 지정하고 식별하는 방법 말고 다른 방법을 찾아야 할 것이다.

2 이 목적을 위해 내가 생각하는 정치적 권력에 대해 미리 밝혀두는 것

도 좋다고 생각한다. 신민(臣民)에 대해 갖는 위정자의 권력은 자식에 대한
아버지의 권력, 고용인에 대한 고용주의 권력, 아내에 대한 남편의 권력, 노
예에 대한 주인의 권력과는 구별된다. 이러한 개별적인 권력은 때로 한 사람
에게 집중되는 경우가 있다. 이때 권력이 집중되는 이 사람을 앞에서 말한
여러 다른 관계 속에서 고찰해 나가다 보면, 이러한 권력 하나하나를 구별하
는 데 도움이 되고 국가의 지배자, 가정에서의 아버지, 노예선의 선장 간의
차이를 밝혀 줄 것이다.

3 그래서 나는 '정치적 권력'을 이렇게 생각한다. 즉 소유권을 조정하고
보전하기 위해 사형 및 그 이하의 모든 형벌을 가할 수 있는 법률을 제정하
고 이를 집행하며, 적으로부터 국가를 방어하기 위해 공동사회의 힘을 사용
하는 권리이고, 또한 이 모든 것은 오직 공공의 복지만을 위해 행사되어야
한다.

〈주〉

*1 로크의 《통치론》은 제1편과 제2편으로 이루어져 있으며, 이 책은 제2편에 해당한다.
여기에서 말하는 전편은 제1편을 말한다. 따라서 이 책의 제1장은 로크 자신이 제1편
을 요약한 것이다. 로크는 '정치적 권력, 즉 주권은 신이 아담에게 주었고 노아에게 상
속되었으며 그 뒤에는 장자상속의 원칙에 따라 계승되어 온 부권(父權)에만 기인되는
것'이라고 주장한 로버트 필머 경(1589~1653)의 주장을 여지없이 논박하고 있다.

제2장 자연 상태에 관하여

4　정치적 권력을 바르게 이해하고 그 행적을 더듬기 위해서는 먼저 모든 사람이 자연에서 어떤 상태에 놓여 있는지를 생각해 봐야 한다. 즉 자연 상태란 개개인이 다른 사람에게 허락을 구하거나 다른 사람의 뜻에 맡기지 않고 자연법 안에서 자기 행동을 관리하며 자기가 합당하다 생각한 대로 자기 소유의 물건이나 신체를 처리할 수 있는 완전하게 자유로운 상태를 말한다.

인간의 자연 상태는 평등하다. 자연 상태에서의 권력과 지배권은 모두 상호적이며 어느 누구도 더 많이 소유하지 않는다. 왜냐하면 동일한 종류, 동일한 등급의 피조물은 모두가 동일한 삶을 허락받고, 동일한 자연의 혜택을 누리며, 동일한 능력을 행사하게 되기 때문이다. 모든 피조물의 주인이며 지배자인 신이 그의 뜻대로 누군가를 다른 사람 위에 세우거나 의심할 수 없는 지배권과 주권을 주지 않는 한, 모든 사람은 서로 평등하며 그 사이에 종속과 복종이란 있을 수 없다.

5　현명한 후커[*1]는 이러한 인간의 자연적인 평등을 의심의 여지없이 명백한 것으로 보았고, 이를 사람들이 서로 나누는 사랑의 기본적인 의무라 생각했다. 그는 사람들이 서로 담당해야 할 의무를 만들고, 거기에서 정의와 자비라는 위대한 원리를 이끌어냈다. 그는 다음과 같이 말한다.

'사람들은 누구나 똑같은 자연적 욕망을 가진다는 점에서, 자신들이 스스로를 사랑하듯 다른 사람을 사랑할 의무가 있다는 것을 알게 되었다. 왜냐하면 평등한 것은 모두 동일한 척도를 가지기 때문이다. 만약 내가 선한 것을 갖고 싶은 마음에서 누구나가 원하는 선한 것을 모든 사람들로부터 얻어내길 원한다면, 먼저 그와 똑같은 욕구로 다른 사람들을 만족시켜 줘야 한다. 이것은 모두가 나와 동일한 성질을 가지는 이상, 그들도 나와 동일한 욕구를 가질 것이기 때문이다. 다른 사람의 욕구를 만족시켜 주지 않고 어떻게 내 욕구만 만족되기를 기대할 수 있겠는가. 또한 이 욕구에 반하는 것을 다른 사람에게 바란다면, 자기가 그런 일을 당했을 때 슬퍼하는 만큼 다른 사람들을 슬프게 할 것이다. 그러므로 내가 다른 사람에게 해를 가하면 나도 다른 사람으로부터 해를 입게 될 것을 생각해야 한다. 왜냐하면 내가 다른 사람에게 보여 준 사랑 이상의 것을 그들이 나에게 보여줄 이유는 없기 때문이다. 따라서 다른 사람으로부터 사랑을 받고 싶다면 그들에게 그와 동일한 사랑을 줘야 한다. 우리 자신 및 우리 자신과 똑같은 성질을 갖는 다른 사람들과의 평등한 관계 속에서, 자연법으로 작용하는 이성이 어떤 다양한 규칙과 규범을 생활 지침으로 이끌어 내는지 모르는 사람은 아무도 없다.'(《교회조직론》 제1권)

6 그러나 이러한 자연 상태는 자유의 상태이지 방종의 상태는 아니다. 이러한 자연 상태에서 모든 사람은 자신의 신체와 소유물을 처분하는 데에 아무런 제재 없이 자신의 뜻대로 할 자유를 가지고 있다. 그러나 자기 자신과 자기가 소유하는 어떠한 피조물도 그것을 보전하는 것보다 더 좋은 다른 용도로 쓰이지 않는 한 죽일 자유는 없다. 자연 상태에서는 그것을 지배하는 자연법이 있으며 그것은 모든 사람을 구속한다. 그 법은 바로 이성이다. 이성은 우리에게 모든 사람은 평등하고 독립된 존재이므로 어느 누구도 다른 사람의 생명, 건강, 자유 또는 소유물을 손상해서는 안 된다고 가르친다. 왜냐하면 인간은 모두 유일하고 전능한 조물주의 작품이기 때문이다. 모든 인간은 유일하고 최고의 주인인 신의 명령에 따라 그의 일을 돕기 위해 세상에 태어났다. 그 때문에 인간은 그의 소유물이자 작품으로 다른 사람의 뜻이 아니라 신의 뜻이 지속되는 동안만 살 수 있다. 또 우리는 동일한 능력을 부여받고, 모두 하나의 자연공동체에 참여하고 있기 때문에, 인간을 위해 열등한 피조물이 만들어진 것과 같이 우리도 서로에게 도움이 되기 위해 만들어진 것으로 생각하고 서로 죽이는 것을 정당화하는 종속관계를 가정해서는 안 된다. 모든 사람은 자기 자신을 보전해야 하며 독단적인 판단으로 그 지위를 버려서는 안 된다. 그와 같은 이유로 자기 자신의 안전에 위협받지 않는 한, 다른 사람도 보호해야 한다. 가해자를 심판하는 경우가 아니라면, 다른 사람

의 생명과 그 보전에 관계되는 자유, 건강, 신체, 재산을 빼앗거나 상처를 내서는 안 된다.

7 모든 사람이 다른 사람의 권리를 침해하거나 서로가 해를 입히지 않도록, 그리고 온 인류의 평화와 보전을 바라는 자연법이 지켜지도록, 자연 상태에서 인간은 자연법의 집행을 각 개인에게 맡긴다. 그러므로 각 개인은 그 법의 위반자를 그 위반을 방지하는 수준에서 처벌할 수 있는 권리를 가진다. 이것은 자연법을 자연 상태에서 집행하고, 이를 통해서 무고한 자를 보전하고 위반자를 제지할 자가 없다면 이 세상 사람들에 관한 모든 여타의 법과 마찬가지로 자연법도 공허한 것이 되어 버릴 뿐이다. 그리고 자연 상태에서 만약 누군가가 자기에게 해를 입힌 다른 사람을 처벌할 수 있다면, 무릇 모든 사람이 그렇게 할 수 있어

이성은 모든 사람이 평등하고 독립된 존재이므로 손상해서는 안 된다. 그것은 유일하고 전능한 조물주의 작품이기 때문이다.

야 한다. 어떤 사람이 다른 사람에 대해 우월하거나 지배권을 갖지 않는 이 완전한 평등의 상태에서는 자연법의 시행을 위하여 누가 해도 상관없는 일은 모든 사람이 동일하게 할 권리를 갖는 것이 마땅하기 때문이다.

8 이렇게 자연 상태에서는 권력을 가진 사람이 다른 사람 위에 서게 된다. 하지만 이 권력이 범죄자를 체포했을 때 자기의 격정대로 또는 자기 혼

자만의 독단으로 그를 처리해도 된다는 의미의, 절대적이거나 독선적인 것을 말하는 것은 아니다. 이는 단지 냉정한 이성과 양심의 명령에 따라 범죄자에게 그 범죄 수준에 적합한 보복을 가하기 위한 권력으로, 보상과 제지를 그 목적으로 한다. 이 두 가지를 이유로 사람은 다른 사람에게 합법적으로 해를 가할 수 있고 우리는 그것을 형벌이라고 부른다. 그 위반자는 자연법을 위반했다는 이유로 신이 인간 상호간의 안전을 위해 행동 기준으로 정한 이성과 공정(公正)이라는 규칙과는 별개의 규칙으로 살아갈 것을 선언하게 되며, 결국 그는 인류에게 위험한 존재가 된다. 왜냐하면 인류를 위해와 폭력으로부터 지켜야 하는 유대가 그에 의해 경시되고, 단절되기 때문이다. 이것은 온 인류에 대한, 자연법으로 만들어지는 인류의 평화와 안전에 대한 침해이다. 그런 이유로 모든 사람은 온 인류를 보전하기 위해 그가 가진 권리에 의거해 유해한 사람들을 제지하고, 필요한 경우에는 죽일 수도 있다. 그리하여 자연법을 위반한 모든 사람이 그 행위를 후회하게 만들고 다른 사람들에게 그에 대한 처벌을 본보기로 보여 그와 같은 악행을 일삼지 못하게 하는 것이다. 이러한 경우 앞의 근거에 따라 모든 사람은 자연법의 위반자를 처벌할 수 있는 권리를 가짐과 동시에 그 집행자가 된다.

9 이것은 어쩌면 어떤 사람들에게는 매우 낯설게 보일지도 모른다. 그러나 그러한 사람들은 이 학설을 비난하기에 앞서 군주나 국가가 그 국가 안에서 죄를 범한 외국인에게 어떠한 권리로 사형에 처하거나 처벌할 수 있는지부터 먼저 해명해주었으면 한다. 한 나라의 법률들이 입법자의 공포된 의지로부터 부여받은 제재권을 가지고 있더라도 그 효력이 외국인에게는 미치지 않는다. 국내법은 외국인에게 선포된 것이 아니며, 또한 선포되었다고 하더라도 외국인은 거기에 귀 기울일 의무가 없다. 그 법률들은 그 국가의 신민에게만 유효하며, 외국인에 대해서는 아무런 효력이 없다. 영국, 프랑스, 네덜란드에서 법을 제정하는 최고 권력자들도 미국 원주민에게는 세계의 다른 사람들과 마찬가지로 아무런 권한을 가지지 못한다. 그러므로 만약 모든 사람이 그것에 대해 냉정하게 위법을 판단하고 그 실정에 맞는 형태로 처벌할 권력을 갖지 못한다면, 어떻게 한 나라의 위정자가 다른 나라 사람을 처벌할 수 있는 것인지, 나는 모르겠다. 왜냐하면 위정자라도, 외국인에 관한 한 모

든 사람이 본디 다른 사람에 대해서 자연적으로 가지는 것 이상의 권력은 가질 수 없기 때문이다.

10 범죄란 위법을 하고 이성의 올바른 규칙으로부터 일탈하는 것으로서, 자신이 그만큼 타락하고 인간 자연본성의 원리를 버린 유해한 피조물이 되었다고 스스로 선언하는 것과 같은 것이다. 이는 다른 사람에게 해를 가하고, 그로 인해 다른 사람에게 손해를 끼치는 일이 종종 생긴다. 이러한 경우, 손해를 본 사람은 다른 사람들과 함께 가해자를 처벌할 권리를 가질 뿐만 아니라 가해자에게 배상을 요구할 수 있는 특수한 권리도 가진다. 그리고 이것을 정당하다 생각하는 제3자는, 피해자 편에 서서 그가 가해자로부터 입은 손해에 대해 충분한 배상을 받을 수 있도록 피해자를 도울 수 있다.

11 이 두 가지 개별적인 권리 중 하나는 범죄 행위를 처벌할 수 있는 권리로 죄를 짓지 않도록 제지하고 같은 범죄의 재발을 예방하기 위한 것인데, 이 처벌권은 누구에게나 있다. 또 다른 하나는 손해 부분에 대한 배상을 받을 수 있는 권리로, 이것은 피해를 입은 당사자에게만 해당되는 것이다. 위정자라는 이유로 일반적인 처벌권을 가지는 위정자는, 공공 복지에 있어서 법률 집행이 필요 없는 경우에도 자기 자신의 권한으로 범죄자의 처벌을 면제할 수 있다. 하지만 손해를 입은 개인에게 귀속되어야 하는 보상에 대해서는 면제할 수 없다. 손해를 입은 사람 자신만이 그것을 요구할 권리를 가지며, 그만이 그것을 면제할 수 있다. 바로 피해자는 자기보전 권리에 따라 가해자의 재산이나 노무를 마음대로 할 수 있는 권한을 가지게 된다. 그것은 온 인류를 보전할 권리와 그것을 이루기 위해서는 무엇을 해도 상관없다는 원리에 따라 모든 사람이 죄악을 처벌하고 그 죄악의 재발을 방지할 권한을 갖는 것과 같다. 이렇게 자연 상태에서는 모든 사람이 살해범을 죽일 수 있는 권한을 가지게 된다. 그것은 한편으로 그러한 죄에 따르는 모든 사람들로부터 주어지는 처벌의 실례를 보임으로써, 배상할 수 없는 살인과 같은 불법 행위를 다른 사람이 다시는 저지르지 못하도록 하기 위함이다. 그리고 또한 신이 인류에게 준 공통의 규칙이며 척도인 이성을 버리고, 어떤 한 인간에 대해 부정한 폭력과 살해를 가함으로써, 온 인류에 대해 선전 포고한 범죄자

의 공격으로부터 사람들을 지키기 위함이다. 따라서 이러한 범죄자는 사람들과 함께 사회생활을 할 수 없으며, 신변의 안전을 보장할 수 없는 야수인 사자나 호랑이처럼 죽여도 된다. '무릇 다른 사람의 피를 흘리게 하는 자는 그 자신도 피를 흘리게 될 것이다.'(〈창세기 9:6〉)의 위대한 자연법은 여기에 그 근거를 두고 있다. 카인[*2]은 이렇게 범죄자를 죽일 권리가 누구에게나 있다고 굳게 믿었기 때문에 동생을 죽인 뒤 "무릇 나를 만나는 자는 나를 살해할 것이다"(〈창세기 4:14〉) 외친다. 이것은 온 인류의 가슴속에 분명하게 새겨져 있었다.

12 이와 같은 이유로 자연 상태에서 사람은 보다 더 가벼운 자연법 위반 행위에 대해서도 처벌할 수 있다. 그러면 사형을 시켜도 되는 것이냐고 묻는 사람이 분명 있을 것이다. 그것에 대해 나는 다음과 같이 대답할 수 있다. 즉 모든 범죄에 대해 가해자에게 그 자신이 해를 끼쳤다는 것을 깨닫게 하여 후회하게 만들고, 다른 사람으로 하여금 똑같은 죄를 범하게 되는 것을 두려워하게 할 정도로 엄격해도 좋다는 것이다. 자연 상태에서 일어날 수 있는 모든 범죄는, 국가 안에서 처벌되는 것과 똑같이 처벌되는 것이 마땅하다. 여기에서 자연법에 대한 상세한 내용과 그 처벌의 기준까지 언급하는 것은 나에게 주어진 문제 외의 사항이다. 그러나 이러한 법이 존재하고 더구나 그것이 이성을 갖춘 피조물로서의 인간이나 이 법의 연구자에게는, 국가의 실정법과 같이 이해하기 쉬운 것이다. 아니 그보다 더 쉽다고 할 수 있다. 왜냐하면 이성은, 모순되고 숨겨진 이해를 말로 바꾸고 추구하는 인간의 생각이나 책략보다 더 이해하기 쉽기 때문이다. 이것은 여러 국가의 국내법들이 대부분 실제로 그렇기 때문이다. 국내법은 자연법에 기초를 두는 한 정당하며, 그들은 자연법에 따라 규제되고 해석되어야 한다.

13 이렇게 들어본 적도 없는 학설, 바로 '자연 상태에서는 모든 사람이 자연법을 집행할 권력을 가진다'는 이 학설에 대해 당연히 다음과 같은 반대 의견이 나올 수 있다. 즉 사람이 자기 자신과 관계되는 사건의 재판관이 되는 것은 옳지 않다는 것이다. 오로지 자기 자신의 이익만을 중시하는 이기심 때문에 자기와 자기의 친구들을 두둔하게 될 것이고, 또한 사람들은 그 비뚤어진 본성과 격정, 복수심에 사로잡혀 다른 사람을 처벌하는 경우 조금 과한

자기 자신과 관계되는 사건의 재판관이 되는 것은 옳지 않다. 이는 자기 자신의 이익을 중시하는 이기심, 비뚤어진 본성, 복수심 등에 사로잡힐 수 있기 때문이다. 그림은 갈릴레이의 재판.

처벌을 내리게도 될 것이다. 그 결과 혼란과 무질서가 만연하게 될 것이기 때문에 신은 인간의 불평등과 폭력을 제지할 목적으로 '통치'라는 것을 만든 것이 아닐까. 나도 시민적인 통치를 하는 것이 자연 상태의 부자유를 제거하는 데 적합하다고 인정한다. 의심할 여지없이 그러한 부자유는 사람들이 자신과 관계되는 사건에서 스스로 재판관이 되는 것과 같은 경우보다 더 확실하게 나타날 것이다. 왜냐하면 그의 형제에게까지 해를 끼칠 정도로 공정하지 못한 자가 자기 자신을 유죄로 처벌할 정도로 공명정대하지 못하리라는 것을 쉽게 상상할 수 있기 때문이다. 그러나 이런 반대 의견을 내세우는 사람들은 절대군주도 역시 인간에 지나지 않는다는 사실을 기억했으면 한다. 만약 사람이 자신과 관계되는 사건의 재판관이 되어 필연적으로 생기는 폐해의 대책으로서 통치가 있어야 하며, 따라서 자연 상태가 존속되어서는 안 된다고 한다면 그러한 통치란 도대체 어떤 통치를 말하는 것인지 나는 알고 싶다.

한 인간이 다수를 지배하고 자신과 연관된 사건의 재판관이 되는 자유를 가지며, 온 신민을 상대로 독단적인 것을 강요하고 그의 독단적인 의향을 집행하는 사람들에게 이의를 신청하거나, 그것을 제어할 자유를 전혀 인정하지 않는 경우, 그리고 그가 주는 것이라면 그것이 이성에 의한 것이든 잘못이나 격정에 의한 것이든 어떤 것이라도 복종해야 하는 경우, 과연 그것은 자연 상태에 비교하여 얼마나 더 좋은 것인지 묻고 싶다. 그러한 상태보다는 사람들이 다른 사람의 불합리한 의지에 복종하지 않아도 되는 자연 상태가 훨씬 좋은 것이다. 자연 상태에서는 재판을 한 사람이, 자기 자신이나 다른 사람에 관한 사건에 대해 잘못 재판을 한 경우, 그는 다른 모든 사람에 대해서도 그 책임을 져야 한다.

14 '도대체 어디에서 사람은 그러한 자연 상태에 있게 되는가, 또는 있었던 적이 있는가'라는 반대 의견도 제기되곤 한다. 이 물음에 대해서는 '온 세계의 독립된 통치 군주나 지배자는 모두 자연 상태에 있기 때문에, 세계가 지금 그리고 앞으로도 자연 상태에 있지 않는 일은 결코 없을 것이다' 답하면 될 것이다. 나는 지금 독립된 공공사회의 모든 통치자라고 말하였다. 하지만 이것은 그들이 다른 공동사회의 통치자들과 동맹 관계에 있든 없든 상관없다. 왜냐하면 사람들 사이의 자연 상태에 종지부를 찍는 것은 모든 종류의 협약이 아니라 하나의 공동사회에 가입하여 하나의 정치체(政治體)를 만들기로 서로 동의하는 계약을 맺을 때뿐이기 때문이다. 그 밖의 계약이나 약속을 서로 맺어도, 사람들은 역시 자연 상태에 머무르게 된다. 베가*[3]의 《페루사》에 논술되어 있는 것처럼, 무인도에서 두 사람이 교역 등의 약정이나 거래를 해도 또한 미국의 삼림에서 한 스위스 사람과 한 인디언이 그렇게 해도 그것은 그들을 구속하지만 그들은 상대에 대해 완전한 자연 상태에 있는 것이다. 이것은 신의와 약속을 지키는 것은 사회 구성원으로서가 아니라 인간으로서의 의무이기 때문이다.

15 나는 '과거의 어느 누구도 자연 상태에 있었던 적은 없다'고 주장하는 사람에게 현명한 후커의 권위를 내세워 반박하고 싶지는 않다. 하지만 《교회 조직론》 제1권 제10절에서 후커는 다음과 같이 말하고 있다.

'지금까지 언급한 법률들은, 즉 자연법은 사람들이 아직 확정된 협동 관계를 갖지 못하고, 해도 되는 것과 해서는 안 되는 것에 관하여 서로 진지한 협정이 없었다 할지라도 인간으로서의 인간을 절대적으로 구속한다. 우리는 우리 자연본성이 바라는 생활, 즉 인간의 존엄에 부합하는 생활에 필요한 물품을 혼자서는 충분하게 공급할 수 없다. 따라서 자기 자신에게만 의지하며 생활해야 할 때, 부족하게 되는 물건과 불완전한 물품을 공급받기 위해, 우리는 다른 사람과의 교류와 협동 관계를 바라게 된다. 이것이 사람들이 정치 사회를 결성하게 된 이유이다.'

  그러나 나는 여기에서 더 나아가 모든 사람이 자발적으로 어떤 정치사회의 구성원이 될 때까지는 자연 상태에 놓인다고 확신한다. 그리고 이것은 이어지는 논의에서 더욱 명료해질 것이다.

〈주〉

＊1 리처드 후커(1554~1600). 16세기 영국의 신학자, 정치학자. 그의 주저인 《교회조직론》은, 청교도에 대한 영국 국교의 교의를 옹호하기 위해 쓰여진 것이다. 하지만 이 책 제1권에서 후커는 자연 상태에서 사람들의 '동의'에 의해 정치 조직과 정치적 권력이 성립하게 된다는 '사회계약설'을 주장한다. 로크가 이것을 자주 인용한 것으로 미루어, 로크의 사상에 지대한 영향을 끼친 것 같다.

＊2 아담과 이브의 장자로 아벨의 형이다. 신이 동생이 바친 제물은 기뻐하고, 자신이 바친 제물은 거부한 것을 시기하여 동생을 죽여 인류 최초의 살인자가 되었다.

＊3 가르실라소 데 라 베가(1539~1616). 에스파냐의 역사가로 페루의 정복과 잉카의 생활을 주제로 한 역사서를 집필했다. 여기에서의 《페루사》란 《잉카족 기원사》(1609~1617)를 말한다.

제3장 전쟁 상태에 관하여

16 전쟁 상태는 적의(敵意)와 파괴의 상태이다. 누군가가 한 순간의 격정적이고 성급한 의도가 아닌, 냉정하고 차분한 마음으로 다른 사람의 생명을 빼앗겠다는 의도를 말이나 행동으로 선언할 경우, 이를 전달받은 상대와는 전쟁 상태에 들어가게 된다. 자기의 생명을 자기가 싸워야 하는 상대의 권력에, 또는 그 상대를 지키기 위해 싸움에 가담한 자의 권력에 드러내게 되기 때문이다. 그때, 나를 죽음으로 위협하는 자를 죽일 수 있는 권리는 내게 합당하며 정당한 것이다. 이것은 기본적인 자연법에 따라 인간은 가능한 한 보전되어야 하기 때문인데, 모든 사람이 보전될 수 없다고 판단될 때는 먼저 죄 없는 자의 안전이 우선되어야 한다. 사람은 자기에게 전쟁을 걸어오는 자, 또는 자기의 존재에 대해 적의를 드러내는 자에 대해서는, 늑대나 사자를 죽여도 되는 것과 같은 원리로 이들을 죽여도 된다. 왜냐하면 그런 인간은 만인에게 공통된 이성이라는 법의 유대를 따르지 않으며, 힘과 폭력 말고는 아무런 규칙도 갖지 않기 때문이다. 그러므로 그들을 붙잡게 되면, 죽어 마땅한 위험하고 유해한 동물인 맹수처럼 취급해도 된다.

17 그러므로 다른 사람을 자기의 절대적 권력 밑에 두고자 하는 사람은, 결국 그 상대와 전쟁 상태에 놓이게 된다. 왜냐하면 그것은 그의 생명을 빼앗겠다는 의도의 선언이기 때문이다. 즉 나의 동의도 없이 나를 자신의 권력 밑에 두려는 것은, 나를 자기 권력 밑에 두게 되면 독단적으로 나를 다룰 것이고, 마음이 내키면 망설이지 않고 나를 죽일 수도 있는 충분한 이유를 가지기 때문이다. 누군가가 나를 자기의 절대적 권력 밑에 두려 하는 것은, 폭력과 억지로 나의 자유로운 권리에 반하는 것을 강요하려는, 바로 나를 노예로 삼기 위함이다. 그러므로 이러한 폭력으로부터 자유로워지는 것만이 나의 보전이 보장되는 것이다. 그리고 나는 이성이 명하는 대로 그 방벽이 되

는 자유를 빼앗으려는 자를 나의 적으로 간주하게 된다. 그러므로 나를 노예화하려는 자는 그 사실만으로도 나와 전쟁 상태에 놓이게 되는 것이다. 자연 상태에서 이런 상태에 있는 모든 자에게 귀속되는 자유를 빼앗고자 하는 자는, 그 자유가 다른 모든 것의 기초가 되는 까닭에, 다른 것도 모두 빼앗으려 한다는 것을 예측해야 한다. 그것은 사회 상태에서 그 사회 또는 국가의 구성원에게 귀속되는 자유를 빼앗고자 하는 자는, 다른 모든 것도 빼앗으려는 것이라고 추측해야 한다. 그러므로 그들은 나와 전쟁 상태에 있는 자로 간주해야 한다.

18 가령 도둑이 금전 등을 빼앗아 달아나기 위해 폭력을 휘두르고 누군가를 굴복시키려 한다면, 그 사람을 조금도 상처 내지 않고 또한 죽이겠다는 어떠한 위협을 가하지 않았다 하더라도 이 도둑을 죽이는 일은 합법적인 일이다. 왜냐하면 아무 권리도 없이 나를 굴복시키기 위해 그가 폭력을 행사했다면, 그 구실이 무엇이든 나의 자유를 빼앗고자 하는 그가 나를 굴복시켰을 경우, 나에게서 다른 어떤 것을 또 빼앗아 가지 않을 것이라고 추측할 근거가 전혀 없기 때문이다. 따라서 상대를 나와 전쟁 상태에 들어간 자로 취급해야 한다. 즉 그를 죽여도 합법적인 일이 되는 것이다. 이것은 전쟁 상태를 의미하며, 거기에서 공격하는 입장에 선 자라면 누구나 살해될 위험에 놓이게 되는 셈이기 때문이다.

19 이것으로 우리는 자연 상태와 전쟁 상태의 차이를 명백히 알게 되었다. 이 차이를 혼동하는 사람도 있지만, 두 상태는 마치 평화와 선의, 상호 원조와 보전의 상태가 적의나 악의, 폭력과 상호파괴의 상태와 서로 다르듯 현저한 차이를 보인다. 사람들이 이성에 따라 함께 생활하고, 그들 사이를 재판할 권위를 가지는 공통의 우월자를 지상에 가지지 못한 상태, 이것이 자연 상태이다. 그러나 구제를 호소할 만한 공통의 우월자가 세상에 없을 때, 다른 사람에게 폭력을 행사하고 이러한 의도를 선언하는 자가 있다면, 그것은 전쟁 상태이다. 그리고 공격자가 같은 사회 안에 있는 동포나 신민이라 해도, 이것을 호소할 만한 곳이 없을 경우, 사람에게는 그 공격에 대한 전쟁의 권리가 주어진다.

도둑이 자기의 소유물을 모두 훔쳐가 버린 경우에는, 법에 호소하는 것 말고는 해를 가할 방법이 없다. 도둑이 말이나 옷가지를 훔치기 위해 나를 위협한 경우에도 나는 그를 죽일 수 있다. 이것은 나를 보전하기 위해 만들어진 법률이, 당면한 폭력으로부터 나의 생명을 구하기 위해 개입될 때까지 기다릴 여유가 없기 때문이다. 생명이란 한번 잃어버리면 돌이킬 수 없으며 나에게는 자기 방어와 전쟁에 대한 권리, 즉 공격자를 죽일 자유가 허락되었기 때문이다. 바로 어떤 사건으로 돌이킬 수 없는 해를 입게 될지도 모르기 때문이다. 권위를 갖는 공통의 재판관이 없는 경우, 모든 사람은 자연 상태에 놓이게 된다. 권리가 없는데 다른 사람의 신체에 폭력을 휘두르는 것은, 공통의 재판관이 있든 없든 전쟁 상태를 만들어 낸다.

20 그러나 현실적으로 행사되던 폭력이 사라지면, 같은 사회 안에서 더불어 평등하게 법의 공정한 결정을 따르는 사람들 사이에서는 전쟁 상태도 끝을 고하게 된다. 왜냐하면 그때는 과거의 위해에 대한 호소를 구제하고, 앞으로의 손해를 방지할 길이 열려 있을 것이기 때문이다. 그러나 자연 상태처럼 실정법과 권위를 갖춘 호소할 만한 재판관이 부족하고 전혀 호소할 만한 곳이 없는 경우에는, 한번 전쟁 상태가 시작되면 죄 없는 쪽이 언제든 가능한 때에 상대를 죽일 권리를 갖는다. 그러나 공격자가 평화를 신청하고 그가 그때까지 가한 비행을 보상하고 죄 없는 상대의 장래의 안전을 보장한다는 조건으로 화해를 바라게 되면 끝나게 된다. 아니 아무리 법과 선임된 재판관에게 호소할 길이 열려 있어도, 재판이 왜곡되고 법이 공공연히 날조되고 일부 당파 사람들의 폭력과 가해 행위가 옹호되거나 불문에 붙여지는 곳에서는, 전쟁 상태 이외의 것을 상정하기란 곤란하다. 적어도 폭력이 행사되고 위해가 가해지면, 그것이 재판을 위해 임명된 사람들의 손에 의한 것이라 하더라도, 그리고 또한 법의 이름을 빌려 법의 체제를 이용해 분식을 해도 역시 그것은 폭력이며, 위해한 것과 다름없기 때문이다. 법의 목적은, 그 아래에서 복종하는 모든 사람에게 평등하게 적용되고, 죄 없는 사람을 보호하고 구제하는 것에 있다. 그것이 성실하게 실행되지 않는다면, 언제라도 피해자에 대해 전쟁 상태에 놓이게 된다. 그러나 그들은 이 지상에서 그들을 구제해 주고 또한 호소할 만한 곳이 없기 때문에, 그들에게 남겨진 구제의 방

사회 상태에서 그 사회 또는 국가의 구성원에 귀속되는 자유를 빼앗고자 하는 자는, 나와 전쟁 상태인 자로 보아
야 한다. 그림은 1806년 예나 전투에서 프랑스군 병사가 프로이센의 깃발을 빼앗아 개가를 올리는 장면.

법은 오직 하늘에 호소하는 방법밖에는 없다.

21 이러한 전쟁 상태—거기에서는 호소할 곳이 하늘 밖에 없고, 서로 싸우는 사람들 사이를 재판할 권위가 없기 때문에, 아주 작은 의견 차이에도 파멸 상태에 빠지게 된다—를 피하려는 이유에서 사람들은 사회 상태를 지향하고 자연 상태를 떠나게 된다. 이것은 지상의 권위나 권력에게 호소하면 구제받을 수 있고, 전쟁 상태는 사라지며 다툼은 그 권력으로 심판되기 때문이다. 만약 이스라엘의 입다와 암몬 족속*1 사이의 권리를 정하기 위한 이러한 법정, 즉 우월한 재판관이 지상에 존재했다면 그들은 결코 전쟁 상태에 돌입하지 않았을 것이다. 하지만 상황이 그러하지 못했던 까닭에 우리는 입다가 하늘에 호소할 수밖에 없었다는 것을 이해하게 된다. 그는 '심판자 야훼께서 오늘날 이스라엘 백성과 암몬 백성 사이를 판가름해 주시길 바란다'($\binom{\text{사사기}}{11 : 27}$)고 말했다. 입다는 상대의 죄를 하늘에 호소하고, 그 호소에 의지하여 군대를 이끌고 전장으로 나간 것이다.

때문에 이러한 다툼에서 누가 심판자가 되는가 하는 의문을 '누가 이 다툼을 심판할 것인가'라는 의미로 받아들여서는 안 된다. 이미 알고 있듯이, 입다는 여기에서 '심판자 야훼께서' 심판하시리라고 말한다. 지상에 재판관이 없는 경우, 호소는 하늘의 신에게 통하게 된다. 때문에 그 의문은 다른 사람이 나와 전쟁 상태에 돌입하게 되었는지 어떤지, 그 경우에 내가 입다처럼 하늘에 호소해도 되는지 어떤지, 과연 누가 심판하는 것인지를 의미하는 것은 아니다. 그것에 관하여는 나 자신이 스스로의 양심에 따라 심판할 수 있으며, 나는 마지막 심판 날에 최고의 재판관인 신에게 답변할 생각이다.

〈주〉

*1 입다와 암몬 자손들의 싸움은 〈사사기〉(가톨릭 성서에는 〈판관기〉) 제10장 이하에 기록되어 있다.

제4장 노예 상태에 관해서

22 인간이 태어나면서부터 가지게 되는 자유는, 세상의 어떤 우월한 권력으로부터도 자유로우며, 다른 사람의 의지나 입법권에 종속되지 않고, 오직 자연법만을 자신의 규칙으로 한다. 사회에서 말하는 인간의 자유란, 사람들의 동의에 의해 국가 안에서 확립된 입법권 이외의 어떠한 권력에도 종속되지 않으며, 또한 입법부가 위임받은 신탁에 따라 제정한 것 이외의 어떠한 의지의 지배나 어떠한 법의 구속에도 종속되지 않는다. 따라서 자유란, 로버트 필머 경이 '모든 사람이 자기가 하고 싶은 것을 하고, 원하는 대로 살고, 어떠한 법으로도 구속당하지 않을 자유'^(《아리스토텔레스에 관한 소견》 p. 55)라고 말한 것과는 차이가 있다. 그러나 정부 아래에서 살아가는 인간의 자유란, 그 사회 모든 구성원이 만든 입법권에 의해 제정된 일정 규칙에 따라 생활하는 것이며, 규칙에 정해져 있지 않은 일에 대해서는 자신의 의지를 따르되, 다른 사람들의 변덕이나 불확실함, 알 수 없는 자의적인 의지에는 복종하지 않아도 되는 자유이다. 인간이 태어나면서부터 가지게 되는 자유는 자연의 자유가 자연법 이외의 어떠한 것에도 구속당하지 않는다는 것과 마찬가지인 것이다.

23 인간이 절대적이며 독단적인 권력으로부터 스스로를 보전하기 위해 자유를 누리는 것은 필수적이며, 또한 이와 밀접하게 연관되어 있다. 인간은 스스로의 신변과 생명보호를 위해 어떠한 경우에도 자유를 양도할 수 없다. 인간은 스스로 자신의 생명에 대한 권리를 가지지 못하기 때문에 계약이나 동의에 의해 자신을 다른 사람의 노예로 할 수 없으며, 또한 다른 사람의 절대적이고 독단적인 권력에 몸을 맡기고 다른 사람의 의도대로 생명을 내어줄 수도 없다. 누구나 자신이 가지는 권력 이상의 권력을 다른 사람에게 부여할 수 없다. 그렇다면 자신의 생명을 빼앗을 수 없는 자가, 어떻게 그 생명을 지배할 권력을 다른 사람에게 부여하게 되는 것일까. 분명 죽어 마땅한

인간이 태어나면서부터 가지게 되는 자유는 세상의 어떤 우월한 권력으로부터도 자유롭다. 그림은 노예 폐지론자인 스토 부인이 집필한 《톰 아저씨의 오두막집》의 삽화.

잘못된 어떤 행동으로 자신의 살아갈 권리를 몰수할 권한을 갖게 된 자는 _(상대가 자신의 권력 하에 있는 동안) 그 목숨을 취하는 것을 연기하거나, 자신에게 도움이 되도록 그를 이용해도 좋다. 하지만 그에게 어떠한 위해를 가해서는 안 된다. 왜냐하면 노예 신분의 엄격함이 자기 생명의 가치보다 큰 경우에는 언제나 주인의 의지에 저항함으로써, 자유롭게 자기가 바라는 죽음을 선택할 수 있기 때문이다.

24 이것은 완전한 노예 상태이다. 그것은 합법적인 복종자와 포로 사이에서 진행되는 전쟁 상태와 다름없다. 서로가 계약을 하여 한쪽이 제한된 권력을 가지고 다른 한쪽이 복종한다는 협정이 이루어지면, 그 계약이 존속되는 한 전쟁 상태와 노예 상태는 소멸하기 때문이다. 왜냐하면 이미 말한 대로 어느 누구도 자기가 자신 안에 가지고 있지 않은 것, 바로 자기 자신의 생명을 지배할 권리를 협정에 의해 다른 사람에게 양도할 수 없기 때문이다.

나는 유대인들과 그 밖의 다른 여러 민족 사이에서 사람들이 스스로를 파는 행위를 했다는 사실을 인정한다. 그러나 그것은 단순히 노역을 위한 것이지 노예가 되기 위해서는 아니다. 이것은 팔린 사람은 절대적이고 독단적인 전제적 권력에 종속당하지 않았다는 것은 명백하기 때문이다. 왜냐하면 주인은 그를 언제든 죽여도 되는 권력을 갖고 있지 않으며, 때에 따라서는 노역으로부터 해방시켜 주어야 할 경우도 있었기 때문이다. 따라서 주인은 하인에 대해 그의 생명을 지배할 독단적인 권력을 갖고 있지 않았으므로 자신의 기분대로 상처를 입힐 수 없었고 만약 그가 눈이나 치아라도 잃게 되면 그를 해방시켜 줘야 했다.

제5장 소유권에 관하여

25 자연의 이성은, 인간은 태어나면서부터 자신을 보전할 권리를 가지므로 고기나 음식물, 그리고 자연이 인간의 생존을 위해 제공하는 것에 대한 권리를 가진다고 가르친다. 하느님께서 아담, 노아와 그의 자손들에게 세계라는 선물을 주신 것에 관하여 우리에게 설명하는 계시를 생각해보자. 어느 경우에도 분명한 것은, 다윗 왕*[1]이 하느님께서 '땅은 사람들에게 주셨다' (〈시편〉₁₁₅:₁₆) 말한 것처럼, 신은 인류에게 그것을 공유물로서 주셨다는 것이다. 그러나 이렇게 가정한다면, 어떻게 인간이 어떤 사물의 소유권을 갖게 되는지에 대해 답하는 것을 매우 어렵게 생각하는 사람도 있을 것이다. 나는 이와 같은 질문에 대해 다음과 같이 대답하는 것으로는 만족스럽지 않다. 즉 하느님이 아담과 그 자손들에게 세계를 공유물로 주셨다고 하는 가정에서는 소유권을 입증하기가 곤란하기 때문이다. 하느님이 아담과 그의 후손들 중 직계 자손들에게만 세계를 주었다는 가정에 입각해서는, 단 한 사람의 보편적인 군주 이외에 어느 누구도 소유권을 가질 수 있다는 사실을 입증할 수 없다는 것이다. 그렇지만 나는 하느님이 인류에게 공유물로서 주신 세계 곳곳에서 공유자들 간의 명확한 계약도 없이 어떻게 사람들이 소유권을 갖게 되었는지를 명확히 하고자 노력할 것이다.

26 하느님은 사람들에게 이 세상을 공유물로 주셨고, 동시에 삶에 이득이 되고 세상을 유리하게 이용할 수 있는 이성도 주셨다. 대지와 거기에 있는 모든 것은 인간의 생존과 안락한 삶을 위해 사람들에게 주어진 것이다. 그리고 대지에서 자연스럽게 생성된 과실과 자라난 모든 동물은 자연이 만들어 낸 것이기 때문에 인류에게는 공유물이다. 따라서 그것들이 이렇게 자연 상태에 있는 동안에는 어느 누구에게도 다른 사람을 배제하고 사적으로 지배하는 것이 허락되지 않았다. 그러나 그것들은 사람들에게 이용되도록

다윗 왕
'하늘은 야훼의 하늘이요 땅은 사람들에게 주셨다.' 하느님은 사람들에게 이 세상을 공유물로 주었고, 세상을 유리하게 이용할 수 있는 이성도 주었다.

주어진 것이기 때문에 무엇인가로 이용되거나 특정한 어느 누군가에게 유익한 것이 되려면 그것들을 점유할 수단이 반드시 있어야 한다. 미개한 원주민은 울타리 칠 줄을*² 몰랐고, 여전히 공유지의 소작인으로서 자신을 먹여 살리는 과일이나 사슴고기는 먼저 그것이 그 자신의 것이 되어야 한다. 따라서 다른 사람이 그것에 대해 아무런 권리도 가질 수 없는 그만의 것이 되어야 비로소 그의 생명을 유지하기 위해 도움이 된다.

27 대지와 모든 열등한 피조물은 모든 사람의 공유물이지만 모든 인간은 자기 자신의 신체에 대한 소유권을 가진다. 이에 대해 본인 이외의 누구도 어떠한 권리를 가지고 있지 않다. 그가 하는 노동과 그의 손놀림은 당연히 그의 것이라 할 수 있다. 그래서 자연이 준비하고, 그대로 방치한 상태에서 그가 제거하는 것이 무엇이든 자신의 노동을 혼합하고, 또한 무엇인가 자신의 것을 더하면 그것은 그 자신의 소유물이 된다. 그것은 자연에 놓아 둔 공유 상태에서, 그에 의해 제거된 것이므로, 이 노동으로 다른 사람의 공유권이 배제된다. 이것은 노동한 자의 의심할 여지없는 소유물이기 때문에, 적어도(자연의 혜택이) 공유물로서 다른 사람에게 충분히 남겨진 경우에는, 한 번 노동이 더해진 것에 대해서는 그 이외의 누구도 권리를 가질 수 없다.

28 떡갈나무 아래에서 주운 도토리나 숲속의 나무에서 딴 사과를 먹은 사람은, 분명 그것들을 자신의 것으로 점유한 사람이다. 그 음식물이 그의 것이라는 것은 누구도 부정할 수 없다. 그렇다면 그러한 것들이 처음으로 그의 소유가 된 것은 언제일까. 그것을 소화시켰을 때일까, 아니면 먹었을 때일까, 아니면 삶았을 때일까, 집에 들고 돌아갔을 때일까, 아니면 그것을 주웠을 때일까. 만약 맨 처음 주워 모았을 때 그것이 그의 소유가 되지 않았다면, 그것은 절대 그의 것이 될 수 없었을 것이다. 주워 모은다는 노동이 그가 주워 모은 것들과 공유물을 구별해 준다. 노동이 만물의 어머니인 자연 이상의 무엇인가를 그것에 더한 것이다. 이렇게 하여 그것들은 그의 사적인 권리가 된다. 그러므로 그가 그것들을 자기의 소유물로 하기 위해 온 인류의 동의를 구하지 않았다고 한들 그가 이렇게 점유한 도토리와 사과에 대해 아무런 권리도 가질 수 없다고 말하는 사람이 있을까. 만인의 소유인 공유물을

이렇게 그의 소유물로 만드는 것은 훔치는 행위일까. 만약 그러한 동의가 필요했다면 신이 인간에게 준 풍부한 혜택에도 불구하고, 인간은 이미 굶어 죽었을 것이다. 공유물의 일부를 취하여 그것을 자연이 방치한 상태에서 제거함으로써 소유권이 생긴다는 것은 계약에 의해 공유가 된 공유지를 보면 알 수 있는 것이며, 그것이 없으면 공유지는 아무런 도움도 안 된다. 그리고 어느 부분을 취하든, 그것에 관하여 모든 공유권자의 명백한 동의를 필요로 하는 것은 아니다. 이렇게 나의 말이 먹은 풀, 내 하인이 벤 풀, 다른 사람과 공유하는 어떤 장소에서 내가 채굴한 광석은, 누구의 지시나 동의 없이 내 소유물이 된다. 내 것인 노동이, 그것들을 예전의 공유 상태에서 끄집어냄으로써 그것들에 대한 나의 소유권을 확정하는 것이다.

29 만약 공유물로서 주어진 것의 일부를 누군가가 점유하기 위해 모든 공유권자의 명시적인 동의가 필요하다고 한다면, 아버지나 주인이 그들의 자식들이나 하인들에게 고기를 공유물로 공급하더라도 각자에게 각각의 분량을 할당하지 않으면 그것을 잘라 가질 수 없을 것이다. 샘에 흐르는 물은 모든 사람의 것이다. 그러나 물주전자 안의 물이, 그것을 떠온 사람의 것이라는 것을 누가 의심할 수 있을까. 물은 자연 상태에 있을 때는 모든 사람의 공유물이며 또한 그것은 모든 자연의 아들들에게 평등하게 속하는 것이지만, 그의 노동이 그것을 자연으로부터 취함으로써 그것은 그의 소유가 된다.

30 이러한 이성의 법에 따라, 사슴은 그것을 죽인 원주민의 소유가 된다. 이전에 그것은 모든 사람의 공유권 아래에 있었지만, 이제는 그것을 위해 노동한 사람의 재산이라는 것이 인정된다. 그리고 문명의 혜택을 입은 사람들, 즉 소유권을 결정하기 위해 실정법*3을 만들고 증가시켜 온 사람들 사이에서도, 공유물이었던 것에서 발생하는 소유권에 관한 이러한 근원적인 자연법은 여전히 유효하다. 그리고 그 효력에 의해, 여전히 인류의 공동 재산으로 남아 있는 저 거대한 대양으로부터 잡아들인 물고기, 또는 거기에서 습득한 용연향(龍涎香 : 향유고래의 장에서 얻는, 사향 비슷한 향료)은, 그것을 자연이 남겨둔 공유 상태에서 취하기 위해 노동하고 수고한 사람의 소유물이 된다. 심지어는 우리 역시 어떤 사람이 토끼를 사냥하고 있다면, 그 토끼는 그것을 쫓고 있는 사람의

소유라고 생각한다. 토끼는 여전히 공유물로 간주되는 동물로 누구의 소유도 아니지만, 그것을 발견하고 잡기 위해 쫓는 수고를 한 사람이 그러한 수고를 통해 그것을 공유 상태인 자연 상태에서 분리하여 하나의 소유물로 만든다는 것이다.

31 이러한 견해에 대해 다음과 같은 반대 의견이 나올 수도 있을 것이다. 지상의 도토리나 그 밖의 과실을 주워 모으는 것이 그것들에 대한 소유권이 생기는 것이라고 한다면, 누구나 원하는 만큼 많은 양을 독점해도 좋은가라는 의견이다. 그것에 대해 나는 그렇지 않다고 대답할 것이다. 우리에게 소유권을 주는 똑같은 자연법이 그 소유권을 제한하기 때문이다. '하느님은 우리에게 모든 것을 넘치게 주셨다'($\binom{\text{디모데전서}}{6:17}$)는 말은 영감으로 확인된 이성의 목소리이다. 그러나 신은 우리에게 어느 정도까지 내려주신 것일까. (인간이 자연의 혜택을) 누릴 수 있을 만큼이다. 결국 사물이 부패하기 전에 생활의 편의를 위해 이용할 수 있는 한, 누구나 자신의 노동으로 소유권을 확정해도 좋은 것이다. 이것을 초과하는 것은 모두 그의 몫을 넘어서는 것이며, 다른 사람의 몫이다. 신이 인간을 위해 만든 것 중 어느 것도 손상시키거나 파괴하기 위해 만든 것은 없다.

오랫동안 세상에는 자연이 주는 혜택이 풍부하였지만 그것을 소비하는 사람은 많지 않았다. 그래서 한 인간이 자신의 근면함으로 그 혜택의 일부를 소유하게 되더라도 그 분량은 매우 작은 것이어서 다른 사람에게 피해가 될 정도로 독점하는 경우는 드문 일이었다. 특히 이성에 의해 정해진 한계를 지키는 한 그러했다는 것을 생각해보면, 당시에 그렇게 하여 확립된 소유권을 둘러싼 논쟁이나 다툼이 일어날 여지란 거의 없었다.

32 그러나 오늘날 소유권의 주요 대상은 대지의 과실과 거기에서 양육된 동물이 아니라, 다른 모든 것을 수용하고 그 위에 존재하는 대지 그 자체이다. 그러나 나는 대지의 소유권도 과실이나 동물과 마찬가지로 분명히 획득할 수 있다고 생각한다. 한 사람의 인간이 경작하고 심고 개간하고 재배하고 그 수확물을 이용할 수 있을 만큼의 토지가 그의 소유인 것이다. 그는 노동을 통해 그 정도의 토지를 공유지로부터 얻는다. 그러나 이것에 대해 모든

사람이 그 토지에 대해 평등한 권리를 가지고 있으며 따라서 그는 그의 동료인 공유권자, 바로 모든 인류의 동의가 없이는 그 토지를 점유할 수 없으며 울타리를 칠 수도 없다는 반론이 있을 수 있다. 하지만 그 반론이 그의 이러한 권리를 무효화시키지는 못할 것이다. 신께서 모든 인류의 공유물로서 이 세상을 줌과 동시에 인간에게 노동할 것을 명하였기 때문이다. 또한 인간은 자신의 빈궁한 상황으로 인해 노동을 해야 했다. 신과 인간의 이성은 인간에게 생활에 도움이 되도록 토지를 개간하고, 거기에 그 자신의 것인 노동을 더할 것을 명한 것이다. 이러한 신의 명령에 따라서 인간은 토지를 개간하고, 경작하고, 씨를 뿌렸다. 바로 그의 소유물인 노동을 거기에 더한 것이다. 따라서 이것에 대한 권리는 그 자신 말고 다른 사람에게는 없으며, 이것을 그로부터 빼앗으려고 한다면 그것은 그의 권리를 침해하는 것이다.

33 이렇게 토지의 일부를 개간하고 점유하는 것은 다른 사람의 권리를 침해하는 것이 아니다. 여전히 토지는 충분하게 남아 있으며, 아직도 토지를 점유하지 못한 사람이 다 소유할 수 없을 만큼 많이 남아 있기 때문이다. 따라서 누군가가 자신을 위해 토지를 소유했다 해도 다른 사람을 위해 남겨진 토지가 줄어드는 것은 절대 아니다. 왜냐하면 다른 사람이 이용할 수 있을 만큼 남아 있다는 것은 아무 것도 취하지 않은 것과 같기 때문이다. 다른 사람이 배불리 물을 마셨는데도 여전히 자신의 갈증을 해소해 줄 수 있는 물이 충분히 남아 있다면, 누구도 자신의 권리를 침해당했다고 생각하지 않을 것이다. 토지든 물이든 어느 경우든 그것이 충분히 남아 있는 곳에서는 사정이 이와 같다.

34 신은 이 세계를 인간에게 공유물로 주었다. 신은 그것이 인간에게 도움이 되도록, 그리고 거기에서 의식주의 편의를 최대한 이끌어 내도록 하였다. 그러므로 토지를 경작하지 않은 채 공유물로 남겨두는 것이 신의 뜻이라고는 생각할 수 없다. 신이 토지를 준 것은 근면하고 이성적인 사람들에게 도움이 되도록 하기 위함이지, 싸움을 좋아하고 다툼을 즐기는 사람들의 변덕과 탐욕을 위함이 아니다. 이미 다른 사람들의 손에 들어간 것 이상의 충분한 토지가 자신의 개간을 위해 남겨져 있다면, 불평할 필요가 없으며 또한

다른 사람의 노동으로 이미 개간된 토지에 대해 간섭해서도 안 된다. 만약 그렇게 한다면 그 사람은 아무 권리도 없이 다른 사람이 고생하여 얻은 이익을 빼앗는 것이다. 또한 그는, 다른 사람과 노동하며 공유하도록 준 토지, 즉 이미 다른 사람이 손에 넣은 것 이상으로 충분히, 취급하기 버거울 정도로, 그의 근면함이 다 미치지 못할 만큼 많이 남아 있는 토지를 원하는 것이 아니다.

35 영국이나 그 밖의 다른 나라들처럼 화폐를 매개로 하여 상업 분야에 종사하는 사람들이 있는 정부 아래에서는, 공유지에 대해 뜻을 같이하는 공유권자들의 동의 없이는 누구도 그 일부를 소유하거나 점유할 수 없다. 이것은 계약, 즉 어기면 안 되는 그 나라의 법에 따라 공유 상태로 있는 것이기 때문이다. 그리고 그것은 일부 사람들의 공유지일 뿐 온 인류의 공유지는 아니다. 다시 말해 그 나라나 그 교구만의 공유 재산인 것이다. 뿐만 아니라 그러한 공유지에 울타리를 치고 난 뒤 남겨진 토지는 공유권자들에게, 앞서 그 토지를 모두 이용할 수 있었던 때의 전체 토지와 비교하면 충분한 것이 못될 것이다. 그러나 세계라는 대공유지의 여명기, 바로 처음 인간이 살기 시작했을 무렵에는 사정이 이와 전혀 달랐다. 사람들이 따르던 법은 오히려 토지의 점유를 권장했다. 신은 인간에게 노동할 것을 명했고, 또한 인간도 필요에 의해 노동할 수밖에 없었다. 노동은 그의 것이므로 그가 한번 노동력을 부여한 토지는 바로 그의 소유물이 되어 어느 누구도 빼앗을 수가 없었다. 이렇게 토지를 개간하고 경작하는 것과 지배권을 획득하는 것은 하나로 연결되어 있다는 것을 알 수 있다. 전자가 후자에 대해 정당한 권리를 부여한 것이다. 신은 토지의 개간을 명함으로써 그가 개간한 한도까지를 점유할 수 있도록 하는 권한을 주었다. 그리하여 노동과 노동을 필요로 하는 인간의 생활 조건 때문에 사유재산이 필연적으로 만들어진 것이다.

36 자연은 소유권의 한도를 인간의 노동과 의식주의 편의를 고려하여 적절하게 규정하고 있다. 즉 어느 누구의 노동으로도 모든 토지를 개간하거나 점유할 수 없었으며, 그가 향유하고 소비할 수 있는 부분은 일부에 지나지 않았다. 그 결과 어느 누구도 이러한 방법으로 다른 사람의 권리를 침해하거나,

이웃의 이익을 범하면서까지 자기 소유권을 획득할 수 없게 되었다. 왜냐하면 그 이웃에게도 역시—다른 사람이 자신의 몫으로 가진 뒤에도—그것이 점유되기 전과 마찬가지로 충분한 만큼의 소유물을 점유할 여지가 있었기 때문이다. 이러한 기준은 모든 사람이 소유물을 매우 적절한 범위로, 태초에는 인간이 누구에게 해를 가하지 않아도 점유할 수 있는 정도로 제한하게 했다. 그 무렵 사람들은 경작할 땅이 없어 곤란을 겪었다기보다는 오히려 동료들과 떨어져 광야를 헤매다 목숨을 잃을 위험이 훨씬 컸다. 또한 오늘날 이 세계는 사람들로 가득 차 보이지만 똑같은 기준을 적용한다 해도 여전히 어느 누구도 해를 당하지 않을 것이다. 태초에 아담이나 노아의 자손들이 처음 이 세계에 살기 시작했던 상태의 개인이나 가족을 생각해 보면 알 수 있을 것이다. 누군가 미국 내륙의 외딴 곳에 산다고 가정해 보자. 물론 오늘날 인류는 세계 구석구석 미치지 않은 곳이 없고, 인구수도 태초에 비해 엄청나게 늘었지만 바로 앞서 언급한 것과 같은 기준에 따라 그가 스스로 얻을 수 있는 소유물이 그다지 많지 않다는 것을 알게 될 것이다. 그러나 오늘날에도 그의 소유물은 인류의 다른 사람이 피해를 입었다거나 불평을 토로케 하거나, 그 사람의 침입으로 손해를 입었다고 생각하게 하지 않을 것이다.

토지가 아무리 넓어도 거기에 노동이 더해지지 않으면 아무런 가치도 없다. 내가 들은 바에 따르면, 에스파냐에서는 그것을 이용할 권리 외에 어떠한 권리도 가지지 않은 토지에 대해서는 다른 사람에게 방해받지 않고 경작하고, 씨 뿌리고, 수확하는 일이 인정된다고 한다. 오히려 반대로 거기 주민들은 버려진 황무지에서 그들이 필요로 하는 곡물이 수확되도록 해준 사람들에게 감사한다는 것이다. 그러나 이 점은 새삼스럽게 강조할 정도의 것은 아니다. 내가 감히 주장하고 싶은 것은, 화폐를 발명하고 묵시적 합의로 그것에 가치를 두는 사람들이 더 큰 소유물과 그에 대한 권리를 (동의에 의해) 도입하지 않았더라면, 소유에 대한 똑같은 규칙, 즉 모든 사람은 자신이 이용할 수 있는 만큼 가져야 한다는 규칙은 아무에게도 고통을 주지 않고 여전히 세계에서 통용될 수 있었을 것이다. 왜냐하면 세계에는 현 인구의 두 배를 부양하고도 남을 만큼의 충분한 토지가 있기 때문이다. 어떻게 이런 결과가 발생하게 되었는지는 뒤에 상세히 밝히고자 한다.

37 인간에게 필요 이상의 소유욕이 생기면서 인간 생활의 유용성에 기초를 두었던 사물의 고유 가치가 변질되기 전에는, 소모되거나 부패하지 않는 영구적이며 작은 황금빛의 작은 금속 조각을 큰 고깃덩어리나 산처럼 쌓인 곡물과 똑같은 가치로 생각하기 전에는, 사람들은 스스로 이용할 수 있는 한도 내에서 자연의 산물을 노동을 통해 점유할 수 있는 권리를 가지고 있었다. 그러나 노동하는 사람들에게는 예전과 마찬가지로 풍부한 자연의 산물이 남겨져 있었기 때문에 이러한 권리가 대단치 않았으며, 다른 사람에게 손해를 끼치지도 않았다.

게다가 노동으로 땅을 점유하는 것은 인류의 공동 자산을 소멸시키지 않고, 도리어 증가시키는 행위이다. 왜냐하면 울타리를 치고 경작된 1에이커 _(토지 면적 단위, 40.468아르)의 땅에서 생산되는 인간의 생활 유지에 필요한 양식은, 똑같이 비옥하지만 공유지로 방치되어 있는 1에이커의 땅에서 생산되는 식량보다 10배나 많기 때문이다. 따라서 자연 상태에 방치된 100에이커의 땅에서 얻을 수 있는 것보다 울타리를 친 10에이커의 땅에서 더 많은 의식주의 편의를 얻은 사람은, 실로 90에이커의 땅을 인류에게 제공한 것이나 마찬가지이다. 왜냐하면 지금 그의 노동으로 말미암아 공유인 채로 방치되어 있는 100에이커의 땅에서 얻어내는 것과 맞먹는 식량을 10에이커의 땅에서 얻어냈기 때문이다. 나는 여기에서 개척지와 황무지의 생산고를 최소한으로 어림하여 10대 1로 보았지만 실제로는 거의 100대 1에 가까울 것이다. 이것은 경작되지 않은 자연 상태로 방치되어 있는 아메리카 대륙의 원시림에 있는 1000에이커의 황무지에서, 그곳의 빈곤하고 비참한 주민들에게 과연 데본셔_(영국의 남서부 주 이름)의 잘 경작되어 비옥한 10에이커의 땅에서 산출하는 것과 맞먹는 의식주의 편의를 산출해낼 수 있을지 의심스럽기 때문이다.

토지가 점유되기 이전에도 가능한 한 많은 야생의 과실을 모으고, 많은 동물을 죽이고 생포하여 기른 사람, 즉 자연의 산물에 어떤 형태로든 자신의 노동을 더하여, 그것들을 자연적인 상태에서 어떤 다른 형태로의 변화를 꾀한 사람은 그렇게 함으로써 그것들에 대한 소유권을 갖게 된다. 그러나 만약 그것들이 그의 수중에 있는 동안 적당하게 이용되지 않고 부패해 버리면——다시 말해 그가 소비하지 않는 사이에 과실이 상하거나 사슴고기가 썩기라도 한다면——그는 모든 사람에게 공통하는 자연법을 위반한 것이 되므로 처벌받아 마땅하다. 즉 그는 이웃의 몫을 침해한 것이다. 왜냐하면 그는 자기가 이용하기 위해 필요로 하는 것, 그리고 그것들이 그에게 제공해 주는 의식주의 편의 이상의 어떠한 권리도 가지고 있지 않기 때문이다.

38 똑같은 기준이 토지의 소유에도 적용된다. 그가 무엇을 경작하고 수확하고 저장하고 손실시키기 전에 그것을 어떻게 사용하든 그것은 그의 고유한 권리이다. 또한 그가 울타리를 쳐 그곳에서 가축을 기르고 생산물을 사용한다면, 그 가축이나 생산물 역시 그의 소유이다. 그러나 만약, 그의 소유지의 풀이 베어지기 전에 말라버리거나 그가 재배한 과실이 수확되고 저장되기 전에 썩는다면, 이런 부분의 토지는 그의 소유지임에도 역시 황무지로 간주되어야 한다. 그러므로 다른 누군가가 이것을 자신의 소유지로 만들 수도 있다. 따라서 태초에 카인은 자신이 경작할 수 있을 정도의 땅만을 취하여 자신의 토지로 삼았고, 아벨이 양에게 풀을 먹일 수 있는 충분한 땅을 남길 수 있었다. 두 사람의 소유물을 위해서는 얼마 안 되는 토지만 있으면 충분했다. 그러나 가족이 늘고, 노동을 통해 작물과 가축이 늘어남에 따라 그들의 소유물도 늘어나게 되었다. 그럼에도 그들이 이용하는 토지에는 확정된 어떠한 소유권도 없었다. 소유권이 생기게 된 것은 그들이 서로 무리를 지어 함께 정착하고 도시를 이루면서부터이다. 즉, 그렇게 되고 난 뒤에야 그들은 서로 동의를 통해 그들의 개별적인 영토상 경계를 정하여 그들은 그들 자신과 이웃나라 간의 한계에 관하여 합의를 하고, 그들 사이에서는 법률에 따라 사회 구성원들의 소유권을 확립하게 되었다. 최초로 사람이 살기 시작하여 가장 인구가 많았던 지방에서도, 또한 아브라함[*4]이 살던 후대에 있어서도, 사람들은 그들의 자산인 양이나 소의 무리와 함께, 자유롭게 여기저기 유목했기 때문이다. 그리고 아브라함은 다른 나라에 가서도 유랑 생활을 했던 것이다. 이것으로 적어도 다음과 같은 사실을 알 수 있다. 바로 대개의 토지는 공유지였으며, 주민들은 토지에 가치를 두지 않았고, 또한 스스로 이용할 수 있는 토지 이상에 대해서는 소유권을 주장하지 않았다는 것이다. 그러나 같은 장소에서 함께 가축을 기를 공간이 충분치 않자, 그들은 아브라함과 롯이 한 것처럼[*5](《창세기》 13 : 5) 동의에 의해 이별하여 그들이 가장 마음에 들었던 곳으로 방목지를 넓혀 갔다. 에사오가 아버지와 형제 곁을 떠나 세일 산

에서 거주하게 된 것*6($\genfrac{}{}{0pt}{}{\text{창세기}}{36:6}$)도 이와 같은 이유에서이다.

39 그러므로 다른 모든 사람을 제쳐 두고 아담이 온 세계에 대해 사적 지배권과 소유권을 가졌다는 가정은 그만두자. 그러한 가정은 증명할 길도 없고, 또한 어떤 누구의 소유권도 거기에서 유래하지 않기 때문이다. 대신 세계가 모든 사람에게 공유물로서 주어진 것이라고 가정해 보자. 그렇게 되면 우리는 대체 어떻게 해서 사람들의 노동이 이 세상의 토지를 사적으로 이용할 수 있는 권리를 주게 되었는지, 그리고 권리에 대해 어떤 의문이나 서로 입씨름할 여지도 없다는 것을 알게 될 것이다.

40 또한 노동에 의한 소유권이 토지에 대한 공유권보다 우월할 수 있다는 주장이 조금 이상하게 생각될지도 모른다. 하지만 잘 생각해 보면 그렇게 이상한 것도 아니다. 왜냐하면 모든 사물에 가치 차이가 생기도록 하는 것은 노동이기 때문이다. 담배와 사탕수수가 심어지고, 밀과 보리가 싹을 틔운 1에이커의 땅과 전혀 경작되지 않고 공유지로 남아 있는 1에이커의 땅 사이에, 어떤 차이가 있는지 생각해보면 된다. 그러면 노동에 의한 개간이 그러한 가치 대부분을 산출한다는 것을 알게 될 것이다. 나는 인간의 생활에 유용한 토지의 산물 중 10분의 9는 노동의 성과라고 해도 지나친 평가라고 생각하지 않는다. 그보다도 우리가 노동의 대가로 얻게 된 것을 정당하게 평가하고 그에 따른 여러 지출 중에서 순전히 자연의 힘을 빌린 것과 노동의 힘을 입은 것에 대해 한번 계산해 보면, 대부분은 그 100분의 99까지가 전적으로 노동에 의한 것임을 발견하게 될 것이다.

41 이러한 사실은, 토지가 충분함에도 쾌적한 생활에 필요한 모든 것이 부족한 아메리카의 몇몇 민족에서 그 확실한 예를 찾아볼 수 있다. 그들은 자연으로부터 풍부한 자원, 즉 식료품, 옷, 그리고 생산의 기쁨과 여유로운 생활을 제공하는 기름진 토양을 다른 어떤 국가 못지않게 많이 제공받고 있다. 그럼에도 그들은 토지를 개간하는 노동을 하지 않기 때문에 우리가 누리는 의식주 편의의 100분의 1도 채 누리지 못한다. 넓고 기름진 영토를 가진 국왕이 영국의 일용직 노동자가 누리는 의식주보다 더 못한 상태에 있는

것이다.

42 이 점을 조금 더 명확히 하기 위해, 일상의 몇몇 생활 용품이 우리가 이용할 수 있도록 제공되기까지의 일부 과정을 조사해 보고, 그들 생활 용품의 가치가 얼마나 많은 부분을 인간의 노동으로부터 부여받는지 잠깐 살펴보도록 하자. 빵이나 포도주, 모직물 등은 일용품으로서 풍부하게 제공되는 것들이다. 그러나 우리가 노동을 통하여 이러한 유용한 필수품을 공급받지 못했다면 도토리나 물, 나뭇잎이나 짐승의 가죽이 지금도 우리의 빵이고 식료품이고 옷이었을 것이다. 빵이 도토리에 비해, 포도주가 물에 비해, 모직물이 비단이나 나뭇잎, 짐승의 가죽이나 이끼에 비해 큰 가치를 갖는다. 하지만 아무리 큰 가치를 가졌다 해도 노동과 근로가 아니면 얻을 수 없는 것들이다. 이들 중 일부는 인간의 힘을 빌리지 않고 자연이 우리에게 제공해 주는 것들이며, 또 일부는 우리의 근면과 수고가 우리를 위해 제공하는 용품들이다. 후자의 가치가 전자의 가치를 얼마나 능가하는지 계산해 보면, 우리가 이 세계에서 누리고 있는 사물의 가치 대부분이 얼마나 많은 노동에 의해 만들어지고 있는지 알게 될 것이다. 그리고 원료를 만들어 내는 토지는 기껏해야 그 가치의 아주 적은 부분만을 만들어 내고 있을 뿐이다. 따라서 우리 사이에서도 자연 상태로 완전히 방치되어 목축, 경작, 재배에 의한 개간의 손길이 전혀 닿지 않은 토지를 황무지라 부른다. 조금밖에 그 가치를 인정하지 못하는 것이다. 그리고 이 이익이라는 것도 거의 없는 것과 다름없다.

이러한 점에서 볼 때 영토의 크기보다는 인구수가 많은 것이 바람직하며, 토지의 증가와 그 올바른 사용법이야말로 통치의 중요한 기술이라는 것이 분명해졌다. 또한 군주로서 확립된 자유법보다 권력의 압박과 당파의 편협을 물리치고, 인류의 성실한 근로를 보호하고 장려하는, 현명하고 신과 같은 자만이 이웃나라 사람에게도 두려운 군주가 되리라는 것을 각각 명시해 주고 있다. 그러나 이것은 여담일 뿐이다. 당면의 논의로 돌아가자.

43 영국에서 20부셸의 밀을 생산하는 1에이커의 땅과 아메리카에서 똑같은 노력을 기울여 똑같은 양을 생산하는 1에이커의 땅은, 의심할 여지도 없이 똑같이 자연의 고유한 가치를 갖는다. 그러나 인류가 전자로부터 일 년

동안에 얻게 되는 이익은 5파운드의 값어치가 있는 것인데, 후자로부터는 만약 원주민이 거기에서 얻은 모든 수익을 평가하고 영국에 판다면, 아마 1페니에도 미치지 못할 것이다. 기껏해야 우리가 얻게 되는 이익의 1000분의 1에도 미치지 못할 것이다. 따라서 토지에 가장 큰 가치를 부여하는 것은 노동이며, 노동 없이 토지는 아무런 가치도 없다. 우리는 토지로부터 얻게 되는 모든 유용한 산물의 대부분을 노동을 통해 얻는다. 다시 말해 밀밭 1에이커에서 얻게 되는 짚이나 겨, 빵은 비록 지질이 똑같이 양호하다고 하더라도 황무지로 방치되어 있는 1에이커의 토지에서 얻게 되는 산물보다 큰 가치를 갖게 되는 것은 모두 노동의 성과인 것이다. 즉, 우리가 먹는 빵 안에 계산해 넣어야 하는 것은 단순히 농부의 수고와 수확의 손길, 탈곡자의 노고, 빵 굽는 사람의 땀만이 아니며 소를 키우는 사람, 철이나 돌을 채굴해 세공하는 사람, 제분소나 대장장이, 그 밖에도 이 곡물이 뿌려졌다가 빵으로 만들어지기까지의 모든 과정에 필요한 수많은 여러 도구의 제작에 이용된 목재를 자르고 조립한 사람, 이러한 사람들의 노동은 모두 인간 생활에 필요한 노동으로 평가되며, 물건을 가치 있게 하는 것으로 인정해야 한다. 왜냐하면 자연과 대지는 그 자체로는 아무런 가치도 갖지 않는 원료를 공급하는 것에 지나지 않기 때문이다. 하나의 빵이 우리 입에 들어가기까지 그것을 만들기 위하여 인간이 부지런히 일하며 사용한 사물의 유래를 하나씩 더듬어 나열해 본다면 기묘한 물품일람표가 완성될 것이다. 즉 철, 장작, 가죽, 나무껍질, 목재, 돌, 벽돌, 석탄, 석회, 직물, 염료, 역청, 타르, 돛대, 그물, 그 밖에도 수공업자 중 누군가가 일의 어느 부분에서 사용하는 물품을 나르기 위해 배가 이용되기도 하니, 그 목록은 너무나도 길어 모두 나열할 수 없을 것이다.

44 이 모든 사실로부터 다음과 같은 점이 분명해진다. 즉 자연의 모든 사물은 공유물로서 주어졌지만 인간은 자기 자신의 주인이며 스스로의 몸과 행동 또는 노동의 소유자로서 그 자신 안에 소유권의 주된 기초를 가지고 있었다. 따라서 인간의 발명이나 기술이 의식주의 편의를 개선시킨 다음부터는, 그의 생존 유지나 위안을 위해 그가 이용한 대부분의 것은 전적으로 그 자신의 소유이지 다른 사람과 공유하는 것은 아니다.

45 이렇게 태초에 누군가가 공유물이었던 것에 노동력을 쏟게 되면 어느 곳에서든 노동을 한 사람은 그 노동을 통해 소유권을 얻을 수가 있었다. 그런데 그 무렵에는 인류가 이용할 수 있는 것보다도 훨씬 더 많은 것이 오랫동안 줄곧 공유물로서 남아 있었고 지금도 여전히 그러하다. 처음에 사람들은 자신들이 필요로 하는 것에 대해 자신들의 손을 빌리지 않고 자연이 무상으로 제공해 주는 것에 만족했다. 그러나 그 뒤 화폐의 사용과 더불어 인구와 가축의 증가로 토지 부족 현상이 나타나 토지가 가치를 갖게 된 세계 일부 지역에서 몇몇 공동체들은 제각기 영토의 경계를 정하게 되었고, 또한 그 내부에서도 법률에 의한 사적 소유권을 규제하게 되었다. 이렇게 노동과 근면으로 시작된 소유권은 계약과 합의에 따라 규정되게 되었다. 그리하여 몇몇 국가들과 왕국들 사이에는 명시적 또는 묵시적으로 다른 나라에 속하는 토지에 대한 모든 권리 주장을 포기한 연맹이 맺어졌다. 이러한 연맹은 서로 동의로써 본디 그들이 이러한 모든 국가에 대하여 가지고 있었던 자연적인 공유권의 주장을 포기한 것이다. 그리고 인간은 명문에 의한 합의를 통해 이 지구상의 여러 지역과 그 구획에 대한 그들 사이의 소유권 문제를 확정했던 것이다. 그러나 지금도 탐색만 하면 아직도 광대한 토지가 발견될 것이다. 그런데 그곳은—그곳의 주민이 아직 다른 인류와 더불어 공통적인 화폐의 사용에 동의하지 않고 있는 관계로—아직도 그곳의 주민들이 실제로 이용하고도 여분이 있을 뿐만 아니라, 아무리 이용한다 할지라도 좀처럼 그 전부를 모조리 이용할 수 없을 정도의 광활한 대지가 남겨져 있다. 따라서 그 토지는 여전히 공유지인 상태로 있다. 물론 그러한 현상은 화폐의 사용에 동의한 다른 지역에서는 거의 있을 수 없는 일이다.

46 인간이 생활하는 데 참으로 유용한, 오늘날의 아메리카인처럼 태초의 공유권자들이 그들의 생존을 위해 찾아 헤맨 것들은 대부분 그렇게 오래 지속되지 못하는 것들로 소비하지 않으면 저절로 썩어 없어졌다. 이와는 반대로 금이나 은, 다이아몬드처럼 실제 생활하는 데 도움이 되거나 필요한 것은 아니지만 인간의 기호와 합의에 따라 가치가 매겨지는 것들이 있다. 자연이 공유물로서 공급해 준 유용한 것들에 대해 (이미 언급한 것처럼) 인간은 누구나 자기가 이용할 수 있는 한도 안에서 권리를 가지며, 그 자신의 노동으로 영향

을 미칠 수 있는 모든 것에 대해 소유권을 가진다. 다시 말해 그의 노동으로 영향을 받고, 자연 상태에서 변형이 가능하다면 모두 그의 소유가 된다. 100 부셸의 도토리와 사과를 주워 모은 사람은 그렇게 함으로써 그것들에 대한 소유권을 가진다. 즉 그것들은 주워 모으자마자 그의 재산이 되는 것이다. 다만 상하기 전에 소비되도록 해야 한다. 그렇지 않으면 그는 자기가 취할 몫 이상을 취한 것이 되어 다른 사람의 몫을 훔친 것과 같이 되기 때문이다. 그리고 실제 자기가 이용할 수 있는 것보다 더 많은 것을 비축하는 것은 부정한 것일 뿐 아니라 어리석은 일이다. 만약 그가 자기 수중에 있는 동안 상하지 않도록 일부를 다른 사람에게 주면 그는 그 몫을 이용한 것이 된다. 또한 그가 일주일이면 상해 버릴 자두를 일 년 동안 상하지 않고 먹을 수 있는 호두와 교환한다면, 그는 누구에게도 손해를 끼치지 않은 것이 된다. 즉 그는 공동의 자산을 낭비하지 않았고, 그의 수중에서 상하여 버려지지 않는 한은 다른 사람의 재산을 침해한 것이 아니다. 또한 그가 그 호두를 금속 조각과, 양을 조개껍질과, 양피를 빛나는 작은 돌이나 다이아몬드와 교환하여 평생 동안 보존한다면, 그는 다른 사람의 권리를 침해한 것이 아니다. 동시에 그는 이러한 내구성 있는 물품을 얼마든지 가져도 된다. 왜냐하면 정당한 소유권의 한계에 대한 기준은 그가 가진 소유물의 크기가 아니라, 그의 수중에 있는 무엇인가가 상하여 쓸모없게 되었는지 여부이기 때문이다.

47 이렇게 하여 화폐가 사용되기 시작했다. 화폐는 상하지 않고 오랫동안 보관할 수 있기 때문에, 사람들은 서로 합의하여 참으로 유용하지만 상하기 쉬운 생활필수품과 교환하게 되었다.

48 사람들이 노동 정도에 따라 각기 다른 소유물을 가지게 되면서 화폐의 발명은 그들에게 재산을 지속적으로 축적하고 확대시킬 수 있도록 했다. 세계 어느 지역과도 아무런 교역을 하지 않고 고립되어 있는 섬 하나가 있다고 가정하자. 그곳에는 겨우 100여 가구밖에 살고 있지 않는데도 양, 말, 소, 그 밖의 유용한 동물과 맛좋은 과일 그리고 주민의 10만 배나 되는 사람이 먹고도 남을 곡물을 생산해 낼 수 있는 땅이 있다. 그러나 그 섬에 있는 것들은 모두 흔하거나 상하기 쉬워, 화폐로 사용하기에 적당하지 않다고 가

화폐의 발명은 그들에게 재산을 축적하고 확대시킬 수 있게 하였다.

정해 보기로 하자. 그렇다면 이러한 곳에서 자신의 노동으로 만들어 낸 것이든, 상하기는 쉽지만 유용하여 일용품과 교환할 수 있는 것이든 간에, 자기 가족이 사용하고도 남을 정도로 그리고 그 소비를 충분히 채우고도 남을 정도로 소유물을 늘려갈 이유가 있겠는가?

내구성과 희소성이 있는 것, 따라서 저장할 만한 가치가 있는 것이 하나도 없는 곳에서는 설령 토지가 아무리 비옥하다 하더라도, 또한 취할 만큼 얼마든지 취할 수 있다 하더라도, 사람들은 그 토지라는 소유물을 늘려갈 생각을 하지 않을 것이다. 1만 에이커 또는 10만 에이커에 달하는 기름진 땅이 이미 경작되고, 가축이 충분히 있다 해도 그것이 아메리카의 내륙 한 가운데에 위치하여 다른 지방과 교역할 수 있는 가망이 전혀 없는, 따라서 생산물이 매각되어 화폐를 손에 넣을 수 있는 가망이 없다면, 사람들은 그 토지를 어느 정도의 가치가 있다고 여기겠는가. 이런 토지에는 울타리를 쳐서 소유물로 할 가치가 없기 때문에, 자신과 자신의 가족을 위해 거기에서 얻을 수 있는 의식주의 편의를 공급하고 남는 땅에 대해서는 어떤 토지든 방치되어 다시 야생 상태의 자연 공유지로 돌아가게 된다.

49 이와 같이 태초에 온 세계는 아메리카와 같은 상태였다. 오히려 오늘날의 아메리카 그 이상이었다. 왜냐하면 그때 화폐라는 것이 전혀 존재하지 않았기 때문이다. 그런데 이웃사람들 중에 화폐로서 통용되고 화폐로서 가치를 가지는 무엇인가 발견한 사람이 있다면 그 사람은 금새 자신의 소유물을 늘리기 시작했을 것이다.

50 그러나 금이나 은은 식품이나 의복, 차량 등과 비교했을 때 인간생활에 거의 도움이 되지 않는다. 단지 사람들의 동의에 한해서만 가치를 가질 뿐이다. 다만 이 경우에도 노동이 그 가치의 기준이 된다. 사람들은 불균등하고 불평등한 토지의 소유에 동의하게 되었다. 왜냐하면 금이나 은은 소유자의 수중에서 손상되거나 부패하지 않기 때문에 아무에게도 해를 주지 않고 저장할 수 있었다. 사람들은 이것들을 토지생산물의 잉여분과 교환하면서 받아들었고, 사람들은 혼자로는 거기에서 생산되는 생산물을 다 이용할 수 없을 정도로 넓은 토지를 정당하게 소유할 방법을 묵시적이고 자발적인 동의에 의해 발견하게 되었을 것이다. 이와 같이 불균등한 사유재산을 만들어내는 사물의 분배법은, 사회의 틀 밖에서 계약 없이 단지 금이나 은에 부여한 가치를 인정하고 암묵적으로 화폐의 사용에 동의했기 때문에 실행할 수 있게 되었다. 왜냐하면 통치하에서는 법이 소유권을 규정하고, 토지의 소유는 문명의 여러 법령에 의해 결정되기 때문이다.

51 이러한 이유로 나는, 어떻게 해서 노동이 자연의 공유물 중에 가장 먼저 소유권을 만들어 내게 되었는지, 또한 어떻게 그 소유물의 소비 한계가 정해지게 되었는지는 아무런 어려움 없이 쉽게 이해할 수 있게 되었을 것이라 생각한다. 따라서 그때는 소유권에 관한 말다툼이 일어날 이유가 없었고, 또한 그 소유권이 부여하는 소유의 크기에 관하여 아무런 의혹을 가질 이유가 없었다. 권리와 편의는 일치하고 있었다. 왜냐하면 사람은 자기의 노동을 제공할 수 있는 모든 것에 대해 권리를 가지고 있었기 때문에, 자기가 이용할 수 있는 것보다 더 많은 것을 위해 노동하려 하지 않았다. 때문에 소유권에 관한 다툼도, 또한 다른 사람의 권리에 대한 침해도 생길 여지가 없었다.

사람이 어느 정도의 부분을 자신을 위해 취했는지 쉽게 알 수 있었고, 너무 많이 취하거나 필요 이상으로 취하는 것은 부정하고 무익한 일이었다.

〈주〉

＊1 기원전 10세기 이스라엘의 제2대 왕.《구약성서》에 기록되어 있는 인물 중 가장 다채로운 인물이다. 블레셋 족속과의 싸움에서 사울 왕이 죽자 왕이 되었다.

＊2 공유지를 사유지로 만들기 위해서는 토지에 울타리를 쳐야 한다.

＊3 자연법에 의거하여 현실에서 정립된 인위법을 말한다. 따라서 실정법이란 자연적인 것에 대한 인위적인 것을 의미한다.

＊4 이스라엘 민족의 시조. 처음에는 아브람이라 불렸으나 신께 선택당한 뒤 선민의 대표로서 아브라함(만인의 아버지)이라 불리게 되었다.

＊5 〈창세기〉13 : 5 이하의 기술은 다음과 같다. '아브람(아브라함)과 함께 롯도 양과 소와 장막이 있음으로 그 땅이 그들의 동거함을 용납지 못하였으니 곧 그들의 소유가 많아서 동거할 수 없었음이라. 그러므로 아브람의 가축의 목자와 롯의 가축의 목자가 서로 다투고 또 가나안 사람과 브리스 사람도 그 땅에 거하였는지라, 아브람이 롯에게 이르되 우리는 한 골육이라 나나 너나 내 목자나 네 목자나 서로 다투게 말자. 네 앞에 온 땅이 있지 아니하냐. 나를 떠나라. 네가 좌하면 나는 우하고 네가 우하면 나는 좌하리라.'

＊6 〈창세기〉36 : 6 이하의 기록은 다음과 같다. '에서가 자기 아내들과 자기 자녀들과 자기 집의 모든 사람과 자기의 가축과 자기의 모든 짐승과 자기가 가나안 땅에서 얻은 모든 재물을 이끌고 그 동생 야곱을 떠나 다른 땅으로 갔으니, 두 사람의 소유가 풍부하여 함께 거할 수 없었음이라. 그들의 우거한 땅이 그들의 가축으로 인하여 그들을 용납할 수 없었더라. 이에 에서, 곧 에돔이 세일 산에 거하니라.'

제6장 부권에 대하여

52 이러한 성질의 논문에서, 이미 세상에 유포되어 있는 말이나 명칭에 대해 트집 잡는 일은 적절치 못한 비판으로서 비난받게 될지도 모른다. 그러나 이 부권(父權)이라는 말이 명분에 지나지 않았던 것처럼, 오래된 말이 사람에게 오해를 일으킬 수 있는 경우에 새로운 말을 제안하는 것도 그다지 나쁜 일은 아니라 생각된다. 이 부권이라는 말은 자식들에 대한 부모의 권력으로 전적으로 아버지에게만 주어진 것이며, 어머니는 그 권력에 관여하지 않는 것처럼 느껴진다. 하지만 우리의 이성이나 계시를 고려해 보면 어머니에게도 동등한 권리가 있다는 것을 알게 된다. 따라서 부권보다는 친권이라고 부르는 것이 더 적절할 것이라는 생각을 하게 된다. 자연과 생식의 권리가 자식에게 어떤 의무를 지우든, 자식들이 그들의 의무를 낳은 공동 원인인 아버지와 어머니 두 사람에게 평등하게 따라야 할 것이기 때문이다. 따라서 신이 정한 문명의 법이 자식들에게 복종을 명령하는 모든 곳에서, 두 사람을 동등하게 다루고 있다. 《구약성서》와 《신약성서》에는 '너의 부모를 공경하라'($\langle$출애굽기$\rangle$ $_{20\,:\,12}$), '누구든지 자기 아버지나 어머니를 저주하는 자는……'($\langle$레위기$\rangle$ $_{20\,:\,9}$), '너희는 각자 자신의 부모를 경외하라'($\langle$레위기$\rangle$ $_{19\,:\,3}$), '자녀 된 자는 부모에게 순종하라'($\langle$에베소서$\rangle$ $_{6\,:\,1}$) 등과 같이 표현되어 있다.

53 이 문제에 대해 다른 여러 사실을 생각하지 않고 단지 이 한 가지만이라도 충분히 고려했다면, 아마도 사람들은 부모의 권력에 관하여 지금까지 범해 온 커다란 과오를 범하지 않았을 것이다. 부모의 권력이 부권이라는 명칭 아래 오로지 아버지가 갖는 권력인 것처럼 생각되었을 때에는 절대적인 지배권이나, 군주의 권위 등과 같은 이름으로 불려도 별로 귀에 거슬리지 않았을지 모른다. 하지만 만약 자식들에 대해 이 가정의 절대적인 권력이 친권이라고 불리고 있었다면 그것은 정말로 기묘하게 들렸을 것이고, 그 명칭

'너의 부모를 공경하라'와 같이 신이 정한 문명의 법에서는 두 사람을 동등하게 다룬다.

자체에 불합리성이 있다는 것을 드러냈을 것이다. 그리고 그것으로 어머니에게도 그 권리가 있다고 하는 것이 분명해졌을 것이다. 때문에 어머니도 그 권리에 관여해야 한다는 것은 아버지라는 지위가 가지는 절대적인 권력과 권위를 매우 열심히 주장하는 사람의 생각과는 맞지 않을 것이다. 그리고 이러한 주장은 그들이 지지하려고 하는 군주제에도 적합하지 않을 것이다. 부권이라는 칭호에 의해 그들이 한 사람이 지배하는 정부를 옹호하기 위해 이끌어내고자 하는 기본적인 권위가 한 사람이 아닌 두 사람에게 연대적으로 놓여 있다는 것이 분명해지기 때문이다. 그러나 이 명칭에 대한 문제는 이 정도에서 끝내도록 하자.

54 나는 앞의 제2장에서 '사람은 모든 자연 상태에서 평등하다'고 논하였다. 하지만 어느 누구도 이것을 모든 종류의 평등으로 받아들이지는 않았을 것이다. 사람들은 나이나 덕성으로 정당한 우월성을 인정받게 될 것이다. 뛰어난 재능이나 공적이 있는 사람은 보통 사람 이상의 지위를 갖게 될 것이

다. 어떤 사람은 태어나면서부터 또 다른 어떤 사람은 동맹이나 은혜를 입었다는 이유로 자연스러운 감정이나 감사의 마음으로 존경받아 마땅한 사람에게 복종하고 경의를 표하게 될 것이다. 그러나 이러한 사실은 모두, 어떤 사람의 다른 사람에 대한 재판권이나 지배권에 있어서 만인이 가지는 평등과 모순되지 않는다. 이것은 앞서 언급한 대로 자연 상태에서 누리는 고유한 평등으로, 모든 사람이 다른 사람의 의지와 권위에 복종하지 않고 자연 상태에서 누리게 되는 자유에 대한 평등한 권리이다.

55 실제로 어린아이들이 처음부터 평등한 상태에서 태어나는 것은 아니다. 하지만 그들은 성인이 되면 평등해진다. 부모는 자식들이 태어났을 때와 그 뒤 한참 동안은 그들에 대해 지배권과 재판권을 가진다. 하지만 그것은 일시적일 뿐이다. 이 복종의 유대는, 연약한 유년기에 그들을 보호하는 배내옷과 같은 것이다. 그들이 성장함에 따라 나이와 이성이 이 유대를 약화시키고 마지막에는 완전히 사라지게 되며, 나중에는 스스로 자유롭게 행동하는 성인이 된다.

56 아담은 완전한 인간으로 창조되었고, 그의 육체와 정신은 힘과 이성을 충분하게 갖췄다. 따라서 그는 태어난 첫 순간부터 그 자신의 생명을 지키고 보전할 수 있었으며, 신이 부여한 이성의 법의 명령에 따라 자기 행위를 지배할 수 있었다. 그 뒤 세상에는 그의 자손들이 살게 되었는데, 그들은 모두 연약하고 무력한 유아로 태어나 지식도 이성도 가지고 있지 않았다. 그러나 이 불완전한 상태의 결함을 보완하기 위해 그 아이들이 성장과 나이에 따라 결함이 제거될 때까지 아담과 이브 및 그 뒤의 모든 부모가 자연법에 따라 그들이 낳은 자식들을 보전하고, 양육하고, 교육할 의무를 가진다. 자식들은 그들의 부모가 만든 작품이 아니라, 부모 자신의 창조주이며 전능한 신의 작품으로, 부모는 자식들에 관하여 신에게 책임을 져야 한다.

57 아담을 지배한 법은 그의 자손 모두를 지배한 법과 똑같은 이성의 법이었다. 하지만 그의 자손들은 그와 다른 방법으로 이 세상에 태어났다. 즉 그들은 태어나면서부터 무지하고 이성을 이용할 수 없었던 것이다. 따라서

그들은 곧바로 그 법의 지배하에 들어갈 수 없었다. 왜냐하면 누구도 자신에 대해 공포되지 않은 법에는 복종할 수 없기 때문이다. 다시 말해 이 법은 이성만으로 공포되고 선언된 것이기 때문에 아직 이성을 사용하지 못하는 자는 이 법의 지배하에 있다고 할 수 없는 것이다. 그리고 아담의 자손들은 태어나자마자 이 이성의 법의 지배를 따르는 것이 아니기 때문에 곧바로 자유로워질 수 없었다.

왜냐하면 법이란 그 법 개념에서 볼 때 자유롭고 총명한 능력자의 적당한 이익 추구를 제한한다기보다는 오히려 그쪽으로 인도하는 것이며, 그 법의 지배하에 있는 사람들의 일반적인 복지를 지시해 주기 때문이다. 만약 사람이 법 없이 더 행복해질 수 있다면 법은 쓸모없는 것이 되어 자연스럽게 없어질 것이다. 단 늪지나 절벽의 위험에 노출되어 있는 우리를 지켜 줄 목적으로 울타리를 만든 경우 속박이라는 이름으로 부르는 것은 합당치 않다. 때문에 어떤 식으로 오해를 받든 법의 목적은 자유를 폐지하거나 제한하는 데 있는 것이 아니라 자유를 보전하고 확대하는 데 있는 것이다. 왜냐하면 법을 가질 수 있는 피조물의 모든 상태에서 봤을 때 법이 없는 곳에서 자유는 없기 때문이다. 다시 말해 자유란 다른 사람에게서 속박이나 폭력을 당하지 않는 것이기에 법이 없는 곳에서는 존재할 수 없는 것이다. 그러나 자유란 자주 언급되는 것처럼 누구나가 자기가 하고 싶은 대로 해도 좋다는 의미는 아니다. 만약 모든 사람이 자기 뜻대로 행동하려 한다면 그 누가 자유로울 수 있겠는가. 자유란 자기를 지배하는 법의 허용 범위 안에서 자기의 신체, 행위, 재산 및 소유물을 자기가 원하는 대로 처분하고 정리할 수 있으며 다른 사람의 독단적인 의지가 아닌 자유로운 자신의 의지에 따라 행동하는 것이다.

58 그리고 부모가 그 자식들에 대해 가지는 권력은 자식들이 유년의 불완전한 상태에 있는 동안 그들을 돌봐야 하는 그들에게 부과된 의무에서 생기는 것이다. 자식들이 아직 무지한 미성년일 때에 그들의 마음을 키우고 행동을 다스리는 것은 이성이 부모를 대신해 그 노고를 경감해 줄 때까지 자식들이 바라는 바이기도 하며 부모의 의무이기도 하다. 신은 인간에게 그 행동을 통제하기 위해 오성(悟性)을 주었고, 당연히 부수적인 것으로서 인간을 지배하는 법의 범위 안에서 의지와 행동의 자유를 허락했기 때문이다. 그러

나 인간은 자신의 의지를 통제하기 위한 오성을 갖지 못한 상태에 있는 동안은, 따라야 하는 자기 자신의 의지를 갖지 못한다. 그때에는 그를 위해 오성을 행사해 주는 사람이 또한 그를 위해 의지를 행사해 주어야 한다. 그 사람이 그의 의지에 지시를 하고 그의 행동을 규제해야 한다. 그러나 아버지를 자유인으로 만든 상태에 그가 도달하게 되면 자식인 그 역시 자유인이 된다.

59 이와 같은 사실은 자연법이든 시민법이든, 인간이 그 지배하에 있는 모든 법에 대해 적용된다. 사람은 자연법의 지배하에 있는가, 그를 자유인으로 만드는 것은 무엇인가, 무엇을 근거로 그 법이 허용하는 범위 안에서 자기 자신의 의지에 따라 그 소유물을 자유롭게 처리할 수 있다는 것인가. 이러한 질문에 대해 나는 그 사람이 그 법을 분별할 수 있다고 생각되는 성인의 상태, 그리고 자기 행동을 그 법이 정하는 범위 안에서 통제할 수 있는 상태라고 답변하고 싶다. 그 상태에 이르게 되면 그는 어느 정도까지 그 법을 자신의 지침으로 삼아야 하는지, 또한 어느 정도까지 자신의 자유를 이용해도 좋은지 알고 있다고 간주되어 자유를 가지게 된다. 그렇게 되기까지는 그 법이 용인하는 정도의 자유를 알고 있다고 간주되는 누군가가 그를 지도해야 한다. 만약 그러한 이성의 상태, 바로 그러한 사리분별이 있는 나이로 인해 그가 자유롭게 되었다면, 마찬가지로 그의 자식도 자유로워질 것이다. 그렇게 되기까지 법은 자식의 의지를 인정하지 않으며, 그를 대신해 오성을 행사해야 할 그의 아버지, 또는 보호자의 지도를 받아야 한다고 정하고 있다. 그리고 만약 아버지가 죽어 그 책임을 대신할 대리인을 세울 수 없는 경우, 바꾸어 말하면 자식이 미성년, 즉 오성이 부족한 동안에 아버지가 그를 통제할 후견인을 지정하지 않았다면 법은 대리인을 선정하게 된다. 즉 자식이 자유로운 상태에 이르고 그의 오성이 그의 의지를 지배할 수 있을 때까지, 누군가 다른 사람이 그를 통제하고 의지가 되어주어야 하는 것이다. 그러나 그 이후 아버지와 자식은 마치 후견인과 유년기를 보낸 학생처럼 동등하게 자유로워지고 법 아래에서 평등하게 그 법을 따르게 된다. 그리고 그들이 자연 상태에서 단순히 자연법의 지배를 받든 확립된 통치의 실정법의 지배를 받든, 아버지에게는 자식의 생명이나 자유 그리고 자산에 대한 어떠한 지배권도 남아 있지 않게 된다.

60 그러나 자연의 정상적인 과정을 밟지 못해 생겨난 결함 때문에 어떤 사람은 충분한 이성을 가지지 못한 채 태어날 수 있다. 인간은 이성을 통하여 법을 분별하고 그 안에서 생활할 수 있다. 그러나 그 정도의 이성을 가지지 못했다면 그 사람은 자유인이 될 수 없으며, 자기 자신의 의지로 행동하도록 방임되어서도 안 된다. 왜냐하면 그는 자신의 의지에 대한 한계를 모르며 의지의 적절한 지침이 되는 오성(悟性)이 부족하기 때문이다. 그는 자신에게 맡겨진 임무를 수행할 수 있는 오성을 가지지 못하는 한, 계속해서 다른 사람의 감독과 지배를 받게 된다. 그러므로 정신 이상자나 지적 장애자는 부모의 지배를 받게 된다. 후커는 '올바른 이성을 가질 만한 나이에 이르지 못한 자식들, 천성적인 결함으로 이성을 가지지 못하는 지적 장애자, 세 번째로 당장은 이성을 가지지 못할 것 같은 정신이상자, 이런 사람들은 그들의 이익을 위해 후견인의 이성을 자신들의 이성처럼 생각하고 사용해야 한다'고 말한다(《교회조직론》 제1권 제7절). 이 모든 것은 신과 자연이 다른 피조물을 대하는 것과 마찬가지로 인간에게 부과한 의무, 즉 자손이 자립할 수 있게 될 때까지 그들을 보전해야 하는 의무를 지시한 것이라고 생각한다. 그러나 이 같은 사실이 부모에게 왕과 같은 권위가 있다고 하는 실례 또는 증거로서 이해되어서는 안 된다.

61 이처럼 인간은 자유롭고 이성적인 존재로 태어나지만 처음부터 두 가지 모두를 행사할 수 있는 존재는 아니다. 그것은 어떤 나이에 이르러 이성을 가지게 되면 그에 따라 자유도 누리게 된다는 것이다. 그러므로 사람들은 자연적인 자유와 부모에 대한 복종이 어떻게 해서 양립하게 되는지 또한 어떻게 해서 동일한 원리에 근거하게 되는지 알게 된다. 자식들은 아버지가 갖는 권리와 아버지의 오성에 의해 자유롭고 그들이 오성을 갖게 될 때까지는 아버지의 오성에 의해 통제되어야 한다. 분별할 수 있는 나이에 이른 성인의 자유와 아직 그 나이에 이르지 못한 자식이 아버지에 대해 복종하는 것은 서로 양립되고 구별된다. 따라서 부권에 의한 군주제를 주장하는 분별없는 사람들이라도 이 차이를 인식하지 못할 리가 없으며, 완고한 사람도 양자가 양립하는 것을 받아들여야 한다.

만약 그들의 학설이 모두 옳고 아담의 정통한 상속인이 밝혀져, 그 권리에 의해 군주가 왕위에 오르고 로버트 필머 경이 언급한 절대적이고 무제한적인 권력을 모두 하사받았다고 하자. 그러나 만약 그의 상속인이 태어난 뒤 그가 바로 죽는다면 그 어린 상속인은 설령 아무리 자유롭고 높은 지위에 있다고 해도 나이를 먹고 교육을 받아 자기 자신을 통제할 이성과 다른 사람을 통치할 수 있는 능력을 가질 때까지 그의 어머니와 유모, 가정 교사와 후원자에게 복종해야 하는 것은 아닌가. 그는 생활 용품을 조달하고, 건강을 유지하며, 마음을 수련하기 위해 자기 자신의 의지가 아닌, 다른 사람의 의지에 따라 지도받아야 한다. 그렇다고 해서 이러한 구속과 복종이 그가 권리로서 가진 자유나 주권에 모순된다거나, 그에게서 빼앗아야 한다거나, 미성년일 때에 그를 지배하는 사람들에게 양도되어야 한다고 할 수 있는가. 그에 대한 이러한 지배는 단순히 그가 이 절대권을 보다 훌륭하게 그리고 보다 빨리 가질 수 있도록 준비시키는 것에 지나지 않는다. 만약 누군가가 '언제 내 자식은 자유인이 될 수 있는가'를 물어오면 나는 군주가 통치자가 될 때의 나이와 똑같다고 말할 것이다. 현명한 후커는 '도대체 언제 사람은 그 자신의 행동을 이끌어 나가는 방법을 충분히 이해할 수 있을 정도로 이성의 힘을 갖췄다고 할 수 있는가. 이것은 누군가의 기지와 학식으로 해결하기보다도 상식으로 식별하는 것이 훨씬 쉽다'^{(교회조직론) 제1권 제6절}고 말했다.

62 국가도 사람들이 자유인으로서 행동하기 시작할 때가 있다는 것에 주목하고 인정하였다. 때문에 그때까지는 그 나라의 정부에 대한 충성이나 신복(臣服) 서약은 물론 그 나라의 통치에 대한 공식적 승인이나 복종을 요구하지 않는다.

63 따라서 인간의 자유, 즉 자신의 의지에 따라 행동할 수 있는 자유는 인간이 이성을 가지고 있다는 사실에 근거를 두고 있다. 그리고 이성은 인간에게 스스로를 통치하기 위해 지켜야 하는 법과 자신의 의지에 대해 어느 정도까지 자유가 허용되는지 알게 해 준다. 인간이 이성을 가지기도 전에, 무제한의 자유 상태에 방임하는 것은, 본디 자유로워야 하는 자연 본성의 특권을 용인하는 것이 아니다. 오히려 인간을 맹수들 사이에 던져 넣어 그를 야

수와 다를 바 없는 인간 이하의 상태에 방치되는 것과 같다. 따라서 미성숙한 자식을 지배할 권위가 부모의 손에 주어지는 것이다. 신은 부모에게 자식을 돌볼 것을 의무로 규정하였다. 또한 신은 자식들이 부모의 지배하에 있는 동안 부모의 권력을 절제시키고 신의 지혜가 정한대로 그들의 행복을 위해 그 권력을 이용할 수 있도록 하기 위하여 부모의 마음에 자상함과 배려의 성향을 주었다.

64 그런데 자식에게 당연히 베풀어져야 하는 부모의 배려가 아버지의 절대적이며 자의적인 권력으로까지 발전하게 된 것은 어떤 이유에서일까. 아버지의 권력은, 가장 유력하다 생각되는 교육을 자식에게 함으로써 자식들이 자신뿐 아니라 다른 사람에게 유용한 사람이 될 수 있도록 신체에는 그에 맞는 힘과 건강을, 마음에는 용기와 정직을 준다. 또한 그것은 아버지의 입장에서 필요하다면 자식들에게 생계를 위해 일하게 할 수 있는 정도의 것으로, 어머니 역시 아버지와 똑같은 권력을 가진다.

65 그렇다고 해서 이 권력이 어떤 특별한 자연권에 의해 아버지에게 주어지는 것은 아니다. 단순히 그가 자식의 보호자이기 때문에 그에게 속하는 것이다. 그러므로 그가 자식을 돌보지 않는다면 자식들에 대한 그의 권리는 상실된다. 왜냐하면 아버지의 권력에는 자식들의 양육과 교육이 따르며 이 둘은 불가분의 관계에 있기 때문이다. 그리고 이 권력은 자식을 낳은 아버지는 물론 자식을 입양한 양아버지에게도 적용된다. 만약 아버지의 배려가 단순히 자식을 낳는 것에서 끝나고 그것이 아버지라는 호칭과 권력에 대한 그의 자격의 전부라고 한다면, 단순히 자식을 낳는 것만으로 생기는 자식들에 대한 권력은 아주 미약한 것이 된다.

그렇다면 한 사람의 부인이 한 사람 이상의 남편을 가질 수 있는 지방에서의 부권(父權)은 어떻게 되는 것일까. 이는 아메리카의 여러 지방에서 흔히 있는 일로, 남편과 아내가 헤어질 때 자식들은 모두 어머니에게 맡겨져 어머니를 따르고 그녀의 보호와 부양 아래에 놓이게 된다. 이러한 경우 부권은 어떻게 되는 것일까? 만약 자식들이 어렸을 때 아버지가 죽으면, 그들이 어디에 있든 상관없이 미성년인 동안에는 아버지가 살아 있을 때 아버지에게 했던 것과 같은 복종의 의무를 어머니에게도 해야 하지 않을까? 그러므로 어머니에게는 자신의 자식에 대한 입법권이 있다거나, 그녀는 영원한 구속력을 가진 영구적인 규칙을 정할 수 있으며, 그것에 기초하여 자식들은 그들의 소유권에 관계하는 것을 모두 규제하고 일생 자신들의 자유를 제한할 수 있어야 한다거나, 또는 그녀가 이 규칙을 자식들에게 지키도록 사형으로서 강제할 수 있어야 한다고 말할 사람이 있을까. 이러한 권력은 본디 위정자들이 가지는 권력으로 아버지는 그러한 권력을 조금도 가지고 있지 않기 때문이다.

아버지의 자식들에 대한 지배력은 일시적인 것이며, 자식들의 생명과 소유권에까지는 미치지 못한다. 그것은 자식들이 미성년일 때의 연약함과 불완전에 도움을 주는 것에 지나지 않으며, 그들의 교육에 필요한 규율에 지나지 않는다. 그리고 아버지는 그 자식들이 물질의 결핍으로 인해 죽을 위험에 처하지 않는 한 자신이 원하는 대로 자기 자신의 소유물을 처분해도 좋으나 그 권력은 자식들의 생명, 자식들 자신의 근로, 다른 사람의 기부로 자식들의 것이 된 재산에까지는 미치지 못한다. 또한 자식들이 분별력이 생기고 참정권을 가질 나이에 달하면 그들의 자유에도 미치지 못한다. 그때 아버지의 지배권은 끝이 나며, 그 이후에는 다른 사람의 자유와 똑같이 자식의 자유도 자신의 뜻대로 처리할 수 없다. 그것은 절대적이거나 영구적인 지배권과는 완전히 다른 것이다. 성인은 부모를 떠나 배우자와 함께하도록 신의 권위에 의해 허락받기 때문에 아버지의 지배권에서 벗어날 수 있는 것이다.

66 아버지 자신이 다른 사람의 의지에 복종하지 않고 자유로운 것처럼 자식도 어떤 시기에 도달하면 아버지의 의지와 명령에 복종하는 것에서 자유로워지며, 아버지도 자식도 자연법이든 그들 국가의 국내법이든 그들 모두에게 공통된 제약이 아닌 다른 어떤 것에도 구속받지 않는다. 그러나 이러한 자유가 인정되더라도 신과 자연법에 따라 자식이 그 부모에게 존경을 다할 의무가 면제되지는 않는다. 신은 부모를 인류의 종족 유지와 그들의 자식들에게 생명을 주는 위대한 계획의 도구로 삼았다. 동시에 부모에게 자식을 부양하고 보호하고 교육해야 하는 의무도 부과하였다. 한편 자식들에게는 그 부모를 존경해야 하는 영원한 의무를 부과하였다. 이 의무는 내면적인 존

아들들에게 선물로 군복을 주는 프로이센 국왕 빌헬름 3세
신은 부모에게 자식을 돌볼 것을 의무로 규정하였다.

경과 숭배를 모두 외면적인 것으로 표현하도록 규정하고 있으며, 자식이 그 자신에게 생명을 준 부모의 행복과 생명에 상처를 내거나, 부끄러워하거나 방해하거나 위험하게 하지 않도록 한다. 또한 자식은 이 세상에 태어나고, 인생을 향수할 수 있도록 해 준 부모를 지키고, 구제하고 돕고 즐겁게 하기 위해 모든 것을 다해야 한다. 자식들은 어떤 상태에 있든 또한 어떠한 자유를 갖게 되든 이 의무에서 해방될 수 없다. 그러나 이것은 부모에게 자식들에 대한 지배권을 갖게 하거나 법을 만들어 자신의 뜻대로 자식들의 생명이나 자유를 처분할 수 있는 권위를 부여하는 것과는 전혀 다르다. 존경, 경의, 감사, 원조의 의무를 갖는 것과 절대적인 복종과 굴복을 해야 하는 것은 별개의 사항이다. 부모에게 바치는 존경은 왕좌에 있는 군주 역시 예외일 수 없다. 그렇다고 해서 이러한 의무가 그의 권위를 손상시키는 것은 결코 아니며, 그의 어머니의 지배에 복종하게 되는 것도 아니다.

67 아버지는 미성년자의 복종으로 손에 일시적인 지배권을 부여받는다. 하지만 이것은 자식의 미성년기가 끝남과 동시에 끝나게 된다. 그리고 부모를

존경해야 하는 자식의 의무는 그들에게 경의, 숭배, 지원, 복종을 영구적으로 받을 권리를 갖게 하는데 이는 아버지가 그 자식의 교육에 보인 배려, 비용 및 친절의 정도에 따른다. 그리고 이 권리는 자식의 미성년 시기와 상관없이 인간의 일생에서 모든 부분, 모든 상태를 통해 효력을 가진다. 이들 두 가지 권력, 즉 자식이 미성년인 동안 이것을 감독할 권리로서 아버지가 갖는 권리와 생애를 통해 존경받을 권리를 서로 구별하지 않은 것에서 이 문제에 대한 오해가 생겼을 것이다. 왜냐하면 이들 권력에 관해 적절하게 표현하면 전자는 부권이라는 특권이라기보다는 오히려 자식들의 특권이며 부모의 의무이기 때문이다. 자식들을 양육하고 교육하는 것은 자식들의 행복을 위해 부모에게 부과된 의무이며, 어떤 일이 있어도 부모는 이 의무를 다해야 한다.

또한 이 의무에는 자식들에게 명령하거나 그들을 처벌할 권리가 따른다. 하지만 신이 인간본성의 본질 중에 자손에 대한 애정이라는 것을 만들어 놓았기 때문에 부모가 이 권력을 너무 엄격하게 행사할 것이란 염려는 없다. 즉 자연의 강한 경향이 반대편에서 끌어당기고 있기 때문에 가혹한 쪽으로 너무 기울지 않을 것이라는 의미이다. 그러므로 전능한 신은 이스라엘 사람을 관대하게 조치하고 싶을 때 도리어 그들을 훈계한다. 하지만 '사람이 그 아들을 징계함같이 네 하느님 여호와께서도 너를 징계하는 것이다'(〈신명기〉 8:5) 말하고 있다. 다시 말해 다정함과 애정을 가지고 있는 것이다. 신이 그들에게 부과한 규율은 그들에게 최상의 것이며 지나치게 가혹한 것은 아니다. 이것은 완화시키면 도리어 불친절해질 정도의 것이다. 이것이 부모의 수고와 걱정이 더 많이 늘어나지 않도록 또는 보답받지 못하는 일이 없도록 자식들에게 복종하도록 명한 권력이다.

68 한편 부모로부터 받은 은혜를 감사하게 여기는 마음에서 마땅히 부모에 대한 존경과 원조는 모든 자식이 행해야 하는 불가결한 의무이며, 부모가 가진 고유한 특권이다. 이러한 것이 부모를 위한 것이라는 것은 자식의 교육에 대한 권리가 자식을 위한 것이라는 것과 같다. 유년기의 무지함과 연약함이 구속과 교정을 필요로 하기 때문에 부모의 의무인 교육은 분명 규제의 행사이며 하나의 지배권이다. 그리고 존경이라는 말에 포함되어 있는 의무는, 어린 자식보다는 성장한 자식에게 좀 더 강하게 요구되지만 복종을 요구하

는 정도는 약하다고 할 수 있다. 왜냐하면 이미 자식이 있는 성인이 '자녀들이여, 부모에게 복종하라'는 명령을 그의 어린 자식이 그에게 복종하는 것과 같은 정도로 그의 아버지에게도 복종해야 한다는 의미로 받아들이지 않을 것이기 때문이다. 그리고 또한 이러한 계율로 아버지에게 권력이 있다고 생각하고 무분별하게 자식을 계속 아이처럼 취급하는 경우에도 아버지의 명령에 무조건 따라야 한다고 생각하는 자식은 아무도 없을 것이기 때문이다.

69 따라서 아버지가 가지는 첫 번째 의무, 그것은 교육이다. 이는 아버지에게 속하는 것으로 일정한 기간이 지나면 끝난다. 즉 교육하는 일이 끝나면 권력은 저절로 없어지고 그 전이라도 다른 사람에게 양도할 수 있다. 왜냐하면 자식에 대한 감독을 다른 사람에게 맡겨도 되기 때문이다. 그리고 자신의 아들을 다른 사람의 제자로 보낸 사람은, 그 기간 동안 자식에게 자신과 그의 어머니에 대한 복종의 의무 대부분을 면제해 주는 셈이 된다. 그러나 또 다른 부분인 존경의 의무는 여전히 남아 있으며 어떤 일이 있어도 없어지지 않는다. 그것은 부모 모두에게 너무나 불가분적인 성질의 것이기 때문에 아버지의 권위로 어머니로부터 그 권리를 빼앗을 수 없고, 어떠한 사람도 그의 자식에게서 낳아 준 어머니에 대한 존경의 의무를 없앨 수 없다.

그러나 이들 두 가지 의무는 모두 법을 제정하고 자산, 자유, 신체, 생명에 영향을 미치는 형벌로서 그 법을 강제하는 권력과는 전적으로 다른 것이다. 명령을 내릴 수 있는 권력은 성인이 되면 끝이 난다. 그 이후에도 존경과 경의, 원조와 방위, 그리고 인간이 자연으로부터 받을 수 있는 최고의 은혜, 즉 부모의 은혜에 늘 감사하도록 의무짓는 것은 자식이 그의 부모에 대해 언제나 가져야 하는 의무이다. 그러나 이 모든 것이 아버지의 손에 왕권이나 권력을 허락한다는 의미는 아니다. 아버지는 자식의 소유물과 행동에 대해 아무런 지배권도 가지지 않는다. 또한 아버지의 의지에 경의를 표하는 것이 그나 그의 가족에게 있어서 마땅한 태도이긴 하지만, 아들의 의지를 모든 면에서 지시할 수 있는 권리를 가지지는 않는다.

70 사람들은 노인이나 현명한 사람에게 존경과 경의를 표하고, 자식이나 친구들을 보호해야 하며, 곤궁한 자에게는 구제와 원조를 베풀고, 은인에게

는 감사할 줄 알아야 한다. 하지만 이것은 자신이 가진 어떤 것으로도, 자신이 할 수 있는 어떤 행위로도 다 할 수 없는 일이다. 그리고 이 모든 것이 어떤 사람에게 이러한 의무를 져야 하는 사람을 지배할 수 있는 권위와 법률을 가질 권리를 부여하는 것은 아니다. 더구나 이 모든 것은 단순히 아버지라는 자격에서 생겨나는 것도 아니다. 그 이유는 이미 언급한 대로 그것이 어머니에게도 속하기 때문만이 아니라, 부모에 대한 이러한 의무와 그것이 자식들에게 요구되는 정도는 각각의 자식들에 대해 부모가 베푼 배려와 친절, 수고와 비용에 따라 다양해질 수 있기 때문이다.

71 이것은 부모 자신이 신민으로 있는 사회에서 어떻게 자연 상태에 있는 부모와 동일하게 자식들에 대한 권력을 유지하고 자식들의 복종에 대한 권리를 갖는지 그 이유를 보여준다. 만약 모든 정치적 권력이 부권이며 실제로 양자가 동일하다면 그런 것은 아마도 생기지 않을 것이다. 왜냐하면 그 경우에 부권은 모든 군주의 손 안에 있으며, 신민은 당연히 부권을 가질 수 없을 것이기 때문이다. 그러나 실제로 정치적 권력과 부권이라는 이 두 권력은 완전히 별개로 분리되어 있는 것이며, 완전히 다른 근거에 의해 완전히 다른 목적으로 주어진 것이다. 따라서 아버지인 신민은, 모두 그 자식들에 대해 군주가 그 자식들에 대해 가지는 것과 같은 정도의 부권만을 가진다. 또한 부모가 있는 군주는, 그의 신민 중 가장 천한 자가 그의 부모에게 가지는 것과 같은 자식으로서의 의무와 복종을 그의 부모에게 가진다. 따라서 부권은 군주나 위정자가 그 신민에 대해 가지는 것과 같은 종류의 지배권은 전혀 내포하지 않는다.

72 자식을 길러야 하는 부모의 의무와 부모를 존경해야 하는 자식의 의무는 전자에게는 권력을, 후자에게는 복종을 요구한다. 이는 부모와 자식 사이의 관계에서 고유한 것이라 할 수 있다. 그러나 아버지는 자식에게 복종을 강요할 수 있는 또 하나의 권력을 가지고 있다. 그것은 아버지들에게는 공통적인 것이다. 그러나 그것이 나타나는 경우는 거의 언제나 개인 가정의 아버지에게 있고, 그 이외에는 거의 없으며 별로 요구되지도 않는다. 그래서 이 권력은 세상에서 아버지의 지배권 중 일부로 받아들여진다. 또한 이것은 일

반적으로 사람들이 자기가 가장 마음에 드는 사람에게 그 자산을 줄 수 있는 권력이다. 아버지의 소유물은 자식들에게 유산 상속에 대한 기대의 대상이며, 각 나라의 법과 관습에 따라 통상 일정한 비율로 자식들에게 상속된다. 그러나 자식들의 행동이 아버지의 의지나 기분을 맞췄는지 아닌지에 따라 어떤 자식에게는 조금만 주고 어떤 자식에게는 많이 준다. 이것은 일반적으로 아버지의 권한에 해당한다.

73 이것은 자식들을 복종시키는 데 상당히 효과가 있다. 그리고 토지를 가지려면 그 토지가 속해 있는 국가의 통치에 대한 복종이 따른다. 따라서 아버지는 자기가 신민으로서 복종하고 있는 정부에 그 자손도 복종하게 할 수 있으며, 일반적으로 그가 맺은 협정들이 그 자손에게까지 구속력을 미치는 것으로 생각한다. 그러나 실제 그것은 그 토지에 부수되는 필요조건에 지나지 않고 그 정부의 지배하에 있는 자신의 상속은 그러한 조건하에서 토지를 취득하는 사람에게만 미치기 때문에 그것은 자연적인 구속 또는 계약이라기보다는 자발적인 복종에 해당한다. 모든 사람의 자식들은 태어나면서부터 그의 아버지나 선조들처럼 자유로운 존재이다. 그리하여 자유인으로 남아 있는 동안에는 어떤 사회에 참가할지, 어떤 국가에 복종할지를 선택할 수 있다. 그러나 그들이 아버지와 조상의 유산을 가지려고 한다면, 그들의 조상과 같은 조건으로 그것을 받고 그 소유물에 따르는 모든 조건에 복종해야 한다. 아버지들은 이러한 권력을 통해 성인이 된 자식들까지도 자신들에게 복종하도록 할 수 있고 또한 일반적으로 그들을 정치적 권력에 복종시킨다.

그러나 이것은 아버지라는 지위가 갖는 특별한 권리에 의한 것이 아니다. 그러한 복종을 강요하고 그것에 보답하기 위해 수중에 가지고 있는 보상의 힘에 의한 것이다. 다시 말해 어떤 프랑스 사람이 어떤 영국 사람에게 토지 재산을 남겨주겠다고 했다면, 그것에 의해 전자는 후자의 복종에 대한 강한 구속력을 갖게 된다. 아버지의 권력은 그런 경우의 권력에 지나지 않는 것이다. 그 토지 재산이 영국 사람에게 주어졌을 때 이것을 누리려면, 프랑스든 영국이든 그 토지가 존재하는 나라의 토지 소유에 따르는 여러 조건에 기초하여 그것을 받아들여야 한다.

74 그렇다면 이제 결론을 내려보자. 아버지의 명령권은 그의 자식들이 성인이 된 뒤에는 미치지 않고 미성년기의 규율과 지배에 합당한 정도에만 국한된다. 그리고 부모에 대해 지원하고 보호할 의무와 함께 존경과 경의, 라틴 사람들이 경외라고 부르는 모든 것은 자식들이 일생을 통해 어떤 상황에 있든지 반드시 그 부모에게 바쳐져야 한다. 하지만 이 의무가 아버지에게 통치의 권력, 즉 법을 만들고 자식들에게 형벌을 가하는 권력을 부여하는 것은 아니다. 또한 이 모든 것을 통해 아버지는 자식의 소유물이나 행동에 대해 어떤 지배권도 가지지 않는다. 그러나 태초에 아니 지금도 인구가 희박해서 각 가족이 지주가 없는 땅으로 뿔뿔이 흩어져 나가거나 아직 주인이 없는 땅으로 이동하거나 식민할 수 있는 여지가 있는 지역에서는 가족의 아버지가 군주가 되는 것이 얼마나 쉬운 일인지 쉽게 상상할 수 있다.*¹ 아버지는 그 자식들의 유년기부터 지배자였으며 또한 자식들의 입장에서도 통치 없이는 생활이 곤란했을 것이기 때문에, 자식들이 성인이 된 뒤에는 그 통치가 아무런 변화 없이 존속되기 힘들었겠지만, 자식들의 명시적 또는 묵시적 동의에 의해 통치권이 아버지의 손에 남겨졌을 가능성이 매우 높다. 그러나 그때에 필요한 것은 모든 자유인이 태어나면서 갖게 되는 자연법의 집행권에 대한 행사를 그 가족 중에서 아버지에게만 허락한다는 것, 또한 그것을 허락함으로써 자식들이 가족 내에 머무르는 동안은 아버지에게 군주권을 맡긴다는 것이다.

그러나 이와 같은 사실이 부권에 의한 것이 아닌 자식들의 동의에 의한 것이라는 것이 다음과 같은 사실로 명백해진다. 즉 만약 모르는 어떤 사람이 우연 또는 어떤 용무로 이 가족 안에 들어와 거기에서 자식 중 누군가를 죽이고 뭔가 다른 죄를 범했다면, 아버지는 그의 자식들에게 하는 것과 마찬가지로 그를 비난하고 사형 또는 그 밖의 다른 벌에 처할 수 있다는 것에 대해 누구도 의심하지 않을 것이다. 자기 자식도 아닌 사람에 대해 이런 행위를 하는 것은 아버지의 권위에 입각해서 본다면 불가능한 일이다. 그것은 아버지가 인간으로서 가지고 있는 권리인 자연법의 집행권에 의해서만 가능한 것이다. 그리고 자식들이 아버지에 대한 존경으로 그러한 권력의 행사를 포기하고, 그들이 가정 안에서도 특히 아버지의 손에 남아 있기를 바라는 존엄과 권위에 복종했기 때문에 바로 아버지만이 그 미지의 사람을 벌할 수 있는 것이다.

로마 교황청을 떠나는 체사레 보르지아
체사레가 아버지인 교황 알렉산데르 6세를 방문했다가 쫓겨나는 장면이다(1877).

75 이렇게 자식들의 묵시적인 그리고 대부분 피하기 힘든 동의에 의해 아버지의 권위와 통치의 길을 연 것은 그렇게 어려운 일이 아니며 또한 대부분 자연스러운 일이었다. 그들은 유년기부터 아버지의 지도를 따르고 그들 간의 작은 다툼의 해결을 아버지에게 맡기곤 했다. 그렇다면 성인이 되었을 때 그들을 지배할 사람으로서 아버지만큼 적당한 인물이 있었을까? 그들의 소유물은 미약하고 탐욕은 더욱 작았기 때문에 좀처럼 큰 다툼이 발생하지 않았다. 만약 다툼이 일어났다고 해도 그들에게 아버지보다 적합한 중재자가 또 어디에 있을까. 어쨌든 그들은 아버지에게 지배를 받으며 한 사람 한 사람 부양되고 교육을 받았으며, 또한 아버지는 그들 모두에게 애정을 가지고 있었다. 그들이 피보호자의 지위를 떠나고 싶어하지 않는 이상, 미성년과 성년을 구별하지 않는 것은 이상한 일이 아니다. 또한 자신과 자신의 재산을 자유롭게 처분할 수 있는 나이인 21세, 또는 그러한 나이에 도달하는 것을 바라지 않았다는 것은 이상한 일이 아니다. 일찍이 미성년기 동안 그들이 복종하고 있던 통치는 그 뒤에도 구속으로서보다는 오히려 보호로서 존재하였다. 그들은 아버지의 지배하에 있을 때에 자신들이 누렸던 평화와 자유와 재

산에 커다란 보증을 어디에서도 발견할 수 없었던 것이다.

76 이와 같이 가족에게 있어서 자연이었던 아버지는 눈에 보이지 않는 변화에 의해 가족의 정치적 군주가 되었다. 그들은 오래 살아서 유능하고 훌륭한 후계자를 몇 대에 걸쳐 남기는 경우도 있었고 그렇지 않은 경우도 있었다. 그래서 그들은 어쩌다 우연한 기회에 또는 연구를 통해 여러 가지 제도와 풍습을 가진 세습제 왕국, 또는 선거제 왕국의 기초를 구축했다. 그러나 만약 군주의 자격이 부권에 기인한다고 가정해 보자. 또한 사실상 아버지들이 일반적으로 통치권을 행사하고 있는 사람들과 동일하다는 이유에서, 그것이 아버지에게 자연적인 권리로서 정치적 권위를 인정하는 충분한 증거가 된다고 하자. 이러한 의론이 옳다고 한다면 모든 군주가, 아니 군주만이 제사장이 되어야 한다는 사실도 마찬가지로 확실하게 증명될 것이다. 왜냐하면 초기에는 가족의 아버지가 제사장이었던 것이 그가 그 가족의 지배자였다는 것과 같이 분명한 사실이기 때문이다.

〈주〉

*1 '따라서 모든 가족의 우두머리는 이를테면 언제나 국왕이었다고 하는 철학자(아리스토텔레스)의 의견은 충분히 성립될 수 있는 의견이다. 따라서 많은 가족이 모여 시민사회를 형성하게 되면 국왕이 그들 사이에서 최초의 지배자가 된다. 이것은 역시 아버지이기에 지배자가 된 사람으로 아버지라는 이름이 존속된 이유이기도 하다. 또한 멜기세덱(《창세기》에 나오는 인물, 살렘 왕이며 제사장이었다)처럼 국왕이면서도 처음에는 아버지가 하던 사제의 직무를 병행했던 고대 통치자의 관습도 아마 이러한 이유에서 생긴 것이리라. 그러나 이것만이 세계에서 수용되었던 유일한 종류의 통치는 아니다. 어떤 종류의 통치가 불편하면 그 밖의 다른 다양한 지배가 연구되었다. 요컨대 어떤 종류의 것이든 모든 공공의 통치는 분명히 사람들 사이에서 신중하게 조언, 협조, 혼합을 거듭하면서, 그것이 편리하고 유리하다는 판단에 의해 생기게 되는 것이다. 왜냐하면 자연 상태만을 가지고 생각해보면 거기에서 사람들은 어떤 공공의 통치 없이도 생활할 수 있기 때문이다.'(후커의 《교회조직론》 제1권 제10절)

제7장 정치사회 또는 시민사회에 관하여

77 사람이 홀로 있는 것은 좋지 않다 하여 신은 스스로 판단할 수 있는 피조물로서 인간을 만들었다. 따라서 신은 필요, 편의, 성향 등을 고려하여 인간이 사회를 만들게 했다. 하지만 동시에 신은 인간에게 사회생활을 계속하고 즐길 수 있도록 오성(悟性)과 언어를 주었다. 맨 처음의 사회는 남편과 아내 사이에 구성되었다. 여기에서 부모와 자식 사이의 사회가 생겨났다. 이윽고 여기에 주인과 하인 사이의 사회가 더해지게 되었다. 그리고 이 모든 것이 합해져 하나의 가족이 형성되었다. 거기에서는 가족의 주인과 여주인이 가족에게 고유한 지배를 행사했다. 하지만 나중에 보게 되는 것처럼 이들 각 사회의 목적, 유대, 한계를 생각해 보면 그 어느 것도 또는 모두를 합해 봐도 아직 정치사회를 형성할 정도의 것은 아니었다.

78 부부사회는 남자와 여자 사이의 자발적인 계약에 의해 만들어진다. 이 계약은 그 주목적인 생식에 필요한 서로의 육체 교섭과 육체에 대한 권리에 의한다. 하지만 그와 동시에 거기에는 서로의 원조와 부양 그리고 이해의 공유가 발생한다. 그것들은 그들의 관심과 애정을 연결하기 위해 필요할 뿐만 아니라 그들이 공동으로 낳은 자손에게도 필요한 것이다. 왜냐하면 그들의 자식은 자력으로 생계를 꾸려나갈 수 있게 될 때까지 부모에 의해 부양되고 보호받을 권리가 있기 때문이다.

79 다시 말해 남녀 결합의 목적은 단순한 생식뿐 아니라 종족의 존속에도 있다. 따라서 이 결합은 생식 뒤에도 자식들의 부양과 유지를 위해 존속되어야 한다. 자식들은 자력으로 생계를 꾸릴 수 있게 될 때까지 그들을 낳은 부모에 의해 부양되어야 한다. 무한히 현명한 조물주가 직접 만든 작품에 대해 세운 이 규칙에는, 이미 알고 있는 바대로 하등한 피조물도 충실하게

따르고 있다. 초식동물의 경우, 자웅의 결합은 교미행위가 끝나면 그 관계는 그것으로 끝이다. 왜냐하면 자식이 풀을 먹을 수 있게 될 때까지 어미의 젖만으로 충분히 성장할 수 있기 때문이다. 수컷은 낳게만 할 뿐 암컷이나 새끼에 상관없이 그들의 생활에 아무런 공헌도 할 수 없기 때문이다. 그러나 육식동물의 결합은 더 오래 지속된다. 육식동물은 초식동물에 비해 수고가 많고 훨씬 위험한 방식이기 때문에 암컷이 잡은 먹이만으로는 자기의 생명을 유지하면서 많은 수의 새끼를 부양할 수 없다. 수컷의 원조가 그 공동의 가족을 유지하는 데 꼭 필요하다. 그 가족이 자력으로 먹이를 잡을 수 있게 될 때까지는 암수가 공동으로 새끼를 돌보지 않으면 생존해 나갈 수가 없다. 이와 같은 모습을 모든 조류에게서 볼 수 있다—단 집에서 키우는 새 중에는 먹이가 충분히 공급되기 때문에 새끼에게 먹이를 주거나 돌보는 일이 면제된다. 따라서 이런 종류는 제외된다. 새끼 새들은 둥지 안에서 먹이를 필요로 하기 때문에, 수컷도 암컷도 새끼가 그 날개를 사용하여 자력으로 먹이를 준비할 수 있게 될 때까지 돌보는 것이다.

80 인류의 남성과 여성이 다른 피조물보다 오랫동안 결합하게 되는 것은 유일하지는 않지만 다음과 같은 이유에서라고 생각된다. 즉 먼저 태어난 아이가 부모의 부양에 의존하는 생활을 벗어나 스스로 생계를 꾸릴 수 있게 되어 당연히 부모로부터 더 이상 원조를 받을 필요가 없어지게 되기 훨씬 전에, 어머니는 다시 임신하여 새로운 아이를 출산하기 때문이다. 따라서 자신이 낳은 아이들을 돌봐야 하는 아버지는 다른 피조물보다 더 오랫동안 한 여성과 부부사회를 계속할 의무를 갖게 된다. 다른 피조물의 경우에는 부모의 생식기가 다시 돌아오기 전에 자식들이 자력으로 생존할 수 있게 되기 때문에, 암수의 결합은 저절로 해소되며, 결혼의 신 히멘(Hymen : 그리스 신화의 결혼의 신)이 해마다 돌아오는 계절에 다시 새로운 배우자를 선택하도록 명할 때까지 그들 암수는 자유로워진다. 이 점에서 우리는 위대한 조물주의 지혜에 감탄한다. 즉, 신은 인간에게 당면하는 필요를 채우는 것뿐 아니라 장래를 위해 비축한다고 하는 선견과 능력을 주어, 남편과 아내로 구성되는 사회가 다른 피조물 간의 암수 사회보다도 오래 존속할 필요가 있도록 한 것이다. 그것은 부부가 공동으로 낳은 자식을 위한 생활 필수품을 준비하고 재물을 축적할 수 있도

록 그들의 근면함을 장려하고, 이해를 보다 자주 일치시키기 위해서였다. 부부사회가 쉽게 또는 자주 해소되었다면 그것은 도리어 방해가 되는 일이었을 것이다.

81　인류는 이러한 결합에 의해 다른 종류의 동물보다 더 확실하고 영속성 있는 부부의 유대를 맺게 된다. 그러나 여기에서 다음과 같은 의문이 생긴다. 이러한 계약이 평생 계속되어야 한다는 필연성은, 그것의 본성이나 목적으로 봐도 없기 때문에 생식과 교육이 완료되고 상속의 배려도 완료된 뒤에는 다른 자발적인 계약과 마찬가지로 동의나, 일정 시기, 일정 조건에 기초하여 종결할 수 있어야 하는 것이 아닌가 하는 것이다. 내가 말하는 것은 이러한 계약은 모두 영구적이어야 한다고 제정하고 있는 실정법의 구속을 받고 있지 않는 사람들에 대해서이다.

82　남편과 아내는 단 하나의 공통 관심사를 가지고 있다. 그러나 서로 다른 이성을 가지고 있기 때문에 어쩔 수 없이 서로 다른 의견을 가지게 된다. 따라서 최종적인 결정권 내지 지배권이 어디에 놓여야 하는가 하는 문제가 제기된다. 이 경우 그것은 당연히 여성보다 좀더 유능하고 힘이 센 남성이 맡게 된다. 그러나 이 지배권은 그들 공통의 이해와 소유물 외에는 미치지 못하기 때문에 계약에 의해 아내 개인의 권리가 되는 것에 대해서는 완전하고 자유롭게 소유한다. 아내가 남편의 생명에 대해 아무런 권력도 가지지 않는 것과 마찬가지로, 남편도 아내의 생명에 대해 아무런 권력도 가지지 않는다. 남편의 권력은 절대군주의 권력과는 완전히 다른 것이기 때문에, 아내는 자연의 권리와 그들의 계약이 인정하는 대부분의 경우 남편과 헤어질 수 있는 자유를 가진다. 이때 그들이 그 계약을 자연 상태에서 체결했는지 아니면 그들이 사는 나라의 관습과 법률에 의해 체결했는지는 문제가 안 된다. 그들이 헤어질 때 자식들은 계약이 정한 바에 따라 아버지나 어머니를 따르게 된다.

83　결혼의 목적은 자연 상태뿐 아니라 정치적인 지배하에서도 모두 달성되어야 한다. 그러므로 시민정부의 위정자들은 부부가 함께 사는 동안 생식

과 상호 지원, 그리고 부양이라는 목적에 당연히 필요한 권리와 권력을 그들 어느 쪽으로부터도 빼앗아서는 안 되며, 이 목적으로 인해 일어날 수 있는 그들 사이의 다툼을 판결해 주기만 해야 한다. 만약 그렇지 않고 절대적 주권과 생살여탈(살리고 죽이는 일과 주고 빼앗는 일)의 권력이 남편에게만 있고 그것이 부부 사이에 필요하다고 한다면, 남편에게 그러한 절대적인 권위가 인정되지 않는 나라에서는 결혼이라는 것이 있을 수 없을 것이다. 결혼의 목적에는 그러한 권력이 남편에게 필요하지 않기 때문에 부부 사이에는 그런 것을 필요로 하지 않으며, 그래서 남편 손에 그런 권력을 부여하지도 않는다. 부부사회는 이러한 권력 없이도 존립할 수 있고 그 목적을 달성할 수 있다. 아니 재산의 공유나 재산권의 상호 원조, 생활의 유지, 그 밖의 부부사회에 부수적인 생식과 자립할 수 있을 때까지 자식들의 교육이라는 것과 양립되는 한, 그 사회에서 남편과 아내를 결합시키고 있는 계약을 통해 변경될 수 있으며 조정될 수 있는 것이다. 이것은 어떤 사회에 있어서 그 사회의 형성의 목적에 불필요한 것은 그 사회에도 필요하지 않기 때문이다.

84 부모와 자식들 사이의 사회 및 그들 개개인에게 속하는 개별적인 권리와 권력에 관해서는 앞에서 충분히 논하였기 때문에 여기에서 다시 언급하지는 않겠다. 또한 그것이 정치사회와는 전혀 다른 사회라는 것은 분명한 사실이다.

85 주인과 하인이라는 명칭은 역사만큼이나 오래된 명칭이다. 이와 같은 명칭이 주어진 사람들의 처지도 각양각색이다. 예를 들어 한 사람의 자유인은 그가 받아야 하는 임금과 교환하는 조건으로 일을 수용하고, 자기를 일정 기간 동안 다른 사람에게 파는 것으로써 자신은 그 사람의 하인이 된다. 이 경우 일반적으로 그는 그 주인 가족의 일원이 되며 그 가족의 일상적 규율을 따르게 된다. 그러나 이것은 주인에게 그에 대한 일시적인 권력을 주는 것일 뿐, 그들 서로가 맺은 계약 이외의 권력을 주는 것은 아니다. 그런데 여기 우리가 노예라고 부르는 또 한 종류의 하인이 있다. 그들은 정당한 전쟁에 의해 포로가 된 사람들로, 자연의 권리에 의해 그들 주인의 절대적인 지배권과 자의적인 권력에 예속된 사람들이다. 이들은 생명과 자유를 박탈당하고

자산을 잃고 그 외에 어떠한 소유물도 가질 수 없는 노예 상태에 있다. 따라서 그러한 상태에서 그들은 시민사회의 구성원이라고 생각할 수 없다. 왜냐하면 시민사회의 주요한 목적은 재산보전에 있기 때문이다.

86 그러면 한 가족의 가정적 지배를 구성하고 있는 가족의 주인이 아내, 자식들, 하인, 노예와의 모든 종속적 관계가 어떻게 통합되는지 살펴보자. 그것은 그 서열과 직분 그리고 수적으로 볼 때 아주 작은 나라와 비슷하지만 조직이나 권력, 목적에 있어서는 국가와 전혀 다르다. 그런데 만약 한 가정을 왕국으로 보고 가부장을 절대군주라고 생각해야 한다면, 절대군주제라는 것은 너무나 취약하여 단기간의 권력밖에 갖지 못하게 될 것이다. 왜냐하면 앞에서 논술한 대로 가족의 주인이 그 가족 내 구성원에게 갖는 권력은 기간이나 범위, 어느 점에 대해서도 절대군주와는 전연 별개의 서로 다른 제한이 가해진 권력이기 때문이다. 즉 주인은 노예를 제외하면―가족 안에 노예가 있든 없든 가족은 동일한 가족이며, 가부장으로서의 주인의 권력 역시 크다―가족의 누구에게 대해서도 생사의 입법권을 갖지 못하며, 그 권력은 가족의 주인이 여자인 경우에도 변함이 없다. 그리고 가족 내의 각 개인에 대해서 매우 한정된 권력밖에 가지지 않는 자는 모든 가족에 대해 절대적인 권력을 가질 수 없다. 가족이든 그 밖의 어떤 사회든 그것이 본디 정치사회와 어떤 식으로 다른지 알기 위해서는 정치사회 그 자체의 본질이 어디에 있는지 생각해보면 가장 잘 이해될 것이다.

87 이미 앞에서 분명히 밝힌 바대로 인간은 태어나면서부터 다른 어떤 인간과도 평등하며―즉 세계의 수많은 사람들과 평등하며 완전한 자유를 소유하고―자연법이 정한 모든 권리와 특권을 제한받지 않고 누릴 자격이 부여된다. 따라서 인간은 자기 소유물―즉 생명, 자유, 자산―을 다른 사람의 침해와 공격으로부터 지키기 위한 권력뿐 아니라, 다른 사람이 자연법을 범했을 때에는 이것을 재판하고 또한 그 범죄에 상당하다고 믿어지는 벌을 가하고, 범행의 흉악함으로 인해 사형이 필요하다고 생각되는 죄에 대해서는 사형에 처할 수도 있는 권력을 태어나면서부터 가지고 있는 것이다. 그러나 정치사회는 그 자체 안에 소유물을 보전할 권력과 그것을 위해 사회의 모든

사람들의 범죄를 처벌할 권력을 갖지 않으면 존재할 수도, 존속할 수도 없다. 따라서 사회의 성원 한 사람 한 사람이 이와 같은 자연적인 권력을 포기하고 사회에 의해서 만들어진 법률의 보호를 받도록 호소할 수 있는 모든 사건에 관해 이것을 공동사회의 손에 위임하는 경우에만 비로소 정치적 사회는 성립되는 것이다. 이렇게 모든 개개의 구성원의 개인적인 재판권은 모두 포기되고, 공동사회가 모든 당사자에게 공평하고 일정한 영속적인 규제에 의해 심판관이 된다.

또한 공동사회로부터 이와 같은 규칙을 시행할 수 있는 권한을 받은 사람들의 손을 통해 권리 문제에 관한 그 사회 구성원 사이에 일어날 수 있는 모든 다툼에 대해 판결한다. 그리고 그 사회에 대해서 그 구성원이 범한 범죄를 법이 정하는 형벌로써 처벌한다. 이것으로 정치사회에 속한 사람과 속하지 않은 사람의 구별이 쉬워진다. 결합하여 하나의 단체를 만든 사람들 사이에서 일어나는 다툼을 판결하고 범죄자를 처벌할 수 있는 권위를 갖는 법과 재판소—즉 뭇 사람들에게 공통적으로 적용되도록 확립된 법과 재판소—에 호소할 수 있는 사람들은 서로가 시민사회를 형성하고 있다고 할 수 있다. 그러나 그렇게 호소할 수 있는 공통의 장소—내가 말하는 것은 지상이다—를 갖지 못한 사람은 아직 자연 상태에 있는 것이며, 이 경우 다른 재판관이 없기 때문에 각자 스스로 재판관이 되며 법의 집행관이 된다. 이것은 앞에서 보인 바와 같이 완전한 자연 상태이다.

88 이렇게 해서 국가는 그 사회 구성원 사이에 일어난, 처벌받아 마땅하다고 여겨지는 여러 가지 범죄에 대해서 어떤 형벌을 가해야 할지 정할 수 있는 권력을 갖게 된다—이것이 입법권이다. 동시에 국가는 그 사회 구성원이 아닌 자가 그 사회 구성원에게 가한 침해를 처벌할 수 있는 권력도 갖게 된다—이것이 전쟁과 평화의 권력이다. 이것은 모두 그 사회의 모든 구성원의 소유물을 보전하기 위해서이다. 이처럼 시민사회에 들어가 어떤 한 나라의 일원이 된 사람은 자연법에 위배되는 범죄를 자기의 개인적인 판단에 따라 처벌할 수 있는 권력을 포기하는 것이 된다. 그리고 그는 위정자에게 호소할 수 있는 모든 경우 그가 죄의 재판권을 입법권으로 위임하게 되면 국가에 의한 범죄의 판결을 집행하기 위해서 언제라도 그의 힘을 사용할 수 있는

권리도 국가에게 위임하게 되는 것이다. 왜냐하면 국가에 의한 심판은, 그 자신과 대표자에 의해 내려지기 때문에 실제로는 그 자신이 판결한 것과 다름없기 때문이다. 우리는 바로 여기에서 시민사회의 입법권과 행정권의 기원을 알 수 있다. 그것은 국가 내에서 벌어진 범죄를 어느 정도에서 처벌할 것인지 확립된 법률에 따라 판결하며, 또한 국외에서의 침해에 대해서 어느 정도까지 응징이 가해져야 하는지 그 정황에 기초하여 내려진 판단에 따라 결정할 수 있는 권력이다. 또한 어떤 경우에나 필요하다면, 모든 구성원의 힘을 사용할 수 있는 권력이기도 하다.

89 일정한 수의 사람들이 서로 결합하여 하나의 사회를 구성하며 모든 사람이 자연법의 집행권을 포기하고 그것을 공공의 손에 맡기는 경우에 한해, 비로소 정치사회 또는 시민사회가 성립하게 된다. 그리고 이것은 자연 상태에 있던 사람들이 사회에 들어가 최고의 통치 권력하에 하나의 국민, 하나의 정치체를 만드는 경우, 또는 어느 누군가가 이미 존재하는 통치 체제에 참가하여 이것과 하나가 되는 경우, 언제든지 발생한다. 왜냐하면 사람은 이것으로 사회 또는 이와 동일한 사회의 입법부에 사회의 공공선이 요구하는 바에 따라 자신을 대신하여 법을 제정할 권위를 위임한 것이기 때문에 이 법의 집행에 대해—자기 자신의 명령에 대해서와 마찬가지로—자기 자신의 조력을 제공할 의무를 갖는다. 그리고 이것으로 사람들은 모든 분쟁을 재결(裁決)하고 공동체의 어떤 구성원에게도 일어날 수 있는 침해를 구제해 줄 권위를 갖춘 재판관을 지상에 세움으로써 자연 상태에서 벗어나 국가 상태로 들어가게 된다. 그 재판관은 입법부 또는 입법부가 임명한 위정자이다. 따라서 얼마간의 사람들이 서로 통치는 해도 그들이 호소할 수 있는 이러한 재결권이 없는 곳이라면 사람들은 아직 자연 상태에 있는 것이다.

90 여기에서 분명한 것은 일부 사람들에게 지상에 존재하는 유일한 통치 형태로 간주되는 절대군주제가 실제로는 시민사회와 모순되고 있어 시민적 통치 형태가 될 수 없다는 것이다. 왜냐하면 이것은 시민사회의 목적이 각 개인이 자기 자신의 사건에 관한 재판관이 됨으로써 필연적으로 발생하게 되는 자연 상태의 불합리를 피하고 또한 이것을 교정하는 데 있기 때문이다.

이를 위해 시민사회는 그 사회의 각 구성원이 침해를 당하거나 각 구성원 사이에 분쟁이 발생했을 때 호소할 수 있는 권위를 설정하게 되며, 사회의 각 구성원은 이 권위를 따르게 된다.*¹ 하지만 사람들 사이의 분쟁을 재결하기 위해 호소할 수 있는 권위를 가지지 못한 사람들은 어디에서나 아직도 자연 상태에서 생활하는 것과 같다. 그러므로 모든 절대군주는 그의 지배하에 있는 사람들과의 관계에 대해서 자연 상태에 놓여 있다.

91 절대군주는 입법권과 행정권 모두를 자기가 독점하고 있다고 생각한다. 그래서 거기에는 군주가 직접 또는 그의 명령으로 입게 될지도 모르는 침해나 불합리에 대하여 공정하게 차별 없이 권위를 가지고 구제와 보상을 기대할 수 있는 판결을 내려줄 만한 재판관이 있을 리 없다. 따라서 그러한 것을 호소할 길이 없다. 때문에 차르(제정 러시아), 대군주(터키) 또는 어떤 칭호로 부르든 간에 그러한 사람들은 그들의 지배에 놓여 있지 않은 사람들에게 자연 상태의 존재인 것처럼 그 지배하에 있는 모든 사람에게 있어서도 자연 상태의 존재인 것이다. 여기에 권리상 분쟁을 호소하기 위한 어떤 확정된 영속적인 법률과 공통의 재판관을 갖지 못한 두 사람이 있다고 하자. 이러한 경우 그들은 아직 자연 상태에 있는 것이다. 왜냐하면 이 상태에 수반되는 모든 폐단을 그대로 겪으며 살아가야 하기 때문이다.*² 단 이러한 인간과 절대군주의 신민, 아니 신민이라기보다는 오히려 노예와의 사이에서 단 하나 다음과 같은 비참한 차이점이 있을 뿐이다. 즉 통상의 자연 상태에서 사람은 자기의 권리에 관하여 재판할 수 있는 자유와 최선을 다하여 자기의 권리를 유지할 수 있는 자유가 있다. 그러나 이에 대해 그의 소유물이 군주의 의지와 생명에 의해 침해당하는 경우에는, 그것이 어떤 경우든 그는 사회 안에 있는 사람이라면 당연히 가져야 하는 호소할 곳을 전혀 갖지 못한다. 그뿐만 아니라, 그는 마치 이성적인 피조물의 공통된 상태에서 전락한 것처럼 자기 권리에 관하여 재판할 수 있는 자유와 이것을 지킬 수 있는 자유를 거부당하게 된다. 이렇게 그는 구속당하지 않는 자연 상태에 있으면서도 아첨으로 타락하고 권력으로 무장한 사람들에게 받을 수 있는 모든 불행과 불합리한 것을 겪게 되는 것이다.

에리자베스 1세(1533~1603)
영국의 절대군주. 영국이 대국으로서 세계적으로 두각을 나타내던 시기에 군림했던 위대한 여왕이다.

92 절대적 권력이 인간의 피를 정화시키고 인간 본성의 비천함을 바로잡는다고 생각하는 사람은 현대의 역사서든 다른 어떤 시대의 역사서든 읽어본다면 사실은 그와 정반대라는 것을 납득하게 될 것이다. 아메리카의 숲속에 사는 오만하고 공격적인 사람이 왕위에 오른다 해도 좀처럼 선량해지지 않을 것이다. 그러한 사람이 왕위에 오르게 되면, 분명 그는 그 신민에 대해 행한 모든 것을 정당화하는 학문과 종교를 찾아내려 할 것이며, 그가 하는 일에 감히 이의라도 제기하는 사람이 있다면 모두 그의 검에 침묵하게 될 것이다. 이러한 상황에서 절대군주제가 백성에게 베풀어야 하는 보호란 어떤 것인가. 그것은 군주를 어떤 종류의 국부(國父)로 만드는가. 또한 이런 종류의 통치가 완성되는 경우 그것은 시민사회에 어느 정도의 행복과 안전을 가져다주는가. 이것은 실론에 관한 최근 기술*³을 읽어보면 쉽게 알 수 있다.

93 세계의 다른 통치 제도에서와 마찬가지로 절대군주제에서도 신민은 법이나 재판관에게 호소할 수 있고, 그들 사이에서 일어날 수 있는 어떤 분쟁이나 폭력 행위에 대해서도 이를 심판하고 제지해줄 재판관을 가질 수 있다. 누구나 이러한 제도가 필요하다고 생각하며, 만일 그것을 빼앗으려는 사람이 있다면, 그 사람은 사회와 인류에 대한 공공연한 적으로 간주되어야 한다고 믿고 있다. 그러나 이것이 과연 인류와 사회에 대한 참된 애정에서 나온 것인지, 아니면 우리 모두가 서로에게 베풀어야 하는 동포애에서 나온 것인지 여부에 대해서는 의구심이 생긴다. 왜냐하면 그것은 자기의 권력이나 이익 또는 위대함을 사랑하는 사람들이 자기의 쾌락과 이익을 위해서만 노동하고 수고하는 동물들이 서로 상처를 입히거나 죽이는 일이 없도록 하기 위해 당연히 만들어야 하는 것이기 때문이다. 따라서 그것들을 보살펴주는 것은 주인이 이 동물들을 사랑하기 때문이 아니라, 자기 자신에 대한 사랑과 동물들이 그에게 가져다주는 이익 때문이다. 이런 상태에서 이 절대지배자의 폭력과 압박에 대해 과연 어떤 보장과 방호책이 있는가 하는 물음이 제기될 것인가? 이런 물음 자체가 허용되지 않을 것이다. 그들은 자신의 안전을 요구하기만 해도 당연히 죽음을 당할 것이다. 신민들 사이에 그들 서로의 평안과 안전을 위해 기준, 법, 재판관이 존재해야 한다는 것은 그들도 인정한다. 그러나 지배자에 관해서는, 그는 어떠한 상황에서도 절대적이어야 한다

고 생각한다. 지배자는 얼마든지 해악을 가할 수 있는 권력을 가졌기 때문에 그의 모든 행위는 정당한 것이 된다. 어떻게 하면 침해와 해악으로부터 몸을 지킬 수 있을까 하는 물음 자체는, 매우 강대한 힘을 휘두르며 그것을 행사하고 있는 측에 있어서는 음모와 반란의 소리로밖에 들리지 않는다. 이것은 마치 모든 인간이 자연 상태를 포기하고 사회에 들어가면서 한 사람을 제외한 모든 사람은 법의 구속하에 있어야 하지만, 한 사람만은 자연 상태의 자유를 누리고 권력을 통해 증강하고 독단적으로 행동해도 죄에 붙여지지 않는다고 합의하는 것과 다름 없다. 이것은 인간이 스컹크나 여우에게 화를 입지 않도록 주의를 하면서도 사자에게는 잡아먹혀도 만족하고 오히려 안전하다고 생각하라는 것만큼 어리석은 것이다.

94 절대군주의 추종자들이 민중의 오성(悟性)을 기만하기 위해 무슨 말을 하든 사람들의 감정까지 방해할 수는 없다. 사람들이 그들이 속해 있는 시민사회의 경계 밖에서 어떤 지위에 있는 누군가에게 해악을 당하고, 또한 이것을 호소할 만한 수단이 지상에 없다는 것을 인식하게 되면, 그들은 그들 자신을 자연 상태에 있다고 생각하게 된다. 그리고 시민사회의 첫 번째 목적이며 그들이 거기에 참가한 유일한 목적인 시민사회 안에서의 안전과 보장을 가능한 빨리 얻기 위한 조치를 취할 것이다.

따라서 아마도 처음에는, 이 부분에 대해서는 이 논문의 뒷부분에서 상세히 논할 생각이지만, 누군가 한 사람의 훌륭하고 탁월한 사람이 무리 중에서 나오게 되면, 그 선행과 미덕에 대해 자연적인 권위와 같은 존경을 받게 될 것이다. 그 결과 최고의 지배권이, 사람들 사이의 불화를 중재할 수 있는 권리와 함께, 묵시적인 동의에 의해 그의 수중에 맡겨진다. 그때 사람들은 그의 공정성과 예지를 믿기만 했을 뿐 다른 어떤 주의도 기울이지 않았다. 그런데 이와 같은 관습은 시간이 흘러감에 따라 처음의 부주의와 예측하지 못한 단순한 생각에서 비롯된 관습에 권위가 붙고—일부 사람들이 주장한 것처럼—신성함이 더해지게 되었다. 그리고 전혀 다른 형태의 상속인이 나타나게 되었다. 그리하여 사람들은, 통치의 목적은 소유물의 보전 이외에는 없음에도, 그들의 소유물이 그러한 통치하에서는 안전하지 못하다는 것을 알게 되었다. 때문에 그들은, 원로원이든 의회든 명칭이 뭐든 상관없지만, 사람들의 집단 안에 입법부가 설치되기 전까지는 안전도 없고 안전할 수도 없으며, 또한 자기들이 시민사회 안에 있다고 생각할 수조차 없었다.*4 이 입법부의 설치로 모든 개인은 그리고 다른 어떤 비천한 사람들과 함께 그들이 입법부의 일원이 되어 만든 법에 평등하게 속하게 되었다. 그리고 한번 법이 제정되면 어떤 사람도 자기 자신의 권위로 그 법의 힘을 피할 수 없으며, 또한 신분이 높다는 구실로 법적용의 면제를 주장하고 그것에 의해 자기 자신이나 자기 부하의 잘못을 용서받을 수 없었다. 시민사회에서는 어떤 사람도 그 법을 피할 수 없다.*5 왜냐하면 만약 누군가가 스스로 적당하다 생각하는 것은 무엇이든 해도 좋고, 그가 가한 해악에 대해 구제나 안전을 찾아 호소할 장소가 지상에 존재하지 않는다면, 그 사람은 아직 완전히 자연 상태에 있는 것이 아닌가. 따라서 시민사회의 일부 또는 일원일 수 없는 것은 아닌가 나는 묻고 싶기 때문이다. 단 자연 상태와 시민사회가 똑같은 것이라고 누군가 말한다면 이야기는 달라지겠지만, 그런 것은 무정부주의를 아무리 강하게 옹호하는 사람도 주장한 적이 없을 것이다.

〈주〉

*1 '모든 사회의 공권은 그 사회에 포함되어 있는 구성원에 상위한다. 그 권력의 주요한 용도는 그 지배하에 있는 모든 사람에게 법을 부여하는 것이다. 그리고 이성법이나 신의 법이 그 반대를 명하면 사람들이 납득하지 못한 이유가 제시되지 않는 한, 우리는 이 법을 따라야 한다.'(후커 《교회조직론》 제1권 제16절)

*2 '이러한 모든 서로의 고통과 위해, 해악, 즉 자연 상태에 있는 사람들에게 동반되는 이러한 것들을 제거하기 위해서는 뭔가 어떤 종류의 공공의 통치를 정하여 그것을 따르게 함으로써 그들이 조화와 일치에 도달할 수 있도록 힘쓰는 것 이외에 다른 방법은 없었다. 그 때문에 사람들은 그것에 지배와 통치의 권위를 허용하고 그들의 손으로 사람들의 평화와 안정과 행복한 상태를 확보할 수 있게 한 것이다. 사람들은 폭력과 위해가 가해지는 곳에서는 자기가 스스로를 방위해야 한다는 것을 알고 있었다. 또한 사람들이 아무리 스스로의 안락을 찾게 되더라도, 만약 그것이 다른 사람에게 위해를 주는 것이라면 그것은 허용되어서는 안 되며, 모든 사람에 의해 모든 유효한 수단으로 저지 되어야 한다는 것을 알고 있었다. 마지막으로 사람들은 어떤 사람이든 자기가 매우 사랑하고 있는 사람들에 대해 편애를 하기 때문에 누구나 스스로 자신의 권리를 제정하고, 자기 자신의 결정에 따라 권리를 지키게 하는 것이 정당하지 않다는 것을 알고 있었다. 또한 그런 까닭에 사람들이 공통의 동의를 통해 모두가 인정한 사람의 명

령에 모두가 따르지 않으면 분쟁이나 갈등이 끝이지 않을 것이라는 것, 그리고 이러한 동의 없이는 어떤 인간이 다른 인간에 대해 지배하거나 재판할 이유가 없다는 것을 알고 있었다.'(후커《교회조직론》제1권 제10절)

*3 영국의 해군으로 저술가였던 로버트 녹스(1638~1700년경)의 저서《동인도제도에서의 실론 섬의 역사》(1681).

*4 '최초에 어떤 종류의 통치가 성립되면 통치의 방식으로서 이 이상의 것을 생각하지 못하고, 모든 것은 지배자가 될 사람의 지혜와 재량에 맡겼다. 그러나 점차 경험을 거듭하게 되자 사람들은 그 지배가 모든 국면에게 매우 불합리하다는 것을 알게 되었다. 그것은 마치 치료를 위해 고안한 것이 사실은 치유해야 할 상처를 도리어 악화시킨 것과 같다. 사람들은 한 인간의 의지를 따라 살아가는 것이 만인의 불행의 원인이 된다는 것을 알게 되었다. 때문에 사람들은 어쩔 수 없이 법을 만들어, 그것으로 만인이 그들의 의무를 미리 알고, 그것을 거스르면 어떤 형벌을 받게 되는지 알 수 있게 한 것이다.'(후커《교회조직론》제1권 제10절)

*5 '시민법은 모든 정치체의 결의이기 때문에, 그 정치체의 모든 부분을 지배한다.'(후커 《교회조직론》제1권 제10절)

제8장 정치사회의 기원에 관하여

95 앞서 기술한 바와 같이 인간은 본디 모두 자유롭고 평등하며 독립된 존재이기 때문에, 스스로 동의하지 않는 한 누구도 이 상태에서 쫓겨나 다른 사람의 정치적인 권력에 복종하도록 강요받을 수 없다. 사람이 세상에 태어날 때부터 갖는 자유를 포기하고 시민사회의 구속을 받아들이는 유일한 방법은, 개인의 소유물을 안전하게 지키고 외부 사람들로부터 보다 확실한 안전을 누리면서 다같이 평화로운 생활을 보내기 위해 다른 사람들과 합의하여 하나의 공동사회를 형성하고 결합하는 것이다. 이러한 합의는 사람의 수와 관계없이 가능하다. 이것이 다른 사람의 자유를 침해하는 행위는 아니기 때문이다. 즉 다른 사람들은 종전과 같이 자연 상태인 채로 남겨지는 것이다. 사람 수에 상관없이 사람들이 하나의 사회 또는 정부를 만드는 것에 동의했다면, 그것에 의해 그들은 바로 결합하여 하나의 정치체를 만들게 되고 거기에서 다수파가 그 밖의 사람을 움직이고 결정할 권리를 갖는 것이다.

96 사람 수가 어찌되든 사람들이 각 개인의 동의에 의해 하나의 공동사회를 만들게 되면 그들은 그것으로 그 공동사회를 하나의 권력으로 움직이는 하나의 단체로 만든 것이 되며, 그 단체는 다수파 사람들의 의지와 결정에 의해서만 존재하기 때문이다. 다시 말해 어떤 공동사회를 움직이는 것은 그것을 구성하는 각 개인의 동의에 의해서만이며 그리고 하나의 단체는 하나의 목표를 위해 움직일 필요가 있기 때문에 그 단체는 보다 강한 힘을 가지는 쪽이 이끄는 목표를 향해 움직여야 한다. 그것이 다수파의 동의라는 것이다. 그렇게 하지 않으면 그것은 하나의 단체 또는 하나의 공동사회로서 행동하고 존속할 수 없게 될 것이다. 하나가 되어 행동하는 것은 결합하여 그 단체를 형성한 각 개인의 동의에 의해 의견의 일치를 본 경우이다. 따라서 각 개인은 그것에 동의한 이상, 다수파의 결정을 따라야 한다. 그 때문에 이

미 알고 있는 바와 같이 실정법에 따라 결의를 행할 수 있는 권한을 부여받은 의회에서는, 그 권한을 준 실정법이 특별히 수를 정하지 않는 한 다수파의 결의가 전체 결의로서 통용된다. 그리고 그것이 자연법과 이성법에 의해 주어진 것으로서 전체 권력을 결정하는 것은 당연하다.

97 각 개인은 다른 사람들과 하나의 정부 아래 하나의 정치체를 만드는 데 동의함으로써, 그 사회의 각 구성원은 다수파의 결정에 따르고 복종해야 하는 의무를 갖게 되는 것이다. 만약 그가 여전히 자유로운 상태에 있고 일찍이 자연 상태에 있었을 때의 구속밖에 받지 않는다고 한다면, 각 개인이 다른 사람과 결합하여 하나의 사회를 만든다고 하는 이 원시적 계약은 아무런 의미가 없으며 계약이라고 말할 수도 없을 것이다. 그렇다면 대체 거기에는 어떤 형태의 계약이 있는 것인가. 그 자신이 스스로 적당하다고 생각하거나 실제로 동의한 것 이외에는 사회의 어떠한 명령에도 구속될 수 없다고 한다면 새로운 계약이라는 것이 성립될 수 있다는 것인가. 이것은 그가 계약을 체결하기 전에 가지고 있던 자유 또는 자연 상태에서 누구나 가지고 있는 만큼의 커다란 자유를 여전히 누리고 있는 것이나 다름없으며, 그런 사람은 오직 자신에게만 복종하고 자기가 적당하다고 생각한 경우에만 그 사회의 결정에 동의할 것이다.

98 만약 다수의 동의가 전체의 결의로서 정당하게 받아들여지지 않고 또한 각 개인을 구속하지 않는다고 하자. 그렇게 되면 모든 개인의 동의를 얻어야 어떤 결정을 전체의 결의로 할 수 있다. 하지만 모든 개인으로부터 이와 같은 동의를 얻어내기란 거의 불가능에 가깝다. 온 국민 가운데 아주 일부에 지나지 않는다 해도 병약하거나 직업적인 상황 때문에 어쩔 수 없이 공공 집단에 나오지 못하는 사람이 있기 때문이다. 또한 이와 더불어 모든 인간집단이라면 어디서든 발생하기 마련인 의견의 불일치와 이해의 대립을 생각해볼 때 그러한 조건에서 사회를 결성한다는 것은 마치 카토가 퇴장하기 위해 극장에 들어가는 것과 같은 것이 될 것이다.*1 이러한 제도하에서는 아무리 강한 리바이어던*2이라 할지라도 가장 연약한 생물보다 훨씬 생명력이 약해, 태어난 그날 하루도 살 수 없을 것이다. 그러나 이성적인 피조물이 단

지 이것을 해체시키기 위해 사회를 희망하고 구성하는 것은 도저히 상상할 수 없는 일이다. 왜냐하면 다수가 나머지 사람을 구속할 수 없는 곳이라면 사회는 하나의 단체로서 행동할 수 없으며 따라서 금세 다시 해체되어 버릴 것이기 때문이다.

99 따라서 자연 상태를 벗어나 하나의 공동사회를 형성하는 사람이라면 누구나 그것을 결합한 목적에 필요한 권력 모두를, 과반수 이상의 사람이 명백하게 동의하지 않는 한, 그 공동사회의 다수파에게 양도한 것으로 이해해야 한다. 이 같은 권력의 양도는 하나의 정치사회를 형성하고자 단순히 합의하는 것으로써 이루어진다. 그런데 이런 동의는 국가에 가입하든가 아니면 국가를 구성하는 개개인들 사이에서 맺어지는 또는 반드시 맺어져야 하는 계약의 전부이다. 이러한 이유에서 어떤 정치사회가 시작되고 실제 구성되는 것은 다수파를 형성할 수 있는 다수의 자유인들이 그러한 사회를 만드는 데 동의하는 것이다. 이것이, 아니 이것만이 이 세계에서의 모든 합법적인 통치체(정부)를 탄생시켰고, 탄생시킬 수 있었다.

100 이러한 주장에 대해 두 가지 반대 의견이 있을 수 있다.
첫째, '서로가 독립되고 평등한 한 단체의 사람들이 함께 모여 이런 방법으로 통치체를 탄생시키고 수립한 예를 역사서에서 찾아 볼 수 없다'는 것이다.
둘째, '모든 사람은 태어남과 동시에 통치하에 놓이게 된다. 모든 사람은 그 통치에 복종해야 하므로 자유롭게 새로운 통치를 탄생시킬 수 없다. 따라서 사람들은 당연히 그런 일을 할 수 없다'는 것이다.

101 먼저 첫 번째 반대 의견에 대해서는 다음과 같이 대답할 수 있겠다. 자연 상태에서 함께 생활하던 사람들에 관한 기록이 역사로 거의 남아 있지 않은 것은 조금도 이상한 일이 아니다. 자연 상태에서 불편함을 느껴 사회를 동경하고 필요로 했기 때문에 그들 중 몇몇 사람들이 모여 서로 하나가 되었고, 그들이 계속해서 집단생활을 지속하려는 마음을 먹는 한 그들은 결합하고 합체한다. 가령 자연 상태에 있던 사람들에 관해 별로 들은 것이 없기 때문에 인간이 일찍이 자연 상태에 있었는지 상상할 수 없다면, 이는 살마나세

르*3나 크세르크세스*4의 군대 병사들이 성인이 되어 군대에 동원되기까지 그들에 대해 거의 들은 적이 없기 때문에 그들에게 아이였던 때가 없었다고 생각하는 것과 같다.

통치라는 것은 어떤 곳에서건 문자로 기록되기 이전부터 있어 왔다. 본디 문자라는 것은 시민사회가 오랫동안 지속되어, 다른 필요한 기술에 의해 그들의 안전과 안락과 풍요로움이 정비되고 난 뒤에야 사람들 사이에 보급되었다. 그리고 문자가 이용되고 나서야 비로소 사람들은 선조들의 역사를 탐색하고, 그 기원을 찾기 시작했다. 하지만 그때

영국 철학자 토머스 홉스의 《리바이어던》

는 이미 너무 오랜 세월이 지나 사람들은 그것에 관한 기억을 모두 잊어버렸다. 통상 자기 자신의 출생이나 유소년기에 대해 잘 모르는 것과 마찬가지로 국가도 개인과 마찬가지이다. 따라서 만약 그들이 자기의 기원에 관하여 뭔가를 알게 된다면, 그것은 우연히 다른 사람 손에 보관되고 있던 기록 덕분일 것이다. 세계의 어떤 정치 형태에 관해서도 우리가 가지고 있는 기록은 모두 내가 앞에서 논한 것과 같은 그러한 기원의 명백한 실례이거나, 또는 적어도 그 명백한 발자취를 보여주는 것이다. 신이 직접 관여한 것으로 되어 있는 유태인의 기록은 예외이지만, 이 역시 부권적 지배설에는 유리할 것이 없다.

102 로마나 베네치아의 기원은 서로가 어떠한 우월성이나 복종의 관계를 갖지 않는 자유롭고 독립된 몇몇 사람들의 결합에 의한 것이었다. 이를 인정

하지 않는 사람은 사태의 명백한 증거가 자기가 세운 가설과 일치하지 않을 때 그것을 부정해 버리는 기묘한 성향을 드러낸다.

만약 호세 데 아코스타*5의 말을 그대로 받아들인다면, 그는 아메리카의 대부분 지역에서는 통치가 전혀 존재하지 않았다고 우리에게 가르치지만 페루 사람에 대해서는 다음과 같이 말하고 있다.

'오늘날의 플로리다에 사는 체리콰나족이나 브라질 사람들 그 외 많은 민족들이 일정한 왕이 없이 평화로울 때에나 전쟁을 할 때에나 필요에 따라 그 우두머리를 선발하는 것과 마찬가지로 이 사람들(페루사람) 역시 오랫동안 왕도 나라도 없이 집단을 이루며 생활해 왔다는 것은 확실하고 타당한 추측이다.' (《신대륙자연문화사》 제1권 제25장)

만약 그곳의 모든 사람이 자신의 아버지나 그 가족의 우두머리에게 복종을 강요당한다 하더라도, 아버지에 대한 자식의 복종의 의무가 자식으로부터 그가 적당하다고 생각하는 정치사회를 형성할 자유를 빼앗는 것이 아니라는 것은 이미 증명한 바대로이다. 하지만 사정이 어떻든 이 사람들이 실제로 자유로웠다는 것은 분명하다. 오늘날 일부 정치학자가 이들 중 누군가에게 아무리 우월성을 인정해주려고 해도 그들 자신은 그런 것을 요구하지 않는다. 즉 그들은 동의에 의해 모두 평등하며 그 상태는 똑같은 동의에 의해 자신들 위에 지배자를 세울 때까지 계속된다. 때문에 그들의 정치사회는 모두 자발적인 결합과 그 지배자 및 통치 형태를 자유롭게 선택할 수 있는 사람들 사이의 동의에서 시작된 것이다.

103 나는 유스티누스*6의 기술(《필리피사》 제3권 제4장)에서처럼 팔란투스*7와 함께 스파르타를 떠난 사람들도 서로가 독립된 자유인이며, 자기 자신의 동의에 의해 자신들을 지배하는 통치를 창설한 것이라고 인정되기를 바란다.

지금까지 나는 역사 속에서 자유롭고 자연 상태에 있었던 사람들이 서로 모여 합체하고 국가를 창설한 몇 가지 예를 들어 보았다. 만약 이러한 예가 드물다는 점이 통치의 기원에 대한 나의 언급이 잘못되었고, 또한 그럴 것이라는 것을 입증하기 위한 논변이 된다 하더라도 부권의 절대지배권을 주장하는 사람들은 인간 본연의 자유에 반대하는 주장을 하기보다는 오히려 침묵하는 것이 좋지 않을까 생각한다. 왜냐하면 만약 그들이 부권을 근거로 하여 태어난 통치의 예를 내가 앞에 들었던 것과 같은 정도로 역사에서 들 수 있다면—하지만 과거의 사실을 논거로 하여 당연히 그렇다는 것을 이끌어내는 논법은 아무리 잘해도 그렇게 설득력 있는 것은 아니지만—그들의 주장을 인정해도 별로 대단한 위험은 없을 것이라고 생각하기 때문이다. 그러나 나는 이 문제에 대해 그들에게 실제의 통치 기원을 너무 깊이 파고들지 않는 것이 좋을 거라고 충고하고 싶다. 왜냐하면 대부분 통치의 기원을 보면 그들이 내세우는 이론적 구도나 그들이 주장하는 권력은 별로 바람직하지 않을 것이기 때문이다.

104 그러나 결론적으로 인간은 본디 자유로운 존재이고, 또한 역사상의 사례들은 평화로운 가운데 탄생한 세계 여러 통치체의 기원이 이러한 데 있으며 사람들의 동의에 의해 만들어졌다고 하는 것을 보여준다는 점에서 이성은 분명 우리 편에 서 있다. 통치체의 맨 처음 수립에 관한 올바른 진실이 어디에 있는지에 대해서나 지금까지 그것에 관한 인류의 의견 또는 관행이 무엇이었는지에 대해서나 거의 의문의 여지는 있을 수 없다.

105 역사의 지시에 따라 국가의 기원을 찾아 거슬러 올라가보면 대부분의 국가가 한 사람의 통치와 지배 아래에 놓여 있었다는 것을 알게 된다. 나는 이러한 사실을 부정하고 싶지는 않다. 또한 나는 토지는 광대하고 인구는 적은 곳에서 자주 볼 수 있는, 한 가족이 그 인원수가 많아서 그 가족만으로도 충분히 자립할 수 있어 다른 가족과는 섞이지 않고 완전한 일가족으로 존속하는 경우, 통치체가 통상적으로 아버지로부터 시작된다는 것 또한 인정할 용의가 있다. 왜냐하면 다른 사람들과 마찬가지로 아버지는 자연법에 의해 자연법에 대한 어떠한 침해에 관해서도 이것을 스스로 적당하다고 생각하는 대로 처벌할 수 있는 권력을 가지고 있었기 때문이며, 자식들이 유년기를 벗어나 성인이 된 뒤에도 죄를 지으면 처벌할 수 있었기 때문이다. 그리고 자식들 또한 아버지의 처벌에 따랐을 것이다. 또한 자식들이 처벌할 입장이 되면 그들은 아버지와 하나가 되어 모두 범죄자를 상대했을 것이다. 그리고 그때 자식들은 아버지에게 어떤 범죄에 대해서든 처벌할 수 있는 권력을 주고 그를 온 가족 구성원에 대한 사실상의 입법자, 통치자로 삼았다. 아버지는 신뢰받기에 가장

적합한 사람이었다. 아버지의 애정과 배려로 자식들의 소유물과 이익은 안전하게 지켜졌다. 또한 아이였을 때부터 아버지에게 복종해왔던 습관이 있기 때문에 다른 누구보다도 그에게 복종하기 쉬웠던 것이다.

이렇게 공동 생활을 하는 사람들 사이에서 통치체는 피할 수 없는 것이었으므로 그들이 한 사람의 지배자를 꼭 가져야 했다면, 그들의 아버지만큼 지배자로서 적합한 사람은 없었을 것이다. 하지만 태만함과 잔인함 그 밖에 심신의 결함으로 아버지가 지배자로서 부적합하다면 이야기는 달라질 것이다. 아버지가 죽은 뒤에 남은 다음 상속자가 미성년이고 지혜나 용기뿐 아니라 그 밖의 자질이 부족하여 지배자로서 적합하지 않은 경우, 또는 몇몇 가족이 함께 모여 생각하고 동의한 경우에, 사람들 스스로 본연의 자유를 행사하여 자기들을 지배하기에 가장 유능하고 가장 적임자라고 생각되는 사람을 지배자로 세웠을 거라는 것은 의심의 여지가 없다. 이에 적합한 예는 아메리카 원주민에게서 찾아볼 수 있다. 그들은—페루와 멕시코 두 제국의 지배력이 미치지 않는 곳에 살고 있었기 때문에—본연의 자유를 향수하고 있었으며, 조건이 같은 한 통상적으로 선왕의 상속인을 지배자로 선택하였다. 그러나 만약 이 상속인이 어딘가 약하고 무능하다는 것을 알게 되면, 그들은 그를 외면하고 가장 강하고 용감한 인물을 지배자로 세웠다.

106 역사 기록이 허용하는 최대한으로 거슬러 올라가 이렇게 인류가 이 세상에 살게 된 과정이나 여러 민족의 역사를 살펴보면, 통상적으로 통치는 한 사람의 수중에 있었다는 것을 알게 된다. 그렇다고 이것이 나의 주장, 즉 정치사회의 시작은 개인이 하나의 사회에 참가하고 개개인의 동의에 의해 형성하게 되며, 또한 이렇게 각 개인이 결합하여 자기들이 적당하다고 생각하는 어떤 형태의 통치를 수립할 수 있었다는 주장을 뒤엎지는 못한다. 그러나 이것이 사람들에게 통치란 본디 군주제이며, 아버지에게 속하는 것이라는 그릇된 의견을 갖게 할 것이기에 여기에서 왜 사람들이 맨 처음 이러한 통치 형태를 선택하게 되었는지를 고찰해보는 것도 나쁘지 않을 것이다. 이 통치형태는 아마 어떤 국가가 처음 만들어졌을 때에는 아버지의 탁월성에 의해 생겨났을 것이며, 처음에는 이 탁월성으로 권력이 한 사람의 손에 주어졌을 것이다. 그러나 한 사람이 지배하는 통치 형태가 존속된 이유는 아버지

의 권위에 대한 고려나 존경의 결과가 아니었다는 것은 분명하다. 왜냐하면 소군주국 모두 바꾸어 말하면 군주국의 거의 대부분은 성립 뒤 곧 선거제가 되는 것이 일반적이었고 적어도 때로 그렇게 되기도 했기 때문이다.

107 무엇보다 사람들은 어린 시절에 아버지의 지배에 복종하고 있었기 때문에 한 사람의 지배에 복종하는 것이 익숙해졌다. 또한 아버지의 그러한 지배는 신중하고 능숙하며, 사랑과 애정으로 대하게 되는 경우 사람들에게 그들이 사회에서 추구하는 정치적 행복을 보증하고 보전하기에 충분하다는 것을 가르쳐주었다. 따라서 그들이 모두 어릴 때부터 익숙해 있고 또한 경험을 통해 편하고 안전하다는 것을 알고 있던 이러한 통치 형태를 선택하고 자연스럽게 그것을 받아들였다는 것은 조금도 이상한 것이 아니었다. 더구나 사람들은 경험을 통해 통치 형태에도 여러 종류가 있다는 것을 아직 배우지 못했고, 또한 군주제가 세습을 거듭하다 보면 특권층의 부당한 확대나 절대 권력의 폐해가 생긴다는 것을 지배의 야망이나 오만한 예를 통해 배우지 못했다. 따라서 그들에게 군주제는 단순하고 너무나 알기 쉬운 것으로 보였을지도 모르겠다. 그렇다고 보면 그들이 지배권을 맡긴 사람들의 권력 남용을 막고 통치권의 다양한 부분을 각기 다른 사람의 손에 두어 그것의 균형을 꾀하는 방책을 굳이 강구하지 않은 것은 너무나 당연한 것이다.

그들은 전제적인 지배의 압박을 느끼지 않았으며, 또한 그 시대의 풍습으로나 그들의 소유물과 생활 양식으로나—이들은 탐욕이나 야망의 대상이 되지 않았기 때문에—그들에게는 전제에 대해 걱정하거나 미리 준비할 이유가 없었던 것이다. 그러므로 앞에서 논술한 것처럼 그들이 너무나 알기 쉽고 단순한 것을 선택한 것이 아니라, 당시의 상태나 조건에 가장 어울렸던 통치 체재를 채택한 것이다. 그러므로 이것은 조금도 이상한 일이 아니다. 즉 당시는 많은 법을 만들기보다 외적의 침입이나 침해에 대한 방비가 훨씬 중요했던 것이다. 사람들의 생활 양식이 대체적으로 검소하고 가난했기 때문에 사람들의 욕망은 각자의 아주 작은 소유에만 한정되어 있었다. 그런 까닭에 분쟁이 일어날 일이 거의 없었고 따라서 분쟁을 심판하기 위한 법률도 필요가 없었던 것이다. 또한 침해나 범죄도 적었기 때문에 재판도 필요 없었다. 게다가 그들은 서로가 친밀한 관계에 있었기에 함께 사회에 참가할 수 있었다. 친밀함과 우정으로 서로에게 신뢰를 보였다고 생각할 수 있다. 그렇다고 한다면 그들은 자기들 사이보다는 오히려 다른 사람에 대해 더 큰 위험을 가지고 있었을 것이다. 그런 까닭에 그들이 가장 걱정하고 염려한 것은 오직 어떻게 하면 외적으로부터 몸을 안전히 지킬 수 있을까 하는 것이었을 것이다. 그들이 그러한 목적에 가장 도움이 되는 통치 체제를 수용하고 역시 전쟁 때에는 그들을 지휘하며 적과 맞서 선두에 나서 줄 가장 현명하고 용감한 사람을 지배자로 선택한 것은 너무나 당연한 일이다.

108 우리는 이 아메리카 원주민의 왕들이 그들 군대의 장군과 별반 다르지 않다는 것을 알게 되었다. 이 점에서 아메리카는 아직 아시아와 유럽의 초기 시대, 즉 그 국토에 비해 주민이 매우 적고 인구와 화폐가 부족하여 사람들이 소유지를 넓히거나 더 넓은 면적의 토지를 얻기 위해 서로 다툴 마음이 전혀 없는 시대에 해당한다. 따라서 왕들은 전쟁시에는 절대적인 명령권을 휘둘렀지만, 평화시에는 지배권을 거의 행사하지 않는 매우 제한된 왕권만을 가졌다. 평화와 전쟁의 결정권은 통상적으로 민중이나 평의회에 있었다. 하지만 전시에는 다수의 통솔자가 허용되지 않기 때문에 명령권은 자연스럽게 왕에게 위임되었다.

109 이스라엘에서도 심판관과 초창기 왕들의 주요한 업무는, 전쟁시 지휘관으로서 군대의 통솔자가 되는 것이었다. 이 점은—'민중 앞에서 나오고 들어온다'는 말이 의미하는 것, 다시 말해 전쟁에 나아갈 때나 귀환할 때나 군대의 선두에 선다는 의미 이외에도—입다의 이야기에도 분명하게 나타나 있다. 암몬 사람들이 이스라엘을 상대로 전쟁을 일으켰을 때, 길르앗 사람들은 몹시 두려워하며 그 집안에서 사생아라는 이유로 쫓겨난 입다에게 사자(使者)를 보내 암몬 사람과의 싸움에 힘을 빌려 준다면 그를 자기들의 지배자로 삼겠다는 협정을 체결한다. 이것을 그들은 다음과 같이 적었다.
'백성들이 그를 자기들의 머리와 장관으로 삼은지라.'($\binom{\text{사사기}}{11:11}$)
그런데 이것은 심판관이 되는 것과 같은 것이었다.
'길르앗 사람인 입다가 이스라엘의 판관이 된 지 6년이라…….'($\binom{\text{사사기}}{12:7}$)
바로 그는 이스라엘의 총지휘관이었다. 마찬가지로 요담이 세겜 사람들에게 그들의 심판관이며 지배자였던 기드온에게 입은 은혜를 잊어버렸다는 이유로 책망했을 때에도 이렇게 말했다.

'그는 너희를 위해 싸우고, 생명을 아끼지 않고 너희를 미디안의 손에서 건져내었거늘…….'($^{\langle 사사기 \rangle}_{9:17}$)

다시 말해 기드온에 관해 장군으로서의 업적 이외에는 아무 것도 언급하지 않는다. 실제 그의 경력에 관해서도 그 안에서 찾아 볼 수 있는 것은 이것뿐이며 다른 심판관들도 마찬가지이다. 또한 아비멜렉에 대해서도 장군에 지나지 않았지만 왕으로 부르고 있다.

또한 이스라엘의 자손들이 사무엘 자손들의 악행을 더는 참지 못하고 '우리도 다른 나라들처럼 우리 왕이 우리를 다스리며 직접 나서서 싸움을 할'($^{\langle 사무엘(상) \rangle}_{8:20}$) 왕을 원했을 때에 하느님은 이 소망을 들으시고 다음과 같이 사무엘에게 말한다.

'사람 하나를 네게 보낼 테니, 너는 그에게 기름을 부어 구별하여 내 백성 이스라엘의 지도자로 삼으라. 그가 내 백성을 블레셋 사람의 손에서 구원하리라.'($^{\langle 사무엘(상) \rangle}_{9:16}$)

마치 왕의 임무가 그 군대를 인솔하고 그 방위를 위해 싸우는 데 있는 듯 하다. 그래서 사무엘은 사울의 취임식에서 그의 머리에 기름을 붓고 사울에게 '여호와께서 네게 기름을 부으사 이스라엘의 지도자로 삼지 아니하셨느냐'($^{\langle 사무엘(상) \rangle}_{10:1}$) 선언한다. 그러므로 사울이 추대되고 미스파에서 부족들에 의해 왕으로서 인사를 받았을 때, 사울을 왕으로 삼는 것을 탐탁하지 않게 생각한 사람들이 주장한 이의는 '이 사람이 어떻게 우리를 구원하겠느냐'($^{\langle 사무엘(상) \rangle}_{10:27}$)뿐이었다. 이것은 마치 이 사람은 전쟁이 일어났을 때 우리를 지켜줄 만한 기술이나 지휘력이 없기 때문에 왕으로서는 적합하지 않다고 말하는 듯하다.

또한 하느님께서 다윗에게 통치권을 넘기려고 결정하였을 때의 말은 다음과 같다.

'지금 왕의 나라는 길지 못할 것이다. 여호와께서 왕에게 명하신 바를 왕이 지키지 아니하였으므로 여호와께서 그 마음에 맞는 사람을 구하여 그 백성의 지도자로 삼으셨느니라.'($^{\langle 사무엘(상) \rangle}_{13:14}$)

이것은 마치 왕의 모든 권위가 그들의 장군이 되는 것 이외에는 아무것도 아니었다는 것처럼 들린다. 때문에 끝까지 사울 일족에 충성을 다하며 다윗의 지배를 반대하던 부족들이 다윗에게 복종한다는 조건으로 헤브론에 왔을 때 그들이 그들의 왕으로서 다윗에게 복종하지 않을 수 없는 여러 가지 이치를 늘어놓으며 다윗은 사실상 사울 시대부터 자신들의 왕이었으며, 따라서 지금 그를 왕으로 맞이하는 것은 당연하다고 말한다. 그들의 말은 다음과 같다.

'전에 사울이 우리의 왕이었을 때에도 이스라엘을 인솔하고 출전하신 분은 왕이셨고, 여호와께서도 말씀하시기를 네가 내 백성 이스라엘의 목자가 되며 이스라엘의 영도자가 되리라 하셨나이다'(〈사무엘(하)〉 5 : 2)

110 이와 같이 한 가족이 점차 커져서 하나의 국가로 발전된 경우 아버지의 권위가 장남에게 계승되고, 그런 아버지의 권위 아래에서 성장한 사람은 누구나 암묵 중에 그 권위에 복종하였다. 그 권위는 편안하고 평등하였으므로 누구에게도 상처를 주지 않았기 때문에 모두가 아무런 저항 없이 복종하였다. 하지만 그 사이 세월이 흘러 이 권위를 확고하게 하고 오래된 관습에 의해 계승권이 고정되었다. 그러나 몇몇 가족이나 그들의 자손이 우연히 이웃해 있거나 교류를 통해 사회를 만드는 경우도 있었을 것이다. 그런 경우 맨 처음 국가를 창시한 사람들은, 전쟁시에 적으로부터 그들을 인도하고 지켜 줄 장군을 필요로 했다는 점, 또한 가난했지만 훌륭한 덕성을 가졌던 시대의 사람들은 순직하고 성실한 마음으로 서로가 굳은 신뢰감을 가지고 있었다는 점—이 세상에 아마도 가장 오래 지속된 통치를 만들어낸 사람들은 대부분이 그런 사람들이었다—이러한 점에서 그때에 사물의 본성과 통치의 목적이 요구하지 않은 것에 대해서는 아무런 제한이나 제약을 두지 않고 대부분 지배권을 한 사람의 수중에 맡겼다. 이렇게 맨 처음 단 한 사람의 수중에 지배권을 두게 된 원인이 위 두 가지 경우 중 어느 것이든 분명한 것은, 공공의 이익과 안전을 목적으로 하여 지배권을 위탁받았다는 것이며, 또한 국가 창업의 시대에 지배권을 손에 넣은 자는 보통 그러한 목적을 위해서만 이것을 이용했다는 것이다. 그리고 또한 그렇게 하지 않으면 국가의 요람기에 있는 사회는 존속할 수 없었을 것이다. 공공 복지에 있어서 우수하고 주의 깊은 이러한 아버지의 양육이 없었다면, 모든 정부는 그 유년기의 약함과 어리석음으로 붕괴되었을 것이며, 군주도 민중과 함께 지탱하지 못하고 멸망해버렸을 것이다.

기브아 유적
이스라엘 초대 왕 사울의 고향. 사울은 이 언덕 위에 왕국 수도를 정했다.

111 헛된 야심과 흉악한 소유욕,[*8] 사악한 탐욕이 사람들의 마음을 타락시켜 권력이나 명예에 관한 잘못된 생각을 가지기 이전의 황금 시대에는 미덕이 더 많았고 따라서 통치자는 더 훌륭했으며 악덕한 신민도 훨씬 적었다. 그때에는 아직 통치자 편에 서서 민중을 압박하는 특권의 남용이 없었다. 따라서 민중도 그 특권에 관하여 이론을 제기하고 위정자의 권력을 축소하거나 제한하는 일이 없었다.[*9]

그러므로 지배자와 민중 사이에는 통치자나 통치에 관한 분쟁이 일어나지 않았다. 그러나 군주가 야심과 사치를 위해 그 권력을 고집하고 확대하고자 욕심을 부리게 되고, 더구나 그 권력에 부여된 본디 임무를 행하지 않고 더욱이 주변의 아첨에 의해 더욱 그 정도가 심해지면, 군주는 그 민중으로부터 구별된 별개의 이해(利害)를 갖게 된다는 것을 알게 되었다. 그렇게 되자 사람들은 통치의 기원과 그 권리를 더욱 신중하게 검토해야 할 필요성에 대해 생각하게 되었고, 또한 그들이 오로지 자신들의 이익과 목적만을 생각하여 다른 사람의 손에 맡긴 것이 도리어 자신들에게 상처를 주기 위해 이용되고 있다는 것을 알게 되면서, 그 권력의 과용을 억제하고 남용을 방지할 방책을 찾아야 한다는 것을 깨닫게 되었다.

112 이로 인해 우리는 다음 사실이 얼마나 합당한 일인지를 알게 되었다. 즉 태어나면서부터 자유로웠던 사람들은 자신의 동의에 의해 그 아버지의 지배에 복종하든지 아니면 다른 가족들과 결합하여 하나의 통치체를 만들든지 하게 된다. 어느 쪽이든 간에 그들 대부분은 한 사람의 손에 지배권을 위임하여 그의 지도를 따르는 것을 선택하였다. 그들은 지배자의 성실함과 신중함을 신뢰하여 안심할 수 있다고 생각했기 때문에 어떤 명백한 조건을 달아 그 권력을 제한하거나 규제하는 일을 하지 않았다. 하지만 그렇다고 해서 그들은 군주정치가 신권에 기인한다고는 꿈에서조차 생각하지 않았다. 그런 생각은 최근 신학이 우리에게 가르쳐줄 때까지 사람들 사이에서 들은 적도 없는 것이다.

그리고 또한 그들은 부권에 지배권이 있다거나 모든 통치의 기초가 된다거나 하는 것도 인정하지 않았다. 이 정도만으로도 역사가 분명하게 밝히는 한도 내에서 우리는 정부의 평화적인 기원은 모든 민중의 동의에 기초한다는 결론을 내릴 수 있는 근거를 갖고 있다는 사실을 보여주기에 충분하다. 여기에서 내가 평화적이라고 말한 이유는, 정복이 통치기원의 한 방법이라고 생각하는 사람들이 있기 때문이다. 하지만 그것에 관해서는 또 다른 곳에서 언급할 기회가 있을 것이다.

내가 앞에서 논술한 것과 같은 정치의 기원에 대해 또 다른 반대론이 제기되고 있다. 그것은 다음과 같다.

113 '모든 사람은 저마다 다른 형태의 정부하에 태어나기 때문에 그 어떤 누구도 자유롭다고 볼 수 없으며, 또한 결코 자유롭게 결합하여 새로운 정부를 시작하거나 합법적인 정부를 수립할 수 없다.'

만약 이 반론이 옳다면 나는 과연 어떻게 해서 그렇게 많은 합법적인 군주정치가 세계에 출현하게 되었는지 묻고 싶다. 만약 누군가 앞의 반론에 기초하여 어떤 시대든 합법적으로 군주정을 시작할 수 있는 자유로운 인간을 나에게 보여 줄 수 있다면, 나는 그 사람에게 그와 같은 시기에 자유롭게 결합하여 군주정이든 그 외 다른 형태든 하나의 새로운 정부를 시작할 수 있는 다른 10명의 자유인을 분명히 보여 줄 생각이기 때문이다. 만약 다른 사람의 지배하에서 태어난 누군가가 하나의 새로운 개별적이고 절대적인 지배권을 세워 다른 사람을 지배할 권리를 가질 수 있을 만큼 자유롭다는 것이 입증된다면, 다른 사람의 지배하에서 태어난 모든 사람 또한 이와 마찬가지로 자유로우며 독자적인 개별적 통치의 지배자든 신민이든 될 수 있다는 것이다. 따라서 반대론을 주장하는 사람들이 이 원칙을 따르게 되면 모든 사람은 출생 여하에 상관없이 자유롭든가 아니면 세계에 단 한 사람의 합법적인 군주, 단 하나의 합법적인 정부밖에 없게 된다. 그래서 그들이 해야 할 것은 단 하나, 어느 쪽이 그러한 합법적인 군주인가를 우리에게 보여 주는 것뿐이다. 만약 그들이 그것을 보여줄 수만 있다면 모든 인류는 그 군주에게 복종하는 데 쉽게 동의할 것이다.

114 그들의 반대 의견에 대해서는 그것이 그 반박하는 상대를 곤란에 빠지게 하는 것과 똑같이 그들을 곤란하게 하는 것으로 충분한 대답이 된다. 그러나 나는 이 반대 의견의 약점을 조금 더 분명히 하고자 한다.

그들은 다음과 같이 말한다.

'모든 인간은 태어나자마자 통치를 당하게 된다. 때문에 새로운 통치를 시작할 자유란 있을 수 없다. 사람은 누구나 태어나자마자 그 아버지 또는 국왕의 신하이며 따라서 복종과 충성이라는 영원한 유대 아래에 있게 된다.'

하지만 인류는 지금까지 자신들이 태어나자마자 아버지나 국왕에게 자연스럽게 복종하며 자기들 스스로가 동의하지 않아도 그들과 그 후계자들에 대한 복종으로 매이게 된다는 사실을 결코 인정하거나 생각해 본 적이 없다.

115 왜냐하면 성경의 역사에서든 세속의 역사에서든, 사람들이 태어나자마자 복종하던 지배나 자기들을 길러준 가족이나 공동사회로부터 떨어져 나

와 이들에게 더 이상 복종하지 않고 다른 장소에서 새로운 정부를 창설한 예만큼 자주 볼 수 있는 것도 없기 때문이다. 실제 역사의 초기에서 볼 수 있는 수많은 소국가는 모두 이렇게 해서 만들어졌다. 이 수는 지상에 남은 땅이 있는 한 끊임없이 늘어갔다. 하지만 이윽고 힘이 센 국가나 운이 좋았던 국가가 약소국을 병합하게 되었다. 그리고 다시 이 대국들은 분열하여 소국가로 나누어지게 되었다. 이들 모두는 그 하나하나가 아버지의 세습 주권을 부정하는 반증이 된다. 초기의 통합은 아버지의 자연권이 그의 후계자에게 계승되어 만들어진 것이 아니라는 것을 분명히 증명하고 있다. 왜냐하면 아버지의 주권이 세습된다는 논리로는 그렇게 많은 소국가들이 존재하고 있는 사실을 설명할 수 없기 때문이다. 만약 사람들이 어떤 형태의 정부든 상관없이 가족과 정부로부터 자유롭게 떠나 스스로 적당하다고 생각하는 독자적인 국가나 정부를 만들 수 없었다고 한다면, 있을 수 있는 것은 오직 전 세계적인 군주제뿐이었을 것이다.

116 위에서 기술한 사실은 세계가 시작된 때부터 오늘날에 이르기까지 실제로 이루어져 온 것이다. 인간은 확립된 법률과 일정한 통치 형태를 갖추고 제도가 잘 정비된 국가에서 태어났다고 하더라도, 삼림 속에서 자유로이 뛰어다니던 불구속 상태의 사람들 사이에서 태어난 경우와 마찬가지로 자유롭다. 어떤 형태이든 우리는 특정한 정부하에서 태어났기 때문에 자연적으로 그 통치의 신민이 되며, 자연 상태의 자유에 대해 이미 그것을 가질 자격도 그것을 요구할 권리도 없다고 설명하는 사람은, 우리가 이미 논박한 부권이라는 논지를 제외한다면, 고작 다음과 같은 근거밖에 제시하지 못할 것이기 때문이다. 즉 우리 아버지나 조상들은 태어나자마자 갖게 되는 자연적 자유를 양도하고, 그것으로 그들 자신과 그 자손을 자신들이 복종하는 정부에 영원히 복종하도록 의무 지었다는 이유뿐이다. 사람은 누구나 스스로 맺은 약정이나 약속에 대해 그것을 따라야 할 의무가 있다. 그러나 사람은 어떤 계약으로도 자신의 자식이나 자손까지를 구속할 수 없다. 왜냐하면 자식이 성인이 되면 아버지와 똑같이 자유로운 몸이 되기 때문이며, 아버지의 어떤 행위도 다른 사람의 자유를 어떻게 할 수 없는 것처럼 그 자식의 자유도 빼앗을 수 없기 때문이다. 아버지가 그 국가의 신민으로서 향유하던 토지를 그

의 자식이 향유하겠다고 한다면, 그 자식에게 그 나라의 신민이 되어야 한다는 조건을 부가할 수는 있다. 그 자산은 아버지의 소유물이기 때문에 그 자신이 원하는 바에 따라 이를 처분하거나 나누어 줄 수 있기 때문이다.

117 하지만 이런 사실이 일반적으로 이 문제에 대한 오해를 불러일으키는 계기가 된다. 왜냐하면 국가는 자국 영토의 어떤 부분도 그것을 분할하거나 공동체의 성원이 아닌 사람이 향유하는 것을 허락하지 않기 때문에, 자식은 그 아버지가 했던 것과 같은 조건에서 복종하고 그 사회 성원이 되지 않는 한 아버지의 소유물을 상속받을 수 없기 때문이다. 그렇게 사회의 구성원이 됨으로써 자식은 그 국가의 신민들과 마찬가지로 확립되어 있는 통치에 바로 복종하게 된다. 이렇게 통치하에 태어났다 해도 오직 자유인의 동의에 의해서만 그들은 그 정부의 구성원이 될 수 있다. 하지만 이 동의는 각자가 성년에 이르렀을 때에 주어지는 것이며, 많은 사람이 함께 하는 것은 아니다. 하지만 세상 사람들은 이것을 깨닫지 못하고 동의 따위는 전혀 이루어지지 않고 있다고 생각하거나 불필요하다고 생각한다. 그들은 자신이 성인이 되면 자연스럽게 신민이 된다고 생각하고 있다.

118 그러나 통치자들은 이러한 사실에 대해 다른 방식으로 이해하고 있다. 즉 통치자들은 아버지에 대해 권력을 갖는다는 이유로 아들에게까지 권력을 요구하지 못하며, 또한 아버지가 신민이라고 해서 그 자식까지 신민이라고 생각하지는 않는다. 예를 들어 영국의 한 신민이 프랑스에서 영국 부인과의 사이에 아이 하나를 낳았다고 하자. 그 아이는 도대체 어느 나라 신민이 되는 것일까. 영국 국왕의 신민은 아니다. 왜냐하면 그 특권을 인정받기 위해서는 허가가 필요하기 때문이다. 그러나 또한 프랑스 국왕의 신민도 아니다. 왜냐하면 그렇다면 어떻게 그 아버지가 자기가 원하는 곳으로 자유롭게 아이를 데리고 가 키울 자유가 있겠는가? 어느 누구든 단지 부모의 나라가 아닌 곳에서 태어났다는 이유로 인해 그 나라를 떠날 때 또는 그 나라에 대항하는 전쟁에 가담했을 때 탈주자나 반역자로 낙인 찍힌 예가 있었는가.

따라서 정부 자체의 관행으로 보든 아니면 올바른 이성법에 비추어 보든 자식이란 태어나자마자 어느 나라, 어느 정부의 신민에도 속하지 않는다는 것만은 분명하다. 자식은 분별력이 생기는 나이에 이를 때까지 그 아버지의 보호를 받으며 권위에 따르고, 성년이 되면 자신을 어떤 정부하에 복종시킬지 어떤 통치체에 가입시킬지 자유롭게 결정할 수 있는 자유인이 된다. 만약 프랑스에서 태어난 영국인의 아들이 자유롭고 또 그렇게 행동할 수 있다면, 그의 아버지가 영국 신민이라는 사실이 그에 대한 구속이 되지 않는다는 점은 명백하다. 그는 그의 조상이 체결한 어떤 계약에도 구속되지 않는다. 그렇다면 그 아들이 설사 다른 곳에서 태어났다 하더라도, 똑같은 이유로 똑같은 자유를 가지지 못할 이유가 어디 있겠는가? 아버지가 그의 자식에 대해 가지는 권력은 자식이 어디에서 태어나든 똑같으며, 태어나면서부터 아버지와 아들이 가지는 자연적인 의무라는 유대는 왕국이나 공화국의 인위적인 제약에 의해 구속받지 않기 때문이다.

119　이미 기술한 바대로 사람은 누구나 태어나면서부터 자유로운 존재이며, 그 자신이 동의하지 않는 한 어떤 것도 그를 지상의 권력에 복종시킬 수 없다. 그렇다면 대체 어떤 것이 한 사람을 그 나라의 통치법에 복종하는 신민으로 만들기에 충분한 동의의 선언으로서 이해되어야 하는지 생각해 보아야 한다. 보통 동의는 명시적 동의와 묵시적 동의로 구분되는데, 이것은 현재 우리가 논의하고 있는 문제와도 관련이 있다. 어느 누구도 사람이 어떠한 사회에 들어갈 경우, 명시적인 동의를 표명함으로써 그 사람은 그 사회의 완벽한 구성원이 되며, 그 정부의 신민이 된다는 것을 의심하지 않는다. 그런데 다음과 같은 어려운 점이 있다. 어떤 것을 묵시적 동의라고 간주해야 하는가. 그리고 그것은 어느 정도까지 구속력을 가지는가. 곧 어디까지 어떤 사람이 동의한 것으로 보며, 동의를 표하지 않은 정부에 대해서 어디까지 그 정부에 복종하기로 한 것으로 보아야 하는가? 이것에 대해 나는, 어떤 정부의 영토 일부분을 소유하거나 향유하는 자는 누구든지 그것으로써 묵시적 동의를 한 것이며, 그것을 향유하는 동안은 그 정부하에 있는 모든 사람과 똑같이 그 나라의 법을 따라야 할 의무가 있다고 말하고 싶다. 이때 그의 향유는 그와 그의 상속인을 위한 영구적 토지 소유이든, 단지 일주일 동안 머무는 것이든, 아니면 단순히 대로를 자유롭게 여행하는 경우든, 그것은 문제가 되지 않는다. 그 정부하의 영토 내에 어떤 사람이 존재한다는 사실만으로

도 그에게는 복종의 의무가 미친다고 할 것이다.

120 이러한 문제를 더 잘 이해하기 위해서는 다음과 같은 사실을 생각해 보는 것이 바람직하다. 사람은 누구나 처음으로 자기 자신을 어떤 공동체에 가입시킬 때에, 그렇게 결합시킴으로써 자신이 가지고 있거나 또는 장래 가지게 될 소유물로서 아직 다른 어떤 통치에도 소속되지 않은 것을 그 공동체에 부속시키고 그 지배하에 둔다. 왜냐하면 누구든 자신의 재산을 보호하고 조정하기 위해 다른 사람과 더불어 사회에 들어갔는데, 그 사회의 법에 의해서 규제되어야 할 재산인 그의 토지가, 그 토지의 주인이 신민으로 있는 정부의 지배권으로부터 제외되어야 한다는 것은 명백한 모순이기 때문이다. 따라서 누구든 이전에 자유로웠던 자기 자신의 신체를 어떤 공동체에 결합시킬 때, 동시에 그 행위를 통해서 그 전에 자유로웠던 그의 소유물도 그 공동체에 결합시키는 것이다. 그리고 신체와 소유물 모두 그 국가가 존속하는 한 그 나라의 정부와 지배를 받게 되는 것이다. 따라서 그 나라에 결합되어 그 정부하에 있게 된 어떤 토지에 대해서 이후에 상속, 구입, 허가 그 밖의 다른 방법으로 향유하려고 하는 사람은 누구나 그 토지에 부가된 조건, 즉 그 토지를 관할하는 나라의 정부에 다른 신민들과 마찬가지로 복종한다는 조건으로 그것을 획득해야 한다.

121 그러나 정부는 단지 토지에 대해서만 직접적인 지배권을 행사하고 그 토지 소유자 자신에게는—그가 실제로 그 자신을 그 사회에 가입시키기 전에는—그가 거기에 살거나 그 토지를 향유하는 경우에만 지배권이 미친다. 따라서 이러한 토지의 향유에 의해 부과되는 정부에 대한 복종의 의무는 그 향유와 함께 시작되고 향유와 함께 끝난다. 그러므로 정부에 대해 묵시적 동의만 한 소유자는 증여, 매각, 그 밖의 방법으로 그 소유물을 내놓기만 하면 언제라도 자유롭게 그곳을 떠나 다른 어떤 국가에 가입하거나 다른 사람들과 합의하여 사람들이 거주하고 있지 않은 장소, 즉 아무런 구속도 받지 않고 자유로운 그리고 어느 누구에게도 점유된 적이 없는 세계의 어떤 지역에다 새로운 국가를 창설할 수도 있다. 이와 달리 실제 협정이나 어떤 명백한 의지 표명에 의해 어떤 공동체의 일원이 되고자 동의한 사람은, 어떤 재

난으로 자기가 따르는 정부가 와해되든가, 또는 어떤 공적인 결의에 의해 그들 공동체의 구성원에서 배제되지 않는 한 영원히 그 국가의 신민이어야 하며 또한 바꿀 수도 없다. 따라서 자연 상태에서의 자유로 다시 복귀할 수 없다.

122 그러나 사람이 어떤 나라의 법에 복종하며 평온하게 생활할 수 있게 되고, 법 제도하에서 특권과 보호를 향유할 수 있게 되었다고 해서 그 사람이 그 사회의 구성원이 되는 것은 아니다. 그 정도는 그 국가가 전쟁 상태에 있지 않고 그 정부하에 있는 영토 안으로, 즉 그 법의 힘이 미치고 있는 모든 지역으로 찾아드는 모든 사람이 제공받고 제공해야 하는 당연한 것으로 고작 지역적인 보호와 복종에 지나지 않는 것이다. 그것은 마치 어떤 사람이 다른 사람의 집에 일정 기간 머무르는 것이 편해 그 집에 잠시 머무른다고 해서 그가 그 집안의 구성원이 되지 않는 것처럼, 이만한 일로 그 사회의 구성원이나 그 국가의 영구적인 신민이 되는 것은 아니다. 그런 이유에서 외국인이 일생 타국의 통치하에서 생활하고 그 특권과 보호를 누린다면, 그는 그 국가의 국민과 똑같이 양심으로써 그 행정을 따라야 한다. 하지만 그것을 위해 그가 그 국가의 신민 또는 구성원이 될 필요는 없다. 어떤 사람도 명확한 협약이나 명시된 약속과 계약에 의해 실제로 그 나라에 가입하지 않는 한, 그가 그 나라의 신민이나 구성원이 될 수 있는 길은 없다. 이것이 바로 내가 정치사회의 기원, 그리고 어떤 사람을 공동체의 일원으로 만들게 하는 동의(同意)에 관하여 생각하고 있는 것이다.

〈주〉

*1 카토는 BC 3~2세기 로마의 정치가, 군인, 저술가. 근엄한 성격의 소유자로 알려짐. 연극을 보러 극장에 들어갔다가 부도덕한 화신제(플로라리아)가 상연되면 곧바로 극장을 나갔다고 한다. '퇴장하기 위해서 입장한다'는 말이 후세에 전해지게 되었다.

*2 《구약성서》〈욥기〉 제41장에 나오는 물에 사는 거대한 괴수. 홉스가 그의 정치론을 《리바이어던》으로 상징화했다.

*3 BC 13~8세기 아시리아의 세 군주 이름. 그들 모두는 군사를 이끌고 여러 나라를 원정했다. 로크가 여기에서 말하는 살마나세르는 BC 9세기의 살마나세르 2세를 말하는 것이 아닌가 추측된다.

＊4 고대 페르시아의 다리우스 1세의 아들. BC 486년경에 즉위, 그리스와 전쟁을 했으나 480년, 살라미스에서 패했다.

＊5 호세 드 아코스타(1539~1600). 에스파냐에서 페루에 파견된 제주이트파의 선교사로 멕시코, 페루 등에서 예리하고 면밀한 관찰 기록(《신대륙자연문화사》, 1590)을 남겼다.

＊6 3세기 무렵 로마의 역사가. 필리피는 마케도니아를 말한다.

＊7 BC 8세기에 이탈리아의 타렌툼 시를 건설한 스파르타 이주민의 지도자.

＊8 원 문구는 라틴어이다. 이것은 로마 시인 오비디우스의 시편 《전신보》 제1편 제31장에서 인용.

＊9 제7장 94절 〈주〉 4와 같음.

제9장 정치사회와 통치의 여러 목적에 관하여

123 만약 자연 상태에 있는 사람이, 이미 언급한 것처럼 자유롭고 또한 만일 자기 자신의 신체와 소유물의 절대적인 주인이며, 어떤 위대한 사람과도 평등하고 누구에게도 예속되지 않는다면, 그는 왜 그 자유를 내어놓는 것일까. 왜 그는 이 절대권을 포기하고 다른 사람의 권력의 지배와 통제에 복종하는 것일까.

이 물음에 관한 대답은, 자연 상태에서 사람은 그런 권리를 갖지만 그 권리의 향유는 매우 불확실하며 끊임없이 다른 사람으로부터 침해당할 위협 앞에 놓여 있기 때문이라는 것이 맞을 것이다. 왜냐하면 모든 사람은 그와 마찬가지로 왕이고 모든 사람은 그와 동등한 인간이며, 그들 대부분이 공정과 정의를 엄격하게 지키려 하지 않기 때문에 그가 자연 상태에서의 재산을 향유한다는 것은 매우 불안정하며 불확실한 것이다. 이러한 이유에서 그는 아무리 자유롭다 할지라도 공포와 끊이지 않는 위험으로 가득 찬 이 상태를 스스로 포기하려고 한다. 따라서 그가 이미 결합하고 있든가 또는 앞으로 결합하려고 생각하고 있는 사람들과 함께 생명, 자유 및 자산—나는 이것들을 소유물이라고 총칭한다—을 보전하기 위해 사회를 결성할 것을 추구하며 기꺼이 참가하기를 원하는 것은 어쩌면 당연한 일이다.

124 따라서 사람들이 결합하여 국가를 만들고 스스로 정부의 지배를 따르고자 하는 크고 주된 목적은 그들의 소유물을 보전하는 데 있다. 그러나 자연 상태에서는 그것을 위한 많은 것들이 부족하다.

첫째, 자연 상태에서는 무엇이 옳고 그른지를 가르는 기준이며, 사람들 사이의 모든 분쟁을 판결하는 공통된 척도로서 사람들 공통의 동의에 의해 받아들여지고 인정받고 있는, 일정하게 확립된 널리 알려진 법이 없다. 왜냐하면 자연법은 이성적인 피조물에게는 명백하고 알기 쉬운 것이지만 사람들이

찰스 1세(1600~1649, 재위 1625~1649)
청교도 혁명에 이어 영국 정치계는 국교회를 지키려는 국왕파, 청교도의 의회파로 분열되었다. 의회는 국왕 쪽의 장로파를 추방한 뒤 그의 전제정치에 대해 비판하였고, 법정에서는 반역자로 사형선고를 하였다. 그러나 그는 '국왕은 어떤 권력에 의해서도 재판받지 않는 존재'라며 오히려 의회야 말로 위법을 저질렀다고 주장했다. 그는 사형되는 순간까지 위엄을 잃지 않았다. 그는 법과 자유, 그리고 영국 국교회의 신앙을 위해 목숨바친 '순교자'가 되었다.

그것에 관한 연구를 게을리하여 무지할 뿐 아니라, 이해관계로 마음이 어긋나 있기 때문에 사람들은 자연법을 자신들의 경우에 적용시킬 때, 자신들을 구속하는 것이라고 좀처럼 인정하려 들지 않기 때문이다.

125 둘째, 자연 상태에서는 확립된 법에 따라 모든 불화를 해결할 수 있는 권위를 갖춘, 널리 알려진 공평한 재판관이 없다. 왜냐하면 자연 상태에서는 저마다 모두 자연법의 재판관임과 동시에 집행관이며, 또한 사람들은 누구보다도 자신의 신변을 먼저 돌보기 때문이다. 따라서 자신의 일인 경우에는 격정이나 보복심에 이끌려 과격하게 행동하거나 흥분하게 되지만 반대로 다른 사람의 일인 경우에는 태만과 무관심으로 적당히 하려는 경향이 있다.

126 셋째, 자연 상태에서는 올바른 판결이 내려져도 이것을 후원하고 지원하며 이 판결을 적당하게 집행시킬 수 있도록 하는 권력이 결여되어 있다. 부정을 저지른 사람들은 할 수만 있다면 폭력을 휘둘러서라도 그들의 부정을 정당화시키려고 한다. 때문에 이러한 저항이 있게 되면 대개는 처벌을 가하는 데 있어 위험이 따르게 되며, 도리어 처벌을 행하는 사람들이 침해를 당하게 된다.

127 그래서 인류는 자연 상태에서 얻게 되는 여러 가지 특권에도 불구하고 그들이 거기 머무는 한 도리어 악조건하에 놓일 수 있으므로 신속하게 사회에 들어가려고 한다. 때문에 우리는 사람 수가 얼마든 시대가 언제든 상관없으나 잠시라도 사람들이 이러한 상태에서 함께 생활한 예를 거의 찾아볼 수 없다. 이와 같은 자연 상태에서는 누구나 다른 사람의 위반 행위를 처벌할 수 있는 권력이 있으나, 이것이 불규칙적이며 불확실하게 행사된다는 점에서 사람들은 여러모로 부자유를 느끼게 되기 쉽고, 그들은 이러한 부자유를 피하기 위해 정부가 확립해 놓은 법률하에서 그들 소유물의 보전을 바라게 된다. 그리고 그것을 위해 사람들은 개개인이 가지고 있는 처벌권을 스스로 포기하고 이 권리가 자신들이 그것을 위해 임명한 사람들에 의해서만 행사되며, 또한 이 권리가 공동사회나 공동사회로부터 그것을 위해 권력을 부여받은 사람들이 동의하는 규칙에 따라 행사되도록 하는 것이다. 바로 여기에서 우리는 정부와 사회 그 자체의 본디 권리와 기원만이 아닌 입법과 행정의 본디 권리와 기원도 아울러 볼 수 있는 것이다.

128 자연 상태에서 사람은 다른 사람에게 아무런 해를 주지 않는 순박한 즐거움을 맛볼 수 있는 자유 외에도 두 가지 권력을 가지고 있다.

첫 번째는 자연법이 허락하는 범위 안에서 자기 자신과 다른 사람의 보전을 위해 적당하다고 생각되는 것은 무엇이든 해도 좋다는 것이다. 온 인류에 공통된 자연법에 의해 인류는 하나의 공동사회가 되며, 다른 모든 피조물과 구분되는 하나의 사회를 만든다. 그리고 만일 타락한 사람들의 부패와 악의만 없었다면, 그 밖의 어떠한 사회도 불필요하며 또한 사람들은 이 위대한 자연 공동사회에서 떨어져 나와 명시적 동의에 의해 더욱 작게 분열된 집단으로 결합할 필요도 없었을 것이다.

　인간이 자연 상태에서 가지고 있는 또 하나의 권력은 자연법을 위반하여 저지르게 된 범죄를 처벌할 수 있는 권력이다. 이러한 두 권력은 사람이 만약 하나의 사적―그렇게 칭해도 좋을지 모르지만―또는 개별적인 정치사회에 가입하거나 다른 사람들로부터 떨어져 별개의 국가를 만들 경우에는 포기하는 것이다.

　129　첫째 권력, 바로 자기 자신과 다른 사람들의 보전을 위해 적당하다고 생각되는 것은 그것이 무엇이든 행할 수 있다고 하는 권력을 포기해야 하며, 이는 자기 자신과 그 밖의 사회 구성원의 보전에 필요한 정도로 그 사회가 제정한 법에 의해 규제당하게 된다. 이 사회법은 많은 부분에서 인간이 자연법에 의해 가지고 있던 자유를 규제한다.

　130　둘째로 그는 처벌권을 완전히 포기한다. 그리고 지금까지 자신이 적당하다고 생각하는 대로 자기 자신의 단독적인 권위로써 자연법의 집행에 이용한 적 있는 그가 가지고 있는 힘을 그 사회의 법이 요구하는 대로 그 사회의 행정권을 지원하는 데 사용한다. 왜냐하면 그는 이미 거기에서 공동사회의 전적인 보호는 물론 자기와 같은 공동사회에서의 다른 사람들의 노동, 원조 및 교우로부터 많은 편의를 받을 수 있는 새로운 상황에 있으며, 그 또한 사회의 복지, 번영 및 안전에 필요한 자신을 위해 사용하던 자연적 자유를 포기해야 하기 때문이다. 이것은 그 사회의 다른 구성원들도 모두 똑같이 하기 때문에 단지 필요한 것일 뿐 아니라 정당한 것이기도 하다.

　131　사람들은 그들이 사회에 가입할 경우에는 지금까지 그들이 자연 상태에서 가지고 있던 평등, 자유 및 집행권을 포기하여 사회에 위임하며 사회의 복지에 도움이 되도록 이 권력의 처치를 입법부에 맡긴다. 그러나 그것은 오직 모든 사람이 자기 자신의 자유와 소유물을 보다 더 잘 보전하려는 의도에서 이루어지는 것이다. 왜냐하면 어떠한 이성적인 피조물도 현재보다 더 비참해지고자 하는 의도로 그의 상태를 바꾼다고는 생각할 수 없기 때문이다. 따라서 사회의 권력 또는 사회에 의해 설립된 입법부의 권력이 공공의

복지 이상으로 확대된다고는 결코 생각할 수 없다. 그것은 자연 상태를 매우 불안하고 위험한 것으로 만들고 있는 세 가지 결함을 제거하여 모든 사람의 소유물을 보장해 주어야 하는 것이어야 한다. 따라서 국가의 입법권, 즉 최고 권력을 가진 사람은 누구든 국민에게 공포되어 주지된, 확립된 영구적 법에 의해 통치를 행할 의무가 있으며 즉석에서 세운 법령에 의해 통치를 해서는 안 된다. 또한 그는 공평하고 정직한 재판관을 가지되, 이 재판관들은 이 법에 따라서 분쟁을 판정해야 한다. 그리고 공동사회의 힘은 국내에서는 이러한 법률의 집행에 한정되어야 하며, 대외적으로는 외적으로부터의 침해를 막거나 공동사회를 침입·침략으로부터 지키기 위해 이용되어야 한다. 이 모든 것은 국민의 평화, 안전 및 공공의 복지 이외의 다른 어떤 목적으로도 행사되어서는 안 된다.

제10장 국가의 여러 형태에 관하여

132 이미 언급한 것처럼 사람들이 처음으로 결합하여 사회를 형성할 경우, 자연스럽게 공동사회의 모든 권력을 장악한 다수파는 그 권력을 이용하여 수시로 공동사회를 위해 법을 만들거나 그들이 임명한 관리를 통해 그 법을 집행시킬 수 있다. 그러한 경우 정부 형태는 완전한 민주제이다. 또는 그와 달리 입법권을 소수의 선택된 사람들과 그 상속인들이나 후계자들에게 위임할 수 있는데, 그런 경우 정부 형태는 과두제이다. 또는 한 사람의 수중에 위임할 수도 있다. 이 경우는 군주제가 된다. 만약 그것이 그 사람과 그 상속인에게만 위임된다면 세습군주제가 되며, 또한 이것이 그에게서 끝이 나 그가 죽은 뒤 후계자를 지명할 권력이 다수파의 손에 돌아가게 된다면 그것은 선거군주제가 된다.

이것들 중 공동사회는 자신들에게 적당하다고 생각되는 바에 따라 복합적이며 혼합적인 정부 형태를 만들 수 있다. 만약 입법권이 최초로 다수파에 의해 한 사람이나 그 이상의 사람들에게 일생 동안 또는 일정 기간 동안만 기한부로 주어지게 되고, 그 뒤 기한이 만료된 다음 다시 다수파 사람들의 손에 돌아오게 되면, 그때 공동사회는 다시 새로운 적당한 사람의 손에 그 최고권을 위임하여 새로운 정부 형태를 구성할 수 있다. 왜냐하면 정부 형태는 최고 권력, 즉 입법권을 어디에 두느냐에 의해 결정되며, 하급 권력이 상급 권력에게 명령을 내리거나 최고 권력 이외의 권력이 법을 만드는 일은 좀처럼 있을 수 없는 일이기 때문이다. 그러므로 법을 만드는 권력이 어디에 있느냐에 따라 국가의 형태는 달라진다.

133 내가 지금까지 사용해 온 국가(commonwealth)라는 말은 민주제나 그 밖의 다른 정부 형태를 의미하는 것이 아니라 라틴 사람들이 키비타스(civitas)라는 말로 표현한 독립적인 공동체라는 의미로 이해해야 할 것이다.

제임스 1세(1566~1625, 재위 1603~1625)
스코틀랜드 메리 여왕의 아들로, 1세 때 스코틀랜드 왕이 되었다.
1603년 잉글랜드 여왕 에리자베스 1세가 죽자, 후사가 없어 제임스
1세로 잉글랜드 왕이 되었다.

영어에서 이 말에 가장 잘 맞는 말은 국가이며, 이것은 영어에서 공동사회나 도시로는 표현할 수 없는 인간사회를 가장 적절하게 표현하고 있다. 왜냐하면 종속적인 모든 공동사회가 하나의 통치 안에 존재하는 경우도 있고 또한 우리 사이에 있는 도시는 국가와는 전혀 다른 개념이기 때문이다. 따라서 나는 모호함을 피하기 위해 이 국가라는 말을 국왕 제임스 1세가 사용한 의미로 사용하는 것으로 받아들여 주기를 바란다. 나는 이것이 바로 이 말의 참된 의미라고 생각한다. 그러나 만약 이 말을 좋아하지 않는 사람이 있다면 더 좋은 단어로 바꾸는 데에 찬성한다.

제11장 입법권의 범위에 관하여

134 사람들이 사회에 들어가는 큰 목적은 그들의 소유물을 평화롭고 안전하게 향유하기 위함이며, 그렇게 하기 위한 주요한 방책과 수단이 그 사회에서 확립된 법이다. 따라서 모든 국가가 세워야 하는 가장 기본적인 실정법은 입법권을 확립하는 것이다. 일차적이고 기본적인 자연법은 입법부 자체까지도 지배할 수 있는 것으로, 공공의 복지와 양립하는 한도 내에서 사회를 보전하고 그 사회 내 각 개인을 보전해야 하기 때문이다. 이 입법권은 국가의 최고 권력일 뿐 아니라 공동사회로부터 한번 위임받은 사람들에게는 신성하며 불변의 것이 된다. 그리고 그 외 누군가 어떤 명령도, 그것이 어떤 형태로 표현되든 또는 어떤 권력을 후원자로 갖든, 공중이 선출하여 임명한 입법부로부터 승인받지 못하는 한 법으로서의 효력이나 구속력을 가지지 못한다. 왜냐하면 이 승인이 없으면 법은 법으로서 절대적으로 필요한 사회의 동의를 받지 못한 것이 되기 때문이다. 사회의 동의*¹와 사회로부터 받은 권위 없이는 누구도 사회에 대해 법을 만들 수 없다. 따라서 가장 엄숙한 유대로 사람들에게 의무 지어진 복종은 모두 궁극적으로 이 최고 권력을 향해 집중되며, 이 권력이 규정하는 법에 의해 인도되는 것이다. 사회 구성원이 어떤 외국의 권력이나 국내의 하위 권력에 대해 어떤 서약을 했든 상관없이 그것을 이유로 사회의 신탁을 따라 활동하는 입법권에 대한 복종의 의무를 면제받을 수는 없다. 또한 입법부에 의해 제정된 법에 위반되거나 그 법이 규정하는 것을 넘어서는 어떤 복종의 의무도 부과될 수 없다. 사회에 존재하는 최고 권력이 아닌 어떤 권력에 사람이 궁극적으로 복종하도록 의무 지어져 있다고 생각하는 것은 어리석은 일이기 때문이다.

135 입법권은, 그것이 한 사람의 수중에 있든 몇 사람의 수중에 있든 또는 그것이 항시 존재하든 수시로 존재하든, 분명 모든 국가에 있어서 최고

권력이다. 하지만 다음과 같은 제한이 존재한다.

첫째, 입법권은 국민의 생명과 재산에 대해 절대적이며 자의적으로 다룰 수 있는 권력이 아니며 또한 결코 그렇게 될 수 없다. 왜냐하면 입법권은 사회의 모든 구성원이 권력을 하나로 모아 입법자인 개인이나 의회에 위임한 것이기 때문이다. 따라서 그것은 그 사람들이 사회에 들어가기 전인 자연 상태에서 가지고 있다가 그 뒤 공동사회에 위임한 권력 이상의 것이 될 수 없다. 다시 말해 누구도 자신이 가지고 있는 것 이상의 권력을 다른 사람에게 양도할 수 없으며, 또한 자기 자신의 생명을 끊거나 다른 사람의 생명이나 소유물을 빼앗을 수 있는 절대적이며 자의적인 권력을 자기 자신이나 다른 사람에 대해 가지지 못한다는 것이다. 사람은 그 자신을 다른 사람의 자의적인 권력에 복종시킬 수 없다는 것은 앞에서 이미 설명하였다. 또한 사람은 자연 상태에서는 다른 사람의 생명, 자유, 소유물에 대해 자의적인 권력을 가지지 못하고 단지 그 자신과 그 밖의 인류를 보전하기 위해 자연법이 준 권력만 가질 뿐이다. 이것이 그가 공동체에 위임하고 다시 공동체를 통해 위임할 수 있는 전부이며, 입법권은 이보다 더 많은 것을 가질 수 없다. 입법부의 권력은 그 최대한에서 사회의 공공 복지에 의해 제한된다. 그것은 단지 보전 이외에 다른 어떤 목적도 가지지 않는 권력이며, 따라서 신민을 죽이고 노예로 삼거나 고의로 빈곤하게 할 권리를 결코 가지고 있지 않다.*² 자연법의 의무는 사회 안에서 없어져 버리는 것이 아니라, 오히려 대부분의 경우 더욱 정밀하게 성문화되어 인정법(人定法)에 의해 주지된 형벌이 부가됨으로써 그 준수가 강제된다.

이러한 이유에서 자연법은 만인(萬人), 다시 말해 입법자와 그 밖의 사람들에 대해서도 영원한 규율로서 존재한다. 입법자들이 다른 사람은 물론 입법자 자신의 행동을 규제하려고 만든 규칙은 자연법, 즉 신의 의지에 합치하는 것이어야 한다. 자연법이란 신의 의지의 표명이기 때문이다. 그리고 자연법의 근본은 인류의 보전에 있기 때문에 어떠한 인간적 규칙도 규칙에 위배될 경우에는 정당성도 유효성도 있을 수 없다.

136 둘째로 입법권, 즉 최고 권위는 즉각적이고 자의적인 법령에 의해 지배권을 행사할 수 없다.*³ 그것은 공포된 영구적인 법과, 널리 알려진 권

런던의 신국회의사당 내 하원

한을 위임받은 재판관에 의해 정의를 시행하고 신민의 여러 권리를 결정해야 한다. 자연법은 본디 글씨로 씌어져 있는 것이 아니라, 사람들의 마음속에만 있는 것이기에 그들의 격정이나 이해관계로 그것을 잘못 인용하거나 적용하는 자는 정해진 재판관이 없는 한 좀처럼 자신들의 잘못을 쉽게 납득하지 못하기 때문이다. 그런 까닭에 자연법은 그 아래에서 생활하는 사람들이, 특히 모든 사람이 자연법의 재판관이며 해석자이고 그 집행자이기도 한데다가 자기 자신이 관계되어 있는 경우, 그들의 권리를 결정하고 재산을 지키는 데 도움이 되어야 함에도 그 기능을 수행하지 못하고 있다. 그리고 사람은 자신이 정당성을 확보하고 있다 해도 보통은 자기 혼자의 힘밖에 없기 때문에 해악으로부터 자기를 지키거나 범죄자를 처벌하기에 충분한 힘을 가지고 있지 못하다. 자연 상태에 있는 사람들의 재산에 혼란을 초래하는 이러한 불합리를 피하기 위해 사람들은 사회를 만드는 것이며, 그 결과 자기들의 소유권을 확보하고 지킬 수 있는 사회 전체의 결합된 힘을 가지게 되는 것이다. 또한 각각의 소유의 한계를 규정하는 영구적인 규칙을 만들어 그것으로 저마다 자기 소유가 어느 정도인지를 알 수 있게 되는 것이다. 사람들이 태어나면서부터 갖게 되는 모든 권력을 자기들이 들어가는 사회에 위임하고, 또한 공동사회의 구성원들이 적당하다고 생각하는 사람의 손에 입법권을 위임하는 것은 바로 이 때문이다. 그 경우 사람들은 공공연하게 선언된 법에 의해 지배를 받겠다고 하는 신탁을 하는 것이다. 그렇게 하지 않으면 사람들의 평화, 안전, 소유물은 자연 상태에 있을 때와 마찬가지로 불확실한 상태에 머물러 있게 될 것이다.

137 절대적이며 자의적인 권력 또는 일정하고 영구적인 법이 없는 통치는 어느 쪽이든 사회와 통치의 목적에 모순된다. 자신들의 생명, 자유 및 재산을 보전하기 위함이 아니었다면, 권리와 소유에 관한 일정한 규칙에 의거하여 평화와 안전을 확보하기 위한 것이 아니었다면, 사람들은 자연 상태에서 누리던 자유를 포기하거나 그 사회에 복종하지 않았을 것이다. 사람들이 누군가 한 사람, 또는 그 이상의 사람들에게 그들의 신체와 자산을 지배할 수 있는 절대적이고 자의적인 권력을 줄 수 있는 권력을 가지고 있다고 할지라도, 또한 위정자에게 그들에 대한 무제한적 의지를 자의적으로 행사할 수 있는 힘을 위임할 수 있는 권력을 가지고 있다고 해도, 그들이 실제로 그런 것을 의도했다고는 생각할 수 없다. 만약 그렇게 한다면 그들은 자연 상태보다 더 나쁜 상태에 처하게 될 것이다. 왜냐하면 자연 상태에서 사람들은 다른 사람의 침해로부터 자기들의 권리를 지킬 자유를 가지며, 또한 한 개인에 의해 침해당하든 또는 다수의 공모에 의해 침해당하든 자기들의 권리를 유지하기 위한 힘을 동등하게 지니고 있기 때문이다.

하지만 반대로 자기들의 몸을 입법자의 절대적이며 자의적인 권력과 의지에 내맡긴다면, 스스로 무장을 풀고 입법자에게 무기를 주어 그들이 원할 때에 자기들을 먹이로 삼도록 한 것과 같다. 10만 명을 호령하는 한 사람의 자의적인 권력과 대면하고 있는 사람은, 개인 10만 명과 대면하는 사람보다 훨씬 나쁜 상태에 있다. 왜냐하면 10만 명에게 호령하는 사람의 힘은 개개인이 휘두르는 힘에 비해 10만 배 강력하지만, 그 사람의 의지가 다른 사람들의 의지보다 선량할지는 누구도 보증할 수 없기 때문이다. 따라서 어떤 형태의 국가든 지배권은 즉흥적인 명령이나 모호한 결정에 의해서가 아닌, 공적으로 선언되고 또한 세상에 수용된 법에 의해 지배되는 것이어야 한다. 사람들이 한 사람 또는 몇 사람에게 모두의 권력을 모아 이것을 무기로서 넘겨 주고, 그 행동을 지휘하고 바로잡을 수 있는 어떠한 척도도 정하지 않은 채 그들의 당돌하고 즉흥적인 생각과 어떠한 제어도 받지 않는 그 순간까지 누구에게도 알려진 적 없는 의지에서 나오는 터무니없는 무제한의 명령에 복종을 강요받게 된다면, 사람들은 자연 상태에 있을 때보다 훨씬 열악한 상태에 빠지게 될 것이기 때문이다.

정부의 모든 권력은 단지 사회의 복지를 위해 존재하는 것이므로 그것은 자의적이거나 변덕스러워서는 안 된다. 따라서 그 권력은 확립되어 공포된 법을 통해서만 행사되어야 한다. 그렇게 함으로써 국민은 자기들의 의무가 무엇인지 알고, 법의 한계를 지키며 안전하고 무사하게 생활할 수 있기 때문이며, 동시에 지배자 역시 정당한 한계를 벗어나지 않고 자기가 장악하고 있는 권력의 유혹에 빠져 그들이 지금까지 알지 못했고 그다지 바람직하게 생각하지 않는 목적을 위해 또는 그러한 방법으로 권력을 이용하지 않게 할 수 있기 때문이다.

138 셋째, 최고 권력이라 할지라도 동의를 얻지 못하면 누구로부터도 그 소유물의 일부분도 빼앗을 수 없다. 왜냐하면 소유물의 보전은 정부의 목적이며 그것을 위해 사람들은 사회에 들어가기 때문이다. 국민이 소유물을 갖는다는 것은 필연적으로 상정(想定)되며 요구되는 것이다. 소유물의 보전이라는 것이 없다면 사람들은 사회에 들어가기 위한 목적이었던 것을 사회에 들어감으로써 잃어버리게 된다고 생각해야 한다. 그것은 매우 불합리한 것으로 누구도 이것을 인정하지 않는다. 따라서 사람들은 사회 안에서 소유물을 가지며, 공동사회의 법에 의해 그들의 것이 되는 재산에 대한 권리를 가진다. 그러므로 어떤 사람도 본인의 동의 없이 그 소유물 또는 소유물의 어떤 부분도 빼앗을 권리를 갖지 않는다. 이런 것이 없다면 사람들은 전혀 소유물을 갖지 않게 될 것이다. 왜냐하면 다른 사람이 나의 동의도 없이 제멋대로 내게서 빼앗아 갈 수 있는 권리를 가진다는 것은 사실 그 자체를 나의 소유물이라고 할 수 없기 때문이다. 따라서 국가의 최고 권력, 즉 입법권을 그의 의지대로 무엇이든 행할 수 있다거나, 신민의 자산을 자의적으로 처분하고 빼앗을 수 있다고 생각하는 것은 잘못이다. 이런 것은 입법권의 전체 또는 일부가 교체될 수 있는 집회에서 성립되며, 집회가 해산하면 그 구성원

이 다른 사람들과 평등하게 그 국가 공통의 법 아래에 있는 신민이 되는 정부하에서는 그렇게 염려하지 않아도 된다. 그러나 입법권이 항시 존재하는 영속적이며 유일한 집회 속에 있거나, 또는 절대군주제처럼 단 한 사람의 손 안에 있는 정부에서는 역시 위험하다. 즉 그들은 같은 공동사회의 다른 사람들과 구별되는 이해(利害)를 갖는다고 생각하며, 그들이 적당하다고 생각하는 것을 국민으로부터 징수하여 그들 자신의 부와 권력을 살찌우려는 경향이 있다. 만약 신민을 지배하는 자가 어떠한 개인에게서 멋대로 그 소유물의 일부를 징수하여 스스로 적당하다고 생각하는 바에 따라 그것을 사용하고 처분할 권력을 가진다면, 신민 사이에 소유의 한계를 정하는 적절하고 공정한 법이 있다 하더라도 사람들의 소유물은 조금도 안전하지 않기 때문이다.

139 그러나 앞에서 언급한 대로 정부는 그것이 어떤 사람의 수중에 놓이든 사람들이 각자의 소유물을 가지고 보장받을 수 있다는 조건하에 그러한 목적을 위해 위탁받게 된다. 따라서 군주나 귀족은 분명하게 신민 사이에 소유물을 규제하는 법을 만들 권력을 가졌더라도 신민 자신의 동의 없이는 그 소유물의 전부뿐 아니라 일부조차도 마음대로 징수할 권력을 가질 수 없다. 왜냐하면 만약 그렇게 하지 않으면 결과적으로 신민에게는 사실상 소유물이 전혀 남아 있지 않게 될 것이기 때문이다.

심지어 절대 권력이 필요한 경우에도 그것이 절대적이라는 이유로 자의적이어서는 안 되며, 경우에 따라서 그것은 절대적일 것을 필요로 하는 이유에 의해 한정되고 그 여러 목적에 의해 제약을 받게 된다. 그것을 분명히 하기 위해서는 군사 훈련의 방법을 보면 충분할 것이다. 즉 군대를 보전하고 또한 그것으로 국가를 보전하기 위해서는 모든 상관의 명령에 절대적으로 복종할 필요가 있으며, 명령이 아무리 위험하고 불합리하더라도 그것에 따르지 않거나 반항을 하면 이것은 사실 죽어 마땅한 것이다. 하지만 상사는 병사에게 적의 포구(砲口)를 향해 전진하도록 명령하거나 또는 전사할 게 분명한 위험에 서도록 명령할 수는 있어도 그 병사에게 그가 갖고 있는 돈을 남김없이 내놓으라고 명령할 수는 없다. 또한 장군은 병사가 임무를 포기했을 때, 또는 살아 돌아갈 가망이 거의 없는 명령이라도 이것에 복종하지 않았을 때, 그 병사를 사형에 처할 수 있다. 하지만 그는 이렇게 병사를 맘대로 죽일 수도 살릴 수도 있는 절대 권력 모두를 이용해서도 그 병사의 자산에서 단 한 푼도 자의적으로 처분할 수는 없으며, 그 재산의 어떤 부분도 빼앗을 수 없다. 하지만 장군은 병사에게 어떤 것도 명령할 수 있으며, 조금이라도 반항하면 교수형에 처할 수 있다. 왜냐하면 그러한 맹목적인 복종은 지휘관에게 권력이 부여한 목적, 즉 다른 병사들을 지키기 위하여 필요한 것이지만, 이병사의 자산을 처분하는 것은 이 목적과는 아무런 관계도 없기 때문이다.

140 정부의 유지를 위해서는 막대한 비용이 필요하며, 또한 자산의 보호를 받는 사람은 누구나 당연히 자기 자산에서 정부의 유지를 위해 필요한 할당분을 지불해야 한다. 그러나 여기에서도 역시 그 자신의 동의가 있어야 한다. 바로 그들 자신 또는 그들이 뽑은 대표자에 의한 다수자의 동의가 있어야 하는 것이다. 왜냐하면 만약 누군가가 국민에게 이러한 동의를 구하지 않고 자기 한 사람의 권위로 국민에게 조세를 부과하고 이것을 내세워 권력을 주장한다면, 그는 소유권의 기본적인 법을 침해하는 동시에 통치의 목적을 뒤엎는 것이 되기 때문이다. 만약 다른 사람이 마음 내키는 대로 내 수중에 있는 물건을 빼앗는 것이 정당하다면, 내가 이것에 대해 어떤 소유권을 갖는지도 의문이기 때문이다.

141 넷째, 입법부는 법을 제정할 수 있는 권력을 다른 어떤 사람에게도 양도할 수 없다. 그것은 국민으로부터 위임받은 권력에 지나지 않는 것이므로 다른 사람에게 양도해줄 수 없다. 오직 국민만이 국가의 형태를 정할 수 있으며, 그것은 입법부를 설립하고 그것이 누구의 손에 맡겨져야 하는지 정함으로써 이루어진다. 그리고 국민이 우리는 이러저러한 사람들이 이러저러한 형태로 만든 규칙과 법에 복종하겠다고 한다면, 그 이외의 사람이 국민을 위해 법을 만들겠다고 그 어떤 누구에게도 말할 수 없다. 국민 역시 자기들이 선출하여 자신들을 위해 법을 만들도록 권한을 부여한 사람들이 제정한 법 이외의 어떤 법에도 구속될 필요가 없다. 입법부의 권력은 명시적이고 자발적인 인가와 제정에 의해 국민으로부터 유래한 것이기 때문에 그러한 명시적인 허가에 의해 양도된 것이어야 한다. 입법부는 단지 법을 제정할 수 있는 권력일 뿐 입법자를 만들 수 있는 권력은 아니다. 따라서 입법부는 그

것이 갖는 법을 제정할 권위를 양도하고 이것을 다른 사람의 수중에 맡길 수 있는 권력을 가질 수 없다.

142 이것들이 사회가 입법부에 맡긴 신탁의 한계이며 동시에 신법과 자연법이 모든 국가의 입법권에 부여한 한계이기도 하다.

첫째, 입법부는 공포되고 확립된 법에 의해 다스려야 한다. 법률은 사건에 따라 다르지 않고 부자든 빈자든 또는 궁정의 특권층이든 시골의 농사꾼이든 누구에게나 똑같이 적용되어야 한다.

둘째, 이들 법은 궁극적으로 국민의 복지라는 목적 이외 다른 어떤 목적을 위해서도 입안되어서는 안 된다.

셋째, 입법부는 국민이 그들 자신 또는 대표자를 통하여 동의하지 않는 한 국민의 소유물에 세금을 부과할 수 없다. 그리고 이 과세 문제는 입법부가 상시적으로 존재하는 정부 또는 적어도 민중이 수시로 그들이 선출한 대표자들에게 입법권의 일부를 유보해두지 않는 정부에서만 제기된다.

넷째, 입법부는 법을 제정할 수 있는 권력을 다른 어떤 사람에게도 양도해서는 안 되며 또한 양도할 수 없다. 즉 국민이 설정한 곳 이외의 어떤 곳에도 그것을 설정해서는 안 되며 또한 설정할 수도 없다.

〈주〉

＊1 '사람들이 정치사회 전체에 명하는 합법적인 입법권은 당연히 그 사회 전체에 속해야 한다. 따라서 어떤 종류의 것이든 지상의 군주 또는 권력자가 직접 또는 개인적으로 신에게 받은 명확한 위임도 없이, 또한 그들이 법을 부과하려는 사람들의 맨 처음 동의에서 유래되는 권위도 없이, 이 권력을 자기 멋대로 집행하려 한다면 그것은 단순한 전제에 지나지 않는다. 따라서 공공의 시인(是認)에 의하지 않는 한, 법이라 할 수 없다.'

'따라서 이에 관하여 우리는 다음과 같은 사실에 주의해야 한다. 즉 사람들은 본디 모든 정치적인 집합체를 지배하는 충분하고도 완전한 권력을 가지고 있지 않기 때문에, 우리는 스스로의 동의 없이 결코 누구의 명령 아래에서 생활할 수 없다. 그리고 우리와 그 일부인 사회가 일찍이 동의한 경우에는 그 동의를 마찬가지로 보편적인 합의에 의해 소멸시키지 않는 한 우리는 지배를 받는 것에 동의한 것이 된다. 때문에 인간의 법은 어떤 종류의 것이든 동의에 의해서만 유효하게 된다.'

(후커 《교회조직론》 제1권 제10절)

＊2 '공공 사회를 지지하는 것에는 두 가지 기초가 있다. 하나는 모든 사람이 사회 생활과

교우를 가지고 싶어하는 본디의 성향이며, 다른 하나는 사람들의 공동 생활에 있어서의 결합 방법에 관하여 분명하게 또는 암묵 중에 합의에 달하는 질서이다. 후자는 우리가 국가법이라고 부르는 것이며, 실로 정치체의 혼이라고도 할 수 있는 것이다. 정치의 각 부분은 법에 의해 생명이 주어지고, 결합되며, 공공의 복지가 요구하는 행동으로 운용된다. 사람들 사이의 외적인 질서와 지배를 위해 만들어진 정치적 법은, 인간의 의지가 그 내면에 있어서는 완고하고 반항적이며, 인간의 본성은 신성한 법에 대한 복종을 꺼리기 마련이라고 가정하지 않는 한, 그 본연의 모습으로는 형태 지을 수 없다. 다시 말해 인간이라는 것은 그 타락한 마음 상태에서 보면 야수와 별반 다르지 않다고 가정한 다음, 정치적인 법은 그럼에도 불구하고 그것에 맞게 인간의 외면적 행동을 규제하고, 그들이 사회 설립의 목적인 공동의 복지에 있어서 아무런 방해를 받지 않도록 강구하는 것이다. 그렇게 하지 않으면 법은 완전한 것이 되지 않는다.'

(후커 《교회조직론》 제1군 제10절)

*3 '인간법은 사람들에 있어서의 행동의 척도이다. 그러나 이 척도에는 다시 그것을 측정해야 하는 보다 고차원적인 규정이 있다. 그 규정이란 두 가지, 즉 신의 법과 자연법이다. 따라서 인간법은 보편적인 자연법을 따르고, 성서에 있는 어떤 문명의 법에도 모순하지 않도록 만들어져야 한다. 그렇지 않으면 그것은 악법이 된다.'

'어떤 것이든 불편하게 인간을 강제하는 것은 불합리한 것이다.'

(후커 《교회조직론》 제1권 제10절)

제12장 국가의 입법권·행정권·연합권에 관하여

143 입법권이란 공동사회와 그 구성원을 보전하기 위해 국가의 힘을 어떻게 운용해야 하는지 지도할 수 있는 권리를 가진 권력이다. 법은 지속적으로 집행되어야 하며 그 효력이 언제나 지속되어야 함에도 단기간에 제정될 수 있기 때문에 입법부는 항상 해야 할 일이 있는 것은 아니고 그래서 항시 존재할 필요도 없다. 또한 인간은 권력을 장악하고 싶어하는 약점이 있기 때문에 법을 제정할 권력을 손에 넣은 한 인물이 동시에 그 법을 집행할 권력까지도 수중에 넣고자 하는 것은 매우 유혹적이어서 뿌리치기 힘들 것이다. 그래서 그들은 자신들이 제정한 법에 복종해야 하는 의무에서 자신들을 면제시키고, 또 법을 집행하는 과정에서도 그들 자신의 개인적인 이익에 맞게 고쳐 사회와 통치의 목적에 반대되며, 공동사회의 다른 구성원들과 구별되는 이해 관계를 가지게 된다. 그렇기 때문에 전체 복지가 적절히 잘 정비된 국가에서의 입법권은 다음과 같은 다양한 다른 사람들의 수중에 위임된다. 즉 그들은 편의상 집회를 열고 그들만으로 또는 다른 사람들과 공동으로 법을 제정할 수 있는 권리를 가지지만 법을 제정하고 나면 다시 해산하여 자기들이 만든 법을 따르게 된다. 이러한 존재 방식은 그들이 공공의 복지를 위해 법을 제정한 것처럼 그들에게 부과된 새롭고 친근한 유대인 것이다.

144 그러나 법은 즉각적으로 또는 단기간에 만들어질지언정 불변의 영속적인 효력을 가지고 지속적으로 집행될 필요가 있으며 또한 그것을 위한 헌신이 필요하다. 따라서 제정된 법의 집행에 대응할 만한 권력의 존재가 언제나 필요하게 되었고 이는 입법권과 행정권의 분리를 가져왔다.

145 모든 국가에는 또 하나의 권력이 있다. 그것은 누구나가 사회에 들어가기 전에 태어나면서부터 가지고 있던 권력에 대응하는 것이므로 자연적

권력이라고 불러도 좋을 것이다. 국가 내의 구성원들은 저마다 구별되는 인격체이며 그러한 존재로서 사회 법률에 지배받는다. 그러나 다른 인류에 대해 그들은 하나의 집단을 만들며, 그것은 구성원들이 이전에 그랬던 것처럼 다른 인류에 대해 자연 상태에 놓여 있다. 따라서 그 사회의 구성원인 누군가와 그 사회 밖의 누군가 사이에서 분쟁이 일어나게 되면, 그것은 그 사회의 공공의 문제로 취급되며 그 집단의 일원에게 해가 가해지면 집단 전체가 그 배상을 받기 위해 행동하게 된다. 그 때문에 이런 생각에 따르면 모든 공동사회는 그 밖의 다른 모든 국가와 사람들에 대한 관계에 있어서는 자연 상태에 있는 하나의 집단을 구성한다.

146 따라서 이 권력은 전쟁과 강화의 권력, 동맹과 조약의 권력, 그 국가 이외의 모든 개인과 공동사회를 상대로 하는 모든 교섭을 할 수 있는 권력을 포함하고 있다. 만약 그렇게 부르고 싶다면 연합권이라고 불러도 좋을 것이다. 사람들이 이러한 내용을 잘 이해한다면 나는 명칭 문제는 아무래도 상관없다고 생각한다.

147 이들 두 개의 권력, 즉 행정권과 연합권은 본질적으로 구별된다. 전자는 그 사회 내부에서 사회의 모든 부분에 대해 사회의 국내법 집행을 담당하는 권력이며, 후자는 대외적으로 사회가 이득이나 손해를 볼 수 있는 모든 사람들을 대상으로 하여 공공의 안전과 이익을 담당하는 권력이다. 그러나 이 두 권력은 거의 언제나 결합되어 있다. 그리고 이 연합권이 제대로 운용되느냐 잘못 운용되느냐는 국가에 매우 중대한 일이다. 그러나 행정권과 달리 기성의 영구적인 실정법에 의한 규제가 어렵다. 따라서 연합권이 공공의 복지를 위해 운용되도록 하기 위해서는 이 권력을 장악하고 있는 사람들의 사려 분별과 지혜에 모두 맡겨야 한다. 왜냐하면 신민 사이의 문제에 관한 법은 그들의 행동을 지시하기 위한 것이므로 그 행동에 앞서서 정해져야 하기 때문이다. 그러나 외국인을 상대로 하는 것은, 그들의 행동이나 의도 및 이해 관계에 좌우되는 부분이 크기 때문에 그것들을 관리하는 권력을 받은 사람들이 국가의 이익을 위해 자신들의 능력을 최대한 발휘하면서 관리할 수 있도록 그들의 사려 분별에 모두 맡겨야 한다.

워털루 전투
1815년 6월 나폴레옹 1세가 이끈 프랑스군이 영국·프로이센 연합군과 벨기에 남동 워털루에서 벌인 전투. 이 전투의 패배로 나폴레옹 1세 시대의 막을 내렸다.

148 앞서 언급한 대로 모든 공동사회의 행정권과 연합권은 본질적으로는 별개의 것이지만, 이 둘을 분리시켜 각각 다른 사람의 수중에 동시에 맡기는 것은 거의 불가능하다. 왜냐하면 이 두 권력을 행사하기 위해서는 사회의 힘이 필요한데 국가의 힘을 별개의 서로 독립된, 행정권과 연합권이 개별적으로 행동할 수 있는 사람들의 수중에 위임하는 것은 거의 실행할 수 없기 때문이다. 만약 그렇게 된다면 공공의 힘은 서로 다른 지휘하에 놓이게 되며 조만간 무질서와 파멸을 불러일으킬지도 모른다.

제13장 국가 권력의 종속 관계에 관하여

149 그 자체의 기초 위에서 그 자체의 본성에 따라, 즉 공동사회의 보전을 위해 행동하는 잘 조직된 국가에는 단 하나의 최고 권력만 존재할 수 있다. 이것이 바로 입법권인데 여기에 그 밖의 모든 권력이 종속되어 있고 또한 종속되어야 한다. 그러나 입법권도 일정한 목적을 위해 행동해야 하는 하나의 신탁된 권력에 지나지 않기 때문에 입법부가 그들에게 맡겨진 신탁에 반하는 행동을 한다는 것이 알려지면, 입법부를 해산하거나 변경할 수 있는 최고 권력은 여전히 국민에게 있다. 왜냐하면 어떤 목적을 이루기 위해 신탁으로 부여받은 권력은 모두 그 목적에 의해 제약을 받으므로 그 목적이 명백히 무시되거나 위배되면 언제든 그 신탁은 필연적으로 소실되며, 권력은 그것을 부여한 사람들의 손으로 되돌아가기 때문이다. 그리고 권력을 회수한 사람들은 그 권력을 자신들의 안전과 보장에 가장 적합하다고 생각되는 곳에 새롭게 위임할 수 있다.

이렇게 공동사회는 언제나 최고 권력을 가지며 설사 그들이 내세운 입법자라 해도 누구든지 신민의 자유와 소유물에 반하는 행위를 기획하거나 또는 부정을 행할 때에는 언제든지 그들의 이러한 시도와 계획으로부터 자신들을 지킬 수 있다. 왜냐하면 어떤 사람이나 인간 사회도 그들의 보전과 그에 필요한 수단을 다른 사람의 절대적인 의지나 자의적인 지배에 양도할 수 있는 권력을 가지지 못하기 때문이다. 따라서 누군가가 자신들을 그런 노예 상태에 밀어 넣으려고 할 때에는 언제든지 그들 자신조차도 넘겨주지 못하는 그 권력을 보전할 권리를 가지며, 또한 그들이 사회에 들어간 목적인 자기 보전이라는 이 기본적인 신성하고 불변하는 법을 범하려는 자를 제거할 수 있는 권리를 가진다. 그러므로 이 점에 있어서 공동사회는 언제나 최고 권력을 가진다고 할 수 있으나 일정한 정부 형태 아래에 있는 경우에는 그렇지 않다. 왜냐하면 이 국민의 권력은 정부가 해체될 때까지 결코 발생할 수 없는 것이기 때문이다.

150 통치가 존속하는 동안에는 어떤 경우에도 입법권이 최고 권력이다. 왜냐하면 다른 사람에게 법을 만들어줄 수 있는 자는 반드시 다른 사람보다 우월해야 하기 때문이다. 다시 말해 입법권이 사회의 입법권인 이유는 이것이 사회의 모든 부분과 모든 구성원을 위해 법을 제정하고, 사람들의 행동을 규제하는 규칙을 정하며, 이 규칙을 위반한 경우에는 법의 집행권을 부여할 수 있기 때문이다. 따라서 입법권은 반드시 최고 권력이어야 한다. 사회의 구성원과 부분들이 가지는 모든 권력은 모두 입법권에서 유래하며 그것에 종속된다.

151 국가에 따라서는 입법부가 상시적이지 않은 상태에서 행정부가 한 사람에게 맡겨져 있고 그 사람이 입법부에도 참가하는 경우가 있다. 이러한 경우 이 사람을 매우 넓은 의미에서 최고 권력자라고 해도 좋을 것이다. 물론 이것은 그에게 최고 권력, 즉 입법권이 있다는 의미는 아니다. 그것은 그가 최고 행정권을 가지며 그로부터 하위 위정자들의 모든 또는 적어도 대부분의 종속적 권력이 나오기 때문이다. 더구나 그의 동의 없이는 법을 제정할 수 없으며 또한 그가 스스로 동의하여 입법부에 종속될 것이라고는 도저히 기대할 수 없기 때문에, 그보다 우월한 지위의 입법부는 없으며 이러한 의미에서 실로 그는 최고라고 하기에 적합한 존재이다. 그러나 주의해야 할 것은 충성 맹세가 그에게 바쳐진다고 해도 그것은 최고 입법자로서의 그에 대한 것이 아니라, 그와 다른 사람들과의 합동 권력에 의해 만들어진 법의 최고 집행자로서의 그에 대해 바쳐진다는 것이다.

충성이란 법에 따라 복종하는 것이기 때문에 만약 그가 법을 위반하면 복종을 요구할 수 있는 권리도 잃게 된다. 다시 말해 그가 복종을 요구할 수 있는 것은 단지 법의 힘을 부여받은 공인으로서일 때뿐이다. 따라서 그는 국가의 이미지, 표상 또는 대표로서 법률에 선언된 사회의 의지에 의해 행동하는 자로 생각되어야 한다. 이러한 이유에서 그 자신의 의지와 권력은 모두 법의 의지와 권력이다.

그러나 그가 이러한 대표자로서의 자격과 공공의 인간으로서의 의지를 포

철학·수학·법학의 3현인
《국가론》을 쓴 철학자 플라톤, 수학자 피타고라스, 정치개혁자·입법자인 솔론이 함께 그려져 있다.

기하여 사적인 의지에 따라 행동한다면 그는 자기 자신의 지위를 낮춰 권력 의지도 없는 그리고 복종을 요구할 수 있는 아무런 권리도 가지지 않은 한 인간에 지나지 않게 될 것이다. 왜냐하면 사회 구성원은 그 사회의 공공의 의지에 대해서만 복종의 의무를 지기 때문이다.

152 행정권을 가진 사람이 입법부에는 참여하지 않는 경우, 행정권은 분명 입법부에 종속되며 이것에 대해 책임을 진다. 또한 입법부는 그것을 임의로 이동시키거나 파면할 수 있다. 따라서 이것은 어떤 것에도 종속되지 않아도 좋은 최고 행정권은 아니다. 그러나 최고 행정권을 부여받은 자가 입법부에도 참여하는 경우에는, 그가 직접 참가하여 동의하는 것 이상으로 그가 종속되고 책임을 지는 개별적이고 우월한 입법부는 존재하지 않는다. 따라서 그는 스스로 적당하다고 생각하는 것 이상으로 복종하지 않으며, 종속된다고 해도 자기의 종속성은 매우 미약한 것이라고 단정할 게 분명하다.

한 나라에는 그 밖의 보조적이고 종속적인 여러 권력이 있는데 이에 관하여 언급할 필요는 없을 것이다. 그것들은 저마다 그 나라의 관습이나 제도에 맞게 한없이 다양하게 변하고 증가하기 때문에 그들 모두에 관하여 일일이 설명을 덧붙이기는 어렵다. 때문에 우리에게 당면한 목적에 있어서 필요한 만큼만 유의하는 것이 좋을 것이다. 즉 이러한 권력들 모두는 명시적인 인가와 위임에 의해 맡겨진 것 이상의 어떠한 권위도 가지지 못하고, 또한 그러한 권력들은 모두 국가 안의 어떤 다른 권력에 대해서도 책임을 져야 한다.

153 입법부가 항시 존재할 필요는 없으며 더구나 그것은 불편하기까지 하다. 그러나 행정권은 항시 존재해야 할 필요가 있으며 이것은 절대적이다. 왜냐하면 새로운 법을 언제나 제정할 필요가 있는 것은 아니지만 이미 제정된 법은 언제나 집행할 필요가 있기 때문이다. 입법부는 자기 손으로 제정한 법의 집행을 다른 사람들의 손에 위임하게 되더라도 근거가 마땅하다면 이것을 그들로부터 다시 회수할 수 있는 권력을 여전히 가지며, 법에 위반되는 어떠한 악정도 처벌할 수 있는 권력을 가진다.

이것은 연합권에 대해서도 적용된다. 왜냐하면 연합권과 행정권 모두 잘 조직된 국가에서는 최고 권력인 입법권에 대해 보조적이고 종속적이기 때문이다. 이러한 경우 입법부는 몇몇 사람들로 구성될 수 있다고 생각되는데, 만약 입법부가 한 사람으로 구성된다면 그것은 항시 존재하게 되고 최고 권력으로서 입법권과 함께 당연히 최고 행정권도 가지게 될 것이기 때문이다. 따라서 입법부는 집회를 열어 그 입법권을 행사할 수 있게 된다. 그 시기는 가장 먼저 만든 법규에 의해, 아니면 입법부 자체가 정한 휴회 기간의 정도에 의해 정해진다. 또는 어떠한 규정도 정해지지 않은 경우나 별도로 입법부를 소집할 방법이 있지 않은 경우에는 입법부가 원하는 시기로 결정한다. 왜냐하면 최고 권력은 국민에 의해 입법부에 주어져서 언제나 입법부에 있으며, 입법부는 자신들이 원하는 시기에 입법권을 행사할 수 있기 때문이다. 다만 입법부에 의해 가장 먼저 제정된 법규에 의해 일정한 시기로 한정이 되는 경우나 그 최고 권력의 결의에 의해 일정한 시기까지 휴회를 하는 경우는 제외된다. 후자의 경우 그 시기가 되면 입법부는 다시 집회를 열어 활동을 재개할 권리를 갖는다.

154 만약 입법부 전체 또는 그 일부가 앞서 언급한 기간 동안 국민이 선출한 대표자들로 결성되고, 이 대표자 역시 나중에 보통의 신민 상태로 돌아갔다가 새롭게 선출되지 않아 입법부에 참여하지 못하게 된다면 이러한 선거권은 역시 국민이 행사한다. 이 시기는 이미 지정된 어떤 일정한 시기이거나 아니면 입법부가 소집되었을 때이다. 그리고 후자의 경우 입법부를 소집할 권력은 일반적으로 행정부에 있으며, 이 시기에 관해서는 다음 두 가지 중 어느 한 가지로 제한된다. 즉 그 하나는 최초로 만들어진 법규에 입법부의 집회와 의결 활동에 대한 일정한 기간을 규정한 경우인데 이런 경우 행정권은 단지 적절한 형식에 따라 선거와 집회에 지시를 내리는 사무적인 일만 하게 된다. 또 다른 하나는 새롭게 선거를 실시하여 입법부를 소집하는 시기를 위정자의 판단에 맡기는 경우이다. 즉 일반 공공의 필요나 그 긴급 사태로 인해 낡은 법을 고치거나 새로운 법의 제정이 요구될 때 또는 국민에게 무거운 짐과 위협이 되고 있는 부자유를 경감하고 예방이 요구될 때가 바로 그러한 경우이다.

155 여기에서 다음과 같은 질문이 제기될지도 모른다. 즉 본디 정해져 있는 법규에 의해서건 아니면 공공의 긴급 사태가 발생했다는 이유에서건 국가를 장악하고 있는 행정권이 입법부가 집회를 열어 의결을 해야 할 필요가 있을 때에 무력을 행사하여 방해하면 어떻게 되는가 하는 것이다. 나는 다음과 같이 답할 것이다. 아무 권한도 없이 자신에게 맡겨진 신탁에 등을 돌리고 국민에게 폭력을 행사하는 것은 국민과 전쟁 상태에 들어가는 것이며, 그 경우 국민은 그들의 권력을 행사하여 입법부를 처음 상태로 되돌릴 수 있는 권리를 가지고 있다고 말이다. 왜냐하면 입법부를 설치했을 때 국민의 의도는 입법부에 어떤 일정한 시기 또는 그럴 필요가 있을 때 법을 제정할 수 있는 권력을 행사하도록 했기 때문이다.

따라서 입법부가 사회에 매우 필요하고 국민의 안전과 보전의 기초가 되는 업무 수행을 어떤 폭력에 의해 저지당할 경우 국민도 무력에 의해 그것을 제거할 권리를 가진다. 상태나 조건을 불문하고 권한이 없는 폭력 사용에 대한 진정한 구제책은 힘으로써 대항하는 것뿐이다. 권한 없이 폭력을 행사하는 사람은 언제나 침략자로서 전쟁 상태에 있게 되며 그는 그것에 걸맞는 취급을 당해 마땅하다.

156 입법부의 소집 및 해산의 권력이 행정부에 있다고 해서 행정부가 입법부보다 우월한 지위를 가진 것은 아니다. 그러한 권력은 확고한 규칙으로 불확실하고 변하기 쉬운 인간사를 통제할 수 없는 경우 국민의 안전을 위해 행정부에 맡겨진 권력이다. 정부를 맨 처음 구성한 사람들이 아무리 선견지명이 있다고 해도 다가올 모든 시기의 입법부 집회에 관하여 그 소집 시기나 회기를 정확하게 미리 결정함으로써 입법부로 하여금 국가의 모든 긴급 사태에 정확하게 대처할 수 있게 미래의 일을 모두 예지할 수는 없기 때문이다. 이 결함을 바로잡는 최선책은 언제나 활동하면서 공공 복지에 대한 감시를 직무로 하는 사람의 판단에 이 문제를 모두 맡기는 것이다. 특별히 필요하지도 않으면서 빈번하게 입법부가 집회를 열고 그 집회가 오래 계속되는 것은 국민에게는 무거운 부담이 된다. 또한 그것은 조만간 반드시 더욱 위험한 폐해를 일으킬 게 분명하다. 그런데 갑자기 뜻밖의 사태가 벌어지면 때로는 입법부의 신속한 원조를 필요로 하는 경우가 있을지도 모른다. 그러한 때에 입법부의 소집이 조금이라도 늦어진다면 공공의 위험을 초래하게 될지도 모른다. 또한 때로는 입법부의 일이 너무 많고 회기가 짧아 그 일의 처리를 다 하지 못하게 되어 입법부의 신중한 고려가 있어야만 비로소 얻게 되는 이익이 공공에게 돌아가지 못할지도 모른다.

이런 경우 입법부의 집회와 의결에 일정한 시기와 휴회 기간이 정해져 있고, 이 기간이 임무를 수행하기에 어떤 때는 너무 길고 어떤 때는 너무 짧기 때문에 공동사회가 때로는 중대한 위험에 놓이게 된다. 이러한 위험을 방지하기 위해서는 언제나 그 임무에 있으면서 공공사항의 사태에 정통한, 특권을 공공의 복지를 위해 이용할 수 있는 사람의 판단에 입법부를 소집할 수 있는 권력을 신탁하는 것 외에 달리 어떤 방법이 있을까. 그리고 공공의 복지라는 똑같은 목적을 위해 법 집행권을 위임받은 사람의 손에 이 권력을 두는 것 이외에 어디에서 그만한 적임자를 찾을 수 있을까. 이렇게 입법부의 소집과 회기를 위한 시일의 규정이 맨 처음 제정된 법규에 의해 규정되지 않았다고 가정한다면, 그것은 마땅히 행정부의 손에 위임되어야 한다. 하지만 이 경우 행정부의 권력은 자의적인 권력으로서가 아니라, 그때마다의 사건이나 사태의 변화에 맞추어 단지 공공의 복지를 위해서만 행사하도록 한다는 권력으로서 위임받은 것이다. 입법부의 소집 시기가 일정하게 정해져 있는 경우, 입법부를 소집할 자유가 군주에게 전적으로 맡겨진 경우 또는 양자의 혼합, 이 세 가지 중 어느 쪽을 따르는 것이 가장 합리적인지 규명하는 일은 내 연구 분야는 아니다. 나는 단지 행정부가 입법부의 회의를 소집하고 그 집회를 해산할 수 있는 특권을 가진다고 해서 그로 인해 행정부가 입법부에 비해 우월해지는 것은 아니라는 점을 확실히 하고자 할 따름이다.

157 이 세상 사물은 끊임없이 유전하기 때문에 어떤 것도 똑같은 상태로 머물지 않는다. 그러므로 국민, 부(富), 교역, 권력도 모두 끊임없이 변화한다. 일찍이 번화했던 대도시가 이윽고 황폐해져 그중에는 돌보는 사람도 없어 황량한 벽지가 된 곳도 있는 한편, 지금까지 아무도 찾지 않던 장소가 부와 주민이 넘치는 인구 조밀 지역으로 성장하기도 한다. 그러나 모든 것이 반드시 일률적으로 변해가지는 않으며, 이미 그 존재 이유가 없어져 버린 관습이나 특권일지라도 사적인 이해 관계의 지지를 얻으며, 그대로 존속하는 경우도 자주 있다. 따라서 입법부의 일부가 국민에 의해 선출된 대표들로 이루어진 정부의 경우, 세월이 흐름에 따라 이러한 대표제 역시 매우 불평등하고 처음 설립되었을 때의 목적과 일치하지 않게 되는 사태도 자주 발생하게 된다.

이미 그 존재 이유가 없어져 버린 관습을 여전히 고수하는 것이 얼마나 터무니없는지 다음 예를 보면 충분히 납득할 수 있을 것이다. 즉 마을은 읍이라는 이름뿐으로 집이라고는 양(羊) 우리 정도요, 주민은 양치기밖에 없는 곳이 인구가 조밀하고 부강한 주(州)와 맞먹는 수의 대표자를 입법자의 대회의에 내보낸다면, 이 점에 대해 잘 모르는 사람들도 놀라움을 감추지 못하며 누구나가 개혁이 필요하다고 인정할 것이다. 그러나 대부분의 사람들은 그 대책 마련에 어려움이 있다고 생각한다. 왜냐하면 입법부의 구성은 사회 근원적인 최고 행위이고 그 사회 내의 모든 실정법에 앞서며 전적으로 국민에게 의존하기 때문에 하위 권력은 이것을 바꿀 수 없다는 것이다. 따라서 입법부가 한번 구성되면 정부가 존속되는 한, 국민은 지금까지 언급한 정부에서 행동할 수 있는 아무런 권력도 가지고 있지 않기 때문에 이러한 불합리를 시정하기 어렵다는 것이다.

158 '국민의 복지가 최고의 법이다'*1 이것은 분명 정당하고 기본적인 원칙이다. 그러므로 성실하게 이러한 법규를 따르는 자는 결코 위험한 잘못을 저지를 수 없다. 따라서 입법부를 소집할 수 있는 권력을 가진 행정부가 대표 선출에 관하여 예전부터 실시된 방식이 아니라, 실제적인 정당한 비율로 제각기 대표자를 보낼 수 있는 권리를 가지고 있는 모든 지역에서, 그 의원 수를 오랜 관습에 의하지 않고 정당한 이유를 고려하여 조정한다고 하자. 이것은 새로운 입법부를 설립한 것이 아니라 오히려 예전부터 존립하던 참된 모습의 입법부를 부활시킨 것이며, 시간의 흐름에 따라 자기도 모르는 사이에 어쩔 수 없이 이어져 오던 혼란을 시정한 것으로 판단되어야 할 것이다. 이때 국민의 어떤 부분도 설령 어떤 단체를 구성했다 하더라도 공공의 복지를 위해 제공하는 원조에 비례하는 것 이상으로 그 대표자를 보낼 권리를 주장할 수 없는 것이다.

공정하고 평등한 수의 대표자를 보내려는 것이 국민의 의도이며, 그렇게 하는 것이 국민의 이익이기도 하다. 따라서 그것에 가장 근접하는 사람이 바로 의심의 여지없는 통치의 지지자이자 확립자로서 공동사회의 동의와 승인을 받게 될 것이다. 국왕의 대권이라는 것은 좀처럼 예측할 수 없는 불확실한 사태가 발생하여 일정불변의 법만으로는 안전하게 국민을 지도할 수 없는 경우, 공공의 복지를 꾀하기 위해 군주의 손에 맡겨진 권력에 지나지 않는다. 따라서 분명 국민의 이익을 위해 또한 통치를 그 진정한 기초 위에 확립하기 위해 행해지는 것은 그게 어떤 것이라도 모두 국왕의 대권의 정당한 임무이며, 앞으로도 그럴 것이다.

새로운 자치 도시를 만들고 새로운 대표자를 보낼 수 있는 권력은 다음과 같은 전제를 수반한다. 즉 시간이 흐름에 따라 대표제의 기준도 변화하여 이전에는 대표자를 보낼 수 있는 권력을 가지지 못했던 지역이 정당한 권리를 가지게 되는 경우도 있을 것이며, 또한 같은 이유로 이전에 이러한 권리를 가졌던 지역이 그 권리를 잃고 보잘 것 없는 지역으로 변할 수도 있을 것이다. 통치를 망치는 것은 정치의 부패와 도시의 쇠퇴에서 초래되는 현상의 변혁이 아니라, 오히려 국민에게 억압과 박해를 가하고 일부 또는 일파의 사람들을 옹립하여 다른 사람들과 차별을 두어 나머지에게는 불평등한 복종을 강요하는 경향이다. 정당하고 영속적인 기준에 기초하여 사회와 일반 국민에게 이익이 된다고 인정되는 것을 행하면, 그것이 어떤 것이든 그것을 실행하면 언제나 그 자체가 정당하다는 것을 저절로 알게 될 것이다. 또한 국민이 본연의 정부 구성에 맞게 정당하고 적합한 기준에 기초하여 자기들의 대표를 선출한다면, 그것을 누가 허락했든 누가 꾸민 것이든 이것이 사회의 의지이며 행위라는 것을 의심할 수 없는 것이다.

〈주〉

＊1 로마의 정치가·법률가 키케로(기원전 106~43)의 《법률에 관하여》에 나오는 말이다.

제14장 국왕의 대권에 관하여

159 오늘날의 온건한 군주제나 기구가 잘 정비된 정부에서는 모두 그렇지만, 입법권과 행정권이 서로 다른 사람의 손 안에 있는 곳에서는 사회의 복지를 위해 몇몇 사항들을 행정권을 가진 사람의 판단에 위임할 필요가 있다. 왜냐하면 입법자가 공동사회에 도움이 되는 모든 것을 예견하거나 법으로 규정할 수 없으므로 법 집행자는 사회의 복지를 위하여 공통의 자연법에 따라 그 법을 활용할 권리가 있기 때문이다. 이러한 사정은 국내법이 아무런 지침을 규정하지 않은 경우에 볼 수 있는 것으로 입법부가 그 지침을 마련하기 위해 소집될 때까지 계속된다.

그러나 여전히 법을 가지고서도 대책을 강구할 수 없는 사항들이 많이 있으며, 이러한 사항들은 필연적으로 행정권을 장악한 사람의 판단에 위임되어 공공의 복지와 이익이라는 요구에 따라 명령이 내려지도록 해야 한다. 아니 경우에 따라서는 법 그 자체가 행정권으로라기보다는 오히려 자연과 통치의 기본법인 사회의 모든 구성원이 최대한 보전되어야 한다는 원칙에 양보되어야 한다고 생각하는 것이 옳을 수도 있다. 왜냐하면 법의 엄격한 준수가 도리어 해를 끼치는 사태를 발생시킬 수 있는 경우도 적잖이 일어난다. 예를 들어 이웃집이 타고 있을 때 불을 끄기 위해 화재에 책임이 없는 이웃사람의 집을 결코 부술 수 없다고 주장하는 것처럼 말이다. 또한 법은 사람에 따라 차별하지 않기 때문에 어떤 사람이 보상과 사면을 받을 만한 행동을 하고서도 도리어 법의 처벌을 받게 되는 경우도 있다. 그러므로 지배자는 법의 엄격함을 완화하여 어떤 종류의 범죄자에 대해서는 사면할 수 있는 권력을 갖는 것이 마땅하다. 정부의 목적은 가능한 모든 사람을 보전하는 것에 있기 때문이며, 죄 지은 사람이라도 죄 없는 사람에게 아무런 해를 주지 않았다는 것을 알게 되면 사면해 주어야 한다.

160 공공의 복지를 위해 법의 지시를 기다리지 못하고 또한 때로는 법을 위반해서라도 자신의 판단에 따라 행동할 수 있는 권력, 바로 이것이 국왕의 대권이다. 어떤 정부는 입법권이 언제나 있는 것이 아니며 또한 그 임무를 맡은 자가 많아 일처리가 늦어져 법의 집행에 필요한 신속한 조치를 취하지 못하는 경우가 많다. 또한 공공에 관계되는 모든 사태와 필요를 예견하여 이에 대처하기 위한 법을 준비할 수는 없다. 더욱이 모든 필요에 대해 그리고 그와 관련된 모든 사람에 대해 엄격하게 집행을 해도 아무런 해를 입히지 않는 법을 제정할 수는 없기 때문에 법으로 규정하지 않은 많은 사안에 관하여 선택할 수 있는 재량이 행정권에 남게 되는 것이다.

161 이러한 권력은 공공사회의 이익을 위해 그리고 정부의 신탁과 그 목적에 맞게 사용되는 한 의심할 여지없이 국왕의 대권이며, 이것에 대해 의문의 여지가 없다. 왜냐하면 국민은 이 점에 관하여 너무 깊이 파고들지 않기 때문이다. 즉 국민은 국왕이 가진 대권의 대략적인 본연의 용도, 다시 말해 국민의 복지를 위해 이용되고 그것을 거스르지 않는 한, 국왕의 대권을 결코 깊이 검토하거나 하지는 않는다. 그러나 만약 행정권과 국민 사이에서 국왕의 대권으로서 요구된 사항에 관하여 문제가 생긴다면, 이와 같은 대권의 행사가 과연 국민의 복지에 도움이 되는지 아니면 해를 입히게 되는 것인지는 경향에 따라 그 문제를 쉽게 해결할 수 있을 것이다.

162 국가가 사람 수에 있어서 한가족과 거의 다를 바 없었던 정부의 요람기에는, 법의 수에 있어서도 국가와 가족이 별반 다르지 않았다는 것을 쉽게 상상할 수 있다. 그리고 통치자는 국민의 아버지로서 국민의 복지를 위해 국민을 지켜보고 있었기 때문에 통치는 거의 대부분 국왕의 대권으로 이루어지고 있었다. 몇 가지의 법만이 제정되어 있었음에도 그것으로 충분하였고 나머지는 지배자의 판단과 배려에 맡겨졌다. 그러나 우둔한 군주가 오해와 아첨으로 인해 공공의 복지가 아니라 자기의 사적인 목적을 위해 이 권력을 이용하게 되었을 때, 국민은 국왕의 대권으로부터 불이익을 당한 점에 관해 명확하게 제한해야 했다. 이렇게 국민은 일찍이 그들과 그들 선조들이 국왕의 대권을 국민의 복지를 위해서만 올바르게 사용하고 있던 군주에게는

그 지혜에 대폭적인 자유재량의 여지를 인정했지만 지금은 그와 같은 경우에도 국왕의 대권에 공공연하게 제한을 가할 필요가 있다고 생각하게 되었다.

163 따라서 국민이 대권의 어느 부분을 실정법으로 규정하였을 때, 이것을 대권의 침해라고 말하는 사람은 통치에 관하여 매우 잘못된 생각을 가지고 있는 것이다. 왜냐하면 그렇게 해도 국민은 군주에게 있는 권리를 무엇하나 박탈하지 못하며, 단지 그들이 군주 또는 그 조상들의 손에 무한정으로 위임하여 국민의 복지를 위해 행사하도록 한 권력이 그 목적과 다르게 이용되면 본디 의도와는 다른 것이 된다고 선언한 것에 지나지 않기 때문이다. 다시 말해 통치의 목적은 공동사회의 복지에 있기 때문에, 그 목적을 위해 행해지는 개혁은 그것이 어떤 것이라 해도 누구에 대한 침해가 될 수 없다. 왜냐하면 통치의 임무를 맡은 자는 누구든 이것 이외의 목적을 위한 권리를 가질 수 없기 때문이다. 공공의 복지를 손상시키거나 방해하는 것만이 침해인 것이다.

이와 다른 의견을 말하는 사람은 마치 군주가 공동사회의 복지와는 다른 이해 관계를 가지고 군주가 존재하는 이유를 공동사회의 복지를 위해서가 아닌 것처럼 말을 한다. 하지만 사실 이러한 의견은 왕정하에서 살아가는 거의 모든 악과 혼란의 화근이며 원천인 것이다. 만약 그러한 의견이 옳다고 한다면 그 통치하의 국민은 그들 서로의 복지를 위해 공동사회에 더해진 이성적 피조물로서의 사회적 존재가 아니다. 다시 말해 그들은 그 복지를 지키고 촉진하기 위해 자기들의 위에 지배자를 두는 사람들이 아니라, 한 사람의 주인의 지배를 받는 하등한 피조물의 무리로서 그 주인이 자신의 쾌락과 이익을 위해 그들을 기르고 부리는 데 지나지 않은 것으로 간주되어야 한다. 만약 인간이 이러한 조건에 있는 사회에 들어갈 정도로 이성이 부족하고 가축과 같다면 국왕의 대권은 그야말로 일부 사람들이 주장하는 것처럼 국민에 대해 해악을 가하는 자의적인 권력이라 해도 상관없을 것이다.

164 그러나 자유로운 상태에 있는 이성적인 동물이 자신을 상처내기 위해 다른 사람에게 복종한다고는 생각할 수 없다—선량하고 현명한 지배자가

있을 때에는 모든 일에 있어 그 지배자의 권력에 명확한 경계를 설정하는 것이 필요하거나 유용하다고 생각하지 않겠지만. 따라서 국왕의 대권은 법이 침묵을 지키는 경우 때로 법에 반하더라도 지배자가 공공의 복지를 위해 그 자신의 자유로운 선택에 따라 몇 가지 일을 할 수 있게 국민이 허락하는 것이다. 왜냐하면 훌륭한 군주는 자기의 수중에 맡겨진 신탁을 염두에 두며 국민의 복지를 배려하기 때문에 국왕의 대권, 즉 국민의 복지를 행할 권력을 아무리 많이 가져도 지나치다고 말할 수 없기 때문이다. 한편 우둔하고 사악한 군주는 그의 조상들이 법의 지시 없이 행사하던 권력을 그 직권상의 권리로서 자기에게 귀속되는 대권이라고 주장하며, 공공의 이익과 구별되는 이익을 꾀하고 촉진하기 위해 자의적으로 이것을 행사할 수 있다고 주장했다. 따라서 국민으로서 그 권력이 자기들의 복지를 위해 행사되고 있는 동안에는 너그러이 묵인하지만 이렇게 되면 자기들의 권리를 주장하고 군주의 권력을 제한하게 되는 것이다.

165 따라서 영국의 역사를 검토해 본 사람이라면 누구나 가장 현명하고 훌륭한 군주의 손에 국왕의 대권이 있었을 때 그 힘이 가장 컸다는 것을 알 것이다. 왜냐하면 국민은 그러한 군주의 행동이 전체적으로 공공의 복지에 맞춰져 있는 것을 보았기 때문에, 법의 명령 없이 행해진 목적에 관해서는 아무런 이의를 주장하지 않았던 것이다. 또한 군주도 역시 다른 사람들처럼 인간에 지나지 않기 때문에 인간적인 약함이나 잘못으로 얼마간 그 목적에서 벗어나는 행동을 하게 되더라도 여전히 군주의 행위가 오직 공공에 대한 배려에 맞춰져 있었기 때문에 국민은 이러한 군주에 만족하며 법에 의하지 않거나 법에 반하는 행동을 하게 되더라도 그가 행하는 것을 묵묵히 따르고 조금도 불평하지 않았으며 군주의 생각대로 그 대권을 확대하는 것을 허락하였다. 따라서 국민들로서는 군주가 모든 법의 기초이자 목적인 공공의 복지에 부합하는 행동을 하는 이상, 결코 법을 범하지 않을 것이라고 판단했기 때문이다.

166 신이 친히 우주를 지배하는 통치 형태이기도 한 절대군주제가 최선(最善)의 통치라는 것을 입증하고자 하는 논법에 따르면, 이처럼 신적인 존재

인 군주들은 전제적인 권력을 요구할 수 있는 자격을 어느 정도 갖추고 있었다 할 것이다. 왜냐하면 그들은 신의 지혜와 인덕을 나누어 가지고 있었기 때문이다. '국민의 자유에 가장 큰 위협이 되는 것은 훌륭한 군주의 치세'라는 말 역시 여기에서 기인한다. 왜냐하면 군주의 후계자들이 그 선임 군주들과는 다른 생각을 가지고 통치하면서도 훌륭한 통치자들의 행위를 선례로 삼아 그것을 자신들의 대권의 표준으로 삼으려고 했을 때, 즉 선임 군주들에 의해 오직 국민의 복지만을 위해서 이제껏 행해졌던 일들이 그 후계자들에게는 그렇게 마음만 먹는다면 국민에게 어떤 해악을 가해도 괜찮은 권리로 비춰졌을 때, 자주 분쟁이 일어났고 때로는 공공사회에 혼란이 초래되었기 때문이다.

그리고 그 결과 국민은 마침내 그들 본디 권리를 회복할 수 있게 되었고 사실상 대권이라고 할 수 없었던 것에 대해 대권이 아니라고 선언할 수 있게 되었다. 사회의 구성원은 어느 누구든 국민에게 위해를 가할 수 있는 권리를 가질 수 없다. 국왕이나 지배자가 공공의 복지라는 한계를 넘어서는 행동만 하지 않는다면, 국민은 그들의 대권에 결코 어떤 제한도 두지 않는다. 그것은 충분히 있을 수 있는 일이며 또한 당연한 일이기도 했다. 요컨대 국왕의 대권이란 법규에 의하지 않고 공공의 복지를 도모하기 위한 권력이기 때문이다.

167 영국에서는 의회의 소집 시기, 장소 및 회기를 정하여 의회를 소집할 수 있는 권력은 확실히 국왕의 권한에 속한다. 그러나 그러한 권력에는 긴급한 사태나 다양한 사정의 요구에 따라 반드시 국민의 복지를 위해 행사되어야 한다는 책임이 따른다. 의회가 열릴 장소로서 어느 곳이 적합한지, 시기는 언제가 좋은지 예견하는 것은 어려운 일이기 때문에 이러한 문제에서 공공의 복지에 가장 도움이 되고 의회의 목적에 가장 부합되도록 하기 위해 선택은 행정권에 위임되었다.

168 이러한 국왕의 대권이라는 문제에 관하여 다음과 같은 오래된 질문이 제기될 것이다. 바로 이 권력이 정당하게 사용되었는지 여부를 누가 판단할 것인가 하는 것이다. 이것에 대해 나는, 그러한 대권을 가진 현존하는 행정권과 의회 소집을 행정부의 의지에 의존하고 있는 입법권 사이에는 어떤 재판관도 지상에 있을 수 없다고 말할 것이다. 이것은 행정부 또는 입법부가

영국 국왕 조지 3세(1738~1820, 재위 1760~1820)
왕권 회복 강화책으로 의원들을 매수하여 어용당을 만들어 조종하였다. 북아메리카 식민지에 대한 각료들의 강경노선을 지지하였으며, 독립을 선언하는 식민지 주민을 반역으로 간주했다. 결국 미국의 독립이라는 뼈아픈 실패를 겪어야 했던 군주이다.

권력을 장악하여 국민을 노예로 삼거나 파멸시키고자 할 때 입법부와 국민 사이에 어떤 재판관도 존재할 수 없는 것과 같은 것이다. 지상에 재판관이 없고 단지 하늘에 호소할 수밖에 없는 다른 모든 경우와 마찬가지로 이 경우에도 국민은 다른 어떤 해결책도 갖지 못한다. 왜냐하면 지배자가 이런 일을 시도할 경우, 그것은 국민이 결코 그에게 위임한 바 없는—국민이 자신들에게 해를 입히고자 하는 누군가의 지배에 동의한다고 생각할 수 없다—권력을 행사하는 것이며, 그들은 정당하지 못한 권리를 행사하고 있는 것이기 때문이다. 그리고 국민 전체로서나 개인으로서 자신들의 권리를 박탈당하고 정당하지 못해 권리가 없는 권력의 행사에 놓이게 되더라도 지상에 호소할 곳이 없는 경우, 호소할 만한 충분하고 중요한 이유가 있다면 그들은 언제든 하늘에 호소할 수 있는 자유가 있다.

따라서 이와 같은 경우 국민은 그 사회의 기본법에 따라 우월한 권력을 가지고 그 사건에 관해 유효한 판결을 내릴 수 있는 재판관이 될 수는 없지만 모든 실정법에 앞선 그리고 우월한 법에 의거하여 모든 인류에게 속하는 궁극적인 결정권, 곧 그들이 하늘에 호소할 수 있는 정당한 명분이 있는지를 판단하는 권리를 보류(保留)하고 있다. 이것은 지상에 호소할 곳이 없을 때 하늘에 호소할 만한 정당한 이유 유무를 판정할 수 있는 권리인데 이러한 판정권을 그들은 포기할 수 없다. 왜냐하면 자기 자신을 다른 사람의 지배에 복종시키고 자기를 죽일 수 있는 자유를 다른 사람에게 주는 것은 인간의 권한 밖의 일이기 때문이다.

다시 말해 신과 자연은 인간이 그 자신을 포기하고 자신의 보전을 태만히 하는 것을 용납하지 않는다. 또한 인간은 자기 자신의 생명을 빼앗을 수 없기 때문에 다른 사람에게 자기의 생명을 빼앗을 수 있는 권력을 줄 수도 없다. 어느 누구도 지금까지의 논의를 끊이지 않는 혼란의 원인이 된다고 생각해서는 안 된다. 왜냐하면 폐해가 너무 커져 대다수의 사람이 거기에 염증을 느끼고 급기야는 그것을 시정하고자 하기 전에는 이러한 사태가 좀처럼 일어나지 않기 때문이다. 그러나 행정권자나 현명한 군주라면 이러한 위험을 자초하지 않는다. 그리고 다른 무엇보다도 이러한 사태는 모든 사태 중에서도 그들에게 가장 위험한 것이기 때문에 무엇보다도 이것을 반드시 피해야 한다.

제15장 부권(父權), 정치적·전제적 권력의 총괄적 고찰

169 앞에서 나는 이러한 권력들에 관하여 언급할 기회를 가졌다. 하지만 최근 볼 수 있는 통치에 관한 커다란 오류는 이처럼 서로 다른 권력들을 혼동한 데서 비롯되었기 때문에, 여기에서 이러한 권력들을 총괄적으로 고찰해보는 것도 그리 나쁘지는 않을 것 같다.

170 첫째, 부권 또는 친권은 자식들의 행복을 목적으로 하는 권력으로서 부모가 자식들을 지배하기 위해 그들에 대해 가지고 있는 권력이다. 이 권력은 자식들이 이성을 사용할 수 있을 때까지, 즉 그것이 자연법이든 자국의 국내법이든 그들이 스스로를 지배하는 법규를 이해할 수 있는 능력이 있다고 생각될 때까지 존속된다. 법규를 이해할 수 있는 능력이 있다는 것은 그 법 아래에서 자유인으로 생활하는 다른 많은 사람들과 마찬가지로 그 법을 알게 되었다는 것이다. 신이 부모의 가슴 속에 묻어 놓은 자식에 대한 애정과 다정함으로 볼 때, 이 권력은 가혹하고 자의적인 지배를 위한 것이 아니라 단지 그들 자식의 부양, 교육, 보전을 위해서 존재하는 것이 분명하다.

그러나 그것이 어떻든 이미 입증한 것처럼, 이 권력이 언제나 자신의 자식에 대해서 다른 사람에게 대하는 것 이상의 생사여탈권으로까지 확대된다고 생각될 이유는 전혀 없다. 또한 이와 같은 부모의 권력은 성인에 이른 자식들에게까지 부모의 의지에 복종하도록 하는 명분을 주는 것은 아니다. 자식은 생명과 교육을 받은 것에 대해 평생 부모에게 존경과 경의를 표하고 감사하며, 그들을 원조하고 부양할 의무를 진다. 이처럼 부권은 자연적인 지배권으로, 절대 정치적인 목적이나 지배로까지 확대되지는 않는다. 부권은 결코 자식의 소유물에까지 미치지 않으며, 그 자식의 소유물은 자식 스스로가 자유롭게 처분할 수 있다.

171 둘째, 정치적 권력이란 누구나가 자연 상태에서 가지고 있었던 권력을 사회의 손에 넘겨준 것이며, 사회에서는 그 사회 스스로가 세운 통치자에게 넘겨준 권력이다. 그리고 그것은 반드시 사회 성원의 복지와 그들의 소유물 보전을 위해 이용되도록 명시적 또는 묵시적인 신탁 위에 위임된 권력이다. 자연 상태에서 누구나가 가지는 것이며 또한 사회가 그의 안전을 보장할 경우에 언제든 그의 손을 떠나 사회로 옮겨가는 이러한 권력은 그 자신의 소유물을 보전하기 위하여 스스로 적당하다고 생각하는 수단과 자연조차도 허용하는 수단을 이용할 수 있는 권력을 가리킨다. 또한 그것은 다른 사람이 자연법을 침범했을 경우, 각자의 이성을 최대한 발휘시켜 자기와 자기 이외의 모든 사람의 보전을 위해 가장 적합한 방식으로 침범한 자를 처벌할 수 있는 권력이다. 따라서 이 권력의 목적과 수단은 자연 상태에서 누구나 그런 권력을 가지는 경우 사회의 모든 사람, 다시 말해 온 인류를 보전하기 위해 존재하는 것이기 때문에 이 권력이 위정자의 손에 들어가게 되더라도 그 사회 구성원의 생명, 자유, 소유물을 보전하는 것만을 그 목적 또는 수단으로 삼아야 할 것이다. 그러므로 그것은 그들의 생명과 재산에 대한 절대적이며 자의적인 권력이 될 수 없으며, 오로지 생명과 재산을 보전하는 것만을 목적으로 한다. 이 권력은 법을 제정할 수 있는 권력이며 그리고 그 사회의 건전하고 건강한 부분을 위협할 만큼 부패된 부분을 제거하여 사회 전체의 보전에 도움이 될 수 있는 형벌을 법률에 부가시킬 수 있는 권력이기도 하다. 바로 이와 같은 건전하고 건강한 부분이 없다면, 아무리 준엄한 형벌이라 할지라도 결코 합법적이고 정당한 것으로 될 수 없다. 또한 이 권력은 공동사회를 구성하는 사람들의 계약과 의견의 일치 및 서로 동의가 있을 때 비로소 발생되는 것이다.

172 셋째, 전제적 권력이란 한 인간이 제멋대로 다른 사람의 생명까지도 빼앗을 수 있는 절대적이며 자의적인 권력이다. 이것은 자연이 인간에게 부여한 권력은 아니다. 자연은 인간 사이에 이러한 차별을 만들어 놓지 않았기 때문이다. 또한 계약으로 양도될 수 있는 성질의 것도 아니다. 인간은 자기 자신의 생명에 대해서도 이러한 자의적인 권력을 가질 수 없고 다른 사람에 대해서도 자기의 생명을 지배할 수 있는 권력을 부여할 수 없기 때문이다.

아시리아군에 의해 강
제 이주당하는 사람들
기원전 587년 네부카
드네자르에게 예루살렘
이 정복된 뒤, 유대 왕
국 주민들이 강제 이주
를 당했다.

이것은 단지 공격해 들어온 사람이 다른 사람과 전쟁 상태에 들어갔다가 자기 자신의 생명에 대한 권리를 잃게 되었을 때에 생기는 결과이다. 이러한 사람은 신이 인간과 인간 사이의 규칙으로서 또한 인간이 결합하여 우호 관계를 맺고 사회를 형성할 경우에 공통의 유대로서 부여한 이성을 저버리는 것이다. 또한 이러한 사람은 이성이 가르쳐 주는 평화의 길을 포기하고 아무 권리도 없이 전쟁이라는 폭력 수단을 이용하여 다른 사람에게 부당한 목적을 강요하는 것이다. 따라서 이러한 사람은 짐승처럼 폭력이라는 수단을 권리 기준으로 삼아 인간다운 성질을 잃어버리고 야수와 같은 존재로 전락하였다. 그러므로 이런 사람은 인류와 함께 사회를 만들 수 없으며 안전을 보장받지 못하는 다른 야수나 유해한*1 짐승처럼 피해자와 피해자에 가담하여 정의를 행하고자 하는 다른 사람에 의해 살해당할 처지에 놓이게 된다.

그러므로 정당하고 합법적인 전쟁에 의해 붙잡힌 포로들만이 전제적 권력에 종속된다. 이러한 종속 상태는 계약에 의해 만들어지는 것이 아니며 또 그럴 수도 없다. 그것은 계속해서 전쟁 상태로부터 생겨난다. 자기 자신의 생명조차 자유롭게 할 수 없는 인간, 즉 자기 생명의 주인이 아닌 인간과 과연 어떤 계약을 맺을 수 있겠는가? 그리고 이런 사람이 과연 어떤 조건을 이행할 수 있겠는가? 그런데 비록 포로의 몸이라 할지라도 자기 생명의 주인이 될 수 있다면, 그때에는 그 주인의 전제적이며 자의적인 권력도 소멸된다. 자기 자신과 자기 생명의 주인인 인간은 그것을 보전하는 수단에 관해서도 권리를 가진다. 따라서 계약이 성립되기만 하면 바로 노예 상태는 끝나게 된다. 포로와 계약을 맺은 자는 자기의 절대적 권력을 포기하고 전쟁 상태를 끝내게 된다.

173 자연은 이 세 가지 권력 중 가장 첫 번째 권력, 바로 부권을 부모에게 주었는데 그것은 자식들이 미성년으로 있는 동안, 그 소유물을 처리할 수 있는 능력과 이해하는 면에서 부족한 점을 보충해 줌으로써 결국 그들의 이익을 도모하기 위함이다. 여기에서나 다른 곳에서나 내가 소유물이라고 말한 것은 재산만이 아니라 신체를 의미하는 것이라고 이해해야 한다. 자발적인 협정이 두 번째 권력, 즉 정치적 권력을 통치자에게 부여한다. 그것은 신민들에게 각자의 소유물에 대한 소유와 이용에 있어 안전을 보장해 주고 그들의 이익을 꾀한다. 그리고 권리의 상실이 세 번째 권력, 바로 전제적 권력을 주인에게 부여한다. 그 목적은 주인이 이 권력을 모든 소유물을 빼앗긴 사람들에 대해 행사함으로써 자기 자신의 이익을 꾀하려는 데에 있다.

174 이 세 권력의 저마다 다른 기원, 범위, 목적 등의 차이를 고려해보면 부권은 위정자의 권력에 훨씬 미치지 못하지만 전제적 권력은 그것을 훨씬 능가한다는 것이 분명해졌다. 더욱이 절대적인 지배는 발생이 어떻든 시민사회와 거리가 멀어서 노예 상태와 재산 소유가 양립할 수 없는 것과 마찬가지로 이들이 양립할 수 없다는 점을 명백히 이해하게 되었을 것이다. 부권은 아직 미성년인 자식이 자기 소유물을 처리할 수 없는 경우에 발생하며, 정치적 권력은 사람들 스스로 자유롭게 처리할 수 있는 소유물을 가진 경우에 발생하고, 전제적 권력은 그러한 소유물을 전혀 가지지 못한 사람들에 대해 발생하는 권력이다.

〈주〉

＊1 '그들(인류)의 생존에 있어서 파괴적인'(로크는 이 부분을 다른 원본에서는 이렇게 고치고 있다)

제16장 정복에 관하여

175　통치는 앞에서 기술한 형태에서만 발생하며 또한 정치는 오로지 국민의 동의에 의해서만 기초를 가진다. 그러나 온 세계에 사람들의 야심이 초래한 혼란이 만연하여 그 결과 인류 역사의 커다란 부분이 전쟁의 소음에 가려 이 국민의 동의는 거의 주목받지 못하였다. 그 때문에 많은 사람들은 무력을 국민의 동의로 착각하게 되었고, 정복을 통치의 기원 중 하나로 생각하게 되었다. 그러나 정복은 통치를 확립하는 것과는 전혀 다른 별개의 것이다. 그것은 마치 집을 부수는 것과 그곳에 새로운 집을 짓는 것이 완전히 다른 것과 같은 것이다. 사실 정복은 이전의 국가체제를 파괴함으로써 새로운 국가체제를 확립하기 위한 새로운 길을 닦기도 한다. 하지만 국민의 동의 없이 새로운 국가체제는 절대 수립될 수 없다.

176　다른 사람과 전쟁 상태에 돌입하여 그 사람의 권리를 부당하게 침해한 침략자는 그러한 부당한 방법으로는 피정복자에 대한 어떤 지배권도 결코 손에 넣을 수 없다. 어느 누구도 강도나 해적이 무력으로 굴복시킨 사람들에 대해 절대적인 지배권을 갖는다거나 부당한 힘의 강요로 맺은 계약을 지킬 의무가 있다고는 생각하지 않을 것이기 때문이다. 만약 강도가 내 집에 침입하여 단도를 내 목에 들이대며 내 재산을 그에게 양도한다는 증서에 도장을 찍게 했다면, 이것으로 강도는 어떤 권리를 얻게 되는 것일까? 무력으로 나에게 복종을 강요한 부당한 정복자가 그 검으로써 손에 넣은 권리는 바로 이런 것이다. 다른 사람에 대한 침해와 범죄는 왕관을 쓴 자가 행하든 변변찮은 악당이 행하든 똑같은 것이다. 범죄자가 어떤 지위에 있든 또는 아무리 많은 부하를 거느리고 있든 그가 저지른 죄는 어디까지나 죄이며, 도리어 그로 인해 죄는 더욱 무거워질 뿐이다. 단 하나 차이가 있다면, 왕관을 쓴 부당한 정복자 같은 큰 강도들은 작은 강도들을 처벌하여 발 아래에 굴복시키고 승리의

월계관으로 보상받는다. 왜냐하면 그들의 권력은 너무나 강력해서 이 세상의 그 어떤 정의의 여린 손으로도 처벌할 수 없으며, 또한 범죄자를 처벌할 수 있는 바로 그 권력을 그들 자신이 소유하고 있기 때문이다.

그렇다면 내 집에 강도가 침입한 경우 그에 대한 나의 구제책에는 어떤 것이 있을까? 정의를 찾아 법에 호소하는 것이다. 그러나 어쩌면 재판을 거부당할지도 모른다. 아니면 내가 불구의 몸이 되어 거동할 수 없게 되거나 재산을 모두 강탈당해 법에 호소할 힘이 없게 될 수도 있다. 만약 신이 모든 구제 수단을 거두어 가 버린다면, 참는 방법밖에는 다른 방도가 없다. 그러나 만약 내 아들이 능력을 갖게 된다면 내게 주어지지 않았던 법에 의한 구제를 대신 추구해 줄지도 모른다. 아니면 그나 그의 자식이 권리를 회복하게 될 때까지 호소를 계속할 것이다. 그러나 피정복자나 그의 자식들은 지상에 호소할 법정도, 중재자도 갖지 못한다. 그래서 그들은 일찍이 입다(Jepthah)가 했던 것처럼 신께 호소하고, 그들은 그 선조들이 태어나면서부터 가지고 있던 권리, 즉 대다수의 사람들이 시인하고 자유롭게 동의할 수 있는 입법부를 가질 수 있는 권리를 회복할 때까지 그 호소를 되풀이할 것이다. 이로 인해 끝없는 분쟁이 초래될 것이라며 반대하는 사람이 있다면 나는, 재판을 통한 모든 호소책이 열려 있는 경우에도 그 재판으로 인해 끝없는 분쟁이 일어나지 않는 것처럼 이 경우에도 그렇지 않을 것이라고 대답할 것이다.

아무런 이유도 없이 이웃을 괴롭히는 자는 이웃이 호소한 법정의 판결에 의해 처벌받게 된다. 그리고 하늘에 호소하는 자는 정의가 자기편에 있음을, 그리고 호소하는 데 수고와 비용이 든다 할지라도 그만한 가치가 있는 권리임을 확신해야 한다. 왜냐하면 그는 어떤 누구도 속일 수 없는 하늘의 법정에서 답변해야 하고, 그 법정은 모든 사람에게 그들이 동료 신민들, 즉 인류의 누군가에 대해서 위해를 가한 경우 그 위해 정도에 따라 반드시 각각에게 징벌을 내리기 때문이다. 이렇게 부당한 전쟁으로 정복을 감행한 정복자는 피정복자에 대해 복종과 종속을 요구할 아무런 권리도 가질 수 없다는 사실이 분명해졌다.

177 그러나 승리는 정의의 편이라 가정하고 합법적인 전쟁에서의 정복자의 지위를 고찰해 보자. 그리고 그가 어떤 권력을 누구에 대해서 갖는지 살

펴보도록 하자.

첫째, 그가 자신과 함께 정복에 나선 사람에 대해서는 그 정복으로 인해 아무런 권력도 갖지 못한다는 것이 분명하다. 그의 편에 서서 싸운 사람들은 정복으로 어떠한 피해도 당하지 않을 것이며, 그들은 적어도 정복 이전과 마찬가지로 자유인이다. 그리고 정복으로 얻은 전리품과 그 외 이득의 일부를 정복자와 공유하며 향유하거나, 또는 정복지의 일부를 서로 나누어 가진다는 조건으로 종군을 하게 된다. 그리고 정복에 참가한 사람들은 정복에 의해 노예가 되지 않으며, 단지 통솔자의 승리를 위한 희생물이었다는 것을 보여주기 위해 머리에 월계관을 쓰는 것은 아니다. 절대군주제의 기초를 무력에서 찾으려는 사람들은 이러한 군주제의 창설자인 영웅들을 악명 높은 '드로캔서*¹와 같은 인물'로 만들어 버린다. 그리고 그들은 그 싸움의 승리를 위해 함께 싸우며 정복을 지원하고 그들이 굴복시킨 나라들을 나누어 가진 사관이나 병사들의 존재를 잊어버린다. 일부 사람들은 영국 군주제는 노르만족의 정복에 의해서 시작되었으며, 그것으로써 우리나라의 군주들은 절대적인 지배권을 얻게 되었다고 말한다. 역사를 살펴보면 그렇지 않은 것 같지만 만약 이것이 옳다고 한다면 그리고 윌리엄이 이 섬에서 전쟁을 일으킬 권리를 가지고 있었다 할지라도 정복에 의한 그의 지배권은 당시 이 나라에 살고 있던 색슨족과 브리튼족에게만 미치는 것이다. 윌리엄과 함께 이 나라를 침략한 노르만족과 그 자손들은 모두 자유인이며, 설사 정복이 어떤 지배권을 제공한다 할지라도 그들은 결코 정복에 의해 신민이 된 것이 아니다. 따라서 만약 나나 그 밖의 다른 누군가가 노르만족으로부터 자유가 유래되었다고 주장한다면 그렇지 않다는 것을 입증하는 것 역시 매우 어려울 것이다. 더구나 법은 색슨족과 브리튼족, 그리고 노르만족 사이에 아무런 차별도 두지 않기 때문에 그들이 가지고 있는 자유와 특권에도 어떤 차별을 두려 하지 않을 것이다.

178 그러나 좀처럼 없는 일이지만, 정복자와 피정복자가 똑같은 법과 자유 아래에서 하나의 국민으로 결합할 수 없다고 가정해 보자. 그리고 합법적인 정복자가 피정복자에 대해 어떤 권력을 가지는지 살펴보도록 하자. 이것은 완전히 전제적인 권력이라고 할 수 있다. 정복자는 부당한 전쟁에서 생명

권을 몰수당한 자의 생명에 대해 절대적인 권력을 가지고 있다. 그러나 전쟁에 참가하지 않았던 사람들의 생명이나 재산은 물론 실제로 그 전쟁에 참가한 사람들의 소유물에 대해서도 그러한 절대적인 권력을 행사할 수 없다.

179 둘째, 정복자는 그에게 행사된 정당하지 못한 폭력에 실제로 지원, 협력, 동의한 사람들에 대해서만 권력을 가진다는 것이다. 국민은 그 지배자에게 전쟁 같은 옳지 못한 일을 행할 수 있는 권력을 부여한 것이 아니기 때문에—국민에게는 이러한 권력이 없다—그들이 지배자를 선동하여 전쟁을 일으키도록 한 것 이상으로, 옳지 못한 전쟁에서 행해진 폭력과 부정에 관하여 국민에게 책임을 지워서는 안 된다. 그것은 마치 지배자가 국민 전체나 그 일부에게 폭력과 압박을 가했다 하더라도 국민이 그것에 대해 책임을 지지 않아도 되는 것과 같다. 왜냐하면 국민은 지배자에게 그런 권한을 주지 않았기 때문이다. 정복자들은 옳지 못한 전쟁에 협력한 사람들과 협력하지 않은 사람들을 군이 구별하지 않을 것이며, 오히려 전쟁의 혼란과 함께 누구나 닥치는 대로 제거해 버리려 할지도 모른다. 그러나 그렇다고 해서 정복자의 권리가 달라지는 것은 아니다. 왜냐하면 피정복자의 생명에 대한 정복자의 권한은 단지 피정복자가 부정을 행하거나 부정을 유지하기 위해 폭력을 이용했다는 이유로만 행사되어야 하므로, 정복자는 그 폭력행사에 가담한 자에 한해서만 권력을 가질 수 있으며 그 밖의 사람들은 모두 죄가 없는 것이다. 정복자는 그 국가의 국민으로서 그에게 아무런 피해도 가하지 않는, 자기의 생명권을 포기하지 않는 사람들에 대해 아무런 권리도 가지지 못한다. 그것은 그에게 해를 가한 적도 도전한 적도 없이 그와의 공정한 관계 속에서 생활해 온 다른 국민들에 대해 그가 아무런 권리도 갖지 못하는 것과 같다.

180 셋째, 정복자가 정당한 전쟁으로 정복한 사람들에 대해 갖게 되는 권력은 완전히 전제적이다. 즉, 전쟁 상태에 들어가면서 생명권을 상실한 사람들의 생명에 대해서 정복자는 절대적인 권력을 가진다. 그러나 그렇다고 해서 정복자가 그들의 소유물에 대한 권리와 소유권까지 가지는 것은 아니다. 이것은 현실 속에서 이루어지는 관행과 완전히 반대되기 때문에 이상하

프랑스와 영국이 캐나다 퀘벡의 프랑스 식민지를 둘러싸고 벌인 '7년전쟁'은 영국군이 승리함으로써 막을 내렸다 (1759).

게 생각될지도 모른다. 여러 나라의 영토에 관하여 말할 경우, 보통 이러이러한 사람이 그것을 정복했다고 말한다. 마치 정복만으로 쉽게 소유권을 이양하는 것 같다. 그러나 강자나 유력자의 이러한 관행이 아무리 일반적인 현상이라 하더라도 또한 정복자가 칼을 들이대었을 때 피정복자가 이에 항변하지 않는 것이 피정복자가 보일 수 있는 복종이라 하더라도, 그러한 관행이 권리의 기준이 되지는 않는다.

181 어떤 전쟁에서든 폭력과 손해는 결부되기 마련이다. 침략자가 전쟁을 하는 상대의 신체에 폭력을 행사하게 되면 그 자산은 대개 손상을 입게 된다. 사람을 전쟁 상태에 들어가게 하는 것은 폭력의 행사뿐이다. 왜냐하면 폭력을 행사하여 침해를 하거나 또는 어떤 사람의 눈을 속여 위해를 가하고 나서도 배상을 거부하고 폭력으로 그것을 관철하려고 하거나—이것은 처음부터 폭력을 행사한 것과 같다—전쟁을 일으키는 것은 옳지 못한 힘의 행사이기 때문이다. 어떤 사람이 내 집 문을 부수고 들어와 난폭하게 나를 끌어내거나 얌전히 들어와서 난폭하게 나를 끌어내거나 사실상 같은 일이기 때

문이다. 하지만 이것은 내가 호소할 수 있고, 상대와 나 모두가 복종해야 하는 공통의 재판관이 지상에 없는 상태에서 우리가 존재하고 있는 경우를 가정한 것이다. 왜냐하면 내가 지금 논하고 있는 것은 이러한 상태에 관한 것이기 때문이다. 그렇다면 사람들이 전쟁 상태에 돌입하게 되는 것은 힘의 부당한 행사이므로 그런 죄를 저지른 사람은 이것으로 그 생명에 대한 권리를 잃게 된다고 할 수 있다. 왜냐하면 그는 사람과 사람 사이의 규칙이라 할 수 있는 이성을 포기하고 짐승과 같은 방법인 폭력을 행사함으로써 그가 공격한 상대에 의해 살해당해 마땅한 존재가 되었기 때문이다. 마치 어떤 사람의 생존을 위협하는 사납고 굶주린 짐승을 살해해도 무방한 것처럼 말이다.

182 그러나 아버지의 과오는 결코 그 자식들의 잘못이 아니다. 아버지가 야수적인 성품과 부정한 마음을 가진 사람이라 할지라도 자식은 그와 반대로 이성적이고 온순한 마음을 가진 사람일 수 있다. 따라서 아버지는 그 불행이나 폭력으로 자기 자신의 생명에 대한 권리를 잃어버린다 하더라도 자신의 죄나 파멸에 자식들을 끌어들일 수는 없다. 온 인류를 가능한 한 보전하려고 하는 자연은 자식들을 사멸로부터 구제하기 위해 아버지의 재산이 그 자식들의 것이 되도록 했다. 따라서 아버지의 재산은 여전히 그 자식들의 것이 되는 것이다. 왜냐하면 자식들이 어리거나, 집에 있지 않고 출타 중이었거나 또는 자신의 의지대로 전쟁에 참가하지 않았다고 한다면, 그들은 당연히 그들의 것이 될 아버지의 재산을 몰수당할 아무런 행위도 하지 않은 것으로 되기 때문이다. 또한 정복자도 자신을 폭력으로 파멸시키려 했던 사람들을 굴복시켰다는 이유만으로 그 재산을 빼앗을 권리를 가지지는 못하기 때문이다. 하지만 정복자는 전쟁으로 입은 손해를 배상시키고 자신의 권리를 방어하기 위해 어쩌면 그 재산에 대해서도 얼마쯤 권리를 가지게 될지도 모른다. 이것이 피정복자의 소유물에 어느 정도까지 미치게 되는지에 관해서는 나중에 고찰해 보기로 한다.

정복자가 어떤 사람의 신체를 마음대로 살해할 수 있는 권리를 갖게 되었다고 해도, 상대의 재산까지 마음대로 소유하고 향유할 권리를 갖게 되는 것은 아니다. 왜냐하면 폭력을 행사하는 침략자에 대해 상대는 침략자를 유해한 피조물로 간주하여 마음대로 살해해도 되는 권리를 가지게 되지만 다른 사람의 재산을 요구할 수 있는 권리는 단지 자기가 손해를 입었다고 생각되는 경우에만 적용되기 때문이다. 예를 들어, 내가 노상에서 강도의 습격을 받았다면 나는 그를 죽여도 된다. 그러나 흔한 일은 아니지만, 도적의 돈을 빼앗고 그를 방면해 주는 것은 허용되지 않는다. 만일 그렇게 한다면 내가 도리어 강도질을 했다는 누명을 쓰게 될 것이다. 도둑은 폭력을 행사하여 스스로를 전쟁 상태에 들어가게 함으로써 자기의 생명에 대한 권리를 포기하는 것이다. 그러나 그렇다고 내게 그의 재산까지 빼앗을 수 있는 자격이 부여되는 것은 아니다. 그러므로 정복으로 생기는 권리는 전쟁에 가담한 사람들의 생명에 대해서만 미치는 것이며, 그들의 재산에까지는 미치지 않는다. 그러한 권력은 단지 그 전쟁에서 입은 손해와 전쟁의 비용을 배상시키기 위해서만 작용하되, 설사 그런 경우에라도 아무 죄 없는 그들의 처자식들의 권리는 유보된다.

183 정복자가 상상할 수 있는 최대한의 정의를 가졌다고 가정해보자. 그렇다 해도 그는 피정복자가 잃은 것보다 더 많은 것을 피정복자에게서 빼앗을 권리를 갖지는 못한다. 즉 정복자는 피정복자의 생명을 빼앗을 수 있으며, 그의 노역과 재산을 자기가 받은 손해 배상에 충당하기 위해 빼앗을 수 있다. 그러나 그 처자식의 재산은 빼앗을 수 없다. 그들에게도 역시 피정복자가 가진 재산에 대한 권리가 있으며, 그 소유물의 분배에 관여할 권리가 있기 때문이다. 예를 들면 내가 자연 상태에서—모든 국가는 서로 자연 상태에 있다—다른 사람에게 손해를 끼치고도 그 보상을 거부한다면 이것은 내가 부당하게 얻은 것을 무력으로 지킨 셈이 되기 때문에 내가 침략자가 되는 전쟁 상태가 된다. 만약 내가 정복당하게 되면 나의 생명은 상대의 손에 맡겨지게 된다. 그러나 나의 처자식의 생명은 별개이다. 그들은 전쟁을 하지도 않았고, 도운 적도 없다. 그들의 생명은 결코 나의 것이 아니기 때문에 내가 처자식의 생명까지 잃게 할 수 없는 것이다. 나의 아내는 내 재산에 대해 자신의 몫을 가지며 이것 역시 내가 잃게 할 수 없다. 더구나 나의 자식들도 나의 몸에서 태어났기 때문에, 나의 노동이나 자산으로부터 부양받을 권리가 있다.

여기에서 다음과 같은 문제가 생기게 된다. 정복자는 그가 받은 손해에 대해 보상 받을 권리가 있으며, 자식들은 자기들의 생존을 위해 아버지의 자산을 이어받을 권리가 있다. 처의 몫에 관해서는, 그녀가 자기를 노동에 의해서든 아니면 계약에 의해서든 그것을 받을 권리를 갖게 되면 남편이 그녀의 몫을 잃게 할 수는 없다. 이런 경우에는 어떻게 하면 되는 것일까? 나는 다음과 같이 답하고자 한다. 즉, 가능한 한 모든 사람이 보전되어야 하는 것이 자연의 근본이치이기 때문에 만약 정복자의 손실과 자식들의 부양을 모두 만족시킬 수 없는 경우라면 재산이 많아 나눌 여유가 있는 사람이, 그것이 없으면 죽게 될지도 모르는 위험에 처한 사람들의 절박하고 가장 먼저 고려되어야 할 정당한 권리에 양보해야 할 것이다.

184 만약 전쟁의 비용과 손해에 대해 마지막 한 푼까지도 정복자에게 변상되어야 하고, 피정복자의 자식들은 그 아버지의 모든 재산을 몰수당하여 굶어 죽게 될 상황에 방치되었다고 가정해 보자. 이렇게 정복자의 주장을 만족시켰다 할지라도, 그가 정복한 나라를 소유할 권리가 그에게 부여되지는 않는다. 왜냐하면 세계 어느 지역이든 모든 토지가 사람들에게 소유되어 황무지를 찾아 볼 수 없는 곳이라면, 아무리 전쟁의 피해가 극심하다 할지라도 그 손해가 그렇게 넓은 토지만큼의 가치를 가질 리 없기 때문이다. 그리고 가령 내가 정복자의 토지를 조금도 빼앗지 않았다고 가정하자. 하기야 나는 전쟁에 졌기 때문에 정복자의 토지를 빼앗는 일은 생각조차 할 수 없지만, 내가 토지 이외에 어떤 약탈을 했다고 해도 거기에서 얻은 전리품이 내 토지의 가치와 동등할 리는 없다. 물론 이것은 내 토지와 내가 짓밟은 토지를 서로 비교했을 때 경작의 정도가 같고 넓이도 거의 비슷하다는 가정하에서의 이야기이다.

보통 약탈에 의한 최대 피해는 고작 1년이나 2년간의 생산물이 파괴되는 정도이다. 4년간이나 5년간에 달하는 경우는 거의 없다. 빼앗긴 화폐나 그에 준하는 부와 재물이라면 어떨까? 그것은 모두 자연의 산물이 아니며, 가공적(架空的)인 상상 속의 가치를 가지고 있을 뿐이다. 자연은 그러한 것들에게 그러한 가치를 조금도 부여하지 않는다. 그것들을 자연의 기준으로 본다면, 아메리카 원주민이 만든 조개껍질 목걸이가 유럽의 군주에게 아무 가치도 없는 것처럼 또는 그와 반대로 유럽의 은화가 아메리카 원주민에게 아무 가치도 없는 것처럼, 어떠한 가치도 없다. 정복자가 토지를 모두 차지하여 토지를 빼앗긴 사람이 경작할 수 있는 황무지가 전혀 남아 있지 않은 곳이라면, 5년간의 생산물 역시 토지의 영구적 상속권의 가치에는 미치지 못한다. 이러한 사실은 화폐의 상상적 가치를 제거하고 생각할 수 있다면 쉽게 인정할 수 있다. 그 불균형은 5대 500 이상으로 큰 것이기 때문이다. 물론 주민이 소유하고 이용하는 것 이상으로 많은 토지가 있어서 누구라도 자유롭게 황무지를 이용할 수 있는 곳이라면 반 년 간의 생산물이 상속 재산보다 더 큰 가치가 있을 수도 있다. 그러나 그러한 곳에서는 정복자가 피정복자의 토지를 손에 넣으려고 하지 않을 것이다.

모든 군주나 통치는 그러한 관계에 있지만, 사람이 자연 상태에서 다른 사람에게 아무리 큰 피해를 입는다 할지라도, 그것으로 정복자가 피정복자들의 자손에게 주어진 토지를 빼앗고 그들이나 그 후예가 몇 세대에 걸쳐 소유해야 하는 상속지에서 그들을 내쫓지 못한다. 정복자는 자신을 실질적인 주인이라고 생각하기 쉽다. 그리고 자신의 권리에 대하여 싸울 수 없는 것이 피정복자의 실제 처지이다. 그러나 그것뿐이라면 그것은 단순한 폭력으로 강자가 약자에 대해 가지는 권한과 조금도 다를 바가 없을 것이다. 그리고 이러한 이유에 의거한다면 가장 강한 사람은 무엇이든 가지고 싶은 것을 빼앗아 가질 권리를 갖게 될 것이다.

185 그러므로 정복자는 전쟁에서 그에게 가담한 자, 정복당한 나라 사람이라도 그에게 저항하지 않은 자, 저항한 사람이라 하더라도 그 자손, 이런 사람들에 대해서는 아무리 정당한 전쟁이었다 할지라도 그 정복에 의해서 어떠한 지배권도 갖지 못한다. 이런 사람들은 정복자에 의한 어떤 정복으로부터도 자유로우며, 또한 만약 그들 이전의 통치가 해체되어 버린다면 그들은 자기들을 위해 또 다른 통치를 창설할 수 있는 자유가 있다.

186 정복자는 피정복자에 대해 폭력으로써 그들의 가슴에 검을 들이대면서 자기의 명령에 따르도록 하며, 또한 자기가 그들에게 행사하고 싶은 통치에 복종하도록 강제한다. 하지만 문제는 정복자가 어떤 권리로 그렇게 하는가 하는 것이다. 만약 피정복자가 그들 자신의 동의에 따라 복종하는 것이라고

한다면, 이것은 정복자에게 그들을 지배할 수 있는 권한을 갖기 위해서는 피정복자 자신의 동의가 필요하다는 것을 인정하는 것이다. 그렇다면 그는 단지 다음을 고찰하기만 하면 된다. 즉 정당한 권리도 없으면서 무력으로 강제된 약속이 과연 동의라고 할 수 있는가, 또한 그것은 어느 정도의 구속력이 있는 가 하는 것이다. 이에 대해 나는 이러한 약속에 어떤 구속력도 없다고 대답할 것이다. 왜냐하면 다른 사람이 나에게 폭력을 행사하여 빼앗은 것은 그것이 무엇이든 나에게는 여전히 그것에 대한 소유권이 남아 있으며 상대는 즉시 그것을 돌려줄 의무가 있기 때문이다. 나에게서 말을 강탈한 사람은 즉시 그것을 나에게 돌려주어야 하며, 나에게는 그것을 되찾을 권리가 있다.

같은 맥락에서 나에게 강제적으로 약속을 맺게 한 자는 즉시 이것을 취소해야 한다. 다시 말해 그 약속으로 인한 의무로부터 나를 방면해야 한다. 그렇지 않으면 나는 자의적으로 이 약속을 철회할 수 있다. 즉 약속을 이행할지 어쩔지 선택할 수 있다는 것이다. 자연법은 단지 자연이 정하는 규칙에 따라서만 나에게 의무를 부과하기 때문에, 어느 누구도 자연의 규칙을 범하면서까지 나에게 의무를 강제할 수 없다. 만일 그렇게 한다면 그것은 폭력으로 나에게서 뭔가를 강탈해 가는 것이 된다. 도둑이 나의 가슴에 총을 겨누며 지갑을 요구했을 때 내가 스스로 주머니에 손을 넣어 그것을 도둑에게 건네주었다고 해서 폭력을 허용하는 것도, 권리를 양도하는 것도 아니다. 이와 같이 '너는 나와 약속하지 않았는가'라고 주장해 보아도 사정은 조금도 달라지지 않는다.

187 이 모든 논의로부터, 다음과 같은 사실이 분명해진다. 즉 피정복자들 위에 폭력으로써 강제되는 정복자의 통치는 정복자에게 전쟁에 대한 정당한 권리가 없는 경우나 또는 가령 그 권리가 있다고 해도 이들 피정복자가 그에 대한 항전에 가담하지 않은 경우에는, 이들 피정복자에 대해서 아무런 구속력도 갖지 못한다는 것이다.

188 그러나 그 공동사회의 모든 사람이 같은 정치체의 구성원으로서 부당한 전쟁에 참가했다가 패하여 그들의 생명이 정복자의 뜻에 좌우되게 된 상황을 가정해 보자.

189 이것은 미성년기에 있는 그들의 자식들과는 관계가 없는 사항이다. 왜냐하면 아버지 자신에게는 자식의 생명이나 자유를 지배할 수 있는 권력이 없기 때문에, 아버지가 어떤 행동을 하든 그것으로 자식이 생명이나 자유를 잃게 될 일은 없기 때문이다. 따라서 아버지의 신변에 어떤 일이 일어나더라도 자식들은 자유인이며, 정복자의 절대적 권력은 피정복자들의 신체 이상으로 영향을 미치지 못하며, 그 사람들이 죽으면 그것과 함께 그 권력도 소멸한다. 또한 만약 정복자가 이 사람들을 그의 절대적이며 자의적인 권력에 예속되는 노예로서 지배한다고 해도 그들 자식들에 대해서는 그러한 지배권을 갖지 못한다. 정복자는 자식들에 대해서 비록 어떤 언행을 강요한다 할지라도 자식들 자신의 동의가 없는 한 어떤 권력도 갖지 못한다. 다시 말해 자유로운 선택을 허용하지 않고 폭력에 의한 복종을 강요하는 한, 정복자는 아무런 합법적인 권력도 가질 수 없는 것이다.

190 모든 사람은 태어나자마자 두 가지의 권력을 가진다. 첫째, 자신의 신체에 대해 자유로울 수 있는 권리이며, 다른 어떤 누구도 이것에 대한 권력을 갖지 못한다. 신체의 자유로운 처분권은 그 자신에게 있다. 둘째 다른 누구보다 앞서, 그의 형제와 함께 아버지의 재산을 상속받을 수 있는 권리이다.

191 이 두 권리 중 첫 번째 권리에 의해 인간은, 어떤 통치의 지배하에 있는 장소에서 태어나든 본디 어떤 통치에 대한 복종으로부터도 자유롭다. 그러나 만약 자신이 태어난 나라의 합법적인 통치를 인정하지 않는다고 한다면, 그는 그 나라의 법에 의해 그에게 주어진 권리를 포기해야 하며, 또한 이 통치가 그의 선조들의 동의에 의해 만들어진 것이라고 한다면 선조들로부터 그에게 전해 내려오는 소유물도 모두 포기해야 한다.

192 두 번째 권리에 의해 다음이 인정된다. 즉, 어떤 나라의 주민이든 다른 나라에게 정복당하고 자유로운 동의에 위배되는 통치를 강요받은 사람들의 자손으로서 자산에 대한 권리를 이어받는 경우, 설사 그 나라의 재산 소유자에 대해 폭력을 행사하고 엄격한 조건을 강요하는 통치에 그들이 자유로이 동의하지 않아도 그들은 그 선조들의 소유물을 이을 권리가 유보된

다. 왜냐하면 최초의 정복자에게는 그 나라의 토지에 대한 아무런 권리도 없기 때문이다. 따라서 강제적으로 어떤 통치의 멍에를 달게 받도록 강요받은 사람들의 자손인 국민이나 국민에 속한다고 주장하는 사람들은, 그들의 지배자가 그들이 자진하여 또한 자신들의 선택으로 동의를 하는 통치체제하에 살도록 할 때까지는, 그 멍에를 벗어내고 무력으로 그들에게 강요된 찬탈 또는 전제로부터 언제나 스스로를 해방시킬 수 있는 권리를 가진다.

그리스의 그리스도 교도들은 이 나라의 오랜 소유자들의 자손들이다. 오랫동안 그들을 괴롭혀온 터키 사람의 압제를, 그렇게 할 힘만 있으면 언제든 쫓아내는 것이 정당하다는 것을 누가 의심하겠는가? 왜냐하면 어떠한 통치자라도 자유로운 의지로서 동의를 표명하지 않은 국민에게 복종을 요구할 수 있는 권리를 가질 수 없기 때문이다. 하지만 이러한 동의를 표명한다는 것은 국민이 자신들의 통치와 통치자를 선택할 수 있는 완전한 자유 상태에 놓이게 되기 전에는, 또는 적어도 그들 자신이나 그들의 대표자들이 자유롭게 동의를 표명한 일정한 법을 갖게 되기 전에는 결코 생각할 수 없다. 그리고 그렇게 되어야 비로소 그들의 정당한 소유권이 인정되며, 그것은 그들 자신의 동의 없이는 누구도 그 재산의 일부를 빼앗을 수 없다는 의미에서의 재산의 소유자가 된다. 그렇지 않으면 어떤 통치하에서도 사람들은 자유인의 상태가 아니며, 오히려 전쟁의 폭력에 복종하는, 말 그대로 노예에 지나지 않게 될 것이다.

193 하지만 정당한 전쟁에서, 정복자가 피정복자의 신체에 대한 권리뿐 아니라 그들의 자산에 대한 권리도 가진다고 가정해 보자. 물론 실제 그런 권리는 없는 게 분명하지만, 가령 그렇게 가정해 본다 할지라도, 설사 그 정복자의 통치가 계속된다 해도, 그것으로부터 절대적인 권력은 생기지 않을 것이다. 왜냐하면 이들 피정복자의 자손은 모두 자유인이므로 만약 피정복자가 그들에게 토지와 소유물을 주어 그 나라에 살도록 허락한다면—사실 주민이 없는 나라는 아무런 가치도 없으므로—그 허용된 범위 안에서 그들은 그것에 대한 소유권을 갖게 되기 때문이다. 소유권의 본질은 그 사람 자신의 동의 없이는 그것을 그에게서 결코 빼앗을 수 없다는 데 있다.

194 피정복자는 태어날 때부터 가지는 권리에 의해 자유롭고, 그들의 소유물은 그 많고 적음에 관계없이 그들 자신의 것이며, 그들이 자유롭게 처분할 수 있다. 정복자가 마음대로 할 수 있는 것이 아니다. 만일 그렇지 않다면 그것은 소유물이라고 할 수 없다. 정복자가 어떤 한 사람에게 1,000에이커의 토지를 주면서 그와 그 상속인에게 영구적으로 사용할 것을 허락하였고, 또 다른 사람에게는 1,000에이커의 토지를 1년에 50파운드 아니면 500파운드의 지대를 받고, 그의 세대에 한해서 빌려 주었다고 하자. 한 쪽은 1,000에이커의 토지에 대한 권리를 영구히 가지고, 또 다른 쪽은 앞서 기술한 대로 지대를 지불하고 그의 세대에 한해서만 그 토지에 대한 권리를 가지는 것은 아닐까. 그리고 그의 세대에 한해서만 토지를 빌린 사람은 만일 그 기간 동안 자기의 노동과 근면으로 지대를 초과하는 수확을 올렸다고 한다면 그 초과분이 지대의 두 배에 달한다 할지라도, 모두 그의 소유물이 되는 것은 아닐까? 국왕이나 정복자는 한번 토지를 주고, 정복자로서의 권력을 행사하여 한쪽에는 영세소유자(永世所有者)의 상속인으로부터, 또 다른 한쪽에서는 토지를 빌린 사람으로부터 그 생존 중에, 더구나 지대를 지불했음에도 토지의 전부나 그 일부를 몰수할 수 있다고 누가 말할 수 있을까. 또는 그들이 그 토지를 이용하여 벌어들인 재산이나 화폐를 멋대로 몰수할 수 있을까. 만약 가능하다면 자유롭고 자발적인 계약은 이 세상에서 모두 사라지고 아무 효력도 없는 것이 될 것이다. 다시 말해 계약은 충분한 권력만 있으면 언제든 해소시킬 수 있으며, 권력자의 허가나 약속은 모두 웃음거리와 사기에 지나지 않게 될 것이다. 예컨대, 어떤 사람이 다음과 같이 말했다면 이보다 우스운 일이 있겠는가.

"나는 당신과 당신의 자손들에게 이것을 영구히 줄 것이다. 더구나 생각해 낼 수 있는 가장 확실하고 엄숙한 방법으로 줄 것이다. 하지만 나에게는 마음이 내키면 내일이라도 당장 그것을 되돌릴 수 있는 권리가 있다는 것을 이해해 주었으면 한다."

195 나는 지금 여기에서 군주들이 그 나라 법으로부터 복종 의무를 면제받고 있는지에 대해 논의할 마음은 없다. 하지만 그들 역시 신과 자연법에 복종해야 할 의무가 있다는 것에는 의심의 여지가 없다. 어떤 사람이나 권력

도 그들에게 그렇게 영원한 법의 의무를 면제시켜줄 수는 없다. 이러한 의무가 약속인 경우 더욱 크고 강하기 때문에 전능한 신조차도 그것의 구속을 받는다. 허가나 속박 및 선서 같은 것은 전능한 신까지도 구속시킨다. 몇몇 추종자들이 군주들에게 어떤 말을 하든, 모든 군주와 온 국민을 한데 묶어도 위대한 신에 비하면, 그들은 양동이 속의 물 한 방울과 같고 저울 위에 있는 먼지 한 점과 같은 존재에 지나지 않는 보잘 것 없는 것들이다.

196 정복에 관한 논의를 정리하면 다음과 같다. 정복자는 만약 그 자신에게 정당한 이유가 있다면, 전쟁에서 반대편을 원조하거나 협력한 모든 사람에 대해서 전제적인 권력을 가지며, 그가 입은 손해와 비용에 대하여 그들의 노동과 자산으로부터 보상받을 권리를 가진다. 그러나 그는 그 밖의 다른 사람들의 권리를 침해해서는 안 된다. 전쟁에 동의하지 않은 사람들이나, 포로의 자식들이 있다면 이 같은 나머지 사람들에 대해서도 그리고 이들의 소유물에 대해서도 정복자는 아무런 권력도 가지지 못한다. 따라서 정복을 이유로 그들에 대한 지배를 합법화할 수 있는 적합한 자격을 가질 수 없으며, 그의 자손에게도 그 자격을 넘겨줄 수 없다. 만약 정복자가 그런 사람들의 소유물을 빼앗으려 하고, 그로 인해 이 사람들과 전쟁 상태에 들어가게 된다면 그는 침략자가 된다. 따라서 그든 그의 후계자든 어느 누구도 덴마크 사람인 힝가나 후바*²가 이곳 영국에서 가졌던 것 이상의 지배권을 갖지 못한다. 아니면 스파르타쿠스*³가 이탈리아를 정복했을 때 아마도 손에 넣었을 거라 생각되는 권리 이상의 지배권을 갖지 못한다. 그것은 신이 그들의 지배하에 있는 사람들에게 용기와 기회를 주기만 하면 당장이라도 벗어던질 수 있는 멍에에 지나지 않는다. 그러므로 무력으로 유대를 정복한 아시리아의 왕들이 가졌던 권한이 무엇이든, 하느님은 히즈키야를 도와 그 정복제국의 지배를 모두 벗어던지게 했던 것이다.

'여호와께서 저와 함께 하시매 저가 어디로 가든지 형통하였더라. 저가 아시리아 왕을 배척하고 섬기지 아니하였고'($\binom{열왕기}{18:7}$)

여기에서 분명한 것은 정당한 권리가 아닌 폭력으로 강요당하는 권력을 벗어던지는 일은 그것이 반란이라는 이름으로 불릴지라도 신 앞에서 죄가 아니며, 설사 거기에 약속이나 서약이 있었다고 할지라도 그것이 무력에 의한 것이라면 신이 그러한 행위를 허용하고 묵인할 것이라는 것은 명백하다. 왜냐하면 아하즈와 히즈키야의 이야기, 즉 아시리아 사람이 아하즈를 굴복시켜 그를 왕위에서 쫓아내고 히즈키야를 그의 아버지 아하즈가 살아 있는 동안 국왕으로 삼은 것, 그리고 히즈키야가 합의에 의해서 왕으로 있는 동안 계속하여 아하즈에게 경의를 표하고 공물을 바쳤다는 이야기를 주의 깊게 읽어보면 누구에게나 그럴듯하게 생각될 것이기 때문이다.

〈주〉

*1 드로 캔서는 영국의 조지 빌리어즈(1628~1687)의 희극 《연극연습(The Rehearsal)》(1672)에 등장하는 난폭하고 호언장담하는 인물로 마지막 장면에서 그는 전쟁에 나가 적군과 아군 구분 없이 상대를 모두 죽였다.
*2 860년대 영국에 침입한 덴마크의 지도자들로 두 사람은 형제이다.
*3 트라키아에서 태어난 로마의 검투사로 기원전 73년, 그가 이끌던 노예들은 이탈리아의 남부에서 반란을 일으켜 한때 반란군 수가 9만 명에 달했다고 한다. 그러나 그가 로마에 진격했을 때 크라수스에게 패하여 살해되었다.

제17장 찬탈에 관하여

197 정복을 외국에 의한 찬탈이라고 불러도 되는 것처럼, 찬탈은 국내에서의 정복이라고 할 수 있다. 단 찬탈자는 자신의 입장에서 결코 정당한 권리를 가질 수 없다. 왜냐하면 찬탈이란 다른 사람이 가지고 있는 권리를 빼앗는 것이기 때문이다. 따라서 찬탈은 그것이 찬탈인 이상, 단지 지배하는 인물이 달라질 뿐 통치의 형태나 규칙은 달라지지 않는다. 왜냐하면 찬탈자가 그 국가의 합법적인 군주나 통치자가 정당하게 가지는 것 이상으로 그 자신의 권력을 확장하게 된다면, 그것은 찬탈에 전제(專制)라는 것을 더하는 것이기 때문이다.

198 모든 합법적인 통치에 있어 통치 형태를 결정하는 것과 더불어 지배를 담당해야 하는 인물을 지명하는 것은 자연스럽고 꼭 필요한 하나의 요소이며, 이것은 본디 국민에 의해 만들어진 것이다. 따라서 확립된 통치 형태를 갖춘 국가는 모두 공공의 권위를 담당할 사람들의 임명에 관한 규칙과 그들에게 그 권리를 양도할 일정한 방법도 아울러 정하고 있다. 왜냐하면 무정부 상태란 통치 형태를 전혀 갖추고 있지 않은 상태이거나 아니면 군주제에 동의하면서도 권력을 장악하고 군주가 될 만한 인물을 선정할 방법을 정하지 않고 있는 것과 비슷한 상태이기 때문이다. 공동사회에서 정한 법이 아닌 다른 방법으로 권력을 행사하려는 사람은 누구든, 비록 그 국가 형태가 여전히 그대로 보전되고 있다 해도, 국민에게 복종을 요구할 권리는 없다. 왜냐하면 그러한 사람은 법에 의해 임명된 인물이 아니며 따라서 국민이 동의한 인물이 아니기 때문이다. 또한 이러한 찬탈자나 후계자는 누구든지 그가 이미 빼앗아 가지고 있는 권력에 대해서 국민이 자유로이 동의하며, 동시에 실제로 승인한다는 동의를 표명하여 이것을 확인할 때까지는 지배자로서의 자격을 가질 수 없다.

제18장 전제에 관하여

199 찬탈이 다른 사람의 권리에 있는 권력을 빼앗아 행사하는 것인 데 반해 전제는 권리를 넘어, 누구도 이렇게 할 권리는 가질 수 없는 권력을 행사하는 것이다. 그리고 이러한 전제는 사람이 그 수중에 장악한 권력을 그 지배하에 있는 사람들의 복지를 위해서가 아니라, 자기 자신의 개인적이며 독자적인 이익을 위해 이용하는 것이다. 그러한 경우 지배자는 어떤 자격이 부여되든 간에 법이 아닌 자기의 의지를 기준으로 삼는다. 그가 하는 명령이나 행동은 국민의 소유물 보전을 위한 것이 아니며, 자기 자신의 야심이나 복수, 탐욕이나 그 밖의 변덕스러운 격정을 채우기 위한 것이다.

200 앞의 의견들이 나같이 이름도 없는 한 신민에 지나지 않는 사람의 붓으로써 기술된 것이기에, 그것이 진실이며 도리인가 의심하는 사람이 있다면 나는 여기에서 국왕의 권위를 빌려, 그런 사람에게 이 의견의 정당성을 확인시키고자 한다.

국왕 제임스 1세는 1603년 의회 연설에서 다음과 같이 말하였다.

"나는 좋은 법과 제도를 정함에 있어서 언제나 나의 특수하고 개인적인 목적보다 공공의 복지와 국가의 복지를 중시하고자 한다. 그것은 국가의 부와 복지야말로 나의 가장 큰 행복이며, 이 세상에서의 가장 큰 복이라고 언제나 생각하기 때문이다. 이런 점에서 합법적인 국왕은 전제자와 단적으로 구별된다. 즉, 내가 확인한 바로는 정당한 국왕과 찬탈자인 전제자 사이의 가장 큰 차이점은 바로 이런 것이다. 즉, 오만하고 야심적인 전제자가 국왕과 국민을 자기의 욕망과 무분별한 욕구를 만족시키기 위해 정해진 것에 지나지 않은 것이라고 생각하는 것에 대해, 정당하고 공정한 국왕은 그와 반대로 자기야말로 국민의 부와 소유물의 확보를 위해 정해진 것이라고 생각한다."

더욱이 1609년의 의회 연설에서도 그는 다시 다음과 같이 말하고 있다.

"국왕은 이중(二重)의 맹세로 왕국의 기본법을 준수할 의무를 스스로에게 부여한다. 즉 묵시적으로는 국왕이라는 사실에 의해 그 왕국의 국민과 법을 보호할 의무를 진다. 그리고 명시적으로는 대관식 때의 맹세에 의한다. 따라서 이미 확립된 왕국의 모든 정당한 국왕은 그 왕국에 적합한 통치를 구성하는 데 있어서 법으로써 국민과 맺은 약속을 지켜야 한다. 즉 그는 하느님이 대홍수가 있은 뒤 노아에게 '땅이 있는 동안에는 심음과 거둠과 추위와 더위와 여름과 겨울과 낮과 밤이 쉬지 아니하리라'(⟨창세기⟩ 8:22) 말씀하신 대로 잠시도 쉬지 않고 그 약속을 준수해야 할 의무를 진다. 따라서 이미 확립된 왕국을 통치하는 국왕은 그 법에 의거하여 지배하는 것을 멈추게 되면 곧 그 순간부터 올바른 국왕의 본분을 잃어버리게 되고 하나의 전제자로 타락하고 말 것이다."

그리고 잠시 뒤에 제임스 1세는 다음과 같이 말하였다.

"따라서 전제자도 아니며 위증자도 아닌 국왕은 모두 그 법이 허락하는 범위 안에서 기쁘게 스스로를 구속할 것이다. 그리고 그와 반대되는 것을 국왕에게 말하는 사람은, 국왕과 국가에 대해 독사나 해충과 같은 존재들이다."

이렇게 박학한 국왕은 사물의 이치를 잘 이해하고 있었으며, 국왕과 전제자와의 차이에 대해 다음과 같이 지적하였다. 한쪽은 법을 자기 권력의 한계로 삼으며 통치 목적을 공공의 복지에 두는 데 반해 다른 한쪽은 뭇사람들을 자기 자신의 의지와 욕구로 굴복시키고자 한다.

201 이러한 결함은 오로지 군주제에서만 볼 수 있는 것이라고 생각하는 것은 잘못이다. 다른 통치 형태에서도 이와 같은 결함에 빠질 수 있다. 왜냐하면 국민의 통치와 그 소유물의 보전을 위해, 누군가의 손에 맡겨진 권력이 그 이외의 목적을 위해 이용되어 국민을 궁핍하게 하고 곤혹스럽게 하며 권력자의 자의적이고 불법적인 명령에 복종시키기 위해 이용될 경우에는, 언제든 그것을 이용하는 자가 한 사람이든 다수든 그것은 곧 전제가 되기 때문이다. 아테네에는 30명의 참주*¹가, 시라쿠사에는 1명의 참주*²가 있었다는 것을 우리는 역사책을 통해서 알고 있다. 로마에서의 10명의 집정관에 의한 가혹한 지배*³도 이것과 별반 다르지 않은 것이다.

루이14세(1638~1715)
프랑스 국왕. '절대왕정'의 대
표적 인물이다. "짐은 곧 국
가다"라는 말을 남겼다.

202 법이 침해당함으로써 다른 사람에게 해를 끼치게 되면 그 법은 효력
을 잃게 된다. 그리고 전제가 시작된다. 권위를 가진 자가 법으로 부여받은
권력을 넘어서서 자신의 자의적인 힘을 이용하여 법이 용인하지 않는 것을
신민에게 강요하거나 한다면, 그것이 설사 누구든 그것으로써 그는 위정자
의 자격을 잃게 되며, 권위 없는 행동의 결과로 신민의 저항을 받게 될 것이
다. 그것은 위정자가 아닌 누군가가 무력으로 다른 사람의 권리를 침해하는
경우와 같다. 이러한 저항은 하급 위정자들의 경우에서 널리 확인되고 있다.
예를 들어 길거리에서 나의 신병을 구속할 수 있는 권위를 가지고 있는 사람
일지라도 만일 영장을 집행하기 위해 무리하게 내 집에 침입하려고 한다면,
설사 그에게 문밖에서 나를 체포할 수 있는 법적 권한이 있고 그것을 집행하
기 위한 영장이 있다는 것을 알고 있다 해도, 그에게 도둑이나 강도에게 대
항하는 것처럼 당연히 저항할 수 있다.

그렇다면 왜 이것을 최하급 위정자에 대해서와 마찬가지로 최고 위정자에

대해서도 적용되어서는 안 되는지, 그 이유를 가르쳐 주는 사람이 있다면 나는 기꺼이 그것을 들을 것이다. 장남이 아버지 자산의 가장 큰 부분을 상속받는다고 해서 그에게 동생들의 몫을 얼마든지 빼앗을 권리가 있다고 한다면 그 주장은 합당한 것일까. 또는 어떤 한 지방을 몽땅 소유하고 있는 부자가 그것을 이유로 가난한 이웃의 집이나 정원을 멋대로 빼앗을 권리가 있다고 한다면 그 주장은 합당한 것일까. 아담의 자손들이 대다수의 사람들이 가지고 있는 것보다 훨씬 많은 권력과 부를 정당하게 소유하고 있다고 해도 그것으로 아무 권한도 없이 다른 사람의 소유를 강탈하거나 억압해도 좋다는 구실을 만들지 못하며, 더구나 그 이유도 될 수 없다. 그로 인해 도리어 죄가 더욱 무거워지게 될 것이다.

권한의 한계를 넘는 것은 하급관리의 경우와 마찬가지로 고급 관리의 경우에도 권리로서 인정되지 않으며, 경관의 경우도 국왕의 경우도 마찬가지로 정당화될 수 없다. 더구나 국왕의 경우에는 그가 다른 사람들보다도 깊은 신뢰를 받고 훨씬 많은 재산을 차지하고 있으며, 또한 교육이나 직무상으로나 조언자의 혜택을 받고 옳고 그름을 판단하는 기준에 관해서도 보다 많이 알고 있을 것이라고 생각되므로 그만큼 더 그의 죄는 커지는 것이다.

203 그렇다면 군주의 명령에 반항해도 되는 것인가? 누구든 군주로 인해 자기가 고통을 받고 있는데, 군주가 자기에게 부당한 권력 행사를 할 권리도 없으면서 하고 있다고 생각하는 경우에는 언제든 군주에게 저항해도 되는 것일까. 만약 그렇게 되면 모든 정치 조직은 해체 및 전복되어 결국에는 통치와 질서 대신 무정부 상태와 혼란만 남게 될 것이다.

204 이 의문에 대해 나는 다음과 같이 답하고자 한다. 국민이 힘을 가지고 반항해야 하는 것은 군주의 부정적이고 불법적인 폭력에 대해서만이다. 그 밖의 경우에 반항하는 사람은 누구든 신과 인간, 모두로부터 정당한 비난을 받게 된다. 그러므로 가끔 지적되던 것과 같은 위험이나 혼란은 결코 일어나지 않을 것이다. 그 이유는 다음과 같다.

205 첫째, 나라에 따라서 군주의 신병은 법에 의해 신성시되어 있다. 때

문에 그러한 나라에서는 군주가 어떤 명령을 내리고 어떤 행위를 하든, 그의 신병에 관해서는 일체 의문시되지 않으며, 더구나 폭력을 가할 수도 없고, 어떠한 강제도 재판상의 견책(譴責)도 죄의 선고도 받지 않는다. 그러나 하급 관리나, 그 밖의 군주에게 임명된 자의 부정 행위에 대해서는 여전히 반항해도 좋다고 여긴다. 하지만 군주가 실제로 국민과 전쟁 상태에 돌입하여 통치를 해체하고, 국민으로 하여금 자연 상태에서 모든 사람이 가지는 자기방위권에 의존할 수밖에 없도록 만들어 버린다면 이야기는 달라진다. 만약 이런 사태가 발생되면 그 결과는 도대체 어떻게 되는 것인가? 이것에 관해서 이웃의 어떤 나라*[4]는 세상에 기이한 실례를 보이고 있다. 앞에서 논한 경우를 제외하고 군주는 언제나 그 신병의 신성성 때문에 모든 불편을 면제받으며, 이것으로 말미암아 군주는 통치가 존재하는 한 모든 폭력이나 위해로부터 안전하게 보호받게 된다. 이보다 더 현명한 제도는 없을 것이다. 왜냐하면 군주가 자기 스스로에게 위해를 가하는 일은 그렇게 자주 있는 일이 아니며, 또한 그 위해가 그렇게 넓게 미치리라고는 좀처럼 생각되지 않기 때문이다. 또한 아무리 군주가 우매하기 그지없고 사악하다 하더라도 이런 일을 감행하려고 할 때 자기 혼자 힘으로는 법을 뒤집거나 국민 모두를 억압할 수 없기 때문이다. 따라서 완고한 군주가 왕위에 오를 때는, 때로 어떤 특별한 실정(失政)으로 부자유한 일이 생기더라도, 군주라는 최고의 위정자의 신병이 이러한 위험이 미치지 않는 곳에 놓여 있으면, 그러한 부자유도 공공의 평화와 통치의 안정에 의해 충분히 보상받게 될 것이다. 따라서 국가 전체를 위해서는 몇몇 소수의 개인이 때로 피해를 입게 되는 위험에 빠지는 일이 있더라도 국가의 원수만은 쉽사리 또는 사소한 일로 위험에 직면하게 되는 일이 없도록 하는 것이 오히려 안전하다.

206 둘째, 이 신성불가침이라는 특권은 국왕의 신병에만 속하는 것이기 때문에 국왕으로부터 위임받았다는 것을 구실로 법적 권한이 없는 부당한 폭력을 행사하는 사람이 있다면, 국민은 국왕의 특권에 의해 방해받음 없이, 이것에 대해 이의를 제기하고 반대하며 저항할 수 있다. 이것은 다음의 경우로 분명해진다. 즉 여기에 국왕에게 전적으로 위임을 받아, 누군가를 체포하라는 국왕의 영장을 가진 사람이 있다고 하자. 그러나 그에게 영장이 있다고

해서 영장집행을 위해 집을 부수고 침입할 수는 없다. 또한 특정한 시일과 장소에 따라 국왕의 이러한 명령을 집행할 수 없는 경우가 있다. 물론 이 위임에는 그러한 예외가 포함되어 있지 않지만, 법이 그것을 제한하고 있으며 만약 누구라도 그것을 위반하거나 아무리 국왕의 위임장을 가지고 있다 해도 결코 용서될 수 없는 것이다. 왜냐하면 국왕의 권위는 오직 법에 의해서만 부여되며, 국왕이라 할지라도 어떤 누구에게도 법에 위배되는 행동을 할 수 있는 권한을 부여할 수 없으며, 또한 그러한 위임으로 그러한 행동을 정당화할 수도 없기 때문이다. 어떤 위정자의 위임이나 명령도, 해당 위정자에게 아무런 권한이 없는 경우에는 개인의 위임이나 명령과 같이 무효하며, 무의미하다. 둘 사이의 차이점은 위정자는 이러이러한 범위 안에서, 이러이러한 목적을 위해 권한을 갖지만, 개인은 그런 것을 전혀 갖지 못한다는 것이다. 다시 말해 행동할 수 있는 권리를 부여한 것은 위임이 아니라 권한이며, 법을 위반하는 경우에는 어떤 권한도 인정받을 수 없다. 그러나 이러한 저항이 있음에도 국왕의 신병과 권위는 여전히 안전하게 보호되므로 통치자에게도 통치에도 아무런 위험이 없는 것이다.

207 셋째, 최고 위정자의 신병이 이와 같이 신성시되고 있지 않은 통치를 가정해보자. 이러한 경우에도 그의 불법적인 권력 행사에 저항하는 것을 합법이라고 보는 이 학설은 결코 사소한 일로 국왕을 위험에 빠뜨리거나 통치를 혼란 속에 몰아넣는 일은 없을 것이다. 왜냐하면 위해를 당한 사람이 법에 호소하여 구제를 받을 수 있고, 손해도 배상받을 수 있는 경우에는 힘에 호소할 구실이 없기 때문이다. 힘이란 단지 사람이 법에 호소할 길을 저지당할 경우에 한해 행사되어야 한다. 다시 말해 법에 대한 호소를 통해 구제받을 길이 없는 경우에 한해서만 적의에 찬 폭력이 발생하고, 오직 그러한 폭력만이 그것을 행사하는 사람을 전쟁 상태에 들어가게 하며, 이것에 대한 저항을 합법화한다.

예를 들면 길거리에서 손에 칼을 쥔 어떤 남자가 나에게 지갑을 내 놓으라고 요구했다고 하자. 그리고 그때 내 주머니에는 12펜스밖에 없었다고 하자. 그래도 나는 이때 이 남자를 합법적으로 죽일 수 있다. 또 다른 남자에게 내가 차에서 내려 있는 동안 맡아달라고 부탁하고 100파운드를 건넸다고 하자. 그런데 내가 다시 차에 타고 맡겨뒀던 돈을 돌려줄 것을 요구하자 남자가 거부했다고 하자. 그러나 끈질긴 나의 요구에 남자가 칼을 뽑아 무력으로 그 돈을 지키려고 했다면, 이 남자가 나에게 끼친 손해는 앞의 남자가 나를 상대로 꾸민 일―그 남자가 실제로 어떤 위해를 끼치기 전에 이미 죽였겠지만―의 백 배 또는 천 배에 달한다. 그러나 나는 합법적으로 전자에 대해서는 죽일 수 있지만 후자에 대해서는 상처를 내는 것조차 합법화되지 못한다. 그 이유는 명백하다. 전자가 폭력으로써 나의 생명을 위협했을 때, 나에게는 내 생명을 지키기 위해 법에 호소할 시간적 여유가 없었기 때문이다. 그리고 한번 생명을 잃으면 이미 법에 호소하기에는 너무 늦기 때문이다. 법이 아무리 힘이 있다 하더라도 나의 죽은 목숨을 되돌려 줄 수 없는 것이고, 한번 죽으면 그 피해는 회복시킬 수 없는 것이며, 이것을 사전에 방지하기 위해 자연법은 나에게 나와 전쟁 상태에 들어가 나를 죽이겠다고 위협한 남자를 죽일 수 있는 권리를 부여한 것이다. 그러나 후자의 경우에는 나의 생명이 위험에 처한 것이 아니므로, 법에 호소할 수 있는 특전을 가지게 되며 그러한 방법을 통해 나의 100파운드를 되찾을 수 있게 되는 것이다.

208 넷째, 위정자가 행한 불법 행위가 그가 가지고 있는 권력에 의해 옹호되고, 법에 의해 당연히 받아야 할 구제도 그 권력에 의해 방해받고 있다고 하자. 이러한 명백한 폭정의 경우에도 저항의 권리가 인정되고 있다고 해서 그것이 별안간에 또는 사소한 사건으로 통치의 활동을 혼란 속에 몰아넣는 일은 아마 없을 것이다. 왜냐하면 만약 그러한 전제적인 행위가 몇몇 개인의 신변에 닥치고 마는 일이라면, 그들이 자기 자신을 방위하고 불법적인 폭력에 의해 빼앗긴 것을 힘으로써 다시 되돌릴 권리를 가졌다 할지라도, 자기네들이 파멸될 것이 확실한 전쟁에 그렇게 쉽게 뛰어들지는 않을 것이기 때문이다. 국민의 대부분이 내가 알 바 아니라고 생각하는 경우, 한 사람 또는 다수의 피압박자가 통치를 교란시킬 수 없다. 그것은 미쳐 날뛰는 광인이나 고집 센 반항아 한 사람만의 힘으로는 확고한 국가를 뒤엎을 수 없는 것과 같은 것이다. 국민은 그 어떤 경우에도 결코 그것을 추종하려 하지 않을 것이다.

209 그러나 만약 이들 불법 행위가 국민의 대다수에게 미치는 경우, 또는 위해나 억압이 소수의 몇 사람에게만 닥치고 있다고 해도 선례나 그 결과로 보아 그것이 모든 사람을 위협하는 것처럼 느껴지는 경우, 그리고 국민이 자신들의 자산, 자유, 생명과 함께 그들의 법과 어쩌면 자신들의 종교도 위기에 처해 있다고 마음속으로 믿게 되는 경우, 국민이 자신들에게 가해진 불법적인 폭력에 저항하는 것을 어떻게 저지할 수 있을지 나는 단정적으로 말할 수 없다. 실제 이러한 사실은 나라의 통치자가 일반 국민들로부터 의심받게 되었을 경우에, 모든 통치에 수반되는 폐해일 것이다. 이것은 통치자가 빠질 가능성이 있는 가장 위험한 상태이기도 하다. 이 경우 그러한 상태는 처음부터 피하려고 생각하면 매우 쉽게 피할 수 있기 때문에 그러한 통치자를 불쌍히 여길 필요는 없다. 통치자가 만약 정말로 그 국민의 복지를 원하고, 국민과 그 법의 보전을 바란다면 이것이 국민의 눈에 닿게 되어 마음으로 느끼게 된다. 이것은 마치 한 집안의 아버지가 자식들을 사랑하고, 돌보고 있으면 자식들이 그것을 모를 리 없는 것과 같은 것이다.

210 그러나 만약 군주의 말과 실제의 행동이 다르다는 사실, 법망을 피하기 위한 술책이 강구되고 있다는 사실, 그리고 국왕의 대권——이것은 국민에게 위해를 주기 위함이 아니라, 복지를 주기 위해 어떤 일을 행할 수 있는 독단적인 권력이며, 군주의 수중에 위탁된 권력——이라는 신탁에서 기인된 권력이 그 본디 목적에 위배되는 일에 행사되고 있다는 사실을 사람들이 알았다고 하자. 또한 그러한 잘못된 목적에 부합되도록 대신들이나 하급 관료들이 선출되어 이 사람들이 그런 목적 달성을 촉진시키느냐, 방해하느냐에 따라서 우대되기도 하고 면직되기도 한다는 사실을 국민들이 알았다고 하자. 그리고 그와 같은 전제적인 권력이 실제로 행사되고 있다는 사실, 또한 그러한 전제적 권력의 확장을 도입하는 데 가장 적합한 종교—공공연하게 이것을 금하는 성명이 발표되고 있어도—가 은밀히 우대되고 있다는 사실, 또는 그러한 자의적인 지배의 실현을 획책하는 모사들이 최대의 지지를 받고 있으며, 비록 지원을 받지 못하는 경우라도 여전히 환대를 받게 된다는 사실 등을 국민들이 보았다고 하자. 그리고 일련의 행동에 비추어 추밀원이 모두 그러한 방향을 지향하고 있는 것이 분명하다는 것을 국민들이 보았다

고 하자. 이러한 사실이 실제로 여기에 이르면 사람들은 사태가 대체 어떤 방향으로 진전되어 가고 있는가를 알아차리고 스스로를 구해내기 위해 어떻게 해야 할 것인지 생각할 수밖에 없을 것이다.

이것은 마치 자기가 탄 배의 선장이 역풍, 배의 누수, 인원이나 식량 부족 등의 원인으로 잠시 동안 어쩔 수 없이 항로를 다른 곳으로 바꾸는 일이 생긴다 할지라도 바람, 기후, 그 밖의 사항이 허락되는 한 곧바로 본디 항로로 되돌아가 변함없이 알지에*5를 향해 운항할 것을 알게 된다면 자기와 그 밖의 승객들은 이 선장의 지시에 따라 그곳을 향해서 나아가고 있다고 믿을 수밖에 없는 것과 같다.

〈주〉
*1 펠로폰네소스 전쟁 뒤, 기원전 404~403년에 아테네를 독재적으로 지배한 '30참주정치'의 헌법제정위원 30명을 말한다.
*2 시라쿠사는 시칠리아의 동남쪽 도시이다. 여기에서는 기원전 5세기 초부터 참주정치가 줄곧 시행되어 왔다. 로크가 말하는 '참주'란 아마도 디오니시우스 1세(기원전 430~367)를 가리키는 것 같다.
*3 기원전 451년에, 로마 공화제의 지배권을 전제적으로 장악하고 있던 10명의 집정관이다.
*4 로크는 멀리 돌려서 자국인 잉글랜드를 말하고 있다. 이절 첫머리의 '나라에 따라서'도 잉글랜드를 가리키고 있다.
*5 북아프리카 알제리의 항구로, 일찍이 백인 노예 거래의 중심지였다.

제19장 통치의 해체에 관하여

211 통치의 해체에 관하여 조금이라도 명쾌하게 설명하고자 하는 사람들은 무엇보다 먼저 사회의 해체와 통치의 해체를 구분해야 한다. 사람들이 공동사회를 구성하고 구속 없는 자연 상태로부터 벗어나 하나의 정치사회로 들어가도록 한 것은 모든 사람이 각각 다른 사람들과 결합하여 행동함으로써 하나의 국가를 만들기 위해 맺는 협정이다. 이러한 결합이 해체되는 일반적이고 유일한 방법은 외국 세력이 침입하여 그들을 정복하는 경우이다. 왜냐하면 이러한 경우 자신들을 하나의 완전한 독립된 단체로서 유지하며 보전해 나갈 수 없기 때문에 그 단체를 구성하고 있는 결합이 필연적으로 소멸되고 모든 사람은 그들이 이전에 속해 있던 상태로 되돌아갈 수밖에 없다. 그리고 그곳에서 사람들은 국가 이외의 어떤 다른 사회에서 생계를 꾸리고 스스로 적당하다고 생각하는 곳을 쫓아 스스로의 안전을 도모할 자유를 갖게 된다. 사회가 해체되면 그 사회의 통치도 존속할 수 없게 된다. 이렇게 정복자의 검이 통치를 송두리째 잘라내어 사회를 해체시켜 버린 일은 자주 있었다. 그때 정복되거나 추방당한 다수의 민중은 그들을 폭력으로부터 지켜주기로 했던 사회의 보호를 받지 못하고 의존할 수도 없게 된다. 사람들은 통치가 이런 식으로 해체된다는 것을 충분히 알고 있으며 또한 이것을 용인하고 있기 때문에 이것에 관해서는 더 이상 아무 것도 말할 필요가 없을 것이다. 또한 사회가 해체되면 통치도 존속할 수 없게 된다는 것을 증명하기 위해 애써 논의할 필요도 없다. 그것은 마치 집의 골조를 이루는 재료가 회오리바람으로 인해 여기저기 흩어져 버리거나 지진으로 인해 뒤죽박죽이 되어버려 집의 골조가 남아 있을 수 없게 된 것과 같은 것이다.

212 이렇게 통치는 외부의 힘에 의해 전복되기도 하고 내부의 힘에 의해 해체되기도 한다.

첫째, 입법부가 변경되는 경우이다. 시민사회는 그 구성원들 사이에 평화적인 상태이며, 자신들 사이에서 일어나는 모든 분쟁을 해결하기 위한 입법부의 중재권에 의해 그들 사이에서 전쟁 상태가 배제된다. 한 나라의 구성원이 결합하여 하나의 밀착된 생명력 있는 단체로 모이게 되는 것은 그들에게 입법부가 있기 때문이다. 이 입법부야말로 국가에 형태와 생명, 통일을 부여하는 혼(魂)이다. 이를 통해 국가의 다양한 구성원들은 서로 감화하고 공감하고 결합된다. 따라서 입법부가 파괴되거나 해체되면 그 사회의 해체와 죽음이 찾아오게 된다. 왜냐하면 사회의 본질과 결합은 그 사회가 단 하나의 의지를 가지는 데 있고 입법부가 다수파에 의해 확립되고 나면, 그것은 그 사회의 의지를 선언하고 또한 준수하는 것이기 때문이다. 입법부의 설립이야말로 사회가 행해야 하는 가장 기본적인 행위이며, 그것으로 사람들의 결합을 존속시키기 위한 준비가 되는 것이다. 하지만 그것은 국민의 동의와 임명에 의해서 권위를 부여받은 사람들이 정한 인물의 지시와 법의 구속 아래에서 행해진다. 이러한 국민의 동의와 임명이 없다면, 국민 가운데 어느 누구든 또는 다수의 누구든 간에 다른 사람을 구속할 수 있는 법을 만들 권한을 가질 수 없다. 만약 국민이 임명하지도 않은 누군가 한 사람 또는 그 이상의 많은 사람이 감히 법을 제정하려고 한다면, 그것은 권한도 없이 법을 제정하는 것이 되므로 국민은 이것에 복종할 의무가 없다. 이렇게 국민은 다시 예속 상태에서 벗어나 자신들의 힘으로 그들이 최선이라고 생각하는 새로운 입법부를 설립할 수가 있다. 왜냐하면 권한도 없이 국민에게 뭔가를 강요하는 사람들의 폭력에 대해 국민은 저항할 수 있는 자유가 충분히 있기 때문이다. 사회로부터 위임을 받아 공공의 의지를 선언할 수 있는 권한을 가진 사람들이 사회로부터 추방되고 그 대신 그러한 권한을 위임받지 않은 사람들이 그 지위를 찬탈하는 경우, 사람은 누구나 스스로의 의지에 따라 행동할 수가 있는 것이다.

213 국가 안에서 자기가 가진 권력을 남용하는 사람이 있기 때문에 통상 이러한 사태가 발생할 수 있다. 먼저 이러한 사태가 일어날 수 있는 통치의 형태를 알아 두어야 한다. 그렇지 않으면 이 문제에 대한 바른 고찰뿐 아니라 그 책임 소재를 분명히 하는 일도 곤란해진다. 그러므로 입법부가 서로

다른 삼자(三者)의 협력 관계에 놓여 있다고 가정해 보자.

첫째, 단 한 사람의 세습자. 그는 영구적인 최고 행정권을 가지며, 또한 그와 더불어 다른 두 기관을 일정 기간 내에 소집하고 해산시킬 수 있는 권력을 가진다.

둘째, 세습 귀족의 집회.

셋째, 국민에 의해 선발된 대표자 집회.

이상과 같은 통치의 형태를 가정해 보면 다음과 같은 사실이 분명해진다.

214 첫째, 이와 같은 단 한 사람의 인물이나 군주가 입법부에 의해 선언된 사회 의지인 법을 대신해 자기 의지를 내세운다면 입법부는 변경된 것이 된다. 왜냐하면 규칙과 법을 만들어 시행하고, 사람들에게 이것에 대한 복종을 요구할 수 있는 기관이 바로 입법부이지만, 사회에 의해 설립된 입법부가 제정한 법이 아닌 다른 법이 만들어지고 다른 규칙이 주장되고 강제되는 경우에 입법부는 분명히 변경된 것이 되기 때문이다. 그 사회의 임명에 의해서 기본적인 권한을 부여받지 않았음에도 새로운 법을 제정하거나 낡은 법을 뒤집어엎는 자는 누구든, 지금까지 그러한 법을 만들어 온 권력을 부인하고 전복시켜 새로운 입법부를 수립하는 것이 된다.

215 둘째, 입법부가 그 설립 목적에 따라 적정한 시기에 집회를 열고 자유로이 행동하는 것을 군주가 방해한다면 그러한 경우에도 입법부는 변경된 것이 된다. 왜냐하면 사회의 복지에 도움이 되는 문제를 토론할 자유와 그것을 완수할 시간적 여유가 없다면 아무리 일정한 수의 사람들이 있어도, 아니 그 사람들이 임시로 집회를 연다 해도 거기에는 입법부가 존립한다고 볼 수 없기 때문이다. 그러한 자유와 시간적인 여유가 박탈되거나 변경되는 일이 발생한다면, 그리고 그로 인해 입법부의 권력을 정당하게 행사할 일이 사회로부터 박탈당하게 된다면 입법부는 사실상 변경된 것이 된다. 왜냐하면 통치를 성립시키는 것은 단순한 명칭이 아니라 통치에 수반되도록 정해진 권력의 행사와 시행이므로, 입법부의 자유를 박탈하거나 적절한 시기에 활동하는 것을 방해하는 사람은 사실상 결과적으로 입법권을 빼앗고 그 통치에 종지부를 찍게 하는 일이 된다.

216 셋째, 군주의 자의적인 권력에 의해 국민의 동의 없이 또한 국민의 공통 이익에 반하도록 선거인 또는 선거법이 변경된다면, 이러한 경우에도 입법부는 변경된 것으로 볼 수 있다. 왜냐하면 그 사회에 의해서 권한을 부여받은 사람들 이외의 사람들이 선거를 하거나 또는 사회가 규정해 놓은 이외의 다른 방법으로 선거를 하거나 하면, 여기에서 선출된 사람들은 국민이 임명한 입법부원이라고 할 수 없기 때문이다.

217 넷째, 국민이 군주나 입법부에 의해 외국 세력의 지배하에 넘겨진다면 이것 역시 분명한 입법부의 변경이 되며 따라서 통치의 해체이다. 왜냐하면 국민이 사회에 들어가는 목적은 그들이 하나의 완전하고 자유로운 독립 사회로서 보전되고 그 자체의 법에 의해 통치되는 것에 있기 때문에 그들이 다른 나라의 권력으로 넘겨지면 언제든 이 목적이 상실되기 때문이다.

218 오늘날의 잉글랜드와 같은 국가 체제를 보면 앞에서 기술한 다양한 경우의 통치의 해체가 왜 군주의 책임으로 돌려져야 하는지 분명해진다. 왜냐하면 군주는 국가의 병력, 재력 및 관직을 행사할 수 있고, 더욱이 자신은 최고 위정자로서 어떤 일에도 구속당하지 않는다는 것을 스스로도 확신하고 있으며, 또한 다른 사람들로부터 그러한 추종을 받는 입장에 있기 때문이다. 따라서 오직 군주만이 합법적인 권한을 가진다는 구실 아래, 앞에서 기술한 것과 같은 입법부의 변경을 단행할 수 있는 입장에 있고 만일 그것에 반대하는 자가 있으면 이것을 그 통치에 대한 당파적인 반역자, 선동 분자, 적으로 지명하여 위협하고 억압할 수 있는 권력도 수중에 장악하고 있다. 그러나 입법부의 다른 부분(상원 및 하원)이나 국민이 스스로의 힘으로 입법부를 변경하고자 한다면 그것은 분명히 명백한 반란으로서 사람들에게 금세 감지된다. 또한 그것이 순조롭게 진행된다 할지라도 외적에 의한 정복과 거의 같은 결과밖에 낳지 않게 된다. 더욱이 이러한 통치 형태에서의 군주는 입법부의 다른 부분을 해산시킴으로써 그 의원들을 사적인 개인으로 만들어 버리는 권력을 가지고 있기 때문에 그들로서는 군주의 뜻을 거역하거나 또는 군주의 협력이 없으면 법에 의거하여 입법부를 변경시킬 수 없는 것이다. 왜냐하면 그들이 발포하는 어떠한 법령도 그것이 유효하게 되기 위해서는 군주의 동의가

필요하기 때문이다. 그러나 군주 이외의 입법부가 현존하는 통치를 공격하는 일에 가담하여 그 공격의 기도를 조장하거나 이러한 기도를 저지시킬 수 있음에도 그것을 저지시키지 않는 경우에는 그들도 이 일에 대해 책임이 있으며 공범이 될 것이다. 인간이 다른 사람에게 범할 수 있는 가장 큰 죄에 연루되게 된다.

219 이러한 통치가 해체되는 또 하나의 방법이 있다. 그것은 최고집행권을 장악한 자가 그 책무를 태만히 하거나 포기하여 이미 만들어진 법이 집행되지 않는 경우이다. 이것은 분명 모든 것을 무정부 상태로 되돌리는 것이며 결과적으로 통치를 해체시키는 것이다. 왜냐하면 법은 법 자체를 위해 만들어지는 것이 아니라, 법의 집행을 통해 사회의 기반을 형성하고 각 정치 단체를 적절한 자리에 놓아 그 기능을 수행케 하기 위해 만들어지는 것이기 때문이다. 때문에 법의 집행이 완전히 정지되면 통치는 분명히 종말을 고하게 될 것이며, 국민은 질서도 결속도 가지지 못한 오합지졸이 되고 말 것이다. 사람들의 권리를 확보하기 위한 사법행정이 시행되지 않거나 또한 군대를 지휘하고 공공의 필요에 대비하기 위한 권력이 공동사회 안에 존속하지 않는다면 거기에는 어떠한 통치도 남아나지 않게 될 것이다. 법이 집행될 수 없다면 그것은 법이 없는 것과 같다. 법이 없는 통치란 정치에 있어서 하나의 불가사의이며 그러한 것은 인간의 능력으로는 생각할 수 없고 인간사회와 양립되지 않는 것이라 할 수 있다.

220 이러한 경우나 이와 비슷한 경우에 의해 통치가 해체되면, 국민은 자신들의 안전과 복지를 위해 가장 도움이 된다고 생각되는 것에 따라 입법부의 구성원이나 형태 중 하나 또는 그 둘을 모두 바꿈으로써 이전과는 다른 새로운 입법부를 설립할 수 있으며, 그것으로 자유롭게 자신들의 생활의 목적을 도모할 수 있다. 왜냐하면 사회는 자기 보전을 위해 처음부터 가지고 있던 근원적인 권리를 군주가 잘못을 범했다고 해서 잃어버리지 않고, 확고한 입법부와 그것에 의해 만들어지는 법의 공평한 집행을 통해서만 달성될 수 있기 때문이다. 하지만 인류의 상태가 어떤 구제책을 추구하든지 간에 이미 시간이 늦어버려 그 구제책을 이용할 수 없을 정도로 비참한 것은 절대

크롬웰(1599~1658)
영국의 청교도 혁명 지도자.
1462년 청교도 혁명이 일어나
자 의회군을 지휘하였다.
1649년 국왕 찰스 1세를 재판
에 회부하여 처형을 주도하였
다. 이후 권력을 장악하고 왕
정, 귀족원, 하원을 폐지하고
공화정을 실시 '호국경'으로서
영국을 지배했다.

아니다. 압제와 책략, 외국 권력에 대한 인도 등에 의해서 그들의 기존 입법
부가 소멸되어 버린 뒤 국민을 향해 당신들은 새로운 입법부를 만들고, 그것
으로 당신들 자신의 생활의 목적을 꾀할 수 있다고 말한다면, 이것은 마치
시간이 너무 늦어져 병이 나을 가망이 없어지고 난 뒤에야 비로소 구제를 기
대해도 좋다고 말하는 것과 같은 것이다. 또한 이것은 노예가 되라고 하고
나서 자유를 수호하라고 명령하는 것과 같으며, 쇠사슬을 채운 뒤 자유인처
럼 행동해도 좋다고 하는 것과 같다. 이것은 구제라기보다는 오히려 우롱이
며, 사람들이 완전히 전제에 굴복할 때까지는 전제로부터 도망할 아무런 수
단이 없다고 한다면 사람들은 결국 전제로부터 안전해질 수 없다. 때문에 국
민에게는 전제로부터 벗어날 권리뿐 아니라 동시에 전제를 예방할 수 있는
권리도 가지고 있다.

221 따라서 통치의 해체에는 또 다른 하나의 방법이 있다. 그것은 입법
부나 군주 중 어느 하나가 신탁에 위배되는 행동을 하는 것이다.

첫째, 입법부가 신민의 소유권을 침해하여 그 입법부 자체나 공동사회의 어느 부분으로 하여 국민의 생명, 자유, 자산의 주인, 다시 말해 그러한 것들을 자유롭게 처분할 수 있도록 힘쓰는 경우, 입법부는 그들에게 부여된 신탁에 위배되는 행동을 하게 된다.

222 사람들이 사회에 들어가는 이유는 그들의 소유물을 보전하는 데 있다. 그리고 그들이 입법부의 임원을 선출하여 이들에게 권한을 부여하는 목적은 사회의 모든 구성원의 소유물을 지키고 방어하기 위해서, 사회의 각 부분과 각 구성원의 권한을 제한하고, 그 지배를 적절히 억제하기 위해 법과 규칙을 제정하는 데 있다. 왜냐하면 각 개인이 사회에 들어감으로써 확보하려고 했던 것을 위해 국민이 그들 자신이 만들어 낸 입법자에게 복종하고, 그것을 파괴해 버릴 수 있는 권력을 입법부가 가져야 한다는 것이 사회의 의지라고는 결코 생각되지 않기 때문이다. 따라서 입법자가 국민의 소유물을 빼앗고 이것을 파괴하려 하거나 또는 국민을 자의적인 권력 아래에 있는 노예 상태로 빠뜨리려고 한다면 입법자는 국민과 전쟁 상태에 들어가게 된다. 이것으로 국민은 그 이상의 어떤 복종으로부터도 해방이 되며, 마침내 신이 폭력과 폭행에 대비하여 만인을 위해 준비한 공통의 피난처로 피하게 된다.

따라서 입법부가 사회의 기본적인 규칙을 어기고 국민의 생명, 자유, 자산에 대한 절대 권력을 그 야심이나 공포, 어림석음, 타락으로 장악하려 하거나 누군가 다른 사람의 손에 위임하려 할 경우에 입법부는 이러한 배신 행위로 국민이 그것과 전혀 반대되는 목적을 위해 그들의 손에 맡겼던 권력을 잃게 되며 이 권력은 다시 국민에게 되돌아갈 것이다. 왜냐하면 국민에게는 그 근원적인 자유를 회복시킬 권리가 있으며, 스스로 적당하다고 생각하는 새로운 입법부를 수립함으로써 그들이 사회에 가입한 목적인 그들 자신의 안전과 보증을 위해 대비할 수 있는 권리를 가지기 때문이다.

여기에서 내가 언급한 입법부 일반에 관한 것은 최고 집행권자에게도 해당된다. 그는 입법권과 법의 최고 집행권의 행사라는 이중의 신탁을 받고 있기 때문에 만일 그가 자기 자신의 자의적인 의지를 그 사회의 법으로서 정립하려고 한다면, 이것은 두 가지 신탁에 위배되는 행위를 하는 것이다. 또한 그가 사회의 무력과 재력, 관직을 이용하여 국민의 대표자를 매수하고 그들을 자신의 목적을 위해 이용하려고 한 경우, 또는 그가 공공연히 사전에 선거권자와 약속을 하여 간곡히 애원하거나 협박, 약속, 그 밖의 수단을 이용하여 미리 포섭해 둔 사람들을 선거하도록 지시하는 경우, 다시 말해 무엇에 찬성 투표를 하고 어떤 법을 만들 것인지 사전에 약속해 놓은 사람들을 입법부에 보내도록 선거민을 이용하는 경우, 이러한 경우에도 역시 그는 신탁에 위배되는 행동을 하는 것이다.

이렇게 입후보자와 선거민을 조종하고 선거 방법을 개정하는 것은 통치의 뿌리를 잘라내고 공공의 안전에 독을 던지는 일이 아니고 무엇이겠는가. 왜냐하면 국민은 그들의 소유물을 수호하기 위한 방어 수단으로서 대표자를 선출할 수 있는 권리를 가지기 때문이다. 이러한 권리의 행사는 대표자를 언제나 자유롭게 선출하고, 선출된 대표자로 하여금 조사와 충분한 토의를 거듭하여 국가의 필요와 공공복지에 필요하다고 판단되는 것에 대해 자유롭게 행동하고 조언할 수 있도록 하기 위해서만이다. 이것은 토의에 귀를 기울이지 않고, 모든 방면에서 제시받은 이유를 비교 검토하지도 않은 채 투표를 해버리는 사람들에게는 불가능한 일일 것이다. 국민의 진정한 대표자와 사회의 입법자를 요구하지 않고 그 대신 오늘날(영국예서)에 볼 수 있는 의회를 준비하고 자신의 의지에 대해 공공연히 지지하는 사람들을 국민의 진정한 대표로 내세우려는 행위는 우리가 보고 들었던 사태 중에서 가장 분명한 배신 행위이며, 통치를 전복시키려는 계획의 가장 완벽한 선언이다.

더구나 그러한 목적을 위해 공공연히 상벌이 이용되고, 또한 이러한 기획 앞에 버티고 서서, 조국의 자유에 대한 배신 행위에 반응하지도 않고 동의하지도 않는 사람들을 모두 비난하고 박멸하기 위해 법을 역이용한 모든 술책이 이용되고 있다면, 이미 어떤 일이 행해지고 있는가에 관해서는 의문의 여지가 없을 것이다. 권력이 맨 처음 설정되었을 때, 그것에 따라오는 신탁에 위배되는, 앞에서 기술한 것처럼 이 권력을 악용하는 자가 사회 속에서 어떤 권력을 가지게 될 것이라는 것은 쉽게 예견할 수 있다. 이러한 일을 한번 시도한 자를 신뢰할 수 없다는 것은 누구나가 인정하는 것이다.

223 이것에 대해서는 아마도 다음과 같은 이의가 제기될지도 모른다. 국민은 무지하며 언제나 불만을 가지고 있으므로 통치의 기초를 국민의 불안정

한 의견이나 변덕에 맡겨두는 것은, 통치를 피할 수 없는 파멸로 몰아넣는 것과 같다. 더구나 국민이 재래의 입법부에 분노를 느끼게 될 때에는 언제라도 새로운 입법부를 설립해도 좋다고 한다면 어떤 통치도 오래 지속될 수 없을 것이라고, 이것에 대해서 나는 전연 반대라고 대답하고자 한다. 몇몇 사람들이 자주 말하는 것처럼 국민은 기존 통치 형태로부터 쉽게 벗어나지 못한다. 그들은 이미 익숙하게 적응한 체제의 결함을 잘 알고 있다 할지라도, 그것을 시정하는 데 쉽게 동의하지 않는다. 즉 본디 뭔가 결함이 있는 경우 또는 시간의 경과나 타락으로 우발적인 잘못이 생성되는 경우라도 그것을 개정하는 것은 비록 세상천지가 지금이 절호의 기회라는 것을 인정한다 해도 쉬운 일이 아니다. 이렇게 국민이 낡은 제도를 버리는 데는 많은 시간이 걸리고 싫어하기 때문에 현재와 과거를 통틀어 우리나라에서 수많은 혁명이 일어났음에도 국민은 여전히 옛날부터의 국왕, 상원, 하원이라는 입법부를 고수하고 있다. 그 사이 헛된 기획으로 말미암아 얼마쯤 단절된 시기도 있었지만, 한번 그 기간이 지나가 버리면 다시 그 제도로 되돌아갔다. 그리고 국민의 분노가 폭발하여 우리나라의 몇몇 군주는 머리 위에서 왕관이 벗겨진 경우도 있었지만, 어떤 경우에도 그러한 분노의 폭발은 국민이 왕관을 다른 왕가로 옮겨 놓을 정도는 결코 아니었다.

224 그러나 이런 가설을 세우기 때문에 자주 반란을 양성하게 되는 것이라고 말하는 사람도 있을지 모른다. 이에 대해 나는 다음과 같이 말하고자 한다. 첫째, 다른 어떤 가설과 마찬가지로 이것도 반란을 양성하는 것이 아니라는 것이다. 왜냐하면 국민이 비참한 상태에 놓이고 자신들이 자의적인 권력의 악용 앞에 놓여 있다는 것을 깨닫게 되면, 아무리 소리를 높여 그들의 통치자를 주피터*¹의 자손이라고 칭송하든 아니면 통치자들을 하늘의 자손이나 하늘로부터 권위를 부여받은 신성하고 신적인 존재로 치켜세우든 간에, 즉 그들을 어떤 사람으로 또는 어떤 자격을 가진 사람으로 보이게 하든 똑같은 일이 일어날 것이다. 일반적으로 학대받고 권리를 무시당하는 국민은 언제든 기회만 있으면 자기들을 무겁게 내리누르는 무거운 짐을 제거하여 편해지려고 하는 법이다. 그들은 그 절호의 기회가 오기를 바라며 언제나 그러한 기회를 추구한다. 하지만 이런 일은 변화나 약점이나 우연을 통해 사

람들에게 반드시 나타난다. 이러한 실례를 자기 일생에서 본 적이 없는 사람은 분명 이 세상에서 아주 짧은 기간밖에 살지 못한 사람일 것이다. 또한 세계의 온갖 형태의 통치 속에서 이러한 실례를 들어보지 못한 사람은 분명 책을 별로 읽지 않은 사람일 것이다.

225 둘째, 나는 그러한 혁명이 공무상 사소한 잘못이 있을 때마다 일어나는 것은 아니라고 대답하겠다. 지배자에게 설사 커다란 실책이 있다 할지라도, 수많은 부정과 불합리로 법이 제정되었다 할지라도, 인간의 약함으로 말미암아 어떤 과실이 저질러진다 할지라도, 국민은 반항도 불평도 하지 않고 그것을 참아내려고 한다. 그러나 만일 오랜 기간에 걸쳐 보여 진 일련의 권력 남용이나 속임수, 책략 등으로 말미암아 지배자의 의도가 국민의 눈에 뻔히 보이게 된다면 국민은 자기들을 지배하는 것이 어떤 것인지를 감지하게 될 것이고 자기들이 도대체 어디를 향해 나아가고 있는지 깨닫게 될 것이다. 이러한 경우 그들이 궐기하여 맨 처음 통치가 수립되었을 때의 목적을 자신들을 위하여 확보해줄 수 있는 사람들의 수중에 지배권을 위임하려는 것은 조금도 이상한 일이 아니다. 그 목적이 확보되지 않는 한 아무리 유서 있는 왕가의 이름도, 겉보기뿐인 훌륭한 통치의 형태도, 자연 상태나 완전히 무정부 상태에 비해 훌륭하기는커녕, 오히려 훨씬 더 뒤떨어지는 것이다. 왜냐하면 이런 경우의 불합리는 자연 상태나 무정부 상태와 마찬가지로 크고 절박하지만 그것을 구제할 길은 너무나 멀고 힘겹기 때문이다.

226 셋째, 입법자가 국민의 소유권을 침해함으로써 신탁에 위배되는 행동을 했을 때 국민은 새로이 입법부를 설립하여 자신들의 안전을 도모할 수 있는 권력을 가진다는 이러한 학설이 반란에 대한 가장 좋은 방비책이며, 그것을 저지할 수 있는 가장 바람직한 수단이라고 나는 대답하겠다. 왜냐하면 반란이란 사람에 대한 반항이 아니라, 통치 제도나 법에 기초한 권위에 대한 반항을 말하기 때문이다. 다시 말해 누구든 무력을 사용함으로써 이러한 제도와 법을 타개하고, 무력으로 그 침해를 정당화하려는 사람은 분명 반역자이다. 왜냐하면 사람들은 사회의 일원이 되고 시민 통치를 받게 됨으로써, 폭력을 배제하고 소유와 평화 및 통일을 보전하기 위해 법을 만들어냈기 때

문이다. 만일 그 뒤 이러한 법에 대하여 폭력으로써 대항하려는 사람이 있다면 이런 사람이야말로 전쟁 상태로 다시 돌아가려는 사람으로서 분명한 반역자인 것이다. 그러나 권력의 자리에 앉은 사람은 그들의 권위에 대한 자부심이나 그들이 장악한 무력에 대한 유혹과 주변 사람들의 추종에 의해 이러한 일을 감행하기 쉽다. 따라서 이 폐해를 방지하는 가장 적절한 방법은, 이러한 유혹에 가장 많이 노출되어 있는 사람들에게 그러한 행위가 야기하는 위험과 부정을 가르쳐주는 것이다.

227 앞서 언급한 두 가지 경우, 즉 입법부에 변경이 가해지는 경우와 입법자들이 그 임명된 목적에 위배되는 행동을 한 경우 그러한 죄를 범한 사람들은 그 비난 받아 마땅한 반란의 죄를 범한 것으로 된다. 왜냐하면 누구든 무력으로써 이미 그 사회에 확립되어 있는 입법부와 그 신탁에 따라 제정된 법을 박탈하려는 사람이 있다면, 그는 그러한 행위로 일찍이 모든 사람이 모든 분쟁을 평화적으로 해결하고, 국민 사이의 전쟁 상태를 막기 위해 동의로서 설정한 심판권을 박탈해버리는 것이 되기 때문이다. 입법부를 배제하거나 이것을 변경하려는 사람은 국민의 임명과 동의 없이는 어느 누구도 가질 수 없는 이러한 재판권을 박탈하려는 사람이다. 그러므로 그들은 국민이 설립해 놓은 그리고 국민 이외의 어느 누구도 설립할 수 없는 권위를 파괴하는 것이다. 또한 그들은 국민이 아무런 권한도 부여하지 않은 권력을 장악함으로써 전쟁 상태, 즉 아무런 권한도 없는 폭력 상태를 실제로 야기시킨다. 다시 말해 이렇게 하여 그들은 사회에 의해 확립된 입법부——이 입법부의 결정에 대해 국민은 자신들 의지의 결정에 묵묵히 따르고, 그것으로 하나가 되었지만——를 제거함으로써 국민 사이의 결합을 해체시키고 국민을 새로운 전쟁 상태로 몰아넣게 된다.

그리고 만약 무력으로 입법부를 제거한 사람들이 반역자라면, 국민의 자유와 소유물의 보호 및 보전을 위해 임명된 입법자들이 폭력으로써 국민의 자유와 소유물을 침해하고 박탈하려고 할 경우에는 이미 위에서 밝힌 바와 마찬가지로 그들도 역시 반역자로 간주되어야 할 것이다. 이렇게 그들은 애초에 그들을 평화의 보호자와 방위자로 삼았던 사람들을 상대로 전쟁상태에 돌입하게 되며, 문자 그대로 그리고 가장 나쁘다는 의미에서 또 다시 싸우는 사람, 즉 반역자가 되는 것이다.

228 그러나 이러한 학설이 반란의 근거를 제공하게 된다고 말하는 사람들의 생각이 다음과 같다고 하자. 즉 국민을 향해 당신들의 자유나 소유물에 대해 불법적인 기도(企圖)가 이루어진다면 당신들은 복종의 의무를 다하지 않아도 되고, 위정자들이 그들 자신에게 맡겨진 신탁을 위배하여 국민들의 소유물을 침해할 경우 위정자들의 불법적인 폭력에 대항해도 좋다고 말하는 것은 내란이나 내분을 조장하는 것과 같다. 따라서 그러한 학설은 세계 평화를 크게 파괴하는 것이기 때문에 승인되어서는 안 되는 것이다. 그러나 만일 그렇다고 한다면 이와 똑같은 근거로 선량한 사람은 강도나 해적을 만나도 무질서와 유혈을 초래하게 될지 모르므로 결코 그들에게 반항해서는 안 된다고 말하는 것과 같은 이야기가 될 것이다. 이러한 경우 만일 어떠한 재해가 생긴다면 그 책임은 자기 자신의 권리를 지키려는 사람이 아닌 이웃의 권리를 침해한 사람에게 부과시켜야 할 것이다. 만일 죄 없는 선량한 사람이 평화 때문에 자기의 소유물에 폭력의 손길을 뻗어 온 사람에게 아무 저항도 하지 않고 모두를 그의 손에 넘겨 줘야 한다면 이 세상에는 도대체 어떤 종류의 평화가 있는 것일까를 한번 생각해 봤으면 한다.

그러한 평화는 오로지 폭력과 약탈 안에서만 존재하게 되며, 강도나 압제자의 이익을 위해서만 유지되게 된다. 만약 새끼양이 아무런 저항도 하지 않고 자기의 목을 거칠게 날뛰는 늑대가 물어 뜯도록 내버려 둔다고 한다면 그것을 강자와 약자 사이에 존재하는 실로 멋진 평화라고 생각하지 않을 사람이 어디 있을까? 그런데 폴리페모스의 동굴*²이야기는 우리에게 바로 이런 평화와 통치의 완전한 본보기를 제공한다. 즉 이 동굴에서 율리시스와 그의 동료들은 얌전하게 앉아 잡아먹히기를 기다리는 것 이외에 아무 것도 하는 일이 없었다. 물론 율리시스는 신중한 남자였기 때문에 소극적인 복종을 설교하면서 인간에게 평화가 얼마나 소중한지를 주장하고, 지금은 자신들에 대한 지배권을 장악해 버린 폴리페모스에게 저항하면 얼마나 좋지 않은 결과를 초래하게 되는지 설명하고 조용히 굴복하도록 사람들에게 권했을 것이다.

229 통치의 목적은 인류의 복지를 꾀하는 데 있다. 그렇다면 국민이 언

제나 전제정치의 제한 없는 의지에 희생물이 되는 경우와, 지배자가 권력을 남용하고 그것을 국민의 소유물의 보전을 위해서가 아닌 그 파멸을 위해 행사하여 종종 국민들로부터 저항을 받게 되는 경우, 어느 쪽이 인류에게 최상의 복지라 할 수 있을까?

230 이러한 학설은 남의 일에 참견하기 좋아하는 사람이나 난폭한 사람들을 즐겁게 하여 통치의 전복을 희망하게 할 것이며, 그럴 때마다 거기에서 재해가 생기게 될 것이라고 말하는 것은 헛된 이야기이다. 하기야 그런 무리들은 마음이 내키면 언제든 소란을 일으킬지도 모른다. 그러나 그런 소란은 결국 그들 자신의 파멸과 멸망을 초래할 뿐이다. 왜냐하면 국민은 그러한 저항으로 자신들의 권리를 회복하려 하기보다는 오히려 고통을 참아내려는 경향이 강하기 때문에, 재해가 확산되어 지배자의 흉악한 계략이 명백히 드러나거나, 또는 그들의 기도(企圖)가 대다수의 사람들에게 감지되기 전에는 쉽사리 동요하지 않을 것이기 때문이다. 여기저기에서 불운한 사람이 개인적으로 부당한 일을 당했다든가, 압박을 당했다는 실례만으로 국민은 동요하지 않는다. 그러나 국민이 자신들의 자유를 위협하기 위한 계획이 착착 수행되고 있다는 것을 명백한 증거를 통해 확신하게 되고, 또는 사태의 일반적인 진행 상황이나 경향으로 보아 통치자가 흉악한 계략을 기도하고 있는 것은 아닌가 하는 의심을 하게 되었다면, 이러한 사태에 관하여 책임져야 할 사람은 대체 누구일까? 이러한 사태를 피하게 하려고 마음만 먹으면 피하게 할 수 있는 사람들이 도리어 스스로 이러한 의혹 속에 몸을 던진다면 대체 누가 그것을 구제할 수 있을까? 국민이 이성적인 피조물로서 가지는 분별력으로밖에 사물을 보고 느끼지 못한다고 한다면 비난받아 마땅한 사람은 과연 국민일까? 그것은 오히려 사물을 있는 그대로의 모습으로밖에 생각하지 못하게 한 통치자들의 잘못은 아닐까?

분명 개인의 자존심이나 야심, 포악성이 때로는 국가에 커다란 혼란을 불러일으킬 수 있으며, 당파싸움이 국가나 왕국의 생명을 단절시키는 경우도 있다. 그러나 재해는 국민의 방종과 지배자의 합법적인 권위를 무시하려는 그들의 욕구에서 나오는 경우가 많았는가 아니면 지배자의 오만불손한 태도, 즉 국민에 대해 자의적인 권력을 획득하고 행사하려는 노력에서 나온 경우가 많았는가? 다시 말해 맨 처음 혼란을 불러일으킨 것은 압제인가 아니면 불복종인가? 이 물음에 대한 판단은 공정한 역사에 맡기고 싶다. 하지만 지배자든 국민이든 무력으로 군주나 국민의 권리를 침해하고, 정통의 통치 제도와 체제를 전복시키기 위한 토대를 만드는 사람은 설사 그게 누구든 인간이 범할 수 있는 최고의 죄에 해당한다고 나는 확신한다. 왜냐하면 그 사람은 통치를 분쇄해 버림으로써 한 나라에 초래된 유혈과 약탈, 황폐 등의 모든 재해에 대해 책임을 져야 하기 때문이다. 그리고 그런 행위를 한 사람은 모든 인류의 적이며, 해악으로 간주되어야 하고, 그에 상당하는 대가를 치러야 한다.

231 신민이나 외국인이 무력으로 국민의 소유물을 침해하려 할 경우 무력으로 대항할 수 있다는 의견에 대해 모든 사람이 동의하고 있다. 그러나 위와 같은 일을 저지른 위정자에 대해 저항할 수 있다고 하는 생각은 최근 들어 부정되고 있다. 이것은 법에 의해 최고의 특권과 편익을 누리는 사람은 그러한 이유로 동포보다 더 우월한 위치에 놓이게 되며 그 법을 파기할 수 있는 권력을 부여받게 된다는 것이다. 그러나 실제 그들의 죄는 그들이 법에 의해 보통 사람들보다 더 우월한 대우를 받게 되었음에도 그것에 보답하지 않았다는 이유와 그 동포들로부터 위임받은 신탁에 위배되는 행위를 했다는 이중(二重)의 이유로 도리어 더 무거워진다.

232 정당한 권리 없이 무력을 행사하는 사람은 누구든지 법에 의거하지 않고 사회에서 무력을 행사하는 모든 사람과 마찬가지로, 그의 무력 행사를 반대하는 사람들과 전쟁 상태에 들어가게 된다. 그러한 상태가 되면 지금까지의 구속이 모두 사라지고, 다른 모든 권리도 소멸되며, 각자 자기 자신을 방위하고 공격자에게 대항할 수 있는 권리를 가지게 된다. 이러한 사실은 너무나 명백한 사항이었기 때문에, 국왕의 권력과 신성함을 강력하게 주장했던 바클레이*³조차 국민이 그들의 국왕에게 저항한다 할지라도 경우에 따라서는 합법적일 수 있다고 시인할 수밖에 없었던 것이다. 그것도 그가 신법은 모든 국민에게 어떤 방식으로든 반란을 일으키는 것을 금지한다는 점을 보여주고자 시도한 장(章)에서 말이다. 바클레이의 학설에 의거해 봐도 경우

에 따라서 국민은 저항해도 좋으며, 군주에 대한 저항 모두가 반란으로 간주되는 것은 결코 아니라는 것이 분명해진다. 그의 말은 다음과 같다.

(이하 라틴어 원문 인용) 《반 모나르코마코스론(Contra Monarcho-machos)》[*] 제3권 제8장

233 "그러나 만약 누군가가 '그렇다면 국민은 항상 전제정치의 잔학과 폭행에 노출되어 있어야 하는가' 물었다 하자. 국민은 자신들의 도시가 약탈당하여 잿더미로 변하고, 처자식은 폭군의 음욕과 격노의 희생물이 되며, 자신과 그 가족들은 국왕의 손에 의해 파멸되어 빈궁과 억압의 비참한 상태에 빠지게 되더라도 여전히 가만히 방관하고만 있어야 하는 것인가? 자연은 인간 이외의 모든 피조물에게 그 몸을 위해로부터 안전하게 지키도록 무력에 대해 무력으로 대항한다는 공통의 특권을 인정하고 있음에도 왜 오직 인간에게만은 그러한 특권이 거부되고 있는가?

나는 이렇게 대답할 것이다. 자기 방위는 자연법의 일부이다. 상대가 국왕일지라도 공동사회는 그것을 거부당할 수 없다. 그러나 국왕에 대한 복수는 결코 허락되지 않는다. 왜냐하면 그것은 자연법에 부합되지 않기 때문이다. 따라서 만일 국왕이 단지 일부 특정 개인에 대해 증오하거나, 자신이 우두머리로 있는 국가 전체와 대립하면서 참기 어려운 악정으로 온 국민 또는 그 대부분에게 잔혹한 전제정치를 행한다면, 국민은 그 침해에 대항하여 위해로부터 자신의 몸을 지킬 수 있는 권리를 가진다. 단 그러한 경우에는 다음과 같은 점에 주의해야 한다. 국민은 단지 자기 자신을 방위할 수 있을 뿐이며, 결코 그들의 군주를 공격해서는 안 된다는 것이다. 즉 국민은 손해입은 것에 대해 보상받을 수 있으나, 어떠한 도발에 대해서도 외경과 경의를 표해야 한다는 것이다. 그들은 그들에게 닥친 공격은 격퇴해도 좋으나, 과거의 폭정에 대해서는 복수하면 안 된다. 왜냐하면 자신들의 생명과 신체를 지키는 것은 자연에 합당한 일이나, 하위자가 상위자를 벌하는 것은 자연의 이치에 위배되기 때문이다. 국민에 대해 기도(企圖)된 위해에 관해서 그들은 사전에 그것을 방지할 수 있으나 이미 행해진 뒤에는, 설사 국왕이 그 악행의 장본인이었다 할지라도 국왕에 대해 복수해서는 안 된다. 이것은 개인이 가

지는 특권 이상의 국민 일반이 가지는 특권이다. 우리 견해에 반대하는—오직 부캐넌*5만은 예외이지만—개개의 특정한 인간들에게는 참는 것밖에 구제책이 인정되지 않지만, 국민은 외경심을 품고 참을 수 없는 폭정에 대해서 항거할 수 있다. 전제정치가 그다지 심하지 않은 경우라면 국민은 그것을 참아야 할 것이다."

234 저 강대한 군주 권력의 옹호자도 이 정도의 저항은 인정하고 있다.

235 실제로 그는 그 저항에 두 가지 제한을 두고 있지만, 그것은 결국 헛되이 끝나고 말았다. 그는 이렇게 말한다.

첫째로 저항은 외경심을 가지고 이루어져야 한다.

둘째로 저항에는 복수나 처벌이 있으면 안 된다. 그 이유는 하위자가 상위자를 처벌할 수 없기 때문이다.

첫째, 반격하지 않고 폭력에 저항하는 방법이란 어떤 것이며 외경심을 가지고 상대를 공격하는 방법이란 어떤 것인가를 사람들에게 이해시키기 위해서는 얼마쯤 수완이 필요하다. 습격에 대한 타격을 막기 위해 방패만을 들고 맞선다거나, 공격자의 자신감과 힘을 저하시키기 위해 칼도 들지 않은 채 공손한 자세로 맞서는 사람은 순식간에 궁지에 몰리게 되어, 그런 방위로는 도리어 더 심한 일을 당하게 될 뿐이라는 것을 알게 될 것이다. 이것은 유베날리스(기원전 1~2세기의 로마의 풍자시인)가 바보 같은 전법이라고 했던 '네가 공격하면 얼마든지 맞아주겠다'는 전법과 마찬가지로 바보스러운 저항 방법이다. 그리고 싸움의 결과는 그가 거기에서 기술했던 것과 같았다.

> '불쌍한 사내의 자유란 이런 것인가
> 일어서지 못할 정도로 무참히 두들겨 맞으면서도
> 얼마 남지 않은 이빨을 드러내며
> 이제 용서하고 보내달라고
> 머리를 조아리며 애원한다.'

이것은 사람이 반격을 허용할 수 없는, 머릿속에서 생각했을 뿐인 저항의 결과이다. 따라서 저항하는 것이 허용되는 사람은 반드시 공격하는 것도 허용되어야 한다. 그리고나서 앞의 저자인 바클레이나 그 밖의 다른 누구든 한 번 다른 사람에게 적당하다고 생각하는 바에 따라 충분한 외경과 경의를 표하면서 동시에 그 사람의 머리에 일격을 가하든가, 머리를 잘라보라. 상대에게 타격을 가하는 일과 경의를 표하는 일을 서로 조화시킬 수 있다고 생각하는 사람은, 잘은 모르지만 아마 어디에서든지 그 수고의 보답으로서 반드시 상대로부터 예의바르고 정중한 곤봉 세례를 받게 될 게 뻔하다.

둘째, 하위자는 상위자를 처벌할 수 없다고 한 바클레이의 두 번째 제한에 관해서는 일반적으로 상대가 자신보다 상위자인 경우에 한해서 당연한 일이다. 그러나 무력에 대해 무력으로 저항한다는 것은, 두 당사자를 평등한 위치의 전쟁 상태에 놓는 것이며, 외경이라든가 경의라든가 우위와 같은 지금까지의 모든 관계를 소멸시킨다. 그러고서도 둘 사이에 아직 우열관계가 남게 된다면 부정한 침략자에게 저항하는 사람은 바로 상대에 대해 다음과 같은 우월성을 가진다. 즉 그는 자신이 승리를 거두면 평화에 대한 침해와 그것에 따르는 모든 해악을 이유로 침략자를 처벌할 수 있는 권리를 가진다는 것이다. 때문에 바클레이는 다른 곳에서 자신의 주장을 더욱 일관되게 하기 위해 어떠한 경우에도 국왕에게 저항하는 것은 합법적일 수 없다고 주장한다. 그러나 그는 거기에서도 국왕이 스스로를 퇴위시킬 수 있는 두 가지 경우를 지적하고 있다. 그의 말은 다음과 같다.

(라틴어 원문 인용)

236 (라틴어 원문 인용) ⟨반 모나르코마코스론⟩
⟨제3권 제16장⟩
이상을 번역하면 다음과 같다.

237 "그렇다면 국민이 정당하게 자신들의 권리에 기초하여, 또한 자기 자신이 가지고 있는 권한에 의해 자신의 힘을 믿고, 무기를 들고, 거만하고 전제적으로 지배하고 있는 국왕을 공격하는 것은 절대 발생할 수 없는 것일까. 국왕이 국왕으로 있는 한, 그것은 절대 있을 수 없는 일이다. '왕을 존경하라' '권위에 대항하는 사람은 하느님이 정하신 것을 거스르는 것이다'*6

이 말은 결코 그것을 허용하지 않겠다는 신의 계시이다. 따라서 국민은 국왕이 국왕이기를 포기하지 않는 한 절대 국왕을 지배할 수 있는 권력을 가질 수 없다. 왜냐하면 그때가 바로 국왕이 그 왕관과 권위를 잃고 한갓 하나의 개인으로 돌아가는 것이며, 국민은 자유의 몸이 되고, 우위에 서게 된다. 즉, 국민이 일찍이 국왕에게 왕관을 바치기 이전의 공위기(空位期)에 그 손에 가지고 있던 권력을 다시 국민의 손에 돌아오게 하는 것이다. 그러나 사태를 이러한 상태로 몰아넣을 정도의 실정(失政)은 얼마 되지 않는다. 모든 면에서 그것을 충분히 고찰한 결과, 내가 찾아낼 수 있었던 것은 두 가지 경우뿐이다. 다시 말해 그들 두 가지 경우에서만 국왕은 사실상 국왕이 되지 못하고, 국민에 대한 모든 권력과 국왕으로서의 권위를 잃게 된다. 이것은 윈제러스*7에 의해서도 주목된 바 있다.

첫째, 국왕이 통치를 전복시키려는 경우, 다시 말해 그의 왕권과 국가를 파멸시키려는 목적과 의도를 가진 경우 발생한다. 예를 들어 네로*8는 로마의 원로원 의원과 국민의 머리를 치고 로마시를 불과 칼로써 황폐화시킨 뒤 어딘가 다른 땅으로 옮기려 결의했다고 기록되고 있다. 또한 칼리굴라*9는 그 자신이 더 이상 국민이나 원로원의 장이 아니고, 귀족과 평민 두 계급에 속하는 가장 뛰어난 사람들의 머리를 친 뒤 알렉산드리아로 후퇴하려는 생각을 가지고 있다고 공언했으며, 일격으로 모든 국민을 죽일 수 있도록 국민의 머리가 하나밖에 없으면 얼마나 좋을까 생각했다고도 기록되어 있다. 국왕이 이러한 기도를 하고 진심으로 그것을 추진한다면, 그 즉시 국가에 대한 모든 관심과 배려를 포기한 것이 되며, 따라서 주인이 방치한 노예에 대해 지배권을 잃는 것과 같이 그도 신민을 통치할 수 있는 권력을 잃게 된다."

238 "또 다른 경우는, 국왕이 자기 자신을 다른 나라의 종속자로서 선조들이 그에게 물려주고 국민이 자유로이 그에게 위임한 왕국을, 다른 나라의 지배하에 복종시킬 때 발생한다. 왜냐하면 국민에게 위해를 가하는 일이 국왕의 의도가 아니었다 해도 그는 그러한 행위로 국왕으로서의 존엄한 부분, 즉 하느님 다음으로 가장 높은 지위를 잃었기 때문이다. 그리고 그는 국민의 자유를 주의 깊게 보전해야 함에도 그들을 배신하고 억지로 그들을 다른 나라의 권력과 지배에 복종시켰기 때문이다. 이렇게 국왕이 자기 왕국을 다른

나라에 양도한 행위에 의해 그는 일찍이 그 왕국에서 장악했던 권력을 잃게 된다. 그러나 이러한 양도 행위로써 그가 그 권력을 양도하고자 한 상대에게 사소한 권리까지도 넘기는 것은 아니다. 따라서 국왕은 이러한 행위로써 도리어 국민을 해방시켜 자유로이 행동할 수 있게 하는 소지를 마련해 주게 되는 것이다. 이러한 사례는 〈스코틀랜드 연대기〉에서도 찾아볼 수 있다."

239 절대군주제의 위대한 옹호자인 바클레이조차도 이 두 가지 경우에 한하여 국왕은 저항받아 마땅하며, 국왕의 자리에서 물러나는 것을 인정할 수밖에 없었다. 많은 예를 제시할 필요도 없이 무슨 일에서건 국왕이 권위를 갖지 못하면 그는 이미 국왕이 아니므로 저항받아 마땅하다는 것이다. 왜냐하면 권위가 소멸되어 버리면 국왕 역시 국왕이 아니며 아무런 권위도 갖지 못한 다른 사람들과 다를 바가 없기 때문이다. 그리고 바클레이가 예로 든 이 두 가지 경우는 통치를 파괴로 이끌어가는 것으로서 내가 앞서 기술한 경우와 같다. 다른 점이 있다면 그것은 단지 그가 그 학설에 근본이 되는 원리를 기술하지 않고 있다는 것뿐이다. 여기에서 원리란 바로 국민의 동의에서 기인된 통치 형태를 보전하지 않고, 공공의 복지와 소유권의 보전이라는 통치 그 자체의 목적을 꾀하지 않음으로써 신탁을 위배하는 행위를 가리킨다. 국왕이 스스로 왕위에서 물러나 국민과 전쟁 상태에 돌입하게 된다면, 국민은 자신들과 전쟁 상태에 들어간 다른 사람들에게 하는 것과 마찬가지로 이미 국왕이 아닌 그에 대해 공격하는 데 어떤 방해가 있을 수 있을까. 이 질문에 관하여는 바클레이와 그와 같은 의견을 가지고 있는 사람들이 대답해 주었으면 한다.

나는 바클레이의 다음 견해에 주의했으면 한다.

"국민에게 기도된 위해에 관하여 그들은 그것을 사전에 예방할 수 있다."

그는 이렇게 말함으로써 전제정치가 단순히 기도되고 있는 단계에 있어서도 국민이 저항하는 것을 인정하고 있다. 그는 또한 이렇게 말한다.

"어느 국왕이든 이러한 기도를 마음속에 품고 진정으로 추진시키려 했다면, 그는 즉시 국가에 대한 모든 관심과 배려를 포기한 것이 된다."

다시 말해 바클레이에 따르면, 공공의 복지를 돌보지 않는다는 것은 그러한 기도의 증거로 저항의 충분한 이유가 된다. 그리고 이러한 모든 이유를 그는 "국왕은 그 국민의 자유를 주의 깊게 보전해야 함에도 그들을 배신하고 억지로 그들을" 이라는 말로 기술하고 있다. 그리고 그 다음에 "다른 나라의 권력과 지배에 복종시켰다"고 덧붙이고 있지만 이것은 무의미하다. 왜냐하면 과실과 권위의 상실은 '그가 보전해야 했던' 국민의 자유를 잃게 한 것에 있는 것이지 결코 국민이 복종했던 지배자가 누군가 하는 것과는 관계가 없기 때문이다. 국민이 자국민 중 어느 누군가의 노예가 되든 다른 나라의 노예가 되든, 국민의 권리가 침해당하고 그들이 자유를 잃는 것에는 변함이 없다. 바로 여기에 위해가 존재하며 오직 이것에 대해서만 국민은 방위의 권리를 가진다. 국민의 감정을 상하게 한 것은 통치자의 국적이 달라진 것에 있는 것이 아니라, 통치가 달라진다는 데 있다. 이러한 실례를 우리는 모든 나라에서 찾아볼 수 있다.

우리나라 교회의 주교로서 군주의 권력과 특권을 고집스럽게 옹호하던 빌슨*10도 만약 내 기억이 분명하다면 그의 〈그리스도 교도의 복종〉이라는 논문에서 '군주는 그가 저지른 죄로 말미암아 그 권력과 더불어 신민에게 복종할 의무를 부과할 자격을 잃게 될 수도 있다'는 사실을 인정하고 있다. 이렇게 이치상으로 매우 명료한 경우에도 아직 권위가 필요하다면, 독자들은 브랙턴*11과 포테스큐*12의 저작이나 《거울》의 저자*13와 그 밖에 다른 사람들의 저작물을 한번 읽어보는 것이 좋을 것이다. 이러한 저자들은 우리나라의 통치에 관하여 무지하다거나 적이라고 생각할 수 없는 사람들이다. 그러나 나는 교회 조직에 관해서는 훗커를 신뢰하면서도 기묘한 운명에 의해 그가 주장의 논거로 삼았던 원리는 부정하게 된 무리를 만족시키기 위해서는 역시 훗커 한 사람만으로 충분하다고 생각했다. 그러한 경우, 훗커의 원리가 교활한 직공들의 도구로 사용되면서 결과는 그들 자신이 구축해 놓은 논의를 무너뜨리게 되는 것은 아니냐에 관해서는 그들 자신이 가장 잘 알 것이다.

하여튼 그들의 시민정책론은 이전 시대라면 주장조차 할 수 없었을 정도로 매우 참신하고 위험한 것이었으며, 지배자와 국민 모두에게 매우 파괴적인 것이었다. 때문에 앞으로 사람들은 이스라엘 사람들이 이집트에 사로잡혀 있는 동안에 이집트의 하청 현장감독*14에 의해 부과되었던 무거운 짐으로부터 벗어나서 이러한 비굴한 절대군주의 추종자들을 생각만 해도 오싹했으면 한다. 그들은 자신들에게 필요하다 싶으면 어떤 통치도 절대적인 전제정치로 바꿔버리고, 그들의 야비한 근성으로 보아 그들이야말로 바로 실제로 노예 상태에 머물러 있어야 할 자들이지만, 뭇사람을 태어나면서부터 노예 상태에 두려는 자들이다.

240 여기에서 '군주나 입법부가 신탁에 위배되는 행동을 하고 있는지 어떤지는 도대체 누가 재판해야 하는가'라는 상식적인 의문이 제기될 것이다. 군주는 단지 그의 정당한 대권을 행사하고 있을 뿐임에도 악의에 찬, 당파심이 강한 사람들이 이러한 의문을 국민 사이에 유포시킬 수도 있다. 이 질문에 대해 나는 국민이 재판관이 되어야 한다고 대답하고 싶다. 왜냐하면 신탁을 부여받은 사람이나 대리인의 행동이 정말로 정당한지 어떤지, 그리고 그가 자신에게 부여된 신탁에 따라 행동하고 있는지 어떤지를 재판할 수 있는 사람으로서는, 이 인물을 자신의 대리인으로 정한 사람, 즉 그러한 자가 신탁에 위배했을 경우에는 언제나 그를 파면할 수 있는 권력을 가지고 있는 사람 이외에는 달리 있을 수 없기 때문이다. 만약 이러한 사실이 사인(私人)의 개별적인 경우에 있어서 합리적인 것이라면 가장 중요한 경우, 즉 몇 백만에 달하는 사람의 복지에 관계되고 사전에 해악이 예방되지 않는다면, 그 해악이 더욱 커질 뿐 아니라 구제하기도 매우 곤란하고 위험해지는 경우 다른 해결책이 없기 때문이다.

241 그러나 '대체 누가 재판관이 되어야 하는가' 이 의문은 재판관이 전혀 없다는 데서 생기는 의문은 아닐 것이다. 왜냐하면 사람들 사이의 분쟁을 재판할 사법관이 지상에 없는 경우 하늘의 신이 재판관이 되기 때문이다. 오직 하느님만이 정당한 재판관이다. 그러나 다른 모든 경우에서와 마찬가지로 이 경우에도 다른 사람이 그와 전쟁 상태에 돌입했는지 어떤지, 또한 입다가 했던 것처럼 최고의 재판관인 하느님께 호소해야 할지 어떨지에 대해서는 스스로가 재판관이 되는 것이다.

242 만약 군주와 일부 국민 사이에 법으로 규정되어 있지 않거나 또는 내용이 모호하여 중대한 결과를 초래할 수 있는 문제에 대한 분쟁이 발생한다면, 그러한 경우 적당한 중재인은 온 국민이어야 한다고 생각한다. 왜냐하

면 군주가 국민에 의한 신탁으로 법의 일반적 규칙의 적용을 면제받는 경우, 만약 누군가가 자신의 몸이 학대당하고 있다는 것을 깨닫고 군주의 행동이 그 신탁에 위배되거나 신탁의 범위에서 벗어나고 있다고 생각한다면, 본디 이 신탁을 어느 범위까지 미치게 할 작정이었는지 적절히 판정하는 데 맨 처음 군주에게 신탁을 부여한 온 국민 외에 달리 적임자가 있을까. 그러나 만약 군주 또는 위정자가 그러한 판결 방법을 거부한다면, 하늘에 호소하는 방법 말고는 달리 방법이 없다. 땅 위에서 자기들보다 우월한 사람의 존재를 인정하려 하지 않는 사람들 사이에 일어나는 폭력이나 지상의 재판관에게 호소할 권리를 허락하지 않는 폭력은 바로 전쟁 상태라 할 수 있으므로, 호소할 곳이라고는 하늘밖에 없는 것이다. 그리고 그러한 상태에서 피해를 입은 사람은 어느 시점에 하늘에 호소하여 자신의 몸을 하늘에 위탁하는 것이 적당한지 스스로 판단해야 한다.

243 이제 결론을 내리고자 한다. 각 개인이 사회에 들어갈 때에 사회에 위임하는 권력은 사회가 존속하는 한 개인에게 두 번 다시 돌아오지 않고 언제나 공동사회 안에 머무르게 된다. 만약 그렇지 않다면 공동사회도 국가도 존재할 수 없고 그것은 최초의 합의에도 위배되는 것이기 때문이다. 또한 이와 같이 사회가 입법권을 사람들의 어떤 집회에 위임하고, 그것이 그들과 그 후계자들에게 계속해서 위임되도록 규정하며, 또한 후계자들에게 위임하기 위한 지도권과 권위를 그 집회에 부여했다면, 그 통치가 존속되는 한 입법권은 결코 국민에게 돌아올 수 없다. 왜냐하면 국민이 영구적인 권력을 입법부에 부여함으로써 자기들의 정치적 권력을 입법부에 위임한 것으로 그것을 되돌려가질 수 없기 때문이다.

그러나 다음과 같은 경우라면, 즉 만약 국민이 그 입법부의 존속 기간에 어떤 제한을 두어 개인 또는 집회에 위임된 이 최고 권력을 일시적인 것으로 정한 경우나, 권한을 가진 사람들의 잘못된 통치로 말미암아 최고 권력을 잃은 경우 최고 권력은 다시 사회의 손안으로 되돌아가게 된다. 그리고 국민은 최고 권력자로서 행동할 수 있는 권리로 입법권을 자신들의 수중에 계속 둘 것인지 또는 새로운 통치 형태를 수립할 것인지 아니면 낡은 통치 형태를 그대로 유지하면서 입법권을 새로운 사람들의 손에 위임할 것인지를 자신들이 의지에 따라 결정할 수 있다.

<주>
＊1 로마 신화에 나오는 하늘의 지배자로서 최고의 신. 그리스신화의 제우스에 해당한다.
＊2 폴리페모스는 그리스 신화에 나오는 외눈박이 식인종 키클롭스족의 우두머리 이름. 키
클롭스는 시칠리아 섬에 사는 외눈박이 거인족이다. 호메로스의 《오디세이아》에 따르
면 트로이 전쟁에서 그리스의 지휘관이었던 율리시스가 12명의 동료와 함께 폴리페모
스에게 체포되어 그의 동굴에 갇히게 되었다. 그러나 그는 조금도 당황하지 않고 묘안
을 생각해내어 결국에는 불붙은 나무로 폴리페모스의 눈을 찌르고 탈출에 성공한다.
＊3 윌리엄 바클레이(1546~1608). 스코틀랜드의 법학자, 정치학자. 그는 반군주제론자의
이론은 무정부 상태를 부른다 생각하고 왕권신수설에 기초한 국왕의 절대권이야말로
사회적·정치적인 안정과 질서를 유지하는 유일하고 안전한 방법이라고 믿었다.
＊4 '모나르코마코스'란 라틴어로 군주 공격자라는 의미. 16~17세기의 절대군주권을 공격
하고, 민중의 주권을 주장한 스코틀랜드, 프랑스 및 에스파냐의 정치론자들에게 버클
레이는 이 '모나르코마코스'라는 칭호를 수여했다.
＊5 16세기 스코틀랜드의 프로테스탄트 파의 인문학자 조지 부캐넌. 그는 사회계약론자로
당시 여왕이었던 메리 스튜어트의 폐위는 정당하다는 논문을 썼다.
＊6 〈베드로전서〉제2장 제17절, 〈로마서〉제13장 제2절.
＊7 원제러스는 16세기 스코틀랜드의 성직자인 니니안 윈젯(Ninian Winzet)으로 추정된다.
＊8 재위 54~68년의 로마 황제. 클라우디스 1세의 양자이다. 54년에 어머니가 클라우디스
를 독살하자 제위에 올랐는데, 재위 초에는 선정을 베풀었다. 그러나 점차 포악해져
그의 어머니, 동생, 심지어 아내까지 죽였다. 64년 로마시에서 일어난 대화재의 책임
을 그리스도 교도에 전가시켜 대학살의 만행을 저질렀다. 68년 갈리아에서 반란이 일
어나 각지로 퍼지자 로마시를 탈출하여 자살하였다.
＊9 재위 37~41년의 로마 황제. 원래 이름은 가이우스 카이사르이다. 즉위 초에는 민심을
잘 수습하고 선정을 베풀어 환영을 받았으나, 점차 낭비와 증여로 재정을 파탄시켰다.
광포한 행동을 자행하다 근위대의 한 장교에게 피살되었다.
＊10 16세기 후반에 중요한 주권신수론자 토마스 빌슨을 말한다.
＊11 13세기 영국의 법률학자 헨리 드 브랙턴. 법률은 국왕의 의지보다 우월하다고 주장했다.
＊12 15세기 영국의 재판관, 법학자.
＊13 1640년대에 간행된 《정의의 거울》의 저자로 알려진 앤드류 혼을 가리키는 듯하나, 알
려진 대로 그가 진정한 저자인지는 확실치 않다.
＊14 《구약성서》의 〈출애굽기〉제1장 제11절에 나오는 감독관. 이스라엘인에게 일을 할당
하고 감독했다. 중노동을 부과하는 혹사자라는 의미로 사용되었다.

해설/연보

유토피아 섬 (1518년판에 실린 목판화)

모어의 생애와 《유토피아》

모어의 생애

토머스 모어는 1478년 2월 6일 런던에서 태어났다. 아버지 존 모어는 할아버지와 마찬가지로 법률가로서 고등법원 왕좌부(王座部) 판사까지 지낸 사람이었다. 모어는 명문인 세인트앤소니 학교에서 공부한 뒤 12세가 되던 해 캔터베리 대주교이자 대법관인 존 모턴 경의 집에 들어가 그의 심부름을 했다. 이 사람이 어떤 사람인지는 《유토피아》에 나온 그대로이고, 여기에 있는 동안 그는 여러 방면으로 견문을 넓혔다. 모턴 경은 '이 아이는 언젠가 위대한 인물이 될 것'이라고 예견했다. 그의 추천으로 15세에 옥스퍼드 대학에 들어간 모어는 라틴어와 그리스어를 배우고 새로운 문화, 학문, 인간관 등의 휴머니즘을 익혔다.

그러나 모어는 훌륭한 법률가가 되기를 바라는 아버지의 뜻에 따라 링컨 법학원에 들어가 법학을 배우고 그리스어 공부도 계속해 나갔다. 여기에서 일생에 남을 사건이 일어났는데 그것은 바로 에라스무스를 만난 것이었다. 때는 1499년 여름으로, 에라스무스(1469~1536)는 30세의 청년이었고 이후 둘은 죽을 때까지 친구로 남았다.

모어는 법률가로서도 인정받았고 1504년에는 하원의원으로 의회에도 진출하였으나, 국왕 헨리 7세의 세금법안에 반대하다가 왕의 미움을 사 공직에서 물러나게 되었다. 그 무렵 그는 성직자로서의 소명을 느끼고 수도원에 들어가 생활하기도 하였으나 고민 끝에 결국 현실세계의 길을 택하고 1505년 17세의 어린 신부 제인 콜트와 결혼했다. 그는 정규교육을 제대로 받지 못한 아내에게 라틴어와 음악 등을 가르쳐 교양을 갖추게 하였고, 아이들에게도 자상한 아버지가 되어 가족을 돌보며 검소하고 절제된 생활을 하였다. 더불어 그의 학문과 신앙도 굳건히 다져갔다. 그러나 1511년 넷째 아이를 낳던 중 아내 제인이 죽게 되었고 딸 셋, 아들 하나를 둔 그는 아이들의 양육을 위해 연상의 미망인인 앨리스 미들턴과 재혼했다.

헨리 7세가 죽고 국왕이 된 헨리 8세는 1510년 모어를 런던시의 사정장관 보로 임명하여 시정을 감독하게 하였다. 그는 가난한 사람들의 편에 서서 그들을 돕는 관리로서 명성을 높여갔고 시민들의 사랑을 받았다.

이때 헨리 8세는 누나 메리와 에스파냐 왕자 카를로스의 결혼문제를 발단으로 경제문제와 함께 영국과 에스파냐, 네덜란드에 외교문제가 생겨 이를 해결하기 위한 외교사절단을 1515년 5월 브뤼주로 파견하였다. 이때 모어가 시민대표로 선발되었는데, 이는 런던상인들이 자신들의 이익을 대변하도록 하기 위해 그의 참여를 강력하게 요청했기 때문이었다. 브뤼주에 도착하여 수개월 머무르는 동안 그는 에라스무스의 소개로 피터 자일즈와 친분을 맺게 되었다. 그리고 그곳에 머무르면서 모어는 구상하고 있던 《유토피아》를 쓰기 시작하였는데 이것이 지금의 《유토피아》 2권에 해당하는 것이고, 1권은 그 이듬해 런던에 돌아와서 완성했다.

그 뒤에도 모어는 승승장구했다. 헨리의 신임이 특히 두터워 그의 지위는 계속 올라 1521년에는 칼레와 브뤼주에서 있었던 카를 5세 및 한자동맹과의 협상에 참여한 뒤 기사 작위를 수여받았다. 그리고 1529년에는 상서경의 중직을 맡았다. 그는 청렴결백했고, 가난한 자를 사랑하였으며, 사회정의와 국내 질서 및 평화를 위해 많은 노력을 했다.

하지만 한편으로 국가와 종교의 문제는 차츰 커져 갔다. 루터의 '이단'은 여러 형태로 영국을 위협해 왔다. 하지만 로마·가톨릭 교회의 정통한 신앙을 굳게 믿었던 모어는 성서가 영어로 번역되는 것에는 반대하지 않았지만, 주관적인 신앙에서 질서를 어지럽히는 태도로 번역되는 것에는 반대했다. 루터의 종교개혁 문제는 너무나 치열했다. 단순히 이탈리아의 군주이면서 동시에 정신적으로는 모든 유럽의 주권자인 사실에서 로마교황이 가진 이중성이 확실히 드러났다. 모어는 국가의 입장으로 보면 헨리에게 속했지만, 종교의 입장으로 보면 교황에 속했다. 헨리 자신이 '신앙의 옹호자'로서 로마교황에게 충절을 맹세했을 때는 괜찮았지만 그 신앙이 거짓말이 되고 나서는 모어의 입장이 미묘해졌다. 영국 국왕과 로마 교황과의 사이에 미묘한 긴장감이 생긴 것은 헨리 8세의 이혼문제가 발단이 되었다. 헨리는 왕비 캐서린과의 결혼을 타당하지 않은 것이라며 스스로 부정하였고, 일찍부터 가까이 지냈던 궁녀 앤 불린과의 결혼을 원해 이 문제에 관한 조언을 모어에게 구했다. 그러나 모어는 교황이 인정한 캐서린과 헨리의 결혼을 부인할 수 없었다. 그는 이혼을 정당화하는 어떠한 근거도 없다는 것을 헨리에게 솔직하게 말하고 더 이상은 이 문제에 대해 침묵하고 자유를 얻기를 빌었다. 그때 모어는 템즈 강가를 거닐면서 세 가지 희망조차 빌지 못한다면 나는 이 강에 빠져도 좋다고 사위에게 말했다고 한다. 그 세 가지 희망이란 세계 평화, 다른 종교의 통일, 헨리 결혼문제의 해결이었다. 모어는 종교개혁과 함께 일어났던 국가주의 대신에 가톨릭적 신앙으로 유럽의 연대성을 구하고 있었다. 모어는 루터의 폭력에 의한 혁명을 부정하고, 에라스무스적 이성에 의한 혁명을 원했다. 모어는 그 소동을 듣고 두려워서 떨었을 것이다. 하지만 사태는 점점 커져 갔다. 시대는 크게 선회하여 루터의 복음주의와 에라스무스의 휴머니즘이 대립했다. 루터도 양심의 자유를 외치고, 에라스무스와 모어도 양심의 자유를 외쳤지만, 서로 타협하지는 못했다. 그러나 헨리의 정책은 효과를 발휘하기 시작하였고, 1532년 5월 15일 종교회의가 헨리를 '우리의 유일한 수호자, 유일한 최고의 주권자, 그리스도 율법을 허가하는 한 우리의 최고 왕'이라고 승인하자 모어는 다음 날 공직에서 물러났다.

다음 해인 1533년 5월 드디어 헨리의 이혼이 성립되고, 앤 불린을 왕비로서 맞는 대관식이 사원에서 행해졌지만 모어는 가지 않았다. 결국 헨리는 다음 해인 1534년 의회로 하여금 왕위 계승식을 통과시키게 하고, 그 선서를 모어에게 강요하였다. 모어는 헨리와 앤 불린 사이에서 태서난 아이에게 왕위를 계승한다는 것에는 반대하지 않았지만, 여기에 캐서린과 헨리의 이혼을 무효화한다는 말이 있는 이상 서명할 수 없었다. 모어는 란베스 사문위원회에 불려나가 런던탑에 감금되었다.

결국 모어는 국왕이 영국성공회의 수장이 되는 것을 부정했기 때문에 사형 선고를 받았다. 이를 그는 온 유럽과 영국의 싸움이라고 생각했다.

1535년 7월 6일, 5개월 가까이 감금되었던 모어는 사형 선고의 집행을 위해 탑 위로 끌려 나왔다. 그날 아침 헨리 사절단이 와서 형장에 있는 군중에게 어떤 말도 하지 말라는 명을 내렸다. 장녀 마가렛은 모어의 모습을 바라보았다. 수척해진 모어에게 한 부인이 다가와 포도주를 건넸지만 그는 받지 않았다. 모어는 천천히 단두대에 오르고 꿇어앉아 '시편' 51편을 읊었다. 드디어 마지막이 되자 모어는 그곳에 있는 사람들에게 말했다.

"나를 위해 기도해 주세요. 가톨릭 교회의 신앙을 갖고, 또 그 신앙을 위해 여기에서 사형에 처해진다는 사실의 증인이 되어 주십시오."

또 유명한 이야기로 집행인에게 이렇게 말했다고 한다.

"한 번에 자르게. 그러나 수염은 남겨 놓게. 수염은 대역죄를 저지르지 않았으니까."

법정에 선 모어의 모습은 폭풍에 맞선 휴머니스트의 모습이었을 것이다. 또 그 저항은 죽음에 대한 저항이었을 것이다. 여기서 우리는 휴머니즘이 가진 힘과 그 한계를 본 기분이 든다. 질서를, 이성과 신앙의 조화를, 국가와 종교의 조화를 믿은 모어는 결국 단두대의 이슬로 사라졌다. 질서는 무질서에 패했다. 하지만 질서를 사랑하는 사람의 마음에 모어는 영원히 살아 있을 것이다. 인류의 행복을 바라는 사람에게는 그의 이름이 영원히 잊혀지지 않을 것이다.

《유토피아》

1516년에 출판된 토머스 모어의 《유토피아》는 사회제도와 정치, 종교, 문화를 세밀하게 묘사한 고전으로 원제는 《국가의 최선 정체(政體)와 새로운 섬 유토피아에 관하여(Libellus……de optimo reipublicae statu, deque nova insula Utopia)》이다. 그리스어로 없다는 의미의 'ou'와 장소를 뜻하는 'topos'가 합해진 말로 '어디에도 없는 곳'을 의미하는 유토피아는 완벽한 사회이지만 궁극적으로는 실현할 수 없는 사회를 뜻한다. 이는 현실세계에 대한 비판과 이상사회에 대한 열망을 동시에 보여주고 있다.

《유토피아》는 이상향을 그리고 있지만 그 배경에는 16세기 초 영국을 비롯한 유럽사회의 사회문제들이 고스란히 담겨 있다.

그 무렵 영국은 봉건체제가 붕괴되고 자본주의가 싹트기 시작하고 있던 때로, 공공용지에 담이나 울타리를 쳐 사유지로 만드는 '인클로저(Enclosure)' 운동으로 농민들이 농토를 잃고 거리로 내몰려 비참한 생활을 했다. 그러나 그에 반해 귀족이나 사제들은 사치와 낭비가 극에 달해 부의 편중현상이 극심해진 데 분노를 느낀 모어는 사유재산이 인정되지 않고 생산과 분배가 평등한 사회를 꿈꾸었다. 그가 영국의 이런 폐단이나 모순을 고발하고 비판하는 것은 소외된 민중에 대한 연민과 애정으로 인한 것이었다.

또한 그때 유럽사회는 역사상 유례없는 변화의 소용돌이에 있었다. 즉 중세에서 근대로 바뀌게 한 세 가지 큰 흐름이 있었는데, 그것은 르네상스와 휴머니즘, 종교개혁 그리고 신대륙 발견으로 인한 세계의 확대였다. 이러한 사상과 인식의 변화는 모어에게도 큰 영향을 미쳤고 《유토피아》에도 그대로 반영되었다.

《유토피아》는 모어가 포르투갈 출신의 여행가 라파엘 히드로다에우스를 만나 그에게 들은 유토피아에 대한 이야기를 그대로 옮겨 적어 놓은 형식을 취하고 있다. 여기에서 라파엘은 가상의 인물로서 유명한 항해가 아메리고 베스푸치를 따라 신세계를 여행하고 돌아온 사람으로 되어 있다. 여기에서 모어는 실제 대륙에서 만났던 피터 자일즈의 편지를 수록함으로써 라파엘이라는 인물을 만나 이야기를 들은 내용이 마치 실제 사실인 것처럼 받아들이도록 했다.

책은 모두 2권으로 되어 있는데, 1권에는 현실정치에 참여하고 있던 모어와 자일즈가 폭넓은 식견과 철학을 가진 여행가 라파엘과 나눈 대화에 초점이 맞춰져 있다. 이 대화에서 라파엘은 절도범이 사라지지 않는 이유, 군주들의 호전성으로 인한 영토 빼앗기 전쟁의 폐해, 이성적인 철학을 가진 사람이 궁정에서 일할 수 없는 이유 등에 대해 현실적인 사례들을 들어가며 명쾌하게 설명해 나간다. 그리고 자신이 군주와 대신들에게 하는 말은 헛소리처럼 들릴 뿐이라고 하며 다만 자신이 살았던 유토피아 같은 곳에서는 가능하리라는 말을 흘린다. 모어가 그 나라에 대해 상세한 설명을 부탁하자 점심식사 뒤 이야기가 시작된다.

2권에서는 대화형식이 아니라 라파엘이 자신이 경험한 유토피아 국가의 사회 정치 체제와 정치사상 및 종교 등에 대해 설명하는 형식으로 되어 있다. 그의 말에 따르면, 유토피아는 인간의 존엄성과 자유를 최우선으로 하는 나라이고 최소한의 권력과 통제로 유지되는 사회이다. 누구나 열심히 일하고 모든 물자가 풍족하지만 사유재산은 축적하지 않으며 모두가 공평하게 나눠 가진다는 것이다. 남녀 가리지 않고 누구에게나 똑같이 교육받을 권리가 있고 공공의 도덕을 중시하며 종교의 자유와 쾌락주의를 추구하되, 재물이나 영토를 늘리기 위한 전쟁은 혐오한다. 한마디로 유럽에서는 상상할 수 없는 국가에 대한 이야기를 들려주는 것이다.

　모어는 가상의 인물 라파엘을 통해 상상 속의 나라 유토피아에 대한 이야기를 함으로써 그 자신의 급진적인 정치사상과 일정하게 거리를 두는 장치를 마련한 것으로 보인다.

　1권이 극적인 대화를 통해 풍자적으로 현실세계를 그려낸 데 반해 2권은 전적으로 저자의 일방적인 설명으로 되어 있어 둘은 상당히 대조적이며 상호보완적이다. 1권에서 제시된 부분적인 가상의 세계들도 현실의 비참함을 강조하려는 장치에 지나지 않는다. 그래서 가상의 '유토피아'에 대한 갈망을 드러낸다. 말하자면 1권은 2권에 나와 있는 유토피아를 좀 더 호의적으로 받아들일 수 있도록 한 준비과정이라 할 수 있다. 그리고 2권으로의 전환은 절대적인 단절을 보여준다. 현실세계와는 완전히 고립된 상상 속의 세계인 것이다. 모어가 2권을 먼저 쓰고 다음 해에 1권을 써서 덧붙인 것도 이러한 구성이나 스타일의 차이와 관련이 있는 것이다.

　이 작품은 본디 모어와 에라스무스의 지적 교류에서 시작되었다. 나이차가 많았지만 둘은 함께 고전을 연구하고 저술을 권유하며 서로의 지적인 능력과 도덕적 진보를 이룬다는 공통의 인문주의적 목표를 공유했다.

　에라스무스가 이탈리아에 공부하러 갔을 무렵 그곳에서 유행하던 휴머니즘은 그가 생각하는 기독교적 휴머니즘과 정반대의 것이어서 그는 상당히 분개했고 이후 《우신예찬》을 저술하게 되었다. 모어의 권유도 한 몫 하여 그는 이 책을 모어에게 헌정하였다. 에라스무스의 저작에 대한 대응저작으로 모어는 수년간 자료를 모아 픽션 형식의 글을 썼는데, 여기에 라틴어식으로 '누스쿠아마(Nusquama, 아무 데도 없는 곳)'라는 제목을 붙였다. 그리고 나중에 영국으로 돌아온 모어가 이를 그리고 이전에 썼던 원고를 2권으로 하고 새로 쓴 원고를 그 앞에 붙여 1권으로 한 다음 그리스식 이름인 '유토피아'로 바꾸었다. 이렇게 하여 완성된 유토피아는 1516년 루뱅에서 출판되었다. 만일 '누스쿠아마' 상태로만 있었다면 이 글은 상당히 혼란스러운 픽션으로만 받아들여졌을 것이다. 이해할 수 없는 제도와 사상으로 가득한 상상의 나라만 언급되고 있기 때문이다. 하지만 이 글은 여기에 1권 내용이 덧붙여지고 제목이 '유토피아'가 되면서 자리를 잡을 수 있었다.

　그러나 과연 유토피아가 이상적인 세계인지는 의문이다. 1권에서 제기되었던 문제들이 2권에서 모두 해결된 것은 아니기 때문이다. 그 사회 역시 여러 가지 모순점들을 안고 있음을 볼 때 모어 자신도 유토피아가 아무 문제도 없는 이상국가라고 생각하지는 않았다. 다만 그런 목표를 가지고 있다면 더 나은 세계를 꿈꾸며 현실세계를 개선해 나가려는 노력을 그치지 않을 것이라는 것이 그의 생각인 것이다. 유토피아는 완성된 모습의 이상향이 아니라 계속적으로 발전해 가고 있는, 최종적으로는 극복되어야 할 대상이 되는 사회인 것이다.

존 스튜어트 밀의 사상과 《자유론》

《자유론》 저술 배경 및 동기

영국의 19세기 전반은 자유주의적인 개혁의 시대였다. 18세기부터 19세기 초반, 즉 나폴레옹 전쟁 시대에는 영국의 사회 및 경제 상태가 정상이 아니었다. 특히 나폴레옹의 대륙봉쇄령 때문에 영국은 대륙으로부터 농산물을 수입하기가 어려워졌다. 그 결과 식료품 가격이 올랐고, 지주 계급은 많은 부당한 이익을 얻을 수 있었다. 제조업자 역시 생산물 가격 상승으로 상당한 이익을 보았는데, 1812년 나폴레옹의 러시아 원정을 기점으로 시대가 바뀌기 시작했다. 러시아군의 교묘한 게릴라 전법 앞에 나폴레옹이 무릎 꿇은 이후, 그의 몰락이 시작된 것이다. 워털루 전투에서 영국의 웰링턴 공작과 프로이센의 블뤼허 장군이 나폴레옹을 물리치자 유럽의 정세는 순식간에 바뀌었다. 그 뒤 1815년에 빈 회의가 열리면서 유럽은 평화를 되찾았다.

영국인들은 이제 대륙에서 식료품을 수입할 수 있을 것이라고 생각했다. 특히 제조업자들은 임금이 낮아져서 사업하기 편해질 것이라고 예상했다. 그런데 영국 의회가 토지 소유자의 이익을 지켜주기 위해 곡물법을 제정하였고, 대륙에서 수입되는 곡물에 높은 관세를 매겨 버렸다. 그러니 임금도 낮아질 리 없었다. 이에 제조업자를 비롯한 일반 민중은 곡물법 폐지를 소리 높여 주장했다. 즉 무역의 자유를 원하게 된 것이다. 무역의 자유를 얻으려면, 의회를 토지 소유자들의 독무대로 만들지 않는 것이 중요했다. 다시 말해 상공업 계급도 의회에 진출해야 했다. 선거법을 개정해서 토지 소유자만이 아닌 부르주아의 참정권도 확보하는 것이 중요한 과제로 떠올랐다. 말하자면 사람들이 정치적 자유도 원하게 된 것이다. 이 목적은 1832년 선거법 개정을 통해 부분적으로 달성되었다. 또 자유무역은 1846년에 법적으로 확립되었다.

경제적 자유와 정치적 자유의 획득, 이 문제는 이와 같은 과정을 거쳐 시대적인 문제로 대두되었다. 그런데 이런 운동의 사상적 근거는 대체 무엇이었을까. 아담 스미스가 주장한 '자연적 자유의 제도'도 그중 하나였을 것이다. 하지만 그보다 더 큰 영향력을 발휘했던 것은 제러미 벤담(Jeremy Bentham, 1748~1832)의 공리주의 철학이었다. 자연 상태라는 하나의 신화를 배경으로 삼은 자연법 사상과는 달리, 벤담의 사상은 매우 논리적이었다.

벤담에 따르면 인간의 행동은 모두 이기심에서 비롯된다고 한다. 다시 말해 쾌락을 원하고 고통을 피하는 것이 인간 행위의 동기라는 것이다. 그런데 모든 인간이 이기심에 따라서만 행동한다면, 각자의 이기심이 충돌해서 사회가 붕괴되어 버리지 않을까? 벤담은 서로 충돌하는 이기심은 진정한 이기심이 아니라고 했다. 이기심이 서로 충돌한다면 결국 각자의 이익이 줄어들기 때문이다. 그가 말하는 '진정한 이기심'이란 모든 인간의 조화를 추구하는 이기심이다.

벤담의 사상에 따르면, 인간이 언제나 진정한 이기심을 바탕으로 한 행동만 하는 것은 아니라고 한다. 사회의 조화를 망치는 근시안적인 이기심에 사로잡히는 사람도 적지 않다는 것이다. 본디 인간은 자신의 이익이 무엇인지를 스스로 가장 잘 파악한다. 그러므로 인간이 저마다 자유롭게 행동하도록 내버려 두는 것이 최선의 방책이지만 개인이 자신의 참된 이익이 무엇인지 잊어버리고 눈앞의 이익에만 매달리는 경우도 꽤 많으므로, 이런 이기심의 충돌을 막고 사회적 조화를 지키려면 국가나 법률이 꼭 필요하다. 국가나 법률 그 자체는 자유를 침해하는 존재이기 때문에 '악(惡)'이다. 하지만 잘못 행동하는 개인을 국가나 법률로써 억압하지 않으면, 사회는 붕괴되어 버린다. 따라서 국가나 법률은 필요악이다. 이것이 있어야지만 최대 다수의 최대 행복을 얻을 수 있다. 이것이 벤담의 사상이다.

전통적인 영국 사상에 비추어 볼 때 벤담의 사상은 예외에 가깝다. 벤담은 법률학이나 경제학·철학 등 다방면의 문제를 다루었으며, 정치나 법률에도 관심을 가지고 있었다. 하지만 그가 긴 생애 동안 실천적인 행동을 보여 준 적은 거의 없었다.

그러나 벤담의 사상은 후계자들에게 큰 영향을 주어 보통 철학적 급진주의자로 불렸던 그의 후계자들은 19세기 전반의 영국 개혁 무렵 많은 실천적 활동을 펼쳤다. 그러나 철학적 급진파 사람들이 벤담의 사상에 완전히 충실했다고는 볼 수 없다.

밀의 사상

존 스튜어트 밀의 아버지인 제임스 밀(James Mill, 1773~1836)은 벤담의 문하생이자 철학적 급진주의의 대표적 인물이었다. 그는 역사학자이자 경제학자이며 철학자였다. 게다가 그저 학구적이기만 했던 벤담과는 달리 저널리스트로도 활약했던 제임스 밀은 여러 저서를 남겼는데, 그중에서도 전3권으로 구성된 《영국령인도사(History of British India, 1817)》가 유명하다. 경제학자로서의 제임스 밀은 별로 독창적이진 않았지만 그의 《정치경제학 입문(Elements of Political Economy, 1821)》은 매우 정확하고 명료한 경제서적이다. 또 그가 쓴 《인간의 정신 현상에 대한 분석(Analysis of the Phenomena of the Human Mind, 1829)》은 벤담주의의 심리학적 측면을 해명한 역작이었다.

제임스 밀은 이처럼 다양한 연구를 하고 저널리스트로서도 많은 활동을 했다. 그의 공적은 이것만이 아니다. 그의 아들 존 스튜어트 밀을 엄격하게 조기교육해서 일류 학자로 길러 낸 것도 그의 위업이다. 제임스 밀은 장남인 존 스튜어트를 어린 시절부터 엄격히 교육하여 그가 8살 때까지 이솝우화, 크세노폰과 헤로도토스의 모든 저작을 원문으로 뗐다고 한다. 게다가 이 무렵에는 디오게네스 라에르티오스, 이소크라테스 및 플라톤의 대화편도 원문으로 읽고 있었다고 한다.

존 스튜어트 밀은 철학자로서 논리학에서의 귀납법을 확립했다. 또한 그는 경제학자로서 고전학파의 경제학을 완성했다. 그는 1844년에 《정치경제학의 해결되지 않은 몇 가지 문제에 관하여(Essays on Some Unsettled Questions of Political Economy)》를 출판하는 등 리카도의 경제학을 보다 발전시켰다. 그리고 1848년에는 《정치경제학의 원리(Principles of Political Economy)》를 완성했다.

이렇게 살펴보면 밀은 벤담과 제임스 밀의 뒤를 이은 벤담주의자, 즉 공리주의자처럼 보인다. 사실 그는 《공리주의(Utilitarianism, 1863)》라는 저작도 남겼는데 스스로를 공리주의자라고 생각했는지도 모르겠다.

하지만 존 스튜어트 밀의 공리주의가 과연 제러미 벤담의 공리주의와 같을까? 그가 벤담에게서 많은 영향을 받은 것은 사실이지만 한편 비(非) 공리주의자인 콜리지, 스털링, 칼라일에게도 영향을 받았다. 특히 그는 《자유론(On Liberty, 1859)》에서 "이 책은 사실상 테일러 부인(Mrs. Taylor-Harriet Hardy)과 함께 쓴 것이다" 힘주어 말했다.

그러므로 같은 공리주의라 해도, 벤담의 공리주의와 밀의 공리주의는 철학적 기초라는 면에서 크게 다르다. 벤담은 인간이 쾌락을 추구하고 고통을 회피해 행동한다는 것을 전제로 삼았고, '최대 다수의 최대 행복'을 추구하는 것이야말로 도덕의 목적이라고 보았다. 밀도 형식적으로는 이 표현에 반대하지 않았지만 문제는 '행복'이라는 단어의 내용이다. 벤담이 말한 쾌락이나 고통은, 물질적인 쾌락이나 고통을 말하지만, 밀의 '행복'은 내용상 그게 아니었다. 이 사실은 밀이 인생의 목적으로서 인용한 빌헬름 폰 훔볼트의 글을 보면 확실히 알 수 있다. 빌헬름 폰 훔볼트의 사상에 따르면, 모든 인간의 천부적인 능력을 한계까지 조화롭게 발전시키는 것이야말로 도덕의 목적이다. 사실 이것은 이상주의적인 개인주의 그 자체다. 밀이 말하는 '행복'의 내용은 벤담이 말하는 쾌락과는 전혀 달랐다. 이러한 밀의 사상은 뒷날 토머스 그린이 발전시켜 나간다.

《자유론》의 구성

밀의 《자유론》은 '제1장 머리말, 제2장 사상과 언론의 자유, 제3장 사회복지의 한 요소로서의 개성에 관하여, 제4장 개인을 지배하는 사회권위의 한계에 관하여, 제5장 적용'으로 구성되어 있다.

먼저 1장에서는 시민적 또는 사회적 자유에 대한 것, 즉 개인에 대해 사회가 정당하게 행사할 수 있는 자유의 성격과 그 한계에 대한 것을 말하고 있다. 밀은 이러한 인간의 자유를 내면적 영역의 자유, 기호 및 추구의 자유, 다른 사람들에게 피해가 되지 않는 한 어떤 방해도 받지 않을 자유로 규정하고 이러한 것들이 보장되는 사회가 진정 자유롭고 행복한 사회라고 주장한다.

2장에서는 사상과 언론에 대한 자유를 말하고 있다. 우리는 단순히 확실하다는 느낌만 가지고는 올바로 판단할 수 없다. 오류일 수도 있기 때문에 확실성을 가져야 하는데 이때 확실성을 가질 수 있는 것은 지식 덕분이다.

수용된 의견은 실제 진리이고 대립된 의견은 오류인 경우, 이 오류인 의견을 억압하는 것은 우리가 진리인 의견을 검증할 수 있는 기회를 빼앗는 것과 같다. 진리가 비판으로부터 보호받게 되면 이는 독단으로 흐르게 되고 지적 발전은 거기에서 멈추게 된다. 사회복지는 사회가 중대한 진리를 가지면 가질수록 더 증대하고, 진리가 증대하려면 언론의 자유가 근본적이다. 즉 사상과 언론에 대한 자유는 사회복지의 기본요소이다. 사상 및 언론의 자유가 중요한 것은 각 개인이 가진 의견의 장점과 단점을 평가하는 데 도움을 주기 때문이다. 지식의 성장은 하나의 진화과정으로 진리를 향해 나아가고, 사상과 언론의 자유를 통해 진척된다.

3장에서는 사회복지의 한 요소로서 중시되는 개성에 대해 이야기하고 있다. 사회가 문명화되어 감에 따라 권력은 대중에게 넘어가고 그 속에서 개인의 개성은 힘을 잃는다. 개성이 보존되기 위해서는 각 개인들의 자유가 보호되어야 한다. 만약 그렇지 못하면 개성은 사라지고 결국 개인들은 행복을 추구할 수 없게 된다. 다른 사람의 통제로부터 해방되는 것이야말로 자율적인 삶과 행복한 생활을 위한 필수조건이다. 밀에 따르면 인간이 고귀하고 아름다운 것은 획일적이지 않고 다른 사람의 권리와 이해관계를 해치지 않는 선에서 각 개인이 지니고 있는 개성을 개발하고 요청하기 때문이라고 한다.

4장에서는 개인과 사회적 권위, 또는 권력 사이의 관계에 대해 말한다. 밀은 국가가 방위·공공질서·복지 등의 공공선에 관한 문제에 대해서는 주도권을 장악해야 하는 반면, 개인의 이해관계에 대해서는 개인에게 일임해야 한다고 함으로써 사적 영역의 존재를 적극적으로 인정한다. 그리고 개인이 자신에 대해 행사할 수 있는 주권의 정당한 한계는 어디까지이고, 사회의 권위는 어디에서부터 시작되며, 인간생활 중 개인이나 사회에 어느 정도 귀속되는지 등을 말한다. 그는 사람들이 다른 사람에 대해 해악을 가하는 것을 억제하기 위해 자유는 간섭받아야 하고, 개인은 다른 사람들에게 이익을 주기 위해 보다 적극적인 행동을 하도록 강제될 수 있다고 주장한다.

5장에서는 지금까지 논의한 원칙들의 실제적 적용에 대한 문제를 다루고 있다. 이 원칙들이 구체적인 현실문제에 대한 언론의 기초로서 일반적으로 받아들여지고 일관성 있게 적용될 경우에만 그 효과를 어느 정도 기대할 수 있다고 그는 주장한다.

밀의 《자유론》은 결코 쉬운 책이 아니다. 많은 사람들은 이 책을 읽으면서 온갖 의문이나 답답함에 시달릴 것이다. 그러나 이 책은 읽을 가치가 있는 고전이다. 특히 '자유' 문제를 고찰하기 위해서는 꼭 읽어야 할 책이다.

존 로크와 '소유'의 수수께끼

'가지다'의 불가사의

'가지다'라는 상태를 생각해 보면 불가사의하다. 펜을 '가지다' 하는 정도는 그다지 어렵지 않을지도 모른다. 손에 쥐어 자연 그대로가 아닌 위치로 이동시켰을 때, 우리는 펜을 '가진' 것이다. 그러나 '가지는' 대상이 펜과 같은 물체에만 한정되지는 않는다. 우리는 친구를 '가질' 수도 있고, 자격을 '가질' 수도 있다. 또 배우자를 '가질' 수도 있고, 부동산을 '가질' 수도 있다. 그런데 토지나 가옥 같은 부동산을 '가지는' 것은 펜을 '가지는' 것과는 현저히 다르다. 펜을 '가지는' 것처럼 물리적인 의미로 토지를 '가질' 수는 없기 때문이다(들기에는 너무 크고 무겁다). 이 말은 펜을 '가지다'라는 명쾌하고 단순한 상태야말로 '가지다'의 원뜻이라는 의미일까? '가지다'라는 말이 혹시 펜을 '가지는' 것보다 오히려 토지를 '가지는' 쪽에 의미의 핵심이 있는 것은 아닐까? 부동산을 가진 상태의 '가지다'야말로 펜을 가진 상태의 '가지다'보다 구조적으로 앞서는 것은 아닐까?

이런 얘기를 꺼내는 이유는 다음과 같다. '가지다'라는 말이 성립하려면 누군가가 가져야 한다. 그렇지 않으면 애초부터 성립될 수 없다. 따라서 '가지다'라는 상태는 문법적으로 '누구'라는 주체에 대한 귀속성이 강력히 내포되어 있다. 바꾸어 말하면 '누구'라는 주체의 지배력이나 영향력을 본디부터 포함한 상태라고 하겠다. '가지다'의 경우, 주체는 바로 주된 요소인 것이다. 그런데 펜을 '가지는' 상태는 분명 물리적인 의미로 쉽게 알 것 같지만, '누구'에 대한 귀속성을 생각하면 좀 불안하다. 지금 펜을 가지고 있어도 손에서 미끄러져 떨어질지도 모르고 다른 사람의 펜이라면 마음대로 구부리거나 처분할 수도 없다. 즉 펜을 가진 상태는 '가지다'라는 개념의 의미를 생각하면 오히려 한때 '가지는' 것에 지나지 않으며 주변적인 예라고 할 수 있다.

이에 비해 토지를 가질 때의 '가지다'는 주체에 대한 귀속성이 훨씬 안정적이다. 법적으로나 사회적으로 승인된 의미이기 때문이다. 그리고 실제로 토지를 가진 주체는 그 토지를 자기 뜻대로 이용하거나 양보하거나 팔 수 있다. 그런 의미에서 펜을 '가지는' 경우보다 더욱 뚜렷하게 지배력이나 영향력을 포함하고 있다. 그리고 이런 상태의 '가지다'는 더 엄밀히 말하면 '소유하다'라는 말로 표현된다. 즉 '가지다'라는 것은 바로 '소유하다'라는 상태에 그 의미의 기반을 두고 있다.

하지만 그렇다 하더라도 '가지다'라는 말의 불명료함이 모두 해명된 것은 아니다. 펜을 '가지다'라고 할 때의 명료함이 '소유하는' 경우에는 사라져 버리기 때문에 오히려 더욱 의아해진다. 확실히 소유는 법적으로 확정된다고 말할 수 있지만, 그것은 어디까지나 소유 개념을 전제로 한 말이지 소유의 뜻을 원리적으로 명확히 하는 말은 아니다. 도대체 토지를 '소유하다'란 어떤 의미일까? 어떠한 침입자도 거부할 수 있다는 의미일까? '소유하다'라는 것(예컨대 남극의 토지를)은 어떠한 과정으로 생성될까? 드러누우면 될까? 아니면 깃발을 세우거나 선언함으로써? 그것은 토지의 어느 범위까지 미칠까? 또 토지의 무엇을 소유하는 것일까? 땅, 토양의 영양소, 뿌리 내리고 자란 식물, 살아 숨 쉬는 동물, 묻혀있는 유적 등 이것들을 마음대로 해도 될까? 다시 말해 펜을 '가지는' 것처럼 물리적으로 확인할 수 없는 상태라면, 무엇을 '소유하다'의 징표로 생각하면 되는지, 또 주체(즉 소유자)의 지배력이니 영향력이니 하지만 그것이 어느 차원까지 미치는지 등의 의문이 생긴다. 이러한 의문에 대한 답이 현대에 이르기까지 강력한 기반을 제공해 온 고전, 바로 이 책 《통치론》(또는《통치2론》, Two Treatises of Government)이다.

철학자 존 로크의 탄생

《통치론》의 저자는 존 로크(John Locke, 1632~1704)이다. 하지만 그렇게 단언하기에는 조금 문제가 있다. 1690년 익명으로 출판된 이 책의 저자가 존 로크라는 것은 그와 가까운 사람들조차 모르고 있던 사실이기 때문이다. 하지만 1704년 그가 죽기 몇 주 전의 날짜가 적힌 유언장의 추가 조항에서, 그는 옥스퍼드 대학 보들리안 도서관에 편의를 제공하고자 자신의 익명의 저서목록을 들 때 이 《통치론》을 언급하였다. 그리하여 우리는 존 로크가 《통치론》을 썼다는 직접적 증거를 겨우 확보한 셈이다. 그러나 실제 사정은 더 복잡하다.

로크는 그 유언장에 《통치론》은 처칠이라는 자를 통해 출판되었지만 어떤 판도 정확하지 않다고 적고 있다. 오자가 많고, 저자로서 본의 아닌 출판이었다는 유감을 죽을 때까지 가지고 있었다. 이 말은 현재 우리가 보는 《통치론》이 실은 로크 자신의 생각을 정확히 표현한 것이 아닌, 다시 말해 그의 참된 저작이라고 할 수 없는 측면이 있음을 의미한다. 책이란 실로 자체적인 운명을 안고 있는 것 같다. 그러나 헤아릴 수 없는 힘을 오늘에 발산하는 《통치론》이라는 고전을 우리가 찾고 있으며, 그것이 존 로크의 사색에서 비롯되었다는 사실은 물론 인정할 수밖에 없다. 이것에 대해 앞으로 개략적이나마 검증해보고 그 의의를 확인하도록 하겠다.

먼저 존 로크는 1632년 8월 29일 잉글랜드 서남부 서머셋 주의 링턴이라는 마을에서 태어났다. 그 무렵 영국은 혁명 전야로, 로크가 열 살이던 1642년에 내전이 발발했다. 그는 웨스트민스터 학교를 거쳐 옥스퍼드의 크라이스트 처치에서 수학했다. 옥스퍼드 시절 로크는 의학이나 자연과학에 남다른 관심을 보였다. 당시 명의라 불렸던 토머스 시드넘이나 입자가설로 유명한 자연과학자 로버트 보일과의 친교는 그의 사상 형성에 많은 영향을 주었다. 로크는 1660년에 크라이스트 처치의 강사가 되어 1664년까지 짧은 기간이나마 대학 교육에 몸담았다. 그동안 그는 20세기에 와서 빛을 본, 오늘날 《자연법론》으로 통하는 논고를 남겼다. 이것은 뒷날 그의 철학의 원점을 이루는 착상이 담긴 귀중한 기록이다. 그러한 활동 뒤 로크는 옥스퍼드를 졸업하여 외교관의 길을 걷기 시작하지만, 1666년 애슐리 경(뒷날 샤프츠버리 백작 1세)을 만나 그의 주치의로 일하게 된다. 1668년에는 애슐리 경의 궤양 수술을 실제로 집도하여 성공하기도 하였다. 로크의 이러한 의사 그리고 자연과학자로서의 측면은 그의 철학을 이해하는 데 결코 빠뜨려서는 안 된다. 다시 말해 《자연법론》에 나타나 있는 법과 도덕에 대한 그의 사색과 의사나 자연과학자로서의 측면이 어떻게 연관되는가 하는 물음이 그의 철학을 해명하는 중요한 열쇠인 것이다.

애슐리 경 밑에서 일하며 많은 지식인과 사귀게 된 로크는 이윽고 1670년대부터 '도대체 지식의 원천이 무엇인가? 지식이 미치는 범위는 어디까지인가?' 이런 근본적인 문제, 즉 오늘날 우리가 '인식론'이라 부르는 주제에 대해 생각하게 된다. 로크는 그 질문을 반복하며 사색했다. 애슐리 경이 정치적 사정으로 네덜란드로 망명하고 거기서 객사한 뒤, 신변이 급박해진 로크도 1683년 네덜란드로 망명하였는데 거기서도 그는 생각을 계속했다. 그 결과 마침내 1689년 영국으로 귀국하고 얼마 되지 않아 서양철학사상 굴지의 고전 《인간오성론(An Essay concerning Human Understanding)》이 1690년판으로 간행되어 로크의 사색과 철학이 하나의 결실을 맺었다. 이리하여 철학자 존 로크가 명실 공히 탄생한 것이다.

《인간오성론》은 근세 인식론의 발단이자 금자탑이다. 그 뒤 흄이나 칸트, 그리고 현대 철학에 이르기까지 인식론은 널리 전개되었지만, 《인간오성론》의 충격과 지금까지도 빛바래지 않은 신선함은 여전히 두드러진다. 《인간오성론》은 경험철학의 시원으로도 해석되는데, 현대에 다시 읽어 보아도 오히려 '경험론의 전위(前衛)'라고 할 만한 첨예함이 있다. 실제로 《인간오성론》에서 다루는, 예컨대 지식의 생득성(生得性)을 배척하고 인식 주체를 '퍼슨(person)'에 정위(定位)하는 논의, '확률(probability)'을 범주에 넣은 지식의 뒷받침에 대한 논의 등은 현대의 '지적재산권'이나 '베이즈주의 인식론' 논의로 이어질 수 있는 풍부한 착상의 보고가 되고 있다.

현대에 되살아나는 로크

한편, 로크는 애슐리 경 밑에서 일하며 생생히 알게 된 당시 영국의 정치 상황에도 깊이 생각이 미쳐서 《인간오성론》의 집필과 병행하여 또 하나의 중대한 논고를 작성하였다. 그것은 정치권력 또는 통치권의 근거는 무엇인가 하는 근원적 문제에 대한 논고로, 바로 이 책 《통치론》으로 결실을 맺기에 이른다. 이 《통치론》도 《인간오성론》 못지않게 근대 이후 인류의 역사에 지대한 영향을 주었으며, 영국 명예혁명(1688)의 근거가 되었다고도 전해진다. 실제로 로크는 '권리장전' 작성 당시 조언하기도 하였다. 하지만 《통치론》은 명예혁명 이전에 거의 완성되었는데, 로크는 《통치론》의 사상이 명예혁명에 적용될 수 있으리라 생각하여, 말하자면 명예혁명을 《통치론》 간행의 계기로 삼았다. 그 충격이 얼마나 컸던지, 잘 알려진 대로 《통치론》은 이후 미국 독립선언이나 프랑스 인권선언의 기초가 되기도 했다. 현대에도 미국의 철학자 로버트 로직이 《아나키에서 유토피아로》라는 명저, '자유지상주의(libertarianism)'로 일컬어지는 작은 정부를 지향하는 정의론의 실질적 단서를 이루는 이 저서를 1974년 저술할 당시, 로크의 《통치론》에 따라 전체적인 논의의 틀을 짰다. 그 결과 로크의 《통치론》은 마치 현대 철학의 하나로까지 다루어지기에 이르렀다. 다음에 언급하게 될 로크의 소유권에 대한 논의는 현대 정의론의 문맥에 담으려 해도 다 담을 수 없는 영감을 주고 있다. 로직 이후 로크는 생생하게 현대에 되살아나고 있는 것이다. 그리고 무엇보다 놀랄 일은 로크가 이 《통치론》을, 앞서 언급했던 또 하나의 명저 《인간오성론》과 거의 동시에 간행하였다는 사실이다(《통치론》은 1689년 10월에, 《인간오성론》은 1689년 12월에 출간되었다). 화이트헤드(A. N. Whitehead)는 17세기를 '천재의 세기'라고 칭하였는데, 이 두 괴물과 같은 서적이 한 사람의 철학자 손에 의해 17세기 말 동시에 세상에 나왔다는 사실을 돌아보면 그의 표현에도 상당히 설득력이 있다고 해야 할 것이다.

이밖에도 로크는 《관용에 관한 편지》를 저술하여 종교적 관용이라는 중대하고 섬세한 문제에 대해 선구적인 논의를 전개하였다. 또 교육에 대해서도 《교육에 대한 몇 가지 견해(Some Thoughts Concerning Education, 1693)》를 저술하여 교사나 부모가 아이들을 이끌어 올바른 지식을 얻도록 하는 과정을 《인간오성론》에 대응하는 방식으로 제시하였다. 지식이나 인식의 문제가 교육과 연계된다는 로크 인식론 특유의 발상은 다른 인식론 철학자와 상당히 색다른 논조로 로크가 주체, 즉 '퍼슨'과 지식의 연동이라는 관점을 뚜렷하게 지녔음을 엿볼 수 있다. 또 만년에 가서는 《그리스도교의 합리성(The Reasonableness of Christianity)》이라는 그리스도교 해석에 대한 책을 써서 이신론(理神論) 또는 자연종교라 불리는 조류(그리스도교 교리를 이성적으로 이해하려는 입장)의 계기를 마련해 주었다.

이리하여 여러 분야의 업적을 글로 남긴 만년의 로크는 유럽에서 명성을 떨치는 대철학자로 평가되어 많은 후진에게 영향을 준다. 단, 이신론에도 친화적인 로크 종교론의 비전통적인 측면 때문에 비판자도 많으며, 모교 크라이스트 처치에서의 그의 위상도 미묘한 점이 있다. 역사에 남을 철학자라고 해도 모두가 생전에 높은 평가를 받지는 않는다. 하지만 로크는 대체로 여유롭고 충실한 학자로서의 일생을 보냈다고 할 수 있다. 평생을 독신으로 지낸 그였지만, 남은 인생은 청년시절 연인이었던 마샴 부인의 저택에서 보내다 1704년 10월 28일 이 세상을 떠났다.

자연법에서 저항권으로

그럼 《통치론》의 내용을 좀 살펴보자. 이 책은 《통치이론 (統治二論)》이라고도 불린다. 이 사실에서 알 수 있듯 《통치론》은 본디 두 편으로 구성되어 있다. 제1편은 당시 커다란 힘을 발휘하던 로버트 필머의 이른바 '왕권신수설'을 철저히 검토하고 비판하는 내용이다.

"아담이 신에게 받은 주권은 아버지란 신분이 지니는 권한으로 이어졌는데, 왕권은 이 권한에서 연유했다"

이것이 필머의 주장이었다. 그런데 로크는 〈창세기〉를 자세히 분석하여 이 주장의 근거가 얼마나 빈약한지를 논증했다. 그리고 이어지는 제2편에서 그는 "통치의 권력이란 무엇이며, 무엇이어야 하는가?" 이 물음에 대한 자신의 견해를 적극적으로 밝혔다. 《통치론》이 큰 영향력을 발휘하게 된 것은 이 제2편의 이론 때문이고 이 책 역시 제2편을 번역한 것이다.

그럼 《통치론》 제2편에서는 어떤 주장이 펼쳐졌을까. 먼저 전체적인 골자를 살펴보자. 로크는 통치권 발생 이전의 인류를 '자연 상태'라고 기술했다. 이는 로크보다 앞서 활동한 홉스의 '계약설' 이론과 같다. 그러나 홉스는 자연 상태를 '만인의 만인에 대한 투쟁'이라고 말했던 반면, 로크는 자연 상태에도 '자연법'이라는 것이 존재한다고 주장했다. 즉 자연법에 따라 사람들은 생명·자유·건강·소유물에 대한 소유권을 가지는데, 이는 온 인류가 보존해야 하는 권리이므로 다른 사람의 소유권을 제멋대로 침해할 수 없다는 것이다. 다시 말해 자연 상태에서도 일정한 사회가 형성되어 있다는 뜻이다. 이 점에서 로크의 이론이 논리적으로 부실하다는 의견도 있다. 하지만 과연 그럴까. 인간도 실은 동물과 마찬가지로, 인위적인 사회가 없을 때조차 부모-자식 관계와 같은 기본적인 사회성은 지니고 있지 않을까. 오히려 처음부터 '자신의 이익만 추구하는 개인으로서의 인간' 같은 추상적인 인간상을 그린다는 것이 설령 그러는 편이 좀더 논리적으로 명확하다 해도 신기한 이야기다. 그러므로 로크처럼 자연 상태를 이해하는 것은, 인간의 진실에 바탕을 둔 설득력 있는 이론이 아닐까.

어쨌든 로크는 자연법의 지배를 강조했다. 《통치론》을 자연법에 도취된 철학자가 쓴 책이라고 말해도 좋을 만큼, 일관된 태도로 자연법에 근거를 두고 있는 것이다. 그리고 그는 자연 상태에서도 개인이 두 가지 권력을 가진다고 주장했는데, 이는 온갖 것들에 대한 소유권과, 다른 사람의 소유권이 침해되었을 때 위반자를 처벌할 수 있는 권리 두 가지이다.

그런데 사람과 사람 사이, 또는 사람과 집단 사이에서는 상대의 생명이나 자유에 대한 소유권을 폭력적으로 빼앗으려는 사태가 종종 발생한다. 로크는 이를 '전쟁 상태'라고 불렀다. 인간은 이런 전쟁 상태를 피하고, 누가 자연법을 위반했는지 심판해야 한다. 하지만 서로 싸우는 사람들끼리 이를 결정하기란 어렵다. 투쟁 상태의 뒤처리를 하려면 일정한 법이 필요한데, 자연 상태에서는 이 법이 존재하지 않는 것이다. 또한 이 상태에서는 공평한 재판관도 없고, 적정한 집행권력도 없다. 이때 사람들은 각자 자신의 '동의(consent)'에 따라 저마다의 자유를 일정한 만큼 포기하고 하나의 공동사회를 형성함으로써, 이러한 전쟁 상태에 대처한다. 이를 보다 엄밀히 설명하자면 다음과 같다.

"모든 구성원의 사적인 재판권은 전부 포기된다. 대신 공동사회가 모든 당사자에게 공평하고 동일하게 적용되는, 일정한 법칙에 따른 판결을 내린다."

즉 공동사회를 형성하는 동의란, 자연 상태일 때부터 존재하던 각자의 여러 가지 소유권을 적절히 지키기 위해, 마찬가지로 자연 상태일 때부터 존재하던 각자의 처벌권을 포기하는 일에 대한 동의를 가리킨다.

여기서 주의할 점이 있다. 이러한 사회 형성 과정을 재촉하는 근본적인 요인은, 어디까지나 자연법에 따르고자 하는 동기라는 점이다. 아무리 사회가 형성되고 각자의 처벌권이 개인적 동의를 바탕으로 사회, 즉 통치하는 위정자나 국왕에게 맡겨지더라도, 그 목적은 오직 자연법에 어울리는 상태를 실현하는 것이다. 그러므로 사회에서 만들어진 국내법도 자연법에 의해 규제되어야 하며, 자연법을 준수할 의무는 사회에서 없어지기는커녕 오히려 정밀하게 성문화되고 강제되어야 한다. 따라서 사람들의 동의에 근거해 통치를 위임받은 위정자나 국왕이 혹시 그들의 생명·자유·재산 등에 대한 소유권을 부당하게 빼앗으려 한다면, 사람들은 위정자나 국왕에게 저항해도 된다. 왜냐하면 그런 행위는 사회 형성 동기에 어긋나며, 결과적으로 자연법에도 위배되기 때문이다. 이것이 그 유명한 로크의 '저항권' 이론이다.

소유와 노동의 논리

《통치론》의 의논이나 오해를 겁내지 않고 더욱 짧게 요약하면 다음과 같다. 개인은 저마다 소유권을 유지하기 위해서 각자의 처벌권을 내버리는 것에 동의하고 사회를 형성할 것이며 따라서 본디 목적인 소유권 유지에 반하는 것이 사회에 생겨나면 저항해도 좋다. 그렇게 해서 이들 모두는 자연법에 근거를 갖는다. 여기서 알 수 있는 것처럼 로크의 《통치론》은 '소유권(property)'이라는 개념을 축으로 해서 전개된다고 말해도 좋다. 그러면 소유권이란 어떠한 것이고 어떻게 생성되는 것일까?

이제야 겨우 첫머리에 쓴 의문을 다루는 데 이르렀다. 로크의 소유권에 관한 생각은 본서 《통치론》의 제27절에 다음과 같이 기술되어 있다.

'대지와 인간 이하의 모든 피조물은 모든 사람의 공유물이지만 그러나 인간은 자기 자신의 신체(person)에 대한 모든 소유권을 가지고 있다. 이것에 대해서는 본인 이외에는 누구도 어떤 권리도 가지고 있지 않다. 그의 신체(body)의 노동과 그 손의 움직임은 모두 그의 것이라고 말해도 좋을 것이다. 그리고 자연이 준비하고 방치해 둔 상태에서 그가 거두어 간 것은 무엇이든—그는 그것에 자신의 노동을 더하여, 또 이것에 자신의 무언가를 더하여 자신의 소유물로 만든 것이다.'

본서에서는 '퍼슨(person)'과 '바디(body)'가 모두 '신체'로 번역되어 있지만 이것의 차이는 《통합론》의 이해, 나아가서는 로크 철학의 이해에 있어서 결정적인 것이므로 굳이 괄호에 넣어서 썼다.

요컨대 로크는, 우리는 자기 자신의 '퍼슨'에 대한 소유권을 가졌고 그것을 기초로 다른 사람의 것에 '노동'을 더함에 따라 '퍼슨'의 소유권이 다른 것에게로 확장되어 간다는 논리를 여기에 제기하고 있는 것이다. 일반에게 이것은 '노동소유권론'이라고 불린다. 간단히 말하면 일해서 얻은 것은 일한 자의 소유가 된다는 이론으로, 깊이 파내려 가보면 여러 가지 문제가 나오겠지만 직관적으로는 상당히 설득력 있는 생각이다. 그렇다고는 해도 로크의 서술방법에 대해서는 당장 적어도 다음의 두 가지 의문이 끓어오르는 것을 피할 수는 없다. 첫째로 '자기 자신의 퍼슨에 대한 소유권'이란 어떤 것인가? '바디'라면 모르되 '퍼슨'은 소유가 가능한 것인가? 두 번째로 '노동'을 혼합하는 것이 왜 소유권에 결부되는가? 여기서 말하는 '노동'이란 어떤 것을 가리키고 있는가?

이 둘의 질문을 중심으로 로크의 의논의 의의를 확인해 보자.

'퍼슨'의 의미

먼저 '퍼슨'에 대해 살펴보자. 《통치론》에서 '퍼슨'이란 개념의 사용은 이상하다고 하면 정말 이상하다. '퍼슨에 대한 소유권'도 이상하지만 하필이면 로크는 '퍼슨'의 매각이라는 사태까지도 언급하고 있다. 로크는 생명, 신체를 다른 사람에게 넘겨주고 자신을 노예로 만들 수는 없다고 한다. 우리는 자기 자신의 생명을 지배할 권리를 가지고 있지 않기 때문에, 가지고 있지 않은 것을 남에게 넘겨줄 수는 없다는 것이다. 이 의논(이 의논 자체도 기묘하고 검토해 볼만한 것이지만)을 전개할 때 자기 자신을 다른 사람에게 팔았다는 유대인의 사례가 있지 않은가 반론이 나올 것을 예상하여 다음과 같이 논하고 있다.

"이것은 단순히 노역을 위해서이지 노예가 되기 위함이 아닌 것은 분명하다. 그렇다는 것은 뻔한 일이지만 팔린 사람 '퍼슨'은 절대적으로 자기 멋대로인 전제적 권력에 종속된 것이 아니기 때문이다."

'팔린 사람(the Person sold)'이라고 말한 이상 '퍼슨'은 파는 것이 가능한 것이다. 이것을 어떻게 이해하면 좋을까?

이런 문제를 해명하기에는 '퍼슨'이라는 개념의 원천까지 내려가서 생각할 필요가 있다. '퍼슨'이 라틴어로 '페르소나(persona)'에서 유래한다는 것은 잘 알려져 있는 사실이다. '페르소나'란 '가면, 마스크, 역할'을 의미하는 말이다. 그런데도 루이스와 쇼트에 의한 《라틴어사전》의 'persona' 항목을 보면 거기에는 'persono에서 유래함(from per-sono)'이라고 기재되어 있다.

그러면 '페르소나'란 무엇인가? 그것은 '목소리를 내서 반향을 불러일으킴'이라는 의미의 동사이다. 'per'는 '～을 통해서', 'sona', 즉 'sonus'는 '소리, 목소리'를 말한다. 결국 '페르소나'란 본질적으로는 '목소리를 내는 주체'라는 의미인 것이다. 이는 무대에서 배우가 쓰는 가면이 목소리를 확성하는 역할을 했다는 사실을 보여 준다. 그렇다면 '페르소나'에서 나온 '퍼슨'에도 '목소리를 내는 주체'라는 의미가 원칙적으로 들어있다고 생각해야만 할 것이다. 그렇다는 것은 '퍼슨'에는 다른 사람을 향해 있는 존재라는 의미가 포함되어 있는 것이다. 그래서 '목소리를 내는 주체'에서의 '목소리'는 누군가를 향해 있다는 것이다.

그렇다면 반대로 《통치론》의 '퍼슨'을 이런 본디 의미에 대입해서 이해하는 것이 과연 가능할까?

《통치론》의 '퍼슨'은 본서도 그렇지만 '신체'라든가 '일신' 등으로 번역되어 왔다. 그런데 본디 의미가 나타내는 것처럼 '퍼슨'이 '목소리를 내는 주체'라면 '퍼슨'이 '목소리'라는 물리적인 현상의 근원으로써 신체를 갖는다는 것은 당연한 이치이다.

그런 의미에서 《통치론》의 '퍼슨'에 대한 우리나라의 번역어는 '퍼슨'의 본디 의미에 부합되어 있다. 단, 그 경우 '바디'와의 구분을 어떻게 해야 하는가 하는 점이 부상될 것이다. 실은 로크의 또 다른 대저서 《인간오성론》에서도 '퍼슨'은 '관념'을 갖는 주체라는 키워드로 난다. 이 문맥에서의 '퍼슨'은 '인격'이라고 번역하는 것이 관례이다. '목소리를 내는 주체'가 다른 사람에게 언어적으로 말을 거는 커뮤니케이션을 도모하는 존재라는 것은 틀림없는 사실이고, 그것을 '인격'이라고 번역하는 것도 전혀 문제는 없다고 생각된다. 단, 그 다음에는 '목소리를 내는 주체'가 인간만이 아니라 동물도 무언가 의미와 정도를 가지고 있는 것은 아닐까 하는 의문이 떠오를 것이다. 실제 로크 자신도 《인간오성론》 제2권 제27장 8절에서 이성적 회화를 하는 앵무새가 '퍼슨'일 수 있다는 논점을 시사하고 있다. 다양한 문맥에 등장하는 '퍼슨'을 통일적으로 정리하기 위해서는 오히려 맘먹고 본디 의미로 되돌아가서 '퍼슨'을 '목소리의 주인'이라고 번역해보면 어떨까? '퍼슨'은 누군가를 목소리 내어 부르는 '목소리의 주인'이다. 그런 의미에서 '목소리'의 소유자인 것이다.

그렇지만 설령 이렇게 《통치론》에서 '퍼슨'의 신체성과 소유성은 위치를 잘 잡을 수 있다해도 그것이 '노동'을 혼합시켜 소유권에 연결된다는 이론은 어떻게 잡아내면 좋을까? 그리고 '퍼슨'은 매각조차 가능하다고 말하고 있다. 이것은 분명히 《통치론》의 핵심 부분이자 많은 연구자가 로크 연구로써 그리고 소유권 그 자체의 의논으로써 현재 진행형으로 이해를 시험하고 있는 것이다. 여기에 대해서, '퍼슨'은 '목소리의 주인'이라는 본디 의미로 역시 되돌아간다는 이 부분에 있어서도 재해석해 본다는 이치도 하나의 선택이라고 생각된다. 이렇게 해서 이치를 캐낸다면 소유권의 원점으로서의 '퍼슨'이라는 것은 목소리를 내는 것의 모임, 다른 사람에게 말을 거는 활동의 총체라는 것이 이해될 것이다. 실제로 그렇게 이해한다면 '퍼슨'을 판다라는 사태도 설명 가능하다. 목소리를 내는 활동은 예를 들어 가수나 배우의 경우는 단적으로 이른바 파는 것으로써의 '노동'을 하기 때문이다. 게다가 '퍼슨'을 목소리를 내는 활동의 총채로써 말하자면 비실체적으로 다룬다는 것은 《인간오성론》 제2권 제27장에 있는 '퍼슨'이 실체나 생물로써의 인간과 엄격히 구별하여 도입되어 있는 것과도 딱 맞는다.

그러나 그런 이해방법은 과연 '노동'의 혼재에 따라 소유권을 확장해 간다는 로크의 의논 전반을 포섭할 수 있을 것인가. 마지막으로 '노동'의 의의에 관해서 검토해보자.

로크적 단서

이제 '노동'에 있어서 이러한 의문을 제기해야 하는 이유가 있다. 로크는 구체적으로 예를 들어 도토리 줍는 일, 사과를 그러모아서 먹는 일(28절), 대지를 경작하고, 심고, 개량하고, 재배하고, 수확하는 일(32절)이 '노동'의 혼합이라고 말한다. 이런 단적이면서 육체적 행위를 거론하고 있는 한, 다른 사람을 향해 목소리를 내어 부른다는 '목소리의 주인'으로서의 활동을 노동이라고 부르는 것은 《통합론》의 텍스트상 무리는 아닐까 하는 반응이 제기될 수 있기 때문이다. 그러나 그것은 그렇게 단순하지 않다. 지금 거론한 육체적인 행위는 실은 인간이 아니라 기계나 동물이라도 할 수 있는 일로 '소유권'이라는 사회성 짙은 사태의 전반을 설명하는 근거로써는 너무나 빈약하기 때문이다.

실제로 로크 자신도 전 단계에서 서술한 것처럼 육체적 행위로 노동을 했기 때문에 금방 '소유권'이 생성된다고는 생각하지 않았다. 이것은 사과를 주워 모았다고 해서 다른 사람이 소유할 사과였다면 결코 자신의 사과가 되지 않는 것처럼 비근한 가능성에서 보면 실은 처음부터 자명했던 것이다. 그러므로 로크는 육체적 노동이 어떤 조건을 충족시켰을 때 비로소 '소유권'이 생성된다고 생각했던 것이다. 그것은 오늘날 '로크적 단서(Lockean proviso)'라고 부르는데 일반에게 그것은, 다른 사람에게 충분히 물건이 남아있는 경우(27절), 노동을 통한 물건을 손상하거나 낭비하지 않는 경우(31절), 이 두 가지의 조건이 포함되어 있다. 이 조건을 충족시키지 않았다는 것은 다른 사람의 소유권을 빼앗는 것으로, 결국 다른 사람의 사과를 빼앗는 것과 같은 절도라고 로크는 생각하고 있다. 따라서 그런 행위는 자연법에 반하는 것이므로 금해야 하는 것이다.

그런데 이런 식으로 '로크적 단서'를 한번 살펴보면 '소유권'이 '목소리의 주인'으로서의 '퍼슨', 목소리를 낸다는 행위의 총체로써의 '퍼슨'에게서 나온다는 논점을 확증할 수 있는 것은 아닐까 생각한다. 먼저 '소유권'의 생성이 '로크적 단서'로 제한된다는 것, 그리고 '로크적 단서'가 다른 사람에게 시선을 향한다는 조건의 '퍼슨'에서 나온 '소유권'에는 이 본디 의미를 동반한 함축적 의미가 역시 들어 있는 것이다.

다음으로 '로크적 단서'를 만족시키지 않으면 어떠한 '노동'을 포함시켜도 '소유권'은 발생하지 않는다는 논점은 '노동' 하는 중에 '로크적 단서'에 부합하는지 아닌지를 고려하고 그 일이 다른 사람에게 호소, 또는 적어도 호소할 태세가 포함되어야 한다는 논점의 흐름을 시사한다. 사과를 모아서 먹을 때 이것이 '로크의 단서'를 충족하고 자연법에 적합한 자신의 '소유권'에 속하는 행위라는 점에 대해서 다른 사람에게 설명할 수 있다는 태세가 있어야만 한다. 그렇다는 것은 다른 사람에게 설명하고 주장할 수 있다는 의미로 이 장면에서 '퍼슨'의 본모습은 목소리를 내는 활동이라고 생각할 수 있을 것이다. 그렇다면 '소유권' 생성에 따라서 '목소리 주인'으로서의 '퍼슨'개념이 역시 살아있다고 이해하는 것이 가능하다. 그리고 이것에는 '로크적 단서'를 고려해야하는 노력이 요구된다. 이것은 꽤 고차원의 '노동'일 것이다. 그렇게 보면 로크가 말하는 '노동'이라는 것이 궁극적으로는 '로크적 단서'를 고려해 가는 노력으로 승화해 가는 것은 아닐까? 그리고 '로크적 단서'는, 인간은 개인과 온 인류를 보존해야만 하는 '자연법' 중 하나의 표현방법인 이상 로크가 말하는 '노동'은 '자연법'을 그때마다 확인하고 준수하는 노력에 도달하는 것은 아닐까? 이런 이해야말로 자연법에 빠질 수 있는 《통치론》의 논조에 딱 맞는다고 생각된다.

물론 여기에서 확인한 것만으로는 '소유하는 일'의 수수께끼 같은 부분을 지금 다 풀어 낼 수는 없을 것이다. 그렇다기보다 다 풀어 낼 수 없기 때문에 더욱 생각하게 된다는 사태야 말로 '소유하는 일'이라는 관념을 채워나가는 본질일지도 모른다. 《통치론》은 소유권에 있어서의 의논 이외에 처벌과 형벌의 권리에 관한 생각의 보고이기도 하다. 게다가 공산제, 화폐제도, 자본주의나 민주주의 등의 근대 이데올로기에 대한 여러 문제에 관해서 생각해 볼 실마리도 가지고 있다. 국왕의 대권에 관해서 논하고 있는 점 등, 또는 낡았다고 생각할지 모르겠지만 현대에도 왕제, 군주제, 그리고 천황제인 나라가 존재하고 있으므로 《통치론》의 이런 의논도 결코 화석 같은 것은 아닐 것이다. 《통치론》은 고전이면서 동시에 현대를 생각하게 하는 힌트를 풍부하게 내재하고 있다. 독자들이 이 책을 접하여 소유, 통치, 범죄와 형벌 등 인간의 근원적 문제에 대해서 깊이 생각해 보는 기회를 갖게 된다면 본서는 그 소임을 다했다고 할 수 있을 것이다.

토머스 모어 연보

1478년   2월 6일 출생 (다른 가능성도 있다 : 1477년 2월 6, 7일, 또는 1478년 2월 7일).

1485년(7세)   보즈워스 전투. 헨리 7세 즉위, 리차드 3세를 무찌르고 튜더 왕조를 창설하다.

1490년(12세)   영국 대사관 몰튼 추기경 댁에서 기거하다.

1491년(13세)   헨리 8세가 태어나다.

1492년(14세)   옥스퍼드 대학 재학.

1494년(16세)   뉴 법학협회에서 법학생이 되다.

1496년(18세)   링컨스 법학협회에 입학.

1497년(19세)   링컨스 법학협회로부터 변호사 면허증을 교부받다.

1499년(21세)   베네치아에서 돌아오다. 모어와 에라스무스가 예루살렘에서 헨리 왕자와 만나다.

1499~1503년 법학원에서 법학생들에게 강의를 하고, 런던 수도원 근처에서 거주하다.

1501년(23세)   아우구스티누스의 《신국론》을 강의하다. 릴리, 그로신, 리나크르 등과 함께 그리스어를 공부하다.

1503년(25세)   2월 18일 헨리 왕자는 형 아서가 죽자 6월 25일 아라곤의 캐서린과 결혼하다. 12월 26일 교황 율리우스 2세는 그들의 결혼을 사면하다.

1504년(26세)   국회의원으로 당선되다.

1505년(27세)   제인 콜트와 결혼하여 런던에 거주하다. 10월, 딸 마가렛이 태어나다.

1505~6년(28세)   에라스무스가 모어 집에서 기거하다.

1506년(28세)   둘째 딸 엘리자베스가 태어나다.

1507년(29세)　셋째 딸 시슬리가 태어나다.

1509년(31세)　3월, 아들 존이 태어나다. 4월 21일 헨리 7세가 오후 11시 사망하다. 그의 죽음은 23일 오후까지 비밀로 붙여지다. 4월 23일 헨리 8세의 왕위계승이 공표되다. 6월 11일 헨리 8세는 캐서린과 결혼하다. 10월, 에라스무스는 런던에 있는 모어의 집에서 《바보예찬》 집필.

1510년(32세)　런던시 부시장직에 취임하다.

1511년(33세)　아내가 죽고, 1개월도 안 되어 알리스 미들톤과 재혼하다.

1513년(35세)　《리차드 3세전》을 쓰다.

1514년(36세)　링컨스 법학협회에서 강사가 되다.

1515년(37세)　《유토피아》를 쓰기 시작하다. 영국왕의 대사로 브뤼주로 파견되다. 추기경 울지가 대사관으로 임명되다.

1516년(38세)　런던에서 《유토피아》를 완성하다. 12월 루베인에서 출판되다.

1517년(39세)　두 번째 통상사절로 칼레에 가다.

1518년(40세)　3월, 궁에 들어가 왕의 고문관이 되다. 6월, 왕의 고문관으로서 연금 100파운드를 받다.

1519년(41세)　에라스무스는 모어를 울리히, 폰, 후텐에게 소개하다.

1520년(42세)　브뤼주에서 헨리 8세 대리로서 한자동맹과 협상하다.

1521년(43세)　5월, 재무차관으로 임명되고, 기사 작위를 받다. 7월, 모어의 딸 마가렛과 윌리엄이 결혼하다. 8월 울지와 함께 사절로서 칼레와 브뤼주에 가다.

1523년(45세)　《루터에 대한 회답》을 쓰다. 4월, 서민원 의장으로 선출되다.

1524년(46세)　런던에서 첼시로 이주하다.

1525년(47세)　9월, 랭커스트 공령대법관으로 임명되다. 같은 날, 두 딸 엘리자베스와 시슬리가 결혼하다. 1525년 12월과 1526년 2월 사이에 《바겐하겐에 대한 편지》를 쓰다.

1526년(48세)　1월, 독일인 지구 스틸야드를 급습하고, 루터의 책과 성서 번역책을 모색하다. 가을, 호르바인이 에라스무스의 추천으로 모어 집에 머물며, 가족 초상화 등의 주문을 받다. 12월에 출판된 《마르틴 루터에 대한 대답의 편지》 집필로 헨리 8

세를 만나다.

1527년(49세) 봄, 헨리 8세는 아라곤의 캐서린과 결혼한 정당성에 대해 처음으로 의심을 갖고 울지에게 말하다. 7월, 모어는 왕의 참의회가 이단 책과 설교에 대한 검열체제를 고안할 때 출석하다. 7~9월, 프랑스와의 강화조약 비준을 위해 울지와 함께 아미앙에 있다. 10월, 함프톤코트에서 헨리 8세로부터 이혼에 대해 처음으로 상담을 받다.

1528년(50세) 루터와 그 외 이단문서를 논박하도록 턴스톨 주교에 의해 위임되어 책을 검토하여 보내다.

1529년(51세) 모어의 아들 존이 앙 크리세카와 결혼하다. 모어 《이단에 관한 대화》가 출판되다. 7월, 프랑스, 에스파냐, 신성로마제국, 영국 간의 강화조약 협상을 위해 캄브레이에 있다. 10월, 《영혼의 탄원》을 완성하다. 울지는 재판소에서 교황존신죄로 고발당하다. 국새를 헨리 8세에게 건네다. 모어는 영국 대사관으로 임명되다. 11월, 종교개혁의회를 연다.

1530년(52세) 5월, 헨리 8세와 모어는 이단문서를 사용금지 하는 황실에서의 왕의 참의회에 출석하다. 6월, 이단문서에 대한 모어의 첫 성명이 나오다. 12월, 모어의 아버지 존 모어 사망.

1531년(53세) 2월, 헨리 8세는 자신에게 '영국의 교회 최고수장' 칭호를 주도록 칸타벨리의 성직자회의에 요구하고, 성직자회의는 이것을 '영국의 법이 허락하는 한'이라는 말을 붙여 인정하다. 3월, 칼 5세는 모어에게 감사장을 받다. 모어는 헨리 8세가 언젠가 유럽 대학으로부터 받은 이혼에 관한 의견서를 의회에 제시하도록 요구받다.

1532년(54세) 1월, 모어의 《틴다르 회답에 대한 논박》제1부가 나오다. 3월, 성직 첫 해 세입상납제한법. 5월, 대사관을 사직하다. 12월 앤 불린 임신.

1533년(55세) 《존 플리스에 대한 편지》와 《틴다르 회답에 대한 논박》제2부가 출판되다. 1월, 헨리 8세는 앤 불린과 결혼하다. 4월, 《변명》출판, 상소금지법이 의회를 통과하다. 5월, 아라곤의 캐서린과의 결혼이 무효화되다. 6월, 앤 불린 대관식 출석을 거부하다. 11월, 《살렘과 비잔티움 정복》이 출판되다.

1534년(56세) 1월, 《유해한 책에 대한 회답》 출판. 모어는 《왕의 참의회에서 만장일치로 고안된 모든 조건》에 대한 회답을 쓴다는 보고를 조사한다고 윌리엄 라스테르의 일터를 덮친다. 2월, 켄트의 성녀 엘리자베스 바튼의 대역죄에 대한 사권박탈법안에 피샤와 모어의 이름이 반역죄은닉으로 사권 박탈되는 공모자로서 들어간다. 모어의 이름은 그가 참의회 위원회에서 없앤다. 3월, 왕위계승법. 4월, 모어는 궁의 선서감리위원회에서 왕위계승법에 대한 선서를 거부해서 감옥에 갇힌다. 탑으로 보내지고 최초 투옥으로 1535년 봄 사이에 그는 《그리스도 수난에 관한 논문》, 《성체에 관한 논문》, 《고난에 대한 위로의 대화》, 《그리스도의 슬픔》을 쓰다. 11월, 모어는 반역죄은닉으로 사권 박탈되다.

1535년(57세) 4월, 탑에서 크롬웰과 참의회의 법률고문으로부터 심문을 받다. 5월, 크롬웰에게 두 번째 심문을 받다. 피샤는 교황 파울로 3세에 의해 추기경이 되다. 6월, 모어는 크롬웰과 참의회 위원회에게 세 번째 심문을 받다. 네 번째 심문, 리치와 모어는 탑에서 교황과 의회의 권한을 의논하다. 모어가 남긴 책과 서류가 참의회에 의해 몰수되다. 모어의 마지막 심문. 피샤와 세 명의 카르토지오 수도회 수도사가 국왕의 권위를 부인했다고 재판받다. 카프토지오 수도사들의 처형. 피샤의 처형. 특별위원회가 모어를 재판하기 위해 임명되다. 7월, 국왕의 권위를 부인했다고 웨스트민스터 홀에서 모어의 재판. 7월 6일 처형되다.

1551년 랄프 로빈슨이 번역한 《유토피아》가 윌리엄 세실에게 헌정되다.

1557년 윌리엄 라스테르는 모어의 《영어작품집》을 출판하다. 로퍼는 《토머스 모어의 생애》를 쓰다. 하프스필드는 《토머스 모어의 생애와 죽음》 집필을 위촉받아, 1558년인가 1559년 초에 완성하고, 신년 선물로 로퍼에게 선물하다.

1579년	피샤와 모어가 교황 그레고리우스 13세에 의해 순교자로서 인정받다.
1584년	모어는 《영국교회의 승리기념》에 들어가 로마에서 공개되다.
1588년	스테이플톤의 《토머스 모어의 생애》가 도버에서 출판되다.
1918년	모어의 이름을 포함한 오베리스크가 레닌의 명령으로 조각되어, 모스크바의 알렉산드로브스키에서 선보이다.
1977~1978년	모어 탄생 500년 기념 축제가 런던, 더블린, 앙쥬, 뉴욕, 워싱턴 DC에서 개최되고, 전시회와 회의가 열리다.

존 스튜어트 밀 연보

1806년   5월 20일, 런던의 펜턴빌(Pentonville)에서 사회학자·경제학자·철학자인 제임스 밀(James Mill)의 장남으로 태어나다. 이 해 그의 아버지는 《영국령인도사(英國領印度史, History of British India)》를 집필하기 시작하다.

1809년(3세)   아버지로부터 그리스어를 배우다.

1813년(7세)   유명한 공리주의자 제러미 벤담(J. Bentham)의 집 옆으로 이사하다.

1814년(8세)   라틴어를 배우기 시작하다.

1818년(12세) 아리스토텔레스의 《오르가논(Organon)》과 같은 논리학을 읽었고, 아버지의 《영국령인도사》를 읽으면서 크게 영향을 받다.

1819년(13세) 아버지의 동인도회사에 입사하다. 아버지로부터 리카도(D. Ricardo)의 《경제학과 과세의 원리》와 같은 일련의 경제학 전 과정을 배우다. 아버지의 지도하에서 이른바 밀의 수업시대(修業時代)가 끝나다.

1820년(14세) 5월부터 다음 해 7월까지 제러미 벤담의 동생 새뮤얼 벤담의 초청을 받아 프랑스에 머물다.

1821년(15세) 귀국 뒤 아버지의 《경제학강요(經濟學綱要)》의 출판을 도와주다. 처음으로 프랑스 혁명에 관계되는 책자를 읽고 감격하여 민주주의의 투사가 되려는 마음이 생기다. 벤담의 《입법론(立法論)》을 읽고 '사상의 새로운 시대가 시작되었다' 생각할 만큼 감격하여 열렬한 벤담주의자가 되다.

1822년(16세) 이 무렵부터 집필 등에 의해서 지적 도야에 눈을 뜨기 시작했으며, 이 해 연말에 〈트래블러(The Traveller)〉지(紙)의 석간에 밀이 기고한 두 통의 편지가 게재되었다. 이것은 그의 문장이 처음으로 활자화된 것이다. 몇몇 동지들과 공리주의 자협회를 설립하다(1826년까지 존속).

1823년(17세) 5월에 동인도회사에 입사하여 통신심사부의 서기가 되다.

1825년(19세) 벤담의 부탁을 받고 그의 거작 《법정증거의 이론(Rationale of Judicial Evidence)》의 편집에 힘쓰다(1827년 출판).

1826년(20세) 이 해 가을부터 다음 해 봄까지 《정신적 위기》에 사로잡혀 이것을 계기로 점차 종래의 편협한 벤담주의로부터 벗어나 시(詩)나 예술의 중요성을 인식하는 한편, 칼라일(T. Carlyle)과 콜리지(S. T. Coleridge)와 같은 사상에 접근하다.

1828년(22세) 이 해 가을에 처음으로 워즈워스(W. Wordsworth)의 작품을 읽고 감격하다.

1829년(23세) 이 해부터 각종 토론회의 출석을 중지하고 적극적으로 자기 사상의 재검토에 나서게 되다.

1830년(24세) 런던의 실업가 존 테일러의 초대를 받아 간 그 곳에서 그의 부인 해리엇 테일러를 알게 되고, 얼마 뒤 그녀와 깊은 연애 관계에 빠지다. 《논리학체계》의 집필을 시작하다.

1831년(25세) 〈이그재미너〉지에 〈시대의 정신〉을 발표하다. 이것이 계기 가 되어 칼라일과 친교를 맺게 되다.

1833년(27세) 이 무렵 〈이그재미너〉지와 〈월간 리포지트리〉지에 많은 논 설을 기고하였으며, 《벤담의 철학》을 익명으로 발표하다.

1834년(28세) 플라톤의 《대화편(對話篇)》을 발췌 번역 출판하여 호평을 받 다.

1835년(29세) 이 해에 출판된 토크빌(Alexis de Tocqueville)의 《아메리카의 민주주의》(제1권)를 읽고 감명하여 저자와 친교를 맺다. 윌 리엄 몰즈워드 경의 출자로 창간된 〈런던 리뷰(The London Review)〉의 편집을 맡다. 밀은 실질상의 주필(主筆)이 되다. 이것은 다음 해 〈웨스트민스터(The Westminster)〉와 합병하 여 〈런던 앤드 웨스트민스터 리뷰(The London and Westminster Review)〉로 되다. 밀은 이것의 편집과 경영에 여가의 대부분 을 보내다.

1836년(30세) 6월 23일 아버지가 사망하다. 밀 자신도 건강을 해쳐 파리에서 요양하던 중 해리엇 테일러가 와서 간호하다. 《문명론》과 《경제학방법론》을 발표하다.

1837년(31세) 휴얼(W. Whewell)의 《귀납과학의 철학》과 존 허셜(Sir J. Herschel)의 《자연철학 연구에 관한 예비논의》를 읽고 과학연구의 방법을 정식화하고 옛 논리학을 보완해 새로운 논리학을 결합할 방안을 찾아내다.

1838년(32세) 《벤담론》으로 종래의 공리주의에 대하여 비판적인 태도를 표명하다.

1840년(34세) 3월, 〈런던 앤드 웨스트민스터 리뷰〉 마지막 호에 〈콜리지론〉을 발표하다.

1841년(35세) 프랑스 실증주의 철학자 오귀스트 콩트(A. Comte)와 교류하기 시작하다.

1843년(37세) 3월, 《논리학체계(A System of Logic, 2권)》를 출판하다.

1844년(38세) 1830년대 초기에 쓴 논문 5편을 수록한 《정치경제학의 해결되지 않은 몇 가지 문제에 관하여(Essays on Some Unsettled Questions of Political Economy)》를 출판하다.

1847년(41세) 3월, 《정치경제학의 원리(Principles of Political Economy)》 첫 원고를 완성하고 4월부터 퇴고에 들어가다.

1848년(42세) 4월에 《정치경제학의 원리》를 출판하다.

1849년(43세) 건강이 나빠지다. 7월 존 테일러 사망하다.

1851년(45세) 존 테일러의 부인이었던 해리엇과 결혼하다. 이 무렵 의회의원 입후보할 것을 권유받았으나 거절하고 해리엇과의 생활이 시작되다.

1854년(48세) 4월 어머니 사망하다. 건강이 좋지 않아 6월부터 7월에 걸쳐 프랑스에서 해리엇과 같이 요양하다. 이 해에 그의 사망 뒤 출판된 《종교에 관한 에세이 3편(Three Essays on Religion)》 중 제1논문을 집필하였으며, 또한 《자유론(On Liberty)》의 집필도 시작하다.

1856년(50세) 3월 동인도회사의 통신심사부장으로 승진하다. 여름에 회사를 떠날 것을 결심하다.

1857년(51세)　인도에서 일어난 세포이(Sepoy)의 반란 때문에 동인도회사의 존폐가 문제로 되다. 밀은 회사를 위하여 청원서와 공개장을 쓰다.

1858년(52세)　동인도회사가 문을 닫게 되자 밀도 그 회사를 퇴직하여 연구 생활에 전념하다. 11월 3일 남프랑스 여행 도중 아비뇽에서 해리엇이 급사하다. 밀은 이 땅에 그녀를 묻다. 그 뒤 아비뇽과 런던에서 양녀인 헬렌과 같이 지내다.

1859년(53세)　5월부터 오래 결석했던 '경제클럽'에 다시 출석하기 시작하다. 《자유론》《의회개혁에 관한 구상(Thoughts on Parliamentary Reform)》《논문집(제2권)》을 출판하다.

1861년(55세)　《여성의 종속(The Subjection of Women)》(1869년 출판)을 집필하다. 《공리주의론(Utilitarianism)》(1863년 출판)을 《프레이저스 매거진(Fraser's Magazine)》에 나누어서 발표하다. 《대의제 정부에 관한 고찰(Considerations on Representative Government)》을 출판하다.

1865년(59세)　7월 총선거에 웨스트민스터 선거구에서 하원의원에 입후보하여 당선되어 1868년 낙선되기까지 선거법 개정 등에 활약하다. 《윌리엄 해밀턴 경의 철학에 대한 검토(An Examination of Sir William Hamilton's Philosophy)》《오귀스트 콩트와 실증주의(Auguste Comte and Positivism)》를 출판하다.

1866년(60세)　7월 23일, 선거법개정동맹(選擧法改正同盟)이 하이드파크에서 집회를 강행하려 하자 그들을 설득시켜 유혈의 참상을 미연에 방지하다. 이 해에는 의회의 자메이카(Jamaica) 위원회의 위원장으로서 자메이카 토착민의 폭동에 대한 당국의 부당한 탄압을 규탄하다.

1867년(61세)　세인트 앤드류스 대학에서 총장취임강연을 하다. 테일러 부인, 에밀리 데이비스 등과 함께 여성참정권협회 전국연맹을 결성하다. 《논문집(제3권)》을 출판하였으며, 이 해 제2차 선거법개정안 성립에 즈음하여 하원에서 부인참정권(婦人參政

權)을 주장하다.

1868년(62세) 《영국과 아일랜드(England and Ireland)》를 출판하다.

1869년(63세) 사회주의에 관한 저술을 시작하였으며, 《종교에 관한 에세이 3편(Three Essays on Religion)》을 쓰는 한편, 《자서전(Autob-iography)》원고에 그 무렵까지의 상황을 가필하다.

1870년(64세) 차지개량협회(借地改良協會)를 조직하고 스스로 회장이 되다. 《아일랜드 토지문제》를 출판하다.

1873년(67세) 4월에 프랑스의 아비뇽으로 여행하여 그곳에서 5월 8일 세상을 떠나다. 그가 죽은 뒤 헬렌은 《자서전》을 출판하다. 그 뒤 또 헬렌은 유고인 《종교에 관한 에세이 3편》을 1874년에, 《논문집(제4권)》을 1875년에, 《사회주의론》을 1891년에 출판하다.

존 로크 연보

1632년   8월 29일, 영국 서남부 서머셋 주(Somersetshire)의 링턴
            (Wrington)의 어머니 생가에서 장남으로 태어나, 벨튼 가에
            서 자라다. 아버지 존은 변호사가 되고, 서머셋 치안판사 서
            기 일을 하다. 어머니 아그네스는 링턴 제혁업자 에드먼 킨
            의 딸이다. 이 해 홉스는 44세, 데카르트는 36세, 보일은 5
            세였고 스피노자는 11월에 태어나다.

1633년(1세) 갈릴레오는 지동설 때문에 로마 종교재판소에서 유죄를 선고받
            다. 찰스 1세는 《유희의 책》을 재간하고, 이듬해 선박세를 부과
            하다. 퓨리턴(Puritan)을 시작으로 국민의 불만은 더해가다.

1637년(5세) 동생 토머스가 태어나다. 그 전에 피터라는 동생이 태어났지
            만, 곧 죽다. 데카르트는 《방법서설》을 출판하다. 말브랑슈가
            태어나다.

1641년(9세) 찰스 1세의 실정을 규탄하며 개혁의 필요성을 국민에게 호소
            하는 이른바 대간의서(Grand Remonstrance ; 찰스 1세에 대한
            기소장)가 서민원에서 159대 148표로 통과되다.

1642년(10세) 8월, 왕당파와 의회파 사이에 내전이 발발하다. 뉴턴이 태어
            나고, 홉스의 《시민론》이 출판되다.

1644년(12세) 2월, 마스턴 무어 전투가 일어나다. 데카르트의 《철학의 원
            리》가 출판되다.

1645년(13세) 크롬웰이 이끄는 군대가 각지에서 왕당파군을 격파하다.

1646년(14세) 옥스퍼드, 의회군의 손에 들어가다. 라이프니츠가 태어나다.

1647년(15세) 가을, 웨스트민스터 학교(Westminster School)에 입학하여 라
            틴어와 그리스어를 배우다. 1월에 찰스 1세가 의회군에 체포
            되다.

1648년(16세) 청교도혁명이 성공하고 크롬웰 공화정권이 수립되다.

1649년(17세) 1월, 찰스 1세가 처형되다. 5월, 공화국·자유국임을 선언하다. 데카르트의 《정념론》이 출판되다.

1650년(18세) 데카르트가 사망하다. 이듬해 홉스의 《리바이어던(Leviathan)》이 출판되다.

1652년(20세) 11월, 옥스퍼드의 크라이스트 처치 대학에 입학하다. 제1차 네덜란드 전쟁이 일어나다.

1653년(21세) 여름에 건강이 나빠지다. 폐결핵으로 생각했지만 천식이었던 것 같다. 12월, 크롬웰은 호민관이 되다.

1654년(22세) 10월, 어머니가 세상을 떠나다. 이 해 제1차 네덜란드 전쟁이 끝나고, 학장인 오언은 승리를 축하하는 시집을 내고, 로크도 두 편 내다.

1655년(23세) 크롬웰이 군사독재제를 확립하다. 홉스의 《물체론》이 출판되다.

1656년(24세) 2월, 학사학위를 취득하다. 이 무렵 그는 아리스토텔레스의 윤리학과 형이상학을 비롯하여 역사·천문학·자연철학의 분야까지 연구의 폭을 넓혀 가는 한편 헤브라이어에도 정통하게 되다.

1658년(26세) 6월, 석사학위를 취득하고, 크라이스트 처치의 특별연구원이 되다. 9월, 크롬웰이 사망하다. 홉스의 《인간론》이 출판되다.

1660년(28세) 베그쇼위의 《종교상 예배에 관계가 없는 일들에 관한 대문제》의 반론을 자국어로 쓰고, 라틴어 논문을 쓰다. 또 자연법 논문을 쓰다. 12월, 크라이스트 처치의 그리스어 강사가 되다. 이 해 6월 왕정복고가 되고 찰스 2세가 즉위하다.

1661년(29세) 2월, 아버지가 세상을 떠나다. 종교적 비관용을 정점으로 한 반동적인 클래런던법전(Clarendon Code)이 성립되다.

1662년(30세) 12월, 수사학강사가 되다. 왕립협회가 설립되다.

1663년(31세) 12월, 상급감찰원이 되다.

1664년(32세) 1월, 동생 토머스가 사망하다. 12월, 상급감찰원 임무가 끝나다. 제2차 네덜란드 전쟁이 일어나다.

1665년(33세) 11월, 브란덴부르크 대사의 비서가 되다.

1666년(34세) 2월, 귀국하여 왕의 특명을 받고 성직위 없이 크라이스트 처치 특별연구원을 계속하다.

1667년(35세) 봄, 런던 애슐리 경의 집으로 들어가다. 《관용론》을 쓰다. 애슐리 경은 내각의 일원이 되다. 제2차 네덜란드 전쟁이 종결되다.

1668년(36세) 왕립협회의 회원으로 임명되다. 차일드 법정 이자인하론을 반박하는 논문을 쓰다.

1669년(37세) 애슐리 경을 도와 《캐롤라이나 통치헌장》 작성과 《의술에 대하여》를 집필하다. 겨울에는 천식으로 고생하다.

1670년(38세) 파커의 《교회조직론》을 반론하는 각서를 쓰다. 건강이 악화되고 폐결핵을 앓다. 가을에는 의학특별연구원을 대학 당국에 거부당하다. 파스칼의 《팡세》가 출판되다. 5월, 도버에서 비밀동맹조약을 맺다.

1671년(39세) 봄에 애슐리 경의 집 집회에서 《인간오성론》을 집필하기 시작하다. 여름에는 A원고를, 그 해 B원고를 쓴다. 2월, 애슐리 3세가 태어나다.

1672년(40세) 3월, 찰스 2세가 신앙의 자유를 선언하다. 같은 달 제3차 네덜란드 전쟁이 일어나다. 애슐리 경은 왕의 관용과 프랑스 접근정책을 지지하고, 로크도 의회의 비관용에 반대하다. 4월, 애슐리 경은 샤프츠버리 백작의 작위를 받다. 9월, 로크는 건강악화로 프랑스로 휴양을 떠나 10월에 귀국하다. 11월, 샤프츠버리 백작은 대법관이 되고, 로크를 성직임면국장에 임명하다.

1673년(41세) 봄에 노년의 홉스의 보호를 의뢰받고 그를 만난 듯하다. 이해부터 이듬해까지 《비종교적 권력과 교회적 권력과의 차이, 확인된 파문에 대해》를 쓰다. 의회는 왕에게 신앙자유 선언을 취소시키고, 심사법을 성립시키다. 샤프츠버리 백작은 도버에서의 비밀조약으로 왕의 가톨릭 신앙을 국민에게 공표해서 프랑스로부터 경제원조를 받은 비밀조항을 알고 왕의 반대입장에 서다. 10월, 로크는 통상식민위원회 비서가 되다. 11월, 샤프츠버리 백작은 대법관을 파면당하고 휘그당의 모체를 결성하다. 동시에 로크도 사임하게 되다.

1674년(42세) 제3차 네덜란드 전쟁이 종결되다. 말브란슈의 《진리를 향한 추구》가 출판되다.

1675년(43세) 2월, 의학 학사학위를 받아 의사로 인정받고, 크라이스트 처치 의학 특별연구원이 되다. 3월, 통상식민위원회 폐지로 공직을 잃다. 이 해 간행된 《고귀한 사람으로부터 지방 친구에게 보내는 편지》는 로크의 작품이라 생각되지만, 그의 도움으로 샤프츠버리 백작이 쓴 듯하다. 11월, 프랑스 여행의 시작으로 파리, 리옹을 경유해 몽펠리에로 향하다.

1676년(44세) 연초 광천이 나오는 보호지로 의학대학이 있는 몽펠리에에 도착해 여행, 독서, 지식인과 만나며 시간을 보내다. 일기에 속속들이 다 쓰다. 인간 지성의 철학사색을 중시하다.

1677년(45세) 7월, 파리에서 떠나 샤프츠버리 백작에게 의뢰받은 뱅크스와 만나다. 가센디파의 철학자 로네 집에서 지내면서 지식인들과 만나다. 피에르 니콜 《도덕론집》을 번역해서 샤프츠버리 백작 부인에게 보내다. 영국 대사 부인의 신경통을 진단하다. 철학사색에 빠지다. 이 해 2월 샤프츠버리 백작은 반왕 정치활동으로 체포되는데 이 사건은 로크에게 커다란 충격을 주다. 스피노자가 죽고, 《윤리학》이 출판되다.

1678년(46세) 7월, 뱅크스를 데리고 이탈리아로 가다. 11월, 리옹에 도착하다. 눈이 와서 알프스를 넘기가 불가능하다며, 파리로 돌아가 지식인들과 만나다. 이 해 2월 샤프츠버리 백작은 1년 동안의 옥중생활에서 풀려나고, 가톨릭교도들이 왕의 동생 제임스를 위해 왕을 가두는 '가톨릭 음모사건'을 이용하여 반왕·반가톨릭운동을 하다.

1679년(47세) 4월, 귀국한다. 겨울, 《포도와 올리브 재배·경작에 관한 소견》을 쓰고 《통치론》의 두 번째 논문을 집필한다. 4월, 샤프츠버리 백작은 추밀원 의장이 되어 인신보호법 성립에 애쓰다. 10월, 여전히 국왕에 반대하는 태도를 버리지 못해 파면 당하다. 홉스가 사망하다.

1680년(48세) 정교일치론을 반박하는 논문을 티렐과 공동으로 쓰다. 필머 의 《족장론》을 읽고 《통치론》의 첫 번째 논문을 쓰다. 클락을 알고 친하게 지내다.

1681년(49세) 7월, 샤프츠버리 백작은 '프로테스탄트 음모사건'의 혐의로 다시 투옥되고, 재판에서 무죄로 판명되다. 이때 로크는 다 마리스 커드워드(후의 마샴 부인)를 좋아하게 되다.

1682년(50세) 샤프츠버리 백작은 몬머스 공작을 왕으로 하는 음모를 폭로 하고, 11월 네덜란드로 망명하다. 로크는 샤프츠버리 백작과 의 친밀한 관계 때문에 왕의 스파이에게 감시당하다.

1683년(51세) 1월, 샤프츠버리 백작은 암스테르담에서 객사하다. 6월, 왕 과 왕의 동생을 감금한 '라이하우스 암살음모사건'이 발각되 고, 로크도 체포될까 두려워 네덜란드로 망명해 암스테르담 에서 머물다.

1684년(52세) 연초, 자유신학자 림보르크를 만나 친교를 맺다. 건강을 회 복하고 《인간오성론》을 쓰기 시작하다. 교육에 관한 편지를 클락에게 보내다. 여름에는 프리슬란트의 종교적 공산단체 를, 10월에는 레이덴대학 의학자를 찾다. 11월, 왕명으로 크 라이스트 처치에서 추방되고, 겨울에는 위트레흐트로 가다.

1685년(53세) 2월, 찰스 2세가 사망하고, 동생 제임스 2세가 즉위하다. 5 월, 영국 정부는 네덜란드 정부에 망명 영국인의 인도를 요 구하다. 로크는 의학자 헤네론의 장인 벤의 집에 숨다. 《인간 오성론》 C원고를 끝내다. 여름에는 몬머스공의 반란이 일어 나다. 9월, 로크는 라마라는 가명으로 크레베를 여행하고, 암스테르담으로 돌아와 네덜란드인 의사 린덴이라 불리다. 《세계문헌》 제2호에 〈각서색인법〉을 내다. 겨울에는 림보르 크에게 관용에 대한 편지를 보내다. 이 해 3월 12일 아일랜 드 킬케니에서 버클리가 태어나다.

1686년(54세) 5월, 네덜란드 정부의 망명 영국인 인도 명부에 로크의 이름이 없자 가명을 버리다. 가을 위트레흐트로 가다. 《인간오성론》 제3권 원고를 클락에게 보내다. 11월, 퇴거 명령을 받고 암스테르담으로 가다. 퀘이커 교도의 지도자 펜과 만나다. 12월 말 《인간오성론》 제4권 원고를 클락에게 보내다.

1687년(55세) 연초 펜의 친구에게 초대받아 로테르담으로 가 '횃불'이라는 지식인 모임을 만들다. 3월, 《인간오성론》의 마지막 원고를 클락에게 보내고, 헤이그 등으로 여행을 가다. 여름에는 《인간오성론적요》를 만들고, 프랑스어 번역이 《세계문헌》 제8호에 실리다. 12월, 암스테르담으로 가 《인간오성론적요》를 인쇄하다. 《세계문헌》에 신간서평을 매 호에 쓰다. 뉴턴의 《자연학 수학적 원리》가 출판되다.

1688년(56세) 3월, 로테르담으로 돌아가 '평화 그리스도 모임' 설립을 돕다. 귀국한 친구에게 《인간오성론》의 출판을 의뢰하다. 6월, 제임스 2세에게 아들이 태어나고, 혁명 기운이 높아져 명예혁명이 일어나다. 11월, 빌렘은 영국으로 가고 로크는 남다.

1689년(57세) 2월 12일, 여왕 메리를 따라 영국으로 돌아오다. 다음날 빌렘은 〈권리선언〉에 서명하고, 메리와 공동왕위에 윌리엄 3세가 오르고, 명예혁명을 이루다. 로크는 요직을 사직하고 소원국장 휴직에 오르다. 스미스비 부인 집에 머물고, 〈권리장전〉의 작성에 협력하다. 정부·정계의 유력자가 된 친구들에게 조언하다. 뉴턴과 알고 지내다. 이 해 3월 《관용에 대한 편지(Epistola de Tolerantia)》가 출판되고, 연말 영어로 번역되어 런던에서 간행되다. 10월 《통치론(Two Treatises of Government)》을, 12월 《인간오성론(An Essay concerning Human Understanding)》을 발매하다. 이 해 프랑스 전쟁이 일어나다.

1690년(58세) 《관용에 대한 두 번째 편지》를 저술하다. 여름을 마샴 부인 집에서 보내다.

1691년(59세) 봄에 마샴 집으로 가다. 12월, 《이자 인하와 화폐가치 인상 결과의 모든 고찰》을 저술하다. 같은 달 보일이 사망하고, 유고 《대기기록》을 정리하여 출판하다. 이 해 《통치론》 두 번째 논문 프랑스어로 번역해서 고우다에서 출판하다.

1692년(60세) 여름, 모리누크스와 편지를 교환하기 시작하다. 《관용에 대한 세 번째 편지》를 저술하다. 팝플을 간사로 하는 '드라이클럽'을 만들다.

1693년(61세) 6월, 《교육에 관한 고찰》이 출판되다.

1694년(62세) 《인간오성론》《통치론》 세 번째 판이 출판되다. 영국은행이 설립되다.

1695년(63세) 《인간오성론》 세 번째 판과 《교육에 관한 고찰》의 프랑스어 판을 출판하다. 《신 사이에 만물을 보는 말브란슈의 신부설 검토》를 쓰다. 《화폐가치 인상 재고찰》을 발표하다. 《성서에 쓰여진 그리스도교의 합리성》을 출판하여 연내에 재판하다. 에드워즈에 답해 《그리스도교 합리성의 변명》을 저술하다. 연초 출판단속법이 폐지되다.

1696년(64세) 5월, 무역위원회 감독관이 되다. 《그리스도교 합리성의 변명》이 프랑스어로 번역되다. 빈에 의한 《인간오성론 발췌》가 출판되다. 이성론자 톨랜드의 《그리스도교는 신비롭지 않다》가 출판되다.

1697년(65세) 봄에는 웨스터 주교의 회답에 대한 《웨스터 주교에 대한 편지》를, 가을에는 《두 번째 편지》를 저술하다. 라이프니츠의 《인간오성론》 비평에는 답하지 않고, 《지성 지도에 대하여》를 쓰다. 노동자를 위한 학교설립을 계획하지만 성공하지 못하다. 벨의 《역사비평사전》이 출판되다. 프랑스와 화해하다.

1698년(66세) 여름에 모리누크스와 처음으로 만나다. 가을에 그가 갑자기 죽어 슬퍼하다. 《통치론》 세 번째 판을 간행하다.

1699년(67세) 웨스터 주교에 대한 《세 번째 편지》를 발표하다.

1700년(68세) 《인간오성론》 네 번째 판을 간행하다. 프랑스어로 번역되어 암스테르담에서 출판되다. 5월, 통상변무관을 사임하다. 에스파냐계승전쟁이 발발하다.

1702년(70세) 귀가 잘 들리지 않게 되다. 신약성서 파울로 편지를 쉽게 풀이하는 데 힘쓰다.

1703년(71세) 청각이 다시 회복되다. 옥스퍼드에서 《인간오성론》을 금서로
　　　　　　하려는 움직임이 일어나다. 윌리엄 3세가 사망하다.

1704년(72세) 3월, 오츠의 기상기록을 왕립협회에 보내다. 4월, 유언을 작
　　　　　　성하고, 5월에 덧붙이다. 책과 원고를 숙부의 손자 킹에게
　　　　　　맡기다. 대부분 러블레이스 컬렉션(Lovelace Collection)으로
　　　　　　서 남다. 10월 28일 오후 3시 사망하여 하이레이버 교구 교
　　　　　　회의 묘지에 묻히다. 이 해 《인간오성론》 라틴어판이 출판되
　　　　　　다. 클락의 《신의 존재와 속성의 논증》이 출판되다.

1706년　　　《인간오성론》의 다섯 번째 판과 《유고집》이 출판되다.

김현욱(金顯彧)

한국외국어대학졸업. 오스트리아 빈대학 대학원졸업 국제정치학 박사학위취득. 미국 남오레곤주립대학교수, 단국대학교 대학교수겸 대학원교수, 국회의원 국회외무위원장 IPU 한국대표. 현재 중국연변과학기술대학교 명예교수, 신성대학 초빙교수. 지은책《이상과 현실을 바라보며》《용기있는 사람들》《한국과 한국인》이 있다.

World Book 42

Thomas More/John Stuart Mill/John Locke

UTOPIA/ON LIBERTY/TWO TREATISES OF GOVERNMENT

유토피아/자유론/통치론

토머스 모어/존 스튜어트 밀/존 로크/김현욱 옮김

1판 1쇄 발행/2008. 7. 20

1판 6쇄 발행/2018. 2. 19

발행인 고정일

발행처 동서문화사

창업 1956. 12. 12. 등록 16-3799

서울 중구 다산로 12길 6(신당동 4층)

☎ 546-0331~6 Fax. 545-0331

www.dongsuhbook.com

잘못 만들어진 책은 바꾸어 드립니다.

✻

이 책의 출판권은 동서문화사가 소유합니다.

의장권 제호권 편집권은 저작권 법에 의해 보호를 받는 출판물이므로 무단전재와 무단복제를 금합니다

사업자등록번호 211-87-75330

ISBN 978-89-497-0487-6 04080

ISBN 978-89-497-0382-4 (세트)